한림일본학자료총서
아사히신문 외지판 1

아사히신문 외지판(남선판)

기사명 색인 _제1권

This publication has been executed with grant from
the Japan Foundation(Support Program for Japanese Studies Organizations),
National Research Foundation of Korea grant funded
by the Korean Government(NRF-2011-413-A0001)
and the fund of the Institute of Japanese Studies, Hallym University

한림대학교 일본학연구소는 이 책을 간행함에 있어
출판비용의 일부를 일본국제교류기금과 한국연구재단의 지원을 받았으며,
한림대학교 일본학연구소 발전기금을 집행하였다.

한림일본학자료총서
아사히신문 외지판 1

아사히신문 외지판(남선판)

기사명 색인 _제1권

1935.12 ~ 1937.12

한림대학교 일본학연구소
서정완 외 16인

KSI 한국학술정보[주]

목차

1935~1936년

1937년

朝日新聞外地版(南鮮版) 記事名 索引

아사히신문 외지판(남선판) 기사명 색인을 간행하며

1935.12~1937.12

서 정 완
한림대학교 일본학연구소 소장

1. 한림대학교 일본학연구소의 중점육성사업

한림대학교 일본학연구소는 일본 대중문화가 아직 개방되지 않은 1994년에 문을 열었는데, 당시는 국내 일본연구 환경이 질적으로도 양적으로도 많이 열악한 상태이면서도 일본연구에 대한 필요성은 강조되던 시기였다. 이러한 시대적, 사회적 상황은 국내 일본연구의 기초를 확립하는 것이 일본학연구소의 역할이자 사명으로 인식하게 만들었으며, 그 구체적 실천이 ①「일본학총서」, ②「일본현대문학대표작선」, ③「테마연구 한국·일본」 ④「翰林日本學」 등으로 이어지는 출판이라는 형태로 맺은 결실이었다.

1995년 5월에 첫 권 『日本文化의 숨은 形』을 간행한 「일본학총서」는 일본인 연구자가 일본어로 집필한 중요 입문서 또는 개론서를 한글로 번역해서 국내 일본학 학습자에게 필독 양서를 제공한다는 취지로 출발했다. 이는 일본 연구자가 일본과 일본인을 어떻게 바라보고 있는지부터 알자는 판단에서였다. 2012년 3월 현재 97권까지 간행되었으며, 올해 상반기 안에 추가로 2권이 간행될 예정이어서 곧 총 99권까지 갖추고 완간 100권까지 한 권을 남겨놓은 상태가 된다. 1997년 10월에 첫 권을 간행한 「일본현대문학대표작선」은 일본의 근현대문학을 통해서 일본과 일본인 이해에 접근하자는 시리즈이다. 수록 작품을 선정한 기준은 상업성 때문에 상업출판사가 간행하지는 않으나, 일본과 일본인을 알기 위한 필독서로 판단되는 작품들을 선정했다. 그것이 연구소의 사회적 역할임과 동시에 오히려 연구소이기에 가능하다고 판단했기 때문이다. 2012년 3월 현재 38권까지 간행되었으며, 올해 중으로 40권을 채우게 된다. 이 외에 『한국 근대 지식인의 민족적 자아형성 -일제 식민지 체험을 넘어서』, 『한일 관계사 연구 -갈등에서 공존까지』 등을 간행한 「테마연구 한국·일본」하고 2012년 3월 현재 제19집까지 간행된 연구소 저널인 「翰林日本學」이 있다. 이들 출판물은 총체로서 하나의 지향점을 설정하는데, 그것은 바로 기초자료와 기초문헌의 제공을 통한 국내 일본학의 기초체력을 끌어

올리는 데에 있다. 연구소가 문을 연 지 18년이 지났고 19년째를 맞이하는 현재까지 간행한 간행물은 총 161권에 이른다. 이 숫자는 매년 8.9권을 간행한 셈이며, 매월 0.75권을 간행하는 사업을 18년간 계속했다는 뜻인데, 이 숫자 자체가 중요한 것이 아니라, 이 숫자의 본체인 본 연구소가 간행한 일본학 관련 출판물에 의해서 한국의 일본학의 기초가 조금이라도 튼튼해졌다면 하는 바람이다.

그러나 21세기라는 새로운 세기에 부는 바람은 우리에게 새로운 도약과 변화를 요구하고 있다. 일본대중문화는 이미 개방된 지 오래이며, 그 결과 일본대중문화는 '수입 금지'에 의한 반대급부이기도 한 '신비성'을 상실하고 한국의 대중과 대중문화 앞에서 그 질적 완성도와 시대성을 냉정하게 평가받는 시대가 되었다. 1994년 당시에는 상상도 할 수 없었던 '韓流'라는 바람이 세차게 일었으며, K-Pop에 의한 이른바 '2차 한류'는 일본, 아시아를 뛰어넘어 세계를 향해 발신하고 있다. 한국경제가 반도체, IT, 자동차, 조선 등 주요 분야에서 세계무대에서 약진을 계속하는 동안 일본경제는 불황 속에서 헤어나지 못한 악순환 속에서 '잃어버린 시간'이 연장되고 있으며, 어떨 때는 '무한루프'에 빠지는 게 아닌가 하는 부정적인 생각이 들 때도 있다. 이런 어려운 상황 중인 2011년 3월 11일에 맞이한 도호쿠(東北) 대지진과 그에 수반되어 발생한 쓰나미는 막대한 인명을 앗아가는 것으로는 모자라서 후쿠시마원자력발전소를 기능정지 시킨 결과, 수소폭발에 이은 원자로 멜트다운에 의한 대량의 방사능 누출이라는 사태를 초래하였다. 이 재앙은 일본의 사회, 경제, 정치에만 타격을 가한 것이 아니라, 일본인 스스로가 그들의 가치관, 윤리관, 규범에 대해서 그리고 미래에 대해서 재고할 것을 요구하고 있다.

한·일 양국을 둘러싼 환경이 그리고 아시아의 환경이, 한·일 양국을 바라보는 세계의 시선이 그리고 무엇보다도 한·일 양국이 서로를 바라보는 시선이 지난 18년 동안 믿을 수 없을 정도로 빠르게 그리고 크게 변한 것이다. 즉 양국을 둘러싼 제반 여건과 상황, 그리고 상호인식에 커다란 변화가 일어났으며, 이러한 시대적 변화는 자연스럽게 한국의 일본학과 일본의 한국학에 대한 거리와 시점을 바꾸고 재설정할 것을 요구하고 있다. 이러한 시대적 변화와 요구에 적극적으로 대응해서 한국의 일본학을 더욱 발전시키기 위해서 본 연구소에서는 「한림일본학신총서」, 「한림일본학연구총서」, 「한림일본학자료총서」라는 새 시리즈 간행을 시작하였다.

이번에 간행한 『아사히신문 외지판(남선판) 기사명 색인』은 모두 두 권이며, 제1권(1935.12~1937.12)과 제2권(1938.1~1939.12)인데, 이들은 「한림일본학자료총서」의 하나로 기획된 〈아사히신문 외지판〉 시리즈의 일부이다. 나머지 제3권(1940.1~1941.12), 제4권(1942.1~1943.12), 제5권(1944.1~1945.8)도 2013년~2015년에 간행 예정이고, 「남선판」 간행을 완료한 후에는 「북선판(北鮮版)」, 「중선판(中鮮版)」, 「서선판(西鮮版)」 등으로 이어질 것이다.

2. 〈아사히신문 외지판〉에 대해서

일제강점기 하 조선에서 상당히 이른 시기에 일본인에 의한 일본어 신문이 간행되고 있었다. 그러나 일본 신문의 조선 진출은 이보다 더 빨랐으며, 이는 일본인 독자가 조선에 많이 상주해서 신문에 대한 수요와 시장이 형성되었다는 뜻이며, 동시에 조선에 대한 일본의 야욕을 실천하는 식민지 경영이 궤도에 오르고 있었음을 뜻한다.

을사조약을 강제로 체결한 1905년보다 25년 앞선 1880년 4월 20일자 「도쿄니치니치신문(東京日日新聞)」에 '조선통신'이라는 코너가 신설되었고, 임오군란이 일어난 해인 1882년에는 조선에 기자를 파견하였다. 그로부터 4년 후인 1886년부터는 경성에 통신원을 상주시켰고, 1919년에는 경성지국으로 승격시켰다. 한편 「오사카마이니치신문(大阪毎日新聞)」[1)]은 1894년에 부산에 특파원을 파견하였고, 1905년 1월에는 조선에서 신문판매를 시작하였다. 그리고 같은 해 10월에는 경성지국을 개설하였다. 또한 「도쿄니치니치신문」 1882년 3월 3일자에는 "조선신보 조선국 부산 혼마치 2초메 20번지에 위치한 조선신문사에서 오이시 노리오(大石德夫)가 간사 겸 편집·인쇄인으로 발행. 창간호는 1881년 12월 10일자이며, 조선식으로 신사년 10월 19일로 되어 있다."[2)]라는 내용이 확인된다. 이 「조선신보」[3)]가 한반도에서 간행된 첫 번째 일본인에 의한 일본어 신문으로 추정된다. 「아사히신문」 또한 1882년에 경성에 통신원을 배치하고 그 후에 통신국을 정식으로 설치하였다. 후에 경성지국으로 승격시켰는데 "종래의 우송을 대체하는 새로운 수송경로를 통해서 조선에서 새로운 판매 개척에 나서게 되어"[4)] 1906년에 "판매망의 정비확충과 판로시찰을 위해서"[5)] 판매과장을 조선에 파견하였다. "일본인이 가는 곳에 아사히신문도 가야 한다."[6)]가 당시 아사히신문사의 기본입장이었다.

「아사히신문 외지판」[7)]은 1935년부터 1945년까지 10년 동안 당시 아사히신문사 규슈지사(九州支社, 현 서부본사)에서 식민지 조선, 대만 그리고 만주국과 중국 점령지역에 대한 배포를 목적으로 간행한 신문이다. 구체적으로는 식민지 등 제국의 변방에 거류하는 일본인을 주된 구독대상으로 하는 신문이다. 규슈지사는 모지(門司)에 있었으며 당시 모지는 섬나라 일본이 대륙으로 들어가는 현관임과 동시에 제국일본의 건설과 운영을 위한 중요한 생명선이었다. 이러한 「아사히신문 외지판」이 일본이 패전하고 62년째인 2007년 5월부터 복각(復刻)간행이 시자되고 2012년 11월에 완간되어 그 전

---

1) 「오사카마이니치신문」은 1911년 3워 1일에 「도쿄니치니치신문」을 합병하는데 그 전해인 1910년 10월 1일자에 「조선교통전도(朝鮮交通全圖)」를 부록으로 달고 있다. 병합된 8월 29일부터 약 한 달이 지난 시점인 걸로 보아, 조선을 일본의 식민지로서 소개하기 위한 것이라 생각된다.

2) 朝鮮新報 朝鮮國釜山本町一丁目二十番地の朝鮮新聞社にて、大石德夫氏が幹事兼編輯印刷人にて發行。新報の第一號は、日本明治十四年十二月十日附にて、朝鮮曆辛巳年十月十九日と記す。其第一號は一枚摺なり。

3) 홋카이도대학 도서관에 1882(3-5), 1906(9-12), 1907, 1908(1-11) 35개월 치가 마이크로필름으로 소장되어 있다.

4) 『新聞と戦争(신문과 전쟁)』(朝日新聞「新聞と戦争」取材班, 朝日新聞出版, 2008), p47.

5) 『신문과 전쟁』(상동), p47.

6) 『朝日新聞販賣百年史(大阪編)』, 大阪本社販売百年史編集委員会, 編朝日新聞大阪本社, 1979

7) 1940년까지는 「오사카아사히(大阪朝日)」이라는 제자(題字) 즉 이름이 붙어있었다.

모를 드러냈는데, 이와 관련해서 2007년 4월 2일자 「아사히신문 디지털(The Asahi Shinbun Digital)」[8]에 다음과 같은 기사가 게재되었다. 「아사히신문 외지판」에 대한 해설로 볼 수도 있는 내용을 포함하고 있기에 여기에 일부를 발췌하겠다.

> 1935년부터 1945년까지 「아사히신문」이 만주국이나 식민지 대만과 조선에 있는 독자를 위해서 인쇄한 「외지판」이 도쿄의 유마니서방(ゆまに書房)에 의해서 복각되어 간행된다. 5월 하순에는 제1기분(1935년12월부터 1936년 말까지)이 간행된다. 「외지판」 원본은 「아사히신문」이 사내용 자료로 기타큐슈(北九州)에 있는 서부본사에서 보관하고 있으며, 일부 연구자들이 열람하는 정도이었다. 전시 하 식민지에서 실제로 무엇이 일어나고 있었는지를 검증하는 데에 소중한 기초자료가 되리라 생각된다.
>
> 이번에 복각되는 「외지판」은 시기에 따라서 편집 방법이 바뀌는데, 제1기분은 「조선서북판」, 「남선판」, 「만주판」, 「대만판」이라는 모두 4종류가 각각 A3 사이즈 300페이지짜리 책으로 나온다. 1년에 2회 발행하고 5년 후에 완간된다.
>
> 「외지판」은 전전(戰前)부터 일본의 아시아를 침략하면서 각지에 진출한 일본인이 주된 구독자였다. 1945년 3월 당시는 서부본사에서 인쇄해서 약 28만부를 발행했다. 같은 시기 서부본사 발행부수의 1/3 이상을 차지하고 있었다. 수송은 선편으로 하고 있었으나, 패전으로 폐간되었다. (중략) 1915년부터 1935년 사이에 조선이나 만주를 대상으로 발행된 판과 일부 「대만판」은 오사카본사에서 보관하고 있으며, 마이크로필름 형태로 판매되고 있다. 그 뒤를 잇는 전시기 지면이 서부본사에 보관되어 있다는 사실이 연구자들 사이에서 화제가 되어 유마니서방이 복각을 계획하고 「아사히신문」이 동의한 것이다. 식민지 조선의 사회·경제사를 연구하는 규슈국제대학(九州國際大學) 사카모토 유이치(坂本悠一) 교수가 감수한다.

인용문에서 언급하는 "1915년부터 1935년 사이에 조선이나 만주를 대상으로 발행된 판과 일부 「대만판」"이라는 것은 가령 1925년 4월 1일에 간행된 「오사카아사히신문 부록 조선아사히(大阪朝日新聞付錄朝鮮朝日)」를 말하며 이것이 1928년 7월 1일부터 「남선판」, 「조선서북판」으로 분할되고, 1933년부터 「만주판」, 「대만판」이 추가로 간행되는데 이들을 말하는 것이라 생각된다.

일본의 패전을 기점으로 계산하면 제국일본이 해체되고 식민지 조선이 해방된 지 67년밖에 되지 않으며, 일본에 의해 강제로 병합된 시점을 기점으로 삼아도 100년하고 2년밖에 되지 않는다. 물론 67년, 102년이 결코 짧은 시간은 아니나, '역사연구'라는 관점에서 보면 상대적으로는 가까운 시간이다. 그래서 '근대(近代)'가 아니겠는가. 그러나 당시 사회를 검증하고 제국일본의 문화권력의 작동원리나 식민지 조선의 저항과 좌절을 분석하기 위해서는 67년, 102년은 참으로 긴 시간이다. 그렇기 때문에 이번 「아사히신문 외지판」처럼 당시의 신문매체가 당시의 사회상을 설명해주는 귀중한 자료로서 우리 앞에 나타났다는 것은 매우 뜻있는 일이라 할 수 있다.

---

8) http://www.asahi.com

일본근대사 또는 한국근대사를 연구함에 있어서 신문이 필수불가결한 자료임은 틀림이 없다. 그럼에도 불구하고 기존의 식민지연구에서는 아직도 충분히 활용되지 않고 있는 것 또한 사실이다. 「경성일보」[9]마저도 그 중요성에 대한 지적은 있으나 본격적으로 활용되지 못하고 있는데 이런 배경에는 신문이라는 매체가 1차 사료로서 인정받기 어려운 한계가 존재하기 때문일 것이다. 여기서 말하는 한계라는 것은 오늘날도 마찬가지이지만 신문이 어디까지 진실과 사실을 담보하는가 하는 문제일 것이다. 하물며 당시 제국 운영의 첨병으로서 활용된 매체인 신문에 많은 제약과 규제 그리고 왜곡이 존재했음은 명백하기 때문이다. 이와 관련해서는 각주4에서도 인용한 『신문과 전쟁(新聞と戰爭)』[10]에서 아래 인용에서와 같은 '2중 검열'의 엄격한 현실이 확인되고 있다. 참고로 이 『신문과 전쟁』은 아사히신문 「신문과 전쟁」 취재반이 취재한 것이며, 「제2장 식민지 조선에서」는 1941년 1월부터 1942년 11월까지 약 2년 동안 경성지국에 근무한 OB인 나라 히로미(奈良弘美, 부임 당시 21세) 씨에 대한 취재와 회고담으로 구성되어 있다.

> 나라 씨가 소중하게 보관하고 있는 당시 스크랩을 보니, 부임해서 겨우 3개월밖에 되지 않은 시점인데 군 관련 기사가 약 40개나 있었다. 그 대부분은 조선인들이 "고생하고 있는 황군(皇軍) 용사"를 위해서 군에게 헌금을 했다는 이야기라든지, "육군기념일" 행사를 소개하는 식의 신문지상은 마치 '군대 홍보지'와 같았다.
>
> "검열에 걸리는 내용은 일절 쓰지 못했다"고 나라 씨는 말한다.
>
> 당시 사정에 대해서 나라 씨의 선배 지국원이며 조선총독부를 담당한 구마가이 소이치(熊谷宗一)씨는 다음과 같이 회고하고 있다(『서부사회부 이런저런 50년(西部社會部こもごも五十年)』).
>
> "조선에서의 언론통제는 식민지라는 것도 있어서인지 내지보다 훨씬 엄격했다."
>
> 아사히신문 서부본사는 당시 신문을 규슈 고쿠라(小倉)에서 인쇄해서 선편으로 부산으로 운반했다. 일본에서 검열을 받은 신문은 부산에서 다시 검열을 받았다.
>
> '문제'가 되는 부분이 나오면 10만부 이상 발행되는 신문의 발송이 허가되지 않아서 기사 해당부분을 먹물로 새까맣게 칠하거나 잘라내야 했다고 한다.
>
> 한반도에는 아사히 말고 지금의 「마이니치신문(每日新聞)」도 지국을 두고 있었는데, 일본과 조선에서 두 번 실시하는 이 '2중 검열' 하에서는 서로 경쟁하려는 의욕조차 일지 않았다고 나라 씨는 회고한다.

앞에서 인용한 2007년 4월 2일자 「아사히신문 디지털(The Asahi Shinbun Digital)」에도 다음과 같은 평가를 내리고 있는 것처럼, 제국권력·식민권력 특히 군부의 강력한 통제와 그 영향 하에서 선전도구로 활용되고 있는 언론매체를 그대로 신용할 수 없다는 한계점은 분명히 존재한다. 그 접근에는

9) 조선총독부 경무국에서 간행한 『昭和十二年に於ける朝鮮出版警察概要』에 의하면, 1937년 당시 「경성일보」의 발행부수는 약 3만부였으나, 1940년부터 「아사히신문」으로 개명한 「오사카 아사히신문 외지판」은 66,000부였다고 한다. 즉 「아사히신문 외지판」의 구독자가 「경성일보」의 2배 이상이었다는 사실은 그만큼 「아사히신문 외지판」이 영향력이 있는 언론매체였다는 뜻이 된다.

10) 朝日新聞 「新聞と戰争」 取材班, 朝日新聞出版, 2008

기본적으로 신중함이 있어야 한다는 데에 동의한다.

식민지 통치나 일본의 괴뢰국가였던 「만주국」을 찬미하는 기사가 많으며, 항일세력에 대한 경계심이 많음을 알 수 있다. 1935년 12월 17일자 「만주판」에서는 수도 신징(新京, 지금의 창춘長春) 건설이 빠르게 진척되는 모습을 사진과 함께 연재하고 있고, 1936년 1월 5일자 「남선판」 머리기사는 우가키(宇垣) 총독의 새해 포부를 사진과 함께 싣고 있다.

그러나 반대로 생각해보면, 공문서에 기록되지 않은 식민지의 생생한 생활과 사회상을 담고 있는 것이 신문이며, 신문의 보도내용과 보도태도를 분석함으로써 식민권력이 의도하는 바를 읽어낼 수도 있다는 점을 우리는 간과해서는 안 될 것이다. 제국일본의 정당성에 대해서 한 치의 의심은커녕 신념을 갖고 임한 식민권력 측에 있는 사람들과 그들에 의한 압제와 차별 하에서 살아야 했던 식민 지배를 받는 사람들 사이에는 어떤 단층이 존재하였는가? 바꾸어 말하면 제국의 경험과 기억, 그리고 식민지 경험과 기억 사이에 존재하는 단층의 깊이와 폭을 탐구함에 있어서 제국과 식민지의 '만들어진 상황'을 신문을 통해서 읽어내어 그 속에 숨은 '실재한 상황'을 알아내는 것이 우리가 수행해야 할 연구의 하나가 아닌가 생각한다. 여기에 한림대학교 일본학연구소가 한림일본학자료총서의 한 시리즈로서 이 『아사히신문 외지판(남선판) 기사명 색인』을 기획하고 간행하는 목적과 이유가 있는 것이다. 왜냐하면 신문자료가 식민지연구, 근대사연구에 충분히 활용되지 못하는 현실적인 이유는 바로 방대한 분량을 하나하나 확인하지 않으면 안 되는 어려움이 장벽이 되어 가로막고 있기 때문이다. 고로 이 『아사히신문 외지판(남선판) 기사명 색인』이 한국의 근대사, 일본근대사를 포함한 동아시아근대사 연구에 미력하나마 조그마한 도움이 되었으면 하고 바란다.

마지막으로 「아사히신문 외지판」 10년 동안의 전개과정을 간략하게 제시하고 서문을 마칠까 한다.

「아사히신문 외지판」은 제국일본의 변방인 식민지를 중심으로 이른바 「조선판」, 「대만판」, 「만주판」, 「중국판」이 있으며, 그 중 「조선판」 구성은 다음과 같다.

판 이름	수록 연도	참 고	판 이름	수록 연도	참 고
南鮮版	1935.12～1936	제02권	西鮮版	1941	제35권
朝鮮西北版	1935.12～1936	제03권	北鮮版	1941	제36권
南鮮版	1937	제06권	中鮮版	1941	제37권
朝鮮西北版	1937	제07권	南鮮版	1942	제43권
南鮮版	1938	제10권	西鮮版	1942	제44권
朝鮮西北版	1938	제11권	北鮮版	1942	제45권
南鮮版·南鮮版B	1939	제16권	中鮮版	1942	제46권
南鮮版A	1939	제17권	南鮮版2	1943	제51권
朝鮮西北版·西鮮版	1939	제18권	南鮮版1	1943	제52권
北鮮版	1939	제19권	西鮮版	1943	제53권

中鮮版	1939	제20권	北鮮版	1943	제54권
南鮮版B	1940	제25권	中鮮版	1943	제55권
南鮮版A	1940	제26권	南鮮版	1944	제60권
西鮮版	1940	제27권	西鮮版	1944	제61권
北鮮版	1940	제28권	北鮮版·北西鮮版	1944	제62권
中鮮版	1940	제29권	中鮮版	1944	제63권
南鮮版	1941	제34권	南鮮版 · 中鮮版 · 北西鮮版	1945	제67권

※「참고」에 명시한 권수는 유마니서방(ゆまに書房)에서 간행본 권수 임.
※「판 이름」에 명시한 「남선판A」「남선판B] 등의 분류도 유마니서방(ゆまに書房)에서 간행본에 따랐다.

【표1】「아사히신문 외지판」 중 「조선판」 지역분할

이상에서 보는 바와 같이 이른바 「조선판」은 1935년 12월부터 1938년까지 「남선판」과 「조선서북판」 두 가지로 간행되다가 1939년에 「남선판」, 「남선판B」, 「남선판A」, 「조선서북판」, 「서선판」, 「중선판」, 「북선판」으로 세분화 된다. 각각의 구체적인 수록시기를 살펴보면 다음과 같다.

「남선판·남선판B」: 1939.1~1939.5.9. / 1939.5.10~1939.12
「남선판A」: 1939.5.10.~1939.12
「조선서북판·서선판」: 1939.1~1939.5.9. / 1939.5.10~1939.12
「중선판」: 1939.5.10.~1939.12
「북선판」: 1939.5.10.~1939.12

다시 말해서 1938년까지 「남선판」과 「조선서북판」으로 간행되다가, 1939년 5월 10일부터 「남선판B」, 「남선판A」, 「서선판」, 「중선판」, 「북선판」으로 분리, 간행된 것이다. 1939년 5월 10일이면 역사적으로는 몽골과 만주국 국경지대인 할힌골(Khalkhin Gol)강 유역에서 소련군-몽골군이 제국일본의 관동군-만주국군과 교전한 노몬한(Nomonhan) 사건이 발생하기 바로 전날인데, 신문이 이처럼 각 지역으로 세분화되어 관리·배급된다는 것은 재조선 일본인이 증가하여 지역별로 관리할 수요가 발생했다는 뜻이고, 그만큼 식민권력에 의한 통치가 자리를 잡아가고 있다는 배경을 상정할 수 있다. 그럼에도 불구하고 그리 넓지 않는 국토의 조선에서 이처럼 7개나 되는 판으로 따로 발행해야 하는 효율성에 대해서는 의문을 품을 수밖에 없다. 판이 세분화되는 구체적인 이유에 대해서는 추가적인 조사가 필요하다.

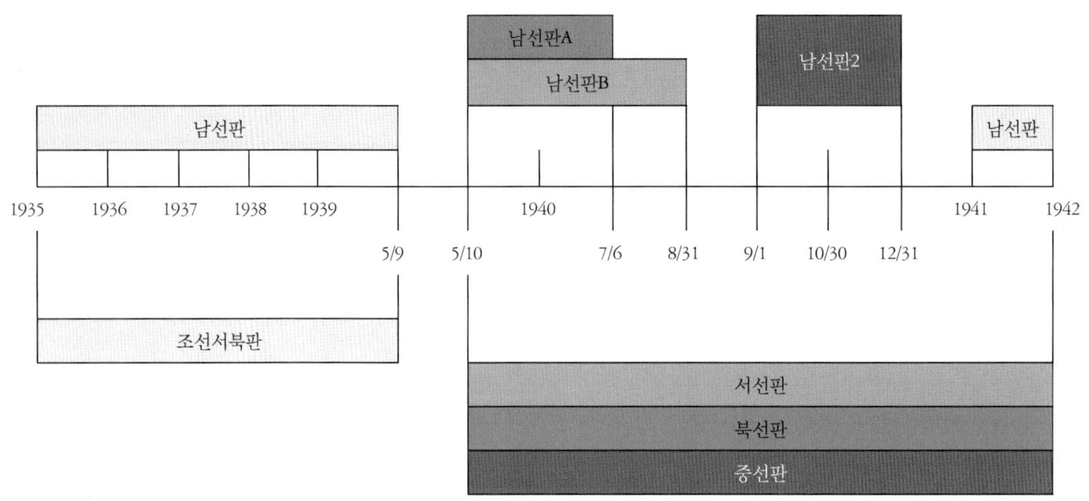

朝日新聞外地版 「조선판」

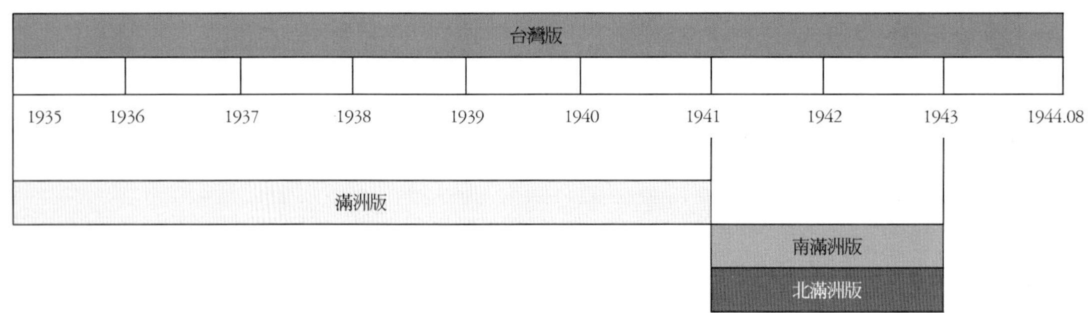

朝日新聞外地版 「대만 · 만주판」

그리고 이 책이 『아사히신문 외지판 (남선판) 기사명 색인』이기에 이른바 「조선판」 이외의 것은 생략하고 설명하지 않았으나, 이른바 「만주판」은 1935년부터 「만주판」으로 발행되다가 1941년부터 1943년까지 「북만주판」과 「남만주판」으로 양분된다. 한편 「중국판」은 1935년부터 「북지판」과 「중지판」 두 가지로 발행되다가 1942년의 혼돈기를 거친 후, 1943년부터 「중국판」으로 통일되어 간행된다. 그러다가 다시 1944년부터는 「북지판」 한 가지가 발행되다가 일본 패전과 함께 폐간되는 복잡한 과정을 거친다. 일본제국의 성쇠와 흥망이 직간접적으로 반영되어 있다고 보아야 할 것이다.

그 단적인 예로 각 판이 1945년에 간행이 중단되는 시기를 보면, 「조선판」이 1월 1일부터 3월 26일까지, 「남선판」이 1월 4일부터 3월 31일까지, 「중선판」하고 「북서선판」이 1월 5일부터 3월 31일까지 간행되다가 간행이 중단되고, 이들을 통합한 「조선판」이 4월 1일부터 8월 11일까지 간행되다가 중단되었다. 여기서 '중단'이라는 표현을 사용하는 것은 제국의 패망과 해체를 앞에 두고 '폐간'이라는 정식 절차도 밟을 겨를 없이 중단되었기 때문이다.

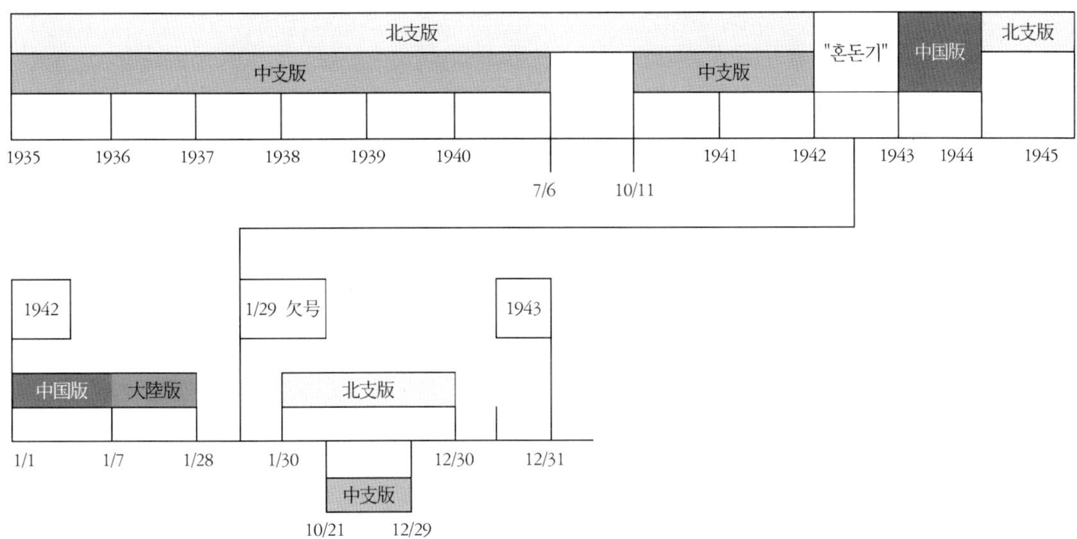

朝日新聞外地版「중국판」

마지막으로 자료를 하나 소개하고 마치겠다.

1940년(쇼와15)에 조선총독부 경무국에서 「朝鮮內發行新聞紙一覽表」[11]라는 것을 내놓고 있다. 크게는 '內地人發行之部'와 '朝鮮人發行之部'로 분류되어 있는데, '內地人發行之部' 중 '통신'과 '잡지'를 제외한 '신문'만 게시하면 다음과 같다.

신문명	인가일	발행주기	게재내용	발행지	발행지 주소	발행인	대표
京城日報	1906.08.10	일간	일반시사	경기	京城府太平通1-31-2	高橋猛	御手洗辰雄
中鮮新報	1908.06.03	주간	일반시사	경기	京畿道開城府北本町772	岡本豊喜	岡本豊喜
朝鮮新聞	1908.11.20	일간	일반시사	경기	京城府太平通2-15	廣幡謙太郎	金甲淳
京城新聞	1909.03.24	주간	일반시사	경기	京城府西小門町36	大村百藏	大村百藏
東亞經濟時報	1919.12.13	월간	일반경제시사	경기	京城府大和町1-32	中村資良	中村資良
朝鮮日日新聞	1920.04.17	일간	일반시사	경기	京城府黃金町2-19	齊藤五吉	齊藤五吉
法政新聞	1920.06.29	월2회	일반시사	경기	京城府西小門町36	長野直彦	長野直彦
朝鮮商工新聞	1920.11.29	일간	일반경제시사	경기	京城府黃金町2-19	齊藤五吉	齊藤五吉
朝鮮警察新聞	1939.04.28	월2회	경찰시사	경기	京城府元町2-65	庄司淸次郎	庄司淸次郎
朝鮮每日新聞	1921.05.13	일간	일반시사	경기	京畿道仁川府濱町12	佐藤鐵藏	後藤一郎
朝鮮敎育新聞	1925.11.29	월간	교육시사	경기	京城府樓上町166-7	武田知星	武田知星
中鮮日報	1909.08.09	일간	일반시사	충남	忠南大田府本町1-50	富士 平	富士 平
木浦新報	1908.06.11	일간	일반시사	전남	全南木浦府仲町1-4	山本精一	福田有造
光州日報	1909.05.09	일간	일반시사	전남	全南光州府明治町1-1	鹿野秀三	福田有造
全北日報	1905.12.25	일간	일반시사	전북	全北全州府大正町1-2	松波千海	松波千海
群山日報	1908.04.15	일간	일반시사	전북	全北群山府淺山町5-1	九田 一	九田 一
東光新聞	1920.11.18	주간	일반시사	전북	全北全州府大正町1-1-1	松波千海	松波千海
朝鮮時報	1892.07.11	일간	일반시사	경남	慶南釜山府西町4-6	今川龜之助	今川龜之助
釜山日報	1907.10.01	일간	일반시사	경남	慶南釜山府大倉町4-36	堺新太郎	芥川 浩

11) 도호쿠대학(東北大學) 도서관 소장본을 사용했다. 배가장소: 書庫旧片平 청구기호: VIB9/チ1 자료번호: 01600673621 임.

南鮮日報	1908.10.01	일간	일반시사	경남	慶南馬山府都町2-3-21	赤塚貞藏	坂田文吉
朝鮮水産新聞	1925.12.03	旬刊	수산시사	경남	慶南釜山府大倉町1-24	武久剛仁	武久剛仁
朝鮮民報	1905.03.26	일간	일반시사	경북	慶北大邱府東雲町297-2	河井戸四雄	河井戸四雄
大邱日報	1928.08.11	일간	일반시사	경북	慶北大邱府東城町3-84	河谷不二男	河谷不二男
平壤每日新聞	1920.04.01	일간	일반시사	평남	平南平壤府紅梅町1	佐々木鐵藏	稻葉善之助
鴨江日報	1906.12.01	일간	일반시사	평북	平北新義州府常盤町5-1-1	加藤鐵治郎	加藤鐵治郎
北鮮時事新報	1908.12.04	일간	일반시사	함남	咸南咸興府本町3	畑本逸平	畑本逸平
元山日日新報	1909.01.01	일간	일반시사	함남	咸南元山府京町80	西田常三郎	西田常三郎
北鮮日報	1908.08.01	일간	일반시사	함북	咸北清津府浦項洞81	岡本常三郎	岡本常三郎
北鮮日日新報	1919.12.13	일간	일반시사	함북	咸北鏡城郡羅南邑本町84	前田茂助	前田茂助
朝鮮水産時報	1937.10.09	旬刊	수산시사	경기	京城府長谷川町111	松野二平	松野二平
黃海日報	1938.03.15	일간	일반시사	황해	黃海道海州邑中町143-1	西村滿藏	熊谷寬一
京日小學生新聞	1938.04.28	일간	일반시사	경기	京城府太平通1-31-2	高橋猛	御手洗辰雄
防共の朝鮮	1939.01.25	월2회	일반시사	경기	朝鮮總督府警務局内	三輪和三郎	朝鮮防共協會
思想報國	1939.02.21	월간	사상 선도에 관한 사회시사	경기	京城府西小門町39 京城保護觀察所內	栗田淸造	時局對應全鮮 思想報國聯盟

1940년 당시 조선에서 내지인 즉 일본인이 발행하는 신문은 총 34종에 이르고 있었으며, 그 중 발행주기로 보면 일간 23종, 주간 3종, 월간 3종, 월2회 3종, 10일에 1회 간행하는 순간(旬刊) 2종이 되고, 발행지로 보면 경성을 포한한 경기 15종, 충남 1종, 전남 2종, 전북 3종, 부산을 포함한 경남 4종, 경북 2종, 평남 1종, 평북 2종, 함남 2종, 함북 2종, 황해 1종이다. 강원과 충북은 없다. 한편 위에서 보는 바와 같이, 여기에 「아사히신문 외지판」은 없다. 일본에서 인쇄해서 반입하는 신문이었기 때문에 '朝鮮內發行新聞紙'로 보지 않아서 이 일람표에 없는지도 모르겠다.

3. 제작 일지

『아사히신문 외지판(남선판) 기사명 색인』은 한림대학교 일본학연구소 일본학DB 사업의 일환이다. 연구소장이 기획, 추진, 감독하였으며, 난독 글자에 대한 판독도 담당하였다. 한림대학교 일본학과 학부생으로 구성된 연구소 연구보조원들이 입력 작업을 수행하였으며, 입력 데이터의 신빙성 확보를 위한 검증은 소장의 지시 하에 자체적으로 파일 교환을 통한 상호 수정작업을 일정에 맞추어 수행하였다. 이 수정작업은 각 연구보조원이 입력한 파일을 서로 교환해서 검토하는 작업을 포함해서 총 세 차례에 걸쳐서 오타를 가려내고 누락된 항목을 보완하여 완성도를 확보하였다. 또한 전체 구성과 편집에 대해서는 연구소 심재현 연구원/사서가 맡아주었으며, 데이터 입력창의 개발은 최형섭 연구보조원이 하였다.

이하, 제1권(1935.12~1937.12)과 제2권(1938.1~1939.12)에 대한 기사 기간별로 작업일지를 공개한다.

(1) 1935년 12월 ~ 1936년 06월

작업기간 : 2010년 6월 ~ 2010년 12월

작업자 : 이의연(02), 이준희(04), 김정미(06), 박준혁(04), 정용준(05), 최형섭(05), 황세림(05), 신가영(07), 김지혜(06), 김지영(05)

작업 내역 : 입력, 1차 수정, 2차 수정, 3차 수정, 편집 작업 겸 통합파일 점검

(2) 1936년 07월 ~ 1936년 12월

작업기간 : 2010년 9월 ~ 2011년 4월

작업자 : 이의연(02), 이준희(04), 김정미(06), 박준혁(04), 정용준(05), 최형섭(05), 황세림(05), 신가영(07), 김지혜(06), 김지영(05)

작업 내역 : 입력, 1차 수정, 2차 수정, 3차 수정, 편집 작업 겸 통합파일 점검

(3) 1937년 01월 ~ 1937년 06월

작업기간 : 2011년 1월 4일 ~ 2011년 3월 30일

작업자 : 문한나(08), 박준혁(04), 최형섭(05), 김정미(06), 심예찬(06), 김도윤(06), 차주연(07), 한유림(09)

작업 내역 : 입력, 1차 수정, 2차 수정, 3차 수정, 편집 작업 겸 통합파일 점검

(4) 1937년 07월 ~ 1938년 03월 (9개월)

작업기간 : 2011년 4월 8일 ~ 2011년 6월 11일

작업자 : 문한나(08), 최형섭(04), 심예찬(06), 김정미(06) 김도윤(06), 한유림(09)

작업 내역 : 입력, 1차 수정, 2차 수정, 3차 수정, 편집 작업 겸 통합파일 점검

(5) 1938년 04월 ~ 1938년 10월 (7개월)

작업기간 : 2011년 6월 16일 ~ 2011년 8월 19일

작업자 : 문한나(08), 심예찬(06), 김도윤(06), 문희수(11), 김성희(11), 김민지(11), 이혜수(08)

작업 내역 : 입력, 1차 수정, 2차 수정, 3차 수정, 편집 작업 겸 통합파일 점검

(6) 1938년 11월 ~ 1939년 04월 (6개월)

작업기간 : 2011년 8월 22일 ~ 2011년 10월 14일

작업자 : 문한나(08), 심예찬(06), 문희수(11), 김성희(11), 김민지(11), 이혜수(08)

작업 내역 : 입력, 1차 수정, 2차 수정, 3차 수정, 편집 작업 겸 통합파일 점검

(7) 1939년 05월 ~ 1939년 12월 (8개월)

작업기간 : 2011년 9월 1일 ~ 2011년 12월 17일

작업자 : 문한나(08), 심예찬(06), 문희수(11), 김성희(11), 김민지(11), 이혜수(08), 이준희(04), 박준혁(04), 김도윤(06),

작업 내역 : 입력, 1차 수정, 2차 수정, 3차 수정, 편집 작업 겸 통합파일 점검

4. 데이터 현황

『아사히신문 외지판 (남선판) 기사명 색인』은 데이터 검색을 용이하게 하기 위해서 모든 기사에 일련번호를 부여했다. 연도별로 데이터 수를 게시하면 다음과 같으며, 2012년 3월에 간행된 제1권과 제2권 전체에 관한 것이다.

(1) 1935.12

일련번호 : 1~507

총 기사 수 : 507

(2) 1936.01~1936.12

일련번호 : 508~6512

총 기사 수 : 6005

(3) 1937.01~1937.12

일련번호 : 6513~12967

총 기사 수 : 6455

(4) 1938.01~1938.12

일련번호 : 12968~21180

총 기사 수 : 8213

(5) 1939.01~1939.12

일련번호 : 21181~35136

총 기사 수 : 13956

★ 전체 기간 (1935.12~1939.12)

일련번호 : 1~35136

총 기사 수 : 35136

5. 기 타

권말 색인에 등록되어 있는 어휘 외에 더 많은 어휘에 대한 색인 추출을 시도하였으나, 「아사히신문 외지판(남선판)」 해당 기간에 해당 어휘를 포함하는 기사가 없는 경우가 많았다. 조사 결과, 해당 용례를 찾을 수 없었던 어휘 목록을 따로 정리해서 색인범례와 함께 제시했으니, 색인과 함께 참고해주기 바란다.

朝日新聞外地版 南鮮版 기사명 색인 1935~1937

범 례

1. 본 DB는 『朝日新聞外地版 [南鮮版]』 중 1935.12～1937.12의 기사를 대상으로 하였다.

2. 본 DB는 일련번호, 판명, 간행일, 단수, 기사명 순으로 게재하였다.

3. 신문이 휴간, 결호, 발행불명인 경우 해당날짜와 함께 休刊, 欠号, 發行不明이라 표기하였다.

4. 기사명 입력은 원문의 줄 바꿈을 기준으로 '/'로 구분을 두었다.

   예) 一部稅制改正に
   　　増税を織込む
   　　　財務局準備に着手
   　　→ 一部稅制改正に増税を織込む/財務局準備に着手

5. 광고와 '劇と映畵', '公私消息', '會と催', '會社メモ', '鷄林かゞみ', 'けふの話題', '自由港', '街の話題', 'カメラ界', 'カメラ界消息' 의 코너기사는 생략하였다.

6. 연관기사(연계기사)는 '기사명1/기사명2/기사명3'의 형태로 표시한다. 이때 하나의 기사명 내에서는 상기의 줄 바꿈 표시인 '/' 대신 '스페이스(공백)'를 사용하였다. 또한, 기사명 전체를 이탤릭체(기울임꼴)로 변환하였다.

   예) 銀募に躍る孫君 朝日オリンピック映畵　京城へ第二報來る (기사본문) 愛讀者優待「魂を投げろ」オリンピック映畵 第一報釜山實來館で (이하 기사본문) 吉本星紅新作舞踊 (이하 기사본문)
   　→ 銀募に躍る孫君朝日オリンピック映畵　京城へ第二報來る/愛讀者優待 「魂を投げろ」 オリンピック映畵 第一報釜山實來館で/吉本星紅新作舞踊

7. 연재기사와 그에 준하는 기사는 '상위 기사명(하위 기사명、하위 기사명)'의 형태로 입력하였다.

   예 1) [各地から] 라는 코너인 경우
   　　各地から 鎭海 (기사본문) 京城 (기사본문) 光州 (기사본문)
   　　→ 各地から(鎭海、京城、光州)

   예 2) 四ブロックに分け配電網を確立 電氣統制第一期大要 (기사본문) 西鮮地方 (기사본문) 北鮮地方 (기사본문) 南鮮地方 (기사본문) 中鮮地方 (기사본문)
   　　→ 四ブロックに分け配電網を確立/電氣統制第一期大要(西鮮地方、北鮮地方、南鮮地方、中鮮地方)

8. 신문기사에 있는 숫자, ！, ？, 、, " ", ( ) 등의 기호는 모두 전각으로 입력하였다. 데이터를 정리하는 과정에서 필자가 임의로 사용한 '( )', ' /' 등은 반각으로 처리하였다.

9. 촉음과 요음은 현행 표기법에 맞게 고쳐서 입력하였다.

   예) ちよつと → ちょっと, ニユース → ニュース, ２ケ月 → ２ヶ月

10. 기사명에 사용된 '◆', '……' 와 같은 기호들은 생략하였다.

11. 이체자(異體字)는 같은 뜻의 다른 한자로 대체하였다.

12. 인쇄 상태 등으로 인해 판독이 어려운 글자는 ■로 표기하였다.

아사히신문 외지판 (남선판) 기사명 색인

1935~1936년

1935년 12월

일련번호	판명	간행일	단수	기사명
1	南鮮版	1935-12-01	01단	お祝ひしませう/御命名式(釜山、仁川、大邱、京城、平壤)
2	南鮮版	1935-12-01	01단	*歸朝するなり榮轉の吉報 福田檢事正、二重挨拶/談合事件で鳴らした腕 早田檢事正*
3	南鮮版	1935-12-01	01단	鮮米會館/明春に着工
4	南鮮版	1935-12-01	01단	配給肥料購入割安
5	南鮮版	1935-12-01	01단	甘蔗氏勅待/異動發令さる
6	南鮮版	1935-12-01	02단	內地の“ほまれ”式/朝鮮にも軍隊煙草/兵隊さん喜べ、近く實現
7	南鮮版	1935-12-01	02단	“太陽への憧れ”明視運動
8	南鮮版	1935-12-01	02단	友情の火は燃える/奇禍の金消防手、同僚の輸血で死の一步前生命を取止む
9	南鮮版	1935-12-01	03단	鐵道歌當選本月末發表
10	南鮮版	1935-12-01	05단	除隊兵の先陣/特科部隊內地へ
11	南鮮版	1935-12-01	05단	京城消防署/移轉新築に決定
12	南鮮版	1935-12-01	05단	京畿道異動
13	南鮮版	1935-12-01	05단	保險模範島/朝島を表彰
14	南鮮版	1935-12-01	06단	人生裏街を發く/五右衛門の豫言的中(種類別、年齡別、男女別)
15	南鮮版	1935-12-01	06단	忠南校長會議
16	南鮮版	1935-12-01	06단	朝鮮豚の滿洲輸出倍增
17	南鮮版	1935-12-01	06단	遞信局辭令
18	南鮮版	1935-12-01	07단	地方固有の氣象/道內隈なく速報/全南の氣象陣强化
19	南鮮版	1935-12-01	07단	竣工近き釜山府立病院
20	南鮮版	1935-12-01	07단	溫泉騷動解決
21	南鮮版	1935-12-01	09단	老人の輪禍
22	南鮮版	1935-12-01	09단	千四百圓拐帶
23	南鮮版	1935-12-01	09단	放蕩の兄放火
24	南鮮版	1935-12-01	10단	各地から(大邱、京城、釜山)
25	南鮮版	1935-12-03	01단	奉祝！御命名式/四日、各地で旗行列(大邱、木浦、大田)
26	南鮮版	1935-12-03	01단	“就職の春”朗らか/學園に理論の制服脫すて/若人は行く實社會(高工、法專、帝大、高商、醫專、藥專)
27	南鮮版	1935-12-03	03단	國防上の美擧は感激に堪へぬ/榮轉の正式發令に接し/植田大將惜別の感懷
28	南鮮版	1935-12-03	03단	各地から(京城、大邱、木浦、開城、浦項、仁川、釜山)
29	南鮮版	1935-12-03	05단	米穀管理案は大體妥當だ/有賀殖銀頭取語る
30	南鮮版	1935-12-03	05단	出勤時間變更

일련번호	판명	간행일	단수	기사명
31	南鮮版	1935-12-03	06단	鐵道局大奮發の年末サービィス/滿洲歸りの客に直通二本を增發/聯絡般も三回就航
32	南鮮版	1935-12-03	06단	"新兵訪問記"發禁
33	南鮮版	1935-12-03	06단	朝陽無盡の落成式
34	南鮮版	1935-12-03	07단	女子供を連れ驅落の果て/二度自殺の男の身許
35	南鮮版	1935-12-03	07단	一日に千四百輛/貨車動員の最高記錄
36	南鮮版	1935-12-03	07단	一家總掛りで紙幣僞造
37	南鮮版	1935-12-03	07단	煙草小賣入表彰式/大邱專賣支局で擧行
38	南鮮版	1935-12-03	08단	一萬圓詐取/約手を僞造して
39	南鮮版	1935-12-03	09단	貯銀落成式
40	南鮮版	1935-12-03	09단	米倉倉庫充實
41	南鮮版	1935-12-03	10단	赤色勞組求刑【旣報以外の分】
42	南鮮版	1935-12-03	10단	販賣勤誘員解雇
43	南鮮版	1935-12-04	01단	*南大門には電飾　花電車も運轉　皇子樣御命名式を奉祝し大京城擧げて盛裝/總裁宮殿下の御言葉奉讀 慶北の消防組*
44	南鮮版	1935-12-04	01단	好景氣の歲末に慌しい釜山埠頭/昨年の坐礁騷ぎに懲りて/鐵道側も早手廻しの準備
45	南鮮版	1935-12-04	01단	祝杯に散る白雪/待望の淸律飛行場開場式/惜しや飛行機來らず
46	南鮮版	1935-12-04	01단	朝鮮軍の重要性/ハッキリと判る/陸軍異動を觀る
47	南鮮版	1935-12-04	03단	俊敏の手腕/厚い情誼/鎭海法務官に榮轉の樋口芳包氏
48	南鮮版	1935-12-04	03단	鮮內視察團
49	南鮮版	1935-12-04	04단	荻籠の北米進出/二十萬個の大口注文
50	南鮮版	1935-12-04	04단	油斷のならぬ行狀記/「冬は特に御注意を」/京畿道保導聯盟から警告(初等學校、中等學校)
51	南鮮版	1935-12-04	04단	十一名入選/泰東書道展に大邱高女から
52	南鮮版	1935-12-04	04단	名殘惜しい/全州から光州へ榮轉の橋本檢事正談
53	南鮮版	1935-12-04	05단	釜山の初水
54	南鮮版	1935-12-04	05단	工場方面へ武道奬勵/日本精神を皷吹
55	南鮮版	1935-12-04	05단	全北道議補選
56	南鮮版	1935-12-04	06단	愈よ明年度から工業用水の檢査/本府中央試驗所が乘出し/各地で地下のボーリング
57	南鮮版	1935-12-04	06단	*一齊に年末警戒 京城は十五日頃から/三期に分けて開始した釜山*
58	南鮮版	1935-12-04	07단	年賀電報/便利になる
59	南鮮版	1935-12-04	07단	「曉を目指して」/麻藥中毒者の更生に/新しく映畵をつくる

일련번호	판명	간행일	단수	기사명
60	南鮮版	1935-12-04	08단	副議長に奥村氏當選/光州初府會
61	南鮮版	1935-12-04	08단	大邱の火事
62	南鮮版	1935-12-04	08단	京仁トラック重役
63	南鮮版	1935-12-04	08단	鰊鱈繁殖協議
64	南鮮版	1935-12-04	08단	總督府の定期昇給
65	南鮮版	1935-12-04	09단	時計泥棒の容疑者逮捕
66	南鮮版	1935-12-04	09단	警部補試驗/本試驗施行
67	南鮮版	1935-12-04	09단	各地から(釜山、大邱)
68	南鮮版	1935-12-05	01단	*二千萬人の萬歲奉唱　半島どよもす赤誠の慶祝　御名奉揭の剎那　忽ち感激の拍手　朝鮮神宮奉祝會の盛況を躍る電波で全鮮へ/奉祝電報　宇垣總督より/地に一萬の旗行列　空に奉祝飛行　軍都平壤は歡喜一色/光榮の赤ちゃん　京城に二人産ぶ聲(麗水、大邱、咸興、光州、釜山、新義州、淸津、元山)*
69	南鮮版	1935-12-05	01단	御名を速報/本社慶祝のウナ電
70	南鮮版	1935-12-05	04단	佳き日、又も參拜拒否/平壤崇義女學校の不祥事
71	南鮮版	1935-12-05	04단	産業課長會議
72	南鮮版	1935-12-05	05단	陸軍異動/母紙所報以外
73	南鮮版	1935-12-05	06단	朝鮮軍の人々は殆んど全部知己/小磯新軍司令官語る
74	南鮮版	1935-12-05	06단	京城の火事
75	南鮮版	1935-12-05	07단	五名死傷/金井鑛山の珍事
76	南鮮版	1935-12-05	07단	*金庫を破壞し有金山分け　大邱の五人組竊盜團/大金盜まる大邱歲の市で/四人組の追剝*
77	南鮮版	1935-12-05	08단	總督、溫陽溫泉へ
78	南鮮版	1935-12-05	08단	穴住ひの少年竊盜團捕はる
79	南鮮版	1935-12-05	09단	*歲末賣出し　釜山は五月から/開城も蓋開け*
80	南鮮版	1935-12-05	09단	必勝を期して
81	南鮮版	1935-12-05	10단	後藤連平氏
82	南鮮版	1935-12-05	10단	各地から(大邱、釜山、京城)
83	南鮮版	1935-12-06	01단	*東洋住ひの西洋人　夏は全部集める“金剛山の知己”の命を受け　調査隊の實地踏査/是非國家のためやり遂げる　野澤翁東京で語る*
84	南鮮版	1935-12-06	01단	皇子さま萬歲
85	南鮮版	1935-12-06	02단	重なる不祥事に警務局乘出す/威信に關すと重大視
86	南鮮版	1935-12-06	03단	十年産米から特別標記/忠南の銀坊主
87	南鮮版	1935-12-06	04단	立石氏官選/慶南道議補充
88	南鮮版	1935-12-06	04단	釜山中央市場十一月賣上高

일련번호	판명	간행일	단수	기사명
89	南鮮版	1935-12-06	04단	鎭海實彈射擊
90	南鮮版	1935-12-06	05단	宛ら京城の二大支柱/豪華な貯銀、瀟洒な府民館
91	南鮮版	1935-12-06	05단	一先づ解決/群由港の附帶費
92	南鮮版	1935-12-06	05단	鮮産琺瑯鐵器/輸出統制の協議/七日から釜山で開催
93	南鮮版	1935-12-06	06단	*養父無情と恨まず 搜し求む曲馬團の娘　途方に暮れ大邱派出所へ/一旦捨てたが届出た親心*
94	南鮮版	1935-12-06	06단	スリ團檢擧
95	南鮮版	1935-12-06	07단	慶南の自作農/設定割當決る
96	南鮮版	1935-12-06	08단	現職判事ら起訴/尙州の麻雀賭博事件
97	南鮮版	1935-12-06	08단	阿片喫煙檢擧
98	南鮮版	1935-12-06	08단	各地から(釜山、大邱)
99	南鮮版	1935-12-06	09단	親子三人悶死/食物の中毒か
100	南鮮版	1935-12-06	10단	東郷元帥記念事業寄附募集
101	南鮮版	1935-12-07	01단	*鐵窓に愛の光り出所ちかき服役者に　行刑累進處遇令の福音/母性愛の凱歌 "赤の闘將"姜文秀轉向し 鐵窓變じて更生道場/前科者なるが故に 女の兩親は結婚を許さず 再び罪を犯した男*
102	南鮮版	1935-12-07	01단	奉祝グラフ
103	南鮮版	1935-12-07	03단	*惡の華同情の花 師走の街に 保險金詐取の放火を警戒せよ本部から各道へ通牒/夜警に出動　慶南義勇團/港の特別警戒釜山は八日から/小手調べに　三市の一齊檢束/鐘路署浮浪者檢擧/小刀振かざし百五十圓を强奪　全南の二人組辻强盜/軒並みに荒す/高飛犯人逮捕*
104	南鮮版	1935-12-07	04단	商戰花やか/釜山の聯合大賣出し始まる
105	南鮮版	1935-12-07	04단	貧しい人々へ/救護の烽火/釜山に數々の美擧
106	南鮮版	1935-12-07	04단	旅客事務の打合會
107	南鮮版	1935-12-07	04단	局線貨物增加
108	南鮮版	1935-12-07	05단	太田會頭辭任す/後任は吉田氏か、加藤氏/揉める仁川商議
109	南鮮版	1935-12-07	06단	二棟西戶燒く/光州の火事
110	南鮮版	1935-12-07	06단	小鹿島樂園の第一期計畫終る/三千八百十名收容
111	南鮮版	1935-12-07	07단	新事實發覺/鐘路署巡査も召喚さる
112	南鮮版	1935-12-07	07단	峰元氏鄕里へ/司法主任ら急行
113	南鮮版	1935-12-07	07단	約千百萬圓/京畿明年度豫算の要求順
114	南鮮版	1935-12-07	08단	揮發油爆發/仁川港の船火事
115	南鮮版	1935-12-07	08단	農業校の夏休み明年から縮める/校長さんは皆贊成
116	南鮮版	1935-12-07	08단	人命救助表彰

일련번호	판명	간행일	단수	기사명
117	南鮮版	1935-12-07	08단	近く殖産契の施行細則公布
118	南鮮版	1935-12-07	09단	各地から(大邱、京城)
119	南鮮版	1935-12-08	01단	嘗ての共産部落/模範農村に更生/黎明に立つ/全南玉果面
120	南鮮版	1935-12-08	01단	豪華な大社交場/京城府ご自慢の府民館/十日、賑かに開館式
121	南鮮版	1935-12-08	01단	定員を三名超過/十日−全州商議選擧
122	南鮮版	1935-12-08	01단	釜山博覽會自然消滅？/一郡に非難の聲
123	南鮮版	1935-12-08	02단	勉强する囚人/大邱刑務所の夜學
124	南鮮版	1935-12-08	03단	黑字つづき/十一月の鐵道
125	南鮮版	1935-12-08	03단	“謹賀新年”の洪水/今年は五千萬通突破の見込み/歲末の郵便局は戰場だ
126	南鮮版	1935-12-08	04단	初代福議長に齋藤氏當選/大田初府會
127	南鮮版	1935-12-08	04단	新兵さんが來る/十日未明に釜山上陸
128	南鮮版	1935-12-08	04단	鮮內置籍船舶
129	南鮮版	1935-12-08	05단	元上南面長ら有罪決定/三萬三千圓橫領
130	南鮮版	1935-12-08	05단	慶南各地へ氣象を放送/每日二回づつ
131	南鮮版	1935-12-08	05단	*京城共民學校も排日教科書使用　全鮮廿餘校、徹底的に調べ不穩の教科書は廢棄處分/今後は留意　京城領事館談/各地中國領事館京城が統制*
132	南鮮版	1935-12-08	06단	女子供の三死體/果然鄕里で發見/黑岩が來鮮前に撲殺
133	南鮮版	1935-12-08	06단	反對押切り/値下げ斷行/京城のタクシー
134	南鮮版	1935-12-08	06단	各地から(京城、釜山、晋州)
135	南鮮版	1935-12-08	07단	高速度電車もやがて生れよう/京軌の電化工事完了
136	南鮮版	1935-12-08	07단	指導部落二培を増設/明年度慶南で
137	南鮮版	1935-12-08	07단	慶南織物檢查/九日から實施
138	南鮮版	1935-12-08	08단	赤色勞組事件判決は廿日頃
139	南鮮版	1935-12-08	08단	老人窒死/火事に驚いて
140	南鮮版	1935-12-08	08단	勉强させて就職まで斡旋/喜しい京城圖書館
141	南鮮版	1935-12-08	08단	女事務員自殺未遂
142	南鮮版	1935-12-10	01단	*好況の波に乘り不良水組も蘇る　續出する新設や復活計畫本府は認めぬ方針/副業に勵め　農村は立直る　近く再び激勵の通牒*
143	南鮮版	1935-12-10	02단	大邱入營兵/十日夕到着
144	南鮮版	1935-12-10	02단	今後參拜せずば斷然學教を解散/長老派首腦部の陳情を渡邊學務局長一蹴
145	南鮮版	1935-12-10	02단	モダンな高靈橋/十四日盛大な竣工式

일련번호	판명	간행일	단수	기사명
146	南鮮版	1935-12-10	03단	雪よ降れ/スキー列車待機
147	南鮮版	1935-12-10	03단	佐枝少將着任
148	南鮮版	1935-12-10	04단	蔚山上空で遊覽飛行/十六、七の兩日
149	南鮮版	1935-12-10	04단	十一月中の內地宛小包郵便
150	南鮮版	1935-12-10	04단	將來の中心市街/釜山南港の埋築工事/第一期第二期めでたく竣工
151	南鮮版	1935-12-10	04단	慶南棉花共販順調
152	南鮮版	1935-12-10	05단	歲末臨時急行の發着時間きまる/二十八、九兩日に運轉
153	南鮮版	1935-12-10	05단	師走數學は桁外れ/世を擧げての書入時に冬は無情の動物園(京城驛、京城郵便局、五百貨店、鮮銀、花柳界、映畵館、動物園)
154	南鮮版	1935-12-10	06단	米穀資金は三千萬圓/廿日から貸出
155	南鮮版	1935-12-10	06단	宇垣總督歸任
156	南鮮版	1935-12-10	07단	十四日決行/日滿定期飛行
157	南鮮版	1935-12-10	07단	京城のタクシーメーター制採用/一月から値下げ實施
158	南鮮版	1935-12-10	07단	ギャングを警戒されよ/銀行會社へ注意
159	南鮮版	1935-12-10	07단	義母の死體發掘して解剖/釜山の保險魔事件
160	南鮮版	1935-12-10	07단	二セ醫師逮捕
161	南鮮版	1935-12-10	08단	買物女を襲ふ
162	南鮮版	1935-12-10	09단	各地から(釜山、晋州、鎭海、開城)
163	南鮮版	1935-12-11	01단	*上陸第一步から零下五度　寒い半島氣分　背廣や靑訓服の色とりどり　新兵さん、ようこそ/今後內鮮融和に拍車をかけたい　植田大將と下關で軍務引繼ぎ　小磯新軍司令官半島入/大串少將赴任/三度日の勤め懷しさ一入　佐枝新軍參謀長語る*
164	南鮮版	1935-12-11	03단	卅周年祝賀/釜山繁榮會
165	南鮮版	1935-12-11	03단	京城の官廳街に光彩放つ遞信會館/設計成り近く地鎭祭
166	南鮮版	1935-12-11	04단	慶南農民訓練所/一月末に竣工
167	南鮮版	1935-12-11	04단	*南鐵自動車路線 買收に內定　豫算は七十萬圓見當/全鮮的國營の意圖なし*
168	南鮮版	1935-12-11	04단	總督、再び溫陽へ
169	南鮮版	1935-12-11	05단	米倉支店を/浦項も要望
170	南鮮版	1935-12-11	05단	三陟保留炭田/近く拂下げ申請/半年以內に事業着手
171	南鮮版	1935-12-11	05단	本格的の酷寒(大邱、開城)
172	南鮮版	1935-12-11	06단	千萬圓超ゆ/九年中の土木關係被害調べ
173	南鮮版	1935-12-11	06단	「ふうん」と感嘆一本槍/スポーツ局長が孫基禎選手を招待し/勝ってくれと激勵の會

일련번호	판명	간행일	단수	기사명
174	南鮮版	1935-12-11	07단	送炭コース明言できぬ/內藤副社長談
175	南鮮版	1935-12-11	07단	花やかに開館式/新裝の京城府民館
176	南鮮版	1935-12-11	08단	京城府廳で籠抜け/虎の子を捲上ぐ
177	南鮮版	1935-12-11	08단	土師知事も放送/國境警備後援デーに釜山放送局から
178	南鮮版	1935-12-11	08단	死體解剖に/佐藤博士來釜
179	南鮮版	1935-12-11	08단	待合室で出産
180	南鮮版	1935-12-11	09단	チンピラ竊盜團
181	南鮮版	1935-12-11	10단	各地から(京城、大邱、開城、釜山)
182	南鮮版	1935-12-12	01단	榮えの初代議員/全州商議當選者決る
183	南鮮版	1935-12-12	01단	*皆さんの御鞭撻で初志を果したい 小磯軍司令官の聲明/晴れの着任　龍山驛を埋める官民/新兵さん所屬部隊地へ到着*
184	南鮮版	1935-12-12	03단	お歲暮御法度/「嚴正の官廳事務に暗影」/京畿道率先して通牒
185	南鮮版	1935-12-12	03단	緊張する警備陣/各地とも十五日から(京城、大邱)
186	南鮮版	1935-12-12	04단	乾海苔と海藻/慶南で道營檢査
187	南鮮版	1935-12-12	05단	就任打合せに/高山博士十七日に東上
188	南鮮版	1935-12-12	05단	奇怪な一つの謎/稀有の尊屬殺人を犯した/保險魔、金の犯行心理
189	南鮮版	1935-12-12	05단	北支方面へ實業視察團/釜山商議から
190	南鮮版	1935-12-12	06단	釜山、蔚山間のダイヤ決定/十六日から新線運轉
191	南鮮版	1935-12-12	06단	開發の諒解を求む/朝鮮電力重役本府訪問
192	南鮮版	1935-12-12	07단	三名中傷す/トラックが列車に衝突
193	南鮮版	1935-12-12	07단	*酷寒の襲來に一入昂まる同情 國境警備後援デー/零下六度二分　釜山地方の酷寒*
194	南鮮版	1935-12-12	08단	衝突で二名重輕傷
195	南鮮版	1935-12-12	09단	彦州公普出火
196	南鮮版	1935-12-12	10단	六棟五戶燒く/杞溪面の火事
197	南鮮版	1935-12-12	10단	街上で悶死
198	南鮮版	1935-12-12	10단	覆面の辻强盜
199	南鮮版	1935-12-12	10단	各地から(京城、釜山、大田)
200	南鮮版	1935-12-13	01단	內地資本の進出/第一期は一段落/大工場續出の盛觀
201	南鮮版	1935-12-13	01단	三道の麯子業者/合同成立す/總釀造高は十五萬石
202	南鮮版	1935-12-13	01단	*高村氏の寄附で京城に府立中學 明年四月から開校/農科を新設　明年度から普成專門に*
203	南鮮版	1935-12-13	02단	京城江原道のトラック合同さす
204	南鮮版	1935-12-13	02단	*城大總長就任を高山博士辭退す 學內にも留任說有力/「辭退は事實　理由は言へぬ」 高山長崎醫大學長談*

일련번호	판명	간행일	단수	기사명
205	南鮮版	1935-12-13	03단	マコー斷然首位/金剛はテンで賣れぬ/「煙さへ吹かせば」の世相
206	南鮮版	1935-12-13	04단	特急ひかり三時間遲る/機關車が脫線
207	南鮮版	1935-12-13	04단	女子教育振興に總督も街頭へ/十七日講演會開く
208	南鮮版	1935-12-13	04단	小磯軍司令官
209	南鮮版	1935-12-13	05단	本年中に十二億圓/躍進の半島貿易
210	南鮮版	1935-12-13	05단	家庭工業强調/京城商議の明年度豫算
211	南鮮版	1935-12-13	05단	*銀幕迎春の悲鳴 檢閱申請が每日百卷 十五日まで、と業者へ通牒/映畵の美化工作 當局と業者協同で不健全映畵を排擊*
212	南鮮版	1935-12-13	06단	殖産契結成/慶南に十ヶ所
213	南鮮版	1935-12-13	07단	移出牛增加
214	南鮮版	1935-12-13	07단	自動車に刎られ瀕死の重傷
215	南鮮版	1935-12-13	07단	四年制短縮の贊成意見が多い/釜山高女の學制改革
216	南鮮版	1935-12-13	07단	東拓鑛業の重役陣一新
217	南鮮版	1935-12-13	08단	二十年求刑/性こりもない京城の强盜に
218	南鮮版	1935-12-13	08단	浦項の歲末賣出し
219	南鮮版	1935-12-13	08단	紅蔘を密造/二名逮捕さる
220	南鮮版	1935-12-13	08단	鐵道の增給昇格/日給者の分發令さる
221	南鮮版	1935-12-13	08단	飛乘り仕損じ職工重傷
222	南鮮版	1935-12-13	08단	長生浦下關間/博洋丸就航
223	南鮮版	1935-12-13	09단	千八百圓盜難
224	南鮮版	1935-12-13	09단	各地から(光州、釜山、京城、大田、開城)
225	南鮮版	1935-12-13	09단	朝鮮陸協の新役員
226	南鮮版	1935-12-14	01단	*東海南部線全通 便利な環狀觀光線 沿線を點綴する名勝舊蹟 十六日から營業(佐川、月內、南倉、德下、蔚山)/新設驛長決定*
227	南鮮版	1935-12-14	01단	*機關統一梃初め 續々と集まる慰問袋 京城の國境警備後援デー/光る義金 人力車夫から*
228	南鮮版	1935-12-14	01단	慶南の四無盡/合併に異存なし/資本金は百萬圓見當
229	南鮮版	1935-12-14	03단	日滿定期飛行/又もや延期/十七日に決行?
230	南鮮版	1935-12-14	03단	大邱の行政區域一躍三倍に擴張/近く本部へ正式申請
231	南鮮版	1935-12-14	03단	商銀總貸出額
232	南鮮版	1935-12-14	04단	糯米値上げ
233	南鮮版	1935-12-14	04단	總督、十四日歸城
234	南鮮版	1935-12-14	05단	蔡達默氏の忠靈塔/忠南禮山郡で建設準備
235	南鮮版	1935-12-14	05단	加藤鮮銀總裁/近く新京へ
236	南鮮版	1935-12-14	05단	在滿交贊部隊/京龍通過時間

일련번호	판명	간행일	단수	기사명
237	南鮮版	1935-12-14	06단	銀盤の花開く/昌慶苑の春塘池凍結し/スケーター連勇躍
238	南鮮版	1935-12-14	06단	大邱の怪盜/捕へてみれば少年ルンペン
239	南鮮版	1935-12-14	06단	味噲の下にモヒ/一萬餘圓の密輸發覺
240	南鮮版	1935-12-14	06단	五專門學校の入學案内
241	南鮮版	1935-12-14	06단	十年振りの嚴寒/漢江は早くも大銀盤
242	南鮮版	1935-12-14	06단	殖産契令施行規則/二十日から實施
243	南鮮版	1935-12-14	07단	高麗神社の淨財を募集
244	南鮮版	1935-12-14	07단	自動車の性能檢査機/釜山、平壤にも
245	南鮮版	1935-12-14	07단	僞刑事捕はる
246	南鮮版	1935-12-14	08단	寒波で鰤襲來
247	南鮮版	1935-12-14	08단	火の用心/京城で火災豫防運動
248	南鮮版	1935-12-14	08단	「感慨無量」/公州から全州へ榮轉の酒井檢事正談
249	南鮮版	1935-12-14	08단	馬場辯護士有罪と決定
250	南鮮版	1935-12-14	08단	お通夜の火事で家ぐるみに火葬/氣を惡くして悔み客賭博開帳
251	南鮮版	1935-12-14	08단	各地から(大邱、京城)
252	南鮮版	1935-12-14	09단	釜山阿片窟の支那人檢擧/船員と結託か
253	南鮮版	1935-12-14	10단	大邱拳鬪大會
254	南鮮版	1935-12-15	01단	*極祕の扉押開き　現れた速水教授　『內諾はしたが、健康が』城大の新總長は遠慮がち/學內の總意反映　豫選投票では最高位　速水教援に落つくまでの經緯*
255	南鮮版	1935-12-15	01단	空前の棉作景氣/年の暮、慶北農民の懷へ/現金二百六十五萬圓
256	南鮮版	1935-12-15	03단	是非守りませう/盜難除け十戒
257	南鮮版	1935-12-15	04단	大邱に初雪
258	南鮮版	1935-12-15	04단	四博士十七日來城/記念博物館設計審査に
259	南鮮版	1935-12-15	04단	總額九十五萬圓/旱水害の國庫補助決る
260	南鮮版	1935-12-15	04단	めでたい渡初め/賑ふ高靈橋竣工式
261	南鮮版	1935-12-15	05단	月內海岸の風光/思はず感嘆の聲/處女列車の乘心地も上乘/東海南部線試乘記/大江記者
262	南鮮版	1935-12-15	05단	年賀郵便は成べく早く/釜山局で宣傳
263	南鮮版	1935-12-15	06단	饗應受けて穀檢に手心/東萊に不正？
264	南鮮版	1935-12-15	08단	雜穀商人の談合發覺/釜山署活動
265	南鮮版	1935-12-15	08단	教育功績者/七名を表彰
266	南鮮版	1935-12-15	08단	現職判事ら十九名に罰金/尙州の麻雀賭博事件
267	南鮮版	1935-12-15	09단	入營奉告祭/朝鮮神宮で
268	南鮮版	1935-12-15	09단	石油鑵爆發/三名死傷/鳳山面の珍事

일련번호	판명	간행일	단수	기사명
269	南鮮版	1935-12-15	09단	明春大宣傳/釜山生産品を
270	南鮮版	1935-12-15	10단	浮浪者六百/三都市で檢擧
271	南鮮版	1935-12-15	10단	靴下の中に五百圓
272	南鮮版	1935-12-15	10단	各地から(京城、大邱、釜山)
273	南鮮版	1935-12-17	01단	主要産業の産額/十七億圓を超ゆ/目覺し九年度の調べ
274	南鮮版	1935-12-17	01단	速水博士の總長/明春早々に發令/總督との懇談で確定
275	南鮮版	1935-12-17	01단	用地まで奇附/師範設置を待つ/全州のお膳立整ふ
276	南鮮版	1935-12-17	01단	京仁トラック重役
277	南鮮版	1935-12-17	01단	暖い金品の山/京城の同情週間
278	南鮮版	1935-12-17	01단	德壽宮の陳列替
279	南鮮版	1935-12-17	02단	新線に處女列車/空に祝賀飛行/佐川、蔚山間の開通式
280	南鮮版	1935-12-17	03단	ボーナス渡る/大邱のお役所
281	南鮮版	1935-12-17	03단	漂流運搬船/漸く救助さる
282	南鮮版	1935-12-17	04단	*自由團體として建築協會を再建　會長は官界から物色/上告審公判は明春*
283	南鮮版	1935-12-17	04단	朝鮮神宮の獻詠歌兼題
284	南鮮版	1935-12-17	04단	雪中の慶北高靈橋の渡初め式（十四日）
285	南鮮版	1935-12-17	05단	簡保積立金の融資
286	南鮮版	1935-12-17	05단	儲け頭は京釜線/半島の鐵道はどこもかも/ザクザクと黃金の音
287	南鮮版	1935-12-17	06단	駐在所を派出所に/京畿道警察部で準備
288	南鮮版	1935-12-17	06단	祝へ三億圓突破/繁榮の釜山港/景氣よく稅關の祝宴
289	南鮮版	1935-12-17	06단	「生栗いかゞ」/すみにおけぬ/商ひ口調/金釦の實習隊街頭へ
290	南鮮版	1935-12-17	06단	火藥取締規則/全般的に改正
291	南鮮版	1935-12-17	07단	農付美談集/紀元節に發行
292	南鮮版	1935-12-17	07단	鮮內の宣教にサジを投ぐ/外人宣教師漸次退鮮
293	南鮮版	1935-12-17	08단	大田の義士會盛況
294	南鮮版	1935-12-17	08단	特急「ひかり」/二時間も立往生/先行列車の事故で
295	南鮮版	1935-12-17	09단	誂向きの副業/紙製のバナマ帽や織物奬勵
296	南鮮版	1935-12-17	09단	若夫婦心中/京釜線に飛込み
297	南鮮版	1935-12-17	09단	拐帶犯人逮捕
298	南鮮版	1935-12-17	09단	年賀葉書用の一錢五厘切手好評
299	南鮮版	1935-12-17	10단	各地から(大邱、仁川、京城)
300	南鮮版	1935-12-18	01단	鮮內歸省客にも臨時列車を增發/完璧期す歲末輸送陣
301	南鮮版	1935-12-18	01단	色服の着用はいま一息だ/溫泉で休養しながらも流石氣になる宇垣さん

일련번호	판명	간행일	단수	기사명
302	南鮮版	1935-12-18	01단	クリスマス・デコレーションも早目に
303	南鮮版	1935-12-18	01단	釜山商議交通部會
304	南鮮版	1935-12-18	02단	南鐵兼營バス/買收はせぬ/吉田鐵道局長歸來談
305	南鮮版	1935-12-18	03단	査定の難關鐵道公債/明年度豫算近く閣議で決定
306	南鮮版	1935-12-18	03단	聲價傷つく慶南米/穀檢の不正、金海へ飛火し/道議、官吏ら續々引致さる
307	南鮮版	1935-12-18	04단	正式裁判を十八名申立/尙州麻雀賭博
308	南鮮版	1935-12-18	04단	互ひに競って豪華な特輯プロ/釜山の新春銀幕陳(寶來館、相生館、昭和館)
309	南鮮版	1935-12-18	04단	各地に白雪舞ふ(大邱、釜山、馬山)
310	南鮮版	1935-12-18	04단	佐川蔚山間開通式
311	南鮮版	1935-12-18	06단	「マスクと含嗽勵行して欲しい」/各地に流感が猖獗
312	南鮮版	1935-12-18	07단	運動競技界(全大邱勝つ/對醫專ラグビー)
313	南鮮版	1935-12-18	07단	ロンドンから/取引の打珍/棉の大邱へ
314	南鮮版	1935-12-18	07단	各地から(釜山、大邱、京城、開城)
315	南鮮版	1935-12-18	08단	冬休みの心得/京畿道保導聯盟から希望
316	南鮮版	1935-12-18	08단	去年より高率/釜山官廳街のボーナス支給
317	南鮮版	1935-12-18	08단	おめでた
318	南鮮版	1935-12-18	09단	曺元検事ら大邱へ移監
319	南鮮版	1935-12-18	09단	仁川少年刑務所/明夏一部竣成
320	南鮮版	1935-12-18	10단	三人組の追剝
321	南鮮版	1935-12-18	10단	産繭增産要望/製絲協會から
322	南鮮版	1935-12-18	10단	釜山職業校/專科生募集
323	南鮮版	1935-12-19	01단	*實直な燒芋屋も今は誇大妄想狂 "不敬漢"王仁三郎　若き日の恩師、阿知和宮司　往時を顧みて嘆く/綾部へ訪ねると大臣以上の歡待 自ら布團まで敷いて呉れ "喜びの歌"一夜に五十首*
324	南鮮版	1935-12-19	01단	明暗歲末行進曲 1/灰かぐら二千萬圓/「まるで生きものを燒く臭ひ」/札も老いては一片の反故
325	南鮮版	1935-12-19	04단	朝汽株主總會
326	南鮮版	1935-12-19	05단	友は國境に在り對抗演習慰勞金を贈る/全北警察官の美擧に感動/"匿名氏"も輕機關統三梃
327	南鮮版	1935-12-19	05단	不振の米取も漸く一縷の活路/新公定米價は妥當
328	南鮮版	1935-12-19	06단	"色服から白衣に"大邱の雪景色
329	南鮮版	1935-12-19	08단	釜山支所へ波及/筒井技手召喚を受く
330	南鮮版	1935-12-19	08단	漁船會社へ摘發のメス/元社員引致さる

일련번호	판명	간행일	단수	기사명
331	南鮮版	1935-12-19	08단	日滿共存共榮の方針を貫く/加藤鮮銀總裁語る
332	南鮮版	1935-12-19	09단	東海中部線工事/日滿土木に落札
333	南鮮版	1935-12-19	09단	總督の講演/感銘を與ふ/女子教育者大會
334	南鮮版	1935-12-19	09단	田代會長辭任/釜山鄕軍分會
335	南鮮版	1935-12-19	10단	精神病者に奇怪な治療/遂に死亡さす
336	南鮮版	1935-12-19	10단	放火自殺企つ/生活難の寡婦
337	南鮮版	1935-12-19	10단	漁船轉覆す
338	南鮮版	1935-12-19	10단	各地から(光州、晋州)
339	南鮮版	1935-12-20	01단	*釜山の雜貨品　ニガリアへ進出　輸入の照會きたる/實業視察團　南洋、南支へ派遣*
340	南鮮版	1935-12-20	01단	五人以上工場/五千百五十に達す/凄い産業の勃興振り
341	南鮮版	1935-12-20	01단	山田現總長/京城引揚げ/廿三日東京へ
342	南鮮版	1935-12-20	01단	明暗歲末行進曲２/氾濫する人生劇場/記憶も新しい名士顯官の靴の音/「景氣がいゝんですねエ」
343	南鮮版	1935-12-20	02단	*三陟炭田委任　經營契約成る/森氏手を引く*
344	南鮮版	1935-12-20	02단	不心得者の手で穀檢左右されず/當局、名譽回復の辯
345	南鮮版	1935-12-20	03단	宇垣總督風邪
346	南鮮版	1935-12-20	04단	盛大な通水式/蔚山で擧行
347	南鮮版	1935-12-20	04단	京城商議豫算部會
348	南鮮版	1935-12-20	05단	新興博開催を府廳へ要望/釜山商議から
349	南鮮版	1935-12-20	05단	大博物館の設計/當選者發表さる/一等は本府の矢野氏
350	南鮮版	1935-12-20	06단	米倉は江景でトラック兼營
351	南鮮版	1935-12-20	06단	各地から(釜山、京城、公州、開城)
352	南鮮版	1935-12-20	07단	絞殺死體の主/行商人の妻/夫と妾が謀殺遺棄
353	南鮮版	1935-12-20	07단	學生列車運轉
354	南鮮版	1935-12-20	08단	鬱陵島に吹雪/漁船三隻遭難
355	南鮮版	1935-12-20	09단	老人子供も十二名火傷/釜鎭造工場で
356	南鮮版	1935-12-20	09단	未成年者禁酒禁煙法促成會生る
357	南鮮版	1935-12-20	09단	心中未遂
358	南鮮版	1935-12-20	10단	馬嚴面事務所/千餘圓盜まる
359	南鮮版	1935-12-20	10단	交通道德宣傳デー/全南で十九日から三日間
360	南鮮版	1935-12-20	10단	釣錢詐欺
361	南鮮版	1935-12-20	10단	櫻井町の强盜に廿年の判決
362	南鮮版	1935-12-20	10단	人夫二名死傷
363	南鮮版	1935-12-20	10단	天理教布教師夫妻拘引

일련번호	판명	간행일	단수	기사명
364	南鮮版	1935-12-21	01단	*飛行機から爆彈 地上では迫擊砲　群る匪賊にブッ放す/お土産ドッサリ 新貝警務課長歸る*
365	南鮮版	1935-12-21	01단	御降誕記念日/愛婦の催し
366	南鮮版	1935-12-21	01단	鮮滿四大都市に有樂座式の大劇場/勝太郎ら人氣者を備ひで/ドッと繰込む花の春
367	南鮮版	1935-12-21	02단	明暗歲末行進曲３/映畵の只見も辛い/朝から夜中までラッシュアワー/「寄らば斬るぞ」の檢閱係
368	南鮮版	1935-12-21	02단	純眞な獻金/各地學校から
369	南鮮版	1935-12-21	03단	新米の買上げ/一月下旬か２月下旬/五十萬石程度を豫想
370	南鮮版	1935-12-21	04단	慰問金を獻納/軍國■談の上等兵
371	南鮮版	1935-12-21	04단	元旦初放送/■田李王■長官の日露戰役の思ひ出
372	南鮮版	1935-12-21	05단	拐帶書記逮浦
373	南鮮版	1935-12-21	05단	トラックが列車に衝突
374	南鮮版	1935-12-21	05단	榮える釜山/貿易額三億圓突破記念に/花やかに祝賀の宴
375	南鮮版	1935-12-21	05단	米穀資金割當
376	南鮮版	1935-12-21	06단	各地から(大邱、釜山、京城)
377	南鮮版	1935-12-21	06단	めでたいお正月のスタンプ
378	南鮮版	1935-12-21	08단	悲しき姉の義損金
379	南鮮版	1935-12-21	08단	溫い寄託品/廿一日に配給
380	南鮮版	1935-12-21	10단	赤行囊强奪
381	南鮮版	1935-12-21	10단	二道トラック合同初顔合せ
382	南鮮版	1935-12-21	10단	奇特な婦人
383	南鮮版	1935-12-22	01단	*御降誕記念日 大邱の奉祝/京城各初等學校で奉祝謹話*
384	南鮮版	1935-12-22	01단	鮮滿拓殖會社/原案通りに決定/明年度から移民實行
385	南鮮版	1935-12-22	01단	明暗歲末行進曲４/臍繰りも總動員だ/天文學的數字捌き、正にスポーツ「宵越しの仕事は持たねえ」
386	南鮮版	1935-12-22	01단	麗港運輸重役改選
387	南鮮版	1935-12-22	01단	漂着漁民何れも監禁同樣の酷遇/サ聯當局へ嚴重抗議
388	南鮮版	1935-12-22	02단	公債容認さる
389	南鮮版	1935-12-22	03단	*年賀狀出すにも商賣のコツ“機敏第一”の釜山商人　深夜、投込む四千通/去年より多い 大邱郵便局*
390	南鮮版	1935-12-22	03단	聽取者慰安會/新春府民館で
391	南鮮版	1935-12-22	04단	一夜に二軒/强盜を働く
392	南鮮版	1935-12-22	04단	博覽會開催で積極的に運動
393	南鮮版	1935-12-22	04단	寧越發電所材料朝運が運送

일련번호	판명	간행일	단수	기사명
394	南鮮版	1935-12-22	05단	峠に覆面强盜
395	南鮮版	1935-12-22	05단	なほ擴大せん/穀檢不正事件
396	南鮮版	1935-12-22	05단	加藤總裁新京到着
397	南鮮版	1935-12-22	05단	各地から(大田、釜山、大邱)
398	南鮮版	1935-12-22	06단	海の安全週間/明年三月一齊に催す
399	南鮮版	1935-12-22	06단	不幸な落選史に今こそおさらば/博物館設計に一等當選の青年投手の苦心談
400	南鮮版	1935-12-22	08단	朝鮮趣味豐か/伊東博士審査評
401	南鮮版	1935-12-22	09단	求刑より輕い/再建同盟事件の判決言渡し
402	南鮮版	1935-12-22	09단	現物出資で新會社創立/二道トラック
403	南鮮版	1935-12-22	09단	幼兒蹴殺さる
404	南鮮版	1935-12-22	10단	三千二百圓/拐帶逃走/預金を裝って
405	南鮮版	1935-12-24	01단	明暗歲末行進曲 5/深夜に動く師走調/ギャング防止、火災豫防の警戒陣/かくて我等の半島は安らか
406	南鮮版	1935-12-24	01단	佳き日奉祝(京城、釜山)
407	南鮮版	1935-12-24	01단	總督へ金杯一組/滿洲事變の論功行賞
408	南鮮版	1935-12-24	01단	二十四日京城府會
409	南鮮版	1935-12-24	01단	大陸の玄關口に山現する健康都市/慶南警察部一肌拔ぐ
410	南鮮版	1935-12-24	02단	*働く農民に魔手を伸ばす　伊藤慶北警察部長談/慶北の送局者/慶南の送局者*
411	南鮮版	1935-12-24	02단	京東鐵道增資
412	南鮮版	1935-12-24	04단	犯人着衣の血痕/被害者と同型/江界の一家鏖殺事件に科學搜査の威力發揮
413	南鮮版	1935-12-24	05단	社會事業へ寄附/宇垣總督夫妻から
414	南鮮版	1935-12-24	06단	勤勞への憧れ/活躍する實習隊/但し報酬はおしるし
415	南鮮版	1935-12-24	07단	人間愛の勝利/"俊才"金斗禎君、赤を清算/鐵窓に步む更生の途
416	南鮮版	1935-12-24	07단	*十五日目に解決 搜査隊から病人續出/全くの一軒家*
417	南鮮版	1935-12-24	10단	臨時急行立往生
418	南鮮版	1935-12-24	10단	松本氏當選/全州商議會頭
419	南鮮版	1935-12-24	10단	各地から(京城、釜山)
420	南鮮版	1935-12-25	01단	國境警官の子供へ玩具と繪本/京城丁子屋から贈る
421	南鮮版	1935-12-25	01단	小磯將軍初の閱兵/精銳一萬、龍山練兵場で/陸軍始めの觀兵式
422	南鮮版	1935-12-25	01단	明暗歲末行進曲 6/飾窓に白木の神棚/彼女曰く、何だか變なクリスマス/心田開發ばやりの歲の市
423	南鮮版	1935-12-25	01단	タガを緩めるな/早耳總督、局長會議で/お役人へ痛いお叱言

일련번호	판명	간행일	단수	기사명
424	南鮮版	1935-12-25	01단	國有財産法/明春から實施
425	南鮮版	1935-12-25	02단	巷の同情を貧しい人々へ/山積する米や衣類
426	南鮮版	1935-12-25	03단	氷上競技選手出發
427	南鮮版	1935-12-25	03단	吉田氏推薦/仁川府會副議長
428	南鮮版	1935-12-25	04단	お飾り露店/廿七日店開き
429	南鮮版	1935-12-25	04단	安賣りせずとも/春先は鮮米時代/石塚技師のお土産話
430	南鮮版	1935-12-25	04단	消えた六十萬圓/調査委員會解散で
431	南鮮版	1935-12-25	04단	優良警官調査
432	南鮮版	1935-12-25	05단	各地から(仁川、釜山、京城、光州、大邱、鎭海、開城)
433	南鮮版	1935-12-25	05단	棄煙草の賠償價格
434	南鮮版	1935-12-25	05단	有力電氣値下げ率
435	南鮮版	1935-12-25	06단	一億圓突破/九年度の林産額
436	南鮮版	1935-12-25	07단	虐待の兒童/全鮮に百卅名/總督府の調査で判明
437	南鮮版	1935-12-25	08단	*三陟保留炭田 年內には拂下げ 明春早々に信託契約/民有炭田の措置に腐心*
438	南鮮版	1935-12-25	08단	兩汽船の補助金增額削除
439	南鮮版	1935-12-25	08단	廿六日保險魔送局
440	南鮮版	1935-12-25	09단	嬰兒殺し發覺
441	南鮮版	1935-12-25	10단	猛火の中に突立つ妻女
442	南鮮版	1935-12-25	10단	十戶全燒/幼兒燒死す
443	南鮮版	1935-12-25	10단	靈山信組燒く
444	南鮮版	1935-12-26	01단	伊勢參拜團/慶南教育會が每年派遣
445	南鮮版	1935-12-26	01단	歲末の釜山棧橋に果然、貨客の洪水/汽車も汽船も超滿員
446	南鮮版	1935-12-26	01단	躍進三六年を聽く/靑年から壯年へ(全鮮に勞銀の雨/振興運動も更に拍車/決意新たに/牛島內務局長談、黑字軌道を驀進/吉田鐵道局長談、驚異の飛躍/井上遞信局長談、東亞を舞台に躍る日近し/加藤鮮銀總裁談、親族相續の慣習を成文法に/增永法務局長談、工業と鑛業/充實時代/穗積殖産局長談、宿望漸く成り/二次擴充へ躍進/渡邊學務局長談、大乘的發展/安井專賣局長談、いま一息で立直る/矢島農林局長談)
447	南鮮版	1935-12-26	02단	軍司令部新年行事
448	南鮮版	1935-12-26	02단	「餘りに殺風景」と三つの小公園/釜山牧ノ島に設ける
449	南鮮版	1935-12-26	03단	事變論功行賞
450	南鮮版	1935-12-26	04단	肺結核撲滅大運動に乘出す/道立病院に病室新設
451	南鮮版	1935-12-26	05단	新醫學博士/培材高普出身韓得喜氏
452	南鮮版	1935-12-26	05단	赤魔爆擊【池田警務局長語る】

일련번호	판명	간행일	단수	기사명
453	南鮮版	1935-12-26	06단	獨自の立場から石油業法を運用/産業政策に重大意義
454	南鮮版	1935-12-26	06단	釜山府會
455	南鮮版	1935-12-26	06단	京城府會
456	南鮮版	1935-12-26	07단	退任議員に表彰
457	南鮮版	1935-12-26	07단	お藥と醫療器具/各警察部、署にも配給
458	南鮮版	1935-12-26	07단	勤勞學園へ同情金
459	南鮮版	1935-12-26	08단	魚油肥統制協議會
460	南鮮版	1935-12-26	08단	移出頗る閑散
461	南鮮版	1935-12-26	09단	龍山スケート同好會うまる
462	南鮮版	1935-12-26	10단	氷上ホッケー聯盟リーダ戰
463	南鮮版	1935-12-26	10단	第七豫後備將校團/明年の紀元節に發團式
464	南鮮版	1935-12-27	01단	漫画にした三十五年A(一月、二月、三月、四月、五月、六月)
465	南鮮版	1935-12-27	01단	小學兒童の六割以上/全然內地を知らぬ/年每に激增の一途
466	南鮮版	1935-12-27	01단	半島の金産額は歐洲全體に匹敵/石田鑛山課長の洋行土産
467	南鮮版	1935-12-27	03단	旱害救濟施設に四十二萬圓/全北道會で可決
468	南鮮版	1935-12-27	04단	編成難に陷る/慶南の予算
469	南鮮版	1935-12-27	04단	消防出初式/京城は六日
470	南鮮版	1935-12-27	05단	全南臨時道會
471	南鮮版	1935-12-27	05단	農村振興委員會
472	南鮮版	1935-12-27	05단	*歲末景氣打診　貸座敷など敬遠　お金は流れるカフエへ　これも御時世安上り/足、足、足を乘せホクホクの京電　來年は親サーヴィス*
473	南鮮版	1935-12-27	06단	各地から(釜山、京城、大田)
474	南鮮版	1935-12-27	07단	百廿萬通/京城の賀狀
475	南鮮版	1935-12-27	08단	續く同情金
476	南鮮版	1935-12-27	08단	江原道に本社/二道トラックの打合せ終る
477	南鮮版	1935-12-27	08단	警察協會支部/後援會設く/明春、先づ京畿道に
478	南鮮版	1935-12-27	08단	鱈放流の場所と擔當技術者
479	南鮮版	1935-12-27	08단	菊芋の栽培/忠南で好成績
480	南鮮版	1935-12-27	09단	緬羊を飼育/京畿道も明年度から
481	南鮮版	1935-12-27	09단	本府の御用納式と御用始式
482	南鮮版	1935-12-27	10단	竊盜容疑苦にして縊死
483	南鮮版	1935-12-27	10단	籠抜け失敗
484	南鮮版	1935-12-27	10단	驛夫人事不省
485	南鮮版	1935-12-27	10단	運動競技界(南滿工專劍道部遠征團)

일련번호	판명	간행일	단수	기사명
486	南鮮版	1935-12-28	01단	勳章傳達式
487	南鮮版	1935-12-28	01단	漫画にした三十五年B(七月、八月、九月、十月、十一月、十二月)
488	南鮮版	1935-12-28	01단	前スペイン第三王子兩殿下
489	南鮮版	1935-12-28	01단	*初春のお樂しみ 映畵街とお客の爭奪戰 釜山興行界の豪華プロ(釜山劇場、大平館、大生座)/ファン絶讚 絢爛たり京城銀幕陣(中央館、若草劇場、松竹座、還花館、喜樂館、府民館、優美館、朝鮮劇場、團成社)*
490	南鮮版	1935-12-28	01단	師範、全州に決定
491	南鮮版	1935-12-28	02단	京城神社の諸祭儀
492	南鮮版	1935-12-28	04단	明年度洋行は水田司計課長
493	南鮮版	1935-12-28	05단	亞砒酸の呪ひ/釜山の“保險魔”送局/注目される檢事局の調べ
494	南鮮版	1935-12-28	05단	馬山稅務署竣工
495	南鮮版	1935-12-28	06단	三陟保留炭田の鑛業權認可/條件付で合同無煙に
496	南鮮版	1935-12-28	06단	大邱消防組出初式
497	南鮮版	1935-12-28	06단	開城オーバーブリッヂ落札
498	南鮮版	1935-12-28	07단	年賀狀殺到
499	南鮮版	1935-12-28	07단	釜山博開催に府當局動く/先づ調査委員會
500	南鮮版	1935-12-28	08단	命懸け？の雜踏/釜山棧橋の旅客洪水
501	南鮮版	1935-12-28	08단	安武氏當選/慶南道議補選
502	南鮮版	1935-12-28	08단	守山橋架設/期成會うまる
503	南鮮版	1935-12-28	08단	志願者押寄す/馬山の騎手採用試驗
504	南鮮版	1935-12-28	09단	本店は春川に三地に支店/二道トラック合同新會社/二月一日から開業
505	南鮮版	1935-12-28	09단	京畿道漁組聯合會認可さる
506	南鮮版	1935-12-28	10단	不正漁船告發
507	南鮮版	1935-12-28	10단	卅名起訴/金泉赤化事件

1936년 1월

일련번호	판명	간행일	단수	기사명
508	南鮮版	1936-01-05	01단	京城の三ヶ日
509	南鮮版	1936-01-05	01단	第二四半世紀の曙/半島大衆に呼びかける兩巨頭/東亞隆昌の天役/實踐に奮起せよ/信念語る宇垣總督
510	南鮮版	1936-01-05	03단	我が精神文化で全地球を包め/"陸軍の龍"小磯軍司令官/"青年朝鮮"へ烈々の餞け
511	南鮮版	1936-01-05	04단	*新春の大空衝き 日滿定期飛行に舞上る-番機 本社メッセーヂを載せ 結びの神、淸津へ/滿腔の祝意表す 本社のメッセーヂ(前田淸津府尹宛、四元淸津商議會■宛、田中濟洲國交通監督部長ならびに皃玉滿洲國航空副社長宛)*
512	南鮮版	1936-01-05	04단	勅諭奉讀式/軍司令部で擧行
513	南鮮版	1936-01-05	05단	汽車も汽船も再び殖やす/お歸り旅客に備へて
514	南鮮版	1936-01-05	07단	*賀狀-三千二百八十九萬通 年賀電報も大好評で激增/子年の爆笑篇 お賽錢が五萬圓 朝鮮神宮へ繰込む人の波/さすが心田開發時代*
515	南鮮版	1936-01-05	08단	鎭海の名刺交換會
516	南鮮版	1936-01-05	09단	*初荷も素晴しく賣出しも大賑ひ 陽氣な釜山のお正月/好景氣の大邱*
517	南鮮版	1936-01-05	10단	*釜山消防組出初式 六日南濱埋立地で擧行/開城/忠南の消防功勞者*
518	南鮮版	1936-01-05	10단	御用始め式/總督府で擧行
519	南鮮版	1936-01-05	10단	産業調査會/十日に打合會
520	南鮮版	1936-01-07	01단	*物心兩方面から更生の二大事業 農山漁村振興と心田開發 統治完成の日近し/重要懸案揃って實現の花やかさ 記錄的の明年度豫算/地方振興土木事業 愈よ明年度から 八百萬圓を投じて/第二豫備金 百萬圓增額 運用にも萬全*
521	南鮮版	1936-01-07	03단	釜山/米取の表彰
522	南鮮版	1936-01-07	03단	北鮮時代㊤/爆彈にも化れば麗人の白粉にも/摩訶不思議、鰯へんげ
523	南鮮版	1936-01-07	04단	勇ましい出初式/各地で美技や表彰(京城、木浦、晋州、大邱)
524	南鮮版	1936-01-07	04단	新嘗祭獻穀田
525	南鮮版	1936-01-07	04단	名士書初め 1/僞物が出るほど進境/宇垣總督
526	南鮮版	1936-01-07	05단	春は馬に乘って
527	南鮮版	1936-01-07	06단	遭難の城大前川君/最早絶望視さる/漢拏山に涙の捜査陣
528	南鮮版	1936-01-07	07단	本社メッセーヂに謝電
529	南鮮版	1936-01-07	08단	病害蟲の桑苗/續々、返送さる/生産地檢査が急務
530	南鮮版	1936-01-07	08단	浦項の初火事

일련번호	판명	간행일	단수	기사명
531	南鮮版	1936-01-07	08단	釜山の初取引
532	南鮮版	1936-01-07	09단	第十三晴昌丸/遭難は確定的/一死體發見さる
533	南鮮版	1936-01-07	09단	本社を見學/大邱少年視察團
534	南鮮版	1936-01-07	10단	各地から(釜山)
535	南鮮版	1936-01-07	10단	四月一日からメーター制/京城のタクシー
536	南鮮版	1936-01-07	10단	松の內の自殺
537	南鮮版	1936-01-07	10단	人夫下數
538	南鮮版	1936-01-08	01단	人心を新たにし統治完成に邁進/總督と總監、初局長會議で重要政策を明示す
539	南鮮版	1936-01-08	01단	*城津、多獅島、三陟　國費修築に決定　初年度は百十五萬圓/地方費修築は五港*
540	南鮮版	1936-01-08	02단	零下十一度/大邱の酷寒
541	南鮮版	1936-01-08	02단	北鮮時代㊦/見よや蒼空高く機械美の極致/電力一切は自己生產
542	南鮮版	1936-01-08	04단	預金、貸出とも空前の激增/昭和十年下半期の鮮內銀行業績(鮮銀、殖銀、商銀、漢城銀、貯銀)
543	南鮮版	1936-01-08	04단	大邱の寒稽古
544	南鮮版	1936-01-08	04단	名士書初め２/風貌に似ず？/名筆/小磯軍司令官
545	南鮮版	1936-01-08	05단	十三戶全半燒/月脊面の火事
546	南鮮版	1936-01-08	05단	死體も發見せず最惡の遭難/山の權威/中村教授談
547	南鮮版	1936-01-08	06단	マラソン日本の新しき太陽/行け、ベルリン！「愉快ですなあ、この二本の足が日章旗を揚げさせると思へば/孫選手、春の氣焰
548	南鮮版	1936-01-08	06단	放れ業競演
549	南鮮版	1936-01-08	07단	各地から(開城、釜山)
550	南鮮版	1936-01-08	07단	工業地帶で水質檢査/五年計畫で實施
551	南鮮版	1936-01-08	09단	釜山棧橋構內/ちかく鋪裝
552	南鮮版	1936-01-08	10단	脫走囚捕はる
553	南鮮版	1936-01-09	01단	勇壯–陸軍始觀兵式/皇軍熱火の意氣/將兵一萬、堂々の分列行進/雪淨き龍山練兵場
554	南鮮版	1936-01-09	01단	*義務教育の階梯　推定學齡兒童の六割を收容　惠まれぬ朝鮮人初等教育　　第二次擴充案成る(公立普通學校、簡易學校)/經費と財源/學校は七千餘校 現在の三倍の激增*
555	南鮮版	1936-01-09	01단	光榮の民間航空事業功勞者
556	南鮮版	1936-01-09	03단	朗かな凱歌/慶南海苔共販
557	南鮮版	1936-01-09	03단	白日夢から醒め滿身に生の歡喜/授産と嚴罰の撲滅運動に影を沒す麻藥中毒者

일련번호	판명	간행일	단수	기사명
558	南鮮版	1936-01-09	04단	鐵道局の定期昇給
559	南鮮版	1936-01-09	05단	名士書初め 3/悟っても失張り寒い/博文寺住職/上野舜頴師
560	南鮮版	1936-01-09	05단	*鮮內九支店を殖銀へ讓渡 長崎十八銀行の發表/行員は殖銀に採用/金融統制 殖銀當局談*
561	南鮮版	1936-01-09	05단	新聞眼に映った滿洲國/短日明の躍進に全く驚嘆した/ニューヨークタイムス東洋記事編輯長/フイシャー氏視察談
562	南鮮版	1936-01-09	06단	百圓搔拂ふ
563	南鮮版	1936-01-09	07단	牛欲しさに人殺し/犯人捕はる
564	南鮮版	1936-01-09	07단	いくら積んでも積み切れぬ旅客/混雜再現の釜山埠頭
565	南鮮版	1936-01-09	08단	錦山峠に追剝
566	南鮮版	1936-01-09	08단	稅制整理の府令/八日府で公布さる(道稅、府稅)
567	南鮮版	1936-01-09	09단	3400萬斤/輝しい新記錄/全南棉花出廻り高
568	南鮮版	1936-01-09	09단	各地から(大邱、京城)
569	南鮮版	1936-01-10	01단	*人と施設充實し活潑に農村振興 經費は異例の增額/農村振興初委員會/お人好しとダ二*
570	南鮮版	1936-01-10	01단	新規施設
571	南鮮版	1936-01-10	01단	春更生の春ひらく 1/平北の巻/昌城郡坪路洞/罰金付きで勵む/堆肥の改良增製/完璧に近い生活設計
572	南鮮版	1936-01-10	01단	忠南辭令(七日附)
573	南鮮版	1936-01-10	02단	五萬突破を祝ひ聽取者の慰安大會/十一・二兩日京城府民館で催す
574	南鮮版	1936-01-10	04단	*ラヂオや無電の雜音除きに成功 佐々木技師の發明/本月下旬から最後の實驗 發明者の語る苦心談*
575	南鮮版	1936-01-10	04단	大田署新廳舍/見事に竣工す
576	南鮮版	1936-01-10	05단	死の銀嶺へ/中村教授出張
577	南鮮版	1936-01-10	06단	名士書初め 4/放膽と細心の使分け/鮮銀總裁/加藤敬三郎氏
578	南鮮版	1936-01-10	06단	ふぐの中毒死
579	南鮮版	1936-01-10	07단	慶北初等校長異動
580	南鮮版	1936-01-10	07단	陸軍始分列式/大邱の盛觀
581	南鮮版	1936-01-10	08단	資本金二千萬圓全額拂込み/鮮滿拓殖會社變更案(滿洲、議會)
582	南鮮版	1936-01-10	08단	四月一日の開廳式/釜山新府廳舍
583	南鮮版	1936-01-10	08단	陸上學聯役員
584	南鮮版	1936-01-10	09단	各地から(京城、釜山、春川、大邱)
585	南鮮版	1936-01-10	09단	飛込み自殺(失業から、失戀から)
586	南鮮版	1936-01-11	01단	道知事會議/四月十四日から十八日迄/農村振興運動を審議

일련번호	판명	간행일	단수	기사명
587	南鮮版	1936-01-11	01단	遭難原因は矢張り謎/石月氏の報告
588	南鮮版	1936-01-11	01단	國境警察官家族へ御下賜品
589	南鮮版	1936-01-11	01단	陽春に花々しく産業調査會の誕生/本府で懇談會開かる
590	南鮮版	1936-01-11	01단	春更生の春ひらく 2/江原道の巻/横城郡横城面永々浦里/網領の示す彼方“筋肉と頭”動員/文盲を絶つ夜學講習
591	南鮮版	1936-01-11	03단	十五、六日頃/初總會開催/市衝地計畫委員會
592	南鮮版	1936-01-11	03단	黑い月
593	南鮮版	1936-01-11	03단	間島時代から北鮮はお馴染み/河原會寧飛行聯隊長談
594	南鮮版	1936-01-11	04단	解散！となれば新豫算はお流れ/但し心配無用の譯は？
595	南鮮版	1936-01-11	04단	心田開發の懇談會/十五日に總督府で開く
596	南鮮版	1936-01-11	05단	宇垣總督初め四百數十名訴ふ/死刑から無罪への李汼倬君が原告
597	南鮮版	1936-01-11	05단	名士書初め 5/物寂びた白木の香り/朝鮮神宮々司/阿知和安彦氏
598	南鮮版	1936-01-11	05단	*慶南の鰤漁業　全く期待はづれ　海流の變化によるか/鰊の豊漁 賑ふ迎日灣*
599	南鮮版	1936-01-11	05단	拐帶店員逮捕
600	南鮮版	1936-01-11	07단	金庫破り逮捕
601	南鮮版	1936-01-11	07단	五千餘名を收容/大邱公設綜合運動場/設計成り下旬に着工
602	南鮮版	1936-01-11	08단	生産費再討議に農林局長ら東上
603	南鮮版	1936-01-11	08단	一道一社の無盡統制/先づ慶南に實現
604	南鮮版	1936-01-11	08단	素睛しい成績/忠南棉花共販
605	南鮮版	1936-01-11	09단	各地から(京城、釜山、鎭海、大邱)
606	南鮮版	1936-01-12	01단	新しい鬪病の旗印“肺結核を撲滅せよ”/全鮮に捲き起す健康運動
607	南鮮版	1936-01-12	01단	*愈よ米穀課新設 七、八月頃の見込み/初代課長に山澤氏確定的*
608	南鮮版	1936-01-12	01단	春更生の春ひらく 3/慶南の巻/三千浦邑宮旨里/每月十五日には社會奉仕デー/力强い金組の後押し
609	南鮮版	1936-01-12	02단	捜査隊引揚ぐ
610	南鮮版	1936-01-12	02단	釜山新興博は明秋に開く/經費卅萬圓を投じて
611	南鮮版	1936-01-12	03단	十年下半期手形交換高
612	南鮮版	1936-01-12	04단	司計課長後任/奧村理財課事務官
613	南鮮版	1936-01-12	04단	警務局長ら國境慰問/慰問品携へて
614	南鮮版	1936-01-12	04단	*亂飛ぶ新築の噂　興行も一日三回　騷然たる京城映畵界/朝鮮映畵の進出 檢閱係の調査に現はれた 半島銀幕界の新傾向*

일련번호	판명	간행일	단수	기사명
615	南鮮版	1936-01-12	05단	名士書初め完/山氣のない雜學博士/京城商護會頭/賀田直治氏
616	南鮮版	1936-01-12	07단	水夫壓死す
617	南鮮版	1936-01-12	08단	*安奉線の運賃改正　對滿貿易に痛手　日糖の負擔、年十萬圓/反對の準備　平壤商議で*
618	南鮮版	1936-01-12	08단	新廳舍落成/穀檢仁川支所
619	南鮮版	1936-01-12	08단	火事は減った/京城の調べ
620	南鮮版	1936-01-12	09단	各地から(京城)
621	南鮮版	1936-01-12	10단	氷上競技大會
622	南鮮版	1936-01-14	01단	小作人も一陽來復/調停令の效能著しく現れ/地位確保の歡び
623	南鮮版	1936-01-14	01단	受驗地獄にメス/全鮮的に惡影響調査
624	南鮮版	1936-01-14	01단	春更生の春ひらく 4/全北の卷/井邑郡淨雨面牛山里/“乞食部落”起てり一錢楔の首途/勝利謳ふ日の丸の旗
625	南鮮版	1936-01-14	02단	慶北道議補選/二月十日に執行
626	南鮮版	1936-01-14	03단	鱈漁業挽回策に卵三億粒を放流/鎭海灣から巨濟島沖へ
627	南鮮版	1936-01-14	03단	市街地計畫/委員會開かる
628	南鮮版	1936-01-14	04단	京城の白米値上げ
629	南鮮版	1936-01-14	04단	全南教育會の總會
630	南鮮版	1936-01-14	04단	南鐵從業員は局鐵へ引繼ぐ
631	南鮮版	1936-01-14	05단	“のぞみ”故障
632	南鮮版	1936-01-14	05단	各地から(光州、大邱、釜山、開城、京城、春川、大田)
633	南鮮版	1936-01-14	06단	大田の愛婦互禮會
634	南鮮版	1936-01-14	06단	京城府外の火事
635	南鮮版	1936-01-14	06단	年中無休で飛ぶ旅客機が四月から每日往復一回づつ
636	南鮮版	1936-01-14	07단	三千圓拐帶店員捕はる
637	南鮮版	1936-01-14	08단	回答なき鑛山へ嚴罰の審議/四百五十五鑛區に上る
638	南鮮版	1936-01-14	09단	未着手線竣成豫定
639	南鮮版	1936-01-14	09단	新社名は“京江陸軍”卅日に創立總會
640	南鮮版	1936-01-14	09단	*穀檢不正事件　大邱、大田へ飛火　公門所長連行さる/武東技手も*
641	南鮮版	1936-01-15	01단	枝川驛昇格
642	南鮮版	1936-01-15	01단	噂の顔觸れ/慶北道議補選
643	南鮮版	1936-01-15	01단	農村振興に躍る六百萬圓の花形/土木事業の內容決定
644	南鮮版	1936-01-15	01단	稀有の金肥暴騰/昭和二年以來の高値
645	南鮮版	1936-01-15	01단	社會事業費に二萬圓を寄附/故閔泳徽子爵家から

일련번호	판명	간행일	단수	기사명
646	南鮮版	1936-01-15	01단	春更生の春ひらく５/咸南の巻/新興郡永高面松興里/「あと一年だ！」打てば響く精進/いつも一等賞の堆肥
647	南鮮版	1936-01-15	02단	*榮州の技手も更に召喚さる 穀檢不正事件/星州から森田技手連行*
648	南鮮版	1936-01-15	03단	宿敵東大制勝が優勝への精神力/全延禧籠救チーム凱旋
649	南鮮版	1936-01-15	04단	酒造工場燒く/京城の火事
650	南鮮版	1936-01-15	04단	神社は宗教に非ず/愛國心と忠誠の現れ/河野內務部長から聲明書
651	南鮮版	1936-01-15	05단	新裝の釜山府立病院
652	南鮮版	1936-01-15	05단	*氷上競技成績　朝鮮神宮水上競技大會成績(スピード、氷上ホッケー准決勝、フィギュア)/全鮮スキー選手權大會*
653	南鮮版	1936-01-15	07단	各地から(京城、釜山、大邱、浦項)
654	南鮮版	1936-01-15	07단	慶北の五本山/佛教協會を組織/心田開發の街頭運動
655	南鮮版	1936-01-15	08단	平山檢事正の遺骨歸る
656	南鮮版	1936-01-15	08단	潭陽郡廳員の公金費消發覺か/內鮮人二名引致さる
657	南鮮版	1936-01-15	09단	移民打合せ/田中外事課長/廿日頃に渡滿
658	南鮮版	1936-01-15	09단	盜んだ上に放火
659	南鮮版	1936-01-15	09단	風儀の悪い教主/第一妾を庇って傷害沙汰/第七妾から訴へらる
660	南鮮版	1936-01-15	10단	新記錄作る/殖銀昨年末米穀資金貸出戻
661	南鮮版	1936-01-15	10단	關釜聯絡船晝便で賭博/呆れた三人連れ
662	南鮮版	1936-01-16	01단	今井田總監十八日に東上
663	南鮮版	1936-01-16	01단	軍縮會議決裂に鄕軍擧って奮起/三都市で一齊に大會
664	南鮮版	1936-01-16	01단	十學級制とし約百名を募集/新設の京城府立中學
665	南鮮版	1936-01-16	02단	不參拜問題に本府も聲明/一週間後に發表
666	南鮮版	1936-01-16	03단	小磯軍司令官講演
667	南鮮版	1936-01-16	03단	全北警察部異動
668	南鮮版	1936-01-16	03단	原案通り決定/三地の市街地案
669	南鮮版	1936-01-16	03단	春更生の春ひらく６/黃海道の巻/載寧郡淸川面富泉里水驛洞/元旦、國旗を掲げ感激の東方遙拜/食糧は厨房に充つ
670	南鮮版	1936-01-16	04단	*脈打つ日本精神　共産主義者も續々轉向し/"土の戰士"八十六名/溫い思想犯保護監察法 朝鮮でも施行*
671	南鮮版	1936-01-16	05단	前年度より増加/京畿道豫算の內容
672	南鮮版	1936-01-16	07단	七百噸位まで兄山江を遡れる/浦項の港灣修築近し
673	南鮮版	1936-01-16	07단	主要港在米
674	南鮮版	1936-01-16	07단	牛乳も統制/京城に共同販賣所設立計畫

일련번호	판명	간행일	단수	기사명
675	南鮮版	1936-01-16	08단	僞の診斷書で保險金詐取/區長ら檢擧さる
676	南鮮版	1936-01-16	08단	强盜にも時代色/國際危機の軍資金と稱し/五十圓强奪の二人組
677	南鮮版	1936-01-16	08단	十五名送局/穀檢不正事件
678	南鮮版	1936-01-16	09단	東鑛事業方針
679	南鮮版	1936-01-16	09단	六千圓騙取/潭陽の瀆職事件
680	南鮮版	1936-01-16	09단	籾船沈沒す
681	南鮮版	1936-01-16	10단	各地から(春川、釜山、大邱)
682	南鮮版	1936-01-17	01단	國境警備の感謝/凝って集る四萬圓/愛婦本部から獻納す
683	南鮮版	1936-01-17	01단	京城大田復線初年度分百七萬圓を認容/議會通過次第に着工
684	南鮮版	1936-01-17	01단	鐵道事務所を光州にも設ける/南鐵買收後、四月から
685	南鮮版	1936-01-17	01단	*朝鮮神宮の御神樂/京城神社厄除け八幡祭*
686	南鮮版	1936-01-17	01단	春更生の春ひらく7/京畿道の巻/水原郡半月面八谷里南山坪/どん底から蘇る/薩摩芋の功德/大山翁の頭に天啓
687	南鮮版	1936-01-17	02단	東拓異動
688	南鮮版	1936-01-17	02단	十二萬二千圓/京城商議豫算
689	南鮮版	1936-01-17	03단	眞那鶴/捕獲解禁/全南で十五日から
690	南鮮版	1936-01-17	03단	聖將記念事業/後援を懇請/財界名士招いて
691	南鮮版	1936-01-17	04단	新兵さん、滿洲へ
692	南鮮版	1936-01-17	04단	大量密航團/釜山署で取押へ
693	南鮮版	1936-01-17	04단	簡保の掛金千圓橫領/少年集金係
694	南鮮版	1936-01-17	05단	海と陸の火事
695	南鮮版	1936-01-17	05단	面協議會員らの賭博發覺す/公金費消取調べから
696	南鮮版	1936-01-17	05단	鮮産雜貨の大進軍/太平洋越えて米國へ
697	南鮮版	1936-01-17	06단	鐵原の麻省/賭博に嚴罰
698	南鮮版	1936-01-17	07단	山火事頻々
699	南鮮版	1936-01-17	07단	釜山棧橋から白晝に身投げ
700	南鮮版	1936-01-17	07단	各地から(釜山、馬山、大邱、京城)
701	南鮮版	1936-01-17	07단	世界の觀光客を鮮滿へ惹付ける/來月下旬、奉天で評定
702	南鮮版	1936-01-17	08단	拐帶店員捕る
703	南鮮版	1936-01-17	09단	居眠り運轉手/普校兒童に衝突/四名重輕傷を負ふ
704	南鮮版	1936-01-18	01단	*義明學校率先して神社參拜を誓ふ 釋然、平南當局へ回答/國體明徵の折柄 議會の俎上に 東上を前に 今井田總監談*
705	南鮮版	1936-01-18	01단	慶南の四無盡/合併は二月から/四十萬圓に增資內定
706	南鮮版	1936-01-18	03단	學牛飛込み
707	南鮮版	1936-01-18	03단	釜山米取總會

일련번호	판명	간행일	단수	기사명
708	南鮮版	1936-01-18	03단	春更生の春ひらく８/咸北の巻/會寧郡碧城面大德洞/“鄕約“を實踐し早婚は御法度/自慢の種、一人一役
709	南鮮版	1936-01-18	04단	運動競技界(大邱女子卓球大會)
710	南鮮版	1936-01-18	04단	京城↔裡里間/定期飛行を實施/愼氏がサルムソン機で/廿一日から十往復
711	南鮮版	1936-01-18	04단	堂本商工課長南洋廳入り/後任を繞る異動發令
712	南鮮版	1936-01-18	05단	舊年末の賑ひ/大邱の西門市
713	南鮮版	1936-01-18	07단	インドの招聘に竹內氏へ白羽の矢/曰く「考慮して決めたい」
714	南鮮版	1936-01-18	07단	骨刺す寒氣猛襲/各地共、今冬の新記錄(釜山、大邱、大田、京城)
715	南鮮版	1936-01-18	07단	慶南公私立中等學校々長會議
716	南鮮版	1936-01-18	08단	仁川名物に觀光スタンプ
717	南鮮版	1936-01-18	09단	六名重輕傷/籾トラックとタクシー衝突
718	南鮮版	1936-01-18	09단	本年度より九萬圓增加/洛東江砂防工事
719	南鮮版	1936-01-18	09단	殆んど竣工/釜山新府廳舍
720	南鮮版	1936-01-18	10단	各地から(大邱、釜山)
721	南鮮版	1936-01-18	10단	召喚一段落/朴所長も送局
722	南鮮版	1936-01-19	01단	山嶽地帶耐寒行軍
723	南鮮版	1936-01-19	01단	*鮮滿拓殖總裁は大將か中將から 理事幹事繞り官界に大異動/楝居事務官 制令折衝に東上*
724	南鮮版	1936-01-19	01단	三陟保留炭田の搬出港は汀羅/百六十萬圓投じ改修
725	南鮮版	1936-01-19	01단	勇しい海の精銳/鎭海要港部の觀兵式
726	南鮮版	1936-01-19	01단	速水新城大總長/東京で事務引繼
727	南鮮版	1936-01-19	01단	鐵道局辭令（十七日）
728	南鮮版	1936-01-19	01단	警務局長の出發は二十一日
729	南鮮版	1936-01-19	02단	優良兒童表彰/慶南府郡別
730	南鮮版	1936-01-19	02단	春更生の春ひらく９/全南の巻/光州郡河南面安淸里/明るい春光の中に素朴な悅樂/“赤字部落”は昔の夢
731	南鮮版	1936-01-19	04단	月末まで運轉/釜山發京城行臨時急行
732	南鮮版	1936-01-19	04단	鹽廿萬俵を共同購入/慶南產組で準備
733	南鮮版	1936-01-19	04단	“麻雀判事”恐縮/約四テーブルの被告立ち/何れも賭博を否認
734	南鮮版	1936-01-19	04단	海員養成所生募集
735	南鮮版	1936-01-19	05단	鱈の奇現象/同じ鎭海灣に不漁と豊漁/卵の放流旣に五億粒
736	南鮮版	1936-01-19	05단	撲滅せよ肺結核/各地に協會を組織せしめ/豫防宣傳に主力注ぐ
737	南鮮版	1936-01-19	06단	電氣料値下げ/今年も廿八社

일련번호	판명	간행일	단수	기사명
738	南鮮版	1936-01-19	06단	五千萬圓超ゆ/全鮮の郵便貯金
739	南鮮版	1936-01-19	07단	二學級編成/仁中から申請
740	南鮮版	1936-01-19	08단	各地から(京城、釜山、金海、大田)
741	南鮮版	1936-01-19	08단	運動競技界(陸上競技協會/十二年度事業)
742	南鮮版	1936-01-19	08단	大邱と咸興に/ツーリストビューロー支部
743	南鮮版	1936-01-19	08단	籾資金許取
744	南鮮版	1936-01-19	08단	ルンペン凍死
745	南鮮版	1936-01-19	08단	お座なり過ぎる/"朝鮮の閣議"に改革論
746	南鮮版	1936-01-19	08단	十二戶全燒/慶北西面の火事
747	南鮮版	1936-01-19	09단	煙草屋へ强盜
748	南鮮版	1936-01-21	01단	五觀光協會を打って一丸/ちかく創立の打合會
749	南鮮版	1936-01-21	01단	度北初等校長異動
750	南鮮版	1936-01-21	01단	春更生の春ひらく１０/忠北の巻/淸州郡四州面佳景里/「先づ鬪ひ取れ！文字と數字を」/愛鄕の一念、男の友情
751	南鮮版	1936-01-21	01단	人夫の需給調節/土木協和會を創立し/先づ三ヶ所に支部を設く
752	南鮮版	1936-01-21	02단	經學院異動
753	南鮮版	1936-01-21	02단	五十萬圓募集/免囚保護事業協會具體化す
754	南鮮版	1936-01-21	02단	堂本氏廿四日京城出發
755	南鮮版	1936-01-21	03단	三月から植木/洛東江砂防工事
756	南鮮版	1936-01-21	03단	遞信從業員の健康しらべ/根本對策資料に
757	南鮮版	1936-01-21	03단	モダン出雲の神/適齡者を歡迎する/京城に結婚相談所新設
758	南鮮版	1936-01-21	04단	渡印に內定/竹內體育主事
759	南鮮版	1936-01-21	04단	自動車業者に嚴重な警告/慶南警察部から
760	南鮮版	1936-01-21	05단	鄕軍の意氣高し
761	南鮮版	1936-01-21	05단	工場法は差控へ/設備充實を促す/池田警務局長の力瘤
762	南鮮版	1936-01-21	06단	中央卸賣市場を京城にも建設か/近い將來、取引本位で
763	南鮮版	1936-01-21	08단	麻雀賭博公判
764	南鮮版	1936-01-21	09단	*松葉から出火 卅四戶全燒 仁川松峴里の火事/廿一戶全燒 龍岩面の火事/十一戶燒く 牛や豚も燒死/鎭海の火事/慶北の山火事*
765	南鮮版	1936-01-21	09단	各地から(東萊、釜山、京城、開城、晋州)
766	南鮮版	1936-01-21	10단	觀光團體激增
767	南鮮版	1936-01-21	10단	時局標榜强盜の共犯捕はる
768	南鮮版	1936-01-21	10단	淸水精一氏

일련번호	판명	간행일	단수	기사명
769	南鮮版	1936-01-22	01단	湖南航空路拓かる　アッサリ初飛行　京城、裡里間の空を結んで　晝食前にスピード往復/本社京城通信局のメッセーヂ(高知事宛、諸田裡里邑長宛、佐藤群山府尹宛)/白雪の飛行場で鮮かな離着陸　裡里擧げての歡迎/往きは相當難航　歸りは順調　使命果し愼飛行士語る
770	南鮮版	1936-01-22	01단	春更生の春ひらく１１/平南の巻/江東郡江東面芝里/打出の小槌振る大黑さまの鷄/挿話「ホラ貝道路の由來」
771	南鮮版	1936-01-22	04단	メーターの大量買入れ/大阪の會社から
772	南鮮版	1936-01-22	04단	朝鮮神宮新年歌會
773	南鮮版	1936-01-22	05단	衆議院解散に準備進めよ/總督、局長會議で注意
774	南鮮版	1936-01-22	05단	陸軍記念日期し/壯烈な防空演習/光州で擧行に決定
775	南鮮版	1936-01-22	05단	德壽丸借切り豪勢な團參/鮮滿の天理教信者
776	南鮮版	1936-01-22	05단	貯銀異動
777	南鮮版	1936-01-22	06단	豫算を可決/釜山商議總會
778	南鮮版	1936-01-22	06단	トラック轢逃げ
779	南鮮版	1936-01-22	06단	警務局長國境慰問數日延期
780	南鮮版	1936-01-22	07단	三萬圓募集/釜山輔成會
781	南鮮版	1936-01-22	07단	娘の溺死體
782	南鮮版	1936-01-22	07단	腦脊髓膜炎/釜山に發生
783	南鮮版	1936-01-22	07단	嫌ひな夫の殺害を企つ
784	南鮮版	1936-01-22	08단	玉名氏榮轉　故平山氏の後任發令/全力盡して働く決心　玉名檢事正談
785	南鮮版	1936-01-22	08단	職工長絶命/轉んだはずみに獵銃が發射
786	南鮮版	1936-01-22	08단	京畿の四無盡/合同して新會社/二十二日に初打合會
787	南鮮版	1936-01-22	09단	四百七十萬圓/忠南明年度豫算の各課要求
788	南鮮版	1936-01-22	10단	各地から(開城、大邱、馬山、釜山)
789	南鮮版	1936-01-23	01단	“解散”を語る宇垣總督　緊急の朝鮮豫算　大した支障なし　明朗政界實現を待望/臨時議會の通過確實
790	南鮮版	1936-01-23	01단	裡里邑長謝電
791	南鮮版	1936-01-23	01단	殖銀支店長級異動
792	南鮮版	1936-01-23	01단	春更生の春ひらく１２/忠南の巻/禮山郡吾可面驛塔里驛村/婦人部の活動はお手本に引張凧/名も賴母しい更生飴
793	南鮮版	1936-01-23	02단	慶北の叺統制/資本金五十萬圓の會社創立
794	南鮮版	1936-01-23	03단	長壽丸に食糧投下
795	南鮮版	1936-01-23	04단	更に五名送局/穀檢不正事件一段落を告ぐ
796	南鮮版	1936-01-23	05단	夕陽、流氷に映え/救ひを求める黑煙/煙台山頂、魔海を觀る

일련번호	판명	간행일	단수	기사명
797	南鮮版	1936-01-23	07단	濫設の中等學校統制に乘出す/調査委員會を設けて
798	南鮮版	1936-01-23	07단	猛火に飛込み四名を救ふ/大邱署、任侎を表彰
799	南鮮版	1936-01-23	07단	玩具ピストルの强盜捕はる
800	南鮮版	1936-01-23	08단	主家へ放火
801	南鮮版	1936-01-23	09단	三等客車で自殺を企つ/內地人の女
802	南鮮版	1936-01-23	09단	一日に千件/京城に水道事故頻發
803	南鮮版	1936-01-23	09단	溺死體の主/家出の妻君
804	南鮮版	1936-01-23	10단	土砂崩潰し四名死傷/釜山牧ノ島で
805	南鮮版	1936-01-23	10단	三中井釜山支店橫領職工捕はる
806	南鮮版	1936-01-23	10단	各地から(鐵原)
807	南鮮版	1936-01-24	01단	*爆發孕む五時間　輕率！瓦斯タンク修理に道當局、京電へ警告/不届至極　怒る道保安課/相すまぬ恐縮する京電*
808	南鮮版	1936-01-24	01단	間島の鮮農は安んじて農耕/吉村警務廳長語る
809	南鮮版	1936-01-24	01단	春更生の春ひらく完/慶北の巻/永川郡淸通面虎當洞龍潭/一牛、二豚、三鷄を樂しむ組織の力/昔懷しい腰辨視察團
810	南鮮版	1936-01-24	02단	總督府辭令
811	南鮮版	1936-01-24	02단	舒川郡運勝/忠南堆肥品評會
812	南鮮版	1936-01-24	03단	循環遊覽券/今春に發賣
813	南鮮版	1936-01-24	04단	一般公募株は朝鮮人に優先權/鮮滿拓殖、準備に着手
814	南鮮版	1936-01-24	04단	九校競演に決定/京城女子中等學校音樂大會
815	南鮮版	1936-01-24	04단	廿五日、仁川府會
816	南鮮版	1936-01-24	05단	奈良女高師合格者
817	南鮮版	1936-01-24	06단	*僅か一時間給水　鐵原、水飢饉に陷る/大邱も節水*
818	南鮮版	1936-01-24	06단	ローカル放送で聽取者を倍加/好評の釜山放送局
819	南鮮版	1936-01-24	07단	代田氏當選/仁川商議會頭
820	南鮮版	1936-01-24	07단	警務局長ら國境慰問に出發
821	南鮮版	1936-01-24	08단	手口カード/京畿刑事課で本格的に作成
822	南鮮版	1936-01-24	08단	私鐵時代を再現せん/補助難緩和さる
823	南鮮版	1936-01-24	08단	利川を中心に乘合も合同/今春、具體化せん
824	南鮮版	1936-01-24	08단	船體は放棄/長壽丸から入電
825	南鮮版	1936-01-24	08단	姦夫姦婦殺しに五年の求刑
826	南鮮版	1936-01-24	09단	人夫卽死す
827	南鮮版	1936-01-24	09단	釣錢を强奪
828	南鮮版	1936-01-24	09단	各地から(開城、京城、大田、釜山)

일련번호	판명	간행일	단수	기사명
829	南鮮版	1936-01-25	01단	高等科よ何處へ！宛ら中等校入學の豫備科/校長さん達近く評定
830	南鮮版	1936-01-25	01단	全鮮邑長會議/今春京城でひらく
831	南鮮版	1936-01-25	01단	府立中學資金に更に十萬圓寄附/京城の高村甚一氏
832	南鮮版	1936-01-25	01단	「感慨無量だ」/堂本氏赴任
833	南鮮版	1936-01-25	01단	小野氏推薦/道議補選に大邱府政懇話會から
834	南鮮版	1936-01-25	01단	京城商議懇談會
835	南鮮版	1936-01-25	02단	一ヶ月後回答/合同に關し京城四無盡から
836	南鮮版	1936-01-25	02단	珍しい好獵に/狩獵家ホクホク/豪勢な雉のレコード
837	南鮮版	1936-01-25	03단	瀨戶の唐九郞も三嘆の「憶ひ出」/趣味は茶碗の蒐集/白石新貯銀常務の素描
838	南鮮版	1936-01-25	04단	躍進の一路辿る"産業朝鮮"の姿/釜山港貿易額に反映
839	南鮮版	1936-01-25	04단	鐵道局の業務監査
840	南鮮版	1936-01-25	04단	ロス博士來城
841	南鮮版	1936-01-25	05단	各地から(大田、釜山、大邱、京城、仁川)
842	南鮮版	1936-01-25	06단	醉っ拂ひ轢死
843	南鮮版	1936-01-25	06단	約一億二千萬圓/十年度の麥生産總額
844	南鮮版	1936-01-25	07단	約三千五百萬斤/慶南の棉作實收高
845	南鮮版	1936-01-25	07단	安奉線運賃の拂戾制度要望
846	南鮮版	1936-01-25	07단	僞造紙幣/京城に頻々
847	南鮮版	1936-01-25	08단	公判に回付/雜穀談合事件
848	南鮮版	1936-01-25	08단	都市同士協調/近代都市の硏究/京城府議有志が準備
849	南鮮版	1936-01-25	08단	集金鞄を强奪
850	南鮮版	1936-01-25	09단	三越內で掏る
851	南鮮版	1936-01-25	09단	十餘名を乘せ渡船行方不明/京畿三山面でも流氷禍
852	南鮮版	1936-01-25	09단	理髮店專門の少女白浪
853	南鮮版	1936-01-25	10단	飛込み卽死
854	南鮮版	1936-01-26	01단	*車內に躍りこみ　突如拳銃を亂射　强盜、淸州郊外でバス襲擊　乘客の語る"深夜の戰慄"　二十五日記事解禁/一旦釋放したが內偵、再び引致　警官百名を總動員/影響は頗る重大　鐵道局監督課の驚き*
855	南鮮版	1936-01-26	01단	慶南の勤農共組/着々と實を結ぶ/本年も五十組合增設
856	南鮮版	1936-01-26	01단	釜山龍頭山神社/國幣社に昇格/四月からと正式決定
857	南鮮版	1936-01-26	01단	紡績懇談會
858	南鮮版	1936-01-26	02단	滿鐵の運賃改正に反對陳情

일련번호	판명	간행일	단수	기사명
859	南鮮版	1936-01-26	03단	大雪・各地に積る/但しスキーはまだまだ(大邱、馬山)
860	南鮮版	1936-01-26	04단	奥さん方の心得/冬の水道使ひ方
861	南鮮版	1936-01-26	04단	水田司計課長/來月二日渡歐
862	南鮮版	1936-01-26	05단	失戀の結果/列車內自殺の女の身許判明
863	南鮮版	1936-01-26	05단	自動車税是正/京畿道は約一割五分引上げ
864	南鮮版	1936-01-26	05단	舊正月ハラハラする街の話題/運轉手・一杯機嫌/酔眠、機關車も電車も朦朧/自動車は木っ端微塵([第一の話]、[第二の話])
865	南鮮版	1936-01-26	06단	慶南の無盡合併具體化
866	南鮮版	1936-01-26	07단	貧困から萬引/內鮮結婚の妻
867	南鮮版	1936-01-26	07단	留置者の留守宅で金錢强要
868	南鮮版	1936-01-26	08단	*忠北の警察力　優秀の證據　中野警察部長談/市民諸君の鞭撻を感謝 鮎川清州署長談*
869	南鮮版	1936-01-26	08단	*サーヴィス教育　面白い映畵に仕組んで女中さんに會得させる 大邱商議の妙案/吉田理事の話*
870	南鮮版	1936-01-26	09단	農試場長會議/諮問打合事項
871	南鮮版	1936-01-26	09단	零下廿八度位/暖くて拍子拔け/耐寒卅九騎の快氣焔
872	南鮮版	1936-01-26	10단	犯人の語る船長慘殺の模樣
873	南鮮版	1936-01-26	10단	各地から(京城、晋州、蔚山、光州)
874	南鮮版	1936-01-28	01단	大邱飛行場近く/無電局と測候所/絶好の敷地決定す
875	南鮮版	1936-01-28	01단	代田氏、會頭に就任を承諾/仁川商議/內紛一先づ落着
876	南鮮版	1936-01-28	01단	楽壇の春を謳ふ/音楽大会前記 1 /第二高女/斷然、學校音樂の水準を拔く合唱/"新しい太陽"の林孃
877	南鮮版	1936-01-28	03단	本紙を教材に活きた社會へぢかに觸れる/大邱商業の新聞教育
878	南鮮版	1936-01-28	03단	緬羊博士來城
879	南鮮版	1936-01-28	04단	知事會議延期
880	南鮮版	1936-01-28	05단	蔚山地方の大雪
881	南鮮版	1936-01-28	06단	日滿郵便條約/廿六日より實施さる
882	南鮮版	1936-01-28	06단	機關銃四十梃/國境警備後援費で購入
883	南鮮版	1936-01-28	07단	各地から(仁川、京城、釜山)
884	南鮮版	1936-01-28	08단	空の勇士を圍んで
885	南鮮版	1936-01-28	09단	表彰された京城の優良兒童
886	南鮮版	1936-01-29	01단	草梁海岸廿萬坪埋立を實施したい/有志から府へ陳情書
887	南鮮版	1936-01-29	01단	群山府尹謝辭/京城裡里間第二回飛行/廿八日に決行さる
888	南鮮版	1936-01-29	01단	英帝奉悼祭
889	南鮮版	1936-01-29	01단	嚴寒に群山港凍る

일련번호	판명	간행일	단수	기사명
890	南鮮版	1936-01-29	02단	皇軍慰問金/本社へ寄託
891	南鮮版	1936-01-29	02단	安い南鐵運賃/局鐵移管後も踏襲を要望/沿線陳情團近く上城
892	南鮮版	1936-01-29	03단	今井氏當選/仁川商議副會頭
893	南鮮版	1936-01-29	03단	消防協會評議員會
894	南鮮版	1936-01-29	03단	各地から(釜山、仁川、京城、開成、馬山、春川、鎭海)
895	南鮮版	1936-01-29	04단	慶南自動車の臨時株主總會
896	南鮮版	1936-01-29	04단	*臨時雇ひ五百人　水道修理を急ぐ　京城の故障數千軒/上水道の擴張 明年度豫算に要求*
897	南鮮版	1936-01-29	04단	簡保諮問委員會
898	南鮮版	1936-01-29	04단	舊馬山驛改築
899	南鮮版	1936-01-29	05단	京畿幹部巡歷
900	南鮮版	1936-01-29	05단	遠洋漁業に保護指導船/來月早々建造
901	南鮮版	1936-01-29	05단	前年より八十萬圓增/京畿道新豫算
902	南鮮版	1936-01-29	06단	忙しい三月は一日に千五百車/荷主にも理解求める
903	南鮮版	1936-01-29	06단	樂壇に春を呼び歌ふ純情の乙女/京城女子中等學校音樂大會/曲目に新時代反映
904	南鮮版	1936-01-29	07단	三千浦、晋州間鐵道敷設を陳情/工費全額負擔の意氣
905	南鮮版	1936-01-29	07단	陸上競技日割
906	南鮮版	1936-01-29	08단	赤行囊容疑者警視廳に捕はる/慶州署司法主任急行
907	南鮮版	1936-01-29	08단	自動車運轉手の處分を統一
908	南鮮版	1936-01-29	09단	船長殺し護送
909	南鮮版	1936-01-29	10단	防犯映畵"逆襲"二月はじめ完成
910	南鮮版	1936-01-29	10단	飛込み自殺
911	南鮮版	1936-01-29	10단	釜山の火事
912	南鮮版	1936-01-30	01단	*來年あたり正月を新曆に統一せん　總督から一元化提唱/一般の輿論も贊成だらう 局長會議で總督より注意*
913	南鮮版	1936-01-30	01단	第八將校團/大邱で結團式
914	南鮮版	1936-01-30	01단	楽壇の春を謳ふ/音楽大会前記２/貞信女學校/合唱も獨唱もすべて朝鮮語/返咲く想ひ出の舞台
915	南鮮版	1936-01-30	02단	機關銃お土産に國境へ慰問使/全北の三署長出發
916	南鮮版	1936-01-30	02단	持永憲兵司令官
917	南鮮版	1936-01-30	03단	十三年度末送水の計畫/京城水道擴張
918	南鮮版	1936-01-30	03단	神社令實施
919	南鮮版	1936-01-30	04단	五百六十萬圓/京城府新豫算の要求額
920	南鮮版	1936-01-30	04단	約四千八百萬圓/十年度の産金額概算

일련번호	판명	간행일	단수	기사명
921	南鮮版	1936-01-30	05단	活氣づく江口港
922	南鮮版	1936-01-30	05단	醉漢十五名料亭へ亂入/四名重輕傷
923	南鮮版	1936-01-30	07단	姦夫姦婦に五年の判決
924	南鮮版	1936-01-30	07단	帆船救助さる
925	南鮮版	1936-01-30	07단	滿鐵運賃改正に當局の善處期待/賀田京城商議會頭談
926	南鮮版	1936-01-30	07단	硫安二千噸/釜山へ陸揚げ
927	南鮮版	1936-01-30	07단	煙草の莖から紙/總督府中央試驗所で見事成功/更に研究して賣出す
928	南鮮版	1936-01-30	08단	農作物被害/【十年中の調査】
929	南鮮版	1936-01-30	08단	各地から(京城、仁川、釜山)
930	南鮮版	1936-01-30	09단	橫領面書記
931	南鮮版	1936-01-30	10단	釜山現府廳へ圖書館移轉/博物館も設ける
932	南鮮版	1936-01-31	01단	養蠶計畫建直し/時の利、地の利二拍子揃ひ/再び積極的に奬勵
933	南鮮版	1936-01-31	01단	金がだぶつく/黑字總督府のお台所
934	南鮮版	1936-01-31	01단	楽壇の春を謳ふ/音楽大会前記 3 /龍谷女學校/み佛を讃へつゝ/藝道への精進/難曲も自由にこなす
935	南鮮版	1936-01-31	02단	鮮滿拓殖は今夏創立/外事課長歸る
936	南鮮版	1936-01-31	02단	京畿新規事業
937	南鮮版	1936-01-31	03단	卒業生の就職を早速お手傳ひ/速水新總長の明朗調
938	南鮮版	1936-01-31	04단	道德教育講習會
939	南鮮版	1936-01-31	05단	黑鉛紐育へ
940	南鮮版	1936-01-31	05단	慶南山林樹苗品評會受賞者
941	南鮮版	1936-01-31	06단	受諾し難し/今井氏、副會頭就任を斷る
942	南鮮版	1936-01-31	06단	アパート取締規則立案
943	南鮮版	1936-01-31	06단	內鮮の硫安相場/不當甚しき矛盾/斷乎、朝窒へ警告發す
944	南鮮版	1936-01-31	06단	大邱商議豫算可決
945	南鮮版	1936-01-31	06단	慶南漁組の事務所新築
946	南鮮版	1936-01-31	07단	騙取した金で電器商會經營
947	南鮮版	1936-01-31	07단	新人迎えて/陣容强化の全大邱軍
948	南鮮版	1936-01-31	07단	釜山の建國祭
949	南鮮版	1936-01-31	08단	東京の容疑者はたして眞犯人/意外、獸醫學校三年生
950	南鮮版	1936-01-31	08단	天一ゴム會社大邱に分工場
951	南鮮版	1936-01-31	09단	仁川商議豫算總會
952	南鮮版	1936-01-31	09단	聲山鑛山バークロ爆藥爆發
953	南鮮版	1936-01-31	09단	各地から(春川、開城、大邱、京城、釜山)

1936년 2월

일련번호	판명	간행일	단수	기사명
954	南鮮版	1936-02-01	01단	通信網の大動脈/約卅回線のケーブル/京城⇆釜山間に敷設
955	南鮮版	1936-02-01	01단	日滿の稅關關係/圓滑な調節必要/小磯將軍の北鮮視察談
956	南鮮版	1936-02-01	01단	現地側との意見一致/田中外事課長談
957	南鮮版	1936-02-01	01단	楽壇の春を謳ふ/音楽大会前記 4/女子師範/全校の譽れ賭け/唯一つの曲目/三部合唱「クローリヤ」
958	南鮮版	1936-02-01	02단	鐵道局辭令
959	南鮮版	1936-02-01	02단	大田商議豫算可決
960	南鮮版	1936-02-01	02단	慶南漁組聯合會の總會
961	南鮮版	1936-02-01	02단	慶南四無盡の合同を定式決定/中旬までに假契約
962	南鮮版	1936-02-01	04단	廿周年記念式/龍山信組で擧行
963	南鮮版	1936-02-01	04단	京釜間臨時列車/十五日頃迄運轉
964	南鮮版	1936-02-01	04단	復舊不能の場合/割戻し復活要求/安奉線の運賃改正に對し/殉産局の二段構へ
965	南鮮版	1936-02-01	04단	愛國獻金十八萬圓
966	南鮮版	1936-02-01	05단	兩切全盛/二月の製造/煙草豫定數
967	南鮮版	1936-02-01	06단	水産製品檢査所/明年度から新設/財務から殖産へ移管
968	南鮮版	1936-02-01	06단	*七消防手死傷　消火歸りの消防自動車　疾走中、電柱に激突/小頭に昇進　惜まれる殉職の米田消防手*
969	南鮮版	1936-02-01	07단	權藤軍醫戰死
970	南鮮版	1936-02-01	07단	釜山にまたも酷寒
971	南鮮版	1936-02-01	07단	七九聯隊耐寒行軍
972	南鮮版	1936-02-01	08단	京江陸運開業
973	南鮮版	1936-02-01	08단	農用林地指導
974	南鮮版	1936-02-01	08단	赤色陣營訣別/文鏞夏も轉向
975	南鮮版	1936-02-01	09단	「酒の殺人」判決
976	南鮮版	1936-02-01	09단	簪抜き流行
977	南鮮版	1936-02-01	09단	貴金屬窮盜團
978	南鮮版	1936-02-01	09단	各地から(釜山、城開)
979	南鮮版	1936-02-02	01단	殆んど全世界を/照らす鮮産電球/昨年中に約三千五百萬個/釜山から輝く船出
980	南鮮版	1936-02-02	01단	東京、新京間の直通電話線/今春から着工/鮮內中繼所は十六、七
981	南鮮版	1936-02-02	01단	光州署の新築大體決定す/鍾路署も一部改築
982	南鮮版	1936-02-02	01단	楽壇の春を謳ふ/音楽大会前記 5/淑明女學校/搖籃の夢を織る/童謠ばかり三つ/指導に夢中の金先生

일련번호	판명	간행일	단수	기사명
983	南鮮版	1936-02-02	02단	簡保融資內定
984	南鮮版	1936-02-02	03단	迫る專門校入試/京城各校の一覽表(城大豫科、京城高商、京城高工、京城醫專、京城藥專、京城法專、中央佛專)
985	南鮮版	1936-02-02	04단	十年の內鮮/間郵便爲替
986	南鮮版	1936-02-02	04단	行賞折衝に兩課長東上
987	南鮮版	1936-02-02	04단	京城府辭令
988	南鮮版	1936-02-02	05단	*よい映畵は推薦　“臭い物に蓋”から一步前進　積極的に大衆教育/國産時代近し*
989	南鮮版	1936-02-02	05단	朝鮮の反對押切り/滿鐵と總局線/運賃改正を實施
990	南鮮版	1936-02-02	06단	*大邱醫專時代はラグビーの花形　戰死した權藤軍醫/本望だろう 實兄虎太氏語る*
991	南鮮版	1936-02-02	07단	百七十萬圓/京城土木課豫算
992	南鮮版	1936-02-02	07단	男子も及ばぬ/國境婦人の射擊/新貝警務課長感嘆
993	南鮮版	1936-02-02	08단	*舊局員を洗ひ犯人を突き止む　慶州署苦心の搜査/慶州署へ押送/澤慶州署長談*
994	南鮮版	1936-02-02	09단	釜山消防組葬
995	南鮮版	1936-02-02	10단	鐵道局辭令
996	南鮮版	1936-02-02	10단	朝鮮農會總會
997	南鮮版	1936-02-02	10단	飛込み自殺
998	南鮮版	1936-02-02	10단	各地から(京城)
999	南鮮版	1936-02-04	01단	硫安値下げせよ/全鮮に要望の烽火
1000	南鮮版	1936-02-04	01단	警察精神を高揚/各道から中堅警部集め最初の講習會開く
1001	南鮮版	1936-02-04	01단	*僅か三點の差　滿洲軍に勝を讓る　滿鮮對抗氷上競技大會/ホッケー敗る*
1002	南鮮版	1936-02-04	01단	楽壇の春を謳ふ/音楽大会前記 6 /女高普/校內大會開き一層磨きと自信/傳統ほこる豊麗の花
1003	南鮮版	1936-02-04	02단	京電の事業計畫/約百十萬圓決定す
1004	南鮮版	1936-02-04	04단	講道館支部鏡開式
1005	南鮮版	1936-02-04	04단	京城神社の節分祭
1006	南鮮版	1936-02-04	04단	金鑛運賃割引
1007	南鮮版	1936-02-04	04단	早婚の朝鮮に前代未聞の晩婚/春近き話題の壓巻
1008	南鮮版	1936-02-04	05단	木炭道營檢查/慶南で實施
1009	南鮮版	1936-02-04	05단	陸軍辭令（三日）
1010	南鮮版	1936-02-04	05단	慶南入試打合會
1011	南鮮版	1936-02-04	06단	炭價暴騰

일련번호	판명	간행일	단수	기사명
1012	南鮮版	1936-02-04	06단	トラック轢殺
1013	南鮮版	1936-02-04	06단	大邱の宵强盜
1014	南鮮版	1936-02-04	06단	海外の注文殺到/職工養成所設く/應じ切れぬ電球製造
1015	南鮮版	1936-02-04	07단	漢拏山中心に二つの觀測支所/颱風禍を未然に防ぐ
1016	南鮮版	1936-02-04	07단	鐘紡全南工場に放火を企つ
1017	南鮮版	1936-02-04	08단	うんと豪壯な劇場を建てたい/松尾富士興行專務談
1018	南鮮版	1936-02-04	08단	各地から(釜山、京城、大邱)
1019	南鮮版	1936-02-05	01단	中等敎育を刷新/近く調査委員會設け/全面的に施設再檢討
1020	南鮮版	1936-02-05	01단	*全半島銀一色 スキーファン大喜び/北鮮の銀嶺 咸鏡線造幕山驛附近/大スロープ 密陽驛の東北天王山に發見*
1021	南鮮版	1936-02-05	01단	兩氏の一騎打ち/大邱の道議補選白熱
1022	南鮮版	1936-02-05	02단	實行豫算はちかく正式編成
1023	南鮮版	1936-02-05	03단	*大田を視察 小磯軍司令官/五日釜山着*
1024	南鮮版	1936-02-05	03단	楽壇の春を謳ふ/音楽大会前記７/彰德家庭女學校/皆んな仲好く/家族の合唱/面白い唯一の輪唱
1025	南鮮版	1936-02-05	04단	圓滿に火力發電/四日記事解禁/湖南の暗黑化免る
1026	南鮮版	1936-02-05	04단	京城裡里間第三回郵便飛行
1027	南鮮版	1936-02-05	05단	電力濫用愼め/宇垣總督注意
1028	南鮮版	1936-02-05	05단	二セ刑事雲隱れ/本町署司法室から
1029	南鮮版	1936-02-05	05단	香川、大崎服罪
1030	南鮮版	1936-02-05	05단	バラバラ事件/色めく木浦署
1031	南鮮版	1936-02-05	06단	全くどうかと思ふ流行っ兒/靑酸加里取扱ひに法規勵行を通牒
1032	南鮮版	1936-02-05	06단	朝窒の硫安供給量
1033	南鮮版	1936-02-05	07단	無國籍者の悲哀から一轉、日本人となった喜びに包まれてゐる舞踊家祖父江實君
1034	南鮮版	1936-02-05	07단	行惱む自作農創定
1035	南鮮版	1936-02-05	07단	釜山に僞造紙幣
1036	南鮮版	1936-02-05	08단	指導部落增設し經濟更生に拍車/下旬に慶南で打合會
1037	南鮮版	1936-02-05	08단	內地博覽會へ/映畵班が出張
1038	南鮮版	1936-02-05	08단	元電機學校生に十五年求刑
1039	南鮮版	1936-02-05	08단	各地から(釜山、仁川)
1040	南鮮版	1936-02-05	09단	第二次鐵道建設計畫に着手
1041	南鮮版	1936-02-06	01단	“弱體”小作調停令/起死回生の武裝/强制力備へ近く公布
1042	南鮮版	1936-02-06	01단	仁川に私立普通/內地人側の應援求め/設立期成會組織さる

일련번호	판명	간행일	단수	기사명
1043	南鮮版	1936-02-06	01단	リヤカー稅/京城の業者反對
1044	南鮮版	1936-02-06	01단	楽壇の春を謳ふ/音楽大会前記８/第一女高/大場先生會心の哀傷こゝに極まる/名曲“七卿落”
1045	南鮮版	1936-02-06	02단	小磯軍司令官/大邱を視察
1046	南鮮版	1936-02-06	02단	零下十六度四/大邱の寒氣底を衝く
1047	南鮮版	1936-02-06	03단	京畿道辭令
1048	南鮮版	1936-02-06	04단	遞信局辭令
1049	南鮮版	1936-02-06	04단	資源調査委員會開かる
1050	南鮮版	1936-02-06	04단	空の國際鋪道を漫步する珍客/“ドルの國”が一番多く/色とりどりの萬國模樣
1051	南鮮版	1936-02-06	05단	雪淨
1052	南鮮版	1936-02-06	07단	鑛山銀行新設か/“鑛業朝鮮”の原動力
1053	南鮮版	1936-02-06	07단	一名窒息死/釜山郊外の火事
1054	南鮮版	1936-02-06	07단	遭難發動機/船救助さる
1055	南鮮版	1936-02-06	08단	今井氏も受諾せん
1056	南鮮版	1936-02-06	08단	邪推の放火
1057	南鮮版	1936-02-06	08단	飛込み自殺
1058	南鮮版	1936-02-06	08단	リレー式詐欺賭博團捕はる
1059	南鮮版	1936-02-06	08단	四日の節分の夜釜山龍頭山神社で參拜者に厄除け御幣を授けるところ
1060	南鮮版	1936-02-06	09단	仁川デーに迫る
1061	南鮮版	1936-02-06	09단	十二名起訴/穀物不正事件
1062	南鮮版	1936-02-06	10단	各地から(京城、大邱、大田、釜山)
1063	南鮮版	1936-02-07	01단	ネオン街異變に新判例『自由への道』/羽搏く女人群像/二年ごしの紛爭越えて/明朗、彼女の嬌笑
1064	南鮮版	1936-02-07	01단	全南の三無蠹/合同は時の問題/資産平價に一苦勞
1065	南鮮版	1936-02-07	01단	楽壇の春を謳ふ/音楽大会前記完/進明女學校/若き御身らよ/愛校の心歌へ/覇座の日、今ぞ近し
1066	南鮮版	1936-02-07	02단	燃料飢饉解消か/殖産局のお骨折奏功
1067	南鮮版	1936-02-07	03단	土地測量標令/六日公布さる
1068	南鮮版	1936-02-07	03단	唐津郡連勝/忠南道路審査
1069	南鮮版	1936-02-07	04단	京畿道會/廿日から二週間
1070	南鮮版	1936-02-07	04단	稅金橫領の財務係捕る
1071	南鮮版	1936-02-07	04단	茂山鐵鑛開發/百萬圓で選鑛設備施し/今春、本格的に着手
1072	南鮮版	1936-02-07	05단	朴春琴氏へ/半島から聲援

일련번호	판명	간행일	단수	기사명
1073	南鮮版	1936-02-07	05단	十日假調印/慶南の四無盡
1074	南鮮版	1936-02-07	05단	鑛夫の福音/鑛業警察制度實施し福祉增進の規則制定
1075	南鮮版	1936-02-07	05단	七日釜山府會
1076	南鮮版	1936-02-07	06단	遺志を生かす/國防獻金續く
1077	南鮮版	1936-02-07	06단	貨車に挾まれ/監視ら二名死傷/竊盜少年を追跡して
1078	南鮮版	1936-02-07	06단	鐵道局辭令
1079	南鮮版	1936-02-07	06단	火の廻りはやく見る見る延燒/黃海道廳の晝火事
1080	南鮮版	1936-02-07	07단	京城府城擴張懇談
1081	南鮮版	1936-02-07	07단	零下廿度四/大田地方の酷寒
1082	南鮮版	1936-02-07	08단	重要書類は全部搬出/知事官房の話
1083	南鮮版	1936-02-07	08단	湯川氏ら無罪
1084	南鮮版	1936-02-07	08단	先妻の子供を竪鑛に投げ込む/後妻に氣兼ねの父親
1085	南鮮版	1936-02-07	08단	水組の貯水池減水
1086	南鮮版	1936-02-07	08단	記念貯金創設
1087	南鮮版	1936-02-07	09단	煤煙防止懇談/京城都市研究會乘出す
1088	南鮮版	1936-02-07	09단	各地から(釜山、京城)
1089	南鮮版	1936-02-07	10단	建國祭行事(大邱、京城、大田)
1090	南鮮版	1936-02-07	10단	昨年の棉花共販出廻り數量
1091	南鮮版	1936-02-08	01단	興行街取締りの道令を府令に統一/遲くとも今秋に實施
1092	南鮮版	1936-02-08	01단	京城の府域擴張/十日ごろ公布/九邑七十六里を編入
1093	南鮮版	1936-02-08	01단	釜山の國際色/昨年中の上陸外人數約五千
1094	南鮮版	1936-02-08	01단	大邱各公普の學級增加に決す/入學難多少緩和さる
1095	南鮮版	1936-02-08	01단	*牛移出を擴充/平北牛移出方法改正を陳情*
1096	南鮮版	1936-02-08	02단	*電波に乘る旋律/感激を撒く二人男/京城女子中學校音樂大會/一人緊張 兩君の抱負/座席を區分/建國精神を發揚 京城府後援に決定す/會員券申込殺到す 締切は八日*
1097	南鮮版	1936-02-08	03단	慶南地方振興土木事業決定
1098	南鮮版	1936-02-08	03단	今井氏受諾/仁川商議副會頭
1099	南鮮版	1936-02-08	04단	京城の消防網充實
1100	南鮮版	1936-02-08	04단	外事課長東上
1101	南鮮版	1936-02-08	04단	大邱の弓聯盟/九日晴れの發會式
1102	南鮮版	1936-02-08	04단	七日の降雪量
1103	南鮮版	1936-02-08	05단	殖銀異動
1104	南鮮版	1936-02-08	05단	卓球協會スケヂュール
1105	南鮮版	1936-02-08	05단	四戶全半燒/大邱の火事

일련번호	판명	간행일	단수	기사명
1106	南鮮版	1936-02-08	05단	實に昨年の十倍/京城の水道故障、廿日間に一萬三千七百件頻發
1107	南鮮版	1936-02-08	06단	鐘紡光州工場放火に共犯？
1108	南鮮版	1936-02-08	06단	火災が減ったのに一戸當り被害が激增 ビクビクもの〻保險會社/火の用心宣傳 釜山でビラ配布
1109	南鮮版	1936-02-08	07단	滿鐵と運賃折衝/佐藤、岡信兩氏を急派
1110	南鮮版	1936-02-08	08단	牧ノ島派出所落成
1111	南鮮版	1936-02-08	08단	十四戶全燒/强風中に全南龍方面の火事
1112	南鮮版	1936-02-08	08단	謎の赤行囊
1113	南鮮版	1936-02-08	08단	トラックつるり/三名刎られて重傷
1114	南鮮版	1936-02-08	08단	大福丸無事/五島に漂着
1115	南鮮版	1936-02-08	09단	漂流漁船救助
1116	南鮮版	1936-02-08	09단	收賄發覺か/釜山稅務署員引致さる
1117	南鮮版	1936-02-08	10단	全北の二人組强盜捕る
1118	南鮮版	1936-02-08	10단	各地から(京城、釜山、大田)
1119	南鮮版	1936-02-09	01단	警察官の龜鑑/功榮章輝く兩巡査(鮮血に塗れつ〻/赤き兄弟を逮捕す/明川署勤務/森田武氏、深夜强盜と死鬪/昏倒の一步前、報告書/沙里院署勤務/李鳳燮氏)
1120	南鮮版	1936-02-09	01단	京城府議の定員/十一、二名も殖える/五月ごろに選擧執行
1121	南鮮版	1936-02-09	01단	小磯軍司令官/馬山を視察
1122	南鮮版	1936-02-09	01단	紀元節奉祝/外地の催し(京城、馬山)
1123	南鮮版	1936-02-09	01단	卅九學級を增加/京城府內の初等學校
1124	南鮮版	1936-02-09	02단	釜山初府會
1125	南鮮版	1936-02-09	02단	音樂大會を讚ふ/春を呼ぶ饗宴 富永京畿知事談/府民館も生く 伊達京城府尹談/豊麗咲き誇る ヴァイオリニスト上野女史談/藝術分野の範 朝鮮音樂評論家 金管氏談
1126	南鮮版	1936-02-09	04단	忠南道會
1127	南鮮版	1936-02-09	04단	米穀自治管理案 特別議會通過は至難 米穀課獨立もお流れ/生産費確信あり 今後もゆづらず 山澤農産課長歸來談/三大調査實施
1128	南鮮版	1936-02-09	05단	朴、李兩候補/後援會生る
1129	南鮮版	1936-02-09	07단	約卅萬圓膨脹/全南の新豫算
1130	南鮮版	1936-02-09	07단	各地から(京城、釜山)
1131	南鮮版	1936-02-09	08단	十一日投票/大邱の道議補選
1132	南鮮版	1936-02-09	08단	枕木を食ふ/朝窒京城出張所員に四萬六千圓橫領の容疑
1133	南鮮版	1936-02-09	09단	中央日報機大破す/搭乘兩氏負傷

일련번호	판명	간행일	단수	기사명
1134	南鮮版	1936-02-09	10단	天一藥房燒く
1135	南鮮版	1936-02-09	10단	面憎い三人組/貧乏人から盜んで豪遊
1136	南鮮版	1936-02-11	01단	*佳節に御下賜金 社會事業御奬勵の思召し 六十八團體の譽れ(京畿道、忠淸北道、忠淸南道、全羅北道、全羅南道、慶尙北道、慶尙南道、黃海道、平安南道、平安北道、江原道、咸鏡南道、咸鏡北道)/教育報國の象徵 總督から金盃を授與/胸間飾る功勞章 感激に醉ふ兩巡査(今後も最善を 森田巡査談、最大の光榮 李巡査談)/勤續消防手表彰/各地の祝賀(開城、全州)/我等の代表勝たしめよ佳節に當選祈願*
1137	南鮮版	1936-02-11	01단	二萬人の綱引/南北兩軍釜山鎭埋立地でエイサエイサと一進一退
1138	南鮮版	1936-02-11	03단	契約高は全鮮一/三月から店開き/慶南無盡の合同成立
1139	南鮮版	1936-02-11	03단	燒失廳舍復舊費/特別議會へ提出/本府で細目豫算作成
1140	南鮮版	1936-02-11	04단	新刊紹介(城大文學)
1141	南鮮版	1936-02-11	04단	全州繁榮座談會
1142	南鮮版	1936-02-11	05단	初優勝は町內組/大邱弓道聯盟生る
1143	南鮮版	1936-02-11	06단	一月の荷動き
1144	南鮮版	1936-02-11	06단	慶南中等入試
1145	南鮮版	1936-02-11	06단	水禍に挑戰宣言/全鮮に水防團續々組織/旣に百九團に上る
1146	南鮮版	1936-02-11	07단	東萊の猪狩り
1147	南鮮版	1936-02-11	07단	鄕軍將校團仁川分團を結成
1148	南鮮版	1936-02-11	07단	工場の健康診斷/京城商議で發展指導
1149	南鮮版	1936-02-11	07단	營林署長會議諮問事項
1150	南鮮版	1936-02-11	07단	各地から(春川、大田、統營、大邱、京城、釜山)
1151	南鮮版	1936-02-11	08단	島田氏當選/大邱の道議補選
1152	南鮮版	1936-02-11	08단	盜んで豪遊
1153	南鮮版	1936-02-11	08단	海草採取中溺死
1154	南鮮版	1936-02-11	09단	酒や白米を盜んで行商
1155	南鮮版	1936-02-11	09단	運動競技界(釜山庭球聯盟スケヂュール、大田卓球大會、大邱卓球大會、釜山卓球大會)
1156	南鮮版	1936-02-11	10단	保險金を橫領
1157	南鮮版	1936-02-12	01단	寒風に昂然たり/佳節壽ぐ日の丸/全鮮脈打つ建國精神(京城、釜山、咸興、光州、大邱、大田、平壤)

일련번호	판명	간행일	단수	기사명
1158	南鮮版	1936-02-12	01단	眞に天恩洪大 成績擧揚に努めん 御下賜金を拜受の光榮 宇垣督饉話/內外多事の秋 教育者の任重し 渡邊學務局長語る/譽れの表彰(拓務省から助成金/社會事業團體へ、慶福會助成金、慶南納稅團體、慶南優良吏員)
1159	南鮮版	1936-02-12	02단	總督府の拜賀式
1160	南鮮版	1936-02-12	03단	各地から(京城、開城、大邱、蔚山、釜山)
1161	南鮮版	1936-02-12	03단	歌ふ六百の生ける花
1162	南鮮版	1936-02-12	04단	大邱忠靈塔地鎭祭
1163	南鮮版	1936-02-12	06단	文明琦の自祝宴
1164	南鮮版	1936-02-12	06단	嚴肅！紀元節祭/陸軍大將の正裝着し/總督、朝鮮神宮へ參拜
1165	南鮮版	1936-02-12	07단	京城官私有地に夥しい/冒用建物/貞陵へ移轉させる
1166	南鮮版	1936-02-12	07단	第八豫備將校團 大邱で發團式/釜山府內勤續敎員
1167	南鮮版	1936-02-12	08단	內鮮合同協議/消防協會の評議員會で
1168	南鮮版	1936-02-12	08단	十年末自動車營業概要
1169	南鮮版	1936-02-12	09단	農村振興の强化打合會/各道の日取り
1170	南鮮版	1936-02-12	09단	十年中の鑛山事故發生件數
1171	南鮮版	1936-02-12	09단	全南道會/廿六日より
1172	南鮮版	1936-02-12	09단	二ヶ所に捨兒
1173	南鮮版	1936-02-12	09단	南電能力增大
1174	南鮮版	1936-02-12	10단	金物談合事件公判
1175	南鮮版	1936-02-12	10단	橫領店員捕る
1176	南鮮版	1936-02-12	10단	元電機學校生に十五年判決
1177	南鮮版	1936-02-12	10단	昨年の受刑者
1178	南鮮版	1936-02-13	01단	榮えの表彰(京畿道、慶尙北道、全羅北道、慶南、京城府)
1179	南鮮版	1936-02-13	01단	强制調停制度で威力を發揮せん/小作調停令改正案公布に際し/增永法務局長語る
1180	南鮮版	1936-02-13	01단	紀元節畵報
1181	南鮮版	1936-02-13	04단	陸上競技十傑㊤
1182	南鮮版	1936-02-13	06단	一萬人超ゆ/京城の電話加入者
1183	南鮮版	1936-02-13	06단	三陟炭田開發に/二會社を新設/電聯の方針決定す
1184	南鮮版	1936-02-13	06단	愼飛行士らを辯士として派遣/朴、李兩候補應援に
1185	南鮮版	1936-02-13	07단	京城の火事
1186	南鮮版	1936-02-13	08단	産金組合創立
1187	南鮮版	1936-02-13	08단	雇女の放火
1188	南鮮版	1936-02-13	09단	岡部と花奴は遺書通りに心中/静岡懸上井出村で

일련번호	판명	간행일	단수	기사명
1189	南鮮版	1936-02-13	10단	保線丁場表彰
1190	南鮮版	1936-02-13	10단	崔龍雲氏當選/江原道議補選
1191	南鮮版	1936-02-13	10단	定例局長會議
1192	南鮮版	1936-02-13	10단	巡査に咬つく/京城驛の掻拂ひ
1193	南鮮版	1936-02-13	10단	剃刀自殺未遂
1194	南鮮版	1936-02-14	01단	*大日章旗の前に聖純な樂の調べ 京城女子中等學校音樂大會 果なき聽衆の感激/藝術の三昧境 電波で全鮮の家庭へ(第一部)/お歴々もヅラリー/金先生悲壮な奮闘/「讚へよ皇國」 力强い全員の合唱(第二部)*
1195	南鮮版	1936-02-14	01단	佳節のグラフ
1196	南鮮版	1936-02-14	04단	蠶絲會大會延期
1197	南鮮版	1936-02-14	05단	轉向者を糾合し/讃へる日本精神/紀元節に更生第一步
1198	南鮮版	1936-02-14	07단	陸上競技十傑㊥
1199	南鮮版	1936-02-14	08단	總督、十七日歸在
1200	南鮮版	1936-02-14	08단	營林署長會議
1201	南鮮版	1936-02-14	08단	阿片吸飮者を巡査助け逮捕/料理人のお手柄
1202	南鮮版	1936-02-14	08단	仁川港一月中の貿易額增加
1203	南鮮版	1936-02-14	08단	仁川府の表彰
1204	南鮮版	1936-02-14	09단	金銅璘氏當選/全南道議補選
1205	南鮮版	1936-02-14	09단	嬰兒を壓殺
1206	南鮮版	1936-02-14	09단	商圈擴張に拍車/五月初旬北支方面へ/釜山から經濟調査團
1207	南鮮版	1936-02-14	09단	罰金を求刑/麻雀賭博公判
1208	南鮮版	1936-02-14	10단	京城府域擴張/十四日告示
1209	南鮮版	1936-02-14	10단	朝鮮婦人の覺醒運動懇談/十五日京城で
1210	南鮮版	1936-02-14	10단	釜山に流腦
1211	南鮮版	1936-02-15	01단	*わが胸の高鳴り/音樂大會出演者の想ひ出(東洋味を表現/貞信女子學教/車光信、感激の坩堝/第一高女/野路知子、魂を打込む/彰經女學校/牧京子、今後も努力/京城女師/高尾きよ子、絢爛たる虹/龍谷高女/馬場照子、恍惚として/第二高女/上遠野静子、身に餘る光榮/女高普/朴恩鄕)*
1212	南鮮版	1936-02-15	01단	*京城釜山府域擴張告示 何れも四月一日施行/全部町に統一 京城府で調査*
1213	南鮮版	1936-02-15	01단	採用卅名に六百名受驗/慶南の巡査試驗
1214	南鮮版	1936-02-15	01단	慶南各駐在所へ救療藥配給
1215	南鮮版	1936-02-15	02단	陸上競技十傑㊦(女子陸上十傑)
1216	南鮮版	1936-02-15	02단	京城府立「城東中學校」三月から開校決定す

일련번호	판명	간행일	단수	기사명
1217	南鮮版	1936-02-15	02단	永登浦の火事
1218	南鮮版	1936-02-15	03단	京城の火事
1219	南鮮版	1936-02-15	03단	ホンの一瞬間に九百圓紛失す/釜山郵便局窓口の怪
1220	南鮮版	1936-02-15	04단	昌盛丸の捜査依頼
1221	南鮮版	1936-02-15	04단	罵られて縊死
1222	南鮮版	1936-02-15	05단	お禮述べて退散/案外素直？居直り强盜
1223	南鮮版	1936-02-15	06단	二千圓拐帶
1224	南鮮版	1936-02-15	06단	心變りの女滅多斬り/加害者は自首
1225	南鮮版	1936-02-15	07단	マイト爆發/三名重輕傷
1226	南鮮版	1936-02-15	07단	京城府第二部豫算可決
1227	南鮮版	1936-02-15	07단	一面一校計畫/仕上げの十二校/京畿道で明年度新設
1228	南鮮版	1936-02-15	08단	二幼兒死傷/停車の電車/突然動いて
1229	南鮮版	1936-02-15	08단	貝類の養殖/京畿道で奬勵
1230	南鮮版	1936-02-15	09단	各地から(大邱、開城、釜山)
1231	南鮮版	1936-02-16	01단	京春鐵道の經營/南鐵が乘出すか/要は根津社長の肚
1232	南鮮版	1936-02-16	01단	*擴張後の面積は神戸市の凌駕　大京城の首途に祝典/二出張所新設/名實とも第二位　釜山の新人口十九萬/編入區域だけで補充選擧をやる 除外例の選擧區制*
1233	南鮮版	1936-02-16	02단	婦人團體代表者會
1234	南鮮版	1936-02-16	03단	春近し・大空の話題(1グライタークラブを結成/四月早々に京城で初練習、2愼飛行士が京城裡里間に國産機を驅って旅客飛行)
1235	南鮮版	1936-02-16	03단	南電の動力制限/精米工場に痛手/菱ク協會、辨償を要求
1236	南鮮版	1936-02-16	04단	川崎汽船釜山寄港
1237	南鮮版	1936-02-16	05단	舊正月打破に來年は民曆改正/新曆を中心に編纂
1238	南鮮版	1936-02-16	05단	朝運が代行/バストラックの一部を
1239	南鮮版	1936-02-16	05단	全北驛傳競走の主要コース鋪裝/全郡街道に廿一萬圓
1240	南鮮版	1936-02-16	05단	"空の無敵艦隊"/大擧京城を爆擊/時は非常時の陸軍記念日/壯觀・飛六の快擧
1241	南鮮版	1936-02-16	06단	五百六十萬圓/京城府一般豫算
1242	南鮮版	1936-02-16	06단	細目は廿日頃告示
1243	南鮮版	1936-02-16	07단	全北道會/三月三日から
1244	南鮮版	1936-02-16	07단	オリンピックへ/視察員と映畫班派遣/半島諸選手の活躍を撮影
1245	南鮮版	1936-02-16	07단	文廟■奠祭

일련번호	판명	간행일	단수	기사명
1246	南鮮版	1936-02-16	08단	寒行の淨財を寄附
1247	南鮮版	1936-02-16	08단	全鮮銀行一月末の預金貸出
1248	南鮮版	1936-02-16	08단	權藤軍醫遺骨/悲しき喪の凱旋/英靈、靖國神社に合祀
1249	南鮮版	1936-02-16	10단	慶南各種試驗
1250	南鮮版	1936-02-16	10단	各地から(京城、釜山、開城、大邱、滿洲)
1251	南鮮版	1936-02-18	01단	*「談合は詐欺罪」 問題の京城土木談合事件 大詰めの宣告下る/七實刑者は一週間內に下獄 檢事局も異論なし*
1252	南鮮版	1936-02-18	01단	慶南地方改良事業補助交付
1253	南鮮版	1936-02-18	01단	申機「大邱號」/後援の方法協議
1254	南鮮版	1936-02-18	01단	後藤侍從武官/廿二日に來城
1255	南鮮版	1936-02-18	02단	大邱神社の社殿造營/豫算は十萬圓
1256	南鮮版	1936-02-18	02단	沖合へ漁場擴張/海苔王國全南の十年計畫/採取船三千九百隻を新造
1257	南鮮版	1936-02-18	03단	朝鮮體協會議/廿八日ひらく
1258	南鮮版	1936-02-18	03단	スキー場に雪
1259	南鮮版	1936-02-18	03단	未就學兒童に特別教育を施す/忠北の溫い試み
1260	南鮮版	1936-02-18	04단	盛大な發團式/第八豫後備將教團釜山分團
1261	南鮮版	1936-02-18	04단	『大體新規事業は諒解を得たよ』/今井田總監の土産話
1262	南鮮版	1936-02-18	04단	一月中の鮮內會社移動
1263	南鮮版	1936-02-18	05단	農事改良計畫建て直し/慶南の十三水組
1264	南鮮版	1936-02-18	05단	農事試驗場長會議
1265	南鮮版	1936-02-18	05단	各務原機出發延期
1266	南鮮版	1936-02-18	06단	代田會頭の不信任案通過す/仁川商議の紛糾再燃
1267	南鮮版	1936-02-18	06단	龍山と東部に二小學校を新設/豫算廿七萬圓計上
1268	南鮮版	1936-02-18	06단	各地から(大邱、釜山、開城)
1269	南鮮版	1936-02-18	07단	襷姿も勇しく/僧侶ら街頭デモ/慶北佛教協會うまる
1270	南鮮版	1936-02-18	07단	米の國勢調査/二萬人動員して實施
1271	南鮮版	1936-02-18	08단	學生や靑訓も分列式に加はる/陸軍記念日の京城で
1272	南鮮版	1936-02-18	08단	河豚に中毒/父子死亡す
1273	南鮮版	1936-02-18	09단	京城第一教育都會
1274	南鮮版	1936-02-18	09단	釜山に狂犬
1275	南鮮版	1936-02-18	09단	暴行の限り/全南の三人組强盜
1276	南鮮版	1936-02-19	01단	擴張される樂園/明年度更に千名収容/總督府衛生課の準備進む
1277	南鮮版	1936-02-19	01단	賞も花もある/春競馬の改善策/賞金もうんと殖やす

일련번호	판명	간행일	단수	기사명
1278	南鮮版	1936-02-19	01단	二小學校の敷地決定/新堂里と孝昌園
1279	南鮮版	1936-02-19	01단	慶南の朝鮮紙規格統一
1280	南鮮版	1936-02-19	01단	*復興するまでの供給には困らぬ　總督府豫防藥製造所の火災に　十五萬人分燒失免る/夏季までには復興を實現　豫備金から二萬圓支出/ストーブの出火說否認　西體衛生課長談/損害四萬圓*
1281	南鮮版	1936-02-19	02단	大旱魃に懲り旱手廻しの對策/全南當局、各郡へ通達
1282	南鮮版	1936-02-19	02단	兩候補者へ穀聯の激勵電
1283	南鮮版	1936-02-19	03단	全北砂防工事始る
1284	南鮮版	1936-02-19	03단	警察參考館/四月に竣工式
1285	南鮮版	1936-02-19	04단	愼機、裡里で故障
1286	南鮮版	1936-02-19	04단	定例局長會議
1287	南鮮版	1936-02-19	04단	四月開校は六校/城東中學の百名以外は何れも十五名收容
1288	南鮮版	1936-02-19	04단	奉天へ飛ぶ/各務ヶ原六機
1289	南鮮版	1936-02-19	04단	四月下旬京城で全鮮の都市會議/都計研究會で決議
1290	南鮮版	1936-02-19	04단	懷しき校庭で英靈を弔ふ/權藤軍醫告別式
1291	南鮮版	1936-02-19	05단	棉花段當收量增産を奬勵/慶南から通牒
1292	南鮮版	1936-02-19	06단	隔意なく懇談/內鮮琺瑯鐵器の統制協議會
1293	南鮮版	1936-02-19	07단	各地から(晋州、釜山、東萊、大田)
1294	南鮮版	1936-02-19	07단	抽鐵籤馬來る
1295	南鮮版	1936-02-19	07단	渡航者から籠抜け詐欺/釜山郵便局で
1296	南鮮版	1936-02-19	07단	雄々しく職場へ/若き女性の進出/京畿中等卒業生の狀況調査に浮彫された時代相
1297	南鮮版	1936-02-19	08단	幼兒を絞殺し/肝臓を食ふ
1298	南鮮版	1936-02-19	10단	置土産が多い/榮轉の高松氏
1299	南鮮版	1936-02-19	10단	遞信局辭令
1300	南鮮版	1936-02-20	01단	勳し永久に輝け/肉彈三勇士の銅像を龍山三角地に建設/遺族を永住させる
1301	南鮮版	1936-02-20	01단	噂の二案を結局折衷するか/京城の補充選擧方法
1302	南鮮版	1936-02-20	01단	鄕土訪問飛行を前に忙しい申君と松本孃
1303	南鮮版	1936-02-20	03단	國立公園法を朝鮮にも實施か/金剛山明粧から擡頭
1304	南鮮版	1936-02-20	03단	*稅制の改正で卅五萬圓を捻出　準備を急ぐ京畿道/京城府民の負 擔著しく增大*
1305	南鮮版	1936-02-20	04단	慶南産組打合せ會
1306	南鮮版	1936-02-20	04단	電報の宛名に"殿"呼び捨てにするのは失禮/廿一日から實施

일련번호	판명	간행일	단수	기사명
1307	南鮮版	1936-02-20	05단	本紙經濟欄を教材/釜山一商の試み
1308	南鮮版	1936-02-20	05단	頭を惱ます/起債償還/慶南道の新豫算
1309	南鮮版	1936-02-20	05단	慶北道會開く
1310	南鮮版	1936-02-20	06단	グルリと全鮮に張るラヂオ網/四月から第二の躍進
1311	南鮮版	1936-02-20	06단	農家更生計畫へ/絶えず資料提供/農事試驗場を活用
1312	南鮮版	1936-02-20	07단	警察官共組へ警部も入會さす/今秋までに規約改正
1313	南鮮版	1936-02-20	08단	漁夫行方不明
1314	南鮮版	1936-02-20	08단	決裂の危機/珐瑯鐵器協議會
1315	南鮮版	1936-02-20	08단	釜山輸出電球
1316	南鮮版	1936-02-20	08단	自國經濟使節
1317	南鮮版	1936-02-20	09단	朝鮮人內地留學生調べ
1318	南鮮版	1936-02-20	09단	高飛びの詐欺漢捕はる
1319	南鮮版	1936-02-20	09단	大邱のボヤ
1320	南鮮版	1936-02-20	09단	出稼ぎの矢先母子重傷
1321	南鮮版	1936-02-20	10단	各地から(釜山、馬山、大邱、開城)
1322	南鮮版	1936-02-21	01단	*一家五人心中の詳報　六疊一間の家　遺書に催眠藥の出所明示/大酒が祟る　中西城大病院庶務課長語る(級中の褒め者/受持の先生談、近所の人々の話)*
1323	南鮮版	1936-02-21	01단	鮮産珐瑯鐵器も遂に統制の束縛/“賣れ過ぎ”が原因(協約事項)
1324	南鮮版	1936-02-21	01단	『語調明快週間』/我らの一言は朝鮮を代表/愛嬌を見せる苦心
1325	南鮮版	1936-02-21	04단	國防獻金
1326	南鮮版	1936-02-21	05단	羅津に府制/明年度に實施
1327	南鮮版	1936-02-21	05단	釜山放送局感度試驗好成績
1328	南鮮版	1936-02-21	05단	南鐵の事務引繼/三月一日に光州で
1329	南鮮版	1936-02-21	05단	*鮮內から六百戶　千四十戶は在滿鮮農　滿洲移民の方法決る/移民係新設*
1330	南鮮版	1936-02-21	06단	大綱を示す程度/「特別選擧を行ふ事を得」/實行方法は施行地で決める
1331	南鮮版	1936-02-21	06단	府尹さんの朗笑/四月から交際費增額
1332	南鮮版	1936-02-21	06단	小年怪盜/京城を荒す
1333	南鮮版	1936-02-21	07단	運賃引上げの緩和を依賴した/佐藤鐵道營業課長談
1334	南鮮版	1936-02-21	07단	投身自殺に家出の人妻
1335	南鮮版	1936-02-21	07단	肉弾三勇士追善の爆破演習
1336	南鮮版	1936-02-21	08단	釜山の質屋へ二人組强盜/大邱の一味か

일련번호	판명	간행일	단수	기사명
1337	南鮮版	1936-02-21	08단	全部無罪/尙州麻雀賭博
1338	南鮮版	1936-02-21	08단	大仕掛けの紳士賭博/十數名檢擧さる
1339	南鮮版	1936-02-21	08단	京畿道會始る
1340	南鮮版	1936-02-21	09단	一萬五千圓/會計主任橫領か
1341	南鮮版	1936-02-21	09단	農村振興督勵/總督の乘出す
1342	南鮮版	1936-02-21	09단	全鮮商議打合會
1343	南鮮版	1936-02-21	10단	各地から(釜山、京城、大田)
1344	南鮮版	1936-02-22	01단	明年度實行豫算凡そ二億九千萬圓/遲くも今月中に纏る
1345	南鮮版	1936-02-22	01단	*一般に不評の反動 鮮米の移出高激減す/港別移出高*
1346	南鮮版	1936-02-22	01단	電話の增設費六十萬圓計上/京城關係は二十萬圓
1347	南鮮版	1936-02-22	01단	瑞寶章傳達式
1348	南鮮版	1936-02-22	01단	神社令脫稿
1349	南鮮版	1936-02-22	01단	正式に指定/第二次寶物古踏名勝天然記念物
1350	南鮮版	1936-02-22	01단	慶會樓西北に武德殿を建設
1351	南鮮版	1936-02-22	02단	京城府三出張所の機構
1352	南鮮版	1936-02-22	02단	思ひ出一入濃し/肉彈三勇士の遺族も列席/第三回目の慰靈祭
1353	南鮮版	1936-02-22	02단	夭折せる兒らの冥福祈る地藏尊/南鮮地方千餘名の贊同で大休寺境內に建立
1354	南鮮版	1936-02-22	03단	興行取締令/近く審議室へ
1355	南鮮版	1936-02-22	03단	長良丸、釜山入港
1356	南鮮版	1936-02-22	04단	府城擴張の打合せ
1357	南鮮版	1936-02-22	04단	五戶全半燒/光州の火事
1358	南鮮版	1936-02-22	04단	親子五人心中の一家
1359	南鮮版	1936-02-22	05단	四月に發會式/海軍協會慶南支部準備進む
1360	南鮮版	1936-02-22	05단	機關車脫線/又も京元線で
1361	南鮮版	1936-02-22	06단	さながら陳情會/碓井本府商工課長中心に釜山の商工業者懇談
1362	南鮮版	1936-02-22	07단	肺結核患者調べ/根本對策を樹つ/今春、第三の健康運動
1363	南鮮版	1936-02-22	07단	型破り地價暴騰/七年間に五倍の高値/凄い京城郊外の土地熱
1364	南鮮版	1936-02-22	07단	全鮮を一丸/保護協會創立/先づ免囚保護係新設
1365	南鮮版	1936-02-22	07단	死兒遺素來送
1366	南鮮版	1936-02-22	08단	釜山府域擴張で過重の警備負擔/先づ五派出所增設か
1367	南鮮版	1936-02-22	09단	老婆の身投げ
1368	南鮮版	1936-02-22	09단	各地から(大邱、裡里、釜山、全州、京城)
1369	南鮮版	1936-02-22	10단	京城組銀預金貸出狀況

일련번호	판명	간행일	단수	기사명
1370	南鮮版	1936-02-23	01단	國境部隊へ聖旨傳達/後藤侍從武官
1371	南鮮版	1936-02-23	01단	半島の神祕、藥水へ/揮ふ科學のメス/三ヶ年計畫、試驗機擔いで衛生課員が全鮮溫泉調査
1372	南鮮版	1936-02-23	01단	殘雪の漢江河原に/爆彈三勇士を偲ぶ/壯烈、火を吐く追善演習
1373	南鮮版	1936-02-23	02단	壯烈な演習に新銳兵器も參加/釜山の陸軍記念日
1374	南鮮版	1936-02-23	02단	*大阪の雪禍に　讀々と見舞電報　本社速報は大好評/開票速報大人氣　到る所に黑山の人*
1375	南鮮版	1936-02-23	03단	嫁取不可日など廢止/宇垣さん提唱の朝鮮民曆改正/國富所長の原案成る
1376	南鮮版	1936-02-23	04단	大邱の催し
1377	南鮮版	1936-02-23	04단	ひかり火を吐く
1378	南鮮版	1936-02-23	04단	四十學級增加/全羅南道で實施
1379	南鮮版	1936-02-23	04단	多田工務店へ落札/舊馬山驛改築移轉
1380	南鮮版	1936-02-23	05단	朝鮮側の要望/或る程度容認か/滿鐵運賃改正反對に出張の工藤理事の土産話
1381	南鮮版	1936-02-23	05단	鐵道關係者の防火注意喚起
1382	南鮮版	1936-02-23	05단	半島の青空に挑む/グライターの春を謳って/倶樂部の創立協會
1383	南鮮版	1936-02-23	05단	小荷物取扱所增設
1384	南鮮版	1936-02-23	05단	職員共濟會/慶南で創立準備
1385	南鮮版	1936-02-23	06단	再出願に決る/仁川正來市場
1386	南鮮版	1936-02-23	06단	農村振興に拍車/輔導員講習會開く
1387	南鮮版	1936-02-23	06단	移轉先決る/京城消防署
1388	南鮮版	1936-02-23	06단	缺損補塡金/積立規定設く/自作農創定奬勵の京畿道で
1389	南鮮版	1936-02-23	07단	各地から(京城、開城、統營)
1390	南鮮版	1936-02-23	07단	無罪に検事上訴/注目の尙州紳士賭博
1391	南鮮版	1936-02-23	07단	本年から名道で開催/消防講習會
1392	南鮮版	1936-02-23	07단	新婚で異狀/若い女の轢死
1393	南鮮版	1936-02-23	07단	馬山機關區が優勝
1394	南鮮版	1936-02-23	08단	酒屋へ覆面强盜/吹鳴られて逃走す
1395	南鮮版	1936-02-23	08단	鼠小僧顔負け/早業の少年
1396	南鮮版	1936-02-23	08단	急停車及ばず/若者線路に自殺す
1397	南鮮版	1936-02-23	09단	氷上密輸團暗躍す
1398	南鮮版	1936-02-23	09단	水銀と硫黃で猛烈な中毒/素人治療の一家

일련번호	판명	간행일	단수	기사명
1399	南鮮版	1936-02-23	10단	京城の職工と賃銀
1400	南鮮版	1936-02-23	10단	二千五百圓を拐帶し逃走/金華鑛業所員
1401	南鮮版	1936-02-25	01단	*教育界の大刷新 "敬稱"の使用運動 言語上の缺陷一掃を期してまづ全北道當局起つ/世界のどの言葉より 惡語卑語が多い*
1402	南鮮版	1936-02-25	01단	"武道"朝鮮の實現に努力 新會員更に十萬人獲得に全鮮支部の活躍/武道昇段者
1403	南鮮版	1936-02-25	01단	總督府辭令
1404	南鮮版	1936-02-25	01단	京城府へ/新編入面積
1405	南鮮版	1936-02-25	02단	馬山中學/明年度實現か
1406	南鮮版	1936-02-25	02단	*花のお江戸に躍進の鮮産品/平南特産物 博覽會に出品/販路の擴張をめざして見本市を開きます*
1407	南鮮版	1936-02-25	03단	注目される/商議會問題
1408	南鮮版	1936-02-25	04단	卒業兒童の希望先調べ
1409	南鮮版	1936-02-25	05단	希望の丘へ/雪を蹴って集る兒童千名/大邱師範入試始まる
1410	南鮮版	1936-02-25	06단	各地から(釜山、開城)
1411	南鮮版	1936-02-25	06단	ゴールド・ラッシュに不十分の製錬事業/改善に現はれた內地資本家數名/總督府で二名を認可か
1412	南鮮版	1936-02-25	06단	局線の營業成績
1413	南鮮版	1936-02-25	06단	愈よ世に出る/風光の松島海岸/水仁鐵道の敷設決定から有志で遊園地を計畫
1414	南鮮版	1936-02-25	07단	遭難四十日/長壽丸、仁川へ歸港
1415	南鮮版	1936-02-25	07단	ハイキングコース選定/釜鐵で調査
1416	南鮮版	1936-02-25	07단	十八名死刑/間島共産黨事件判決
1417	南鮮版	1936-02-25	08단	怪しの嬰兒死體
1418	南鮮版	1936-02-25	08단	工場衛生確立/池田局長視察
1419	南鮮版	1936-02-25	08단	現れた白骨死體/他殺と判明
1420	南鮮版	1936-02-25	09단	鐵道割引證/不正行使を防止
1421	南鮮版	1936-02-25	09단	乾鰮製法に天日が好成績
1422	南鮮版	1936-02-25	10단	慶南道農村/振興打合會
1423	南鮮版	1936-02-25	10단	府議增員/選擧方法/當局で研究
1424	南鮮版	1936-02-26	01단	土木出張所長會議
1425	南鮮版	1936-02-26	01단	釜山府第一部教育部會
1426	南鮮版	1936-02-26	01단	全鮮の青年團一千/團員八萬を擁す/自力更生心田開發/兩運動へ動員
1427	南鮮版	1936-02-26	01단	愛兒失へる母/地藏尊の下繪に合掌/批評求めに模型陳列

일련번호	판명	간행일	단수	기사명
1428	南鮮版	1936-02-26	01단	軍事功勞表彰
1429	南鮮版	1936-02-26	01단	母校の廿周年にプールの贈り物/大邱高普卒業生から
1430	南鮮版	1936-02-26	02단	童心を戰かせて/釜山高女の入試始る
1431	南鮮版	1936-02-26	02단	沿線到る所に/美觀損ねる廣告/各地から撤廢を要望
1432	南鮮版	1936-02-26	03단	慶南道會/三月七日より
1433	南鮮版	1936-02-26	03단	七段の榮譽/釜山柔道界の元老/村上義臣氏
1434	南鮮版	1936-02-26	03단	電氣事務會議
1435	南鮮版	1936-02-26	04단	文廟釋典儀式/宛ら儒教時代を髣髴
1436	南鮮版	1936-02-26	04단	特別釀造を禁じ販賣酒で審査/酒類品評會に大英斷
1437	南鮮版	1936-02-26	04단	滿鐵運動改正/問題陳情運動
1438	南鮮版	1936-02-26	05단	報德會演藝會
1439	南鮮版	1936-02-26	05단	鰊がとれる/寒波襲來て慶南の漁況異變
1440	南鮮版	1936-02-26	06단	バラバラ死體の主/木浦の男と判明/警察局、全鮮へ手配
1441	南鮮版	1936-02-26	06단	各地から(京城、釜山、浦項、大邱、春川、開城)
1442	南鮮版	1936-02-26	06단	水仁鐵道は五月頃着工/終端驛は花町
1443	南鮮版	1936-02-26	06단	海難防止標語/入選發表さる
1444	南鮮版	1936-02-26	07단	釜山府內警備/專用電話架設
1445	南鮮版	1936-02-26	07단	先づ家屋改造/婦人覺醒運動
1446	南鮮版	1936-02-26	07단	レコード濫賣戰/ポリドールとの確執から仕入値段まで割る
1447	南鮮版	1936-02-26	08단	編入殘存面の補缺選擧
1448	南鮮版	1936-02-26	08단	一萬二千圓拐帶す/東拓裡支部店員
1449	南鮮版	1936-02-26	09단	圖書檢閱係/釜山に新設決定
1450	南鮮版	1936-02-26	09단	新編入邑面の實地調査
1451	南鮮版	1936-02-26	10단	カフェ王冠の泥棒捕はる
1452	南鮮版	1936-02-26	10단	淸安金鑛の强盜捕はる
1453	南鮮版	1936-02-26	10단	娘を絞殺/發育不完全を苦にして
1454	南鮮版	1936-02-26	10단	關釜聯絡船の船員服裝改正
1455	南鮮版	1936-02-26	10단	沿海航行船舶海難件數
1456	南鮮版	1936-02-27	01단	*廿錢でこの歡喜　僅か半年間に五萬人就籍　無籍の在滿同胞晴れて帝國臣民/公認未公認合せて二百　在滿朝鮮人民會*
1457	南鮮版	1936-02-27	01단	安奉線改正運賃/低減要望の決議/伊藤理事ちかく渡滿
1458	南鮮版	1936-02-27	01단	忠南道會始る
1459	南鮮版	1936-02-27	02단	匪賊の襲擊二回/“生ける屍”/死線を越えて元山へ
1460	南鮮版	1936-02-27	03단	風紀振肅の通牒/料理屋、カフエ、飮食店取締方針を明示す
1461	南鮮版	1936-02-27	03단	東京で半島特産見本市

일련번호	판명	간행일	단수	기사명
1462	南鮮版	1936-02-27	04단	十九名全部に懲役を求刑/京城府談合事件公判/収賄（五名）/贈賄および詐欺（十四名）
1463	南鮮版	1936-02-27	04단	*網紀亂す官公吏千三百名を超す　總監、近く肅正の通牒/定例局長會議*
1464	南鮮版	1936-02-27	05단	*馬山中學設立　道會通過は容易　差當り百十名を募集/終始內鮮協力*
1465	南鮮版	1936-02-27	07단	全南道會開く
1466	南鮮版	1936-02-27	07단	滿洲事變の第二次論功行賞/三月二日ごろ
1467	南鮮版	1936-02-27	08단	郵便行嚢紛失
1468	南鮮版	1936-02-27	08단	五萬圓詐取/古碩を種に
1469	南鮮版	1936-02-27	08단	宇垣總督列席/慶南の農村振興打合會
1470	南鮮版	1936-02-27	09단	大邱の三ゴム工場一齊休業
1471	南鮮版	1936-02-27	10단	各地から(開城、釜山、馬山)
1472	南鮮版	1936-02-28	01단	流言蜚語に惑はず/安じて業に勵め/東京事變に總督から聲明
1473	南鮮版	1936-02-28	01단	新設校を繞り大いに搖れよう/"豊作"の中等教育界
1474	南鮮版	1936-02-28	01단	釜山一商の新聞教育
1475	南鮮版	1936-02-28	02단	新築に決定/內服藥製造所
1476	南鮮版	1936-02-28	02단	寒冷農村に祟る/麥作も果樹も被害(慶南、全北)
1477	南鮮版	1936-02-28	03단	視察を前に/大河內子語る
1478	南鮮版	1936-02-28	03단	日加間郵便爲替特殊日付印
1479	南鮮版	1936-02-28	04단	失戀自殺
1480	南鮮版	1936-02-28	04단	成元慶氏當選/忠南道會副議長
1481	南鮮版	1936-02-28	04단	警官軍隊慰問報國會映畫會
1482	南鮮版	1936-02-28	04단	大邱府內專門中等校卒業式
1483	南鮮版	1936-02-28	04단	我等の文明琦號懷し故里の空へ/念願の飛六配屬決る
1484	南鮮版	1936-02-28	05단	宇垣總督歸城
1485	南鮮版	1936-02-28	05단	釜山府第一部教育部會
1486	南鮮版	1936-02-28	05단	稀粕は總督府一任
1487	南鮮版	1936-02-28	05단	缺食兒童に晝ご飯を御馳走/釜山教化聯盟から
1488	南鮮版	1936-02-28	05단	流石弗箱の酒税/優に二千萬圓突破/租税收入の群を拔く
1489	南鮮版	1936-02-28	06단	多少遲れる？/第二次論功行賞の發表
1490	南鮮版	1936-02-28	06단	夏のうるさ型/蠅廿五萬匹を征伐
1491	南鮮版	1936-02-28	06단	楊事務官一同渡滿
1492	南鮮版	1936-02-28	07단	各地から(大邱、京城、全州、釜山)
1493	南鮮版	1936-02-28	07단	明るくなる村

일련번호	판명	간행일	단수	기사명
1494	南鮮版	1936-02-28	07단	仁川商議淨化/商工團體起つ
1495	南鮮版	1936-02-28	08단	四戶を全燒/京城の宵火事
1496	南鮮版	1936-02-28	08단	强盜殺人犯/遂に逮捕さる
1497	南鮮版	1936-02-28	08단	ゴム製品値上げ/先づ京畿道で斷行
1498	南鮮版	1936-02-28	09단	「雪之丞變化」解決篇を上映/京畿で本紙愛讀者優待
1499	南鮮版	1936-02-28	10단	東鄕神社資金募集
1500	南鮮版	1936-02-28	10단	全鮮的に副業調査
1501	南鮮版	1936-02-28	10단	畜産株式會社創立
1502	南鮮版	1936-02-29	01단	御自慢の國産バス/光州、麗水間に運轉
1503	南鮮版	1936-02-29	01단	釜山の地久節行事
1504	南鮮版	1936-02-29	01단	*恐懼痛恨の極み　先輩の僚友の急逝を哀悼　歸城の宇垣總督談/佐枝參謀長談/流言蜚語は嚴罰　警務局、各道へ通牒/弔問に東上　兒島會計課長/朝取立會休止 仁取期米も*
1505	南鮮版	1936-02-29	03단	鑵詰も海外進出/慶南の太刀魚、江原咸南の毛蟹/釜山港に朗報頻り
1506	南鮮版	1936-02-29	03단	釜山府第一教育部會第二日
1507	南鮮版	1936-02-29	03단	城東中學認可
1508	南鮮版	1936-02-29	03단	農村振興計畫/十六、七兩日忠南で開催
1509	南鮮版	1936-02-29	03단	陸軍記念日の行事
1510	南鮮版	1936-02-29	04단	産業經濟調査會準備委員會
1511	南鮮版	1936-02-29	04단	釜山無盡臨時主總會
1512	南鮮版	1936-02-29	04단	床しい桃花祭/婦人團體、女學生ら參列し朝鮮神宮で執行
1513	南鮮版	1936-02-29	04단	城大の珍現象/今年は豫科卒業生がない/醫學部は高校から募集
1514	南鮮版	1936-02-29	05단	警察官幹部講習會無期延期
1515	南鮮版	1936-02-29	05단	僞檢事の僞書/被害數萬圓？
1516	南鮮版	1936-02-29	05단	四千圓拐帶
1517	南鮮版	1936-02-29	06단	各地から(開城、京城、大邱、釜山、鎭海、馬山)
1518	南鮮版	1936-02-29	06단	生産品檢査をゴム靴にも實施/三和護謨會社も善處
1519	南鮮版	1936-02-29	06단	物騷な落し物
1520	南鮮版	1936-02-29	06단	列車妨害
1521	南鮮版	1936-02-29	06단	各私鐵黑字
1522	南鮮版	1936-02-29	07단	漁業用の氷に猛烈な販賣合戰/慶南各社競ひ立つ
1523	南鮮版	1936-02-29	07단	春蠶大奬勵
1524	南鮮版	1936-02-29	07단	三陟鐵道近く認可

일련번호	판명	간행일	단수	기사명
1525	南鮮版	1936-02-29	07단	二戸全燒す/京城の晝火事
1526	南鮮版	1936-02-29	08단	食刀突付け/現金を强奪/慶南の覆面强盜
1527	南鮮版	1936-02-29	08단	第五回忠南道會
1528	南鮮版	1936-02-29	09단	國有財産法/四月早々實施
1529	南鮮版	1936-02-29	10단	慶南社會教化團體國庫補助

1936년 3월

일련번호	판명	간행일	단수	기사명
1530	南鮮版	1936-03-01	01단	*面中心に農村振興 上厚下薄の弊を矯め 第一線指導の職員を充實/贅澤は振興の敵 打合會で特に强調/懷工合暖く 頭擡げる怠け癖/勤勞精神涵養に努力*
1531	南鮮版	1936-03-01	01단	江原道會
1532	南鮮版	1936-03-01	01단	釜山高女の建議案修正可決
1533	南鮮版	1936-03-01	02단	開設に決定/水原道立病院の安城出張所
1534	南鮮版	1936-03-01	02단	伸びゆく平壤の繁榮線（船橋里方面）
1535	南鮮版	1936-03-01	03단	港灣、鐵道兩工事/倂行して完成/三港の國費改修急ぐ
1536	南鮮版	1936-03-01	04단	朝無株主總會
1537	南鮮版	1936-03-01	04단	京城の諸税調定額
1538	南鮮版	1936-03-01	05단	不良住宅調査/四都市美化工作
1539	南鮮版	1936-03-01	05단	二十名整理/窮救事業費減額で
1540	南鮮版	1936-03-01	05단	教科書を賣拂ひ/好きな映畵見物/學校の情操教育を體よく敬遠/"君、僕"の現代女學生氣質
1541	南鮮版	1936-03-01	05단	黑字謳歌/總督府歲入豫算
1542	南鮮版	1936-03-01	05단	馬山中學設立/本府へ認可申請/差當り普校を借用
1543	南鮮版	1936-03-01	06단	畜犬豫防注射
1544	南鮮版	1936-03-01	06단	問題の割引運賃/今後は踏襲せぬ/南鐵局營後の方針
1545	南鮮版	1936-03-01	06단	小型船の晴雨計/檢定を嚴重勵行/釜山測候所に新裝置
1546	南鮮版	1936-03-01	07단	傳染病の豫防注射實施成績
1547	南鮮版	1936-03-01	08단	原動機取締規則を改正
1548	南鮮版	1936-03-01	08단	女高普高普の歷史教科書/本府で編纂する/明春新學期から使用
1549	南鮮版	1936-03-01	09단	飛降りて重傷
1550	南鮮版	1936-03-01	09단	電線泥棒逮捕
1551	南鮮版	1936-03-01	09단	各地から(京城、開城、釜山)
1552	南鮮版	1936-03-01	09단	水稻種子の更新共進會/慶南十三郡で
1553	南鮮版	1936-03-01	09단	嬰兒の死體/鷩梁津山林に
1554	南鮮版	1936-03-01	10단	少年に盜人教育
1555	南鮮版	1936-03-03	01단	*肩身狹き釋放者へ 遍く聖代の惠澤 生れる司法保護協會/性は善なり 更生をたすけたい 增永法務局長語る*
1556	南鮮版	1936-03-03	01단	考古學界の新話題/新羅と漢文化の交涉示す遺物/慶州の王陵附近から發掘
1557	南鮮版	1936-03-03	03단	愛婦功勞者/四名表彰さる
1558	南鮮版	1936-03-03	03단	*全鮮港灣擧げて 海難防止の宣傳 海上安全週間始まる/船舶船員表彰*

일련번호	판명	간행일	단수	기사명
1559	南鮮版	1936-03-03	04단	原案通り可決/慶北道會
1560	南鮮版	1936-03-03	04단	釜山第一教育部全員委員會
1561	南鮮版	1936-03-03	04단	默禱を捧ぐ/忠南道會
1562	南鮮版	1936-03-03	04단	城東中學生徒募集
1563	南鮮版	1936-03-03	05단	各地から(京城、統營、鎭海、釜山、仁川、全州)
1564	南鮮版	1936-03-03	05단	釜山第二部會
1565	南鮮版	1936-03-03	05단	六百五十餘萬圓/慶南新豫算發表さる
1566	南鮮版	1936-03-03	05단	感慨無量の情景/南鐵の看板も書替られ/國鐵引繼式行はる
1567	南鮮版	1936-03-03	06단	零下八度四分へ逆戻り/釜山/三月氣温の底を衝く
1568	南鮮版	1936-03-03	06단	京城府議補充選擧/九月廿日に執行/經費は追加豫算計上
1569	南鮮版	1936-03-03	06단	慶南中等校卒業式
1570	南鮮版	1936-03-03	06단	一月の滿洲宛郵便爲替
1571	南鮮版	1936-03-03	07단	貨物列車脫線/永登浦驛で
1572	南鮮版	1936-03-03	08단	變死の疑ひ
1573	南鮮版	1936-03-03	08단	巧妙な僞造紙幣
1574	南鮮版	1936-03-03	08단	めでたく誕生/光州商議の創立總會
1575	南鮮版	1936-03-03	08단	電柱に激突し三名卽死す/トラック運轉を過る
1576	南鮮版	1936-03-03	08단	三名溺死す/延繩漁船轉覆
1577	南鮮版	1936-03-03	09단	僞の渡航證
1578	南鮮版	1936-03-03	09단	二回も放火
1579	南鮮版	1936-03-03	09단	强盜逮捕さる
1580	南鮮版	1936-03-03	09단	聯合齒科醫師會新役員
1581	南鮮版	1936-03-03	10단	五百圓拐帶
1582	南鮮版	1936-03-03	10단	自殺病患者
1583	南鮮版	1936-03-03	10단	運動競技界(南鮮男子卓球大會)
1584	南鮮版	1936-03-04	01단	*逝ける齋藤內府の功績偲ぶ追悼式　本葬當日、盛大に營む/天野少佐遺族へ感激の金一封　匿名の紳士から贈る/帝都事變を引例　心構へを强調す　總督から局長會議で/故內府へ弔電 慶北道會終る*
1585	南鮮版	1936-03-04	01단	新嘗祭耕作者
1586	南鮮版	1936-03-04	02단	就職先き全部決る/大邱商業卒業生
1587	南鮮版	1936-03-04	02단	機關銃の拂下げ/五十梃に決定/到着次第、國境三道へ
1588	南鮮版	1936-03-04	02단	報告祭や旗行列/府域擴張記念に四月一日/京城で各種の催し
1589	南鮮版	1936-03-04	03단	國鐵の南鐵引繼ぎ
1590	南鮮版	1936-03-04	04단	慶南養鷄更新

일련번호	판명	간행일	단수	기사명
1591	南鮮版	1936-03-04	04단	本年度內に認可は二百/殖産契準備成る
1592	南鮮版	1936-03-04	04단	サイベリア丸/羅津へ寄港/同時に滿洲丸も
1593	南鮮版	1936-03-04	05단	慶南で漁業保護取締船新造
1594	南鮮版	1936-03-04	05단	太平里視察/忠南道議一行
1595	南鮮版	1936-03-04	05단	僞造紙幣廿件/各地から頻々と發見
1596	南鮮版	1936-03-04	05단	先づ百名募集し內鮮共學で進む/今春開校の馬山中學
1597	南鮮版	1936-03-04	06단	目標は健全財政/慶南の緊縮豫算中に/相當新規事業を盛る
1598	南鮮版	1936-03-04	07단	洋服泥棒逮捕
1599	南鮮版	1936-03-04	07단	釜山港三次擴張/近く認可されん/北川氏が大部分出資
1600	南鮮版	1936-03-04	07단	口座所管廳をなるべく殖やす/郵便振替貯金卅周年迎へ/井上遞信局長語る
1601	南鮮版	1936-03-04	08단	十年中仁川輸移入石炭
1602	南鮮版	1936-03-04	08단	傳染病患者の輸送手續改正
1603	南鮮版	1936-03-04	08단	北面の三人組强盜捕る
1604	南鮮版	1936-03-04	08단	織物協會協議
1605	南鮮版	1936-03-04	09단	ラミー增殖/慶南の五年計畫
1606	南鮮版	1936-03-04	09단	四十五名局送り/第三次咸南共靑事件
1607	南鮮版	1936-03-04	10단	「雪之丞變化」の解決篇上映/釜山の讀者優待
1608	南鮮版	1936-03-05	01단	快適の周廻道路/放射線狀の幹線結び/京城府民の散策にも誂向き
1609	南鮮版	1936-03-05	01단	戶別附加稅で約七千圓增收
1610	南鮮版	1936-03-05	01단	總督、總監も訓示/延期の警察官幹部講習會/九日から十日間開く
1611	南鮮版	1936-03-05	01단	馬山中學は近く認可/土師知事折衝
1612	南鮮版	1936-03-05	01단	鐵道歌完成
1613	南鮮版	1936-03-05	01단	酷寒新記錄/二月中の氣象
1614	南鮮版	1936-03-05	02단	國境警備に支那人の慰問金
1615	南鮮版	1936-03-05	02단	全鮮工業祭/商工新聞主催/四月十日から
1616	南鮮版	1936-03-05	02단	*受驗地獄深刻 大邱の學園風景/五十名增募 釜山女高普*
1617	南鮮版	1936-03-05	02단	今後鐵道と港灣/兩工事を統制/軍部とも重要協議
1618	南鮮版	1936-03-05	03단	時代遲れの例規/整理の機運動く/先鞭つける圖書課
1619	南鮮版	1936-03-05	03단	驛長異動發令
1620	南鮮版	1936-03-05	03단	京畿道徹底的に傳染病豫防
1621	南鮮版	1936-03-05	03단	滿洲事變論功行賞近く發表
1622	南鮮版	1936-03-05	04단	城東中學事務開始

일련번호	판명	간행일	단수	기사명
1623	南鮮版	1936-03-05	04단	全業績の純益/百卅萬圓に上る/高山東拓總裁語る
1624	南鮮版	1936-03-05	05단	全部で十九輛/南鐵の局營後活動の自動車
1625	南鮮版	1936-03-05	05단	京畿事務檢閱/十二日から
1626	南鮮版	1936-03-05	05단	貿易博へ出品
1627	南鮮版	1936-03-05	05단	囑託雇員引繼發令
1628	南鮮版	1936-03-05	05단	婦人報國祭/地久節に朝鮮神宮で
1629	南鮮版	1936-03-05	06단	滿洲見本市へ積極的に出品/釜山商品を宣傳
1630	南鮮版	1936-03-05	06단	本山住持馳參じ/心田開發の協議/總督も茶話會で懇談
1631	南鮮版	1936-03-05	06단	明倫學院を擴充/硏究科も新設し/國史教育を加へる
1632	南鮮版	1936-03-05	06단	女囚も雛祭/西大門刑務所で
1633	南鮮版	1936-03-05	07단	馬術を加へる/朝鮮神宮競技に
1634	南鮮版	1936-03-05	07단	武徳祭出場は二段以上
1635	南鮮版	1936-03-05	07단	大それた雇女/八百圓と小切手持逃げ
1636	南鮮版	1936-03-05	07단	四十萬府民一人當り/六圓卅三錢强の借金/年每に殖える京城府債
1637	南鮮版	1936-03-05	08단	水夫の奇禍
1638	南鮮版	1936-03-05	08단	新堂里小學校の敷地で紛糾
1639	南鮮版	1936-03-05	08단	運動競技界(早大ラグビー四月に來城)
1640	南鮮版	1936-03-05	08단	オリンピック選手の後援資金を募集
1641	南鮮版	1936-03-05	08단	五圓位で引合ぬ/出された紙幣を突っ返し/强盜、すごい捨台詞
1642	南鮮版	1936-03-05	08단	女房を刺殺
1643	南鮮版	1936-03-05	09단	各地から(開城、釜山、京城)
1644	南鮮版	1936-03-05	09단	京城の火事
1645	南鮮版	1936-03-05	09단	東萊の强盜/就寢中捕る
1646	南鮮版	1936-03-06	01단	型破り山頂結婚式/海拔二千尺の「前山」で三々九度/“結びの神”はハイキング
1647	南鮮版	1936-03-06	01단	*壯烈な立體戰 空陸相呼應して決行 京城の陸軍記念日行事/大田の催し*
1648	南鮮版	1936-03-06	01단	“春の街”を綠化
1649	南鮮版	1936-03-06	02단	松麗線の初事故/氣動車、機關車に追突し/乘客五名負傷ず
1650	南鮮版	1936-03-06	03단	全北道會開く
1651	南鮮版	1936-03-06	03단	釜山第二教育部會
1652	南鮮版	1936-03-06	04단	地久節の行事中止
1653	南鮮版	1936-03-06	04단	樂しい桃の節句/音樂會や芝居でお祝ひ

일련번호	판명	간행일	단수	기사명
1654	南鮮版	1936-03-06	05단	土幕民移轉打合會
1655	南鮮版	1936-03-06	05단	施設充實保留/晋州農試場
1656	南鮮版	1936-03-06	05단	大日本消防協會へ加人申請
1657	南鮮版	1936-03-06	05단	殖える郵便貯金/五千四百萬圓を超ゆ
1658	南鮮版	1936-03-06	06단	慶南課長達の印鑑を僞造/約束手形の詐欺發覺
1659	南鮮版	1936-03-06	06단	又も寒波の惡戲/釜山の上水道に故障續出/鯖や鰺も寄つかぬ
1660	南鮮版	1936-03-06	07단	三陟鐵道近く免許
1661	南鮮版	1936-03-06	07단	馬場辯護士に十月判決
1662	南鮮版	1936-03-06	07단	機關車故障
1663	南鮮版	1936-03-06	08단	剩錢籠拔け/京城府廳で
1664	南鮮版	1936-03-06	08단	吉田ら十九名九日判決
1665	南鮮版	1936-03-06	08단	新堂里小學校敷地問題解決
1666	南鮮版	1936-03-06	08단	纛島に追剝
1667	南鮮版	1936-03-06	08단	揃って激增/繩、叺、莚生産高
1668	南鮮版	1936-03-06	08단	婦女誘拐團/全鮮に毒牙をのばし/一味廿一名送局さる
1669	南鮮版	1936-03-06	09단	滿鐵運賃の陳情効果薄/伊藤氏歸來談
1670	南鮮版	1936-03-06	10단	各地から(京城、釜山、馬山)
1671	南鮮版	1936-03-07	01단	轉向者へ救ひの手/思想犯保護監察法を制定/十月から實施に決る
1672	南鮮版	1936-03-07	01단	*教育問題で俄然波瀾　全北道會第四日/故齊藤子へ弔電/忠南道會終る/全南道會終る/慶南道會日程/釜山府會*
1673	南鮮版	1936-03-07	02단	麥作は大減收/咸北を除き三割乃至四割/速效性春肥を奬勵
1674	南鮮版	1936-03-07	02단	婦人精神を强調/地久節壽ぐ報國祭(京城、大邱)
1675	南鮮版	1936-03-07	03단	農村も都市も青年集めて講習/振興精神を吹込む
1676	南鮮版	1936-03-07	03단	“心田開發”語る茶話會
1677	南鮮版	1936-03-07	04단	放送局異動
1678	南鮮版	1936-03-07	04단	晋州の陸軍記念日
1679	南鮮版	1936-03-07	05단	海藻道營檢査の延期を陳情
1680	南鮮版	1936-03-07	05단	線路に轢死體
1681	南鮮版	1936-03-07	05단	六月頃大搖れ/鮮滿拓殖創設を繞り/徹底的に官界人事刷新か
1682	南鮮版	1936-03-07	05단	切手になるか/慶會樓の風景
1683	南鮮版	1936-03-07	06단	邱南鐵道沿線/建設課長が踏査/參考資料作成を急ぐ
1684	南鮮版	1936-03-07	07단	浦項劇場の上棟式
1685	南鮮版	1936-03-07	07단	伊達な綠の帽子/被る慶南の禿山/今年も大砂防工事
1686	南鮮版	1936-03-07	08단	慄へる少女群/大邱バス女車掌の受驗風景

일련번호	판명	간행일	단수	기사명
1687	南鮮版	1936-03-07	08단	女房を扼殺し强盜と見せかく/保險金狙ふ夫の兇行
1688	南鮮版	1936-03-07	09단	山林で縊死
1689	南鮮版	1936-03-07	09단	各地から(仁川、京城、全州、晋州、釜山、浦項、木浦)
1690	南鮮版	1936-03-07	09단	僞博士送局
1691	南鮮版	1936-03-08	01단	*變り果てた愛機に鳥人ら傷心の戾　本社航空部からも見舞電報 京城飛行場格納庫燒失の慘/油鑵破裂物凄く 眞っ赤に染る小使さんの目擊談/假格納庫設置か 神津支所長上京せん*
1692	南鮮版	1936-03-08	01단	靖國神社に四警官合祀/拓務省へ申請
1693	南鮮版	1936-03-08	01단	保安課長會議/十日から開く
1694	南鮮版	1936-03-08	02단	慶南道會始る
1695	南鮮版	1936-03-08	02단	執行命令の誤り是正の裁斷下る/檢事と判事と論爭三ヶ年/法曹界注視の難問
1696	南鮮版	1936-03-08	03단	工業振興委員會設置か
1697	南鮮版	1936-03-08	03단	仁川府會開く
1698	南鮮版	1936-03-08	04단	地久節奉祝の婦人報國祭
1699	南鮮版	1936-03-08	04단	山口高商無試驗合格者
1700	南鮮版	1936-03-08	05단	滿洲移住鮮農/明年度は六百戶/四月中に移住させる
1701	南鮮版	1936-03-08	05단	全北の强盜
1702	南鮮版	1936-03-08	06단	府電に刎らる
1703	南鮮版	1936-03-08	06단	刎られて重傷
1704	南鮮版	1936-03-08	07단	工場に放火し保險金詐取企つ/三ヶ月目に容疑發覺
1705	南鮮版	1936-03-08	07단	陽春の祝賀繪卷/躍進の姿、櫻花と姸を競ひ/ミナト釜山に繰展ぐ
1706	南鮮版	1936-03-08	07단	朝鮮軍中堅陣/花々しい躍進/定期異動に士氣振ふ
1707	南鮮版	1936-03-08	08단	少年を生埋め/借金の催促を憤慨して
1708	南鮮版	1936-03-08	08단	仁川港二月の貿易概況
1709	南鮮版	1936-03-08	09단	熟睡の夫を斧で重傷/虐待恨んで兇行
1710	南鮮版	1936-03-08	09단	食刀突つけ卅圓强奪/全州の强盜
1711	南鮮版	1936-03-08	09단	漂流中の帆船救助
1712	南鮮版	1936-03-08	10단	各地から(京城、大邱、釜山、仁川)
1713	南鮮版	1936-03-10	01단	*新內閣に三人も馴染の深い大臣　半島でも大いに期待/いくら飮んでも十二時迄に歸る 碎けた反面にこの嚴格さ　寺內新陸相の逸話/大尉時代には"雷將校"の異名 大邱河野氏の思ひ出*
1714	南鮮版	1936-03-10	03단	春・近かるべし！/天氣のお守り役窪田さん/日射計覗いて太陽熱打診

일련번호	판명	간행일	단수	기사명
1715	南鮮版	1936-03-10	04단	十年間の苦心/見事に實を結ぶ/博士になる龜田さん
1716	南鮮版	1936-03-10	04단	京城豫算府會　十一日から開會/忠南道會終る
1717	南鮮版	1936-03-10	04단	二月下旬局鐵主要貨物
1718	南鮮版	1936-03-10	05단	軍事功勞者
1719	南鮮版	1936-03-10	05단	東京事件に鑑み/施政の緊張促す/本府近く各道へ通牒
1720	南鮮版	1936-03-10	05단	續々弔慰金/東京殉職警官へ
1721	南鮮版	1936-03-10	05단	大田の婦人報國祭
1722	南鮮版	1936-03-10	06단	警察官幹部講習會開く
1723	南鮮版	1936-03-10	06단	突然車中で精神異狀/寧邊署慮警部
1724	南鮮版	1936-03-10	06단	阿片祕密室/京城の眞ん中に
1725	南鮮版	1936-03-10	06단	胸ときめかし喝釆する少國民/在龍部隊の摸擬戰
1726	南鮮版	1936-03-10	06단	毆込みの腹癒せに狂言强盜
1727	南鮮版	1936-03-10	07단	無事故で終了/海上安全週間
1728	南鮮版	1936-03-10	07단	出廻り活況/慶南の海苔
1729	南鮮版	1936-03-10	07단	鐵道局營バスは好成績
1730	南鮮版	1936-03-10	07단	釜山署へ奇託
1731	南鮮版	1936-03-10	08단	全鮮の水組へ/水の節約を注意/降雨量は平年の半分
1732	南鮮版	1936-03-10	08단	前山へハイキング/深雪踏しめ大邱の卅餘名
1733	南鮮版	1936-03-10	08단	諾威船釜山へ入港
1734	南鮮版	1936-03-10	08단	釜山方面委員二區增設
1735	南鮮版	1936-03-10	08단	旅館で盜難
1736	南鮮版	1936-03-10	09단	合計十八萬圓/慶南の改修工事
1737	南鮮版	1936-03-10	09단	大賭博檢擧
1738	南鮮版	1936-03-10	09단	吉田らの判決延期
1739	南鮮版	1936-03-10	10단	各地から(大田、全州、京城、釜山)
1740	南鮮版	1936-03-11	01단	*新內閣の健闘祈る　宇垣總督の談/祝電と謝電/四月初め總監東上*
1741	南鮮版	1936-03-11	01단	我等の齋藤さんを偲ぶ/文化朝鮮の母よ/誰をも愛し、また慕はれた/なつかしい人間味(京城/應接間の一紳士/意外にも總督/韓相龍氏の追憶、平壤/怒り心頭に發す/故宮川氏の施政非難に/怫然立って應酬、釜山/搖れる聯絡船でウ井スキー痛飮/鎭海に殘る齋藤灣)
1742	南鮮版	1936-03-11	04단	六道警察部長會議
1743	南鮮版	1936-03-11	05단	空陸相射つ壯觀/京城の立體戰中心に/全鮮に陸軍記念日の催し(京城、釜山、光州、大邱)

일련번호	판명	간행일	단수	기사명
1744	南鮮版	1936-03-11	05단	誇れ！大京城/祝賀會プラン決定
1745	南鮮版	1936-03-11	07단	貴重な收穫/全南農山漁村振興打合せ會
1746	南鮮版	1936-03-11	07단	國境へ慰問袋/光州小學校から
1747	南鮮版	1936-03-11	07단	全北道會終る
1748	南鮮版	1936-03-11	08단	スリ慘死す列車から逃げて
1749	南鮮版	1936-03-11	08단	紅蔘の密賣高/十萬圓に上る？/內地へも外交員派遣
1750	南鮮版	1936-03-11	08단	昏倒させ强奪
1751	南鮮版	1936-03-11	09단	城東中學志願者二百名
1752	南鮮版	1936-03-11	09단	密航團押へらる
1753	南鮮版	1936-03-11	09단	僞造紙幣所持の男檢擧
1754	南鮮版	1936-03-11	09단	電氣事業打合せ會
1755	南鮮版	1936-03-11	10단	大邱の火事
1756	南鮮版	1936-03-11	10단	各地から(開城、釜山、鎭海、京城)
1757	南鮮版	1936-03-12	01단	大邱から南原へ撮影行/邱南鐵道期成會の陳情新戰術
1758	南鮮版	1936-03-12	03단	二億九千萬圓/總督府明年度の實行豫算/近く大藏省へ回付
1759	南鮮版	1936-03-12	03단	京城豫算府會
1760	南鮮版	1936-03-12	03단	勇ましい劍光帽影
1761	南鮮版	1936-03-12	04단	小磯車令官/湖南視察に出發
1762	南鮮版	1936-03-12	05단	乾兒を殺害？/埋葬死體解剖
1763	南鮮版	1936-03-12	05단	師團幹部演習
1764	南鮮版	1936-03-12	06단	僞造の十圓紙幣/地中に八十五枚/犯人風を食って逃走
1765	南鮮版	1936-03-12	06단	無事故表彰規定を設く
1766	南鮮版	1936-03-12	07단	明秋開催に內定/釜山宣傳の博覧會/總經費は四十萬圓
1767	南鮮版	1936-03-12	07단	流感死亡の裏に潜むか夫の毒殺/元釜山郵便局小使の妻に嫌疑
1768	南鮮版	1936-03-12	08단	各地から(木浦、大邱)
1769	南鮮版	1936-03-12	08단	男の慘殺體
1770	南鮮版	1936-03-12	09단	危機一髮！/線路に大岩石
1771	南鮮版	1936-03-12	09단	男と添へず女給の自殺
1772	南鮮版	1936-03-12	10단	愛讀者招待/釜山の映畵會
1773	南鮮版	1936-03-13	01단	復活か産米增殖/水飢饉から凶作に陷れば/天水畓の改良實施
1774	南鮮版	1936-03-13	01단	千二百名を超ゆ/滿洲事變第二次論功行賞
1775	南鮮版	1936-03-13	01단	犯罪型の移入/とても速い/內容も全く內地同樣
1776	南鮮版	1936-03-13	01단	十八萬圓で道路鋪裝/釜山の二年計畫

일련번호	판명	간행일	단수	기사명
1777	南鮮版	1936-03-13	02단	膨れるお台所 京城府域擴張關係の豫算 約四十萬圓を追加/二出張所費 追加豫算に計上/京城府會から弔電/釜山府豫算府尹査定に入る/十四萬圓に上る 京城の水道改良工事/木浦豫算府會
1778	南鮮版	1936-03-13	02단	珍客・鰊の大群/慶南沿岸へ押寄す
1779	南鮮版	1936-03-13	02단	遞信局辭令
1780	南鮮版	1936-03-13	03단	釜山水産業の振興答申
1781	南鮮版	1936-03-13	04단	大邱府民へ/森林公園を贈る/小野府議の還曆自祝
1782	南鮮版	1936-03-13	04단	棟居氏十四日東上
1783	南鮮版	1936-03-13	06단	椎茸會社の進出/農家副業として期待
1784	南鮮版	1936-03-13	06단	卅五萬人に注射/京城の腸チフス撲滅運動/十六日から乘出す
1785	南鮮版	1936-03-13	06단	內鮮樣式の融合/武德博物館も備へ/今秋に大武德殿竣工
1786	南鮮版	1936-03-13	07단	夫の毒殺未遂/姦婦近く送局
1787	南鮮版	1936-03-13	07단	各地から(京城、釜山、麗水、光州)
1788	南鮮版	1936-03-13	08단	自動車関係が壓倒的多數/京城の民願書類
1789	南鮮版	1936-03-13	08단	金海殺檢不正事件求刑
1790	南鮮版	1936-03-13	08단	胎兒遺棄
1791	南鮮版	1936-03-13	09단	百六十萬人分/傳染病豫防藥を製造
1792	南鮮版	1936-03-13	10단	京畿道農山漁村振興打合會
1793	南鮮版	1936-03-14	01단	誤診から死んでも慰藉料は取れない/お醫者さんの選定を誤ったのが患者側の責任と控訴棄却
1794	南鮮版	1936-03-14	01단	台灣人が廿一名 揃って入學志願 四十七歲の計理士も混る大邱醫專の變り種/何れも劇甚 釜山男子中等入試始る
1795	南鮮版	1936-03-14	01단	遞信局辭令
1796	南鮮版	1936-03-14	01단	各地から(釜山、光州、全州、馬山、鎭海、木浦、大邱、京城)
1797	南鮮版	1936-03-14	02단	大の勉强家/小川新任京城中央電話局長
1798	南鮮版	1936-03-14	02단	小磯軍司令官
1799	南鮮版	1936-03-14	02단	奉耕指定書 嚴かに傳達/橋本氏の感激
1800	南鮮版	1936-03-14	04단	簡保契約件數
1801	南鮮版	1936-03-14	05단	大邱豫算府會/十四日から
1802	南鮮版	1936-03-14	06단	春日漁船五題 1/軟風に舌打ちする打瀨網の漁夫
1803	南鮮版	1936-03-14	06단	光州第二教育部會
1804	南鮮版	1936-03-14	06단	珍しい物づくめ/商談續々成立し大好評/帝都の半島特産見本市
1805	南鮮版	1936-03-14	07단	故齋藤子追悼發起人會組織

일련번호	판명	간행일	단수	기사명
1806	南鮮版	1936-03-14	08단	*生不動となり少女と老婆燒死 溫突の火燃え移る/乳兒燒死す*
1807	南鮮版	1936-03-14	09단	五人殺しの死刑確定/上告棄却さる
1808	南鮮版	1936-03-14	10단	列車乘上ぐ/松麗線に落石
1809	南鮮版	1936-03-14	10단	起死回生の雨
1810	南鮮版	1936-03-15	01단	全關西寫眞聯盟/朝鮮支部を創立/內地と緊密な聯絡をとり/光畵藝術發達に寄與
1811	南鮮版	1936-03-15	01단	府の面目にかけ上水道擴張/財政難押切る光州
1812	南鮮版	1936-03-15	01단	開城豫算府會/十六日より
1813	南鮮版	1936-03-15	02단	驅逐隊巡航
1814	南鮮版	1936-03-15	02단	燦然たる新羅文化
1815	南鮮版	1936-03-15	03단	戀の逃避行から/故鄕戀しく歸鮮/テナー安基永氏と愛人
1816	南鮮版	1936-03-15	03단	京城府會第三日
1817	南鮮版	1936-03-15	04단	*四天王寺伽藍の構造明らかにす　慶州で發見の礎石/男女墳二基*
1818	南鮮版	1936-03-15	04단	金剛山明粧打合會
1819	南鮮版	1936-03-15	04단	京城刑務所廉賣會
1820	南鮮版	1936-03-15	05단	又釜山に流腦
1821	南鮮版	1936-03-15	05단	六月に開廷/間島共産黨の上告公判
1822	南鮮版	1936-03-15	05단	丸星の獨占代行に釜山は絶對反對/麗水貨物扱ひに波瀾
1823	南鮮版	1936-03-15	06단	平壤放送局/認可さる/ＪＢＢＫと決定
1824	南鮮版	1936-03-15	06단	三千圓拐帶/大邱富豪の雇人
1825	南鮮版	1936-03-15	06단	ハイキングコース案內 1/金井山橫斷コース
1826	南鮮版	1936-03-15	06단	婦人も辯護士に/改正令四月から實施
1827	南鮮版	1936-03-15	07단	衝突して卽死
1828	南鮮版	1936-03-15	07단	晋州の放火犯人捕はる
1829	南鮮版	1936-03-15	08단	每日三件づつ/發生の割合/京城の交通事故
1830	南鮮版	1936-03-15	08단	夫の幼い妹も毒殺を自白/死體を發掘して解剖
1831	南鮮版	1936-03-15	08단	金海殺檢不正事件判決
1832	南鮮版	1936-03-15	08단	撲殺死體の身許判明す
1833	南鮮版	1936-03-15	09단	女教員溺死/精神異狀か
1834	南鮮版	1936-03-15	09단	老僧侶慘殺
1835	南鮮版	1936-03-15	09단	釜山棧橋待合室で急死
1836	南鮮版	1936-03-15	09단	運動競技界(京仁驛傳競走、釜山庭球聯盟スケヂュール)
1837	南鮮版	1936-03-15	10단	各地から(大邱、釜山、京城)

일련번호	판명	간행일	단수	기사명
1838	南鮮版	1936-03-17	01단	南鮮と西北鮮に分けて審査表彰/本社主催“昭和の桃太郞搜し”男女十二名を中央へ申告
1839	南鮮版	1936-03-17	01단	官民四千名招き/天長節を奉祝/慶會樓で大園遊會
1840	南鮮版	1936-03-17	01단	慶北警察部異動
1841	南鮮版	1936-03-17	02단	上告棄却/十餘年來の係爭
1842	南鮮版	1936-03-17	02단	春日漁船五題２/凪ぎ禮讚の延繩漁師
1843	南鮮版	1936-03-17	03단	京城府會第五日
1844	南鮮版	1936-03-17	04단	洪城病院認可
1845	南鮮版	1936-03-17	04단	會頭辭任條件に一先づ解決/仁川商議の紛糾
1846	南鮮版	1936-03-17	05단	仁川豫算府會/十八日から
1847	南鮮版	1936-03-17	05단	新舊兩府域內の童心に沸る興奮/大京城記念學童交歡自由畵展/早くも始まる出品制作(規定)
1848	南鮮版	1936-03-17	06단	邱南鐵道沿線の風物を移動撮影/何處も彼處も引張凧
1849	南鮮版	1936-03-17	06단	ハイキングコース案內２/機張城址コース
1850	南鮮版	1936-03-17	06단	被害數萬圓/列車內の置技き犯人捕はる
1851	南鮮版	1936-03-17	06단	幣帛供進使の參向（朝鮮神宮新年祭）
1852	南鮮版	1936-03-17	07단	漁船二隻轉覆
1853	南鮮版	1936-03-17	08단	ガソリンカーに電柱橫倒し/乘客四名負傷の珍事
1854	南鮮版	1936-03-17	08단	千二百圓盜難
1855	南鮮版	1936-03-17	08단	各地から(開城、大邱)
1856	南鮮版	1936-03-17	09단	自發的に解散/釜山の大本教
1857	南鮮版	1936-03-17	09단	死體解剖で毒殺の嫌疑濃厚
1858	南鮮版	1936-03-18	01단	*海戰の經驗三回 人望のある提督 新任鎭海要港部司令官 井上中將の素描/結婚もしたし 酒の修行地 思ひ出の鎭海禮讚*
1859	南鮮版	1936-03-18	01단	全州を視察/小磯軍司令官
1860	南鮮版	1936-03-18	02단	全鮮の足並揃へ/心田開發の烽火/“教典”を下旬に配布
1861	南鮮版	1936-03-18	02단	慶南道會終る
1862	南鮮版	1936-03-18	03단	日鮮工業も石炭液化/年産五萬トン
1863	南鮮版	1936-03-18	03단	春日漁船五題３/エンジンの音高く驀進・驀進の鯖巾着網機船
1864	南鮮版	1936-03-18	04단	馬山中學認可/直ちに願書受付
1865	南鮮版	1936-03-18	04단	木浦酒類品評會褒賞授與式
1866	南鮮版	1936-03-18	04단	釜山女高普の學級增加認可
1867	南鮮版	1936-03-18	05단	道知事會議は六月上旬に招集/引續き警察部長會議
1868	南鮮版	1936-03-18	05단	ハイキングコース案內３/海雲台コース
1869	南鮮版	1936-03-18	05단	池田警務局長/各工場を視察

일련번호	판명	간행일	단수	기사명
1870	南鮮版	1936-03-18	06단	釜山輸出電球
1871	南鮮版	1936-03-18	07단	眞劍に評定/忠南農山漁村振興打合せ會
1872	南鮮版	1936-03-18	07단	嬰兒を絞殺/情夫に頼んで死體遺棄
1873	南鮮版	1936-03-18	07단	和信百貨店內で娘の着物を裂く/戀愛遊戱の某私立中等學校生/變態犯罪廿件を自白
1874	南鮮版	1936-03-18	07단	京城府會第六日
1875	南鮮版	1936-03-18	07단	馬山府章決定
1876	南鮮版	1936-03-18	08단	申込み殺到/釜山の急設電話
1877	南鮮版	1936-03-18	08단	小野寺刑事殉職
1878	南鮮版	1936-03-18	08단	守仁丸の遭難者は四名
1879	南鮮版	1936-03-18	08단	運動競技界(オリンピックへ津村技手を派遣)
1880	南鮮版	1936-03-18	09단	各地から(京城、大邱、大田、釜山)
1881	南鮮版	1936-03-18	09단	京工生行方不明
1882	南鮮版	1936-03-19	01단	一千の靑年團に行手敎へる指針/近く總監から通牒
1883	南鮮版	1936-03-19	01단	春日漁船五題 4 /春陽に金鱗、銀鱗映ゆる底曳網
1884	南鮮版	1936-03-19	02단	全南に漁民道場/羅老島に明年度から設け/漁村の中堅靑年養成
1885	南鮮版	1936-03-19	04단	高等課長會議
1886	南鮮版	1936-03-19	04단	今秋から活動/遠洋漁業指導船
1887	南鮮版	1936-03-19	04단	*鮮內特殊銀行も　馬場人事波及か　財界方面擧げて注目/府會は十九日から*
1888	南鮮版	1936-03-19	04단	約二百卅九萬圓/釜山府の新豫算發表
1889	南鮮版	1936-03-19	04단	統計協會近く發會
1890	南鮮版	1936-03-19	04단	新舊鎭海要港部司令官
1891	南鮮版	1936-03-19	05단	ハイキングコース案內 4 /西生城コース
1892	南鮮版	1936-03-19	05단	急設電話の申請/二萬三千に達す/京城は八人半に一個
1893	南鮮版	1936-03-19	05단	故齊藤子追悼會打合せ
1894	南鮮版	1936-03-19	06단	京城府會第七日
1895	南鮮版	1936-03-19	07단	鮮內會社調べ
1896	南鮮版	1936-03-19	07단	黑字謳歌の鼻唄/京釜線の首位搖ぎなく/のし上げた惠山線
1897	南鮮版	1936-03-19	07단	全南に溫泉を發見
1898	南鮮版	1936-03-19	08단	金探鑛奬勵金申請鑛山
1899	南鮮版	1936-03-19	08단	婦女誘拐常習犯捕はる
1900	南鮮版	1936-03-19	08단	六年目に强盜逮捕さる
1901	南鮮版	1936-03-19	08단	覆面、兇器揮ひ/一夜に四軒荒す/慶南の三人組强盜

일련번호	판명	간행일	단수	기사명
1902	南鮮版	1936-03-19	08단	密航團検擧
1903	南鮮版	1936-03-19	08단	運動競技界(朝鮮體育協會に三部を新設、釜山にプール、柔道段外者戰)
1904	南鮮版	1936-03-19	10단	各地から(晋州、大邱、釜山、京城)
1905	南鮮版	1936-03-20	01단	見よ戰慄の數字/肺結核患者は二萬八千名/約四割まで死亡す
1906	南鮮版	1936-03-20	01단	故齋藤子追悼會/廿二日に京城で/東京本葬へ代表參列
1907	南鮮版	1936-03-20	01단	總督、總監から激勵の訓示/幹部警官講習會
1908	南鮮版	1936-03-20	01단	ハイキングコース案內5/椿島コース
1909	南鮮版	1936-03-20	02단	群山豫算府會/廿三日ひらく
1910	南鮮版	1936-03-20	02단	春劈頭の行樂日/オフィスと上役の顔忘れ/行かう、綠の郊外へ
1911	南鮮版	1936-03-20	03단	續々寄附集る/堤川郡農村振興運動强化策
1912	南鮮版	1936-03-20	03단	盜掘された遺品/國寶に指定か/轉々賣られて東京へ
1913	南鮮版	1936-03-20	04단	局線三月上旬の貨物發送数
1914	南鮮版	1936-03-20	04단	春日漁船五題/完/のどかなり、統營港の午下り
1915	南鮮版	1936-03-20	05단	女房殺しに十三年判決
1916	南鮮版	1936-03-20	05단	密航五十二名門司から送還
1917	南鮮版	1936-03-20	05단	練習艦隊乗組員を招待
1918	南鮮版	1936-03-20	06단	景福丸の修理終る
1919	南鮮版	1936-03-20	06단	溫突焚口で幼兒燒死す
1920	南鮮版	1936-03-20	06단	府勢振興に邁進/全州發展硏究會生る
1921	南鮮版	1936-03-20	07단	首と足のない嬰兒の死體/殺害後埋葬したか
1922	南鮮版	1936-03-20	07단	*七千五百萬圓　使用勞働者は約十九萬人　明年度施行の工事/勞働者需給調節打合會*
1923	南鮮版	1936-03-20	08단	仁川赤勞一味に懲役の判決
1924	南鮮版	1936-03-20	08단	小磯軍司令官
1925	南鮮版	1936-03-20	09단	硫安增産の中止は事實/野口朝室社長談
1926	南鮮版	1936-03-20	09단	林檎輸入照會/英國から來る
1927	南鮮版	1936-03-20	10단	各地から(京城、釜山)
1928	南鮮版	1936-03-20	10단	光州の宵火事
1929	南鮮版	1936-03-21	01단	*陽光大盤振舞　昌慶苑に春の信號　動物諸君のサーヴィス陣/動物園異動*
1930	南鮮版	1936-03-21	02단	街頭に郊外に熱心なスケッチ/大京城記念/學童交歡自由畫展

일련번호	판명	간행일	단수	기사명
1931	南鮮版	1936-03-21	02단	大京城に趣て1(生れ出づる歡び/本社京城通信局の課題に答へ/有力者、祝福の餞け、融合に留意せよ/京城商議會頭/賀田直治、新區域のみで選擧すべし/龍江面協議員/金潤九、先づ道路改修/延禧面協議員/加藤襄、公園、工業兩區域/決定が急務/都市問題研究家/醫學博士/工藤武城、將來區制を、永登浦邑長/森高源藏
1932	南鮮版	1936-03-21	04단	東洋一の大發電/間島、北鮮一帶に供給/長津江水電の出願認可さる
1933	南鮮版	1936-03-21	05단	*釜山府會開く/京城府會第九日/光州第一教育部會*
1934	南鮮版	1936-03-21	05단	故齋藤子の追悼會(釜山、大邱)
1935	南鮮版	1936-03-21	06단	ハイキングコース案內6/下端コース
1936	南鮮版	1936-03-21	08단	六月から開校/全州師範遲る
1937	南鮮版	1936-03-21	08단	水力發電を復活/雲岩の水量增加す
1938	南鮮版	1936-03-21	08단	嬉しい人情將軍/湖南初度巡視の小磯軍司令官/小鹿島で患者達に講演
1939	南鮮版	1936-03-21	08단	商業銀行異動
1940	南鮮版	1936-03-21	09단	宵の暴れ馬/七名を蹴散らす/一名生命危篤に陥る
1941	南鮮版	1936-03-22	01단	二百萬圓に增額/在滿鮮農の低利農耕資金/救ひの手を擴げる
1942	南鮮版	1936-03-22	01단	春空に高い嘶き/競馬シーズン迫り/壯快な調教始まる
1943	南鮮版	1936-03-22	01단	全北警察部異動
1944	南鮮版	1936-03-22	01단	大京城に趣て2(惡德ブローカー/嚴重監視すべし/永登浦署長/二階堂昇、森林公園建設/崇仁面協議員/野坂清成、府尹を優遇し/椅子を恒久的に/北面協議員/高澤藤子、初等校增設/延禧面協議員/趙東元、漢江浚渫せよ/漢芝面協議員/緒方犀治、實行あるのみ/恩平面協議員/福田武一、至公至平！/府政につくせ/京畿道會議員/韓萬熙)
1945	南鮮版	1936-03-22	01단	宇垣總督歸城
1946	南鮮版	1936-03-22	02단	增員選擧特令/來週中に公布
1947	南鮮版	1936-03-22	03단	*大邱府會始る/釜山府會第二日/大田豫算府會 廿六日から*
1948	南鮮版	1936-03-22	04단	小磯軍司令官
1949	南鮮版	1936-03-22	05단	締切り迫る/無垢の童心藝術/感激のせて續々殺到/大京城記念學童交歡自由畵展
1950	南鮮版	1936-03-22	05단	新記録出す/忠南棉花品評會
1951	南鮮版	1936-03-22	06단	遞信チーム優勝/京仁往復驛傳競走
1952	南鮮版	1936-03-22	06단	仁川の追悼會
1953	南鮮版	1936-03-22	07단	又狂犬現はる

일련번호	판명	간행일	단수	기사명
1954	南鮮版	1936-03-22	07단	米國庭球界の惑星來城
1955	南鮮版	1936-03-22	08단	服毒自殺計る
1956	南鮮版	1936-03-22	08단	普校兒童墜落
1957	南鮮版	1936-03-22	08단	譽れの芳醇酒/褒賞授與式を擧行
1958	南鮮版	1936-03-22	10단	人殺し捕はる
1959	南鮮版	1936-03-22	10단	各地から(開城、淸州)
1960	南鮮版	1936-03-22	10단	萬引七十件
1961	南鮮版	1936-03-24	01단	大京城に趣て3(中央卽賣市場/速かに設置せよ/京城府會議員/濱田虎態、出張所長に誠意の人を/北面協議員/荒木健之助、電話料統一/漢芝面協議員/不破三平、適切な勸業方策/京城商議議員/戶嶋祐次郎、分離すべし/京城府會議員/曺秉相、初等敎育充實/龍江團長/尹永培、觀光施設の擴充を急げ/觀光協會主事/毛利元良)
1962	南鮮版	1936-03-24	01단	ハイキングコース案內 7 /金海コース
1963	南鮮版	1936-03-24	01단	*春の官界大搖れ　知事會議の直前に斷行し掘置きの沈滯一掃/朝郵社長天降り？ 古參局長か知事級から 異動範圍擴大せん*
1964	南鮮版	1936-03-24	02단	警務局長永登浦の工場視察
1965	南鮮版	1936-03-24	04단	植田大將/廿六日に來城
1966	南鮮版	1936-03-24	04단	盛大な故齋藤前總督追悼會
1967	南鮮版	1936-03-24	05단	武藤軍醫部長/思ひ出の龍山へ
1968	南鮮版	1936-03-24	05단	各地から(京城、釜山、大邱、開城、鎭海、馬山)
1969	南鮮版	1936-03-24	06단	*有力者卅餘名の撞球賭博發覺す　釜山署へ續々召喚/釜山府會第四日*
1970	南鮮版	1936-03-24	09단	春/貨客大洪水の釜山棧橋/宛ら戰場のやうな混雜
1971	南鮮版	1936-03-24	09단	竊盜五千圓
1972	南鮮版	1936-03-24	10단	細菌檢査室は四月から着工
1973	南鮮版	1936-03-24	10단	朝新釜山支社落成
1974	南鮮版	1936-03-25	01단	消費部の割引販賣に一石/鐵道局へ中止勸告/『小賣商の生命を脅かす』と/京城藥業組合起つ
1975	南鮮版	1936-03-25	01단	*設立規定數を超過の盛況　全關西寫眞聯盟支部/學生寫眞聯盟 創立の準備進む*

일련번호	판명	간행일	단수	기사명
1976	南鮮版	1936-03-25	01단	大京城に趣て完(愛せよ我等の街/京城都市計畫研究會幹事/中村誠、私設學術講習會の統一/往十里公普校長/千葉昌治、衞生の徹底/永登浦公普校長/木田恒助、水道網完成/京電唐人里發電所長/安達佐太吉、行政區域は愼重に審議せよ/漢芝面協議員/菊田久男、衆智集めよ/京城府會副議長/大野四郎、バスの賃金/均一化を要望/永登浦邑會議員/梶山周介、代表たる信念/京城府議/上原誠治、文盲の一掃/龍江公普校長/永崎枝折
1977	南鮮版	1936-03-25	02단	*京城府會第十一日/釜山府會第五日/全州第一第二教育部會*
1978	南鮮版	1936-03-25	03단	ハイキングコース案內８/金鳥山コース
1979	南鮮版	1936-03-25	05단	金昌鎬氏當選/全北道議補選
1980	南鮮版	1936-03-25	05단	京城新町名
1981	南鮮版	1936-03-25	05단	植田關東軍司令官、京城の豫定
1982	南鮮版	1936-03-25	06단	人情極めて厚く/部內の信望集む/『今こそ肅軍の實を擧げたい』/山下新步兵第四十旅團長
1983	南鮮版	1936-03-25	06단	麻雀花札の賭博も發覺/釜山撞球賭博
1984	南鮮版	1936-03-25	06단	各地から(鎭海、淸州、晋州、開城、裡里、大田)
1985	南鮮版	1936-03-25	07단	今後財政教育に統制主義を考慮/總監、局長會議で强調
1986	南鮮版	1936-03-25	08단	婆婆の風一日
1987	南鮮版	1936-03-25	10단	全北の農山漁村懇談會
1988	南鮮版	1936-03-25	10단	密航團檢擧
1989	南鮮版	1936-03-25	10단	千三百圓騙取
1990	南鮮版	1936-03-25	10단	嬰兒の死體遺棄
1991	南鮮版	1936-03-25	10단	高木少將來城
1992	南鮮版	1936-03-25	10단	鹽疑獄事件の控訴公判
1993	南鮮版	1936-03-26	01단	統制經濟の聲明/財界方面を衝動/消費大衆は寧ろ歡迎
1994	南鮮版	1936-03-26	01단	總督、全州へ
1995	南鮮版	1936-03-26	01단	釜山府會第六日目
1996	南鮮版	1936-03-26	01단	京城商議豫算認可
1997	南鮮版	1936-03-26	01단	ハイキングコース案內完/聖住寺コース
1998	南鮮版	1936-03-26	01단	警部警部補試驗合格者
1999	南鮮版	1936-03-26	02단	*鮮展 〔五月十七日から三週間〕/審査員に腐心*
2000	南鮮版	1936-03-26	02단	慶南棉作品評會入賞郡
2001	南鮮版	1936-03-26	03단	鬪病の第一聲/肺結核豫防座談會開き/熱心に對策を檢討
2002	南鮮版	1936-03-26	03단	更生水組聯合會の總會
2003	南鮮版	1936-03-26	04단	賊團猛追擊/戰死の二警官は昇進

일련번호	판명	간행일	단수	기사명
2004	南鮮版	1936-03-26	04단	城大卒業式
2005	南鮮版	1936-03-26	05단	新京城ところどころ 1/工業資本の唸り/南部繁榮の焦點、永登浦
2006	南鮮版	1936-03-26	05단	各地から(東萊、光州、淸州、釜山、開城、大邱、馬山)
2007	南鮮版	1936-03-26	07단	古阜川改修成る/東津面で竣工式擧行
2008	南鮮版	1936-03-26	07단	自殺未遂
2009	南鮮版	1936-03-26	08단	麻繩で縛上げ/現金を强奪/木浦の三人組强盜
2010	南鮮版	1936-03-26	08단	不義の子と判明
2011	南鮮版	1936-03-26	08단	嬰兒の他殺死體
2012	南鮮版	1936-03-26	10단	助興稅の徹廢陳情
2013	南鮮版	1936-03-26	10단	澤田宗由氏作品展
2014	南鮮版	1936-03-27	01단	*三月振りに見る　植田將軍の微笑　總督と鮮滿問題を打合せ一路、新任地滿洲へ/半島官民各位の御援助をお願ひ　明朗、語る赴任の感懷*
2015	南鮮版	1936-03-27	01단	楊事務官歸る
2016	南鮮版	1936-03-27	01단	*大田府會始る/釜山府會全員委員會二日目*
2017	南鮮版	1936-03-27	02단	さ迷へる魂/刑務所は出たが？/飢ゑに再犯、良心の呵責に惱み/深夜・漢江へ身投げ計る
2018	南鮮版	1936-03-27	03단	模範衛生部落/全北で表彰
2019	南鮮版	1936-03-27	02단	新京城ところどころ 2/花咲く新文化/專門學校、放送局、飛行場
2020	南鮮版	1936-03-27	04단	總督、廿八日東上
2021	南鮮版	1936-03-27	04단	馬山中學敷地玩月洞に決定
2022	南鮮版	1936-03-27	05단	一萬二千圓/還曆自祝に寄附
2023	南鮮版	1936-03-27	05단	お家騷動に痛棒/資産家の戶主未成年の場合/管理權は繼父母嫡母が先き
2024	南鮮版	1936-03-27	05단	"空の旅"の新ダイヤ
2025	南鮮版	1936-03-27	06단	馬賊追擊中
2026	南鮮版	1936-03-27	07단	重要産業統制/多少手心が必要/有賀殖銀頭取歸來談
2027	南鮮版	1936-03-27	07단	四人組强盜/煙草屋を襲ふ
2028	南鮮版	1936-03-27	07단	揮發油トラック列車と衝突
2029	南鮮版	1936-03-27	07단	嬰兒殺しの犯人は實母
2030	南鮮版	1936-03-27	07단	鑛山詐欺送局
2031	南鮮版	1936-03-27	08단	嬰兒死體は他殺と判明
2032	南鮮版	1936-03-27	08단	水道特別會計/完全に獨立/釜山の誇る健全財政

일련번호	판명	간행일	단수	기사명
2033	南鮮版	1936-03-27	08단	店員の身投げ
2034	南鮮版	1936-03-27	08단	尙州麻雀賭博に罰金を求刑
2035	南鮮版	1936-03-27	08단	吹きも吹いたり
2036	南鮮版	1936-03-27	09단	各地から(釜山、大邱、光州、晋州、馬山)
2037	南鮮版	1936-03-28	01단	デパートは都會の港/玻璃窓には虚榮の市/地下室に世帶の匂ひ/美しい人魚の囁き(日用品市場係/お客に親しめる/A子孃、食堂係/泣かされる時も/B子孃、吳服係/スピードが好き/C子孃、洋品係/一番嫌ひなモボ/D子孃)
2038	南鮮版	1936-03-28	02단	十二年度には實業校を擴充か/調査委員會で具體案
2039	南鮮版	1936-03-28	02단	三陟炭田調査報告
2040	南鮮版	1936-03-28	03단	新京城ところどころ3/興奮の白熱圈/わが心、馬こと共に驅ける
2041	南鮮版	1936-03-28	04단	植田大將北上
2042	南鮮版	1936-03-28	05단	電飾競技會/大邱で開催
2043	南鮮版	1936-03-28	05단	釜山府會全員/委員會第三日
2044	南鮮版	1936-03-28	06단	*逆屛風に燈明　悲しき死の晴着　母子四人心中の現場/蟲の知らせ　歸ってみたら　呆然と生田氏の涙話*
2045	南鮮版	1936-03-28	06단	本府農振委員會
2046	南鮮版	1936-03-28	06단	釜山のボヤ
2047	南鮮版	1936-03-28	07단	戰慄の尊屬殺人/元看守、有罪に決定
2048	南鮮版	1936-03-28	07단	國庫補助五十萬圓/各道立病院へ等分
2049	南鮮版	1936-03-28	07단	全南水産館/木浦に新設
2050	南鮮版	1936-03-28	08단	京城學友/映畫會の日割
2051	南鮮版	1936-03-28	08단	普校にもこの入學難！
2052	南鮮版	1936-03-28	09단	光化門電話局の屋上で縊死
2053	南鮮版	1936-03-28	09단	光州殖銀から四千圓を詐取
2054	南鮮版	1936-03-28	10단	運動競技界(學生聯盟對全大邱卓球試合)
2055	南鮮版	1936-03-29	01단	統制に贊否兩論/反對論「伸びかけた若芽を摘む」/贊成論「無統制は階級意識助長」/徵溫的に落着くか
2056	南鮮版	1936-03-29	01단	工場代表招き衛生充實を懇談/池田警務局長の試み
2057	南鮮版	1936-03-29	01단	新京城ところどころ完/四季佗しき尼寺/禿山綠化の林業試驗場
2058	南鮮版	1936-03-29	02단	光州府會開く
2059	南鮮版	1936-03-29	03단	*京城府會終る/釜山府會全員委員會第四日*
2060	南鮮版	1936-03-29	04단	慶南漁組聯合會の總會
2061	南鮮版	1936-03-29	04단	朝郵社長天降り/絶対にない/總監、豫算折衝に東上

일련번호	판명	간행일	단수	기사명
2062	南鮮版	1936-03-29	04단	人氣今や最高潮/大京城記念學童交歡自由畵展/作品殆んど出揃ふ
2063	南鮮版	1936-03-29	05단	天野少佐の弔慰金募集
2064	南鮮版	1936-03-29	05단	悲劇の家
2065	南鮮版	1936-03-29	06단	各地から(大邱、淸州、仁川、全州、光州、釜山、晋州)
2066	南鮮版	1936-03-29	07단	燒失格納庫/本建築/後片付終り次第
2067	南鮮版	1936-03-29	07단	兒童愛護週間を電波で强調
2068	南鮮版	1936-03-29	07단	私鐵買收お流れ/特別議會へ要求困難
2069	南鮮版	1936-03-29	06단	飛行機型新廳舍へ/釜山府廳引越し/來月中旬に祝賀の宴
2070	南鮮版	1936-03-29	09단	二名刑事補償
2071	南鮮版	1936-03-29	10단	朝鮮體協四月中の催し

1936년 4월

일련번호	판명	간행일	단수	기사명
2072	南鮮版	1936-04-01	01단	歡喜の四月開く 大釜山生まれる日 東亜關門の使命重く 驚異！六十年の躍進一路/全鮮第二位を確保 貫祿示す國際貿易港/工場地帶の西面 風光明媚の松島 市街地計畫適用近し/釜山鎭出張所 事務取扱區域
2073	南鮮版	1936-04-01	03단	新しい釜山の横顔
2074	南鮮版	1936-04-01	04단	代田會頭辭任
2075	南鮮版	1936-04-01	05단	馬山中學入試始る
2076	南鮮版	1936-04-01	05단	施設は漸進的に渾身の力を傾注/釜山府尹土屋傳作氏談
2077	南鮮版	1936-04-01	05단	本府と地方廳の幹部總人替か/農村事情勉强させる
2078	南鮮版	1936-04-01	06단	大邱府會/大田第一教育部會
2079	南鮮版	1936-04-01	06단	定例局長會議
2080	南鮮版	1936-04-01	06단	故齋藤子の遺髮/京城若草觀音に埋葬
2081	南鮮版	1936-04-01	06단	寺金を横領
2082	南鮮版	1936-04-01	07단	運動競技界(遠征軍完勝/對京城實業卓球、全京城も敗る、慶南釜山體協スケジュール)
2083	南鮮版	1936-04-01	08단	廿萬圓に上る？/金密輸の容疑發覺し俄然、鐘路署大活動
2084	南鮮版	1936-04-01	08단	保線係燒死/楡川驛倉庫燒く
2085	南鮮版	1936-04-01	08단	國防獻金
2086	南鮮版	1936-04-01	09단	渡邊畵伯個展
2087	南鮮版	1936-04-01	10단	貨物運賃改正
2088	南鮮版	1936-04-02	01단	一千の官民參列/神前に捧ぐ歡び/旗行列の波、絢爛の花電車/かくて大京城生る
2089	南鮮版	1936-04-02	01단	土屋釜山府尹歡びの訓示/新府廳舍の移轉式
2090	南鮮版	1936-04-02	01단	純眞な作品に思はず微笑/大京城學童交歡自由畵展ひらく
2091	南鮮版	1936-04-02	03단	全市に日の丸/彈む嫁人話/大京城へ首途の佳き日/祝福色模様を見る
2092	南鮮版	1936-04-02	03단	出張所長任命
2093	南鮮版	1936-04-02	04단	京城運動場開き
2094	南鮮版	1936-04-02	04단	各地から(仁川、釜山、群山、全州、大邱、開城、京城)
2095	南鮮版	1936-04-02	05단	慶北初等教員大異動發令/總數二百八名に上る
2096	南鮮版	1936-04-02	05단	恒例の勸學祭/二月朝鮮神宮で
2097	南鮮版	1936-04-02	06단	日滿電話施設費/臨時議會へ提案/初年度は約四百萬圓
2098	南鮮版	1936-04-02	07단	意見書可決/光州府會終る
2099	南鮮版	1936-04-02	08단	資源開發に貢獻/總督府中央試驗場/盛大に廿五周年の記念式
2100	南鮮版	1936-04-02	08단	子供六名重傷

일련번호	판명	간행일	단수	기사명
2101	南鮮版	1936-04-02	08단	全北棉作增收競進會表彰者
2102	南鮮版	1936-04-02	09단	八雲磐手兩艦/三日仁川入港
2103	南鮮版	1936-04-02	09단	總督府辭令
2104	南鮮版	1936-04-02	09단	辭令
2105	南鮮版	1936-04-02	10단	懲役の判決/贈收賄詐欺事件
2106	南鮮版	1936-04-02	10단	オリンピック選手の練習會
2107	南鮮版	1936-04-03	01단	*櫻よ早く咲け "花咲く爺さんお待兼ね" /壓巻　一目萬本の鎭海　妓生艶姿花に紛ふ牡丹台　昌慶苑夜櫻の大景觀*
2108	南鮮版	1936-04-03	01단	大京城祝賀グラフ
2109	南鮮版	1936-04-03	04단	三宅廿師團長東上
2110	南鮮版	1936-04-03	05단	府域櫃張に伴ふ出張所の店開き/京城に二、釜山に一(永登浦出張所、東部出張所、釜山鎭出張所)
2111	南鮮版	1936-04-03	05단	大邱、平壤兩府も行政區域を擴張/知事會議前に市街地計畫委員會
2112	南鮮版	1936-04-03	05단	丹頂と獅子/昌慶苑便り
2113	南鮮版	1936-04-03	06단	記念スタンプ/自由畵展會場で
2114	南鮮版	1936-04-03	06단	臨時列車仕立て繰出す滿洲移民/本月中に約三千名
2115	南鮮版	1936-04-03	06단	慶南教員異動
2116	南鮮版	1936-04-03	06단	勅使御差遣/水野氏葬儀へ
2117	南鮮版	1936-04-03	07단	慶南海苔豐作
2118	南鮮版	1936-04-03	08단	釜山府異動
2119	南鮮版	1936-04-03	08단	醉拂ひトラック轢逃げ/通行人卽死
2120	南鮮版	1936-04-03	08단	揮發油燃ゆ
2121	南鮮版	1936-04-03	08단	兩戰死警官遺骨熊本へ
2122	南鮮版	1936-04-03	09단	京城の富豪ら十名を檢擧/大掛な花札賭博
2123	南鮮版	1936-04-03	09단	警官十五名/京城に殖やす
2124	南鮮版	1936-04-03	09단	珐瑯鐵器生產割當
2125	南鮮版	1936-04-03	10단	釜山の火事
2126	南鮮版	1936-04-05	01단	*十萬人の聽取者　獲得目指し普及運動　朝鮮放送協會近く乘出す*
2127	南鮮版	1936-04-05	01단	大田の牛市場/猛烈に移轉反對/府議、商議ら辭表提出
2128	南鮮版	1936-04-05	01단	山下少將着任
2129	南鮮版	1936-04-05	01단	京畿道辭令(中等學校、中等學校退職者、實修學校、初等學校)
2130	南鮮版	1936-04-05	02단	勞働移民の募集/應募者が少い/總督府も頭痛鉢巻
2131	南鮮版	1936-04-05	03단	大邱老兵會/五日に發會式

일련번호	판명	간행일	단수	기사명
2132	南鮮版	1936-04-05	04단	貴重な古文書全南で多數發見/中村修史官の收穫
2133	南鮮版	1936-04-05	04단	各地で記念植樹(釜山、慶北、京城、光州、忠南)
2134	南鮮版	1936-04-05	05단	京城初等校入學式
2135	南鮮版	1936-04-05	05단	鐵道警備演習
2136	南鮮版	1936-04-05	05단	專賣局辭令
2137	南鮮版	1936-04-05	06단	各地から(浦項、鎭海、釜山、扶安、京城)
2138	南鮮版	1936-04-05	06단	低溫寡雨の新記錄/十二月から四ヶ月間連續/總督府觀測所の調査
2139	南鮮版	1936-04-05	07단	麻雀賭博上告
2140	南鮮版	1936-04-05	08단	八日に發會/肺結核豫防協會
2141	南鮮版	1936-04-05	08단	更生の獻金/間島共産黨の被告人/未決監の國防費へ
2142	南鮮版	1936-04-05	08단	洛東江砂防工事の盛大なる起工式/植樹デーに擧行さる
2143	南鮮版	1936-04-05	08단	列車に觸れ卽事
2144	南鮮版	1936-04-05	08단	貴金屬泥棒
2145	南鮮版	1936-04-05	09단	安東邑事務所全燒
2146	南鮮版	1936-04-05	10단	僞醫者逮捕
2147	南鮮版	1936-04-05	10단	居眠り自動車に刎られ死亡
2148	南鮮版	1936-04-07	01단	全鮮の警察官に時勢適應の訓練/改正操典、月末に實施
2149	南鮮版	1936-04-07	01단	保導精神を一新/積極的立場で指導
2150	南鮮版	1936-04-07	01단	南雲大佐着任
2151	南鮮版	1936-04-07	02단	衛生課長會議
2152	南鮮版	1936-04-07	02단	これこそ黃金の雨/降った、降った、本降りだ/農村パッと活氣づく
2153	南鮮版	1936-04-07	02단	樂しい春の花祭/呼物の大象行列も繰出し/奉讚の聲滿つ釜山
2154	南鮮版	1936-04-07	03단	廿三萬四千圓/京城春競馬の三日間賣上高
2155	南鮮版	1936-04-07	04단	總督夫人お茶の會
2156	南鮮版	1936-04-07	04단	麻藥中毒の原因は消化器病が多い/こゝにも教育の勝利
2157	南鮮版	1936-04-07	04단	各地から(鎭海、京城、光州、木浦、開城、春川)
2158	南鮮版	1936-04-07	04단	全鮮の邑面数
2159	南鮮版	1936-04-07	05단	豆粕輸入激增
2160	南鮮版	1936-04-07	05단	局鐵掉尾の黑字/冬眠明け三月下旬の貨車使用/一日平均千三百四十五輛
2161	南鮮版	1936-04-07	06단	光州新府廳舍/十二年度着工
2162	南鮮版	1936-04-07	07단	大式德殿の設計成る/豪壯日本一
2163	南鮮版	1936-04-07	07단	歐亞聯絡客にとくに注意/鐵道局から通牒

일련번호	판명	간행일	단수	기사명
2164	南鮮版	1936-04-07	07단	強制種痘施行
2165	南鮮版	1936-04-07	08단	谷少尉を振落し三名を蹄にかく/物音に驚き乗馬狂奔
2166	南鮮版	1936-04-07	09단	仁川港三月中の貿易額増加
2167	南鮮版	1936-04-07	09단	全南の兇悪强盜捕はる
2168	南鮮版	1936-04-07	09단	外南面に强盜
2169	南鮮版	1936-04-07	09단	釜山に又も腦脊髓膜炎
2170	南鮮版	1936-04-07	09단	拳銃を盜む
2171	南鮮版	1936-04-07	10단	漁夫溺死す
2172	南鮮版	1936-04-07	10단	喧嘩から自殺
2173	南鮮版	1936-04-08	01단	鮮銀も一厘程度/利下げを實施か/相手次第で二厘も免れぬ
2174	南鮮版	1936-04-08	01단	新設中等校の統制に重點/中旬に初調査委員會
2175	南鮮版	1936-04-08	01단	定例局長會議
2176	南鮮版	1936-04-08	02단	後任會頭は改めて懇談/仁川商議總會
2177	南鮮版	1936-04-08	02단	釜山府域擴張で府議増員は三名/補選と同時に選擧
2178	南鮮版	1936-04-08	03단	鰯油脂運賃交渉/九日から東京で
2179	南鮮版	1936-04-08	03단	高等警察擴充し二百名を増員/非常時の警備陣確立
2180	南鮮版	1936-04-08	04단	兒童愛護週間/京城、釜山の催し(京城、釜山)
2181	南鮮版	1936-04-08	04단	仁川組銀の/三月末帳尻
2182	南鮮版	1936-04-08	04단	彩色も眩ゆく/大好評の朝鮮館/博多築港博だより
2183	南鮮版	1936-04-08	04단	兩博覽會の花形
2184	南鮮版	1936-04-08	04단	總監中旬歸任
2185	南鮮版	1936-04-08	06단	慶南デー/中旬に催す
2186	南鮮版	1936-04-08	06단	祝福の三日間/大邱女高普創立十周年
2187	南鮮版	1936-04-08	06단	釜山撞球賭博廿四名を送局
2188	南鮮版	1936-04-08	06단	慶南桑田競作會入賞郡
2189	南鮮版	1936-04-08	07단	半島産業の見事な縮圖/津山博の特設館
2190	南鮮版	1936-04-08	07단	新しき健康運動へ第一步を踏出す/肺結核豫防協會生る
2191	南鮮版	1936-04-08	07단	洋灰の生産過剩/三年後六萬噸/處分を問題視さる
2192	南鮮版	1936-04-08	07단	嬉しい初等校入學式/附添ひのお母さんも緊張
2193	南鮮版	1936-04-08	08단	各地から(光州、春川、全州、京城、晋州、釜山、大邱)
2194	南鮮版	1936-04-08	08단	全鮮商議實務打合會の日程
2195	南鮮版	1936-04-08	09단	犬と飼主を殺す
2196	南鮮版	1936-04-08	10단	十日に記念式/釜山高女卅周年
2197	南鮮版	1936-04-08	10단	釜山府主事ら留置さる

일련번호	판명	간행일	단수	기사명
2198	南鮮版	1936-04-09	01단	『齋藤、高橋兩氏のお墓詣りしたい』/令孃のお目出度もかねて/九月東上の宇垣總督談
2199	南鮮版	1936-04-09	01단	好況の波に乘り目標つひに突破/簡保一億五千萬圓
2200	南鮮版	1936-04-09	01단	三笠宮殿下/陸士視察團と御一緒に/廿三日に御來鮮
2201	南鮮版	1936-04-09	01단	京城の天然痘/喰ひ止めに躍起/七日更に三名續發す
2202	南鮮版	1936-04-09	02단	硫安市況安定
2203	南鮮版	1936-04-09	03단	不當利率取締る/全鮮一齊に質屋、金融業の調査を各道警察部へ通達
2204	南鮮版	1936-04-09	04단	鐵道事務所誘致に起つ/光州と順天
2205	南鮮版	1936-04-09	04단	各地から(京城、釜山、麗水、晋州、大邱)
2206	南鮮版	1936-04-09	04단	三月末の郵貯
2207	南鮮版	1936-04-09	04단	軟派全盛時代？/公園內でダンスの練習/有閑マダムと喫茶店へ/少年少女の行狀記
2208	南鮮版	1936-04-09	04단	腕よりも人格/近づく官界大異動を機會に人事に根本的改訂
2209	南鮮版	1936-04-09	04단	警察部長會議/六月十五日から
2210	南鮮版	1936-04-09	05단	肺結核豫防デー/五月廿六日から三日間/大衆への街頭宣傳
2211	南鮮版	1936-04-09	05단	滿洲國關稅改訂を要望
2212	南鮮版	1936-04-09	06단	綿糸布商聯合會委員會
2213	南鮮版	1936-04-09	06단	慶南職業科設營品評會入賞
2214	南鮮版	1936-04-09	06단	ドル箱の三等客を優待/十萬圓奮發して毛布購入/寢台車に備付ける
2215	南鮮版	1936-04-09	07단	金組聯合會事業部長天降り
2216	南鮮版	1936-04-09	07단	寒波の祟り/釜山の鮮魚水場高最低記錄
2217	南鮮版	1936-04-09	07단	忠南西部の福音/洪城に道立病院/秋までに竣工させる
2218	南鮮版	1936-04-09	07단	第二の故鄕へ/故齋藤子の遺髮歸る/十日京城着、十四に燒香式
2219	南鮮版	1936-04-09	08단	六月開校決る/新設の全州師範
2220	南鮮版	1936-04-09	08단	國境警官へ童心の贈物/滿洲の少年から
2221	南鮮版	1936-04-09	08단	鯖巾着網漁組/釜山で初總會
2222	南鮮版	1936-04-09	08단	京城の第一自動車學校燒く
2223	南鮮版	1936-04-09	09단	本妻殺し判決
2224	南鮮版	1936-04-09	09단	全北學級增加
2225	南鮮版	1936-04-09	09단	旣に數發使用/安城の拳銃竊取犯人捕はる
2226	南鮮版	1936-04-09	10단	狂言辻强盜
2227	南鮮版	1936-04-10	01단	京城府の三部制/今秋までに實現/總務部長は副府尹格
2228	南鮮版	1936-04-10	01단	增員府議の割當/京城、釜山とも內定/京城は西選擧區に分く

일련번호	판명	간행일	단수	기사명
2229	南鮮版	1936-04-10	01단	盛大な記念祝典/專賣局創業十五周年迫り/盛澤山の計畫を進む
2230	南鮮版	1936-04-10	01단	中小商工業振興案/京城商議で研究
2231	南鮮版	1936-04-10	01단	各地から(大邱、金堤、京城、釜山、浦項、全州)
2232	南鮮版	1936-04-10	02단	*鮮滿拓殖の創立六月早々と決る まづ在滿鮮農を募集/天降り三名 總裁は相當人選難か*
2233	南鮮版	1936-04-10	03단	三笠宮殿下/映畵に謹寫/陸士へ獻納
2234	南鮮版	1936-04-10	03단	井上中將來城
2235	南鮮版	1936-04-10	04단	*嵐の街を血塗る 京城に交通事故十數件 慘・夥しい重輕傷者/高壓線を盜まんと 却って生命を盜まる 靑年、忽ち感電卽事/家屋倒壞し二名壓死 どちらも乞食/雨に愁眉開く*
2236	南鮮版	1936-04-10	04단	衛生法規改正
2237	南鮮版	1936-04-10	04단	特別選擧規則/來週中に公布
2238	南鮮版	1936-04-10	05단	特殊事情から硫安植引き/日窒本社談
2239	南鮮版	1936-04-10	05단	陸軍合同幕碑に二十柱追祀
2240	南鮮版	1936-04-10	06단	雨季に備へ水防演習擧行/洛東江沿岸の水防團
2241	南鮮版	1936-04-10	06단	待たれる十八日/釜山の諸懸案完成を讚へ/千二百餘名參列し祝賀會
2242	南鮮版	1936-04-10	06단	國防化學協會/十二日に發會式
2243	南鮮版	1936-04-10	07단	借物の免狀で齒科醫院を開業/釜山署に摘發さる
2244	南鮮版	1936-04-10	08단	藥鑵の呪ひ
2245	南鮮版	1936-04-10	08단	大岩石落下し線路をへし曲ぐ/松麗線の列車立往生
2246	南鮮版	1936-04-10	08단	運動競技界(大邱體育庭球スケジュール)
2247	南鮮版	1936-04-10	08단	臨時航路汽船
2248	南鮮版	1936-04-10	08단	老婆の輪禍
2249	南鮮版	1936-04-10	08단	簡保健康相談所好成績
2250	南鮮版	1936-04-10	09단	勞働移民捗る
2251	南鮮版	1936-04-10	09단	關麗聯絡船缺航
2252	南鮮版	1936-04-10	09단	畓を種に濡手に粟
2253	南鮮版	1936-04-10	10단	不正漁船告發
2254	南鮮版	1936-04-11	01단	本年度實行豫算三億千八百萬圓/十日の閣議で決定す
2255	南鮮版	1936-04-11	01단	行賞傳達式
2256	南鮮版	1936-04-11	01단	道路と衛生/都市問題會議の議案(第一日、第二日)
2257	南鮮版	1936-04-11	01단	御警衛打合せ
2258	南鮮版	1936-04-11	01단	助成金傳達

일련번호	판명	간행일	단수	기사명
2259	南鮮版	1936-04-11	01단	春の犯罪層剖く/科學の淨玻璃鏡/半島の警視廳/京畿警察部(法醫學室、刑事理化學室、指紋鑑識室、寫眞鑑識室)
2260	南鮮版	1936-04-11	02단	高等課長會議
2261	南鮮版	1936-04-11	02단	慶北大渚面長ら公金五千圓を詐取/金海署に三名を檢擧
2262	南鮮版	1936-04-11	03단	一週間內に七十二名/全鮮の天然痘
2263	南鮮版	1936-04-11	03단	庶政刷新の秋/六月の道知事會議に中心議題として討議
2264	南鮮版	1936-04-11	04단	農業補習校/慶北三郡へ新設
2265	南鮮版	1936-04-11	04단	慶南滿洲移民
2266	南鮮版	1936-04-11	04단	遞信異動發令
2267	南鮮版	1936-04-11	05단	春の誘惑/めっきり殖えた家出、自殺
2268	南鮮版	1936-04-11	05단	二名が壓死した家屋倒壞現場（京城府桃花町）
2269	南鮮版	1936-04-11	06단	戀の名歌手へ/果然、社會風敎の矢/音樂會に敎化團體反對
2270	南鮮版	1936-04-11	06단	九戶全半燒/京城の火事
2271	南鮮版	1936-04-11	07단	各地から(仁川、京城、天安、木浦、釜山、春川)
2272	南鮮版	1936-04-11	07단	髮だけの前總督/京城曹谿寺へ入る/十四日盛んな燒香式
2273	南鮮版	1936-04-11	07단	故齋藤子慕ひ苦學生服毒/京城圖書館で
2274	南鮮版	1936-04-11	08단	結婚當夜に盜み/放逐恨んで放火/手癖の惡い花嫁御寮
2275	南鮮版	1936-04-11	08단	全北産業獎勵館/八萬圓で新築
2276	南鮮版	1936-04-11	09단	六千圓詐取
2277	南鮮版	1936-04-11	09단	徽文義塾資金に卅二萬圓を寄附/故閔泳徽子爵家から
2278	南鮮版	1936-04-11	10단	專賣疑獄結審
2279	南鮮版	1936-04-12	01단	釜山高女卅周年記念式
2280	南鮮版	1936-04-12	01단	*本社主催/『半島から日本一を』　今年は抱負も一段と大きく“昭和の桃太郎”申告を待つ/一校も漏れなく堂々健康爭覇へ渡邊地方審査會長談*
2281	南鮮版	1936-04-12	02단	遞信大異動
2282	南鮮版	1936-04-12	02단	驛の賣店食上げ/鐵道退職者救助機關の資金に/營業權を一手に收める
2283	南鮮版	1936-04-12	03단	支那美人使ひ大掛りの金密輸/自白した分卅萬圓
2284	南鮮版	1936-04-12	04단	全水力發電/南電漸く復舊す
2285	南鮮版	1936-04-12	04단	今井田總監
2286	南鮮版	1936-04-12	05단	凄い兩切/特にマコーは天井知らず/煙草の賣行殖える
2287	南鮮版	1936-04-12	05단	復舊費九萬圓
2288	南鮮版	1936-04-12	05단	朝鮮體協理事會
2289	南鮮版	1936-04-12	05단	各地から(釜山、晋州、開城、京城、光州)

일련번호	판명	간행일	단수	기사명
2290	南鮮版	1936-04-12	05단	電話加入者騙る
2291	南鮮版	1936-04-12	06단	夫に虐待され/模範訓導の自殺/嬰兒に最後の母性愛
2292	南鮮版	1936-04-12	06단	重量併用奬勵し中小粒へ轉向/角フ米の聲價發揚
2293	南鮮版	1936-04-12	06단	恩露學校へ敷地を寄附/任俠の木下氏
2294	南鮮版	1936-04-12	07단	運動競技界(京城實業野球スケジュール)
2295	南鮮版	1936-04-12	07단	慶南畜牛生飼品評會の入賞
2296	南鮮版	1936-04-12	08단	忠北道廳舍移轉新築/財源は主に寄附
2297	南鮮版	1936-04-12	08단	失戀自殺二人
2298	南鮮版	1936-04-12	08단	慶北五産組理事送局/七名釋放さる
2299	南鮮版	1936-04-12	08단	七十九聯隊軍旗祭
2300	南鮮版	1936-04-12	09단	京城組銀利下げ/十五、六日頃か
2301	南鮮版	1936-04-12	09단	千餘名招待し起工式を擧げる/慶北洛東江砂防工事
2302	南鮮版	1936-04-12	10단	自殺未遂
2303	南鮮版	1936-04-14	01단	日の丸の旗の下に青龍刀のパンチ/"リングの王者"李奎煥選手睥睨する伯林の空
2304	南鮮版	1936-04-14	01단	改正辯護士令は六月から實施/婦人も進出できる
2305	南鮮版	1936-04-14	01단	各地から(京城、釜山、光州、仁川、大田)
2306	南鮮版	1936-04-14	02단	手拭やバンヂ/主要都市で賣る/益金贈って選手激勵
2307	南鮮版	1936-04-14	05단	留置場破り逮捕
2308	南鮮版	1936-04-14	05단	生阿片密輸
2309	南鮮版	1936-04-14	06단	全州の老請負師マイト無理心中/若い內妻重傷を負ふ
2310	南鮮版	1936-04-14	08단	獨自の校風/內鮮共學の馬山中學/晴れの入學式を擧行
2311	南鮮版	1936-04-14	08단	法專教授の袂を切取る/京城三越で
2312	南鮮版	1936-04-14	08단	繩叺南鮮輸出
2313	南鮮版	1936-04-14	08단	婦人を襲ふ
2314	南鮮版	1936-04-14	09단	孫釜山府主事免職
2315	南鮮版	1936-04-14	09단	京城放送局前に嬰兒の死體
2316	南鮮版	1936-04-14	10단	釜山刀劍會/五月上旬發會
2317	南鮮版	1936-04-14	10단	三月中の京城物價指數
2318	南鮮版	1936-04-14	10단	軍手大量生産/鐘紡光州工場で
2319	南鮮版	1936-04-15	01단	中學や高普より職業學校が必要/歸任の今井田總監語る
2320	南鮮版	1936-04-15	01단	伸びる身構へ/凡ゆる物を見直し始めた時代/全關西寫聯朝鮮支部座談會
2321	南鮮版	1936-04-15	02단	專賣歌/作者/竹森属
2322	南鮮版	1936-04-15	03단	慶南産組總會

일련번호	판명	간행일	단수	기사명
2323	南鮮版	1936-04-15	03단	“情の人”三宅將軍/日露戰爭に戰死の從卒偲び/故山に英靈弔ふ卅一年
2324	南鮮版	1936-04-15	04단	鈴木中將歸任
2325	南鮮版	1936-04-15	04단	結核菌は亂れ飛ぶ
2326	南鮮版	1936-04-15	05단	狂へる春/輪禍、自殺頻々
2327	南鮮版	1936-04-15	06단	米觀光團京仁見物
2328	南鮮版	1936-04-15	06단	社會事業に全面的檢討/委員會腹案成る
2329	南鮮版	1936-04-15	06단	賣上金橫領し藝妓に入れ揚ぐ/三中井大邱支店主任
2330	南鮮版	1936-04-15	06단	オリンピック序曲/制覇目指す若きアスリーツ/陸上競技の練習會はじまる
2331	南鮮版	1936-04-15	07단	鮮米移出五十萬石
2332	南鮮版	1936-04-15	07단	辯護士豫備試驗
2333	南鮮版	1936-04-15	07단	忠州酒組理事身投げ企つ/三重懸海岸で
2334	南鮮版	1936-04-15	07단	京釜線の複線/本年度から着工/不十分の港灣も補强
2335	南鮮版	1936-04-15	08단	運動競技界(西大門署優勝/段外者柔道試合)
2336	南鮮版	1936-04-15	08단	線路に石
2337	南鮮版	1936-04-15	08단	預金利下げ/二十日から實施
2338	南鮮版	1936-04-15	09단	高山線電化/調査に着手す
2339	南鮮版	1936-04-15	09단	博覽會へ觀光/パンフレット
2340	南鮮版	1936-04-15	09단	失戀自殺未遂
2341	南鮮版	1936-04-15	09단	醉っ拂ひ溺死
2342	南鮮版	1936-04-15	10단	各地から(釜山、全州、大邱、京城)
2343	南鮮版	1936-04-16	01단	中央の肅軍方針/全幅の信頼拂ふ/增師も結局は金の問題だ/小磯軍司令官語る
2344	南鮮版	1936-04-16	01단	魁け「土の處方箋」/水稻四十五割、棉花三十八割/全南で驚異的增收
2345	南鮮版	1936-04-16	01단	ゴム靴同業組合結成打合せ/南鮮十工場主釜山で
2346	南鮮版	1936-04-16	02단	第八十聯隊軍旗祭
2347	南鮮版	1936-04-16	03단	古參の局長、知事殆んど一掃か/五月末か六月に斷行
2348	南鮮版	1936-04-16	03단	十億圓突破/振替貯金總額
2349	南鮮版	1936-04-16	03단	定例局長會議
2350	南鮮版	1936-04-16	04단	京城和歌山縣人會
2351	南鮮版	1936-04-16	04단	綻びそめた釜山の櫻
2352	南鮮版	1936-04-16	05단	各地から(大田、京城、釜山、大邱、晋州、光州)
2353	南鮮版	1936-04-16	05단	天長節觀兵式/龍山で擧行

일련번호	판명	간행일	단수	기사명
2354	南鮮版	1936-04-16	05단	六月中旬開く/鐵道局員會館
2355	南鮮版	1936-04-16	06단	*カメラクラブ　光州にも名乘揚ぐ　十九日に第一回試寫會/全關西寫聯朝鮮支部の役員*
2356	南鮮版	1936-04-16	06단	高工や高農もやがて增設/實業教育に主力注ぐ
2357	南鮮版	1936-04-16	07단	殖銀異動
2358	南鮮版	1936-04-16	07단	原審通り死刑/姦夫直ちに上告
2359	南鮮版	1936-04-16	08단	悲しみの小雨/故齋藤子の遺髮燒香式/若草觀音で營まる
2360	南鮮版	1936-04-16	09단	五千萬圓拔く/十年度局線收入
2361	南鮮版	1936-04-16	09단	嬰兒を壓殺
2362	南鮮版	1936-04-16	09단	瓦斯タンク爆發
2363	南鮮版	1936-04-16	10단	旅客機不時着
2364	南鮮版	1936-04-16	10단	三戶を全燒/大邱の火事
2365	南鮮版	1936-04-17	01단	暗夜に濃霧罩め全く視界を失ふ/飛六の二機遭難の一刹那/パッと開く落下傘
2366	南鮮版	1936-04-17	01단	何の不安もなく氣樂に飛出した/豪快に笑ふ茂刈中尉
2367	南鮮版	1936-04-17	02단	*陸相の訓示傳へ肅軍を宣揚　十七日に直轄部隊へ/「抱」の意味　小磯軍司令官談*
2368	南鮮版	1936-04-17	03단	十周年壽ぐ/大邱女高普の記念式
2369	南鮮版	1936-04-17	03단	各地から(京城、釜山、大邱、馬山、大田)
2370	南鮮版	1936-04-17	04단	鮮展審查委員【發表】/新會場も矢張り本府構內
2371	南鮮版	1936-04-17	05단	七十八聯隊軍旗祭
2372	南鮮版	1936-04-17	05단	*內鮮人知事の比率打破か　人物本位の英斷的異動　最早、時機の問題/現役知事から中樞院入り　李忠南、高全北ら有力*
2373	南鮮版	1936-04-17	06단	殖銀利下げ/廿日から實施
2374	南鮮版	1936-04-17	07단	夏の野球前哨戰/六校競ひ立ち廿六日から開幕/京城中等リーグ戰
2375	南鮮版	1936-04-17	07단	慶北初等教員異動
2376	南鮮版	1936-04-17	07단	全北警察部異動
2377	南鮮版	1936-04-17	07단	海女も潜れぬ時代の荒波/お株奪ふ潜水器/男勝りの勞働力武器に濟州島から出稼ぎ
2378	南鮮版	1936-04-17	08단	豪華なプロ決る/京城の兒重愛護週間
2379	南鮮版	1936-04-17	08단	再び前川君の死體搜査
2380	南鮮版	1936-04-17	09단	釜山の强盜
2381	南鮮版	1936-04-17	09단	千五百圓盜む
2382	南鮮版	1936-04-17	09단	明時堂時計店員二名を引致

일련번호	판명	간행일	단수	기사명
2383	南鮮版	1936-04-17	10단	小倉に根城/釜山署密航ブローカー追及
2384	南鮮版	1936-04-18	01단	五寸針を十六本も何故呑んだか/曲れる首の嘆き/結婚の女は去り、仕事は出來ず/針は曲りやすいので、太い釘を/奇談の主人公と一問一答
2385	南鮮版	1936-04-18	02단	廿日頃から滿開/數日來の暖氣にめぐまれ/慶南の櫻咲き初む(釜山、蔚山、東萊、馬山、鎭海)
2386	南鮮版	1936-04-18	03단	釜山に大邱に昂まるカメラ熱/懸賞課題「春を描く」目指し/十九日に競って撮影會
2387	南鮮版	1936-04-18	05단	金剛山明粧
2388	南鮮版	1936-04-18	06단	*待望の辯護士令　十七日に公布さる/畫期的改正　增永法務局長談/當局の苦心　京城內地人辯護士會 佐久間會長談*
2389	南鮮版	1936-04-18	07단	全鮮商議事務打合せ會
2390	南鮮版	1936-04-18	07단	總監令孃披露宴
2391	南鮮版	1936-04-18	08단	ミイラ發見
2392	南鮮版	1936-04-18	08단	疑問の死
2393	南鮮版	1936-04-18	08단	肅軍策協議/直轄隊長會議
2394	南鮮版	1936-04-18	08단	穀聯幹事會
2395	南鮮版	1936-04-18	08단	勤續者表彰/釜山府廳で
2396	南鮮版	1936-04-18	09단	膝で押し殺す
2397	南鮮版	1936-04-18	09단	乘組員は無事/坐礁の那古丸
2398	南鮮版	1936-04-18	09단	迷信のグロ
2399	南鮮版	1936-04-18	09단	人違ひリンチ
2400	南鮮版	1936-04-18	10단	各地から(釜山、京城、仁川、大邱、大田)
2401	南鮮版	1936-04-19	01단	春のニッポン色/大和心の櫻も近い/彼氏は柔劍道、彼女は薙刀/颯爽“時局”は躍る
2402	南鮮版	1936-04-19	01단	ＡＫニュース京城で中繼/早速廿日から實施
2403	南鮮版	1936-04-19	02단	春雨衝き軍旗祭/隣同士の七八、七九兩聯隊/記念催しに大賑ひ
2404	南鮮版	1936-04-19	02단	新京の强盜/京城で捕はる
2405	南鮮版	1936-04-19	03단	農林局長ら東上
2406	南鮮版	1936-04-19	04단	大邱の櫻綻ぶ
2407	南鮮版	1936-04-19	04단	鯖巾着網水組創立
2408	南鮮版	1936-04-19	04단	讚へよ躍進釜山/府域擴張と府廳舍竣工/盛大な祝賀の宴
2409	南鮮版	1936-04-19	05단	橋本金堤邑長辭表提出
2410	南鮮版	1936-04-19	05단	荷爲替證券使ひ四萬餘圓を流用/仁川平野商店支配人
2411	南鮮版	1936-04-19	06단	元總監官邸コック妻ら懲役

일련번호	판명	간행일	단수	기사명
2412	南鮮版	1936-04-19	06단	起てり光畫壇/寫眞競技繞り全鮮各地に春光を趁ふカメラ群
2413	南鮮版	1936-04-19	07단	肋骨折り死亡
2414	南鮮版	1936-04-19	08단	熟睡の娘を一刺し/覆面の怪漢
2415	南鮮版	1936-04-19	08단	一心館燒く
2416	南鮮版	1936-04-19	08단	僞刑事十圓詐取
2417	南鮮版	1936-04-19	08단	洪州面に强盜
2418	南鮮版	1936-04-19	09단	飛込み自殺
2419	南鮮版	1936-04-19	10단	各地から(木浦、京城、開城)
2420	南鮮版	1936-04-19	10단	欣然參加/釜山の同好團體
2421	南鮮版	1936-04-21	01단	*池田氏內地轉出相川氏が半島入り 椅子は總督府へ一任/政府の命令なら 何處へでも行く 池田警務局長語る/後任は鮮內から 今井田政務總監談/池田さんの功績/慕はれる“慈父” 衛生に、警備に、武道奬勵に統治に大きい足跡/宇垣陣容を强化す 二次、三次の異動*
2422	南鮮版	1936-04-21	03단	ハイキングコース運賃割引
2423	南鮮版	1936-04-21	04단	産業調査會第二回打合せ會
2424	南鮮版	1936-04-21	04단	押出し滿點/暴力團狩に手腕發揮/直情徑行の相川氏
2425	南鮮版	1936-04-21	05단	各地から(大邱、木浦、大田、釜山、淸州、鎭海、京城、蔚山、光州、裡里)
2426	南鮮版	1936-04-21	05단	「のぞみ」遲る
2427	南鮮版	1936-04-21	05단	流石に産金時代/金を摑む怪物/ドレヂヤーも國産ばやり/明春、十五隻も活躍
2428	南鮮版	1936-04-21	05단	櫻花に妓生に「春を描く」カメラ/釜山と大邱の撮影會
2429	南鮮版	1936-04-21	07단	八軒荒した二人組强盜捕る
2430	南鮮版	1936-04-21	07단	晝寢最中に賊
2431	南鮮版	1936-04-21	07단	飛込み自殺
2432	南鮮版	1936-04-21	08단	運動競技界(矢田組優勝/大邱庭球大會)
2433	南鮮版	1936-04-21	08단	輪禍、自殺未遂
2434	南鮮版	1936-04-21	09단	大石順教尼
2435	南鮮版	1936-04-21	09단	滿開の櫻慕ひ/押出す人波/南鮮に展く春の饗宴
2436	南鮮版	1936-04-21	10단	牛車轢逃げ
2437	南鮮版	1936-04-22	01단	*人事大革新の魁け 生拔き警務局長 半島警察畑に隱然たる勢力 全く旅り役の田中氏/大いに働く 田中新警務局長語る(略歷)*
2438	南鮮版	1936-04-22	01단	京城中央市場/明年度豫算に計上
2439	南鮮版	1936-04-22	01단	陸士演習隊

일련번호	판명	간행일	단수	기사명
2440	南鮮版	1936-04-22	01단	春空に泳ぐ鯉のぼり
2441	南鮮版	1936-04-22	03단	古美術陳列館を德壽宮內に建てる/旣に蒐集品一萬八千點
2442	南鮮版	1936-04-22	04단	高普建設資金に四十萬圓を寄附/慶州郡素封家李圭寅氏の美擧
2443	南鮮版	1936-04-22	04단	內妻と服毒/火藥會社會計係
2444	南鮮版	1936-04-22	04단	獻穀田地鎭祭
2445	南鮮版	1936-04-22	05단	各地から(馬山、大邱、鎭海、釜山、晋州、淸州、京城)
2446	南鮮版	1936-04-22	06단	政務總監から信任の賜物/異動點描
2447	南鮮版	1936-04-22	06단	今年こそ日本一/健康優良兒搜しに/全南の凄い意氣込
2448	南鮮版	1936-04-22	07단	箱師二人捕る
2449	南鮮版	1936-04-22	07단	嚴校長の銅像/女子敎育の功績を讚へ/進明女學校に建つ
2450	南鮮版	1936-04-22	07단	尙州邑事務所二棟燒失
2451	南鮮版	1936-04-22	08단	*“失戀の自殺”は兄のトリック/モヒ密賣團檢擧*
2452	南鮮版	1936-04-22	08단	更に一件自供/蔚山二人組强盜
2453	南鮮版	1936-04-22	09단	電車に投石
2454	南鮮版	1936-04-22	09단	ナイフで刺す
2455	南鮮版	1936-04-22	09단	七百圓强奪/奉安面の强盜
2456	南鮮版	1936-04-22	10단	運動競技界(オリンピック豫選變更、オリンピック/練習會記錄會)
2457	南鮮版	1936-04-23	01단	五月から實施/九本の貨物列車/京城中心に新設/區間列車十七本時刻改正
2458	南鮮版	1936-04-23	01단	五月、六月にかけ　大異動は必至　勇退、榮進噂の顔觸れ/白石氏は歸朝後　警務局居据りか　柳生圖書課長轉出？
2459	南鮮版	1936-04-23	01단	儀禮準則施行成績調査
2460	南鮮版	1936-04-23	02단	十年苦心の結晶/淸朝、李朝兩文化の交流を檢討/文博になる藤塚城大敎授
2461	南鮮版	1936-04-23	03단	半島の發展祈る/北海道長官正式發令の日/池田さんお別れの挨拶
2462	南鮮版	1936-04-23	04단	釜山春競馬/廿五日から
2463	南鮮版	1936-04-23	04단	ＡＫニュース中繼一時延期/協議し直す
2464	南鮮版	1936-04-23	04단	見事農博の榮冠/學界に大きい寄與/養正高普出身の林浩植君
2465	南鮮版	1936-04-23	04단	光州の櫻滿開
2466	南鮮版	1936-04-23	05단	おたふく線仁川工場火災の現場
2467	南鮮版	1936-04-23	06단	各地から(釜山、密陽、淸州)
2468	南鮮版	1936-04-23	06단	將來は水力電氣/土地とか米は駄目だ/來鮮の高山東拓總裁語る
2469	南鮮版	1936-04-23	07단	十五錢の殺人

일련번호	판명	간행일	단수	기사명
2470	南鮮版	1936-04-23	07단	合百賭博を檢擧/株屋街から八十餘名
2471	南鮮版	1936-04-23	07단	春展く野球の花/京城中等、實業両リーグ戰/ファンの興奮昻まる
2472	南鮮版	1936-04-23	09단	少年の自殺
2473	南鮮版	1936-04-23	10단	廣州共産黨判決
2474	南鮮版	1936-04-24	01단	*總括的に大異動　牛島內務局長の進退も考慮　時期は特別議會前後/中樞院參議　大部分再選　缺員も補充/警察局長新任挨拶/池田氏お別れの宴*
2475	南鮮版	1936-04-24	01단	モダン警察參考館/光化門通に殆ど竣工
2476	南鮮版	1936-04-24	01단	各地から(全州、鎭海、光州、開城、大邱、京城、淸州、釜山)
2477	南鮮版	1936-04-24	03단	內鮮消防合同認可
2478	南鮮版	1936-04-24	03단	鐵道局辭令
2479	南鮮版	1936-04-24	03단	歸る總督、往く總監
2480	南鮮版	1936-04-24	03단	*各道の結核豫防協會　續々名乘り擧ぐ　足並揃へて運動展開/將來は實費診療/各道、府に健康相談所*
2481	南鮮版	1936-04-24	04단	千圓御下賜
2482	南鮮版	1936-04-24	04단	智異山征服の快擧/邱南鐵道期成會と大日山嶽部
2483	南鮮版	1936-04-24	05단	五産組理事起訴
2484	南鮮版	1936-04-24	05단	慶南教員異動
2485	南鮮版	1936-04-24	05단	*青空氏に春の嵐　京畿道の四都市で一齊に　八百餘名を檢束/鍾路署も百名*
2486	南鮮版	1936-04-24	06단	モデルは麗人揃ひ廿六日花の昌慶苑で/發會式を兼ね撮影大會
2487	南鮮版	1936-04-24	06단	京城に放火？
2488	南鮮版	1936-04-24	06단	身投げ自殺
2489	南鮮版	1936-04-24	07단	運動競技界(送別拳鬪試合、大邱各種競技/スケヂュール)
2490	南鮮版	1936-04-24	08단	自殺未遂
2491	南鮮版	1936-04-24	08단	嬰兒の死體/遺棄頻發す
2492	南鮮版	1936-04-24	08단	十年度産海苔/記錄的增産/三百五十萬圓に上る
2493	南鮮版	1936-04-24	09단	「釜山府民歌」募集
2494	南鮮版	1936-04-24	09단	京城のタクシー賃金メーター制/五月一日から實施
2495	南鮮版	1936-04-24	09단	米穀課新設
2496	南鮮版	1936-04-25	01단	各地から(釜山、開城、淸州、春川、全州、裡里、大邱)
2497	南鮮版	1936-04-25	01단	姿なき“要視察人”/ＡＫニュース中繼放送よ、何處へ
2498	南鮮版	1936-04-25	01단	若干の剩餘人員/引受けは免れぬ/拓務省廢止の場合
2499	南鮮版	1936-04-25	01단	浪人勇退者は出さぬ方針/慊らぬ中堅事務官

일련번호	판명	간행일	단수	기사명
2500	南鮮版	1936-04-25	02단	天長節奉祝(京城、大邱、開城、大田)
2501	南鮮版	1936-04-25	03단	第廿師團在留地の徵兵檢査日割
2502	南鮮版	1936-04-25	04단	防空獻金と慰問金
2503	南鮮版	1936-04-25	04단	新羅模樣の刺繡/全國中等美術展へ出品
2504	南鮮版	1936-04-25	05단	國境橋梁管理に惱みの種・境界線/近く日滿直接會談
2505	南鮮版	1936-04-25	07단	花に誘はれて轢死/摘みたさに驅けだす少女/機關車に刎ねらる
2506	南鮮版	1936-04-25	07단	反帝片割懲役
2507	南鮮版	1936-04-25	08단	金剛山莊五/月から營業
2508	南鮮版	1936-04-25	08단	貯銀釜山支店員/身投げ自殺/神經衰弱から
2509	南鮮版	1936-04-25	08단	大邱の覆面强盜/短刀揮ひ五十圓强奪
2510	南鮮版	1936-04-25	09단	日本鑛業の發電所燒く/損害約三萬圓
2511	南鮮版	1936-04-25	09단	六名死傷/架橋の足場折る
2512	南鮮版	1936-04-25	09단	釜山の腦脊髓膜炎は十七名
2513	南鮮版	1936-04-25	10단	家屋倒壞し三名下敷き
2514	南鮮版	1936-04-25	10단	横領一萬圓？/元繁榮會長ら召喚さる
2515	南鮮版	1936-04-26	01단	*中樞院も改革か　革新人事會設け　統治全般の再檢討/行政機構改革は　當然中央に順應　無理な異動はやらぬ　“總監時の問題”を語る*
2516	南鮮版	1936-04-26	01단	三笠宮殿下統軍亭お成り/安東へ向はせらる
2517	南鮮版	1936-04-26	04단	おめでた
2518	南鮮版	1936-04-26	05단	本府の天長節奉祝
2519	南鮮版	1936-04-26	05단	廿八日から夜間開苑/昌慶苑の櫻綻ぶ
2520	南鮮版	1936-04-26	05단	密航團逮捕
2521	南鮮版	1936-04-26	05단	多くは合法的/昨年全南小作爭議
2522	南鮮版	1936-04-26	05단	政務總監東上
2523	南鮮版	1936-04-26	06단	農村振興に伴ひ/簡保も勸め易い/意氣込む釜山分掌局
2524	南鮮版	1936-04-26	06단	各地から(京城、東萊、大田、釜山、全州)
2525	南鮮版	1936-04-26	06단	警察部長招集/刷新强化を訓示/田中新警務局長から
2526	南鮮版	1936-04-26	06단	政府の對米取方針打診
2527	南鮮版	1936-04-26	07단	京畿市街地計畫令施行細則公布
2528	南鮮版	1936-04-26	07단	武德祭と武道大會
2529	南鮮版	1936-04-26	08단	全鮮都市問題會議/廿七、八兩日京城で
2530	南鮮版	1936-04-26	08단	農繁期託兒所/非常な激增振り/全鮮に千七百廿一所
2531	南鮮版	1936-04-26	09단	組み付かれ/短刀で刺す/水原の强盜
2532	南鮮版	1936-04-26	10단	釜山兒童愛護週間

일련번호	판명	간행일	단수	기사명
2533	南鮮版	1936-04-26	10단	慶南の度量衡器第一種検査
2534	南鮮版	1936-04-26	10단	自動車詐欺
2535	南鮮版	1936-04-28	01단	道路衛生/兩議題を討議/各地から代表五百名參加/都市問題會議開く(第一議題、第二議題)
2536	南鮮版	1936-04-28	01단	*いざ戰はん　京城中等野球リーグ戰　廿九日爭覇の幕開く/釜山庭球リーグ戰成績*
2537	南鮮版	1936-04-28	01단	各地から(鎭海、京城、木浦、釜山、開城、晋州)
2538	南鮮版	1936-04-28	03단	發會式擧ぐ/朝鮮學生寫眞聯盟
2539	南鮮版	1936-04-28	04단	燃える火の中で死にたかった/何が彼女に放火させたか
2540	南鮮版	1936-04-28	04단	總督、廿七日歸鮮
2541	南鮮版	1936-04-28	05단	千圓を寄附
2542	南鮮版	1936-04-28	05단	偉勳偲ぶ放送/靖國神社大祭當日/電波に生きる殉職警官
2543	南鮮版	1936-04-28	06단	淸州郡靑年團生る
2544	南鮮版	1936-04-28	07단	鐵道協會員來鮮
2545	南鮮版	1936-04-28	07단	白晝の怪盜？/頻りに消える現金/殖銀本店の窓口で二百八十圓/歸宅の途中七百七十圓
2546	南鮮版	1936-04-28	07단	遊戱中轢殺さる
2547	南鮮版	1936-04-28	07단	日滿貨物聯絡會議
2548	南鮮版	1936-04-28	08단	少年航空兵大空へ/半島からも二人
2549	南鮮版	1936-04-28	08단	重役は卅日に森朝郵社長談
2550	南鮮版	1936-04-28	08단	釜山に强盜/庖丁突つけ/現金を强奪
2551	南鮮版	1936-04-28	08단	機關助手殉職
2552	南鮮版	1936-04-28	08단	娘を慕ひ放火
2553	南鮮版	1936-04-28	09단	病死を裝はす
2554	南鮮版	1936-04-28	09단	指定の石塔を竊かに持出す
2555	南鮮版	1936-04-29	01단	統治全般に亘り刷新の重要聲明/"宇垣時代"第二期へ
2556	南鮮版	1936-04-29	01단	*京愁一入ふかし　第二十師團の慰靈祭/觀兵式取止め*
2557	南鮮版	1936-04-29	01단	*奉祝園遊會　本府後庭で催す/朝鮮神宮天長節祭*
2558	南鮮版	1936-04-29	02단	政務總監と人事打合せ/總督、釜山で
2559	南鮮版	1936-04-29	02단	每年一回づつ持ち廻りで開く/都市問題會議終了
2560	南鮮版	1936-04-29	03단	各地から(大邱、開城、釜山、京城)
2561	南鮮版	1936-04-29	03단	*捨兒に吹く春風　慶北救濟會から十餘名　母の如き新天地へ/成功を信ず　藤井さんの話*
2562	南鮮版	1936-04-29	03단	拓務省は必要/今井田總監談
2563	南鮮版	1936-04-29	04단	勞働移民北鮮へ

일련번호	판명	간행일	단수	기사명
2564	南鮮版	1936-04-29	05단	釜山第一棧橋の改造/五月上旬に着工/總工費は約廿五萬圓
2565	南鮮版	1936-04-29	06단	社會主事ら北鮮の現地視察
2566	南鮮版	1936-04-29	06단	棉花作付豫想/廿三萬三千町步
2567	南鮮版	1936-04-29	07단	景福宮の櫻/五月から開放
2568	南鮮版	1936-04-29	07단	春と秋に寫眞展/晋州探光會發會式を擧げ/更生の一步踏出す
2569	南鮮版	1936-04-29	08단	三區に分け慶南棉花品評會
2570	南鮮版	1936-04-29	08단	坑夫壓死す
2571	南鮮版	1936-04-29	08단	悪妻の祟り
2572	南鮮版	1936-04-29	08단	オリンピック陸上選手/六月九日に來城/練習會を一般に公開
2573	南鮮版	1936-04-29	09단	軍經理會議
2574	南鮮版	1936-04-29	09단	釜山齒科醫師會の役員
2575	南鮮版	1936-04-30	01단	朝鮮人知事から/理事一名入社か/創立近き鮮滿拓殖へ
2576	南鮮版	1936-04-30	01단	夜櫻の昌慶苑/開苑早々大賑ひ
2577	南鮮版	1936-04-30	01단	*奉祝 天壤無窮の歡び 四千餘名、本府後庭埋む 宇垣總督夫妻夫妻 恒例大園遊會/赤誠の萬歲奉唱 朝鮮神宮天長節祭に續き京城府の奉祝式/本府拜賀式(光州、大邱、釜山、平壤)/自重自愛望む 田中警務局長談*
2578	南鮮版	1936-04-30	03단	*煙草も結核豫防に一役 心得七則のカードを挿入し お役所放れの大衆宣傳/結核豫防協會 忠南で發會式/江原道も發會*
2579	南鮮版	1936-04-30	03단	*劈頭、京商に凱歌 京城中等野球始る/平壤優勝す 都市對抗卓球/齒專軍優勝 京水間驛傳競走/中央庭球成績*
2580	南鮮版	1936-04-30	06단	拔劍して大暴れ/飲食店主人の頭部へ刺傷/宴會歸りの京城刑務所看守群
2581	南鮮版	1936-04-30	07단	故前川君の搜査隊引き揚ぐ
2582	南鮮版	1936-04-30	07단	表彰に輝く警官/全鮮で四百七十名
2583	南鮮版	1936-04-30	07단	*近年珍しい活況 相次ぐ土木建築に 拍車かける京釜間中央線(鐵道方面、産業方面、銀行會社關係、電氣關係)/賃銀引上げか*
2584	南鮮版	1936-04-30	08단	各地から(釜山、光州)
2585	南鮮版	1936-04-30	09단	慶南の朝鮮人巡査採用試驗
2586	南鮮版	1936-04-30	10단	生活難の子殺し
2587	南鮮版	1936-04-30	10단	慶南産組協會總會附議事項

1936년 5월

일련번호	판명	간행일	단수	기사명
2588	南鮮版	1936-05-01	01단	釜山鎭から浚渫/非常時設備施す/馬山、麗水も一部修築
2589	南鮮版	1936-05-01	01단	豫期以上の收穫/都市問題會議を終りて松井準備委員長談
2590	南鮮版	1936-05-01	01단	天長節繪巻
2591	南鮮版	1936-05-01	02단	七九聯隊野營演習
2592	南鮮版	1936-05-01	03단	京城招魂祭
2593	南鮮版	1936-05-01	03단	鮮滿鐵道會議
2594	南鮮版	1936-05-01	04단	力作揃ひの印畫 大邱寫友會入選決る/入選印畫
2595	南鮮版	1936-05-01	04단	全北で警察官表彰
2596	南鮮版	1936-05-01	04단	總督官邸の觀櫻會
2597	南鮮版	1936-05-01	05단	金簪泥棒捕る
2598	南鮮版	1936-05-01	05단	全日本サロン寫眞展をはる(感謝)
2599	南鮮版	1936-05-01	06단	開學こゝに十年/半島最高學府の誇り高く/城大の各種記念催し
2600	南鮮版	1936-05-01	06단	煙草展覽會/七月一日から
2601	南鮮版	1936-05-01	06단	七本に決る/新設貨物列車
2602	南鮮版	1936-05-01	07단	“拔劍”中心に/看守ら取調べ
2603	南鮮版	1936-05-01	07단	各地から(清州、釜山、全州、春川、鎭海、光州)
2604	南鮮版	1936-05-01	07단	技術の握手/聯絡の機關設け/互ひに研究を發表
2605	南鮮版	1936-05-01	08단	妓生荒し逮捕
2606	南鮮版	1936-05-01	08단	善隣１２Ａ京工３/京城中等野球
2607	南鮮版	1936-05-01	09단	金組債券の發行期未定/矢鍋會長談
2608	南鮮版	1936-05-01	09단	安奉線運賃妥協成らず/日滿貨物會議
2609	南鮮版	1936-05-01	10단	滿州農業研究會うまる
2610	南鮮版	1936-05-01	10단	一萬圓寄附
2611	南鮮版	1936-05-02	01단	結核豫防デー/全鮮一齊に廿六日から三日間/大衆宣傳の行事決る
2612	南鮮版	1936-05-02	01단	春は叫ぶ聲のラッシュ/二言目に『交換手、何しとるかッ』と叱る側にも手落ち
2613	南鮮版	1936-05-02	02단	殉職明川署長へ功勞記章を授與/警察部葬と署葬執行
2614	南鮮版	1936-05-02	03단	銀幕に生きる節婦/邱南鐵道期成會が半島紹介に/南原で「春香傳」を映畫化
2615	南鮮版	1936-05-02	04단	鮮展審査員六日に來城
2616	南鮮版	1936-05-02	04단	要塞地帶撮影
2617	南鮮版	1936-05-02	05단	二千二百八十九萬/國勢調査の確定人口
2618	南鮮版	1936-05-02	05단	總督視察/五、六日頃出發

일련번호	판명	간행일	단수	기사명
2619	南鮮版	1936-05-02	06단	花を訪ね人１/倭城台の櫻/高級自動車のバックミラーに可れんな姿
2620	南鮮版	1936-05-02	06단	定例局長會議
2621	南鮮版	1936-05-02	07단	英國の增艦案/我が海軍は平気/來城の藤田大將語る
2622	南鮮版	1936-05-02	07단	僞刑事强奪
2623	南鮮版	1936-05-02	08단	曉の赤色捕物
2624	南鮮版	1936-05-02	09단	*水原高農入試に落ち大金持って家出　李中樞院參議の令孫/自殺を企つ 運轉手試驗に失敗して*
2625	南鮮版	1936-05-02	09단	*五チームの争覇　十日−南鮮實業野球/龍中１０京中２　京城中等野球*
2626	南鮮版	1936-05-02	09단	僞刑事捕る
2627	南鮮版	1936-05-02	10단	大邱に天然痘
2628	南鮮版	1936-05-02	10단	京城の火事
2629	南鮮版	1936-05-03	01단	慶南の結核患者半分は死亡/五日に豫防協會結成
2630	南鮮版	1936-05-03	01단	第二回利下げ/金組聯合會で
2631	南鮮版	1936-05-03	01단	朝鮮が先生で緬羊の內地進出/敦賀で初めて講習會
2632	南鮮版	1936-05-03	01단	天降りに反撃/「勅任級は潔く勇退せよ」/官民共に硬論擡頭
2633	南鮮版	1936-05-03	01단	歡喜沸く仁川港/各種繁勞計畫ひっくるめ/三日間を祝ひ抜く
2634	南鮮版	1936-05-03	02단	特別選擧規則/京、釜に適用
2635	南鮮版	1936-05-03	03단	各地から(釜山、鎭海、忠州、大邱、東萊、密陽、大田、水原)
2636	南鮮版	1936-05-03	03단	慶南農民訓練所/十日から開く
2637	南鮮版	1936-05-03	03단	起工式擧行/慶北洛東江の砂防事業
2638	南鮮版	1936-05-03	04단	「正しく愛らしく」/兒童愛護週間始る(京城、大田、裡里)
2639	南鮮版	1936-05-03	04단	慶南青年團の代議員會
2640	南鮮版	1936-05-03	04단	花を訪ね人２/昌慶苑/春宵・お父さんの迷子
2641	南鮮版	1936-05-03	05단	旗長さん・珍談の旅/百貨店で買ひたい物盡め/千圓のお小遣も便ひ果す
2642	南鮮版	1936-05-03	06단	穩かになった學園/昨年のストライキは卅六件/專門、大學は一件もない
2643	南鮮版	1936-05-03	06단	中等教育調査委員任命
2644	南鮮版	1936-05-03	08단	京城府會
2645	南鮮版	1936-05-03	08단	*京城實業野球始る　劈頭飾る京電殖銀戰/南鮮實業野球の組合せ/京城中等籠球*
2646	南鮮版	1936-05-03	08단	消防手の僞刑事
2647	南鮮版	1936-05-03	09단	慶南木炭検査/近く道令公布

일련번호	판명	간행일	단수	기사명
2648	南鮮版	1936-05-03	09단	水原の强盜捕る
2649	南鮮版	1936-05-03	09단	啞刎らる
2650	南鮮版	1936-05-03	09단	自殺未遂
2651	南鮮版	1936-05-03	09단	後追ひ自殺
2652	南鮮版	1936-05-03	10단	列車と衝突しお客さん卽死/人力車夫逃走
2653	南鮮版	1936-05-05	01단	農村振興の花形/全鮮の十五優良保育所を本社々會事業團から表彰(都谷洞農村振興託兒所、鷺宿村託兒所、玉水里託兒所、雪溪里託兒所、玉浦託兒所、前島里託兒所、德山託兒所、錦城託兒所、花田託兒所、大渚託兒所、銀月里託兒所、道村託兒所、大景託兒所、支石里託兒所、下軍川里託兒所)
2654	南鮮版	1936-05-05	01단	日本商品の素晴しい進出/白石氏のお土産話
2655	南鮮版	1936-05-05	01단	朝鮮神宮尙武祭
2656	南鮮版	1936-05-05	02단	慶南初等校長異動
2657	南鮮版	1936-05-05	03단	釜山棧橋の改造/鐵道事務所で計畫
2658	南鮮版	1936-05-05	03단	嚴かな大田の招魂祭
2659	南鮮版	1936-05-05	04단	間島省九縣に
2660	南鮮版	1936-05-05	04단	人出記録破り/日曜日の京城
2661	南鮮版	1936-05-05	05단	牛乳の取締規則/內地に順應して改正
2662	南鮮版	1936-05-05	05단	*戰前早くも嵐 七日-粒より五チームの爭覇 本社大優勝旗爭奪全朝鮮蹴球大會/鐵道５Ａ遞信４　京城實業野球/京電４Ａ殖銀３/龍中４Ａ京師３ 京城中等野球/第二高普勝つ 對京師籠球戰/鐵道優勝す 釜山庭球試合/大鐵快勝す 對釜鐵野球戰*
2663	南鮮版	1936-05-05	06단	總督官邸觀櫻會の賑ひ
2664	南鮮版	1936-05-05	09단	*改正無盡業令 四日公布さる/無盡協會總會*
2665	南鮮版	1936-05-05	09단	大田射擊大會
2666	南鮮版	1936-05-05	09단	新綠の下に運動會
2667	南鮮版	1936-05-05	10단	料亭七福燒く/裡里の宵火事
2668	南鮮版	1936-05-05	10단	五百圓紛失
2669	南鮮版	1936-05-05	10단	醫師試驗日割
2670	南鮮版	1936-05-06	01단	紺綬褒章下賜/金相享氏へ
2671	南鮮版	1936-05-06	01단	勝利は實力に在り/櫻咲く校庭に"城大の父"速水總長/若き學園の希望を語る
2672	南鮮版	1936-05-06	01단	花を訪ね人３/閑寂の春/博文寺の櫻
2673	南鮮版	1936-05-06	03단	*今年こそ日本一！ 全南の素晴しい意氣込み 本社主催健康優良兒搜し/自信はたっぷり 慶南から十名を推薦/全北から三名*

일련번호	판명	간행일	단수	기사명
2674	南鮮版	1936-05-06	04단	各地から(釜山、裡里、全州、京城、大邱、開城、大田、清州、晋州)
2675	南鮮版	1936-05-06	04단	大田消防組の演習
2676	南鮮版	1936-05-06	04단	釜山精米組合創立
2677	南鮮版	1936-05-06	05단	尚武祭の武道大會成績
2678	南鮮版	1936-05-06	06단	いよいよ七日！全朝鮮蹴球大會/京城グラウンドにて
2679	南鮮版	1936-05-06	07단	高等警察擴充費/特別議會へ提出/國策上通過を期待
2680	南鮮版	1936-05-06	08단	亡國病の撲滅へ/慶南結核豫防協會生る(忠北は九日)
2681	南鮮版	1936-05-06	08단	乘客運轉手は輕傷
2682	南鮮版	1936-05-06	08단	自殺未遂
2683	南鮮版	1936-05-06	09단	慶南産組協會總會
2684	南鮮版	1936-05-06	10단	お流れか/教員免許證
2685	南鮮版	1936-05-06	10단	身投げ二つ
2686	南鮮版	1936-05-07	01단	楝居事務官東上
2687	南鮮版	1936-05-07	01단	六百七十萬圓投じ輸送難緩和計る/各鐵道工場も擴張
2688	南鮮版	1936-05-07	01단	密輸出をふせぎ産金奬勵に拍車/金買上價格引上げに關し/西崎理財課長語る
2689	南鮮版	1936-05-07	01단	福德は反對/京城の無盡合同
2690	南鮮版	1936-05-07	01단	全鮮の春蠶掃立/六十七萬三千枚豫想
2691	南鮮版	1936-05-07	02단	花を訪ね人 4/郊外の點景/纛島附近の櫻
2692	南鮮版	1936-05-07	02단	總督、西鮮へ
2693	南鮮版	1936-05-07	03단	國産機「朝鮮號」/颯爽と處女飛行/廿五、六日ごろ京城へ
2694	南鮮版	1936-05-07	04단	各地から(京城、釜山、鎭海、密陽、大邱、清州、開城)
2695	南鮮版	1936-05-07	04단	瞼の父と兄/廿餘年日に判る/釜山牧梅子さんの歡び
2696	南鮮版	1936-05-07	04단	蝟島に郵便出張所
2697	南鮮版	1936-05-07	05단	日光は"健康の素"/土橋城大病院小兒科長からお母さん達へ贈る育兒メモ
2698	南鮮版	1936-05-07	05단	乳幼兒審査會/晴れの入選坊や/愛婦幼稚園で表彰式(入選兒)
2699	南鮮版	1936-05-07	07단	園城瀑布の麓に現れる靈泉/大衆的娯樂設備施す
2700	南鮮版	1936-05-07	08단	李前淑明女高普校長追悼式
2701	南鮮版	1936-05-07	09단	運動競技界(殖銀 2 京電 0/京城實業野球)
2702	南鮮版	1936-05-07	09단	元妓生自殺未遂
2703	南鮮版	1936-05-07	09단	七名重輕傷/トラックとバス正面衝突
2704	南鮮版	1936-05-07	10단	行樂地へ割引
2705	南鮮版	1936-05-08	01단	「春を描く」力作/競って提出さる/撮影期日は十日まで

일련번호	판명	간행일	단수	기사명
2706	南鮮版	1936-05-08	01단	健康優良兒/慶北から十一名
2707	南鮮版	1936-05-08	01단	金彩の跡明かな高麗青磁の花瓶/釜山柿氏が入手
2708	南鮮版	1936-05-08	01단	横暴官吏お叱り知事會議に總督、總監から/“溫い行政”を强調
2709	南鮮版	1936-05-08	02단	「着任したら早速渡滿」相川外事課長談
2710	南鮮版	1936-05-08	02단	現參議は殆ど再選/六月三日任命
2711	南鮮版	1936-05-08	03단	各地から(京城、釜山、大田、光州、春川、大邱、馬山、仁川、金堤)
2712	南鮮版	1936-05-08	03단	眞ッすぐになった首/五寸釘の金君/本社京城通信局を訪れて/「內地人さまは皆御親切」
2713	南鮮版	1936-05-08	03단	濶步して下さい/型は實用的に變へれば好い/田中女史に印象を聽く/新時代の服飾として見た過渡期の朝鮮服
2714	南鮮版	1936-05-08	04단	慶北道辭令(五日)
2715	南鮮版	1936-05-08	05단	京釜間の超特急/目標は六時間半/ちかく第二回試運轉
2716	南鮮版	1936-05-08	05단	麻生氏當選/木浦の道議補選
2717	南鮮版	1936-05-08	06단	春空に躍る圓球/全朝鮮蹴球大會熱戰展き/觀衆唸らす美技續出
2718	南鮮版	1936-05-08	08단	料亭の盜難
2719	南鮮版	1936-05-08	08단	精神病者毆殺
2720	南鮮版	1936-05-08	09단	釜山の竊盜團/一味十七名捕る
2721	南鮮版	1936-05-08	09단	溺死體漂着
2722	南鮮版	1936-05-08	09단	職工の縊死
2723	南鮮版	1936-05-08	09단	*豪農一家縛り九百餘圓を强奪 三人組放火して逃ぐ/郡西面にも*
2724	南鮮版	1936-05-08	10단	徽新と養正勝つ/京城中等籠球
2725	南鮮版	1936-05-08	10단	運轉手袋叩き
2726	南鮮版	1936-05-09	01단	*神社と寺院に單獨法令を制定 神社關係六月に公布/京釜兩神社國幣小社に 大體七月ごろ/昇格の準備*
2727	南鮮版	1936-05-09	01단	第二追加豫算は總額一千百萬圓/大部分が鐵道、港灣費
2728	南鮮版	1936-05-09	02단	慶南警察部異動
2729	南鮮版	1936-05-09	03단	專賣局辭令
2730	南鮮版	1936-05-09	03단	季節の誘惑から愛兒を護れ!/放浪性を愛の手で導く/京畿道保導聯盟
2731	南鮮版	1936-05-09	03단	釜山第一棧橋改造間組落札
2732	南鮮版	1936-05-09	03단	徵兵檢査始る
2733	南鮮版	1936-05-09	04단	相川外事課長着任
2734	南鮮版	1936-05-09	04단	全鮮小口獻金で愛國兵器を購入/近く盛大な獻納式
2735	南鮮版	1936-05-09	04단	新刊紹介(城大文學(五月號))

일련번호	판명	간행일	단수	기사명
2736	南鮮版	1936-05-09	05단	曰くつきの銃器類/警察參考館へ續々集る
2737	南鮮版	1936-05-09	05단	金山に新値景氣/低品位金山も一齊に稼行し/産金一億圓實現か
2738	南鮮版	1936-05-09	05단	大田の通信競技會
2739	南鮮版	1936-05-09	05단	嚴肅な慰靈祭/憲兵創立記念日に執行
2740	南鮮版	1936-05-09	06단	*延禧と普成勝つ 全朝鮮蹴球大會成績/全北體協スケヂユール/南鮮實業野球の組合せ變更*
2741	南鮮版	1936-05-09	07단	十六ミリ俱樂部/抱負は大きく/大邱で計書
2742	南鮮版	1936-05-09	07단	京城の道路網/七月上旬に公布
2743	南鮮版	1936-05-09	07단	新羅丸損傷
2744	南鮮版	1936-05-09	08단	各地から(京城、裡里、釜山、大邱、春川)
2745	南鮮版	1936-05-09	08단	京城の白米值上げ
2746	南鮮版	1936-05-09	08단	全鮮水道會議/六月に平壤で
2747	南鮮版	1936-05-09	08단	電車に飛込む
2748	南鮮版	1936-05-09	08단	漢江の抱合心中/若い朝鮮人の男女
2749	南鮮版	1936-05-10	01단	*防波堤築造後 開港に指定/發展目覺しい麗水港/港灣改修內容*
2750	南鮮版	1936-05-10	01단	本社の大優勝旗/燦然、普專に輝く/0－1全朝鮮蹴球大會の決勝戰/延專、血淚の敗退
2751	南鮮版	1936-05-10	01단	*肉と力の熱戰 オリンピック豫選大會蓋開け 陸上朝鮮の意氣揚る/李奎煥君東上*
2752	南鮮版	1936-05-10	01단	前川君の遺骨歸る/盛大に葬儀執行
2753	南鮮版	1936-05-10	02단	赤ちゃんを表彰/各地の審査會で(京城、大邱、大田)
2754	南鮮版	1936-05-10	03단	各地から(京城、淸州、釜山、大邱)
2755	南鮮版	1936-05-10	04단	ハイク列車
2756	南鮮版	1936-05-10	04단	弓道移動審査
2757	南鮮版	1936-05-10	04단	釜山の生産品/南支、西洋へ/今夏、視察團を派遣
2758	南鮮版	1936-05-10	05단	多年の希望叶ひ/歐洲へ舞踊の旅/近く鹿島立つ趙澤元君
2759	南鮮版	1936-05-10	05단	天下りの重役は一、二期で勇退/問へる後進に讓る
2760	南鮮版	1936-05-10	06단	京城府議增員/十五名選擧/四區に分け九月執行
2761	南鮮版	1936-05-10	06단	全南結核豫防協會/十三日に發會
2762	南鮮版	1936-05-10	07단	*鮮內總世帶の三割七分を獲得 金組躍進運動の業績/內地のお手本*
2763	南鮮版	1936-05-10	07단	油肥製組聯合會ちかく認許
2764	南鮮版	1936-05-10	08단	男は運轉手/女は元女給/抱合心中の身許
2765	南鮮版	1936-05-10	08단	發動機船衝突/船員二名負傷す
2766	南鮮版	1936-05-10	08단	洋裝の枕搜し意外にも看護婦/釜山鐵道病院で捕る

일련번호	판명	간행일	단수	기사명
2767	南鮮版	1936-05-10	08단	職紹を增設/釜山鎭附近に
2768	南鮮版	1936-05-10	09단	健康兒九名/忠南から申告
2769	南鮮版	1936-05-10	09단	慶南堆肥品評會の成績
2770	南鮮版	1936-05-10	09단	四名死傷/トラックが避け損ねて
2771	南鮮版	1936-05-10	09단	石造殿陳列替へ
2772	南鮮版	1936-05-10	10단	拳銃泥棒捕る
2773	南鮮版	1936-05-10	10단	食刀で脅迫/百廿圓强奪/二人組强盜
2774	南鮮版	1936-05-10	10단	人波に押倒され女生徒重傷
2775	南鮮版	1936-05-12	01단	オリンピック豫選大會の入場式
2776	南鮮版	1936-05-12	01단	各地から(京城、釜山、鎭海、淸州、全州、開城)
2777	南鮮版	1936-05-12	01단	*輝く鮮展の入選　二百九十四點を發表/審査員に聽く(第一部東洋畫/今一步の研究/前田靑邨氏談、深く突込め/兒玉希望氏談、第二部西洋畫/進步に驚く/南薰造氏談、デッサン不足/安井曾太郎氏談、第三部工藝及び彫塑/心配は解消/田邊孝次氏談)/推薦と無鑑査(第一部東洋畫、第二部西洋畫、第三部彫塑、同工藝)*
2778	南鮮版	1936-05-12	03단	每便旅客は超滿員/臨時船とも五隻を使ひながら/まだ不足の關釜聯絡
2779	南鮮版	1936-05-12	04단	四月局線收入
2780	南鮮版	1936-05-12	04단	宇垣總督歸任
2781	南鮮版	1936-05-12	04단	京城府會
2782	南鮮版	1936-05-12	04단	京城府教育會提出議案
2783	南鮮版	1936-05-12	05단	戀の道行、大邱でストリップ
2784	南鮮版	1936-05-12	05단	朝日お伽家庭講演會/講師大阪朝日新聞社員山北淸次氏
2785	南鮮版	1936-05-12	06단	普專チームへ本社優勝旗授與（九日京城グラウンドで擧行の全朝鮮蹴球大會）
2786	南鮮版	1936-05-12	06단	飛込と轢死
2787	南鮮版	1936-05-12	06단	獵銃の操作誤り巡査の娘を射殺/上下普校々長の過失
2788	南鮮版	1936-05-12	07단	農夫絞殺さる
2789	南鮮版	1936-05-12	07단	ボイラー爆發
2790	南鮮版	1936-05-12	07단	仁川港四月中の貿易額
2791	南鮮版	1936-05-12	08단	鮮滿視察團/廿九日來鮮
2792	南鮮版	1936-05-12	08단	運轉手が結束し/待遇改善の叫び/メーター制實施の波紋
2793	南鮮版	1936-05-12	08단	忠北結核豫防協會/發會式を擧ぐ
2794	南鮮版	1936-05-12	09단	運動競技界(南鮮實業野球、京城中等野球、京城實業野球)
2795	南鮮版	1936-05-12	10단	官鹽元賣捌會社八月頃創立

일련번호	판명	간행일	단수	기사명
2796	南鮮版	1936-05-12	10단	漁夫の溺死體
2797	南鮮版	1936-05-13	01단	半島畵壇の華/鮮展の受鑑査入選(第一部/東洋畵/六十四點、第二部/西洋畵/百五十一點、第三部/工藝/六十點、彫塑/十九點、十七日から三週間/總督府後庭で蓋開け)
2798	南鮮版	1936-05-13	01단	儒城溫泉ホテル落城
2799	南鮮版	1936-05-13	01단	*千五百年前の壁畵 再生の原色撮影 平南三墓里古墳へ乘込み城大の手で具體化/實物大に 抱負を語る田中教授*
2800	南鮮版	1936-05-13	02단	代田、宇惠兩氏/辭職を承認/仁川商議總會
2801	南鮮版	1936-05-13	03단	定例局長會議
2802	南鮮版	1936-05-13	04단	グライダー倶樂部へ參加は遠慮せよ/突如、日本空輸本社の指令
2803	南鮮版	1936-05-13	04단	間島に自彊會
2804	南鮮版	1936-05-13	05단	請負師引致
2805	南鮮版	1936-05-13	05단	日本精神の象徵/若葉かをる淸州東公園で/忠北聯合青年團發會
2806	南鮮版	1936-05-13	06단	優良兒廿名/春川で表彰
2807	南鮮版	1936-05-13	06단	生活難の身投
2808	南鮮版	1936-05-13	07단	殺人犯捕る
2809	南鮮版	1936-05-13	08단	各地から(開城、春川、釜山、淸州、晋州、裡里、大邱)
2810	南鮮版	1936-05-13	08단	弱蟲亭主の放火
2811	南鮮版	1936-05-14	01단	*鮮展入選の變り種 彩管に誇る女性 名流夫人や總督も微笑む作品　一際光る淑明女高普の四輪花/米人“雅里”氏も氣を吐く東洋畵　紙幣の山から日本藝術/一家揃って榮冠獲得 三人とも訓導/二ヶ月淸進 李仁星君の苦心*
2812	南鮮版	1936-05-14	01단	總督府租稅收入/總額六千四百萬圓/空前の激增振り
2813	南鮮版	1936-05-14	04단	*結核豫防協會 大田支部生る/全北も發會式*
2814	南鮮版	1936-05-14	04단	久米山莊開く
2815	南鮮版	1936-05-14	04단	十歲の天才畵家/平南漢川普校の四年生/第一部に異色“花束”
2816	南鮮版	1936-05-14	04단	歡喜の仁川/祝賀準備全り成り/各町餘興の猛練習
2817	南鮮版	1936-05-14	05단	貿易振興展/今秋に開く
2818	南鮮版	1936-05-14	05단	鮮滿拓殖創立打合
2819	南鮮版	1936-05-14	06단	朝日お伽家庭講演會/十五、六兩日釜山五ヶ所で/講師は山北本社員
2820	南鮮版	1936-05-14	06단	海軍記念日/各地の行事(鎭海、京城、釜山)
2821	南鮮版	1936-05-14	06단	鄕軍有功章
2822	南鮮版	1936-05-14	07단	ナイフで刺す/罵られた復讐
2823	南鮮版	1936-05-14	07단	各地から(淸州、釜山、京城、大邱)

일련번호	판명	간행일	단수	기사명
2824	南鮮版	1936-05-14	07단	釜山府內徵兵檢査
2825	南鮮版	1936-05-14	07단	中山範士一行來城
2826	南鮮版	1936-05-14	07단	靑酸加里を呑み/無心の幼女死亡/道具箱を掻き廻して
2827	南鮮版	1936-05-14	08단	慶州赤化事件の判決言渡し
2828	南鮮版	1936-05-14	08단	子供の喧嘩相手を毆殺
2829	南鮮版	1936-05-14	08단	遞信局辭令
2830	南鮮版	1936-05-14	09단	慶北五産組理事ら懲役求刑
2831	南鮮版	1936-05-14	09단	北鮮の勞働者/一萬位不足/竹內氏視察談
2832	南鮮版	1936-05-14	10단	幼女轢斷さる
2833	南鮮版	1936-05-15	01단	美術界に贈るニュース二題(A/唯一の洋畵硏究所/鮮展無鑑査の李仁星君〔大邱〕/燃ゆる鄕土愛の企て、B/期待される水彩畵/畵材求めて古都慶州へ/春日部たすく畵伯が寫生の旅
2834	南鮮版	1936-05-15	01단	輝く特選作家群/苦心と歡びを語る(最初の東洋畵/第一二部/金重鉉君、丸一年かゝる/第三部/鎌田縫子さん、樂浪復興の秋/第三部/塚原庄太郎君、歸鮮の記念/第二部/緖川克已君、半島の魅力を/第三部/岩佐久代さん、鏡からヒント/第三部/土屋耕造君、朝鮮カラー/第二部/星野二杳君、全く酬はれた/第三部/戶張幸男君、特選)
2835	南鮮版	1936-05-15	02단	本社慈愛旗/本府へ傳達/近く保育所へ
2836	南鮮版	1936-05-15	03단	光畵藝術の指針/全日本サロン寫眞展/十六日から釜山でひらく
2837	南鮮版	1936-05-15	05단	情けの一圓
2838	南鮮版	1936-05-15	05단	超特急試運轉/廿一、二兩日
2839	南鮮版	1936-05-15	05단	海軍協會の慶南支部/六月中旬發會
2840	南鮮版	1936-05-15	06단	各地から(釜山、淸州、京城、木浦、麗水、開城)
2841	南鮮版	1936-05-15	06단	東拓緬羊事業/最初の西鮮進出/黃海道に新牧場設く
2842	南鮮版	1936-05-15	06단	我國最初の五十キロ放送十月末から實施/十キロの淸津は明春
2843	南鮮版	1936-05-15	07단	醫師試驗第一部合格者
2844	南鮮版	1936-05-15	07단	知事級の勇退者/赤十字社に入る/新設理事長として
2845	南鮮版	1936-05-15	08단	南鮮卅餘ヶ所でお伽家庭講演會/講師山北本社員來る
2846	南鮮版	1936-05-15	08단	御來聽歡迎/釜山府と敎化聯盟から案內
2847	南鮮版	1936-05-15	08단	酒類造石見込
2848	南鮮版	1936-05-15	09단	運動競技界(半島代表選手、實業卓球大會)
2849	南鮮版	1936-05-15	10단	綠旗聯盟總會
2850	南鮮版	1936-05-15	10단	密航團逮捕
2851	南鮮版	1936-05-15	10단	主要道に外事係新設/外人スパイ一掃

일련번호	판명	간행일	단수	기사명
2852	南鮮版	1936-05-16	01단	夏/健康の危險信號　兩橫綱は腸チフスと赤痢　築け抗病バリケード/豫防注射や內服藥 確かに效く 患者隱匿は社會の敵
2853	南鮮版	1936-05-16	01단	鮮展最高の榮譽/昌德宮賜賞と總督賞
2854	南鮮版	1936-05-16	04단	京師１８龍中７/京城中等籠球
2855	南鮮版	1936-05-16	05단	果報生むパンチ/持參金三萬圓の令孃と/徐廷權選手めでたく結婚
2856	南鮮版	1936-05-16	05단	大學專門校長會議
2857	南鮮版	1936-05-16	08단	お伽家庭講演會　慶北各地で開く　十八日から五日間/感激の嵐 釜山の講演會
2858	南鮮版	1936-05-16	08단	沸騰する祝賀氣分/大船渠實現へ第一步/繁榮仁川の港祭始まる
2859	南鮮版	1936-05-16	08단	全南結核豫防協會生る
2860	南鮮版	1936-05-16	09단	危險な僞醫者
2861	南鮮版	1936-05-16	09단	興行師殺人事件に八年求刑
2862	南鮮版	1936-05-16	10단	各地から(光州、淸州、釜山)
2863	南鮮版	1936-05-16	10단	不義の子絞殺
2864	南鮮版	1936-05-16	10단	指輪を盜まる
2865	南鮮版	1936-05-17	01단	躍進釜山の全貌　廣く天下に示す　大博覽會や府民歌の募集 貿易額も四億圓を突破か/博覽會委員會 常置して準備
2866	南鮮版	1936-05-17	01단	懸賞「春を描く」締切り迫る/各地から力作提出
2867	南鮮版	1936-05-17	02단	京城花祭行事/開城釋尊降誕奉祝催し
2868	南鮮版	1936-05-17	02단	佛極東艦隊旗艦
2869	南鮮版	1936-05-17	03단	國産映畵擁護に『暫く』の陳情 外國物配給業者團結/關係者の言分 實情を調べる 柳生圖書課長談/生活の脅威 業者側の話
2870	南鮮版	1936-05-17	04단	辭令（十六日）
2871	南鮮版	1936-05-17	04단	各道に一社づつ/國弊小社を建設/心田開發運動に拍車
2872	南鮮版	1936-05-17	04단	講演に放送に熱辯/感動を興へた山北本社員
2873	南鮮版	1936-05-17	04단	大興電氣/差押へ/增成氏に敗訴
2874	南鮮版	1936-05-17	05단	粒より光畵藝術/釜山の全日本サロン寫眞展/蓋開け早々大賑ひ
2875	南鮮版	1936-05-17	05단	持永少將東上
2876	南鮮版	1936-05-17	06단	各地から(釜山、全州、京城、大邱、晋州、木浦、淸州)
2877	南鮮版	1936-05-17	06단	健康兒七名/全南から推薦
2878	南鮮版	1936-05-17	06단	慶北農業實習學校認許
2879	南鮮版	1936-05-17	07단	釜山小賣商店と市場の物價統制/府當局、兩全を期す
2880	南鮮版	1936-05-17	07단	巡廻簡保映畵
2881	南鮮版	1936-05-17	08단	官公立學校長會議

일련번호	판명	간행일	단수	기사명
2882	南鮮版	1936-05-17	08단	武德會昇格者
2883	南鮮版	1936-05-17	08단	西面の運河と鐵道敷設陳情
2884	南鮮版	1936-05-17	09단	慶南穀物協會役員
2885	南鮮版	1936-05-17	09단	拐帶技手捕る
2886	南鮮版	1936-05-17	09단	大邱春競馬始まる
2887	南鮮版	1936-05-17	09단	隧道で轢殺
2888	南鮮版	1936-05-17	09단	僞造一圓紙幣
2889	南鮮版	1936-05-17	10단	慶北五産組理事判決言波し
2890	南鮮版	1936-05-17	10단	野球競技界(京電３鐵道０/京城實業野球、京城庭球トーナメント、大學專門野球、釜山中等野球リーグ戰中止)
2891	南鮮版	1936-05-17	10단	厭世自殺
2892	南鮮版	1936-05-19	01단	*近來稀な大異動 總數五十餘名に上る 閣議決定次第一齊に發令/榮轉顔觸れ 更に第二、第三異動/勇退內定*
2893	南鮮版	1936-05-19	01단	同窓會館/釜山校六十周年記念に建設
2894	南鮮版	1936-05-19	01단	仁川港祭の賑ひ
2895	南鮮版	1936-05-19	02단	京釜間中央線/實地調査急ぐ/繰出す測量隊百餘名
2896	南鮮版	1936-05-19	03단	釜山呉服商組合勤續者表彰
2897	南鮮版	1936-05-19	03단	仁中落成の歡び/宇垣總督も校內巡覽
2898	南鮮版	1936-05-19	04단	トーキー「朝鮮の旅」/釜山から撮影
2899	南鮮版	1936-05-19	04단	産業、軍事とも心から驚嘆/日暹親善使節語る
2900	南鮮版	1936-05-19	05단	女工さんヤーイ/永登浦に建設の各紡績工場/七千五百の大量募集
2901	南鮮版	1936-05-19	05단	北鮮防空演習/九月中旬に決行/機構の槪要發表さる
2902	南鮮版	1936-05-19	05단	愈よ二十日締切/「春を描く」印畵募集/李王職長官盃完成
2903	南鮮版	1936-05-19	06단	四月振替貯金
2904	南鮮版	1936-05-19	06단	鞍岳山に變死體
2905	南鮮版	1936-05-19	06단	全鮮から健康兒/百一名申告さる/近く代表決定の委員會
2906	南鮮版	1936-05-19	07단	各主要都市で家內工業の講習/國井氏來鮮を機會に
2907	南鮮版	1936-05-19	07단	各地から(淸州、統營、釜山、京城)
2908	南鮮版	1936-05-19	08단	低資利下げ/七月一日から實施
2909	南鮮版	1936-05-19	08단	竊盜の嫌疑を受け番僧縊死
2910	南鮮版	1936-05-19	09단	運動競技界(徽文高普優勝/軟式庭球大會、殖銀６A府廳２/京城實業野球、京電８A鐵道７、善隣９京師１/京城中等野球、龍中２２A京工１、京城府營プールびらき)

일련번호	판명	간행일	단수	기사명
2911	南鮮版	1936-05-20	01단	*無心に遊ぶ頭上へ突然、天井が墜落 園兒十七名死傷の慘 全南靈光幼稚園の珍事詳報/兄妹揃って卽死 三名死傷の“悲劇の家” 近く盛大に涙の慰靈祭/建築技術の缺陷 經營者の責任重く 道から嚴重警告*
2912	南鮮版	1936-05-20	01단	二名卽死/石材採取場で岩石崩潰
2913	南鮮版	1936-05-20	02단	*“擧って衛生明るい都” 京畿の結核豫防宣傳/慶南の行事*
2914	南鮮版	1936-05-20	02단	殺人犯人捕る
2915	南鮮版	1936-05-20	03단	鞍岳山變死體の身許判明す
2916	南鮮版	1936-05-20	03단	前面長ら送局
2917	南鮮版	1936-05-20	04단	釜山の竊盜團
2918	南鮮版	1936-05-20	05단	密漁の二帆船逮捕さる
2919	南鮮版	1936-05-20	06단	各地から(春川、淸州、鎭海、釜山、大田、晋州、全州)
2920	南鮮版	1936-05-20	06단	毆殺された父の復讐さわぎ
2921	南鮮版	1936-05-20	07단	感激の拍手/大邱の朝日お伽家庭講演會
2922	南鮮版	1936-05-20	07단	釜山一商野球部/惜くも解散內定/リーグ戰中止に落膽
2923	南鮮版	1936-05-20	07단	失業者減少す/全鮮で八萬一千七百八十四人/過半數が南鮮地方
2924	南鮮版	1936-05-20	07단	宇垣總督/江原道視察
2925	南鮮版	1936-05-20	07단	定例局長會議
2926	南鮮版	1936-05-20	08단	彈丸列車試運轉の小手調べ
2927	南鮮版	1936-05-20	09단	待兼ねる淸州
2928	南鮮版	1936-05-20	09단	寫壇消息(光波俱樂部初例會)
2929	南鮮版	1936-05-20	10단	南洋視察團/釜山から派遣
2930	南鮮版	1936-05-20	10단	野球競技界(城大９藥專８/大學專門野球、城大豫８延專３)
2931	南鮮版	1936-05-21	01단	*高全北、岡崎慶北 兩知事も勇退か 異動の總數約百名/ 注目の椅子 本府人事課長後任に 阿部慶北內務が有力*
2932	南鮮版	1936-05-21	01단	來るぞ港灣景氣/一千萬圓の改修工事/近く全鮮一齊に着手
2933	南鮮版	1936-05-21	01단	非常時型の警官/養成が僕の使命だ/“時代の認識”を說く田中さん(第一問/抱負如何、第二問/馬と警察精神、第三問/武道奬勵は？)
2934	南鮮版	1936-05-21	02단	大牟田商議視察團來鮮
2935	南鮮版	1936-05-21	02단	日本海丸の冷蔵設備披露
2936	南鮮版	1936-05-21	03단	釜鐵管內增收
2937	南鮮版	1936-05-21	03단	仁川商議補選六月三日
2938	南鮮版	1936-05-21	04단	牡丹と薔薇/德壽宮と昌慶苑が見頃
2939	南鮮版	1936-05-21	04단	靈光幼稚園天井墜落の跡

일련번호	판명	간행일	단수	기사명
2940	南鮮版	1936-05-21	05단	十萬圓の土地/實業學校設立基金に寄附
2941	南鮮版	1936-05-21	06단	まるで原始生活/慶南の離れ島を視察して/朱産業部長かたる
2942	南鮮版	1936-05-21	06단	十二月一日から/ダイヤー部改正/超特急や臨急を增發
2943	南鮮版	1936-05-21	07단	京城のプール開き
2944	南鮮版	1936-05-21	07단	光州カメラ展入選決る/六月七日競寫會
2945	南鮮版	1936-05-21	08단	留守宅詐欺犯人捕はる
2946	南鮮版	1936-05-21	08단	弟を背負った姉/特急に轢殺さる/橋梁通行中の奇禍
2947	南鮮版	1936-05-21	09단	各地から(全州、釜山、統營、大田)
2948	南鮮版	1936-05-21	09단	書留拔取犯人/果して局內/西大門局の臨時集配人
2949	南鮮版	1936-05-21	09단	赤の殘黨檢擧
2950	南鮮版	1936-05-22	01단	“彈丸列車”驀進/京釜間を六時間半(京城驛出發、釜山驛到着、將來安東まで/小原列車係長談)
2951	南鮮版	1936-05-22	02단	官界沈滯の空氣/完全に一掃さる/總數百餘名に上り/半島稀有の大異動斷行/部長級の大搖れ/二十三日一齊に發令/朝鮮人關係(羨望の榮進振り/「素人だが全力擧げて」/富永新學務局長談、功績は山程/「知事としては白紙だ」/安井新京畿道知事談、「明朗な慶北綠化の慶北」/伊達新知事の抱負、「腰を据ゑて策を練るよ」/美座新平北知事談、自治を尊重/甘蔗新京城府尹談、英國型の好紳士/金全北知事夫人の歎び、「大いに努力」/權新開城府尹談、惜まれる長老/卅年に近い官界生活顧み/牛島さん感概無量、流石に喜色滿面/「短い間四度も轉任」/大竹新內務局長談、信念に生きる人/「奉公の赤誠盡したい」/上內新平南知事談、人情に厚い)
2952	南鮮版	1936-05-22	02단	諸事業好轉/高山東拓總裁談
2953	南鮮版	1936-05-22	06단	異動評/宇垣人事の傑作/いづれも適材適所/榮進組のピカー大竹氏
2954	南鮮版	1936-05-22	08단	風月を友に/安武さん退官の感懷
2955	南鮮版	1936-05-22	09단	鮮銀大邱支店/怪盜捕はる/八重垣町遊廓で
2956	南鮮版	1936-05-22	09단	總督春川視察
2957	南鮮版	1936-05-22	10단	大山面に腸チフス發生
2958	南鮮版	1936-05-22	10단	自轉車專門泥
2959	南鮮版	1936-05-22	10단	竊盜二百件
2960	南鮮版	1936-05-23	01단	*「鮮滿拓殖に入れば國策達成に努力」 渡邊前學務局長談/人事課長後任 新貝氏に決定/大島、河野 兩氏勇退 廿二日發令*
2961	南鮮版	1936-05-23	01단	せつめい

일련번호	판명	간행일	단수	기사명
2962	南鮮版	1936-05-23	01단	珠玉の健康兒/十二代表決定す/直ちに中央審査會へ報告/六月廿五日結果發表/健康調査表(南鮮代表男子、南鮮代表女子、西北鮮代表男子、西北鮮代表女子)
2963	南鮮版	1936-05-23	04단	落月普校生/三名溺死/傳馬船轉覆す
2964	南鮮版	1936-05-23	04단	宇垣總督
2965	南鮮版	1936-05-23	05단	一、二着とも獨占/全日本マラソン最終の豫選會に/孫、南兩選手に凱歌揚る
2966	南鮮版	1936-05-23	06단	博文寺裏で縊死
2967	南鮮版	1936-05-23	06단	樹木を盜む怪盜/京城の名士、富豪から二萬本/櫻樹消え失せ發狂の悲劇
2968	南鮮版	1936-05-23	06단	煙突から墜落
2969	南鮮版	1936-05-23	08단	生き殘った娘/篤志家に救はる
2970	南鮮版	1936-05-23	09단	仁川朝鮮運送倉庫の石油火事
2971	南鮮版	1936-05-23	10단	姦夫を殺害
2972	南鮮版	1936-05-23	10단	運動競技界(城大１７豫科１２/大學高專野球)
2973	南鮮版	1936-05-24	01단	總數–九十一名/總督府空前の大搖れ/部長級も廿三日發令(思ひ出の地/新任慶南警察部長/兵頭儁氏談、廳內引越し/新任京畿道內務部長/佐伯顯氏談、柔道精神で/新任全南警察部長/山本義一郎氏談、新規蒔直し/新任全北警察部長/室田寅雄氏談、名殘惜しい/新任平南警察部長/井阪圭一良氏談)
2974	南鮮版	1936-05-24	02단	部長級の異動評/根深い私學虐待/勅待今更の佐伯、松本兩氏/眞の人物本位が必要
2975	南鮮版	1936-05-24	05단	黃海、忠北を除き/首腦部の總人替/警察部長は九道更迭(至公至平/新任總督府人事課長/新貝肇氏談、粉骨碎身/新任江原警察部長/瀨戶道一氏談、治安確立/新任咸北警察部長/筒井竹雄氏談、局長に師事/新任總督府警務課長/伊藤泰吉氏談、初めての土地/新任咸南警察部長/山下氏夫人談、愉快に勤む/新任慶北警察部長/下鈑坂元氏談、一年生から/新任仁川稅關長/小田正義氏談、圓轉濶達/新任平南內務部長/白石光治郎氏、今後とも宜敷/新任全北內務部長/古市進氏談、置土産は廳舍/新任京城稅務監督局長/古庄逸夫氏談、「當分京城で」/勇退の岡崎さん)
2976	南鮮版	1936-05-24	10단	慶北に降雹
2977	南鮮版	1936-05-24	10단	鑛夫六名死傷
2978	南鮮版	1936-05-24	10단	洛東橋異變/橋台に補修工事
2979	南鮮版	1936-05-24	10단	發狂二名を斬る

일련번호	판명	간행일	단수	기사명
2980	南鮮版	1936-05-26	01단	各地から(開城、京城、鎭海、蔚山、釜山、大田、裡里、大邱、全州、密陽、統營)
2981	南鮮版	1936-05-26	01단	官界の人心一新/實現せば仕合せ/金剛山の施設改良も注意/宇垣總督の縱横談(江原道視察、金剛山探勝、十一年度豫算、人事異動)
2982	南鮮版	1936-05-26	02단	カメラに競ふ/「初夏」の構圖/第一回大邱寫眞撮影競技會
2983	南鮮版	1936-05-26	03단	都市中堅青年に奮起促す講習會/朝鮮神宮內で開かる
2984	南鮮版	1936-05-26	04단	京城消防署廿八名增員
2985	南鮮版	1936-05-26	04단	群山春競馬
2986	南鮮版	1936-05-26	05단	京城新府城に町會を組織/全部で七十五
2987	南鮮版	1936-05-26	05단	快速「朝鮮同胞號」/晴れの京城入り/愼飛行士使命を果す(愼飛行士談)
2988	南鮮版	1936-05-26	06단	京城花まつり/主なる行事決る
2989	南鮮版	1936-05-26	06단	押賣り檢擧
2990	南鮮版	1936-05-26	06단	何食はぬ顔で犯行後も出勤/不敵の赤行囊犯人
2991	南鮮版	1936-05-26	07단	釜山府淸潔事務所不正事件判決
2992	南鮮版	1936-05-26	08단	軍犬展覽會
2993	南鮮版	1936-05-26	08단	盜んだ通帳で二千圓を引出す/殖銀仁川支店から
2994	南鮮版	1936-05-26	08단	女給と愛の巢/二萬五千圓持ち出して
2995	南鮮版	1936-05-26	09단	水産主任官會議
2996	南鮮版	1936-05-26	09단	懲役を求刑/金塊密輸團へ
2997	南鮮版	1936-05-26	10단	居眠り男轢殺
2998	南鮮版	1936-05-26	10단	運動競技界(城大豫科勝つ/對法專籠球戰、京城硬式庭球ダブルス成績)
2999	南鮮版	1936-05-26	10단	喧嘩相手蹴殺す
3000	南鮮版	1936-05-27	01단	京城入りした「朝鮮同胞號」と愼飛行士
3001	南鮮版	1936-05-27	01단	內地資本家は出稼ぎを希望/土師知事のお土産話
3002	南鮮版	1936-05-27	01단	半島全土に揚る/結核撲滅の烽火/ポスター、講演、映畵、ラヂオ放送/第一回の豫防デー始まる
3003	南鮮版	1936-05-27	02단	軍港鎭海中心に高鳴る祝賀氣分/祝へ！我等の海軍記念日
3004	南鮮版	1936-05-27	02단	慶北司法主任會同
3005	南鮮版	1936-05-27	03단	マイクを通じ囚人へ精神の糧/釜山刑務所の試み
3006	南鮮版	1936-05-27	03단	大田府會
3007	南鮮版	1936-05-27	03단	三會議日程
3008	南鮮版	1936-05-27	03단	一萬圓寄附/佐藤氏の美擧

일련번호	판명	간행일	단수	기사명
3009	南鮮版	1936-05-27	04단	佛法僧の啼き聲/DKも全國へ中繼放送
3010	南鮮版	1936-05-27	04단	貯銀百圓積金月掛金引上げ
3011	南鮮版	1936-05-27	04단	便利になる/檢閱事務/係官下關に常駐
3012	南鮮版	1936-05-27	05단	大邱の花祭
3013	南鮮版	1936-05-27	05단	七氏送別會/盛大に催さる
3014	南鮮版	1936-05-27	06단	何れも懲役/金密輸團へ判決
3015	南鮮版	1936-05-27	06단	訓示する宇垣總督
3016	南鮮版	1936-05-27	07단	お魚屋さん騷動/京城の仲買人組合から步戾し引上げ要求
3017	南鮮版	1936-05-27	07단	各地から(大邱、釜山、密陽、統營、春川、京城、鎭海、蔚山)
3018	南鮮版	1936-05-27	07단	交通巡査重傷
3019	南鮮版	1936-05-27	07단	釜山第一棧橋の改造地鎭祭
3020	南鮮版	1936-05-27	08단	操縱も指導もグライダークプラに關係罷りならぬ/日本空輸の方針判明
3021	南鮮版	1936-05-27	09단	醫專優勝す/專門學校野球
3022	南鮮版	1936-05-27	09단	下り臨時特急/六月から中止
3023	南鮮版	1936-05-27	10단	無免許で治療
3024	南鮮版	1936-05-27	10단	飛込み自殺
3025	南鮮版	1936-05-28	01단	「春を描く」寫眞/大阪本社へ發送/待たれる審査の結果
3026	南鮮版	1936-05-28	01단	*赤い囚衣は殺伐“更生の色”に改良 作業には職工服加味/近く實行 森浦行刑課長談*
3027	南鮮版	1936-05-28	01단	總督の胸にZ旗章/朝鮮神宮で海軍記念日祝賀式/大海戰を偲ぶ野戰料理(京城、鎭海、釜山)
3028	南鮮版	1936-05-28	01단	褒狀下賜/公益事業に寄附の人々
3029	南鮮版	1936-05-28	02단	着任と赴任の日時
3030	南鮮版	1936-05-28	03단	四名立候補/仁川商議補選
3031	南鮮版	1936-05-28	03단	純白の飛行機型/暗夜に「大邱」の電光文字/測候所近く新築移轉
3032	南鮮版	1936-05-28	04단	市外電話改善
3033	南鮮版	1936-05-28	04단	統營臨港鐵道/要望の熱辯/期成會聯合會開かる
3034	南鮮版	1936-05-28	05단	無免許の巡查/子供に負傷さす/バス運轉、荷車に追突(沖署長語る)
3035	南鮮版	1936-05-28	06단	各地から(群山、裡里、東萊、大邱、釜山、京城)
3036	南鮮版	1936-05-28	06단	榮譽の慈愛旗傳達
3037	南鮮版	1936-05-28	07단	愛媛義勇號
3038	南鮮版	1936-05-28	07단	洋裝のダ二/敎化院を種に堂々寄附集め

일련번호	판명	간행일	단수	기사명
3039	南鮮版	1936-05-28	08단	農村青年意氣高し
3040	南鮮版	1936-05-28	08단	短刀を揮って同級生に斬つく/京城農業の五年生
3041	南鮮版	1936-05-28	08단	朝鮮電氣總會
3042	南鮮版	1936-05-28	08단	運動競技界(樽木君優勝/シングルス決勝、京城中等野球戰績)
3043	南鮮版	1936-05-28	09단	飛込み自殺
3044	南鮮版	1936-05-28	09단	幼女行方不明
3045	南鮮版	1936-05-29	01단	慶南道異動
3046	南鮮版	1936-05-29	01단	滿洲事變賜金發令さる/總數七千九百五十三名
3047	南鮮版	1936-05-29	01단	山階侯夫妻御來城
3048	南鮮版	1936-05-29	01단	鮮米自治管理は二段構へで實行/最高が五百萬石位/矢島農林局長のお土産話
3049	南鮮版	1936-05-29	01단	水組に福音/銀行資金の利率引下げ
3050	南鮮版	1936-05-29	02단	全日本サロン寫眞展/大邱三中井ギャラリーで三十日から三日間
3051	南鮮版	1936-05-29	02단	金海水組記念祝典
3052	南鮮版	1936-05-29	03단	各地から(統營、群山、京城、釜山、全州)
3053	南鮮版	1936-05-29	03단	五味畵伯個展/六月六日から
3054	南鮮版	1936-05-29	03단	全州師範/六月五日開校
3055	南鮮版	1936-05-29	04단	府營瓦斯の促進を陳情(大邱府會、群山府會)
3056	南鮮版	1936-05-29	04단	*赴任せず辭表郵送 新任慶北産業課長の李範昇氏 轉任に不服爆發か/嘗っての部下と地位逆轉に不滿 李氏語るを避く*
3057	南鮮版	1936-05-29	04단	總督、溫陽へ
3058	南鮮版	1936-05-29	05단	釜山の海軍記念日祝賀會
3059	南鮮版	1936-05-29	05단	雲岩の鮎全滅
3060	南鮮版	1936-05-29	05단	京城映畵館の空氣汚染調べ
3061	南鮮版	1936-05-29	06단	水産試驗場長會議
3062	南鮮版	1936-05-29	06단	朝鮮商議總會は六月十六日
3063	南鮮版	1936-05-29	06단	旱魃の跡に水不足/忠北、平南は水稻の植付困難/五道へ技術員急派
3064	南鮮版	1936-05-29	07단	大邱師範寄宿舍に腸チフス續發す/原因は朝鮮漬物か
3065	南鮮版	1936-05-29	07단	本町四丁目の町會帳簿押收/前總代を留置
3066	南鮮版	1936-05-29	07단	新銳「照風丸」/六日に進水式
3067	南鮮版	1936-05-29	08단	女中風の溺死體
3068	南鮮版	1936-05-29	08단	樂しい花まつり/心田開發時代に一入賑ひ/街を練る稚兒行列
3069	南鮮版	1936-05-29	08단	學校荒し捕はる/鮮滿を股に四十件

일련번호	판명	간행일	단수	기사명
3070	南鮮版	1936-05-29	08단	結核豫防宣傳
3071	南鮮版	1936-05-29	09단	京城女子商業移轉新築/九月に竣工
3072	南鮮版	1936-05-29	09단	東萊に强盜
3073	南鮮版	1936-05-29	09단	死刑確定す/殺人强盜犯の上告公判
3074	南鮮版	1936-05-29	10단	運動競技界(金鯱軍勝つ/對釜山鐵野球)
3075	南鮮版	1936-05-29	10단	喧嘩から死亡
3076	南鮮版	1936-05-30	01단	“面白くて有益”/山北本社員の京城講演に魅せられた全聽衆
3077	南鮮版	1936-05-30	01단	全鮮米取總會
3078	南鮮版	1936-05-30	01단	天迄届け愛國の黄金塔/八十四萬圓この感激/渾然たり半島大衆の同胞愛(胸から胸へ貫く力、獻金の公布)
3079	南鮮版	1936-05-30	01단	初夏の極彩色
3080	南鮮版	1936-05-30	02단	卅四、五掛か/春繭値基協定
3081	南鮮版	1936-05-30	03단	蔚山國防義會總會
3082	南鮮版	1936-05-30	03단	電氣通信聯合競技
3083	南鮮版	1936-05-30	04단	「小鳥の朝」を放送/卅一日、昌德宮祕苑から
3084	南鮮版	1936-05-30	04단	結局無競爭/仁川商議補選
3085	南鮮版	1936-05-30	04단	辯護士規則公布
3086	南鮮版	1936-05-30	05단	各地から(開城、京城、釜山、群山、大田、馬山、仁川、麗水)
3087	南鮮版	1936-05-30	05단	實業家揃ひの鮮滿視察團/賑やかに來鮮
3088	南鮮版	1936-05-30	05단	振翳す庶政一新/異動後の初知事會議に新案小型擴聲機を用意
3089	南鮮版	1936-05-30	06단	國井氏講演
3090	南鮮版	1936-05-30	07단	就職斡旋詐欺
3091	南鮮版	1936-05-30	07단	炭縣面に强盜
3092	南鮮版	1936-05-30	08단	ターキーに憧れ家出の斷髮令孃/下關から連れ歸らる
3093	南鮮版	1936-05-30	08단	京城の海軍記念日官民同記念式
3094	南鮮版	1936-05-30	08단	氣紛れから/お母さんの驚き
3095	南鮮版	1936-05-30	09단	列車から轉落
3096	南鮮版	1936-05-30	09단	衛生巡廻映畵
3097	南鮮版	1936-05-30	09단	失戀自殺
3098	南鮮版	1936-05-30	10단	列車內で病死
3099	南鮮版	1936-05-30	10단	服毒自殺未遂
3100	南鮮版	1936-05-30	10단	愛讀者優待/天勝巡業日程
3101	南鮮版	1936-05-30	10단	僞造五圓紙幣
3102	南鮮版	1936-05-30	10단	全大邱惜敗/對金鯱野球
3103	南鮮版	1936-05-30	10단	血を吐き死亡

일련번호	판명	간행일	단수	기사명
3104	南鮮版	1936-05-31	01단	ミナト・釜山の代表赤ちゃんは？
3105	南鮮版	1936-05-31	01단	不足の三水組へ用水お裾分け/豊富な東津水組から
3106	南鮮版	1936-05-31	01단	孫、南兩君の一行/京城で軽い足馴し/續いて繰込む陸上選手五十餘名/待望のオリンピック序曲
3107	南鮮版	1936-05-31	01단	勇根の參與官/中樞院入り/六月三日一齊に發令
3108	南鮮版	1936-05-31	01단	廿師團々隊長會議
3109	南鮮版	1936-05-31	02단	小磯軍司令官
3110	南鮮版	1936-05-31	03단	京釜線複線は釜山大田管內の一部/伏島改良係長語る
3111	南鮮版	1936-05-31	04단	各地から(京城、釜山、群山、大邱、馬山、統營)
3112	南鮮版	1936-05-31	04단	今井田總監
3113	南鮮版	1936-05-31	04단	六月上旬の局線荷動き豫想
3114	南鮮版	1936-05-31	05단	ガソリン値上げ/反對決議を打電/自動車協會總會から
3115	南鮮版	1936-05-31	05단	孤兒の感激/土師慶南知事勤勞學園視察
3116	南鮮版	1936-05-31	05단	新裝の釜山府立病院/一日から診療/患者收容能力三百餘名/設備萬端れり盡せり
3117	南鮮版	1936-05-31	06단	教練講習會
3118	南鮮版	1936-05-31	07단	寛いだ新、舊知事
3119	南鮮版	1936-05-31	08단	カフェは勿論/遊廓もひやかす/京城の生徒行狀記
3120	南鮮版	1936-05-31	08단	南米から照會狀/釜山商議へ來る
3121	南鮮版	1936-05-31	08단	速達郵便激增
3122	南鮮版	1936-05-31	08단	全鮮水道會議/二日から平壤で
3123	南鮮版	1936-05-31	09단	死傷所求めて/來鮮の女中さん
3124	南鮮版	1936-05-31	09단	有田屋旅館談
3125	南鮮版	1936-05-31	09단	橫領技手捕る
3126	南鮮版	1936-05-31	10단	患者廿六名/邱師寄宿舍の腸チフス猖滅

1936년 6월

일련번호	판명	간행일	단수	기사명
3127	南鮮版	1936-06-02	01단	*京釜中央線實現へ 貨物引込線 淸凉里へ移轉 お土産ドッサリ八千二百萬圓 吉田鐵道局長歸る/嬉しい事盡め 近くお禮に上城/商議會頭の立石さん*
3128	南鮮版	1936-06-02	01단	宮內省/御買上の榮譽/莞草スリッパ、手提げ籠/氣を吐く婦人副業
3129	南鮮版	1936-06-02	02단	天晴れ、天晴れ/優良赤ちゃん/ミナト釜山の代表
3130	南鮮版	1936-06-02	03단	*思想犯保護觀察所 三都市に新設 時期は今秋十月頃/民間の御援助お願ひする 大原法務課長談*
3131	南鮮版	1936-06-02	03단	煙草の大賣行に耕作地を擴張/本年度許可數一萬八千町步
3132	南鮮版	1936-06-02	04단	歡迎歡送熱烈な壯行會/オリンピック選手練習見物は/手拭やバッヂを買って
3133	南鮮版	1936-06-02	04단	海事出張所長會議
3134	南鮮版	1936-06-02	04단	慶南度量衡檢査
3135	南鮮版	1936-06-02	04단	放送協會總會
3136	南鮮版	1936-06-02	05단	狂言强盜/京城の人騷せ
3137	南鮮版	1936-06-02	05단	陶酔の最高潮
3138	南鮮版	1936-06-02	05단	農村振興課は農林局に所屬
3139	南鮮版	1936-06-02	06단	運動競技界(紅軍勝つ/春季柔道大會、孔、鶴端組優勝/釜山庭球大會、京城實業野球)
3140	南鮮版	1936-06-02	06단	長項工場火入れ式
3141	南鮮版	1936-06-02	07단	各地から(釜山、開城、仁川、春川、群山)
3142	南鮮版	1936-06-02	07단	强盜殺人自白
3143	南鮮版	1936-06-02	07단	鰯油肥聯合會/創立總會の運び/八日朝鮮ホテルで披露
3144	南鮮版	1936-06-02	07단	人口內鮮人別
3145	南鮮版	1936-06-02	07단	朝鮮修養團大會の各團旗授與式
3146	南鮮版	1936-06-02	08단	井戶へ投身
3147	南鮮版	1936-06-02	09단	防疫週間/釜山で始まる
3148	南鮮版	1936-06-02	10단	水營江下流に海水浴場/慶南で計畫
3149	南鮮版	1936-06-03	01단	慶北署長異動(異動評)
3150	南鮮版	1936-06-03	01단	城大に農學部創設か/農業朝鮮の切望/急速具體化の機運
3151	南鮮版	1936-06-03	01단	本社主催/健康優良児を訪ねて/白崎一君/釜山マスコット/一年生から滿點、滿點、滿點/グラウンドの少年王者
3152	南鮮版	1936-06-03	01단	愛兒教育に示唆/山北本社員の家庭講演に/お母さん達の感銘
3153	南鮮版	1936-06-03	02단	激勵しませう！/オリンピック選手を半島經由續々ベルリンへ
3154	南鮮版	1936-06-03	03단	線路通行防止宣傳
3155	南鮮版	1936-06-03	03단	慶南田作改良共進會の入賞

일련번호	판명	간행일	단수	기사명
3156	南鮮版	1936-06-03	04단	お別れ舞踊/趙君の渡歐記念
3157	南鮮版	1936-06-03	04단	京城府議の増員/舊區域六名、東部三名、西部三名、南部三名、合計十五名決る/有權者は約二千名增加
3158	南鮮版	1936-06-03	04단	土地測量標令/七月から實施
3159	南鮮版	1936-06-03	05단	滿州移民/統制が急務/朝鮮軍と總督府間に/矛盾の打開策考究
3160	南鮮版	1936-06-03	05단	鮮展の賞狀授與式
3161	南鮮版	1936-06-03	05단	京畿道內徵兵檢査
3162	南鮮版	1936-06-03	06단	慶南の初等教育研究會
3163	南鮮版	1936-06-03	07단	待望の火入式/繩維工業會社
3164	南鮮版	1936-06-03	07단	離婚の口實に實子殺しか/下水中に幼女の死體
3165	南鮮版	1936-06-03	08단	京城の白米値上げ
3166	南鮮版	1936-06-03	08단	大相撲巡業
3167	南鮮版	1936-06-03	08단	釜山博の經費/五十萬圓に變更/商議に援助方懇談
3168	南鮮版	1936-06-03	08단	四制令を順次公布
3169	南鮮版	1936-06-03	09단	運動競技界(專門庭球大會、大邱慶山間マラソン大會、中等武道大會)
3170	南鮮版	1936-06-03	10단	各地から(釜山、大邱、裡里、浦項)
3171	南鮮版	1936-06-03	10단	列車に投石
3172	南鮮版	1936-06-03	10단	北鮮勞働移民/今夏更に千名
3173	南鮮版	1936-06-04	01단	*"確信"を語る　勝算、我胸に有り　半島諸君の熱援期待　覇氣滿々のマラソン選手/斷然確保す　"水の王座"　根來準備委員談/送迎沸立つ　釜山埠頭の朗色*
3174	南鮮版	1936-06-04	01단	氣象觀測所/私費で建設
3175	南鮮版	1936-06-04	01단	本社主催健康優良児を訪ねて/今田知子さん/「自由に伸びよ」/お母さんの語る育兒モット/先生より大きい"姉さん"
3176	南鮮版	1936-06-04	03단	出陣に佳話を拾ふ/情けにはたく財布/御禮は伯林に揚げる日章旗/南選手、東京驛頭の誓ひ
3177	南鮮版	1936-06-04	04단	京城臨時府會/十一日に招集
3178	南鮮版	1936-06-04	04단	鮮展の賞狀、賞金/六氏へ授與/賣上げも六千圓豫想
3179	南鮮版	1936-06-04	05단	*教員卓球大會/京城中等籠球*
3180	南鮮版	1936-06-04	05단	瀕死の老人を一旦運んで棄つ/念の入った轢き逃げ
3181	南鮮版	1936-06-04	06단	馬山重砲兵大隊/喜びの聯隊昇格/四月に改稱記念式
3182	南鮮版	1936-06-04	06단	大邱にも方面委員
3183	南鮮版	1936-06-04	07단	朗らかに事務引繼
3184	南鮮版	1936-06-04	07단	貨物係の奇禍

일련번호	판명	간행일	단수	기사명
3185	南鮮版	1936-06-04	07단	百貨店顔負け/マダムの萬引流行/みつかると現金ザラザラ/「アラさう、代金はこれで」
3186	南鮮版	1936-06-04	07단	藥劑師試驗
3187	南鮮版	1936-06-04	08단	*中樞院刷新 參議の改任發令さる/勅任補充は李忠南知事*
3188	南鮮版	1936-06-04	08단	大賭博檢擧
3189	南鮮版	1936-06-04	09단	强盜犯人逮捕
3190	南鮮版	1936-06-04	09단	死體でボロ儲け/京城府臨時火葬場看守ら/一萬圓詐取の疑ひ
3191	南鮮版	1936-06-04	10단	各地から(群山、淸州)
3192	南鮮版	1936-06-05	01단	本社主催健康優良児を訪ねて/紀田兼英君/何より好きな生水/食べ物は好き嫌ひせず腹一杯/病氣學校變じて健康學校
3193	南鮮版	1936-06-05	01단	*祖國へ最後の誓ひ　孫君「トップに續き後半で拔く」　南君「自信はタップリ調子も上乘」　伯林へ伯林へ彼らは行く/速いぞ、速いぞ　忽ち電車を二、三台　マラソン練習に沿道の感激*
3194	南鮮版	1936-06-05	02단	『人の和』强調/甘蔗京城府尹着任の第一聲
3195	南鮮版	1936-06-05	02단	黑字の割に少い/鐵道局ボーナス九十萬圓/まあまあ鐵道時代
3196	南鮮版	1936-06-05	03단	海雲台ゴルフハウス竣工す
3197	南鮮版	1936-06-05	04단	新設の私鐵路線/一切廣軌にせよ/絶對方針確立さる
3198	南鮮版	1936-06-05	04단	釜山付會
3199	南鮮版	1936-06-05	04단	服毒自殺未遂
3200	南鮮版	1936-06-05	05단	京畿二託兒所/慈愛旗傳達/今後充實を誓ふ
3201	南鮮版	1936-06-05	05단	棉作"出藍の譽れ"/冀東政府の依頼OK/本場北支へ指導員派遣
3202	南鮮版	1936-06-05	05단	仁川商議補選
3203	南鮮版	1936-06-05	06단	各地から(東萊、釜山、鎭海、大邱、京城、統營、淸州)
3204	南鮮版	1936-06-05	06단	愛媛縣義勇號飛ぶ
3205	南鮮版	1936-06-05	06단	金剛山探勝客に寢台車連結
3206	南鮮版	1936-06-05	06단	大掛の防空演習/七月上旬京城で擧行
3207	南鮮版	1936-06-05	07단	「観光の釜山」を各地へ配布
3208	南鮮版	1936-06-05	07단	長城赤化事件三名送局
3209	南鮮版	1936-06-05	08단	警察參考館/廿七日落成式
3210	南鮮版	1936-06-05	08단	龍山兩聯隊除隊式
3211	南鮮版	1936-06-05	08단	十戰七勝/殖銀優勝す/京城實業野球終る
3212	南鮮版	1936-06-05	08단	宇垣總督歸城
3213	南鮮版	1936-06-05	08단	一億六千萬圓/京城組銀五月末の預金貸出
3214	南鮮版	1936-06-05	09단	『三年解雇せぬ』の約束で人夫募集/東邦鑛業の砂金景氣
3215	南鮮版	1936-06-05	09단	釜山陸上大會

일련번호	판명	간행일	단수	기사명
3216	南鮮版	1936-06-06	01단	監督官廳の怠慢/非難の聲あがる/墓地看守不正容疑事件
3217	南鮮版	1936-06-06	01단	本社主催健康優良児を訪ねて/千葉靜枝さん/愛稱“千葉聯隊長殿”/健康も勉强も「仁川へ來てから」/東洋紡工場に萬歳の爆發
3218	南鮮版	1936-06-06	01단	怖しい女の執念/捨てた男の家の下の海へ/身投後十日、奇しくも漂着/母子心中身許判る
3219	南鮮版	1936-06-06	02단	架空の講員使ひ/落札して横領/釜山に不正頼母子講
3220	南鮮版	1936-06-06	03단	*學友映畵會に大波紋/廢止の危機迫る　京、龍兩校强硬に反對入館者漸減し赤字續き/何故はじめに禁止せぬか　學友映畵會側の言分/斷じて許さぬ 京中當局談/粗漏極まる 龍中當局談*
3221	南鮮版	1936-06-06	04단	今井田總監
3222	南鮮版	1936-06-06	04단	幼児の首を手拭で絞む
3223	南鮮版	1936-06-06	05단	放免常習/年齡僞るチンピラ竊盜
3224	南鮮版	1936-06-06	05단	必勝期して
3225	南鮮版	1936-06-06	06단	京春鐵道の創立總會は七月/委員長に有賀氏當選
3226	南鮮版	1936-06-06	07단	晴れの初入學式/新設全州師範ひらく
3227	南鮮版	1936-06-06	08단	佛極東艦隊旗艦仁川へ入港
3228	南鮮版	1936-06-06	08단	局營バス轉覆
3229	南鮮版	1936-06-06	08단	質屋を騙る
3230	南鮮版	1936-06-06	08단	胸打つ「情の力」/山北本社員のお伽家庭講演/大田で多大の感銘
3231	南鮮版	1936-06-06	09단	各地から(京城、清州、馬山、群山、開城、春川)
3232	南鮮版	1936-06-06	09단	軍司令官歸任
3233	南鮮版	1936-06-06	09단	長項製錬所落成式
3234	南鮮版	1936-06-07	01단	本社主催健康優良児を訪ねて/李銀泰君/亡き母君喜ばん/全鮮一の健康地帶に育くまれ/三拍子揃ふけふの榮え
3235	南鮮版	1936-06-07	01단	産業統制は調査局で立案/來鮮の藤田調査官談
3236	南鮮版	1936-06-07	01단	三百名の警官/國境一帶に增員/斷乎！匪賊を擊滅
3237	南鮮版	1936-06-07	02단	總督府各局に百四十五名增員/九月までに陣容整備
3238	南鮮版	1936-06-07	02단	*鰯油脂聯合會總會/役員改選*
3239	南鮮版	1936-06-07	03단	關門海底隧道/說明を聽取/吉田鐵道局長
3240	南鮮版	1936-06-07	04단	山階侯御退鮮
3241	南鮮版	1936-06-07	04단	皆既食に待機/望遠鏡は先生のお手製/制服の胸躍らす大邱女高普生
3242	南鮮版	1936-06-07	05단	穀聯幹事會
3243	南鮮版	1936-06-07	05단	冷害で減収/慶南麥作豫想

일련번호	판명	간행일	단수	기사명
3244	南鮮版	1936-06-07	05단	掃除令公布
3245	南鮮版	1936-06-07	05단	宇垣総督/初めて濟州島へ
3246	南鮮版	1936-06-07	06단	オリンピックの後援費寄附
3247	南鮮版	1936-06-07	06단	本府課長級に一部異動
3248	南鮮版	1936-06-07	06단	*釜山商議總會/朝鮮商議總會內容*
3249	南鮮版	1936-06-07	06단	砂上、龜浦間の複線工事に掛る/活氣づく釜鐵管內
3250	南鮮版	1936-06-07	07단	いざ非常の場合/警官動員を協議/近づく警察部長會議
3251	南鮮版	1936-06-07	07단	墓地看守事件/府衛生課へ飛火/朴書記隊に拘留さる
3252	南鮮版	1936-06-07	07단	小磯軍司令官
3253	南鮮版	1936-06-07	08단	女車掌重傷
3254	南鮮版	1936-06-07	08단	運動競技界(鮮鐵庭球部の內地遠征)
3255	南鮮版	1936-06-07	09단	二回に亙り亂鬪/全南愛林稧の縺れ
3256	南鮮版	1936-06-07	10단	各地から(群山、仁川)
3257	南鮮版	1936-06-07	10단	廿五年振り/桑島さん感慨無量の態
3258	南鮮版	1936-06-09	01단	本社主催健康優良児を訪ねて/中村洋子さん/“日本一へ”の使命/全鮮十二男女代表中一番重い/其名の如く洋々、春の海
3259	南鮮版	1936-06-09	01단	青春に恐怖なし/山岳ニュースのヒット/前人未踏の聖峰/狼林山脈を征服/城大と京城齒專の若人ら/互ひに競ふ眞夏のスリル
3260	南鮮版	1936-06-09	02단	十年後の釜山港/斷然、大連を凌ぐ/名實共に東亞の關門
3261	南鮮版	1936-06-09	03단	產業統制懇談
3262	南鮮版	1936-06-09	03단	*山北氏引張り凧　全州では特に三ヶ所講演　聽衆全く魅了さる/裡里で絶讃*
3263	南鮮版	1936-06-09	04단	花園町大消毒
3264	南鮮版	1936-06-09	05단	各地から(京城、釜山、蔚山、開城、鎭海、群山、大田、浦項、清州、大邱)
3265	南鮮版	1936-06-09	05단	慈愛旗傳達/花田託兒所へ
3266	南鮮版	1936-06-09	06단	急げ！緬羊輸入/通商擁護法發動せば/濠洲も朝鮮へ緬羊の輸出禁止？
3267	南鮮版	1936-06-09	07단	無駄捜し週間
3268	南鮮版	1936-06-09	07단	運動競技界(水原高農と高商優勝す/專門武道大會、全釜山勝つ/對全大邱庭球、釜山署優勝、龍中６善隣１)
3269	南鮮版	1936-06-09	07단	坐礁の船上から/消え失せた船長/疲勞で海中へ轉落か
3270	南鮮版	1936-06-09	08단	大邱に火事
3271	南鮮版	1936-06-09	08단	荒繩で縛上げ現金を强奪/京城に二人組强盜
3272	南鮮版	1936-06-09	09단	喜びの大田署/盛大に竣工式

일련번호	판명	간행일	단수	기사명
3273	南鮮版	1936-06-09	10단	群山に强盜
3274	南鮮版	1936-06-09	10단	大田簡閱點呼
3275	南鮮版	1936-06-09	10단	海賊擬ひの强盜
3276	南鮮版	1936-06-10	01단	本社主催健康優良児を訪ねて/孫塡君/學校へ往復四里/雨の日、風の日“通學マラソン”/四年生以來ずっと級長
3277	南鮮版	1936-06-10	01단	*幸先祝ふ歡聲裡　颯爽と半島入り　オリンピック制覇に燃え陸上選手ら京城へ/「懷かしい朝鮮よ私はベストを盡す」龍中出身の中村選手/「身體は好調」　山本孃語る*
3278	南鮮版	1936-06-10	02단	「朝鮮同胞號」晴れの披露/愼飛行士、感激の謝辭
3279	南鮮版	1936-06-10	03단	*覇者何れぞ　京商、龍中ともに四勝一敗　十一日、最後の一戰/第一高普優勝 京城中等學年別陸上競技會/東星商業勝つ*
3280	南鮮版	1936-06-10	04단	總督、濟州島へ
3281	南鮮版	1936-06-10	04단	*仁川商議會頭に吉田氏就任す 半歲に亙る紛糾解決/朝鮮商議副會頭 福島氏の重任か 吉田氏と微妙な關係*
3282	南鮮版	1936-06-10	05단	慶南の田植始まる
3283	南鮮版	1936-06-10	07단	「初夏」描く力作/受審査に大阪へ/下旬に大邱で寫眞展
3284	南鮮版	1936-06-10	07단	街頭の通り魔/幼兒を轢殺、青年に重傷/トラック捨てゝ運轉手逃ぐ
3285	南鮮版	1936-06-10	08단	簡保の利下げ協議
3286	南鮮版	1936-06-10	08단	*京城驛詰の運轉手罷業 朝日商會の廿名/鐵道局から警告*
3287	南鮮版	1936-06-10	08단	三人組强盜逮捕
3288	南鮮版	1936-06-10	08단	定例局長會議
3289	南鮮版	1936-06-10	09단	滿期兵の出發日時
3290	南鮮版	1936-06-10	10단	各地から(釜山、春川、淸州、群山、大邱)
3291	南鮮版	1936-06-10	10단	潛水船强盜の主犯捕る
3292	南鮮版	1936-06-10	10단	德壽宮の陳列替へ
3293	南鮮版	1936-06-11	01단	簡保の資金貸付/利率を二厘下げ/十日の諮問會で決定
3294	南鮮版	1936-06-11	01단	雨よ、早く降れ/中旬までに降らぬ場合は全南に大旱害の虞れ
3295	南鮮版	1936-06-11	01단	海女作業に興ず/濟州島視察の總督
3296	南鮮版	1936-06-11	01단	兵頭慶南警察部長管內巡視
3297	南鮮版	1936-06-11	02단	商議提議案
3298	南鮮版	1936-06-11	03단	猛烈な豚疫猖獗/百五十九頭斃死、四十頭は撲殺/うっかり食べると命取り
3299	南鮮版	1936-06-11	03단	本町通は綺麗々々/流石粹なお國の海軍さん/愛嬌たっぷりの京城見物
3300	南鮮版	1936-06-11	03단	卅周年祝賀/大田小學校盛大に擧式

일련번호	판명	간행일	단수	기사명
3301	南鮮版	1936-06-11	03단	憲兵隊長會議
3302	南鮮版	1936-06-11	04단	德川公から慰問の煙草
3303	南鮮版	1936-06-11	04단	朝鮮同胞號披露式
3304	南鮮版	1936-06-11	04단	運動競技界(普專蹴球チーム十三日出發、釜山中等庭球)
3305	南鮮版	1936-06-11	05단	鵜の目、鷹の目で時間の無駄搜し/盛んな時の記念日(京城、統營)
3306	南鮮版	1936-06-11	06단	當面の重要問題/知事會議の諮問事項/總監より各道へ通牒
3307	南鮮版	1936-06-11	06단	普天教の教義に不穩の點を認む/田中警務局長語る
3308	南鮮版	1936-06-11	07단	原動機と建築の專任技師を置く/建築の方は鳥井氏
3309	南鮮版	1936-06-11	07단	各地から(群山、統營、釜山、鎭海、京城、開城、馬山)
3310	南鮮版	1936-06-11	08단	少年竊盜團檢擧
3311	南鮮版	1936-06-11	08단	二幼女に傷害
3312	南鮮版	1936-06-11	09단	“通り魔”自首/トラック無免許運轉の失策
3313	南鮮版	1936-06-11	09단	京畿藥用植物研究所開所式
3314	南鮮版	1936-06-11	09단	金買上げ急增
3315	南鮮版	1936-06-11	09단	徽文高普生縊死
3316	南鮮版	1936-06-11	09단	失戀運轉手
3317	南鮮版	1936-06-11	10단	京城の白米又値上
3318	南鮮版	1936-06-11	10단	局線五月下旬の荷動き堅調
3319	南鮮版	1936-06-11	10단	五月の手形/交換高增加
3320	南鮮版	1936-06-12	01단	寫壇最高の榮え/入賞「春を描く」/李王職長官盃/釜山黎光倶樂部へ/全關西寫眞聯盟本部で嚴正審査/准特選以上は本紙に連載(審査總評)
3321	南鮮版	1936-06-12	01단	賞與前に昇給昇格/ヒット連發の黑字鐵道
3322	南鮮版	1936-06-12	02단	今度は埃及から商取引の依賴狀/釜山商議へ舞込む
3323	南鮮版	1936-06-12	02단	一割位增加か慶南春蠶共販
3324	南鮮版	1936-06-12	03단	仁川本府觀測所/京城移轉に決す/經費は明年度豫算に
3325	南鮮版	1936-06-12	04단	幼兒轢殺さる
3326	南鮮版	1936-06-12	04단	長尾氏の經過良好
3327	南鮮版	1936-06-12	04단	朝鮮教育會總會釜山で開く
3328	南鮮版	1936-06-12	04단	酒代から殺人
3329	南鮮版	1936-06-12	04단	*總督の熱心に感激の一萬圓 扶安の篤農家が寄附/島內を巡視*
3330	南鮮版	1936-06-12	04단	十二日に京城府會
3331	南鮮版	1936-06-12	05단	全鮮の少年團/統制に乘り出す/二荒伯と具體案協議

일련번호	판명	간행일	단수	기사명
3332	南鮮版	1936-06-12	06단	普天教の假面を剝ぐ/本部を聖殿と僭稱/將来高官大爵授くと不穩の言辭/正體暴露以來、衰亡の一途
3333	南鮮版	1936-06-12	07단	各地から(群山、釜山)
3334	南鮮版	1936-06-12	08단	不埒な飴行商人
3335	南鮮版	1936-06-12	08단	釜山港貿易額/四億圓に達せん/外國貿易も漸次增加
3336	南鮮版	1936-06-12	08단	線路に大石
3337	南鮮版	1936-06-12	08단	水原農業認可
3338	南鮮版	1936-06-12	08단	鐵道事務所を誘致の氣勢揚ぐ/光州府民大會開かる
3339	南鮮版	1936-06-12	09단	米取職員の打合會
3340	南鮮版	1936-06-12	09단	延禧專門勝つ
3341	南鮮版	1936-06-13	01단	嵐の喝采/井邑で二回/山北氏講演
3342	南鮮版	1936-06-13	01단	盛夏にひらく純情野球/北鮮大會創設し全鮮五區で豫選/七月下旬一齊に
3343	南鮮版	1936-06-13	01단	五千八百餘名專賣事業功勞者を表彰/十五周年記念式當日
3344	南鮮版	1936-06-13	01단	歡びの"春を描く"/特選と准特選を訪ねて(特選/課題の氣分を生かすのに努力/釜山黎光倶樂部/吉川收二氏談、准特選/少年の健康美/木浦光畵研究會/內谷和靖氏談、會心の作/大邱寫友會/古賀義德氏談、若心はない/平壤浿江倶樂部/久保虹城氏談、氣になったが/日本小型カメラ協會朝鮮支部/松尾幸助氏談、朝鮮の魅力/京城寫友會/佐久間稔氏談)
3345	南鮮版	1936-06-13	02단	慶南道異動
3346	南鮮版	1936-06-13	02단	野村大將來鮮
3347	南鮮版	1936-06-13	03단	百足採集に北鮮へ/世界の新種も發見/天晴れ、青年昆蟲學者
3348	南鮮版	1936-06-13	03단	鐵原義母殺し上告棄却
3349	南鮮版	1936-06-13	03단	特選賞の授與式/十四日本社京城通信局で
3350	南鮮版	1936-06-13	04단	佛艦釜山へ
3351	南鮮版	1936-06-13	05단	男女川一行/釜山で興行
3352	南鮮版	1936-06-13	05단	落成の喜びを歌ふ/大邱東雲町小學校兒童
3353	南鮮版	1936-06-13	05단	城大へ本社特製楯/學生寫眞聯盟の入選者決る
3354	南鮮版	1936-06-13	06단	大邱に暑熱地獄/早くも卅二度八分
3355	南鮮版	1936-06-13	07단	"朝鮮お定"事件？/山中に男のグロ死體
3356	南鮮版	1936-06-13	07단	銀幕のロイド君に刺激されて放火/見納めに入った朝鮮劇場
3357	南鮮版	1936-06-13	08단	妓生泣かせ
3358	南鮮版	1936-06-13	09단	寢台車燒く
3359	南鮮版	1936-06-13	10단	各地から(群山、釜山)
3360	南鮮版	1936-06-13	10단	學生弓道大會

일련번호	판명	간행일	단수	기사명
3361	南鮮版	1936-06-14	01단	上陸・伯林へ准擊/釜山埠頭に壯行の應援歌/征け、征け無敵水上軍
3362	南鮮版	1936-06-14	01단	中間着水場の施設が必要/來城の野村大將語る
3363	南鮮版	1936-06-14	01단	全國朝鮮支部創立記念印畵「春を描く」/特選/釜山/吉川收二
3364	南鮮版	1936-06-14	03단	龍中快打して優勝/京城中等野球決勝戰に２－１京商つひに玉碎
3365	南鮮版	1936-06-14	04단	瓦電新株拂込
3366	南鮮版	1936-06-14	05단	慶南の第二回/春藤収穫豫想
3367	南鮮版	1936-06-14	05단	京城府會
3368	南鮮版	1936-06-14	05단	跳ね上る米相場/大邱米取–廿三圓十六錢/九年振りの高値
3369	南鮮版	1936-06-14	05단	麥作半減か/忠南に旱魃
3370	南鮮版	1936-06-14	05단	運動競技界(京城憲兵隊優勝)
3371	南鮮版	1936-06-14	05단	强盜殺人捕る
3372	南鮮版	1936-06-14	06단	各地から(馬山、釜山、大田、大邱、仁川)
3373	南鮮版	1936-06-14	06단	强盜も重傷
3374	南鮮版	1936-06-14	06단	放火に呪はれた朝鮮劇場
3375	南鮮版	1936-06-14	06단	密航ブローカー三名を逮捕
3376	南鮮版	1936-06-14	07단	グロ死體は自殺と推定/病苦の理髪業
3377	南鮮版	1936-06-14	07단	濟州島の磁鐵鑛/工業化したい/宇垣總督の視察談
3378	南鮮版	1936-06-14	08단	日淸製粉工場/永登浦にも建設
3379	南鮮版	1936-06-14	09단	國弊社關係法規八月頃實施
3380	南鮮版	1936-06-14	09단	軍部も積極的に緬羊奬勵を援助/近く鹿野氏まねく
3381	南鮮版	1936-06-14	10단	自動車に衝突
3382	南鮮版	1936-06-16	01단	國防費の一部を進んで負擔か/一般會計へ繰入增額
3383	南鮮版	1936-06-16	01단	吉川收二氏へ/榮えの特選賞/本社京城通信局で授與式
3384	南鮮版	1936-06-16	01단	*新記錄四つ 釜山陸上競技/齒專優勝す 全鮮學生上陸/東萊高普優勝 釜山中等庭球/善隣全勝す 京城中等庭球/京城中等龍球*
3385	南鮮版	1936-06-16	03단	燒石に水の雨
3386	南鮮版	1936-06-16	04단	全國朝鮮支部創立記念印畵「春を描く」/准特選/木浦/內谷和靖
3387	南鮮版	1936-06-16	07단	九月から開場/大邱飛行場、下旬に着工
3388	南鮮版	1936-06-16	08단	愛婦協議會/廿五、六日開く
3389	南鮮版	1936-06-16	08단	二日共大盛況/山北本社員木浦で熱辯揮ふ
3390	南鮮版	1936-06-16	08단	靑訓を十ヶ所/增設に決る/近くに學務局から指令
3391	南鮮版	1936-06-16	09단	喜びの學園/大田小学校で卅周年記念式

일련번호	판명	간행일	단수	기사명
3392	南鮮版	1936-06-16	10단	スピード檢擧
3393	南鮮版	1936-06-16	10단	慶南道異動
3394	南鮮版	1936-06-16	10단	杉山光州府尹陳情
3395	南鮮版	1936-06-16	10단	怨みの刃傷
3396	南鮮版	1936-06-17	01단	全國朝鮮支部創立記念印畵「春を描く」/准特選/大邱/吉賀義德
3397	南鮮版	1936-06-17	01단	新義州釜山間地下ケーブル/愈よ八月に着工/中繼所は廿ヶ所建設/飯倉遞信局工務課長語る
3398	南鮮版	1936-06-17	02단	副會頭に福島氏/朝鮮商議總會開かる
3399	南鮮版	1936-06-17	02단	鮮農移民懇談/竹下大佐ら十八日來城
3400	南鮮版	1936-06-17	04단	空陸海お好み次第/近代的旅行感を滿喫の通し切符/京城で近く實施打合せ會
3401	南鮮版	1936-06-17	04단	生活改善同盟の表彰者
3402	南鮮版	1936-06-17	04단	再び稅制の一部/增稅に伴ひ改正/歸任の林財務局長談
3403	南鮮版	1936-06-17	04단	京城に眞夏の暑さ
3404	南鮮版	1936-06-17	05단	*恐怖の雨期迫る　提防決潰、遭難者救助に　慶南水防團の待機/龍山水防團の演習*
3405	南鮮版	1936-06-17	06단	慶南の春繭出廻り活況
3406	南鮮版	1936-06-17	07단	全北事故防止週間
3407	南鮮版	1936-06-17	07단	茶目振り發揮/オリンピック應援團伯林へ
3408	南鮮版	1936-06-17	07단	棉作奬勵計畫
3409	南鮮版	1936-06-17	07단	洗濯棒を揮ひ/母親を撲り殺す/暑熱に發作的兇行
3410	南鮮版	1936-06-17	07단	朝鮮代表發表に思はず揚る萬歲/健康優良兒搜し“日本一”へ、昂まる期待(南鮮、西北鮮)
3411	南鮮版	1936-06-17	08단	各地から(大田、鎭海、春川、釜山、京城、大邱、木浦)
3412	南鮮版	1936-06-17	10단	建國精神作興/共産主義排擊/滿洲國協和會で兩標語募集
3413	南鮮版	1936-06-18	01단	全國朝鮮支部創立記念印畵「春を描く」/准特選/平壤/久保虹城
3414	南鮮版	1936-06-18	01단	*健康優良兒南鮮代表を訪ふ　一人爽か夕涼み　團欒のさ中へ飛込む朗報 紀田兼英君の父君、床しい謙遜/上氣する女王さま　今田知子さんの榮譽に 全校祝福の聲滿つ*
3415	南鮮版	1936-06-18	04단	先生の非常招集/忽ち起る感激の過巻/西北鮮代表/孫塡君の母校
3416	南鮮版	1936-06-18	04단	*一刻・萬金“黑い太陽” ご自慢の日射計に力瘤 張切る京城測候所/待機の釜山*
3417	南鮮版	1936-06-18	04단	竹上大佐ら直行

일련번호	판명	간행일	단수	기사명
3418	南鮮版	1936-06-18	05단	慈愛旗を傳達/錦城託兒所へ
3419	南鮮版	1936-06-18	05단	五月中の京城物價指數
3420	南鮮版	1936-06-18	06단	「春を描く」特選賞授與式
3421	南鮮版	1936-06-18	06단	*大邱の寫眞競技 譽れの府尹盃は平野氏が獲得 「初夏」の入賞者發表/“歡ぶ人々“撮影(我乍ら氣に入る/特選/大邱寫友會/平野學氏談、“コツ”が判る/准特選/機關區光友會/山中義雄談、苦心酬はる/准特選/大邱寫友會/高島英之氏談)*
3422	南鮮版	1936-06-18	07단	フグ中毒死
3423	南鮮版	1936-06-18	08단	深い敎訓/山北本社員光州で熱辯
3424	南鮮版	1936-06-18	08단	最小限度に旱害を食止めよ/總督、局長會議で指示
3425	南鮮版	1936-06-18	09단	墓地看守ら送局
3426	南鮮版	1936-06-18	09단	二人組强盜
3427	南鮮版	1936-06-18	10단	女兒の死體
3428	南鮮版	1936-06-18	10단	運動競技界(中等武道大會、軟式野球聯盟スケヂュール)
3429	南鮮版	1936-06-18	10단	元咸安署司法主任らに求刑
3430	南鮮版	1936-06-18	10단	右團治一行
3431	南鮮版	1936-06-19	01단	全國朝鮮支部創立記念印畵「春を描く」/准特選/京城/松尾幸助
3432	南鮮版	1936-06-19	01단	知識階級へ警報/社會生活第一步/珠を抱いて倒る/結核と呼吸器病に蝕まれ/果然、戰慄の死亡率(城大、官公私立專門學校、官立師範學校、官公立中等學校)
3433	南鮮版	1936-06-19	02단	萬歲！聯隊昇格/馬山擧げて旗行列
3434	南鮮版	1936-06-19	04단	慶北農村に慈雨/旱魃の不安消し飛ぶ
3435	南鮮版	1936-06-19	04단	運動競技界(全大邱敗る/對セネタース野球、一商對邱商野球戰、タイガース來鮮)
3436	南鮮版	1936-06-19	04단	知事、內務部長級/廣範圍に動く/八月下旬か九月上旬
3437	南鮮版	1936-06-19	04단	慶南中等校長會議
3438	南鮮版	1936-06-19	05단	賭金五十萬圓/各地の富豪ら會員四十名/京城紳士賭博擴大
3439	南鮮版	1936-06-19	05단	六回續け遺棄、墮胎/夫の死後不倫を重ね/母性愛を拋棄した寡婦の罪
3440	南鮮版	1936-06-19	05단	人妻自殺未遂
3441	南鮮版	1936-06-19	06단	「線路枕」轢殺
3442	南鮮版	1936-06-19	07단	本社特製楯/城大中川君へ/學生寫聯賞品授與式
3443	南鮮版	1936-06-19	07단	鎭海運輸重役ら/十四名留置さる/警務主任も瀆職か
3444	南鮮版	1936-06-19	08단	“旱天の慈雨”/山北氏講演麗水で絶讚
3445	南鮮版	1936-06-19	08단	自轉車專門に二百台盜む/釜山署、竊盜團を檢擧

일련번호	판명	간행일	단수	기사명
3446	南鮮版	1936-06-19	09단	各地から(大田、京城、馬山、大邱、開城、釜山、仁川、群山)
3447	南鮮版	1936-06-19	09단	釜山教育會の表彰
3448	南鮮版	1936-06-19	10단	濶葉樹も大いに開發/麟蹄に乾燥場
3449	南鮮版	1936-06-20	01단	全國朝鮮支部創立記念印畵「春を描く」/准特選/京城/佐久間稔
3450	南鮮版	1936-06-20	01단	兩軍の實力伯仲/城大の雪辱成るか、九大返討か/二十一日對抗陸上競技(九大軍、城大軍、種目)
3451	南鮮版	1936-06-20	01단	*生憎の雨と戰ひ　黑い太陽を追ふ　その日の仁川觀測所/大邱はお流れ/釜山は順調/蘇る忠南農村*
3452	南鮮版	1936-06-20	02단	木紙で新聞講座/詩吟と劍舞を大いに奬勵/仁商の生きた教育
3453	南鮮版	1936-06-20	04단	鮮農滿洲移民は大乘的見地から/竹下大佐の車中談
3454	南鮮版	1936-06-20	05단	警官增員費/五十萬圓/軍隊移駐に備ふ
3455	南鮮版	1936-06-20	05단	釜山管理所も郵便貯金を扱ふ/懸案、十月から實施
3456	南鮮版	1936-06-20	05단	貧しい人々の樂園/三つの授産地區設け/釜山府ご自慢の共同施設
3457	南鮮版	1936-06-20	06단	*廿三日府廳で晴れの賞品授與　大邱寫眞撮影競技會/將來を祝福　門脇大邱府尹談*
3458	南鮮版	1936-06-20	07단	金海署警務主任の收賄は一千餘圓/一部を某方面へ分配？
3459	南鮮版	1936-06-20	07단	運轉手が誤認/急停車既に遲し/軌道車突の原因
3460	南鮮版	1936-06-20	07단	重要國策事業/豫算編成急ぐ
3461	南鮮版	1936-06-20	08단	發疹チフス/釜山に發生
3462	南鮮版	1936-06-20	08단	全州の簡閱點呼
3463	南鮮版	1936-06-20	08단	聽衆詰めかく/山北氏の講演に統營の感銘
3464	南鮮版	1936-06-20	09단	狂言强盜
3465	南鮮版	1936-06-20	09단	大田公會堂/十五萬圓で/建設に決まる
3466	南鮮版	1936-06-20	09단	狼狽のため慘事/密航船遭難事件につき/山下東萊署長語る
3467	南鮮版	1936-06-20	09단	運動競技界(全鮮女子籠球京城豫選)
3468	南鮮版	1936-06-20	10단	農振委員會
3469	南鮮版	1936-06-20	10단	大亂闘演じ/九名重經傷/草刈りの縺れ
3470	南鮮版	1936-06-20	10단	五千圓橫領
3471	南鮮版	1936-06-20	10단	幼兒溺死す
3472	南鮮版	1936-06-21	01단	關釜間三運航/鐵道省も考慮中/歸任の吉田鐵道局長談
3473	南鮮版	1936-06-21	01단	國防重要地域は外人の權利禁止/朝鮮も土地法を施行
3474	南鮮版	1936-06-21	01단	“黑衣の太陽”を覗く
3475	南鮮版	1936-06-21	02단	各地から(釜山、開城、群山、京城、統營)

일련번호	판명	간행일	단수	기사명
3476	南鮮版	1936-06-21	02단	氷の相場統制
3477	南鮮版	1936-06-21	03단	創立記念法要/釜山知恩寺で
3478	南鮮版	1936-06-21	03단	春蠶新掛目/改めて發表
3479	南鮮版	1936-06-21	04단	降った降った慈雨本降り/旱魃禍一時に解消か
3480	南鮮版	1936-06-21	04단	木炭傳習會
3481	南鮮版	1936-06-21	04단	醫專高商の對抗野球戰
3482	南鮮版	1936-06-21	05단	*各種産業の勃興　更に助長せよ　知事會議の總督訓示要旨/滿州國からも四氏出席*
3483	南鮮版	1936-06-21	05단	一萬圓横領？娼妓を身請け大盡遊び
3484	南鮮版	1936-06-21	05단	*慘禍を機會に京電へ合併か 施設不備の京城軌道/犧牲者京師三年生死亡*
3485	南鮮版	1936-06-21	06단	兒童教育會の總裁に乘出す/八月、京城で推戴式
3486	南鮮版	1936-06-21	07단	日食觀測結果を數日後發表
3487	南鮮版	1936-06-21	08단	半島選手も混り/廿一日夕釜山へ/オリンピック本隊
3488	南鮮版	1936-06-21	08단	仁川港五月中の貿易額
3489	南鮮版	1936-06-21	09단	三税監局新築
3490	南鮮版	1936-06-21	09단	輝く慈愛旗/德山託兒所へ
3491	南鮮版	1936-06-21	10단	大邱寫友會の六月例會
3492	南鮮版	1936-06-21	10단	運動競技界(九大對全大邱)
3493	南鮮版	1936-06-21	10단	電車に挾まれ/自動車大破す
3494	南鮮版	1936-06-23	01단	嵐の激勵裡に伯林へ！
3495	南鮮版	1936-06-23	01단	*旱魃殆んど解消　京畿、江原の一部のみ　植付困難を憂慮さる/愁眉を開く全南/道富局、植付を督勵/潤ふ釜山方面*
3496	南鮮版	1936-06-23	02단	事故防止打合せ會
3497	南鮮版	1936-06-23	03단	鮮滿拓殖の創立/來月十五日ごろ/委員も近日中に任命
3498	南鮮版	1936-06-23	03단	豪華/府尹官舍/奬忠壇入口に今秋竣工
3499	南鮮版	1936-06-23	04단	道地放課內の社會係獨立か/各知事から內申
3500	南鮮版	1936-06-23	04단	體操講習會/八月十日から六日間ひらく
3501	南鮮版	1936-06-23	04단	釜山府立病院廿五日竣工式
3502	南鮮版	1936-06-23	05단	税務税關兩會議の諮問事項
3503	南鮮版	1936-06-23	05단	市外電話の雜音は「かちがらす」の惡戲/通信局もホトホト持餘す
3504	南鮮版	1936-06-23	06단	京城防空演習/第一回打合會
3505	南鮮版	1936-06-23	06단	迷信「丙子年」の流言蜚語は嚴罰/田中警務局長語る
3506	南鮮版	1936-06-23	07단	墓地で蹴殺す

일련번호	판명	간행일	단수	기사명
3507	南鮮版	1936-06-23	07단	掃除令細則/八月頃に公布
3508	南鮮版	1936-06-23	07단	有爲の轉向青年/敎化指導したい/笠井檢事長語る
3509	南鮮版	1936-06-23	07단	精神病者、食刀で鍼灸師を刺殺す/山狩りをして逮捕
3510	南鮮版	1936-06-23	07단	工藤警務主任懲戒免職
3511	南鮮版	1936-06-23	08단	內鮮荷主の對立緩和計る/森朝郵社長上阪
3512	南鮮版	1936-06-23	08단	自宅に放火
3513	南鮮版	1936-06-23	08단	眞性パラチフス/七九聯隊に發生/隊員の外出禁止さる
3514	南鮮版	1936-06-23	09단	拳銃を持つ男
3515	南鮮版	1936-06-23	09단	邪教手入れ
3516	南鮮版	1936-06-23	09단	籾賣却代横領
3517	南鮮版	1936-06-23	10단	各地から(釜山、開城)
3518	南鮮版	1936-06-23	10단	記念博物館/四ヶ年で完成
3519	南鮮版	1936-06-24	01단	更に三百四十一名/增員又增員の鐵道局
3520	南鮮版	1936-06-24	01단	庶政一新の秋/一段の奮起切望/總督、烈々の大訓示/異常の緊張/知事會議開く
3521	南鮮版	1936-06-24	01단	朝鮮學生寫眞聯盟創立記念印畵/推薦「或るスナップ」/城大/中川忠一
3522	南鮮版	1936-06-24	04단	“北羊”方針から/全鮮牧羊へ進め/歸鮮の鎌田氏語る
3523	南鮮版	1936-06-24	04단	慶南異動發令
3524	南鮮版	1936-06-24	04단	武德祭と演武大會
3525	南鮮版	1936-06-24	04단	鰯油肥資金/廿五日から貸出
3526	南鮮版	1936-06-24	05단	先づ航空路充實/新命令航路の增設も考慮/井上遞信局長歸來談
3527	南鮮版	1936-06-24	05단	映畵教育講習會
3528	南鮮版	1936-06-24	05단	總督の訓示要旨
3529	南鮮版	1936-06-24	06단	二肥料配合所新設
3530	南鮮版	1936-06-24	07단	各地から(統營、大邱、大田、木浦、釜山、馬山、麗水、鎭海)
3531	南鮮版	1936-06-24	07단	關釜兩都中心に/防空演習を決行/十月初旬、軍民共同で
3532	南鮮版	1936-06-24	07단	馬産計畫に濟州島編入要望
3533	南鮮版	1936-06-24	08단	十六ミリ撮影班/二十五日に出發/邱南鐵道の實現促進
3534	南鮮版	1936-06-24	08단	赤行囊犯人へ二年求刑
3535	南鮮版	1936-06-24	09단	來月二日に外地派遣員會議
3536	南鮮版	1936-06-24	09단	揮發油火事
3537	南鮮版	1936-06-24	10단	運動競技界(中等武道大會、九大１３/城大５、學聯水上競技決勝記錄)
3538	南鮮版	1936-06-24	10단	古賀政男來邱

일련번호	판명	간행일	단수	기사명
3539	南鮮版	1936-06-25	01단	朝鮮學生寫眞聯盟創立記念印畫/特選「毁たるゝ廢墟」/城大/瀨川良造
3540	南鮮版	1936-06-25	01단	半島から特選健康兒/萬歲！三好義子さん/セメント村爆發/お祝ひの運動會、宣傳の旗行列/茶話會開いて心盡しの記念品/先生も友達も「嬉しいッ」
3541	南鮮版	1936-06-25	04단	*農民の懷ろへ轉げこむ百萬圓 慶北の春繭出廻り良好/忠南も旺盛*
3542	南鮮版	1936-06-25	04단	農村開發の功績御選奬
3543	南鮮版	1936-06-25	04단	山北氏中心に童話教育懇談/釜山で座談會
3544	南鮮版	1936-06-25	05단	第二艦隊/月末鎭海へ/地元で歡迎準備
3545	南鮮版	1936-06-25	05단	佐枝軍參謀長/軍民一致を强調/知事會議第二日
3546	南鮮版	1936-06-25	05단	鐵片の匪賊爆擊/平北警察機に積込んで/空中からバラバラ
3547	南鮮版	1936-06-25	06단	慶南警察部異動
3548	南鮮版	1936-06-25	06단	樂しい舊歷端午の節句
3549	南鮮版	1936-06-25	07단	金海事件處分
3550	南鮮版	1936-06-25	07단	修築第一期工事/今夏から着手/釜山港の面目一新
3551	南鮮版	1936-06-25	07단	內鮮滿電話工事先發隊來鮮
3552	南鮮版	1936-06-25	08단	釜山方面委員總會
3553	南鮮版	1936-06-25	08단	特選平野氏へ/輝く門脇府尹盃/大邱寫眞競技の商品授與
3554	南鮮版	1936-06-25	09단	「春日」釜山入港
3555	南鮮版	1936-06-25	09단	京城軌道から/お詫びの六千圓/京師側は一應預かる
3556	南鮮版	1936-06-25	09단	元咸安署司法主任らに判決
3557	南鮮版	1936-06-25	09단	置引二萬圓
3558	南鮮版	1936-06-25	09단	統營の普天教信者家宅搜査
3559	南鮮版	1936-06-25	10단	オートバイが軌道車に衝突
3560	南鮮版	1936-06-25	10단	各地から(釜山、大邱、群山、木浦、統營)
3561	南鮮版	1936-06-26	01단	釜山局電話課/移轉新築に決る/明年度から二年計畫
3562	南鮮版	1936-06-26	01단	通商擁護法に同一步調/全鮮で緬羊飼育/五十萬頭に增す/新西蘭、北米でも購入/總督府の國策擴充案成る(府令の內容)
3563	南鮮版	1936-06-26	03단	慶南植付遲る
3564	南鮮版	1936-06-26	04단	各地から(木浦、鎭海、開城、大邱)
3565	南鮮版	1936-06-26	05단	問題の鐵道事務所/順天に決定す/局長より正式に發表
3566	南鮮版	1936-06-26	06단	「北洋丸」釜山入港
3567	南鮮版	1936-06-26	06단	生命がけの夕涼み/電柱に登った途端に感電/おしゃれ男大火傷
3568	南鮮版	1936-06-26	06단	金海事件送局

일련번호	판명	간행일	단수	기사명
3569	南鮮版	1936-06-26	07단	誇らかに落成式/釜山府立病院で擧行
3570	南鮮版	1936-06-26	07단	消えた六百圓
3571	南鮮版	1936-06-26	07단	沈没朝日丸の乘組員救はる
3572	南鮮版	1936-06-26	08단	大邱足のご難
3573	南鮮版	1936-06-26	08단	不義の子絞殺
3574	南鮮版	1936-06-26	09단	警察參考館/廿七日に落成式
3575	南鮮版	1936-06-26	10단	釜山のラヂオ體操
3576	南鮮版	1936-06-26	10단	飛込んで慘死
3577	南鮮版	1936-06-26	10단	運動競技界(統營籠球大會、大邱卓球大會、京城醫專卓球部大邱へ)
3578	南鮮版	1936-06-26	10단	知事會議/第三日
3579	南鮮版	1936-06-27	01단	*普天教信者から更生の國防獻金 教約所の解體記念に/靈覺甑仙兩教 近く解散命ず*
3580	南鮮版	1936-06-27	01단	學校體育充實に/中央機關新設か/道に體育、衛生兩主事
3581	南鮮版	1936-06-27	02단	第一回大邱寫眞撮影競技會印畫/「初夏」特選/寫友會/平野學
3582	南鮮版	1936-06-27	03단	知事會議/第四日
3583	南鮮版	1936-06-27	03단	*印度南洋貿易 活況を呈す 各船引續き釜山入港/阪神北鮮航路も便利になる*
3584	南鮮版	1936-06-27	04단	つはもの共の夢の跡/建てり戰勝記念の碑
3585	南鮮版	1936-06-27	04단	青山島で通信事務
3586	南鮮版	1936-06-27	05단	京城に四選擧分會
3587	南鮮版	1936-06-27	05단	魚釣列車動く
3588	南鮮版	1936-06-27	05단	誇大廣告で釣り/十萬圓詐取/正信興業首腦に嫌疑
3589	南鮮版	1936-06-27	05단	急設電話割當は僅か十人に一個/全鮮二千二百と決る
3590	南鮮版	1936-06-27	07단	"再建"土木協會/八月から旗上げ/不當競争根絶を期す
3591	南鮮版	1936-06-27	07단	警視級に大異動/七月に具體化
3592	南鮮版	1936-06-27	07단	運動競技界(都市對抗軟式野球慶北豫選、九大對釜山稅關)
3593	南鮮版	1936-06-27	08단	トラック轉落/同乘者旣死す
3594	南鮮版	1936-06-27	08단	創業十五周年/壽ぐ記念式/專賣局數々の催し
3595	南鮮版	1936-06-27	08단	各地から(釜山、馬山、統營、大邱、京城)
3596	南鮮版	1936-06-27	10단	警察部長會議/オブザ-ヴァ
3597	南鮮版	1936-06-27	10단	滿鮮拓殖股份/鮮滿拓殖と同時に創設
3598	南鮮版	1936-06-27	10단	中旬出貨狀況
3599	南鮮版	1936-06-28	01단	半島武道の華/宇垣總督も熱心に參觀/肉彈相摶つ武道大會
3600	南鮮版	1936-06-28	01단	一般豫算に先立ち/國策事業を審議/七月十日迄に內閣へ

일련번호	판명	간행일	단수	기사명
3601	南鮮版	1936-06-28	01단	天晴れ特選の榮譽/大邱女高普の新羅模樣の刺繡/全國中等美術展に異彩
3602	南鮮版	1936-06-28	02단	知事會議終る
3603	南鮮版	1936-06-28	03단	繪行脚の河野畫伯
3604	南鮮版	1936-06-28	03단	殉職者の靈代奉遷/警察參考館の落成祭(紙上參觀)
3605	南鮮版	1936-06-28	03단	第一回大邱寫眞撮影競技會印畵/「初夏」准特選/機關區光友會/山中義雄
3606	南鮮版	1936-06-28	04단	榮えの慈愛旗/大渚託兒所へ
3607	南鮮版	1936-06-28	04단	浦項海水浴場開き
3608	南鮮版	1936-06-28	05단	國立公園令制定し/金剛山を指定/施設費は國庫負擔
3609	南鮮版	1936-06-28	06단	慶州驛改築
3610	南鮮版	1936-06-28	06단	東萊溫泉の妓生/學校と警察へ寄附/檢番の株を賣り二千五百圓
3611	南鮮版	1936-06-28	06단	珍しい事故
3612	南鮮版	1936-06-28	07단	立石元南海署長も収容
3613	南鮮版	1936-06-28	07단	痘瘡蔓延す
3614	南鮮版	1936-06-28	07단	鮮滿拓殖總裁/人選難に陷る/意外の人物起用？
3615	南鮮版	1936-06-28	07단	幼兒悶死す
3616	南鮮版	1936-06-28	08단	「緬羊飼ひたし」/慶北から讓渡交涉
3617	南鮮版	1936-06-28	08단	身體の具合も快くなったよ/小磯將軍歸る
3618	南鮮版	1936-06-28	08단	蔚山赤化事件公判回付
3619	南鮮版	1936-06-28	09단	教育世界會議へ/自費の朝鮮代表/釜山高女/中川教諭出席
3620	南鮮版	1936-06-28	09단	連帶運輸扱ひ/八月に實施か
3621	南鮮版	1936-06-28	09단	爽凉線を縫ふ/外人觀光團激增
3622	南鮮版	1936-06-28	10단	各地から(群山、統營、大邱、晋州)
3623	南鮮版	1936-06-28	10단	夏越の大祓式
3624	南鮮版	1936-06-30	01단	*非常時局去らず　重責双肩にあり　田中警務局長最初の演示警察部長會議第一日/總督訓示の大要(帝國の現狀、治安の狀況、保健、衛生)*
3625	南鮮版	1936-06-30	02단	手に手に本社旗/祝賀の健康行進/紀田君の母校、裡里小學校
3626	南鮮版	1936-06-30	03단	カルモチン自殺
3627	南鮮版	1936-06-30	03단	全国中等野球朝鮮予選大會前記 1/中部第一次予選/青春の眞・善・美/母校の誇りと傳統賭けて/一觸旣發球技の陣營
3628	南鮮版	1936-06-30	04단	四十五驛に救急箱
3629	南鮮版	1936-06-30	04단	第一回大邱寫眞撮影競技會印畵/「初夏」准特選/寫友會/高島英之

일련번호	판명	간행일	단수	기사명
3630	南鮮版	1936-06-30	05단	釜山の氷減産
3631	南鮮版	1936-06-30	06단	*完全に旱魃解消　全鮮各地に降雨/南鮮は豪雨　慶南に被害續出/大喜びの春川地方*
3632	南鮮版	1936-06-30	07단	善隣商業/堅實無比の政守/リーグ戰の雪辱期して/覇權への大望燃ゆ
3633	南鮮版	1936-06-30	07단	衛藤技師辭任/後任は菅技師
3634	南鮮版	1936-06-30	08단	ティボウ氏/京城で演發
3635	南鮮版	1936-06-30	08단	各地から(統營、鎭海、釜山、開城、晋州、東萊)
3636	南鮮版	1936-06-30	08단	學友映畵會へ京、龍兩校も參加/番組に教育的色彩加味
3637	南鮮版	1936-06-30	09단	DK新波長/七月から實施
3638	南鮮版	1936-06-30	10단	トラック列車に衝突/運轉手ら死傷
3639	南鮮版	1936-06-30	10단	行金一萬二千圓を横領
3640	南鮮版	1936-06-30	10단	横領理事送局

1936년 7월

일련번호	판명	간행일	단수	기사명
3641	南鮮版	1936-07-01	01단	朝鮮人警察官も宿舍料を支給か/一人當り平均約五圓
3642	南鮮版	1936-07-01	01단	*全南知事後任上瀧氏が最有力　近藤氏の本葬後發令/五日光州で一般別式 京城では追悼祭*
3643	南鮮版	1936-07-01	01단	全国中等野球朝鮮予選大會前記２/中部第一次予選(京城商業/好機掴み猛撃/雌伏一年、火を吐く練習/外野の快走三銃士、京城中學/三投法自在に頭脳投手の態丸/內野に誇る鐵桶の陣)
3644	南鮮版	1936-07-01	02단	管內狀況報告/警察部長會議第二日目
3645	南鮮版	1936-07-01	02단	朝汽社長更迭
3646	南鮮版	1936-07-01	03단	昇給昇格/鐵道局から發令
3647	南鮮版	1936-07-01	03단	一部稅制改正に增稅を織込む/財務局準備に着手
3648	南鮮版	1936-07-01	04단	殖える警視/四府署長と高等課長格上げ
3649	南鮮版	1936-07-01	04단	釜山府營プール八月完成
3650	南鮮版	1936-07-01	04단	「ひかり」遲る
3651	南鮮版	1936-07-01	05단	泳ぎに行かう！/釜山松島海水浴場へ
3652	南鮮版	1936-07-01	05단	線路流失し列車一時立往生
3653	南鮮版	1936-07-01	06단	遭難米船
3654	南鮮版	1936-07-01	06단	山本元小頭有罪
3655	南鮮版	1936-07-01	07단	柔道は咸北/劍道は京畿/武道大會優勝
3656	南鮮版	1936-07-01	07단	海軍さん大歡迎/第二艦隊の艨艟廿七隻/十三、四日鎭海へ入港
3657	南鮮版	1936-07-01	07단	悲鳴あぐ普天教/取締まり緩和陳情一蹴さる/殘るは建物の處分
3658	南鮮版	1936-07-01	08단	*京城↔新義州間/電話便利になる　一日から搬送開通/日滿電話工事事務所を設置*
3659	南鮮版	1936-07-01	09단	煙草材料手藝品入賞者
3660	南鮮版	1936-07-01	10단	仲仕引抜かれ釜山港大弱り
3661	南鮮版	1936-07-01	10단	各地から(釜山、開城、蔚山、大田、統營)
3662	南鮮版	1936-07-01	10단	遞信局辭令
3663	南鮮版	1936-07-02	01단	京畿道敎化團體聯合座談會に聽く/壯丁の胸部疾患/每年殖える一方本年度の徵兵檢査總決算
3664	南鮮版	1936-07-02	01단	功勞者を表彰し歡び頒つ記念式/專賣局創業十五周年(釜山、大邱、晋州)
3665	南鮮版	1936-07-02	01단	皇道精神發揚に大きい收穫/警察部長會議終る
3666	南鮮版	1936-07-02	03단	浦項邑議總辭職/否決の水源地變更案/再議通告に不滿
3667	南鮮版	1936-07-02	03단	全国中等野球朝鮮予選大會前記３/中部第一次予選(仁川商業/剛球誇る兩投手/內野は野球部創設以來の鐵壁/鬪志の糧/地元の熱援、京城師範/戰車の如し一球一打に籠る傳統/守備より攻擊チーム)

일련번호	판명	간행일	단수	기사명
3668	南鮮版	1936-07-02	04단	慶南昇給發表
3669	南鮮版	1936-07-02	04단	釜山分掌局の定期昇給
3670	南鮮版	1936-07-02	05단	總督府辭令（六月三十日付）
3671	南鮮版	1936-07-02	05단	釜山の傳染病
3672	南鮮版	1936-07-02	05단	遙々埃及から注文舞込む/大邱商議へ
3673	南鮮版	1936-07-02	06단	明倫學院講師金氏を袋叩き/佛教專門三生徒
3674	南鮮版	1936-07-02	06단	警視級の大異動/全鮮に亙り卅日發令(畑田群山署長、沖釜山署長、高橋龍山署長、二潮昌德宮署長)
3675	南鮮版	1936-07-02	07단	各地から(開城、全州、統營、仁川、釜山)
3676	南鮮版	1936-07-02	07단	貴金屬泥棒
3677	南鮮版	1936-07-02	08단	赤行嚢犯人一年判決
3678	南鮮版	1936-07-02	09단	七名有罪/水原高農事件
3679	南鮮版	1936-07-02	10단	城大文學部講習會
3680	南鮮版	1936-07-03	01단	判檢事異動
3681	南鮮版	1936-07-03	01단	*水稻植付狀況　豫想面積の六割七分六厘　卅日現在總督府調査/南鮮の降雨量*
3682	南鮮版	1936-07-03	01단	內地煙草を移植/栽培の皮切り/先覺者松本大邱府議
3683	南鮮版	1936-07-03	01단	故近藤知事の餘榮
3684	南鮮版	1936-07-03	03단	大邱印畫展/五日まで催す
3685	南鮮版	1936-07-03	03단	全国中等野球朝鮮予選大會前記４/中部第一次予選(龍山中學/悲願達成の好機/超中學級の名投手高本/燦然リーグ戰々績、京城工業/烈々燦え上る意氣と純情/攻擊に三重砲の威力、中央高普/悍馬の如き鬪志/光る金捕手の長打/大物食ふか、ダークホース)
3686	南鮮版	1936-07-03	04단	壽ぐ專賣局創業十五周年
3687	南鮮版	1936-07-03	05단	總督府辭令
3688	南鮮版	1936-07-03	07단	定例局長會議
3689	南鮮版	1936-07-03	07단	內鮮滿の通話やがて自由自在/田坂氏のお土産話
3690	南鮮版	1936-07-03	08단	汽船を舞台に新手の籠拔/豪游の揚句に
3691	南鮮版	1936-07-03	09단	警察部長事務打合
3692	南鮮版	1936-07-03	10단	京城で大分懸の物産卽賣會
3693	南鮮版	1936-07-03	10단	「ひかり」へ飛込む
3694	南鮮版	1936-07-03	10단	質屋强度の片割れ捕る
3695	南鮮版	1936-07-03	10단	「忘れちゃいやよ」發賣禁止
3696	南鮮版	1936-07-03	10단	自稱憲兵自殺企つ

일련번호	판명	간행일	단수	기사명
3697	南鮮版	1936-07-03	10단	大工感電卽死
3698	南鮮版	1936-07-04	01단	お台所は萬々歲/增稅に先立ち擔稅力調査/林財務局長語る
3699	南鮮版	1936-07-04	01단	朝鮮人民會の指導權と職員/滿洲國へ移讓/辨事處設け福利增進
3700	南鮮版	1936-07-04	01단	全国中等野球朝鮮予選大會前記５/湖南第一次予選(裡里農林/見事・秀才チーム/實習の餘暇にめきめき上達し/呼聲高き優勝候補、木浦商業/整った打力/內野の花形・上田、渡邊/岩本投手の責任重大)
3701	南鮮版	1936-07-04	02단	外地派遣員會議
3702	南鮮版	1936-07-04	03단	愼機、蔚山へ
3703	南鮮版	1936-07-04	03단	名勝スタンプが七つ殖える
3704	南鮮版	1936-07-04	04단	京畿道を行脚し朝鮮民族の研究/鈴木城大助教授の抱負
3705	南鮮版	1936-07-04	04단	前島里託兒所へ慈愛旗傳達
3706	南鮮版	1936-07-04	05단	正信興業の社長捕はる
3707	南鮮版	1936-07-04	05단	鎭海署司法主任/教唆誣告の疑ひ/現職のまゝ拘引さる
3708	南鮮版	1936-07-04	06단	ソ聯へ歸國急ぐ/海上ルンペン群/怪帆船の身許判明す
3709	南鮮版	1936-07-04	07단	心中と自殺未遂/新町遊廓で同時刻に
3710	南鮮版	1936-07-04	07단	議會の協贊經て順次私鐵を買収/近く財務局で立案
3711	南鮮版	1936-07-04	07단	各地から(群山、開城、釜山、鎭海、大邱)
3712	南鮮版	1936-07-04	08단	蹴殺した容疑
3713	南鮮版	1936-07-04	08단	南洋視察に石井技師を派遣
3714	南鮮版	1936-07-04	09단	自力で馬匹增殖/原案を若干縮小か
3715	南鮮版	1936-07-04	10단	盜んだ石炭廿五萬斤/二年に亙る犯行
3716	南鮮版	1936-07-04	10단	西部プール落城式
3717	南鮮版	1936-07-05	01단	*卅八校競ふ盛觀 "球技の王座"全國中等野球　二旬に迫る朝鮮豫選/"錦上に花"のカップ 慶南體協總裁から寄贈*
3718	南鮮版	1936-07-05	01단	全国中等野球朝鮮予選大會前記６/湖南第一次予選(大田中學/千軍萬馬の鬪將/唯一の五年生、千年主將/新人群率ゐて起つ、光州中學/實現するか/河村投手の再起/攻擊の中心・金、富永)
3719	南鮮版	1936-07-05	04단	京城方面委員任命
3720	南鮮版	1936-07-05	05단	慶南も緬羊飼育を計畫
3721	南鮮版	1936-07-05	05단	大邱の微震
3722	南鮮版	1936-07-05	05단	普天教陳辯
3723	南鮮版	1936-07-05	06단	"貧者の一燈"/大邱神社へ修路工夫が寄附
3724	南鮮版	1936-07-05	06단	藥瓶を提げて管內視察や登廳/尊い"人間近藤"の面目
3725	南鮮版	1936-07-05	06단	卑猥レコード續々發賣禁止/心田開發賣に大支障

일련번호	판명	간행일	단수	기사명
3726	南鮮版	1936-07-05	06단	懸案・鑛山監督局四ヶ所に新設か/京城、平壤、咸興、大邱が有力
3727	南鮮版	1936-07-05	07단	水夫・謎の死
3728	南鮮版	1936-07-05	07단	夏の山へ、海へ汽車の旅を割引/今年は三十三ヶ所
3729	南鮮版	1936-07-05	08단	水魔襲來に備へ勇しい聯合演習/漢江護る龍山水防團
3730	南鮮版	1936-07-05	08단	釜山博へ三萬圓寄附/立石商議會頭
3731	南鮮版	1936-07-05	08단	私行を恐縮し英陽郡守辭職
3732	南鮮版	1936-07-05	08단	穗積勅使參向
3733	南鮮版	1936-07-05	09단	金仁禹に死刑を求む/毒殺容疑事件
3734	南鮮版	1936-07-05	10단	運動競技界(釜山稅關勝つ/對十二人會野球)
3735	南鮮版	1936-07-07	01단	*松本慶南內務部長 全南知事に榮轉　私學出身では三人目/內務部長異動　中旬ごろ發令/故鄕へ歸る思ひ　“喜びの人”松本氏語る/故近藤知事の盛んな告別式 光州で營まる*
3736	南鮮版	1936-07-07	01단	全国中等野球朝鮮予選大會前記７/湖南第一次予選(全州高普/南宮主將の貫祿/攻守共に確實性加はる/昨年と變らぬ顔觸れ、光州高普/小粒の金捕手/全軍を鼓舞/ムラのない打擊振り、全州新興學校/特に望まれる試合度胸の涵養/李投手ら縱横の活躍)
3737	南鮮版	1936-07-07	03단	忠南電氣合同で料金値下げ/本月より實施さる
3738	南鮮版	1936-07-07	03단	運命の番組抽籤/十一、二兩日四ヶ所で中等野球朝鮮豫選大會
3739	南鮮版	1936-07-07	04단	洋行者決る/大野、神谷兩氏
3740	南鮮版	1936-07-07	04단	全鮮郵便貯金
3741	南鮮版	1936-07-07	05단	運動競技界(稅關１３Ａ鐵道６/釜山實業野球、鐵道１２A十二人會４、朴、野副組優勝/庭球南鮮豫選)
3742	南鮮版	1936-07-07	05단	漸次全滿から鮮銀券撤收/松原副總裁談
3743	南鮮版	1936-07-07	05단	松本氏へ勤續章
3744	南鮮版	1936-07-07	06단	小鹿島樂園へ更に千名収容/經常費十五萬圓要求
3745	南鮮版	1936-07-07	06단	市街地計畫は九月頃決定/近く原案諮問
3746	南鮮版	1936-07-07	07단	各地から(大田、京城、東萊、釜山、大邱、開城、統營)
3747	南鮮版	1936-07-07	07단	釜山府內會社異動調べ
3748	南鮮版	1936-07-07	07단	武德會鹿兒島支部の遠征團
3749	南鮮版	1936-07-07	08단	金貸業へ强盜
3750	南鮮版	1936-07-07	08단	近くに二大調査委員會を設く
3751	南鮮版	1936-07-07	08단	直輸入から前進/精神修養を强調/體操樣式改正の眼目
3752	南鮮版	1936-07-07	09단	城大財政學講座/小田氏に白羽の矢/二學期早々から開講
3753	南鮮版	1936-07-07	09단	赤四名を檢擧

일련번호	판명	간행일	단수	기사명
3754	南鮮版	1936-07-07	10단	新刊紹介(火山帶/六月號)
3755	南鮮版	1936-07-08	01단	全国中等野球朝鮮予選大會前記８/南鮮第一次予選(大邱商業/獨特の攻擊戰法/安東主將ら健棒五人男/連覇へ不敵の微笑、東萊高普/强肩朴投手に速球の武器/編成のピンチを克服)
3756	南鮮版	1936-07-08	01단	警視をやらぬ者/部長にはなれぬ/鰻上り人事おさらば
3757	南鮮版	1936-07-08	01단	所謂“重要國策”に總監の痛い批評/「何れも蟲干の感じ」
3758	南鮮版	1936-07-08	01단	定例局長會議
3759	南鮮版	1936-07-08	02단	坊ちやん五人お嬢さん三人/子福者の松本新全南知事
3760	南鮮版	1936-07-08	03단	今後朝鮮と提携したい/李交通相のメッセーヂ
3761	南鮮版	1936-07-08	04단	*全州Ａ組優勝す　本社優勝旗を獲得　第一回全北軟式野球大會/晋州青訓優勝　軟式野球大會/南鮮女子庭球/大田、公州交歡/京醫專對釜山稅關野球*
3762	南鮮版	1936-07-08	05단	百萬圓の下關飛行場/大邱まで二時間、一日二往復/廣遞局長の候補地視察
3763	南鮮版	1936-07-08	05단	*「玄海の女王」披露のプロ決る　十一月十三日釜山入港/第一棧橋改造　八日協議會開く*
3764	南鮮版	1936-07-08	07단	*眞犯人は外に？　鮮銀大邱支店の擾拂ひ容疑者　檢事局から釋放さる/犯人と確信　大邱署司法係談*
3765	南鮮版	1936-07-08	08단	産組理事に罰金
3766	南鮮版	1936-07-08	08단	殉職消防手へ義捐金を分配
3767	南鮮版	1936-07-08	09단	各地から(仁川、馬山、浦項)
3768	南鮮版	1936-07-08	09단	五千圓横領
3769	南鮮版	1936-07-08	09단	“海の軍樂隊”演奏
3770	南鮮版	1936-07-08	10단	九名を起訴/金海運輸事件
3771	南鮮版	1936-07-08	10단	逃走中捕る
3772	南鮮版	1936-07-09	01단	憧れの狼林山脈へ/城大、京城齒專の兩山岳部/數日後に登攀競爭へ出發(城大班、齒專班)
3773	南鮮版	1936-07-09	01단	明年度豫算は新規事業氾濫か/十日頃迄に一應編成
3774	南鮮版	1936-07-09	01단	義務教育延長/或る程度追隨/大野學務課長談
3775	南鮮版	1936-07-09	01단	全国中等野球朝鮮予選大會前記９/南鮮第一次予選(釜山一商/巨彈の釣瓶打ち/先輩血淚の叱咤と激勵/最後の仕上げ急ぐ、大邱高普/榮冠へ、榮冠へ/目指す純眞一路/果敢の玉碎的戰法)
3776	南鮮版	1936-07-09	02단	緬羊千四百頭濠洲から輿入れ/「笑ひの鳥」も一緒に
3777	南鮮版	1936-07-09	03단	映画禍に入代り今やレコード禍/少年少女に暗い影響(富永學務局長談、大本敎のレコード彈壓)

일련번호	판명	간행일	단수	기사명
3778	南鮮版	1936-07-09	03단	誇りの慈愛旗/銀月里託兒所へ
3779	南鮮版	1936-07-09	04단	消防講習會
3780	南鮮版	1936-07-09	05단	京仁線に上下二本增發/十一日から
3781	南鮮版	1936-07-09	05단	海軍部內唯一人劍道の教士號/樋口法務長の譽れ
3782	南鮮版	1936-07-09	05단	僅か三貫足らず/ポータブル・ボート/盛夏の大邱にお目見え
3783	南鮮版	1936-07-09	06단	民有火田も整理/高率の國庫補助與へ/明年度から徹底的に實行
3784	南鮮版	1936-07-09	06단	鐵道局友會館/十七日開館式
3785	南鮮版	1936-07-09	08단	錢湯の火事
3786	南鮮版	1936-07-09	08단	借金苦の縊死
3787	南鮮版	1936-07-09	08단	業務橫領犯人/大分縣で自殺
3788	南鮮版	1936-07-09	09단	四名刎らる/京城の暴れ馬
3789	南鮮版	1936-07-09	09단	各地から(釜山、晋州、大邱、大田)
3790	南鮮版	1936-07-09	09단	釜山に赤痢續發
3791	南鮮版	1936-07-10	01단	振興土木事業に四千萬圓を要求/第二次は三ヶ年繼續
3792	南鮮版	1936-07-10	01단	聖球に寄す/純正な靈肉一如/城大總長/速水滉氏談
3793	南鮮版	1936-07-10	01단	空中から勝手にパチパチ寫せぬ/時節柄、嚴しい制限
3794	南鮮版	1936-07-10	01단	全国中等野球朝鮮予選大會前記１０/南鮮第一次予選(釜山中學/紅頰に刻む自信/好調に乘じて長棍一打/敵の外野陣を攪亂、晋州高普/堂々の布陣/疲れ知らぬ張投手の體力/人氣者の崔遊擊手、釜山二商/氣魄火と燃え/新鋭チーム成る/“育ての親”樺山部長)
3795	南鮮版	1936-07-10	03단	稅監局長會議
3796	南鮮版	1936-07-10	04단	鐵道四大幹線の起點になる釜山/建設一路の十年間
3797	南鮮版	1936-07-10	04단	「酒の博士」視察
3798	南鮮版	1936-07-10	04단	釜山貯金管理所の廳舍擴張
3799	南鮮版	1936-07-10	05단	簡保資金の融通利率引下げ
3800	南鮮版	1936-07-10	06단	京城中央市場に國庫補助申請か/大野氏招いて打合會
3801	南鮮版	1936-07-10	06단	巴里風の身嗜み/荒井畫伯歸る/「ザッキンの門も叩いた」
3802	南鮮版	1936-07-10	06단	釜山鐵道工場長更迭す
3803	南鮮版	1936-07-10	06단	釜山馬山間電話一回線增設
3804	南鮮版	1936-07-10	07단	各地から(釜山、京城、馬山、大邱)
3805	南鮮版	1936-07-10	08단	滿洲へ西瓜ラッシユ/土佐物早くも釜山到着
3806	南鮮版	1936-07-10	08단	於靑島漁場へ無線電話が掛る/十五日からモシモシ
3807	南鮮版	1936-07-10	08단	釜山の戶口調査事務打合會
3808	南鮮版	1936-07-10	09단	洗濯棒で毆殺

일련번호	판명	간행일	단수	기사명
3809	南鮮版	1936-07-10	09단	精神異狀から我兒慘殺
3810	南鮮版	1936-07-10	10단	漢江で抱合心中/女は姙娠中
3811	南鮮版	1936-07-10	10단	空巢狙ひ捕る
3812	南鮮版	1936-07-11	01단	遞信局人事の暗流　遞信省出店の觀　朝鮮在來系との對立抗爭　局長輸入で深刻化/朝鮮は元の古巢 遞信局長に榮轉して錦を飾る山田忠次氏/『知合も多く頗る心强い』 旅先で喜びを語る/遞信局異動　近く發令の顔觸/內務部長異動
3813	南鮮版	1936-07-11	01단	全国中等野球朝鮮予選大會前記１１/西鮮第一次予選(新義州商業/若獅子再び起つ/前年の精鋭殆んど失ひながら高く脈打つ傳統の力、沙里院農業/大願成就の年/天馬空を驅ける/地元から滿腔の期待)
3814	南鮮版	1936-07-11	02단	道德修養講話會
3815	南鮮版	1936-07-11	03단	通信網擴充と電氣統制に功績/民間入りの井上さん
3816	南鮮版	1936-07-11	04단	往きには滿腹/戾りは半分/片荷に惱む內鮮航路
3817	南鮮版	1936-07-11	04단	遲れた慶南の植付
3818	南鮮版	1936-07-11	05단	無競爭に落着く四名推擧してやっと定員/穩かな開城商議選擧
3819	南鮮版	1936-07-11	05단	防空演習打合
3820	南鮮版	1936-07-11	05단	鐵道局異動
3821	南鮮版	1936-07-11	05단	空中寫眞の取締り內容
3822	南鮮版	1936-07-11	06단	鮮內石油割當
3823	南鮮版	1936-07-11	06단	ドック建設を釜山から要望
3824	南鮮版	1936-07-11	06단	お定好みの强盜 覆面の三人組、家人を縛上げ　矢庭に菜切庖丁揮ふ/癩癇の女房にお藥に服用さす 死體から切取って
3825	南鮮版	1936-07-11	07단	聖球に寄す(夏は烈々の陽を/京城府尹/甘蔗義邦氏談)
3826	南鮮版	1936-07-11	07단	全關寫聯入選【朝鮮關係の分】
3827	南鮮版	1936-07-11	08단	大邱林檎は大豊作/旣に出荷始る
3828	南鮮版	1936-07-11	09단	朝鮮劇場の放火に八年求刑
3829	南鮮版	1936-07-11	09단	泣くのを煩さがり幼妹殺し
3830	南鮮版	1936-07-11	09단	曺元檢事に懲役二年/控訴公判求刑
3831	南鮮版	1936-07-11	10단	高岩面に赤痢二十七名發生
3832	南鮮版	1936-07-11	10단	各地から(馬山、大田、釜山、大邱、金海)
3833	南鮮版	1936-07-12	01단	理想の夫を求め米國へ獨り旅/“日本キモノ”の宣傳兼ねて/城大出の永島豊子さん
3834	南鮮版	1936-07-12	01단	平北の七警官へ攻勞章を授與/匪賊討伐に殊勳

일련번호	판명	간행일	단수	기사명
3835	南鮮版	1936-07-12	01단	*金的を射るの圖 新慶南內務部長の高氏　弓の稽古中に吉報/「謠曲と碁に大いに自信」關口新平北內務部長談/理事官異動/賣支局長を命ず/松本全南知事の送別宴*
3836	南鮮版	1936-07-12	02단	全国中等野球朝鮮予選大會前記１２/西鮮第一次予選(海州高普/底知れぬ迫力/河投手は試合度胸滿點/內野に一段老巧味、平壤高普/ホープ・朴君の智能の投球/正木部長懸命に指導)
3837	南鮮版	1936-07-12	04단	京城の空にグライダー飛ぶ/實地指導にも第一步
3838	南鮮版	1936-07-12	04단	仰げ日の丸/朝鮮神宮で奉祝式
3839	南鮮版	1936-07-12	05단	聖球に寄す(スポーツ中の花/警務局/北村事務官談)
3840	南鮮版	1936-07-12	05단	馬術選手東上
3841	南鮮版	1936-07-12	05단	慶北初等教員異動
3842	南鮮版	1936-07-12	07단	出貨期待薄/中旬の局線
3843	南鮮版	1936-07-12	07단	鯖の大群襲來！/豊漁謳ふ全南沿岸
3844	南鮮版	1936-07-12	07단	我等の無敵艦隊/二年振りの入港/十三日朝鎭海と馬山へ
3845	南鮮版	1936-07-12	08단	國寶も倒壞/雙谿寺の地震被害數萬圓
3846	南鮮版	1936-07-12	09단	死刑の斷罪/さすが金仁禹も顔色蒼白
3847	南鮮版	1936-07-12	09단	三名を殺傷/賊、直に捕る
3848	南鮮版	1936-07-12	09단	夫婦無理心中
3849	南鮮版	1936-07-12	09단	浦項劇場落成
3850	南鮮版	1936-07-12	10단	各地から(光州、仁川、釜山、馬山)
3851	南鮮版	1936-07-12	10단	病苦の飛込み
3852	南鮮版	1936-07-14	01단	本社主催中等野球/興味滿點の番組/五地方第一次豫選一齊に廿二日から幕開く(中部、湖南、西鮮、北鮮)
3853	南鮮版	1936-07-14	01단	全国中等野球朝鮮予選大會前記１３/西鮮第一次予選(鎭南浦商工/夢は玄海を越ゆ/群雄威壓のバッテリー望む自肅と精進、平壤商業/若武者揃ひ戰機一たび到れば機關銃的打力發揮)
3854	南鮮版	1936-07-14	03단	聖球に寄す(優勝旗を半島へ/京城西部青年團長/藤崎兼裕氏談)
3855	南鮮版	1936-07-14	04단	新刊紹介(綠旗（七月號）)
3856	南鮮版	1936-07-14	05단	運動競技界(成大豫科各チーム內地遠征、鐵路總局の排球チーム來城)
3857	南鮮版	1936-07-14	05단	鎭海、馬山の街々に"海の勇士"半舷上陸/第二艦隊堂々入港す
3858	南鮮版	1936-07-14	06단	*半島貿易振興に一段の工夫望む　稅關長會議で宇垣總督の訓示/會議第一日*
3859	南鮮版	1936-07-14	06단	健氣な汗愛生活/慶南の農民訓練所/希望に輝く落成式擧行
3860	南鮮版	1936-07-14	08단	岩井大僧正迎へ/法悅の記念法會/淨土宗布教四十周年
3861	南鮮版	1936-07-14	10단	總督府辭令（十一日付）

일련번호	판명	간행일	단수	기사명
3862	南鮮版	1936-07-14	10단	慶北異動發令
3863	南鮮版	1936-07-15	01단	富寧水電社長に土師知事が有力/九月初旬に又搖れる
3864	南鮮版	1936-07-15	01단	飛六の十四機/南鮮各地を襲ふ/先づ京城の上空へ
3865	南鮮版	1936-07-15	01단	全国中等野球朝鮮予選大會前記１４/西鮮第一次予選(平壤中學/豪膽な左利投手/强肩捕手のチーム統率/定評"試合上手"の鍵、光成高普/八人も五年生/只勝つのみ/西鮮隨一の優勝候補)
3866	南鮮版	1936-07-15	02단	任那時代の珍品二つ/釜山刑務所構內で發掘
3867	南鮮版	1936-07-15	03단	公演の舞踊に中止を陳情/佛教聯盟から
3868	南鮮版	1936-07-15	03단	濃霧の惡戱/德壽丸遲れ、臨急取消し/釜山の船車聯絡大混雜
3869	南鮮版	1936-07-15	04단	二百名を隔離し/なほ續發の兆/七十九聯隊の傳染病
3870	南鮮版	1936-07-15	04단	仁川港六月中の貿易額
3871	南鮮版	1936-07-15	04단	全北府尹郡守署長會議
3872	南鮮版	1936-07-15	04단	慶南植付狀況
3873	南鮮版	1936-07-15	05단	鑛區出願/四千件超ゆ【本年上半期】
3874	南鮮版	1936-07-15	05단	聖球に寄す(近代生活の道場/京電專務/武者練三氏談)
3875	南鮮版	1936-07-15	05단	愛婦大田支部の幹事講習會
3876	南鮮版	1936-07-15	06단	インチキ祈禱
3877	南鮮版	1936-07-15	06단	專賣局の敷地/法專跡に決定す/同校は淸凉里へ移轉
3878	南鮮版	1936-07-15	06단	井上さんの送別會
3879	南鮮版	1936-07-15	07단	傳染病の死亡率/內地よりも高率/在鮮內地人の恐怖
3880	南鮮版	1936-07-15	07단	京城・龍頭山兩神社/國幣社として立派なものだ/角南技師折紙をつく
3881	南鮮版	1936-07-15	08단	特に民間との中元贈答ご法度/慶南道、府郡へ嚴達
3882	南鮮版	1936-07-15	09단	鐵道局辭令
3883	南鮮版	1936-07-15	10단	各地から(統營、大邱、釜山、晋州)
3884	南鮮版	1936-07-16	01단	京城建設事務所盛大に開所式/新陣容を發表
3885	南鮮版	1936-07-16	01단	全国中等野球朝鮮予選大會前記１５/北鮮第一次予選(咸興商業/特色・外野トリオ/村田校長の理解に惠まれ/燃える新興の意気、元山商業/內野陣に見る若鮎の潑剌/日ごと長打に凄味)
3886	南鮮版	1936-07-16	01단	古都開城にも近代的の都計/明年度實施を陳情
3887	南鮮版	1936-07-16	01단	*重患に知らぬ顔　待合室で冷くなる　手續一點張り　釜山府立病院/手落はない　田中庶務課長談*
3888	南鮮版	1936-07-16	02단	東亞勸業買收案/一兩日中に決定
3889	南鮮版	1936-07-16	03단	大魚・京城驛長を釣り上げた喜び/春田さんは釣りの名人
3890	南鮮版	1936-07-16	04단	南鮮に豪雨　釜山地方は本年最高/大邱測候所の特報

일련번호	판명	간행일	단수	기사명
3891	南鮮版	1936-07-16	04단	松本全南知事赴任
3892	南鮮版	1936-07-16	05단	京醫專幸先好し/西南學院を輕く一蹴/實業專門野球九州大會(試合經過、遊學生軍勝つ/對全大邱ラクビー、全大邱大勝/對遊學生庭球)
3893	南鮮版	1936-07-16	05단	輸出電球協議會へ代表出席
3894	南鮮版	1936-07-16	05단	上り特急復活
3895	南鮮版	1936-07-16	06단	外國映畵上映率/現狀維持に躍起/最後猛運動を始む
3896	南鮮版	1936-07-16	06단	聖球に寄す(蘇る感激の回想/京城府廳野球團前主將/關勝美氏談)
3897	南鮮版	1936-07-16	06단	第二艦隊出港
3898	南鮮版	1936-07-16	08단	金明倫學院講師/近く告訴の決議/本寺住職ら連名で
3899	南鮮版	1936-07-16	09단	兒童の實習を斡旋
3900	南鮮版	1936-07-16	09단	各地から(開成、大邱)
3901	南鮮版	1936-07-17	01단	大風船玉の空圈でふわりと青空漫步/發動機なくして何故飛べるのか/帆走界の權威/前田健一氏に聽く
3902	南鮮版	1936-07-17	01단	全国中等野球朝鮮予選大會前記１６/北鮮第一次予選(永生高普/球界名門の子ら/部長は黃金時代の主將/制覇期して初出場、元山中學/精進涙あり/五ヵ年計畫實を結ぶ/勝たずば止まぬ意氣)
3903	南鮮版	1936-07-17	03단	中等教育機關の擴充具體案練る/十七日に初委員會
3904	南鮮版	1936-07-17	04단	試合結果を速報/京城、龍山は六十四ヶ所
3905	南鮮版	1936-07-17	04단	京畿署長會議
3906	南鮮版	1936-07-17	05단	抽籤馬釜山へ
3907	南鮮版	1936-07-17	05단	「仁川閣」改裝披露
3908	南鮮版	1936-07-17	05단	遞信局辭令
3909	南鮮版	1936-07-17	06단	松原鮮銀副總裁新京へ出張
3910	南鮮版	1936-07-17	06단	內地渡航諭止者對策協議會
3911	南鮮版	1936-07-17	07단	聖球に寄す(咆哮する獅子/東亞日報社長/宋鎭禹氏)
3912	南鮮版	1936-07-17	07단	老人や女兒/濁流に溌はる/慶南各地の豪雨禍
3913	南鮮版	1936-07-17	08단	漢江精靈流しに十萬の人派/京電大儲けにホクホク
3914	南鮮版	1936-07-17	08단	中川教諭出發/教育世界會議へ
3915	南鮮版	1936-07-17	09단	少年飛込み/病氣を苦に
3916	南鮮版	1936-07-17	09단	下西面で溫泉試掘
3917	南鮮版	1936-07-17	10단	各地から(京城、釜山)
3918	南鮮版	1936-07-18	01단	*鐵道局の大量整理 京城驛長初め三百七十名　十七日一齊に內命を發す/着替へたる浴衣の糊の心地よし 荒井さん退官の感懷*

일련번호	판명	간행일	단수	기사명
3919	南鮮版	1936-07-18	01단	全国中等野球朝鮮予選大會前記完/北鮮第一次予選(羅南中學/絢爛な挺身隊/一點を失へば二點を奪還/風雲を捲く打擊戰、咸興高普/高田部長迎へ戰鬪力の再訓練/各選手に優れた選球眼、咸興農業/球技を一新/一球一打眞摯の精進、鏡城高普/完璧の陣容成る/巧妙なチャンスの摑み方)
3920	南鮮版	1936-07-18	02단	野村望東尼の歌集上梓さる/京城第一高女校長の手で
3921	南鮮版	1936-07-18	02단	遞信局辭令（十六日）
3922	南鮮版	1936-07-18	03단	學生列車運轉
3923	南鮮版	1936-07-18	04단	*恒例の選手茶話會　中部は本町ホテル、湖南は東雲旅館でその前夜　廿一日に開く/南鮮豫選の成績 釜山の速報場所決る/お斷り*
3924	南鮮版	1936-07-18	05단	聖球に寄す(安心できる大會/學務局長/富永文一氏談)
3925	南鮮版	1936-07-18	06단	農業動産信用令を近く實施
3926	南鮮版	1936-07-18	06단	國際スパイ一掃/明年度更に陣容整備
3927	南鮮版	1936-07-18	07단	釜鐵管內水害
3928	南鮮版	1936-07-18	08단	名勝スタンプの圖案改正
3929	南鮮版	1936-07-18	08단	グライダー百般/勉强しに福岡へ/愼飛行士が乘出す
3930	南鮮版	1936-07-18	09단	城大が開城に藥草研究所/計畫具體化す
3931	南鮮版	1936-07-18	09단	盲元檢事に一年半判決
3932	南鮮版	1936-07-18	10단	慶南漁村の經濟更生/指導員近く任命
3933	南鮮版	1936-07-18	10단	朝鮮劇場放火に八年言渡し
3934	南鮮版	1936-07-18	10단	工場荒し捕る
3935	南鮮版	1936-07-19	01단	極彩色の熱球圖繪/迫る廿二日、嵐を孕む緊張/日程と役員決定す(中部豫選、南鮮豫選、湖南豫選、觀覽者注意)
3936	南鮮版	1936-07-19	01단	中等野球豫選參加選手一覽/南鮮(釜山中學、釜山一商、大邱高普、大邱商業、晋州高普、東萊高普、釜山二商)/湖南(木浦商業、大田中學、全州新興學校、全州高普、裡里農林、光州高普、光州中學)/中部(善隣商業、仁川商業、京城商業、京城師範、龍山中學、京城中學、中央高普、京城工業)/西鮮(平壤商業、平壤中學、沙里院農業、海州高普、新義州商業、光成高普、鎭南浦商工、平壤高普)/北鮮(元山商業、元山中學、羅南中學、鏡城高普、永生高普、咸興農業、咸興高普、咸興商業)
3937	南鮮版	1936-07-19	03단	*どうかと思ふ話二つ　早起の參拜から教室內でこくりこくり"叱れぬ先生"大弱り/よく出來るのは入試科目ばかり　地理、歷史はガタ落ち*
3938	南鮮版	1936-07-19	04단	光畵聯盟寫眞展

일련번호	판명	간행일	단수	기사명
3939	南鮮版	1936-07-19	05단	大邱の試合速報 十六ヶ所きまる/南鮮主將會議 廿一日夕開く/京城入場式にラッパ鼓隊 京城から參加
3940	南鮮版	1936-07-19	06단	こゝ一週間內に知事級の異動/土師氏後任は湯村氏
3941	南鮮版	1936-07-19	07단	釜山府會
3942	南鮮版	1936-07-19	07단	運動競技界(全京城軍勝つ/對留守軍野球)
3943	南鮮版	1936-07-19	08단	砂糖の密輸/高興郡に發覺
3944	南鮮版	1936-07-19	08단	數日降續けば洪水の虞れ 榮山江の增水を警戒/慶北に水禍/東海中部線の線路流失
3945	南鮮版	1936-07-19	09단	若者自殺未遂
3946	南鮮版	1936-07-19	09단	劍道稽古中に巡査死亡
3947	南鮮版	1936-07-19	10단	身重の女房を殺害したが夫には情婦
3948	南鮮版	1936-07-19	10단	死體から金齒を拔取る
3949	南鮮版	1936-07-19	10단	留置場で縊死
3950	南鮮版	1936-07-21	01단	初日は絶好の野球日和 爽やかな微風までお添え物/誇りと純情賭け 鬪ひ拔くこの一戰 本社中等野球第一次豫選 粒揃ひの第一日試合豫想(中部、湖南、南鮮)/電波に躍る熱戰 待機の釜山放送局/南鮮チーム 續々釜山乘込み/南鮮主將會議會長變更
3951	南鮮版	1936-07-21	01단	大會を讚ふ/市山盛雄
3952	南鮮版	1936-07-21	03단	富寧水電社長は竹內知事に決定/土師知事希望せず
3953	南鮮版	1936-07-21	03단	一堂に集める柔劍弓の三道場/武德殿、地均しに着手
3954	南鮮版	1936-07-21	04단	中部・南鮮・湖南野球豫選組合せ
3955	南鮮版	1936-07-21	05단	釜山の未教育補充兵查閱
3956	南鮮版	1936-07-21	05단	ラヂオ體操(釜山、統營)
3957	南鮮版	1936-07-21	06단	京春鐵道創立總會/重役陣決定す
3958	南鮮版	1936-07-21	06단	社會政策を根本的に再吟味/官民共同委員會設く
3959	南鮮版	1936-07-21	07단	總督、赴戰高原へ避暑
3960	南鮮版	1936-07-21	07단	さあ見て下さい/開かれる警察參考館
3961	南鮮版	1936-07-21	07단	下級司法職員に一、二割增俸か/待遇改善要求に決す
3962	南鮮版	1936-07-21	08단	釜山國防化學協會の委員會
3963	南鮮版	1936-07-21	08단	水營海水浴場開き
3964	南鮮版	1936-07-21	08단	講習會二つ/釜山で開催
3965	南鮮版	1936-07-21	08단	滿洲派遣學徒研究團/來月十日に入鮮/六日間各地を見學
3966	南鮮版	1936-07-21	09단	妻の下腹部を食刀で刺す/夫婦喧嘩から
3967	南鮮版	1936-07-21	09단	特選の出た釜山で「春を描く」寫眞展/廿六日から三日間

일련번호	판명	간행일	단수	기사명
3968	南鮮版	1936-07-22	01단	*覇座へ群り立ち 相搏つ白球聖道場 "球技の神髓"今ぞ眼前に繰り展ぐ中等野球/强豪互に譲らず 意氣の大爭覇 中部豫選第二日試合豫想/戰ひの日を前に 呉越同舟の歡談 南鮮豫選主將會議*
3969	南鮮版	1936-07-22	02단	朝鮮體協の基金募集見合わせ
3970	南鮮版	1936-07-22	03단	運動競技界(中等陸上競技/八月一、二兩日、大邱軍大勝/慶北軟式野球、全北武道大會)
3971	南鮮版	1936-07-22	03단	天晴れ京醫專優勝/9－6接戰演じて九醫を破る/實業專門野球九州大會
3972	南鮮版	1936-07-22	04단	十年度の外國爲替
3973	南鮮版	1936-07-22	04단	春繭出廻り
3974	南鮮版	1936-07-22	04단	植付未濟面積六萬四千五百町步/中西鮮は既植畓も枯死に瀕す/七月廿日現在、總監府調査
3975	南鮮版	1936-07-22	04단	景福丸で納涼大會
3976	南鮮版	1936-07-22	04단	大興電氣總會
3977	南鮮版	1936-07-22	05단	支那の研究に教授派遣を復活/時局と共に動く城大
3978	南鮮版	1936-07-22	05단	曺元檢事上告
3979	南鮮版	1936-07-22	05단	釜山の郵貯
3980	南鮮版	1936-07-22	05단	遠淺で水淸らか/湖南隨一の折紙付/大賑ひの邊山海水浴場
3981	南鮮版	1936-07-22	06단	虛弱兒童の健康地行に割引
3982	南鮮版	1936-07-22	07단	「京城の戰慄」支那人荒し捕る/共犯二名も追跡中
3983	南鮮版	1936-07-22	07단	四ブロックに分け配電網を確立/電氣統制第一期大要(西鮮地方、北鮮地方、南鮮地方、中鮮地方)
3984	南鮮版	1936-07-22	09단	科學的捜査に凱歌揚る
3985	南鮮版	1936-07-22	10단	各地から(大邱、大田、釜山、春川)
3986	南鮮版	1936-07-23	01단	*五地方一齊に熱鬪の幕ひらく ファンの耳目總動員 本社中等野球第一次豫選/竿頭高く揚げる 日の丸と大會旗 莊嚴類ひなき入場式(中部、南鮮、湖南、中部/善隣猛打す/5A－0京中敗る、南鮮/二商追撃空し/4A－1邱商勝つ、湖南/大中快勝す/6A－2全高惜敗、西鮮、北鮮)*
3987	南鮮版	1936-07-23	02단	ネット裏(父君の應援、始球はお上手)
3988	南鮮版	1936-07-23	03단	明年度郡視學を約五十名新設か/一名數郡の割合で
3989	南鮮版	1936-07-23	03단	殖銀副頭取制/近く設置に決る/渡邊理事が有力視
3990	南鮮版	1936-07-23	03단	鎭海の弓場開き
3991	南鮮版	1936-07-23	05단	開城府民大會
3992	南鮮版	1936-07-23	06단	國立種羊場/西鮮、南鮮に新設

일련번호	판명	간행일	단수	기사명
3993	南鮮版	1936-07-23	06단	學徒研究團の京仁見學日程
3994	南鮮版	1936-07-23	06단	慶南簡閲點呼
3995	南鮮版	1936-07-23	07단	林野の利用厚生全面的に着手/造林計畫も建直し
3996	南鮮版	1936-07-23	08단	水稻品種の更新共進會
3997	南鮮版	1936-07-23	08단	內鮮實業家集め産業調査會設く/委員顔觸近く決定
3998	南鮮版	1936-07-23	09단	南鮮防空演習八月から宣傳/映畵やラヂオで
3999	南鮮版	1936-07-23	09단	統營郡の畜牛/斃死頭數減る
4000	南鮮版	1936-07-23	10단	線路の晝寢男轢殺さる
4001	南鮮版	1936-07-23	10단	朝鮮人匪賊二名捕はる
4002	南鮮版	1936-07-23	10단	共犯二名も逮捕さる/西京城の强盜
4003	南鮮版	1936-07-23	10단	青年飛込み
4004	南鮮版	1936-07-23	10단	老婆轢死
4005	南鮮版	1936-07-23	10단	浦項の飛込み
4006	南鮮版	1936-07-24	01단	ズラリ優勝候補/一球一打に感激/球場に緊迫の息吹き/本社中等野球第一次豫選(中部/京師大量得點１５－２中央玉碎、仁商打ちまくる/１７－２京工力闘及ばず、湖南/農林の劇的本壘打６－１木商恨み長し/光中押切る１５－１３光高惜敗、南鮮/大高快勝す１５－８東高振はず、北鮮、西鮮)
4007	南鮮版	1936-07-24	01단	農家の福音/「肥料の處方箋」明年度から五年計畫で全鮮的の土性調査
4008	南鮮版	1936-07-24	04단	群山高女臨海生活
4009	南鮮版	1936-07-24	04단	*國運隆昌を祈願 朝鮮神宮で祭典執行/開城も盛大に*
4010	南鮮版	1936-07-24	05단	飛行聯隊誘致に梅崎さんが一役/大邱で促進運動
4011	南鮮版	1936-07-24	06단	風雨も平氣
4012	南鮮版	1936-07-24	07단	飛込台に鈴なり
4013	南鮮版	1936-07-24	07단	職業實習大受け/申込みに應じきれぬ/悅に入る釜山紹介所
4014	南鮮版	1936-07-24	07단	朝鮮關係改正勅令內容
4015	南鮮版	1936-07-24	08단	結核恐れず
4016	南鮮版	1936-07-24	08단	咸北知事後任は兒島氏が確定的/異動は小範圍に止む
4017	南鮮版	1936-07-24	08단	滿洲國視察者/外人の洪水/筆頭は實業家
4018	南鮮版	1936-07-24	08단	海難を防止せよ/各海事出張所へ通牒
4019	南鮮版	1936-07-24	09단	少年團指導者講習
4020	南鮮版	1936-07-24	10단	藝妓や女給もぐんと殖える/景氣好轉の反映
4021	南鮮版	1936-07-24	10단	白衣の勇士/慰問舞踊會/新京衛戍病院で

일련번호	판명	간행일	단수	기사명
4022	南鮮版	1936-07-25	01단	*滿身の技と力 分目の一戰展く 湖南、南鮮に優勝戰 本社中等野球第一次豫選/折角の准優勝も豪雨で日延べ 中部の選手髀肉の嘆(中部/巨星、龍中敗る/7A－0京商の猛攻好守、南鮮/一商快勝す/8A－5晋高敗退、邱高長蛇を逸す/9－3邱商打擊勝る、一商の粘り不足/4－2釜中凱歌擧ぐ、湖南/健闘の新興敗る/13A－4大中堂々勝つ、農林つひに倒る/14－7光中攻擊又攻擊、西鮮、北鮮)*
4023	南鮮版	1936-07-25	01단	炎天の下、銀球三昧境
4024	南鮮版	1936-07-25	04단	生命がけの汇込み
4025	南鮮版	1936-07-26	01단	美技に醉ふ大觀衆
4026	南鮮版	1936-07-26	01단	*邱商(南鮮)光中(湖南)優勝の榮え輝く 中部の准優勝又延期 本社中等野球第一次豫選/京城測候所へ抗議めく問合せ 中部のファンやきもち/光中病投手の健闘 4A－3大中無念の敗退(槪評)/二年連覇の邱商 10－7釜中失策續出す(槪評/)光成高普 優勝す11－8西鮮/ドロンゲーム北鮮優勝試合*
4027	南鮮版	1936-07-26	04단	舊馬山驛竣工
4028	南鮮版	1936-07-26	06단	棉花獎勵卅周年/由緣の木浦で祝賀/宇垣總督らも特に臨席し/官民を擧げて國策へ拍車
4029	南鮮版	1936-07-26	08단	「傘おろせ」の號令
4030	南鮮版	1936-07-26	08단	慶南名所寫眞募集
4031	南鮮版	1936-07-26	08단	京釜中央線建設先發隊來鮮
4032	南鮮版	1936-07-26	08단	六月の滿洲宛郵便爲替
4033	南鮮版	1936-07-26	08단	京城市內電話/通話度數制/明夏から實施
4034	南鮮版	1936-07-26	09단	成績を勵まされ却って漢江へ身投/思ひ詰めた淑明女學校生
4035	南鮮版	1936-07-26	10단	山田遞信局長
4036	南鮮版	1936-07-26	10단	「線路枕」轢殺
4037	南鮮版	1936-07-28	01단	*天遂に霽れたり 日輪と競ふ闘魂 中部に准優勝の盛觀 本社中等野球第一次豫選/京師に一日の長 9－3善隣脆くも敗退(槪評)*
4038	南鮮版	1936-07-28	01단	ネット裏(宛ら女性觀戰日和、朝鮮神宮の應援で、母に手向けの一戰)
4039	南鮮版	1936-07-28	01단	釜山の「春を描く」寫眞展(二十八日まで)
4040	南鮮版	1936-07-28	02단	近代的な樂譜に再生の朝鮮雅樂/近く東京で演奏會
4041	南鮮版	1936-07-28	03단	義務教育の延長/その儘は移せぬ/富永學務局長語る
4042	南鮮版	1936-07-28	04단	釜山朝顔大輪會
4043	南鮮版	1936-07-28	04단	乾海苔の生産額/斷然內地を淩ぐ/十一年度四百卅六萬圓
4044	南鮮版	1936-07-28	05단	局線中旬の荷動き

일련번호	판명	간행일	단수	기사명
4045	南鮮版	1936-07-28	05단	本府仁川觀測所/京城移轉本極り/明年度卅萬圓を計上
4046	南鮮版	1936-07-28	05단	大邱格納庫懇談
4047	南鮮版	1936-07-28	05단	卽決犯罪は賭博が筆頭/十年中調査
4048	南鮮版	1936-07-28	06단	長承浦港竣工/八月五日擧式
4049	南鮮版	1936-07-28	06단	開城人蔘價格
4050	南鮮版	1936-07-28	06단	荒い釣錢詐欺
4051	南鮮版	1936-07-28	06단	模範靑年逃ぐ永川農業實習の寄宿舍から
4052	南鮮版	1936-07-28	06단	現金と手提鞄を鮮銀窓口で浚ふ/犯人は中年の西洋人
4053	南鮮版	1936-07-28	06단	鈴木畫伯を招き本格的の美術講習/八月から京城齒專で開く
4054	南鮮版	1936-07-28	07단	不動明王の開眼式
4055	南鮮版	1936-07-28	07단	三中井本店の指環泥棒は雇人/四月目にやっと分る
4056	南鮮版	1936-07-28	07단	岩石に觸れ機關車故障/乾川、光明間で
4057	南鮮版	1936-07-28	08단	夏秋蠶掃立/四十三萬枚を豫想
4058	南鮮版	1936-07-28	08단	鱈の人工受精卵十億粒を放流/再び鎭海灣へ
4059	南鮮版	1936-07-28	09단	弓道同好會を打って一丸/慶南の聯盟を設ける
4060	南鮮版	1936-07-28	09단	中堅人物集め農村振興の講習/八月から慶南各郡で
4061	南鮮版	1936-07-28	10단	各地から(木浦、釜山、馬山、群山、大田、開城)
4062	南鮮版	1936-07-29	01단	デパート見學や五目並べの鬱晴し/どのチームも「必ず勝つ」/威勢の良い宿舍めぐり(大邱商業、咸興商業、光州中學、光成高普)
4063	南鮮版	1936-07-29	01단	中部の准優勝試合グラフ
4064	南鮮版	1936-07-29	02단	仁商本壘打二つ/4－0京商零敗を喫す(槪評)
4065	南鮮版	1936-07-29	03단	火花散る忠南武道大會
4066	南鮮版	1936-07-29	04단	「仁川閣」營業
4067	南鮮版	1936-07-29	05단	裁縫や實習に健氣にいそしむ/忠南農村女子講習所を訪ふ
4068	南鮮版	1936-07-29	06단	目覺しい釜山港の貿易/上半期に一億八千六百萬圓/前年より二割七分增進
4069	南鮮版	1936-07-29	06단	兒島會計課長/咸北知事に決定/後任は藤本大邱稅監局長
4070	南鮮版	1936-07-29	07단	軍の名譽のため專心御奉公/城倉新京城憲兵隊長談
4071	南鮮版	1936-07-29	07단	人夫の奇禍
4072	南鮮版	1936-07-29	08단	隅から隅まで半島事情に精通/兒島新知事の橫顔
4073	南鮮版	1936-07-29	09단	米國女敎員團/賑かに來鮮
4074	南鮮版	1936-07-29	09단	慶南農民訓練所の短期養成
4075	南鮮版	1936-07-29	10단	まふのり磯洗週間/統營郡內六漁組で實施
4076	南鮮版	1936-07-29	10단	密航團捕る

일련번호	판명	간행일	단수	기사명
4077	南鮮版	1936-07-30	01단	ベスト５蹶起し　半島の覇座爭奪　中等野球の舞台急轉　第二次豫選の火蓋を切る/綠旆の下に戰意　肅然進む若人群　絢爛多彩の入場式/お揃ひのカッター/宛ら人間スタンド/仁商、中部に優勝　１１A－２京師健鬪玉碎す(槪評)
4078	南鮮版	1936-07-30	01단	“野球知事”兒島さん
4079	南鮮版	1936-07-30	01단	代表ナインのカメラ訪問
4080	南鮮版	1936-07-30	05단	追擊戰展く/光成高普と仁川商業
4081	南鮮版	1936-07-30	05단	熱戰を截る
4082	南鮮版	1936-07-30	07단	陸軍異動で榮轉の人々/戰車の研究では部內の權威　石原新鎭海灣司令官/重任を果たす橋本群少將/釜山憲兵分隊長も更迭
4083	南鮮版	1936-07-30	08단	榮え輝く優勝旗/仁商ナインへ授與
4084	南鮮版	1936-07-30	08단	短刀突きつけ/現金を强奪/釜山に二人組强盜
4085	南鮮版	1936-07-30	08단	八社合倂可決す/大興電氣總會
4086	南鮮版	1936-07-30	09단	敗政に明るく全く塡り役/藤本新會計課長
4087	南鮮版	1936-07-30	10단	老人を慘殺/暑熱で精神異狀
4088	南鮮版	1936-07-30	10단	遞信局異動
4089	南鮮版	1936-07-30	10단	電線泥棒捕る
4090	南鮮版	1936-07-30	10단	京城の白米値下げ
4091	南鮮版	1936-07-31	01단	耳に甲子園の聲　白球の王座挑む　本社中等野球第二次豫選准決勝！熱鬪の頂角驀進/仁商堂々快勝す　１１－６光成悔なき健鬪(槪評)
4092	南鮮版	1936-07-31	01단	鬪志は燃える
4093	南鮮版	1936-07-31	04단	宇垣總督
4094	南鮮版	1936-07-31	04단	邱商に凱歌揚る/７A－５咸商打擊利かず(槪評)
4095	南鮮版	1936-07-31	04단	應授にとつおいつ
4096	南鮮版	1936-07-31	06단	龍頭山神社昇格に釜山擧げてお祝ひ/盛んな奉告行事發表さる
4097	南鮮版	1936-07-31	07단	全北の先生集め　精進道の講習會　軍神橘を背負って奮戰の內田軍曹が輔導員/彈傷、刀傷で年中痛む　往年の勇士語る
4098	南鮮版	1936-07-31	07단	球場以外開店休業
4099	南鮮版	1936-07-31	07단	釜山博具體化前に去るのは殘念だ　土屋新大邱稅監局長語る/劍道三段謠曲が得意　山本新釜山府尹/誠心誠意働く　小城新任京遞局長語る
4100	南鮮版	1936-07-31	09단	河村投手生命がけ
4101	南鮮版	1936-07-31	09단	娘の身投げ
4102	南鮮版	1936-07-31	10단	晋州學議當選者
4103	南鮮版	1936-07-31	10단	船中で撲殺/死體を海へ/口論から兇行

1936년 8월

일련번호	판명	간행일	단수	기사명
4104	南鮮版	1936-08-01	01단	仁商、乾坤一擲 半島代表に決定 オール日本の製覇目指し 征け！球都甲子園/光中悲風慘たり　１３－１仁商の長打集中/仁商天晴れ優勝 8A－4邱商、花と散る
4105	南鮮版	1936-08-01	01단	沸る熱風圈
4106	南鮮版	1936-08-01	05단	絶食のま＞大奮鬪
4107	南鮮版	1936-08-01	06단	寸劇「美しい人情」/人氣者小粒二壘手
4108	南鮮版	1936-08-01	06단	防空器材費一萬圓獻金/海州の萬代氏
4109	南鮮版	1936-08-01	06단	溫突の焚口から一萬四千圓現はる/盜んだもの＞忽ち露顯
4110	南鮮版	1936-08-01	07단	春川で商銀の進出希望
4111	南鮮版	1936-08-01	07단	國富さんも天降り
4112	南鮮版	1936-08-01	07단	陽德の木工製品全鮮的に賣出す/工藝組合を設けて
4113	南鮮版	1936-08-01	07단	八月卅一日に鮮滿拓殖を創立/同時に滿鮮拓殖も
4114	南鮮版	1936-08-01	08단	釜山見本市九月に催す/産業奬勵館で
4115	南鮮版	1936-08-01	08단	慶北署長會議
4116	南鮮版	1936-08-01	08단	悲戀の新町心中/宵の常盤樓で服毒
4117	南鮮版	1936-08-01	09단	職員增員決定/卅一日閣議で
4118	南鮮版	1936-08-01	09단	知人も多く働き易い/廿師團參謀長に榮轉の杵村大佐談
4119	南鮮版	1936-08-01	09단	英陽郡守異動
4120	南鮮版	1936-08-01	09단	第二事務所安東に設置/茨原鐵道局庶務課長談
4121	南鮮版	1936-08-01	10단	水田主計課長/歸り次第査定/本府明年度豫算
4122	南鮮版	1936-08-01	10단	達城署新設を申請
4123	南鮮版	1936-08-01	10단	仁川グラウンド開きのプロ
4124	南鮮版	1936-08-01	10단	元巡査に懲役一年判決
4125	南鮮版	1936-08-01	10단	釜山の圖書館充實
4126	南鮮版	1936-08-02	01단	水防團一齊出動 洛東江岸を警戒 慶南に豪雨禍續出す/人と家屋多數 濁流に押流さる　罹災者救助に大活動/沙上、龜浦間直ちに復舊工事　　約十七萬圓で落札す/寶水川で溺死/十二ヶ所杜絶 慶北の被害
4127	南鮮版	1936-08-02	01단	優勝戰三題
4128	南鮮版	1936-08-02	04단	旅客の少い德壽丸
4129	南鮮版	1936-08-02	04단	勝てり我等の仁商　全仁川に萬歲の炸裂　その日、歡喜の最高潮/本社京城通信局を訪問/熱狂の歡迎裡に仁川神社に參拜 胸は高鳴る、戰勝奉告/左打者への制球　仁商投手に望む　邱商の迫力にも敬意 優勝試合槪評 安田審判員
4130	南鮮版	1936-08-02	05단	陸軍定期大異動/【朝鮮關係の分】
4131	南鮮版	1936-08-02	05단	京城神社の昇格お祝ひ/盛大な私祭擧行

일련번호	판명	간행일	단수	기사명
4132	南鮮版	1936-08-02	06단	南洋、印度航路/補助金陳情/釜山商議から
4133	南鮮版	1936-08-02	07단	大島織物工場燒く/損害二萬六千餘圓
4134	南鮮版	1936-08-02	09단	竊盜一網打盡
4135	南鮮版	1936-08-02	10단	旅客の盜難防止月
4136	南鮮版	1936-08-04	01단	雲岳山の頂上に珍しい氷河の遺跡/中井東大教授が發見
4137	南鮮版	1936-08-04	01단	*五日、甲子園へ 仁商ナイン遠征 朝鮮神宮に制覇祈願/銀白球後日譚 ファンの新記録 中部第一次と第二次豫選に 京城球場へ約七萬人*
4138	南鮮版	1936-08-04	02단	精神病者收容所/明年度豫算に要求
4139	南鮮版	1936-08-04	02단	「力いっぱい/働きたい」/藤江新馬山府尹の喜び
4140	南鮮版	1936-08-04	03단	鮮米輸移出高減る
4141	南鮮版	1936-08-04	03단	慶北武道大會
4142	南鮮版	1936-08-04	04단	釜山の府民歌期待外れ
4143	南鮮版	1936-08-04	04단	大野學務課長洋行
4144	南鮮版	1936-08-04	04단	全北警察部異動
4145	南鮮版	1936-08-04	04단	鐵道局新規事業/九千萬圓を計上/歲入豫算も記錄破り
4146	南鮮版	1936-08-04	05단	混合列轉覆の現場
4147	南鮮版	1936-08-04	06단	百米に十秒八/本社優勝旗、養正高普へ/全鮮中等陸上大會
4148	南鮮版	1936-08-04	06단	方面委員の事務所新設/釜山北部兩區
4149	南鮮版	1936-08-04	07단	釜山燈節流し
4150	南鮮版	1936-08-04	07단	*花婿の訓導壓死 豪雨の崖崩れて下敷/雨と曇りの夏 釜山地方の天候異變/死者二十四名 慶南の水害*
4151	南鮮版	1936-08-04	07단	貯銀異動
4152	南鮮版	1936-08-04	07단	鐵道局辭令
4153	南鮮版	1936-08-04	08단	慶南産米調査
4154	南鮮版	1936-08-04	09단	老婆燒死す/京城の火事
4155	南鮮版	1936-08-04	09단	司法保護標語懸賞募集
4156	南鮮版	1936-08-04	09단	忠南振興靑年講習
4157	南鮮版	1936-08-04	09단	*鮮滿拓殖會社の總裁問題等決定 五龍背溫泉にて板垣、今井田會談/創立委員任命*
4158	南鮮版	1936-08-04	09단	運動競技界(全鮮卓球大會)
4159	南鮮版	1936-08-05	01단	*遂に來たお別れの日 宇垣さんも今井田さんも/半島津々浦々に名總督禮讚の聲 總監とは理想的バッテリー 勇退に擧げて愛惜/更迭から決った日 總督は避暑の話 和やかな局長會議/大混雜の白堊殿 人事は當分現狀維持か/經濟界への功績全く畫期的だ 南さんは肉付けの役 加藤鮮銀總裁語る*

일련번호	판명	간행일	단수	기사명
4160	南鮮版	1936-08-05	01단	漢江河原のスナップ
4161	南鮮版	1936-08-05	04단	大邱秋競馬十月十日から
4162	南鮮版	1936-08-05	05단	南洋輸出の新記録/まかつさ丸が
4163	南鮮版	1936-08-05	05단	釜山上半期中の手形交換高
4164	南鮮版	1936-08-05	05단	元の軍司令官/南大將を歡迎/施政に多大の期待
4165	南鮮版	1936-08-05	06단	釜山の陸軍色/異動將星の來往しきり
4166	南鮮版	1936-08-05	06단	相當降ったが中部はまだ不足/七月中の氣象概況
4167	南鮮版	1936-08-05	06단	無免許齒科醫釜山にうようよ/旣に十七名檢擧さる
4168	南鮮版	1936-08-05	06단	農村好況を反映/就學希望者激增す/公普の兒童七十六萬
4169	南鮮版	1936-08-05	07단	防空演習協議
4170	南鮮版	1936-08-05	07단	藥草栽培を本式に奬勵/慶南農山村へ
4171	南鮮版	1936-08-05	07단	本府穀檢所長を勅任に
4172	南鮮版	1936-08-05	08단	農村婦人の講習會
4173	南鮮版	1936-08-05	08단	鐵道局異動
4174	南鮮版	1936-08-05	08단	慶南産組理事書記の講習會
4175	南鮮版	1936-08-05	08단	七十錢の航上納涼/續々我先に申し込み
4176	南鮮版	1936-08-05	09단	民曆改正要項
4177	南鮮版	1936-08-05	09단	關稅相談所設け貿易振興に拍車/釜山商議中心に計畫
4178	南鮮版	1936-08-05	09단	南北製綿の長項分工場建設
4179	南鮮版	1936-08-05	09단	筒木技手ら何れも有罪/穀檢不正事件
4180	南鮮版	1936-08-05	10단	中央工業試驗所/南鮮支所誘致/釜山から陳情
4181	南鮮版	1936-08-05	10단	港、統營の宣傳
4182	南鮮版	1936-08-06	01단	*記者團と會見の南總督(向って左)と大野總監 官記傳達式を終って-(東京、門司間本社電送)/正式發令の日 東京と京城 印象的風景 第二の故鄕へ歸るのだ 嬉しからうぢやないか“戀女房”の大野さんと一緒に 南總督日本晴れの上機嫌/思ひ出の總督室 惜まれる名殘り 今井田さんも最後まで精勤/光を放つ 人間今井田 今後の活動希望/御病身の奧樣に お優しい思やり 前總督を語る安執事/新しき南、大野時代へ! コンビも鮮やか 全土に好評嘖々 總督は有數の半島通 事務的手腕折紙付の總監/重要政策は守成か 南イズムは十三年度から發揮/私達は後から 總督夫人の喜び/酒豪南さん 朝鮮の酒價がぐんと騰りさう 醉へば騎兵流直行進/釣りの名手大野さん 人間味たっぷり 全く苦勞人 矢張斗酒辭せずの方*
4183	南鮮版	1936-08-06	05단	萬事、不言實行/仕事に人の和が第一/南新總督語る
4184	南鮮版	1936-08-06	08단	慶南水防打合せ會

일련번호	판명	간행일	단수	기사명
4185	南鮮版	1936-08-06	09단	仁川ナイン出發/甲子園へ、甲子園へ
4186	南鮮版	1936-08-07	01단	熱戰を顧みてA/野球座談會/光成の氣魄賞讃/守備の咸商、打擊の邱商/眞擊なプレー振り(山岡、梶山)/仁商對光成(柳氏、安田氏、佐田氏)/邱商對咸商(山岡、永田氏、石井氏、柳氏)
4187	南鮮版	1936-08-07	01단	*新總督の下に　大業を完成せよ　惜まれて去る宇垣前總督切々、袂別の挨拶/東京で晴耕雨讀 今後も朝鮮のために盡力今井田前總督の挨拶*
4188	南鮮版	1936-08-07	03단	*南總督を迎へ　一番嬉しい一家/次郎伯父さんは子供好きの好々爺 姪に當る柴山京畿道技師夫人　『無事重責を』と肉親の祈り/お迎役は內務局長*
4189	南鮮版	1936-08-07	06단	お別れ茶話會/「ぜひ奥さんも御一緒に」/八日、宇垣さんの催し/一日前に送別會
4190	南鮮版	1936-08-07	06단	寫眞說明
4191	南鮮版	1936-08-07	07단	人事には黙契？/當分現狀維持て進む/吉田、安井兩氏のみ勇退か
4192	南鮮版	1936-08-07	08단	慶北普校々長異動
4193	南鮮版	1936-08-07	08단	珍しい"大德燒"/偶然、光州で發掘さる
4194	南鮮版	1936-08-07	08단	松本氏へ記念品
4195	南鮮版	1936-08-07	09단	*忙しい船車聯絡/安擧線に匪賊*
4196	南鮮版	1936-08-07	09단	京畿郡守會議
4197	南鮮版	1936-08-07	10단	拐帶書記捕る
4198	南鮮版	1936-08-07	10단	天麩羅屋燒く/京城の火事
4199	南鮮版	1936-08-07	10단	仁商ナイン上阪
4200	南鮮版	1936-08-07	10단	長承浦港/盛大に工式
4201	南鮮版	1936-08-08	01단	挺身！縣城を救ふ/"朝鮮の谷村計介"三名に旭八、賜金の榮譽
4202	南鮮版	1936-08-08	01단	*南總督の着仁後　氣分新たに活動　こゝ暫くは開店休業/社會事業へ五千圓寄附　前總督、總監から/神宮へ退官奉告/各局長見送り/土師知事上城*
4203	南鮮版	1936-08-08	01단	*熱戰を顧みてB/野球座談會/尊い氣力の戰ひ/病後押切る河村光中投手/安東邱商主將、絶食の頑張り(深川)/仁商對光中(梶山、石井氏、柳氏、福永氏、安田氏)/邱商對仁商(山岡、安田氏、安藤氏、小野田氏、百瀨氏、永田氏、福永氏、柳氏、佐田氏、石井氏)*
4204	南鮮版	1936-08-08	02단	國際スパイ暗躍/嚴重に取締る/■清津事件の處分決定に關し/田中警務局長談
4205	南鮮版	1936-08-08	03단	惜まれる名殘り

일련번호	판명	간행일	단수	기사명
4206	南鮮版	1936-08-08	04단	橋本少將送別會
4207	南鮮版	1936-08-08	05단	磯洗優秀の山陽漁組を表彰
4208	南鮮版	1936-08-08	05단	千人合力の地藏尊/大邱の大休寺で開眼式
4209	南鮮版	1936-08-08	06단	防空映畵會
4210	南鮮版	1936-08-08	06단	不穩文書臨時取締令を實施
4211	南鮮版	1936-08-08	06단	*煙草値上げ斷行　下級品に薄く、高級品に厚く　平均一割、四百萬圓增收/專賣局歲入總額　六千五百萬圓　豫算案近く財務局へ*
4212	南鮮版	1936-08-08	07단	水害を警戒せよ/警務局長から警告
4213	南鮮版	1936-08-08	07단	*新說「照風丸」 凄い威力發揮 玄海で試運轉/廿一日竣工式*
4214	南鮮版	1936-08-08	07단	釜山中央市場/六月の賣上高
4215	南鮮版	1936-08-08	08단	水害罹災者へ弔慰金贈る/慶南道から
4216	南鮮版	1936-08-08	09단	釜山競馬俱樂部の役員改選
4217	南鮮版	1936-08-08	09단	傳染病猖獗
4218	南鮮版	1936-08-08	09단	又、豆タク/釜山に登場/舊府內五十錢
4219	南鮮版	1936-08-08	09단	貴重品入の上衣懸けっ放しにするな/汽車の旅の心得色いろ
4220	南鮮版	1936-08-08	09단	心田開發景氣/激增した神信心/朝鮮神宮一日の參拜者/ザット五千六百人
4221	南鮮版	1936-08-08	09단	山村振興懇談
4222	南鮮版	1936-08-08	10단	簡保募集/好成績收む/釜遞局管內
4223	南鮮版	1936-08-08	10단	平南の戶口
4224	南鮮版	1936-08-08	10단	平壤手形交煥所の不渡手形
4225	南鮮版	1936-08-09	01단	賑やかな南總督の家庭
4226	南鮮版	1936-08-09	01단	南鮮を根據に乘出す“怪傑”森/北鮮の野口と對峙
4227	南鮮版	1936-08-09	01단	*朝鮮神宮野球へ　出場チーム決る(中等學校、大學專門)/慈愛旗傳達*
4228	南鮮版	1936-08-09	03단	熱戰を顧みて完/野球座談會/勝て！甲子園で/仁商へ苦言と激勵の餞け/恒例・ピックアップチーム發表(山岡、上原氏、百瀨氏、梶山、安田氏、石井氏、佐田氏)
4229	南鮮版	1936-08-09	05단	慶南產組增加
4230	南鮮版	1936-08-09	05단	*增員、補缺の釜山府議選擧 九月廿日ごろ/京城の有權者*
4231	南鮮版	1936-08-09	05단	*臨時知事會議を九月上旬に招集 新總督の經綸注入/人事問題で重要懇談 新貝課長東上*
4232	南鮮版	1936-08-09	06단	二つの覇權掌握/天晴れ京城高商と普成高普/神宮奉納庭球大會
4233	南鮮版	1936-08-09	07단	袋白の發展を飽まで確保/齊藤穀聯幹車長談

일련번호	판명	간행일	단수	기사명
4234	南鮮版	1936-08-09	08단	怪文書の横行絶滅を期す/不穩文書取締令實施に際し田中警務局長語る
4235	南鮮版	1936-08-09	09단	躍進釜山の事業熟慮斷行したい/着任の山本府尹談
4236	南鮮版	1936-08-09	10단	各地から(釜山)
4237	南鮮版	1936-08-09	10단	群山の火事
4238	南鮮版	1936-08-11	01단	*“マラソン朝鮮”世界制覇　伯林の空もかくや　朝風に大日章旗“偉大なる生徒”を讃へ　飛切り喜ぶ母校養正高普/やりよる、やりよる　快報滿載の朝刊を手に　悦に入る南新總督/總感の初仕事は嬉しい祝電　曰く「朝鮮は凄いね」/僕の胸は日本晴　富永學務局長談/京城府から表彰したい　甘蔗府尹談/「肩身が廣い」　下宿の主人狂喜*
4239	南鮮版	1936-08-11	04단	亡き父喜び給へ/雨の墓前に報告/孫選手の慈母と長兄
4240	南鮮版	1936-08-11	05단	*燒芋賣りの少年一躍マラソン王　蔭のパトロン　支那人行商人の國際美談/東京の大會で是非一等に　喜ぶ南君のお母さん　嬉しくて嬉しくて　お父さんの話*
4241	南鮮版	1936-08-11	05단	斷然、四肢が强健/何故朝鮮人はマラソンに强いか/上田城大醫學部長語る
4242	南鮮版	1936-08-11	06단	萬歲！祝盃あげる先生達/養正高普宿直室にて
4243	南鮮版	1936-08-11	08단	賣った買ったも/頗る朗らか/安東取引所
4244	南鮮版	1936-08-11	08단	「死を決して」の悲壯な手紙通り/世界一を出した合宿所
4245	南鮮版	1936-08-11	08단	勝報頻りに至る/神宮奉納庭球大會で朝鮮軍、府縣對抗に凱歌
4246	南鮮版	1936-08-11	09단	*足踏み辷らし斷崖から眞逆樣　趣味に遭難の高橋氏/現場は魔所　大原書記命拾ひ*
4247	南鮮版	1936-08-11	10단	釜山本驛待合室便所で怪死
4248	南鮮版	1936-08-12	01단	さやうなら宇垣さん/雨煙る京城驛頭/赭顔に惜別の色/萬餘の見送人感謝の中を“巨人の列車”南へ
4249	南鮮版	1936-08-12	01단	南總督は廿六日着任/總監は一足先
4250	南鮮版	1936-08-12	01단	*輝ける世界記録　早くも二年生の時分から　マラソン王の貫祿/驕らぬ英雄　孫君の横顔/夜中に起きて祈ってゐた　出發前に悲壯な一語*
4251	南鮮版	1936-08-12	03단	庭球優勝の朝鮮軍
4252	南鮮版	1936-08-12	05단	溫泉神社祭典
4253	南鮮版	1936-08-12	05단	鮮滿拓殖設立委員會/二宮中將も列席
4254	南鮮版	1936-08-12	05단	一般府縣對抗も朝鮮軍優勝す/神宮奉納庭球大會/文相楯を獲得
4255	南鮮版	1936-08-12	06단	悠々待機の仁商ナイン【甲子園アパートみやこ】
4256	南鮮版	1936-08-12	08단	大邱、淸泉間改良工事落札

일련번호	판명	간행일	단수	기사명
4257	南鮮版	1936-08-12	08단	“女工”で釣り四十五名を誘拐/高飛の矢先捕はる
4258	南鮮版	1936-08-12	09단	*底なしの雨 各地に豪雨禍頻々/家屋卅戶押流さる 南漢江增水*
4259	南鮮版	1936-08-12	09단	線路で熟睡の少年轢死
4260	南鮮版	1936-08-12	09단	東萊に强盜
4261	南鮮版	1936-08-12	10단	七月中の琺瑯鐵器輸出數量
4262	南鮮版	1936-08-12	10단	要塞地帶撮影
4263	南鮮版	1936-08-12	10단	逆上して飛込
4264	南鮮版	1936-08-12	10단	中華民國人から溫かい同情金/水害罹災民へ
4265	南鮮版	1936-08-13	01단	慶北の浸水も四百餘戶に達す/安東、醴泉、奉化地方
4266	南鮮版	1936-08-13	01단	*漢江遂に氾濫し 浸水二千五百戶 京城の罹災者七千/褐色の大奔流に押流される家屋 漢江の水位九米九〇/水位降る/京元線浸水/榮州も浸水/危險募る/慶北線不通/釜山測候所警告/江原、忠北被害(江原道、忠淸北道)/全北の雨禍*
4267	南鮮版	1936-08-13	01단	病夫人の手を取って下關上陸の宇垣さん
4268	南鮮版	1936-08-13	03단	*盡きぬ名殘惜み 今井田さん退城 驛頭埋め盡す見送人/宇垣さんへ 沿道の惜別(大邱、釜山)/南總督祕書官 鹽原氏に決定 滿洲國人事處長*
4269	南鮮版	1936-08-13	05단	東京大會終了後一流選手を招く/朝鮮體協氣早の協議
4270	南鮮版	1936-08-13	05단	譽れの文部大臣楯を受く
4271	南鮮版	1936-08-13	05단	頑張れ仁商/平安中學何者ぞ/いざ初陣の血祭/番組發表に主將ニッコリ/戰前旣に敵を壓す
4272	南鮮版	1936-08-13	06단	安東建設事務所の新設發表
4273	南鮮版	1936-08-13	07단	*勝算我れに在り 相手にとり不足なし 仁商の意氣天を衝く/力一杯戰ふ 平安中學側語る*
4274	南鮮版	1936-08-13	08단	榮働天國北鮮へ五千人を送る/今秋南鮮、湖南から
4275	南鮮版	1936-08-13	09단	鐵道野球大會
4276	南鮮版	1936-08-13	09단	“少年血盟團”捕る
4277	南鮮版	1936-08-13	09단	景品附煙草當籤者決定
4278	南鮮版	1936-08-13	10단	狂言强盜
4279	南鮮版	1936-08-13	10단	各地から(京城、釜山)
4280	南鮮版	1936-08-13	10단	鷄卵打合會
4281	南鮮版	1936-08-14	01단	*颯爽進む仁商へ 大觀衆絶讚の拍手 壯美の極、甲子園入場式に 制覇を誓ふ雄姿を見よや/先づ參考觀戰 練習心ゆくまでファン、すっかり驚嘆*
4282	南鮮版	1936-08-14	01단	濁流渦巻く
4283	南鮮版	1936-08-14	03단	東阿から吉報/釜山へ舞込む

일련번호	판명	간행일	단수	기사명
4284	南鮮版	1936-08-14	04단	觀光映畵期待外れ
4285	南鮮版	1936-08-14	04단	水禍に死者續出 七十名を越す 中部四道の被害甚大(忠淸北道、忠淸南道、江原道、京畿道)/各線とも開通/洛東江大增水 危險信號出づ 水防團一齊に出動/榮山江增水/安東郡の被害/工兵押流さる/少年溺死
4286	南鮮版	1936-08-14	05단	堂々入場の仁商ナイン
4287	南鮮版	1936-08-14	07단	將星來往頻り
4288	南鮮版	1936-08-14	07단	明年度豫算に新經綸を織込む 注視の的、半島開發/軍事警察の機能を發揮 鎌田新任釜山憲兵分隊長談
4289	南鮮版	1936-08-14	08단	釜山府內警備電話完成
4290	南鮮版	1936-08-14	09단	大邱飛行場地鎭祭擧ぐ/十一月から開場
4291	南鮮版	1936-08-14	09단	隣人二人に重傷/父母を撲殺/精神異狀の發作的兇行
4292	南鮮版	1936-08-14	09단	簡保の福音/保險料の拂戻制度十月一日から實施
4293	南鮮版	1936-08-14	10단	萩皮製紙試驗見事に成功/次は經濟試驗
4294	南鮮版	1936-08-15	01단	甲子園に咆哮する猛虎/全仁川、全朝鮮の鬪志の結晶仁商 平安中學との初陣第一戰 社頭に必勝の祈り/實戰を目の前に嚙んで含める戰術 誰も彼も、もう大丈夫/遠來軍犒ふ 甲子園仁義 忽ち義勇應援團/場馴れもした 力の總和で戰ふ 早速コーチ戰前の感/死力を盡す 中西部長談/全國に揚げよ 仁川の名聲 永井府尹語る/勝報を待つ留守宅/長本主將(晝も夜も“玉生活” /下宿先撞球場の主婦さんも熱心に野球の俄か勉强)/山口投手(兄ちゃんはきっと勝つよ/孃ちゃん自信たっぷり)/曾田二壘手(一ひねり/お父さんの氣焰)
4295	南鮮版	1936-08-15	04단	西鮮軟式野球
4296	南鮮版	1936-08-15	05단	京釜線の浸水で狂ふ國際列車 延着、遲發の大騷ぎ/心太式運轉/三浪津勿禁間 正午開通/お客の少いレコード 十四日の景福丸/電信電話の主要線不通 電線の故障も多し/死者多數全鮮被害(京畿道、忠淸北道、忠淸南道、全羅北道、全羅南道、慶尙北道、慶尙南道、平安北道、江原道、咸鏡北道)
4297	南鮮版	1936-08-15	07단	慶南內洛東江警戒水位を超ゆ 各所に浸水や決潰/安養川提防決潰す 六百町步埋沒
4298	南鮮版	1936-08-15	10단	村山稅務課長出張

일련번호	판명	간행일	단수	기사명
4299	南鮮版	1936-08-16	01단	まだ樂觀できぬ 大邱は盛夏と思へぬ肌寒さ 各地測候所調査の雨量(仁川、京城、釜山、大邱)/被害=數千萬圓？/江原道の死亡、行方不明 實に百六十六名 水禍深刻言語に絶えす(忠淸北道)/全州遂に水浸し 西山、完山、大宮の三橋流失(全羅北道、忠淸北道)/慶南地方の被害三浪津最も劇甚罹災二千餘名に上る(慶尚北道)/京釜線復舊/救療班急行/鐵道被害詳報/電信電話開通/材木拾ひ溺死/石垣の下敷
4300	南鮮版	1936-08-16	04단	昭和海運創立
4301	南鮮版	1936-08-16	05단	勝て！我等の仁商 平安を擊滅せよ 全鮮總和の熱援だ/この意氣を見よ(長本主將、山口投手、佐藤捕手、下門遊擊手、中西野球部長)
4302	南鮮版	1936-08-16	05단	新名勝スタンプ
4303	南鮮版	1936-08-16	07단	「最善を盡す」 石原少將談
4304	南鮮版	1936-08-16	07단	人事など愼重に/たっぷり二時間/新舊總監の事務引繼
4305	南鮮版	1936-08-16	08단	京城郵便局で/二百圓掻拂ひ/僞學生直に逮捕
4306	南鮮版	1936-08-16	09단	ラヂオ援業/牧島普校で實施
4307	南鮮版	1936-08-16	10단	高橋氏死體/搜査に懸賞
4308	南鮮版	1936-08-18	01단	韋駄天兄弟 東京大會への野望 『兄貴と一緒に日章期を！』 南君の弟大阪で凄い氣焰/孫君の偉勳を 神前に奉告 緣起の好い朝鮮神宮/歡迎會準備
4309	南鮮版	1936-08-18	01단	自給肥料增産/第二次の奬勵へ/慶南で成案を急ぐ
4310	南鮮版	1936-08-18	01단	セーフ
4311	南鮮版	1936-08-18	03단	防空練習訓練
4312	南鮮版	1936-08-18	04단	淸水畫伯個展
4313	南鮮版	1936-08-18	04단	にんにくの功德/孫選手のマラソン優勝から/果然話題を賑はす
4314	南鮮版	1936-08-18	04단	京城で講習會
4315	南鮮版	1936-08-18	05단	水地獄・三浪津の 築堤工事に完璧 明年度から二年計畫/洛東江減水/中小河川にも 思ひ切った改修 土木被害七、八百萬圓/十七日正午現在の被害/本府の視察員派遣/水防團の犧牲/續々開通/水害復舊の國庫捕助を陳情
4316	南鮮版	1936-08-18	05단	新舊鎭海灣司令官の事務引繼
4317	南鮮版	1936-08-18	07단	ボッキリ折れた全州大宮橋
4318	南鮮版	1936-08-18	07단	燃料國策協議
4319	南鮮版	1936-08-18	07단	釜山府議選擧名簿縱覽
4320	南鮮版	1936-08-18	08단	盲人に光を！/盲學校設立の寄附募集
4321	南鮮版	1936-08-18	08단	上旬局線出荷

일련번호	판명	간행일	단수	기사명
4322	南鮮版	1936-08-18	09단	總督、總監着任後/局長級を更迭か/古參技師も整理斷行
4323	南鮮版	1936-08-18	09단	國策豫算査定
4324	南鮮版	1936-08-18	09단	機關銃手入用具の改善表彰
4325	南鮮版	1936-08-18	10단	仲裁役殺さる
4326	南鮮版	1936-08-18	10단	不再錄號外發行
4327	南鮮版	1936-08-19	01단	外人土地法を急施/"羅津事件"からショック/九月中に勅令公布(法令內容)
4328	南鮮版	1936-08-19	01단	*パノラマ式防空展覽列車　兵器を積んで主要都市巡廻　軍部の防空演習宣傳/慶南の宣傳*
4329	南鮮版	1936-08-19	01단	命がけ觀戰
4330	南鮮版	1936-08-19	02단	滿洲國輸入關稅改正を交涉
4331	南鮮版	1936-08-19	03단	朝日オリンピック映畵/京城浪花館、團成社で上映
4332	南鮮版	1936-08-19	04단	山本府尹初の釜山府會
4333	南鮮版	1936-08-19	04단	米穀調査の打合會
4334	南鮮版	1936-08-19	04단	京城府議懇談會
4335	南鮮版	1936-08-19	05단	京城の西部選擧分會に特令
4336	南鮮版	1936-08-19	05단	*水害罹災者を救へ　會社事業協會が義金募集/蔚山飛行場は十八日使用　京城は廿五日まで禁止延期/全部開通/田畑に天然肥料　流木は拾ひ放題　水害地に皮肉な朗景/豫防消毒勵行/大岩石落下*
4337	南鮮版	1936-08-19	05단	鱶や鮫の皮に氣の利いた加工/釜山に水産研究所
4338	南鮮版	1936-08-19	06단	釜山商品見本市/五十一店參加
4339	南鮮版	1936-08-19	07단	交通協會資金/卅萬圓を募集
4340	南鮮版	1936-08-19	07단	驛舍改策落札
4341	南鮮版	1936-08-19	08단	七月の電球輸出高
4342	南鮮版	1936-08-19	08단	守山橋架設/明年度から着手
4343	南鮮版	1936-08-19	09단	"當局"名の濫用嚴重取締る/"後援"や"推薦"嚴選
4344	南鮮版	1936-08-19	09단	車窓から投げた空壜が頭にコツン/作業中の大田保線區員重傷
4345	南鮮版	1936-08-19	09단	慶南煎子不漁
4346	南鮮版	1936-08-19	09단	體操講習會
4347	南鮮版	1936-08-19	10단	稀代の箱師
4348	南鮮版	1936-08-19	10단	各地から(京城、開城、釜山)
4349	南鮮版	1936-08-20	01단	庶政一新の壓力/參與官を廢止か/各道に産業部新設
4350	南鮮版	1936-08-20	01단	國語普及の證據/朝鮮人の打つ和文電報/諺文電報の倍以上
4351	南鮮版	1936-08-20	01단	必要があれば人事を異動/來任の途/大野總督語る

일련번호	판명	간행일	단수	기사명
4352	南鮮版	1936-08-20	01단	胃腸病と感冒　特に用心が大切　水害罹災地への警告/東面に赤病/慶南水防團へ補助金を交付/水禍を救った機敏の働き　災査部長へ感謝/金社會課長忠北へ/農作物の水害對策通牒/酔拂ひ二人濁流に溺る/二幼兒溺死
4353	南鮮版	1936-08-20	03단	躍進の甘浦港/邑制を要望/慶州郡から近く具申
4354	南鮮版	1936-08-20	04단	司法官異動
4355	南鮮版	1936-08-20	04단	運動競技界(鮮滿對抗陸上)
4356	南鮮版	1936-08-20	05단	青空スポーツ/グライダー部の魁/近く城大に生れる
4357	南鮮版	1936-08-20	05단	銀募に躍る孫君　朝日オリンピック映畫　京城へ第二報來る/愛讀者優待「魂を投げろ」オリンピック映畫第一報　釜山寶來館で/京城　中央館/吉本星紅新作舞踊
4358	南鮮版	1936-08-20	06단	薩摩守の新記錄/東京の赤切符一枚、無一文/紛れ紛れて二千キロ
4359	南鮮版	1936-08-20	06단	釜山商議の增改策成る
4360	南鮮版	1936-08-20	08단	馬山の火事/少年店員重傷
4361	南鮮版	1936-08-20	08단	下腹部切開で病人死亡
4362	南鮮版	1936-08-20	08단	「責任重大を痛感」/城倉新任京城憲兵隊長談
4363	南鮮版	1936-08-20	08단	聯絡船超滿員/暑休明け近づき學生客氾濫
4364	南鮮版	1936-08-20	09단	大田郡是製絲/女工が同盟罷業/監督の毆打に憤慨
4365	南鮮版	1936-08-20	09단	五十圓强奪
4366	南鮮版	1936-08-20	09단	遠洋漁業へ！/麗水水産學校生が約一ヶ月
4367	南鮮版	1936-08-20	10단	釜山に簡易授産場建設
4368	南鮮版	1936-08-20	10단	龍頭山神社大擴張
4369	南鮮版	1936-08-20	10단	各地から(釜山、大田、馬山)
4370	南鮮版	1936-08-21	01단	南棉大擴充案成る/明年から二十ヶ年計畫で十億五千萬斤增産
4371	南鮮版	1936-08-21	01단	水害罹災者へ贈れ！同胞愛 愛婦三萬人も起つ/救濟に國費支出 本府から各道へ通知/達川、忠州間開通
4372	南鮮版	1936-08-21	01단	漢江新人道橋殆んど竣工
4373	南鮮版	1936-08-21	04단	司法官異動【既報以外の分】
4374	南鮮版	1936-08-21	04단	私利私慾の犯罪/事業に支障なし/海軍技手の不正事件につき/樋口法務長語る
4375	南鮮版	1936-08-21	04단	地方中小河川/改修の基礎調査/相當高率の國庫補助
4376	南鮮版	1936-08-21	05단	石原少將着任/城倉大佐着任
4377	南鮮版	1936-08-21	05단	野球の魅力
4378	南鮮版	1936-08-21	06단	釜山の有權者
4379	南鮮版	1936-08-21	06단	免囚保護の主旨を徹底/釜山輔成會

일련번호	판명	간행일	단수	기사명
4380	南鮮版	1936-08-21	06단	淸津附近に製鐵所/三菱の茂山鐵鑛開發に伴ひ/日鐵が建設せん
4381	南鮮版	1936-08-21	07단	釜山濟州島間に大型船陳情
4382	南鮮版	1936-08-21	08단	各地から(釜山、京城)
4383	南鮮版	1936-08-21	08단	刑務所製品の素晴らしい賣行き/狙ふ販路は滿洲國
4384	南鮮版	1936-08-21	08단	國庫補助の調整を斷行/中等教育擴充
4385	南鮮版	1936-08-21	08단	間島省首腦部すべて日系官吏/安東も特殊人事希望
4386	南鮮版	1936-08-21	09단	夫を細紐で絞殺/コッソリ裏庭に埋む/老夫婦、喧嘩の果て
4387	南鮮版	1936-08-21	10단	高橋係長の死體發見/潛水夫の手で
4388	南鮮版	1936-08-21	10단	三淸公園で强奪
4389	南鮮版	1936-08-21	10단	釜山府尹披露宴
4390	南鮮版	1936-08-22	01단	日本紡進出本極り/餠店で紡績、始興では加工/鐘紡、東洋紡と巴戰
4391	南鮮版	1936-08-22	01단	立候補受理始り/俄然、活氣づく/あと一ヶ月京城府議選擧
4392	南鮮版	1936-08-22	01단	*臨時知事會議九月中旬に開く 中樞院、司法官會議も/南總督は廿六日着任 京都で事務引繼*
4393	南鮮版	1936-08-22	02단	鑛山監督局/大邱で誘致運動
4394	南鮮版	1936-08-22	02단	釜山博覽會開催か否か/近く最後案決定
4395	南鮮版	1936-08-22	03단	時勢は移る/銀幕街に明粧運動/初登場の二館、他の館も大修理/その後に來るもの・入場料
4396	南鮮版	1936-08-22	03단	師恩を讃ふ/大邱女高普を飾る白神校長の胸像
4397	南鮮版	1936-08-22	04단	開城人蔘祭/九月九、十の二日間催す
4398	南鮮版	1936-08-22	04단	政府補助金增額を要望/東拓緬洋事業
4399	南鮮版	1936-08-22	04단	松村少佐來釜
4400	南鮮版	1936-08-22	05단	*水害地婦人に女中の口を斡旋 愛婦の養成所乘出す/意外に甚大 全南の水害/土方に安廣間に土砂崩潰*
4401	南鮮版	1936-08-22	05단	田園に聽く秋の聲【沙里院郊外】
4402	南鮮版	1936-08-22	07단	空中寫眞を改版ごとに除く
4403	南鮮版	1936-08-22	07단	仁商ナイン歸る
4404	南鮮版	1936-08-22	07단	鮮滿鐵道の一元化再燃か/オイソレと手離せぬ
4405	南鮮版	1936-08-22	07단	中樞院も改革か/現機構は有名無實
4406	南鮮版	1936-08-22	08단	不義の嬰兒殺し
4407	南鮮版	1936-08-22	08단	兄弟フグ中毒
4408	南鮮版	1936-08-22	08단	軍法會議辯護人に村上氏
4409	南鮮版	1936-08-22	08단	首謀者檢束/大田郡是製絲の女工罷業
4410	南鮮版	1936-08-22	09단	警戒せよ傳染病/豫防宣傳ビラを配布

일련번호	판명	간행일	단수	기사명
4411	南鮮版	1936-08-22	09단	支那人魔窟襲ひ賭博手入れ/亂鬪、廿一名を檢擧
4412	南鮮版	1936-08-22	10단	各地から(釜山、開城)
4413	南鮮版	1936-08-23	01단	各位の御協力で大任を果したい 釜山へ上陸第一歩 前任者に花持たす床しさ/一足先きに大野總監/ステートメント/大邱の盛んな歡迎
4414	南鮮版	1936-08-23	01단	讃へん哉、覇者の譽れ
4415	南鮮版	1936-08-23	03단	先づ朝鮮米に舌皷/浪人の如才なさ、警視總監の鋭さ/空は霽れ、總監の顔も晴れ
4416	南鮮版	1936-08-23	05단	在滿鮮農の統制 國策として確立 大理想具現の兩拓殖/北鮮農耕適地へ約五萬人を收容 創立次第に事業着手
4417	南鮮版	1936-08-23	06단	國境警官增員や警察署の增設/警務局の新規要求
4418	南鮮版	1936-08-23	08단	百八十萬圓 忠南の水害/全北土木被害/弔慰金發送
4419	南鮮版	1936-08-23	08단	スピード立候補 永登浦分會は定員を超ゆ 京城府議選擧第一日/違反を防止
4420	南鮮版	1936-08-23	09단	照風丸竣工式/廿七日釜山で
4421	南鮮版	1936-08-23	09단	朝窒職工募集
4422	南鮮版	1936-08-23	09단	人妻酒精自殺譽
4423	南鮮版	1936-08-23	10단	石油値上げ/一箱につき一圓
4424	南鮮版	1936-08-23	10단	電球、琺瑯鐵器/檢査場建設/釜山牧ノ島に
4425	南鮮版	1936-08-23	10단	各地から(釜山、浦項)
4426	南鮮版	1936-08-25	01단	全鮮の米作減收/平年作を割るか/農作物何れも大凶作
4427	南鮮版	1936-08-25	01단	彈丸貨物列車の試運轉始まる/釜山、安東間廿五時間
4428	南鮮版	1936-08-25	01단	論戰の意氣込みも速水總長と漫談/南加大學生、城大訪問
4429	南鮮版	1936-08-25	01단	棉作主任會議
4430	南鮮版	1936-08-25	02단	米穀調査の講習會/全鮮一齊に開く
4431	南鮮版	1936-08-25	03단	商業組合令/釜山から建議
4432	南鮮版	1936-08-25	03단	棉花發祥の記念碑竣工す/廿七日から卅周年催し
4433	南鮮版	1936-08-25	04단	本府水害對策會議
4434	南鮮版	1936-08-25	04단	一般に氣乘薄/京城府議選擧(立候補者)
4435	南鮮版	1936-08-25	04단	煎鰮漁持直す
4436	南鮮版	1936-08-25	04단	新舊總督歷史的の事務引繼/澁い煎茶で六時間/モーニングと軍服の差し向ひ/秋色せまる甲子園ホテル
4437	南鮮版	1936-08-25	05단	初局長會議で施政の重要協議 廿七日南總督迎へて/大野總監の京畿道廳初巡視
4438	南鮮版	1936-08-25	06단	野球懸賞發表

일련번호	판명	간행일	단수	기사명
4439	南鮮版	1936-08-25	07단	北鮮の密林縫ひ見事に百足採集/大任果した白青年
4440	南鮮版	1936-08-25	07단	ランプが落ち二名死傷
4441	南鮮版	1936-08-25	08단	全鮮百廿線の林道を開設/百五十萬圓投じて
4442	南鮮版	1936-08-25	08단	木浦公會堂/木浦台に建設
4443	南鮮版	1936-08-25	08단	「春を描く」寫眞展/木浦で好評
4444	南鮮版	1936-08-25	08단	各地から(蔚山、開城、大邱、釜山、京城)
4445	南鮮版	1936-08-25	09단	僞造紙幣發見
4446	南鮮版	1936-08-25	09단	母子の奇禍
4447	南鮮版	1936-08-25	10단	老人の縊死
4448	南鮮版	1936-08-26	01단	特殊銀行會社の首腦部も總更迭か/局長級の異動は必至
4449	南鮮版	1936-08-26	01단	*總監、着任早々　“精勵恪勤”の範　次から次へ各局巡視/初局長會議*
4450	南鮮版	1936-08-26	01단	角フ出張所長會議
4451	南鮮版	1936-08-26	01단	秋大根をなびく【平壤郊外】
4452	南鮮版	1936-08-26	02단	中等學校入試に國史尊重の傾向/京城の校長間に有力
4453	南鮮版	1936-08-26	03단	聯絡船興安丸/十月二日に進水
4454	南鮮版	1936-08-26	03단	釜山鎭東川の浚渫を陳情/實現期待さる
4455	南鮮版	1936-08-26	04단	複線工事測量/坪井技手ら出發
4456	南鮮版	1936-08-26	04단	鐵道局辭令
4457	南鮮版	1936-08-26	04단	*水防團を再檢討　實際に卽した意見集め　組織、訓練を改善/江原道に豪雨　南漢江增水、牛城水組減收、罹災者救療/水害地で健康相談、慶南から復奮　國庫補助申請*
4458	南鮮版	1936-08-26	05단	*十九名立つ　氷登浦分會は二倍を超過　京城府議選擧/二名立候補　釜山府議選擧*
4459	南鮮版	1936-08-26	05단	釜山貯金管理所/職制を變更
4460	南鮮版	1936-08-26	05단	諏訪少佐着任
4461	南鮮版	1936-08-26	05단	棉花は二割減收/一億六千萬斤を豫想
4462	南鮮版	1936-08-26	06단	釜山に設ける理想的の大公園/關口博士が實地視察
4463	南鮮版	1936-08-26	06단	京城で市街戰/近づく滿洲事變五周年/廿師團で記念行事計畫
4464	南鮮版	1936-08-26	06단	オリンピック映畵會/中等野球實況や漫畵も上映/九月五日から五日間京城府民館で開催
4465	南鮮版	1936-08-26	07단	慶南の鰯機船/咸南北へ出動
4466	南鮮版	1936-08-26	08단	健康兒養成に少年野球を奬勵/京城初等學校の妙案
4467	南鮮版	1936-08-26	08단	三精米會社間に合同の折衝/資本金は千萬圓見當

일련번호	판명	간행일	단수	기사명
4468	南鮮版	1936-08-26	08단	“トーキー朝鮮”やがて製作
4469	南鮮版	1936-08-26	09단	切手收入印紙/割引販賣處罰/各地で卅名
4470	南鮮版	1936-08-26	09단	愛犬は膝にのせ汽車に乘れます/乘客の迷惑にならぬやう/滿州國線の新規定
4471	南鮮版	1936-08-26	09단	老人轢死す
4472	南鮮版	1936-08-26	09단	釜山の火事
4473	南鮮版	1936-08-26	09단	內鮮滿鐵道の野球リーグ戰/今秋第一回戰
4474	南鮮版	1936-08-26	10단	强盜傷害捕る
4475	南鮮版	1936-08-26	10단	安東童子團のキャンピング
4476	南鮮版	1936-08-26	10단	濱州、濱綏兩線/驛名を改正
4477	南鮮版	1936-08-26	10단	新刊紹介(山葡萄)
4478	南鮮版	1936-08-27	01단	*歡迎！南新總督來る “人の和”を第一に 使命に邁進せよ 勳一等の旭日章輝く軍服/溫顔に溢れる微笑/“南統治”の核心〔ステートメント〕/大邱の出迎へ*
4479	南鮮版	1936-08-27	04단	“春を描く寫眞展”/光州で催す
4480	南鮮版	1936-08-27	05단	お父さんの世話は樂です/令孃友子さんの話
4481	南鮮版	1936-08-27	05단	*今後は鮮産酒愛用 “極東通”の愛犬をお供に 車中、お好みの漫談/骨を埋める覺悟 永い目で見て欲しい “固い話”に決意の閃き*
4482	南鮮版	1936-08-27	06단	*特に經濟問題の前途に困難多し 新總督に注ぐ期待/天降りの廢止など 改革四案を陳情 京城丙午倶樂部から*
4483	南鮮版	1936-08-27	08단	忠南郡守異動
4484	南鮮版	1936-08-27	08단	朝鮮神宮へ奉告/倭城台官邸に入る
4485	南鮮版	1936-08-27	08단	颱風刻々迫る/慶南沿岸は危險/釜山水上署から警報
4486	南鮮版	1936-08-27	09단	幼兒を背負ひ母親飛込み/京釜線の悲劇
4487	南鮮版	1936-08-27	09단	京城水源地の纛島に腸チフス/四千人に豫防注射
4488	南鮮版	1936-08-27	10단	試運轉好成績/彈丸貨物列車
4489	南鮮版	1936-08-27	10단	女房を絞殺
4490	南鮮版	1936-08-27	10단	*廿一名立つ 京城府議選擧/釜山府議選擧の立候補三名*
4491	南鮮版	1936-08-28	01단	*疆內官民に告ぐ 南總督、諭告を發す/興隆日本は望む/官吏の自奮自重 南總督、初登廳の朝 新しき使命を說く大訓示*
4492	南鮮版	1936-08-28	03단	*復舊を急ぐ矢先 又も豪雨襲ふ 漢江に氾濫の虞れ/百戶浸水 龍山署管內/京城飛行場水浸し 使用禁止延長か/洛東江增水/松麗線不通 線路に土砂崩潰/死體八個を發掘 慶北東海面に山崩れ/浸水續出す 自動車交通殆ど杜絶*
4493	南鮮版	1936-08-28	04단	梟島燈台燈質變更

일련번호	판명	간행일	단수	기사명
4494	南鮮版	1936-08-28	05단	訓示の要旨
4495	南鮮版	1936-08-28	05단	重要政策の方針/當分は現狀維持/注目される訓示內容
4496	南鮮版	1936-08-28	05단	金組聯合會の古參理事を整理/任期滿了を機會に
4497	南鮮版	1936-08-28	05단	貯銀支店/群山、木浦に設く
4498	南鮮版	1936-08-28	05단	照風丸竣工式
4499	南鮮版	1936-08-28	06단	産業經濟檢討へ/內鮮の智囊動員/調査會の委員決定す(鮮內民間側、鮮外官廳側、鮮外民間側、學者)
4500	南鮮版	1936-08-28	07단	死亡四十八名/慶南過般の水禍
4501	南鮮版	1936-08-28	08단	開城隣保館/明春までに竣工
4502	南鮮版	1936-08-28	08단	白晝の强盜/病人を斬る/一時間後に逮捕
4503	南鮮版	1936-08-28	09단	山本元小頭へ一年半の求刑
4504	南鮮版	1936-08-28	09단	釜山對大邱の拳鬪試合
4505	南鮮版	1936-08-28	09단	日滿電話實地視察
4506	南鮮版	1936-08-28	09단	司法保護標語審査
4507	南鮮版	1936-08-28	09단	講金を橫領
4508	南鮮版	1936-08-28	09단	各地から(開城、筏橋、光州、京城、釜山)
4509	南鮮版	1936-08-29	01단	*猛颱風、南鮮を席卷す　最大風速卅一米四　家屋倒壞算なし　主要電信、電話不通に陷り　二回線先づ開通す/釜山測候所の觀測/貯木場の材木　激浪に流失　損害六萬圓に上る/釜山の被害/港內船舶避難/電信電線の復舊に應援　京城から十餘名*
4510	南鮮版	1936-08-29	01단	平壤栗實る
4511	南鮮版	1936-08-29	04단	更に一名立つ/釜山府議選擧
4512	南鮮版	1936-08-29	04단	*全南の浸水二千戶　榮山江增水、危險迫る/船舶の全、半壞多數　蔚山署管內の被害狀況*
4513	南鮮版	1936-08-29	04단	「白米を食はせ」と病妻を滅多斬り/死體を隱匿し知らぬ顔
4514	南鮮版	1936-08-29	05단	二工事區新設/三浪津と半夜月に九月から
4515	南鮮版	1936-08-29	05단	局線中旬の荷動き堅調
4516	南鮮版	1936-08-29	06단	發破硏究場/來月中旬に新築
4517	南鮮版	1936-08-29	06단	十萬圓を投じ/合同建築に決る/大田の偉觀、公會堂
4518	南鮮版	1936-08-29	06단	阪神、仁川間の貨物輸送まる一日短縮/明年、商船が四隻新造
4519	南鮮版	1936-08-29	06단	朝鮮神宮へ就任奉告の南總督
4520	南鮮版	1936-08-29	07단	東京大會貯金/京遞局も實施
4521	南鮮版	1936-08-29	07단	民事訴訟調停/警察手を引く/一切裁判所へ
4522	南鮮版	1936-08-29	08단	*總督の就任披露　在城有力者八百名を招き　龍山官邸で茶會/本府各局の事務聽取始る　大野政務總監*

일련번호	판명	간행일	단수	기사명
4523	南鮮版	1936-08-29	08단	靑訓の新設/十ヶ所/補助金を交府
4524	南鮮版	1936-08-29	09단	五圓馬券に代り/十圓馬券が登場/近づく京城秋季競馬
4525	南鮮版	1936-08-29	09단	各地から(浦項、大邱)
4526	南鮮版	1936-08-29	10단	運動競技界(朝鮮神宮大會慶南豫選日程、大邱體協庭球スケヂュール)
4527	南鮮版	1936-08-30	01단	*颱風の暴威・巷の慘禍　慶南の浸水家屋　一萬戶を突破す死者、行方不明八十四〔二十九日午後二時現在〕/南海岸一帶に慘害/線路も飴の如く　怒濤に曲げらる　颱風の上陸地・麗水港/流失、全壞船舶百數十隻　馬山の被害/五十萬圓以上/巨濟署管內/東面堤防決潰*
4528	南鮮版	1936-08-30	01단	へシ折られた大木
4529	南鮮版	1936-08-30	05단	*晋州殆んど全滅　南江の五ヶ所決潰し　忽ち邑內にさか卷く濁流/金海郡の 全半壞千二百戶に達す　損害五十一萬五千圓/小鹿島も被害/救濟打合せ/總督、水害を視察　漢江人道橋中心に/沿岸の狀況調査に七隻出動/電信電話の復舊に全力　釜山、京城間廿九日中に/江口の全部落　水浸しの慘　九龍浦にも相當被害*
4530	南鮮版	1936-08-30	06단	"海の隼"/祝禍
4531	南鮮版	1936-08-30	08단	石原少將新任披露
4532	南鮮版	1936-08-30	09단	强盜の仕業か/雜貨商殺害さる/発見された血塗れ死體
4533	南鮮版	1936-08-30	09단	釜山ラヂオ體操/十六萬人が參加/來年から一段の奬勵
4534	南鮮版	1936-08-30	09단	蔚山學議當選者
4535	南鮮版	1936-08-30	10단	平壤驛待合室に擴聲機
4536	南鮮版	1936-08-30	10단	少年黑焦げ

1936년 9월

일련번호	판명	간행일	단수	기사명
4537	南鮮版	1936-09-01	01단	尊じ！殉職三警官 婦人、子供を庇ひ 怒濤の中に消ゆ 颱風被害調査の靈光署員/挺身、描く內鮮融和/電信電話復舊/一瞬、平和な村も魔の颱風に潰滅 哀れ百廿七名の生靈 慶南居昌にて 新木特派員發/金剛山も痛手/江原の慘禍劇甚/両水害の死傷者四千六百名越す 昭和五年より深刻/被害二百萬圓 慘憺たる統營/死者には弔慰金 慶北、救濟策を急ぐ/卅一日正午現在の慶南被害/彌助港全滅/郵貯拂戾し 晋州局で十日間/全南漁船損害
4538	南鮮版	1936-09-01	01단	悽慘！濁流の海原
4539	南鮮版	1936-09-01	04단	蔚山飛行場被害輕微
4540	南鮮版	1936-09-01	06단	卅萬人分の救急藥/救療班を二十四班/慶南災害地へ救ひの手
4541	南鮮版	1936-09-01	09단	松麗線全通/赤十字救護班
4542	南鮮版	1936-09-02	01단	義心に訴ふ 罹災民を救へ 內地各府縣へも依賴狀 全官吏、先づ起つ/慶南社會事業協會義金募集/大邱では戶別訪問/救恤品は無賃輸送 本月末まで/應急對策に萬全 臨時水害救濟委員會設く/慶北知事上城/豫防內服藥 四十萬人分發送/巡廻施療班 全南各地へ
4543	南鮮版	1936-09-02	01단	着任初巡視は心痛の水害視察/總督、總監罹災地へ
4544	南鮮版	1936-09-02	01단	慶南被害調査 各地へ九班派遣/全南幹部出張/清水工務課長出張/死傷、行方不明二百七十名 全南の最終的調査/全南學校被害/一日正午現在慶南被害
4545	南鮮版	1936-09-02	01단	“泥海”を行く
4546	南鮮版	1936-09-02	06단	自然の暴威に挑む/根本對策を樹つ 大野政務總監談/無電を充實 山田通信局長談/要するに金 榛葉本府土木課長談/將來、京城近郊に豫備飛行場開く 岩男遞信局監理課長談/豫備飛行場案 全く同感だ 神津日本空輸 京城支所長談/洛東江附近の線路引上げ强行/吉田鐵道局長談
4547	南鮮版	1936-09-02	06단	オリンピック寫眞展/一日から京城三越で開き/引續き主要都市で
4548	南鮮版	1936-09-02	08단	「聖處女」上映/釜山の讀者優待
4549	南鮮版	1936-09-02	09단	平年作の五、六割か/慶南の稻作
4550	南鮮版	1936-09-02	10단	貯金外務員大金を紛失
4551	南鮮版	1936-09-03	01단	又も各地に豪雨 洛東、榮山兩江增水し 休む間なく非常警備(慶南、慶北、全南)/松麗線再び不通 降雨量は前回以上(不安の晋州、若木面危險)/渦巻く濁流にも眉曇らす總督 罹炎者へ激勵の言葉 春川にて 山岡特派員發/災禍に落膽せず復興に進め 視察の大野總監語る/「全く氣の毒」光州で矢島農林局長談/本府首腦總出/吉田鐵道局長/農作物の被害調査員を派遣/慶南水産關係被害

일련번호	판명	간행일	단수	기사명
4552	南鮮版	1936-09-03	04단	進永、三浪津間へ救援列車
4553	南鮮版	1936-09-03	04단	有效適切に使ふ/率先、本社の義金寄贈に/南總督の謝辭
4554	南鮮版	1936-09-03	04단	被害一億圓內外/小鹿島被害三萬圓/簡保支拂ひ 加入者に便法
4555	南鮮版	1936-09-03	05단	暴風雨に抗し奮鬪する交換孃/釜山遞信分掌局の不眠不休の努力
4556	南鮮版	1936-09-03	06단	慰問金を五千圓 京城府會で贈呈可決/三千圓寄附 大邱の小倉氏/三千五百圓 丁子屋の義金/慶南愛婦街頭進出/慶北救濟協議
4557	南鮮版	1936-09-03	06단	遞信局辭令
4558	南鮮版	1936-09-03	07단	殉職の血潮 鐵路を染む 疲れ果てた身で被害點檢中 線路手、列車に轢殺さる/殉職三警官 四日に合同葬/窮狀に附込み女子の賣買 悪周旋人に鐵鎚
4559	南鮮版	1936-09-03	07단	遞信局異動
4560	南鮮版	1936-09-03	08단	京城市街地計畫答申案
4561	南鮮版	1936-09-03	08단	京電バス轉覆/十一名重輕傷を負ふ
4562	南鮮版	1936-09-03	08단	金組理事異動
4563	南鮮版	1936-09-03	09단	覆面の强盜
4564	南鮮版	1936-09-03	09단	朝鮮神宮大會忠南豫選
4565	南鮮版	1936-09-03	09단	鐵道の復舊費/さらに百卅萬圓/鐵道局、要求に決る
4566	南鮮版	1936-09-03	10단	京城府議選擧立候補者
4567	南鮮版	1936-09-03	10단	若者、謎の死/渡滿の途大邱で
4568	南鮮版	1936-09-03	10단	新刊紹介(歌集樂浪)
4569	南鮮版	1936-09-04	01단	無視された城大/産業經濟調査會の顔觸に/認識不足振り暴露
4570	南鮮版	1936-09-04	01단	治山治水計畫/根本策樹立せん/總督の決意期待さる
4571	南鮮版	1936-09-04	01단	李王殿下三千圓下賜/各水害地へ
4572	南鮮版	1936-09-04	02단	道なき道を往き 慘禍の跡に淚 江源道視察の南總督 春川にて山岡特派員發/春川の男女生徒に感銘ふかい訓示 自動車强行、九十里/大野總監 晋州を視察/馬山は見合せ/死傷累計六千名 三日午前十時/災害委員會公布/古賀技師一行出張/衣類を急送/續々開通す
4573	南鮮版	1936-09-04	04단	今吉拓務管理課長
4574	南鮮版	1936-09-04	04단	ス監督の氣紛れ 釜山へひょっこり上陸し カブキ禮讃ーくさり/本社へ謝電
4575	南鮮版	1936-09-04	05단	便利になる電報/十月から實施
4576	南鮮版	1936-09-04	06단	慶北訓導異動
4577	南鮮版	1936-09-04	07단	黃金の前には/國家なき暴言/密輸、脫稅容疑の一味

일련번호	판명	간행일	단수	기사명
4578	南鮮版	1936-09-04	08단	失業苦の少年/大それた籠拔け/百圓の印紙と二百圓
4579	南鮮版	1936-09-04	08단	廿八名立つ/京城府議選擧
4580	南鮮版	1936-09-04	08단	木村資源を造成/明年度から十八ヶ年計畫で/豫算總額四百萬圓
4581	南鮮版	1936-09-04	08단	見たい映畵揃ひ/オリンピックや野球大會/五日から/京城府民館
4582	南鮮版	1936-09-04	10단	盈德電氣料金改訂
4583	南鮮版	1936-09-05	01단	*責任者の復興策打診　治山治水計畫に恒久策を樹てる　南總督、決意を披瀝/賦役を撤廢して賃銀を與へる　大野政務總監談/復舊に二百萬圓　追加豫算へ計上　吉田鐵道局長語る/砂防工事繰上げも時宜を得た對策　大竹內務局談/河川改修　松本全南知事談/補助金必要　金全北知事談*
4584	南鮮版	1936-09-05	01단	御叡慮に感激/侍從御差遣の御沙汰を拜し/南總督の謹話
4585	南鮮版	1936-09-05	04단	濁流を照らす凄い無心の滿月/超人間的！水防團の活躍/【羅州】梶山特派員發
4586	南鮮版	1936-09-05	04단	專賣局辭令
4587	南鮮版	1936-09-05	05단	*治水委員會設く　官民の權威者を網羅/五日に災害委員會/今吉管理課長水害視察日程/大邱の義金/慶北の應急救濟費/三浪津、進永間の復舊遲る*
4588	南鮮版	1936-09-05	08단	毒藥を呑ませ親切さうに介抱/サイダー殺人事件
4589	南鮮版	1936-09-05	10단	咸安、郡北間開通
4590	南鮮版	1936-09-05	10단	暴利を取締れ/全鮮へ通牒飛ぶ
4591	南鮮版	1936-09-05	10단	全南署長異動
4592	南鮮版	1936-09-06	01단	*四年目に返咲き　昔馴染みの半島へ　酒杯にも親しむし、果斷にも富む　腕利きの三橋新警務局長/朝鮮の警察なら隅から隅まで知っている　“突然”の吉報に喜ぶ三橋氏/湯上り後の清々した氣持　退官の伊達氏談/「水害對策に全力」トントン拍子の上瀧さん 遂に慶北知事の金的*
4593	南鮮版	1936-09-06	01단	「今がひき時」/警察界に大功績殘し/田中氏、前總督に殉ず
4594	南鮮版	1936-09-06	03단	*いざ復興へ　差當り醫療材料　土木工事も早くやりたい 孫江原道知事語る/先づ副業奬勵　李忠南知事談/自然の力を正しく把握　安井京畿知事談/一般篤志家の義捐をまつ 金忠北知事語る/慶南の被害五千萬圓　水産關係が劇甚/災害委員會/慶北打合會*
4595	南鮮版	1936-09-06	06단	情けの義金(京城、大邱、釜山)
4596	南鮮版	1936-09-06	08단	流れる家に入り/決死・三名を救ふ/南總督も感謝/橫城署の朴巡査
4597	南鮮版	1936-09-06	08단	運動競技界(開城軟式野球)

일련번호	판명	간행일	단수	기사명
4598	南鮮版	1936-09-06	09단	慶州丸の乘組員を救助
4599	南鮮版	1936-09-06	09단	兼題「刀劍」/朝鮮神宮の獻詠歌
4600	南鮮版	1936-09-06	10단	密航團檢擧
4601	南鮮版	1936-09-08	01단	政治經濟の再吟味 1/傳統と近代文化/半島は雙面神だ/五地方へ記者を特派/"希望ある困難"の道を拓く
4602	南鮮版	1936-09-08	01단	牧野侍從から聖旨を傳達/八日より災害地視察
4603	南鮮版	1936-09-08	01단	風水害復興グラフ
4604	南鮮版	1936-09-08	04단	遞信省辭令(七日)
4605	南鮮版	1936-09-08	05단	奇しくも揃った"犧牲ブロック"/期待される返咲の腕
4606	南鮮版	1936-09-08	05단	飛躍の外務條件/國際的地位の昂揚と極東情勢/更に資本主義の外地膨脹
4607	南鮮版	1936-09-08	06단	新規要求容認額/四、五千萬圓程度/復活の要望殺到せん
4608	南鮮版	1936-09-08	06단	甲子俱樂部陳情
4609	南鮮版	1936-09-08	07단	グライダー時代/黎明飾る催し/本社京城通信局の展覽會に官民擧って熱意の後援
4610	南鮮版	1936-09-08	07단	罹災民を救はんと模範驛手の殉職/機關車で頭部を强打
4611	南鮮版	1936-09-08	08단	ダイヤ改正打合會
4612	南鮮版	1936-09-08	09단	飛込み自殺を裝はせたか/線路に女の怪死體(大邱の女)
4613	南鮮版	1936-09-08	09단	帝都で街頭募金/半島出身の學生起つ
4614	南鮮版	1936-09-08	10단	本社釜山通信部へ義金寄託
4615	南鮮版	1936-09-08	10단	殺人水兵に三年の判決
4616	南鮮版	1936-09-09	01단	噂の勇退勅任組/結局、一齊辭職か/新首腦部に不滿表明
4617	南鮮版	1936-09-09	01단	米穀自治管理法/十五日から實施決る
4618	南鮮版	1936-09-09	01단	京城へ向ふ牧野侍從
4619	南鮮版	1936-09-09	01단	政治經濟の再吟味 2/統制を逃避する/ルンペン資本/內地から半島へ流入
4620	南鮮版	1936-09-09	02단	定例局長會議
4621	南鮮版	1936-09-09	03단	牧野侍從/春川を視察
4622	南鮮版	1936-09-09	04단	二海軍技手/法廷に悔悟の涙/收賄を裁く軍法會議
4623	南鮮版	1936-09-09	04단	蒼空へ切なる憧れ/稀有の曇天繼續レコード/新秋だ！カラリとなれ！
4624	南鮮版	1936-09-09	04단	大谷光瑞氏
4625	南鮮版	1936-09-09	04단	遞信局辭令
4626	南鮮版	1936-09-09	05단	東海北部線開通す
4627	南鮮版	1936-09-09	06단	死者旣に卅名/行方不明百四十二名/仁川沖の漁船遭難事件

일련번호	판명	간행일	단수	기사명
4628	南鮮版	1936-09-09	08단	巡廻健康相談
4629	南鮮版	1936-09-09	08단	古蹟を愛護せよ/十日各地一齊に運動
4630	南鮮版	1936-09-09	08단	伊達前知事送別會
4631	南鮮版	1936-09-09	09단	長男を壓殺/盲目と啞の夫婦
4632	南鮮版	1936-09-09	09단	隧道に嬰兒のバラバラ死體
4633	南鮮版	1936-09-09	10단	徳壽丸遲る/大混雜の釜山
4634	南鮮版	1936-09-09	10단	各地から(鎭海、京城、開城、大邱)
4635	南鮮版	1936-09-10	01단	*官民最善を盡す 再び御內帑金御下賜に南總督謹んで語る/軍用毛布五千枚 風水害罹災者へ配給/取敢ず廿萬圓 京畿道、直接救助費を支出/慶南救濟費*
4636	南鮮版	1936-09-10	01단	政治經濟の再吟味 3/內地經濟機構に溶込むのが賢明/かくて急速の発展へ
4637	南鮮版	1936-09-10	03단	釜山見本市/十一日蓋明け
4638	南鮮版	1936-09-10	03단	*黑字謳歌の矢先 貧乏神の訪れ 風水害と農作物凶作/京城、內地間に無線のモシモシ 明年度豫算に計上/一年打切豫算四百萬圓 振興土木事業*
4639	南鮮版	1936-09-10	04단	釜山博の延期案に騷然/懇談會纏らず
4640	南鮮版	1936-09-10	04단	白神老校長の頰光る感激の涙/大邱女高普の胸像除幕式
4641	南鮮版	1936-09-10	05단	“京城踊”初公演/京の「都踊」の粹を採り/十月二日から府民館で
4642	南鮮版	1936-09-10	06단	國境の秋空高く欣舞する戰鬪機/會寧飛行團の開團式
4643	南鮮版	1936-09-10	06단	競馬シーズン/各地の日程
4644	南鮮版	1936-09-10	07단	死者卅九名/遭難船舶の被害增大す
4645	南鮮版	1936-09-10	08단	僞造一圓紙幣/頻々釜山に現る
4646	南鮮版	1936-09-10	08단	慶南の八月中傳染病發生數
4647	南鮮版	1936-09-10	08단	二宮總裁初め/役員を発表/鮮滿拓殖の創立總會
4648	南鮮版	1936-09-10	09단	京城都計研究會の役員改選
4649	南鮮版	1936-09-10	09단	運動競技界(慶北選手權大會、京城野球リーグ戰、台鐵ラグビー部)
4650	南鮮版	1936-09-10	10단	各地から(釜山、大田、馬山、大邱)
4651	南鮮版	1936-09-10	10단	從弟殺し送局
4652	南鮮版	1936-09-11	01단	防空大演習迫る/防衛司令部から勇ましい實況放送/通信機能も存分發揮
4653	南鮮版	1936-09-11	01단	*列車の燈火管制 廿九日から四日間/婦人の訓練 龍山練兵場で*
4654	南鮮版	1936-09-11	01단	政治經濟の再吟味 4/西鮮の巻 B記者/北鮮との拮抗上/自らも工業化/時代の惱みと奮張り

일련번호	판명	간행일	단수	기사명
4655	南鮮版	1936-09-11	02단	置土産兩事業の豫算に果然大鉈/急變に關係當局狼狽
4656	南鮮版	1936-09-11	03단	茂山鐵鑛開發協議
4657	南鮮版	1936-09-11	04단	輸出電球減少
4658	南鮮版	1936-09-11	04단	辯護士試驗合格者
4659	南鮮版	1936-09-11	05단	救護一段落/漁船遭難事件
4660	南鮮版	1936-09-11	05단	*罹災者を北鮮へ　最も劇甚の江原道から　千名を移住させる/高地へ移轉/農作物の被害六千萬圓突破か　先づ四道の調査終了/災害救護基金制度設く*
4661	南鮮版	1936-09-11	06단	各地から(馬山、京城、釜山、大田)
4662	南鮮版	1936-09-11	07단	商業講習會
4663	南鮮版	1936-09-11	07단	大勉强の黑字鐵道/明年度七百七十輛新造/臨時列車を定期に直す
4664	南鮮版	1936-09-11	07단	部長、府尹など全面的の大搖れ/新首腦部の切味注目
4665	南鮮版	1936-09-11	07단	城大公開講座
4666	南鮮版	1936-09-11	08단	臨時知事會議/廿四、五兩日開く/南總督の大方針明示
4667	南鮮版	1936-09-11	08단	トラック合同/慶北の新會社廿五日に創立
4668	南鮮版	1936-09-11	08단	トラックに汽動車衝突
4669	南鮮版	1936-09-11	08단	鮮鐵、廣鐵打合會
4670	南鮮版	1936-09-11	09단	*慶南一帶に豪雨　釜山測候所から特報/南原稅務署落雷で全燒書類烏有に歸す*
4671	南鮮版	1936-09-11	10단	讀者慰安の夕/大田で映畵會
4672	南鮮版	1936-09-12	01단	政治經濟の再吟味４/半島獨立經濟の夢を淸算せよ/進め！歷史的必然へ
4673	南鮮版	1936-09-12	01단	蒼空が見えた蒼空が/待ちかねた本格的の新秋だ
4674	南鮮版	1936-09-12	01단	無理な人事はせぬ/安心して欲しい/當面の問題/大野總監談(明年度豫算、豫算削減問題、人事の方針、天降り是非、茂山鐵鑛開發)
4675	南鮮版	1936-09-12	01단	牧野侍從淸州へ
4676	南鮮版	1936-09-12	04단	*四千五百萬圓　殖える慶南の風水禍/慶北は三千萬圓/千萬圓突破　全南救濟を急ぐ*
4677	南鮮版	1936-09-12	05단	「摘むな培へ刑餘の新芽」/免囚保護標語入選發表
4678	南鮮版	1936-09-12	06단	ダイヤ改正/十月一日から
4679	南鮮版	1936-09-12	07단	「緣の下の力持ち/この氣持で明朗慶北建設」/着任の上瀧知事談
4680	南鮮版	1936-09-12	07단	踏切番と老人/無殘！轢殺さる/永登浦驛附近で
4681	南鮮版	1936-09-12	07단	土屋前府尹へ慰勞金三千圓/釜山府會で可決

일련번호	판명	간행일	단수	기사명
4682	南鮮版	1936-09-12	07단	絢爛な體育繪卷/十二日から朝鮮神宮奉贊大會/トップを飾る水上競技(府廳、兼二浦勝つ/京日野球准決勝)
4683	南鮮版	1936-09-12	08단	松尾民政代表
4684	南鮮版	1936-09-12	08단	盜難の隣家へ助けにゆき瀕死/少年强盜に斬らる
4685	南鮮版	1936-09-12	08단	中樞院、司法官兩會議
4686	南鮮版	1936-09-12	09단	流感の牛千二百餘頭/忠南に蔓延
4687	南鮮版	1936-09-12	10단	災害視察日程
4688	南鮮版	1936-09-12	10단	各地から(開城、京城、釜山)
4689	南鮮版	1936-09-12	10단	北支視察團京城へ
4690	南鮮版	1936-09-13	01단	全國都市問題會議を明後年に京城へ招く/産業都市の眞價宣傳
4691	南鮮版	1936-09-13	01단	空襲下の玄海を進む闇の聯絡船/南鮮に漲る演習氣分
4692	南鮮版	1936-09-13	01단	毒瓦斯防護に早速活躍/うまれる釜山國防化學協會
4693	南鮮版	1936-09-13	01단	「防空日本」映寫會
4694	南鮮版	1936-09-13	01단	北鮮防空演習へ愼飛行士參加/監視隊として
4695	南鮮版	1936-09-13	02단	金組聯合會慶南支部の異動
4696	南鮮版	1936-09-13	02단	各地で攻防戰/滿洲事變五周年記念日(京城、大田)
4697	南鮮版	1936-09-13	02단	政治經濟の再吟味５/統制法回避より可能狀態を招け/米も內鮮同等を要求
4698	南鮮版	1936-09-13	03단	山澤氏決定的/審議室首席事務官後任
4699	南鮮版	1936-09-13	04단	婦人防毒演習
4700	南鮮版	1936-09-13	04단	新しい主迎へ總督官邸を新築/豫算も四十萬圓奮發
4701	南鮮版	1936-09-13	04단	公州地方法院/移転は明年度
4702	南鮮版	1936-09-13	04단	琺瑯鐵器輸出激增
4703	南鮮版	1936-09-13	05단	全京城靑訓の訓練
4704	南鮮版	1936-09-13	05단	大阪の釜山商品見本市
4705	南鮮版	1936-09-13	05단	*罹災邑面へ赤字補塡か 歲入に缺陷のおそれ/第二豫備金から應急救濟費/水害罹災者へ古服や古着 鐵道從業員から一萬五千點*
4706	南鮮版	1936-09-13	06단	朝鮮神宮馬術競技
4707	南鮮版	1936-09-13	07단	京城府廳優勝/京日野球大會
4708	南鮮版	1936-09-13	07단	“霧ヶ峰へ”の野望/城大航空會グライダー部/十九日に設立委員會
4709	南鮮版	1936-09-13	07단	國際スパイに備ふ/京畿、咸北兩道に外事課を新設/十月早々から實施
4710	南鮮版	1936-09-13	07단	産業經濟調査會本會議/十月廿日から

일련번호	판명	간행일	단수	기사명
4711	南鮮版	1936-09-13	08단	マラソン王等の凱旋歡迎會/十月十日京城で開く
4712	南鮮版	1936-09-13	08단	全南に豪雨/死者五名を出す
4713	南鮮版	1936-09-13	08단	名刹月精寺隆盛を取戾す/金溶禹氏の美擧
4714	南鮮版	1936-09-13	09단	密航ブローカーの親玉捕はる/勞働者數千名を渡航させ/手數料で豪奢な生活
4715	南鮮版	1936-09-13	10단	三千圓掏らる
4716	南鮮版	1936-09-13	10단	各地から(大邱、釜山、大田)
4717	南鮮版	1936-09-15	01단	近く未成年者に酒や煙草を御法度/內地同樣法律を出す
4718	南鮮版	1936-09-15	01단	朝鮮人警察官に是非增給したい/抱負を語る三橋警務局長
4719	南鮮版	1936-09-15	01단	牧野侍從
4720	南鮮版	1936-09-15	02단	殖銀異動
4721	南鮮版	1936-09-15	02단	全半壞の漁船/九千六隻に達す/鮮內總數の五分の一
4722	南鮮版	1936-09-15	03단	田中氏退城
4723	南鮮版	1936-09-15	03단	*花やかな水上競技　釜山高女、神宮競技に凱歌/選手の意氣高し　慶南陸上競技大會/柔道選士權大會の豫選*
4724	南鮮版	1936-09-15	03단	大田陸上競技(トラック、フイルド)
4725	南鮮版	1936-09-15	04단	秋の快感帶
4726	南鮮版	1936-09-15	05단	探勝期に備へ復舊を急ぐ/洪水受難の金剛山
4727	南鮮版	1936-09-15	06단	總督府裏庭へ總監官邸も新築/明年度から二年繼續
4728	南鮮版	1936-09-15	07단	毒瓦斯の豫備知識普及/釜山で講演會
4729	南鮮版	1936-09-15	07단	叩頭戰も白熱化/闇に光る警察の眼/京城府議選擧あと一週間
4730	南鮮版	1936-09-15	08단	米穀管理法の施行方法協議/農務課長會議
4731	南鮮版	1936-09-15	09단	各地から(大田、晋州)
4732	南鮮版	1936-09-15	09단	全鮮主要都市の工業用水を調査/本年度より五年計畫
4733	南鮮版	1936-09-15	09단	自動車の中で昏睡狀態に陷る/心中の藝妓と靑年
4734	南鮮版	1936-09-15	10단	警務所長會議
4735	南鮮版	1936-09-16	01단	秋に奏づ軍國の歌/第十九、第二十兩師團とも/爽凉の山野で演習
4736	南鮮版	1936-09-16	01단	牧野侍從/全南北を視察(全北、全南)
4737	南鮮版	1936-09-16	01단	梨本宮殿下/御來鮮御日程
4738	南鮮版	1936-09-16	01단	政治經濟の再吟味 7 /西鮮の巻Ｂ記者/平北の運命は懸って鴨綠江に/“表通りへ”の進軍譜
4739	南鮮版	1936-09-16	02단	*本府局長會議　風水害の義捐金　まだ豫定の半分　學務局長から報告/全北へ千圓　ビール王令　孫から贈る/土木関係復舊費三千萬圓を要求　各道より全部出揃ふ/日滿社會事業大會から百圓/風水害救濟を全國に呼びかく　十八日−總監がＤＫから*

일련번호	판명	간행일	단수	기사명
4740	南鮮版	1936-09-16	04단	漸く定員超過/釜山府議選擧
4741	南鮮版	1936-09-16	05단	仁川內地視察團、本社を參觀
4742	南鮮版	1936-09-16	06단	朝鮮人警察官に一齊俸本極り/宿泊料問題は保留
4743	南鮮版	1936-09-16	07단	*京畿陸上豫選/京城初等學校の運動會*
4744	南鮮版	1936-09-16	07단	京城↔裡里間/定期飛行認可/愼氏の同胞號が飛ぶ/"空のタクシー"も實現か
4745	南鮮版	1936-09-16	08단	裸體女の怪死體
4746	南鮮版	1936-09-16	09단	鐵道局八月の營業收入
4747	南鮮版	1936-09-16	09단	トラックに驚き/馬が暴れた/兵士行方不明事件につき/引率者住田大尉談
4748	南鮮版	1936-09-16	10단	オリンピック/寫眞展/釜山で開く
4749	南鮮版	1936-09-16	10단	二萬餘圓を橫領の疑ひ/朝鮮運輸計算會計主任
4750	南鮮版	1936-09-16	10단	各地から(大邱、釜山、馬山)
4751	南鮮版	1936-09-17	01단	梨本宮殿下の御統監に緊張/廿二日–準備演習・廿七日–豫行演習/慶南三都市に漲る防空熱(準備演習、豫行演習)
4752	南鮮版	1936-09-17	01단	戰車隊や鳩隊も大いに活躍/京城市街戰を放送
4753	南鮮版	1936-09-17	01단	政治經濟の再吟味 8/西鮮の巻 B 記者/內地資本誘致に全力傾ける平南/皮肉・高い工業用電力
4754	南鮮版	1936-09-17	02단	村雲日淨尼公の御旅程
4755	南鮮版	1936-09-17	02단	審議室首席/山澤氏に決まる/十六日發令
4756	南鮮版	1936-09-17	03단	京城府の三部制/法制局の審議終る/異動は十月中旬以後
4757	南鮮版	1936-09-17	03단	オリンピック貯金スタンプ
4758	南鮮版	1936-09-17	04단	城大生前川君の遭難記念碑/濟州島に建つ
4759	南鮮版	1936-09-17	04단	戶迷ひ櫻/馬山にチラホラ
4760	南鮮版	1936-09-17	05단	「最善を盡す」/山澤氏の喜び
4761	南鮮版	1936-09-17	05단	殉職二兵士の聯隊葬營む/遺族を迎へ十八日に
4762	南鮮版	1936-09-17	05단	「名譽の至り」/杉本伍長のお母さん語る
4763	南鮮版	1936-09-17	06단	大邱の府域擴張/本年中に申請/卅年後見越して審議
4764	南鮮版	1936-09-17	09단	「當人も本望」藤川一等兵/兄さんの談
4765	南鮮版	1936-09-17	10단	密輸脫稅一味/五名送局さる
4766	南鮮版	1936-09-17	10단	又も一名立ち/大動搖來す/釜山府議選擧
4767	南鮮版	1936-09-17	10단	讀者慰安デー/釜山三映畵館で
4768	南鮮版	1936-09-18	01단	始政以來の大黑字/十年度總督府の純剩餘金/實に二千七百萬圓

일련번호	판명	간행일	단수	기사명
4769	南鮮版	1936-09-18	01단	*いざ空襲に備へ 防毒マスク用意 釜山分掌局の緊張/燈火管制演習 滿洲事變記念日の釜山/生徒聯合演習 十九日京城で/遺家族へ香花 愛婦の心盡し*
4770	南鮮版	1936-09-18	01단	政治經濟の再吟味９/西鮮の巻Ｂ記者/宿命の農産道/黃海に新交通路/海州港の第二期築港
4771	南鮮版	1936-09-18	03단	春川の義金
4772	南鮮版	1936-09-18	03단	牧野侍從金泉視察
4773	南鮮版	1936-09-18	04단	福島市內鮮親善會から義金
4774	南鮮版	1936-09-18	04단	局友會義捐演藝會
4775	南鮮版	1936-09-18	04단	麗光に降雹
4776	南鮮版	1936-09-18	04단	京齒專もグライダー部/城大に續いて結成の名乘り/全鮮學生界に機運鬱勃
4777	南鮮版	1936-09-18	05단	初等教員の結核豫防/明年度から着手
4778	南鮮版	1936-09-18	05단	釜山放送局開局一周年/放送と實演の夕/全部地元出演の豪華版/二十一日公會堂で
4779	南鮮版	1936-09-18	06단	無期懲役求刑/城大生殺し公判
4780	南鮮版	1936-09-18	07단	産業經濟調査會へ/大內教授が參加/鮮內唯一の學者代表
4781	南鮮版	1936-09-18	07단	江原道會
4782	南鮮版	1936-09-18	08단	大邱高普の廿周年祝賀/プールも竣工
4783	南鮮版	1936-09-18	08단	監視人に對する/單純な反感/更生園患者暴行事件
4784	南鮮版	1936-09-18	09단	支那紙幣僞造の準備中捕る
4785	南鮮版	1936-09-18	09단	滿洲と北鮮へ八十萬人を移住/兩拓殖の事業內容
4786	南鮮版	1936-09-18	10단	各地から(開城、裡里、釜山、春川)
4787	南鮮版	1936-09-19	01단	風水禍の映畵を/畏き邊りに獻上/御說明役は牧野侍從
4788	南鮮版	1936-09-19	01단	*救ひ待つ罹災者 凡そ十九萬人 差當り千百萬圓必要/明年度の豫算 約四億一千萬圓 水田司計課長東上す*
4789	南鮮版	1936-09-19	01단	政治經濟の再吟味１０/湖南の巻Ｃ記者/內地農業資本が花咲き實を結ぶ/明日への希望は淋しい
4790	南鮮版	1936-09-19	04단	牧野侍從
4791	南鮮版	1936-09-19	04단	知事會議へ/滿洲國から出席
4792	南鮮版	1936-09-19	05단	道外事課長の噂に上る人々/警視級に異動
4793	南鮮版	1936-09-19	05단	殉職二兵士聯隊葬
4794	南鮮版	1936-09-19	05단	滿洲事變を偲ぶ/壯烈の市街戰/五周年記念日の京城(釜山、大邱、大田)
4795	南鮮版	1936-09-19	06단	京城齒科醫學會の總會
4796	南鮮版	1936-09-19	06단	秋風に咲く梅、桃、櫻

일련번호	판명	간행일	단수	기사명
4797	南鮮版	1936-09-19	08단	立候補八名/白熱の釜山府議選擧
4798	南鮮版	1936-09-19	09단	公州地方法院/移轉豫算通過
4799	南鮮版	1936-09-19	09단	各地から(釜山、京城)
4800	南鮮版	1936-09-19	09단	小兒科學會總會/內鮮滿の三百餘名參集し/廿六、七兩日城大で
4801	南鮮版	1936-09-19	10단	小鹿島樂園を國立にする/近く正式に手續
4802	南鮮版	1936-09-20	01단	*前年度に比較し　九千三百萬圓增　記錄的の明年度豫算/新規事業も總花式に容認　林財務局長語る*
4803	南鮮版	1936-09-20	01단	牧野侍從
4804	南鮮版	1936-09-20	01단	各地に漲る軍國色
4805	南鮮版	1936-09-20	02단	臨急運轉中止
4806	南鮮版	1936-09-20	02단	防空展列車/廿二日龍山驛へ
4807	南鮮版	1936-09-20	03단	千二百名參集し/穀物大會開かる/咸興府內は大賑ひ
4808	南鮮版	1936-09-20	03단	簡保諮問會/廿一日開く
4809	南鮮版	1936-09-20	04단	蘇る“日本人の血”/二度目の秋迎へ/鐵窓新生の決意/轉向した三宅元教授
4810	南鮮版	1936-09-20	04단	見る人々を總て“通”に/グライダー展開く/？？？は忽ち消える
4811	南鮮版	1936-09-20	05단	掃海艇六隻/釜山へ入港
4812	南鮮版	1936-09-20	06단	釜山の身投げ
4813	南鮮版	1936-09-20	07단	七チームの争覇/待望の全北驛傳競走/愈よ廿三日決行
4814	南鮮版	1936-09-20	07단	鐘紡全南工場にチフス發生
4815	南鮮版	1936-09-20	09단	爭ふ廿九名/廿日、京城府議選擧
4816	南鮮版	1936-09-20	09단	光陽海苔漁組の/漁場整理に反對/漁業者の形勢不穩
4817	南鮮版	1936-09-20	10단	渡船轉覆/四名行方不明
4818	南鮮版	1936-09-20	10단	尊い犧牲者
4819	南鮮版	1936-09-22	01단	京城府議當選者/棄權率實に五割三分(中部、東部、西部、永登浦)
4820	南鮮版	1936-09-22	01단	政治經濟の再吟味１１/湖南の巻Ｃ記者/更生一路の裏に斷ち切れぬ赤字/全南の模範部落を見る
4821	南鮮版	1936-09-22	01단	御下賜金傳達
4822	南鮮版	1936-09-22	04단	空前の大豫算に/大藏省の難關/先手を打ち牽制の肚
4823	南鮮版	1936-09-22	05단	釜山府議當選者/六割五分の棄權率(補缺、增員)
4824	南鮮版	1936-09-22	05단	簡保割當內定す/貸付事業の種目擴大(道別內定額、利率改定)
4825	南鮮版	1936-09-22	06단	*榮冠何れに輝く？　廿三日決行　七チーム爭覇の驛傳競走に沸き立つ全北一帶/全馬山優勝　朝鮮神宮野球豫慶南豫選/釜山初等校運動會*

일련번호	판명	간행일	단수	기사명
4826	南鮮版	1936-09-22	07단	仁川少年刑務所/來月中旬開所式
4827	南鮮版	1936-09-22	07단	米穀法發動せば/比率改訂を交渉/農林當局對策を練る
4828	南鮮版	1936-09-22	07단	次の穀物大會/木浦で開く/時期は九月頃
4829	南鮮版	1936-09-22	08단	釜山の强盜/素性判明す
4830	南鮮版	1936-09-22	09단	前總督夫人の逝去に深く哀悼/今は悲し“棧橋の話題”
4831	南鮮版	1936-09-23	01단	“空の團體”網羅し/航空聯盟を結成/グライダーも包含
4832	南鮮版	1936-09-23	01단	グライダー展から/京城丁子屋、廿六日まで
4833	南鮮版	1936-09-23	01단	政治經濟の再吟味１２/湖南の巻Ｃ記者/纖維工業朝鮮に比類なき棉作地/新活路へ彼等は起てり
4834	南鮮版	1936-09-23	02단	「人なつこい方」亡き前總督夫人を偲び/岩井敎授夫人の思い出
4835	南鮮版	1936-09-23	02단	放送と實演の夕/盛況を極む/ＪＢＡＫ一周年
4836	南鮮版	1936-09-23	03단	忠南陸上競技(トラック、フィルド)
4837	南鮮版	1936-09-23	03단	浦項邑議當選者
4838	南鮮版	1936-09-23	04단	オリンピック東京大會マラソン再制覇目指して！/孫、南兩選手凱旋記念/朝鮮神宮競技マラソン大會後援/オリンピックに關する映畵及び講演の會
4839	南鮮版	1936-09-23	06단	*極東の風雲急　南鮮に敵機空襲　大防空演習の想定/爆彈の先禮下　防護團の大活躍　勇しい京城防護演習/鎭海防護團査閱式*
4840	南鮮版	1936-09-23	07단	“當選祝ひを檢擧”
4841	南鮮版	1936-09-23	09단	强盜にも運下運/【Ａ】腕時計强奪、忽ち捕る/【Ｂ】氣前よく五十圓
4842	南鮮版	1936-09-23	10단	人夫燒死す
4843	南鮮版	1936-09-24	01단	內地稅制改正に/この際追隨せず/單に局部的の改正
4844	南鮮版	1936-09-24	01단	敢然、飯野汽船が全南近海へ進出/朝汽に輸送戰を挑む
4845	南鮮版	1936-09-24	01단	江原の御下賜金傳達式
4846	南鮮版	1936-09-24	01단	貴賓車御警衛/鐵道と警察協力
4847	南鮮版	1936-09-24	01단	政治經濟の再吟味１３/湖南の巻Ｃ記者/飢ゑる雇只隊を小作農の水準へ/人口問題解決こそ急務
4848	南鮮版	1936-09-24	02단	故兪氏の葬儀/廿四日執行
4849	南鮮版	1936-09-24	03단	麗水から各地へ/擴がる電話/廿五日より
4850	南鮮版	1936-09-24	03단	參觀者の超記錄/呼物のグライダー展へ/旗日にどっと詰めかく
4851	南鮮版	1936-09-24	04단	慶北府尹郡守會議
4852	南鮮版	1936-09-24	04단	*釜山の燈火管制　成績十分ならず　防空指導部の發表/平素でも感心出來ぬ　鎌田釜山憲兵分隊長談/釜山分掌局の準備全く整ふ/防空準備演習に多大の效果　慶南三都市で擧行*

일련번호	판명	간행일	단수	기사명
4853	南鮮版	1936-09-24	05단	運動競技界(馬術競技大會)
4854	南鮮版	1936-09-24	05단	忠南代表選手
4855	南鮮版	1936-09-24	06단	護れ大空！
4856	南鮮版	1936-09-24	08단	白堊殿の別館/愈よ新築に着手/四階建て五百人収容
4857	南鮮版	1936-09-24	09단	各地から(裡里、山清、馬山、大邱、大田、釜山)
4858	南鮮版	1936-09-24	09단	人夫三名死傷
4859	南鮮版	1936-09-24	09단	速水總長を會長に/近く練習を開始/城大グライダー部
4860	南鮮版	1936-09-24	09단	平壤の對內地貿易
4861	南鮮版	1936-09-25	01단	*日滿は一心同體　提携を强化せよ　就任初の臨時知事會議に南總督經綸を闡明/總督訓示要旨(神威の顯現、風水害復舊、心田開發運動、初等教育擴充、農山漁村振興、一義的經論)*
4862	南鮮版	1936-09-25	01단	堅實味躍如/總督訓示寸評
4863	南鮮版	1936-09-25	01단	政治經濟の再吟味１４/湖南の巻Ｃ記者/港灣黃金時代に/天下唸らす取組/さて相互の協定は如何
4864	南鮮版	1936-09-25	04단	慶州の新羅祭
4865	南鮮版	1936-09-25	05단	手薄の國境線へ/繰出す新撰組/結氷期近く警備固む
4866	南鮮版	1936-09-25	06단	京城の防空防護演習
4867	南鮮版	1936-09-25	06단	洛東江の海苔/早くも悲觀さる/新養殖場開拓に努力
4868	南鮮版	1936-09-25	08단	鮮銀の大異動/官界に波及せん/秋風冷し老朽行員
4869	南鮮版	1936-09-25	08단	ホームスパン講習
4870	南鮮版	1936-09-25	08단	釜山、城津間聲の握手實現
4871	南鮮版	1936-09-25	08단	指示事項
4872	南鮮版	1936-09-25	09단	二工事落札
4873	南鮮版	1936-09-25	09단	約錢詐欺
4874	南鮮版	1936-09-25	10단	各地から(釜山、大田、木浦)
4875	南鮮版	1936-09-26	01단	快翔する空中列車/愼、服部兩飛行士の名コンビで/半島初のグライダー曳航
4876	南鮮版	1936-09-26	01단	知事會議終了
4877	南鮮版	1936-09-26	01단	昇格兩神社へ/勅使（總督）參向/廿五日仰せ出さる(御下賜金傳達、三橋警務局長)
4878	南鮮版	1936-09-26	02단	模範防護演習/廿六日釜山で
4879	南鮮版	1936-09-26	02단	南鮮防空演習/記念スタンプ
4880	南鮮版	1936-09-26	03단	海事審判二審制/廿五日から實施さる
4881	南鮮版	1936-09-26	03단	*群山Ａ組三年連覇　本社優勝旗を確保す　熱狂の全北驛傳競走閉幕/所要タイム/京城狀育デー 十月一、四兩日*

일련번호	판명	간행일	단수	기사명
4882	南鮮版	1936-09-26	03단	政治經濟の再吟味１５/中部の巻Ｄ記者/經濟不傳導に體江原道時代の聲/福の神京釜中央線の敷設
4883	南鮮版	1936-09-26	04단	公州邑長に高原氏內定
4884	南鮮版	1936-09-26	05단	砂防工事に感謝狀
4885	南鮮版	1936-09-26	07단	秋だ！山へ野へ/ピッチをあげて行進/ハイキングルート紙上設計(京元線方面、京釜線方面、京義線方面)
4886	南鮮版	1936-09-26	08단	京城の火事
4887	南鮮版	1936-09-26	09단	自動車と衝突
4888	南鮮版	1936-09-27	01단	東海岸の漁村一帶/謳へや踊れの鰯景氣/"海の幸"五千滿圓豫想
4889	南鮮版	1936-09-27	01단	*釜山棧橋も港も　敵機を欺く擬裝　迫る南鮮防空演習/公會堂にマイク　警報や講演放送　實況は隨時移動して/晋州に防護團*
4890	南鮮版	1936-09-27	01단	政治經濟の再吟味１６/中部の巻Ｄ記者/最强力なるべき/漁組が貧困薄弱/水産團體の統制を急げ
4891	南鮮版	1936-09-27	02단	*大野政務總監　海州港起工式へ/山田遞信局長渡滿/關東局記念式　內務局長出席*
4892	南鮮版	1936-09-27	03단	総督府辭令
4893	南鮮版	1936-09-27	03단	市內特別郵便を/どの局でも扱ふ/地方の利用者に福音
4894	南鮮版	1936-09-27	04단	滿洲國軍官候補者募集
4895	南鮮版	1936-09-27	04단	植物檢査官打合會
4896	南鮮版	1936-09-27	05단	本社兩部長來鮮
4897	南鮮版	1936-09-27	05단	全南の海苔騷動/莞島にも波及す/漁組事務所を襲擊
4898	南鮮版	1936-09-27	06단	水害地の傳染病/案ずるに及ばぬ/九道合せて八百餘人
4899	南鮮版	1936-09-27	07단	"暮し難い"釜山/「もっと物價を安く」と/府から反省を促す
4900	南鮮版	1936-09-27	07단	蠶業講習會/海州で催す
4901	南鮮版	1936-09-27	07단	開城大成會バザー
4902	南鮮版	1936-09-27	08단	手に手に棍棒/百餘名襲擊騷ぎ/口論から遂に暴行
4903	南鮮版	1936-09-27	09단	教化運動の指導者養成/博文寺で演習會
4904	南鮮版	1936-09-27	09단	十二名檢擧/馬山で赤の策動
4905	南鮮版	1936-09-27	10단	各地から(釜山、晋州)
4906	南鮮版	1936-09-27	10단	慶南府尹郡守會議
4907	南鮮版	1936-09-29	01단	*行政區域擴大から　愈よ三部制實施　一大躍進の京城府/大發展の膳立　こゝに確立　甘庶府尹は語る*
4908	南鮮版	1936-09-29	01단	非常な收穫/入場者無慮二十萬人/グライダー展覽會終る
4909	南鮮版	1936-09-29	01단	裡里飛行場/清祓式/同胞機訪問
4910	南鮮版	1936-09-29	01단	政治經濟の再吟味１７/中部の巻Ｄ記者/當局の妙案も落葉の如く山積/指導者が欲しい江原道

일련번호	판명	간행일	단수	기사명
4911	南鮮版	1936-09-29	03단	また職員の大增員/官報で公布
4912	南鮮版	1936-09-29	04단	*敵機を見事擊退　一絲亂れぬ統制下の活動　南鮮防空演習豫行/飛行機の識別/平壤機出發/南鮮防空演習　各位の努力で防備は充實す　石原指導部長語る/防空演習に　小學生も參加鎭海校の試み*
4913	南鮮版	1936-09-29	05단	總督府辭令
4914	南鮮版	1936-09-29	06단	土木事業協會/再建創立總會
4915	南鮮版	1936-09-29	06단	“地主各位に告ぐ”/小作爭議紛爭の豫防線/全南當局が配布
4916	南鮮版	1936-09-29	08단	鐵道復舊工事
4917	南鮮版	1936-09-29	09단	汚物掃除令施行規則/十一月に公布
4918	南鮮版	1936-09-29	09단	京城秋季競馬/大盛況に終る/十月一日から臨時競馬
4919	南鮮版	1936-09-29	10단	海上ギャング/首魁逮捕さる
4920	南鮮版	1936-09-30	01단	*燈火管制に死の街と化す　物凄い敵の空襲　遂に一機を射落す 釜山府は阿鼻叫喚の巻 南鮮防空演習豫行/燈火管制中 出火して大騷ぎ　通行中の兵士が發見/大邱驛も燈管/今曉四時から本演習に入る 軍官民の決意を發表*
4921	南鮮版	1936-09-30	01단	本紙を獻納/破格の光榮
4922	南鮮版	1936-09-30	01단	政治經濟の再吟味１８/北鮮の巻Ｅ記者/絢欄たる化學工業/北鮮各地に勃興す/數字が物語る貿易額
4923	南鮮版	1936-09-30	02단	探勝客へ朗報/內外金剛行直通寢台車/十月一日から每日運轉
4924	南鮮版	1936-09-30	03단	*南總督初度視察/南總督開城へ*
4925	南鮮版	1936-09-30	04단	相川外事課長/北滿視察へ
4926	南鮮版	1936-09-30	04단	防空演習ニュース
4927	南鮮版	1936-09-30	05단	怪しげな祈禱の罪/病兄弟は死亡、財産も奪はれ/未亡人遂に發狂す
4928	南鮮版	1936-09-30	07단	府尹郡守會議/風水害對策
4929	南鮮版	1936-09-30	08단	*南總督も義金　豫定の三十萬圓突破か　南鮮風水害義捐金/風水害罹災者滿洲へ移住 明春九千人*
4930	南鮮版	1936-09-30	08단	定例局長會議
4931	南鮮版	1936-09-30	09단	仁川府區域/三倍半に擴張/人口十萬、一大躍進
4932	南鮮版	1936-09-30	09단	半島行き新聞/下關で檢閱/明春四月から係員商置
4933	南鮮版	1936-09-30	09단	專賣局辭令
4934	南鮮版	1936-09-30	10단	朝鮮文化公開講座
4935	南鮮版	1936-09-30	10단	一萬圓を拐帶/滿洲へ高飛/行方手配中
4936	南鮮版	1936-09-30	10단	失戀同情心中/生命危篤

1936년 10월

일련번호	판명	간행일	단수	기사명
4937	南鮮版	1936-10-01	01단	南鮮の護り固し/鎭海の要塞目がけ 敵機拂曉の空襲 燈火管制に目標を失ひ 後刻再襲、爆彈投下/殘月の光淡く 爆音空に轟く 空襲下の釜山大緊張/編隊の七機 馬山府を襲ふこゝでも爆彈投下
4938	南鮮版	1936-10-01	04단	羅津府增員
4939	南鮮版	1936-10-01	04단	施政記念日と滿月が廻り合ふ 實に三十年に一度/感慨が深い京城測候所談
4940	南鮮版	1936-10-01	05단	匪賊掃蕩に拍車/警備飛行機、更に一台を常備/國境の護りにつく
4941	南鮮版	1936-10-01	06단	一世の名作品/德壽宮美術館陳列替/一般に公開さる
4942	南鮮版	1936-10-01	07단	各電氣會社の合同愈よ實現/南鮮配電統制
4943	南鮮版	1936-10-01	07단	砧の音を全國に放送
4944	南鮮版	1936-10-01	07단	全州府議補選
4945	南鮮版	1936-10-01	07단	全州府制施行記念日
4946	南鮮版	1936-10-01	07단	水害復舊資金/二百六十萬圓を支出
4947	南鮮版	1936-10-01	07단	訓練が不十分/友軍機を敵機と間違ふ/佐枝朝鮮軍參謀長談
4948	南鮮版	1936-10-01	08단	大野政務總監
4949	南鮮版	1936-10-01	08단	グライダーを歌ふ/城大佐藤教授が熱情傾け/進んで詩を寄せらる
4950	南鮮版	1936-10-01	09단	列車ダイヤ改定/愈よけふから實施
4951	南鮮版	1936-10-01	09단	上映映畵の變更
4952	南鮮版	1936-10-01	10단	新米の走り
4953	南鮮版	1936-10-02	01단	妖雲を縫ひつゝ/戰慄、空の追擊戰/燈管を布き半島の玄關死守/壯絶實戰的の訓練
4954	南鮮版	1936-10-02	01단	防空綜合演習/今や最高潮へ(妖雲、南鮮)
4955	南鮮版	1936-10-02	01단	政治經濟の再吟味 19/北鮮の巻E記者/地下に眠る豊鑛/金銀鑛、石炭層等實に無限/高地開發愈よ急務
4956	南鮮版	1936-10-02	02단	梨本元帥宮殿下/有難き御下問/山本釜山府尹謹話
4957	南鮮版	1936-10-02	04단	勅任官待遇
4958	南鮮版	1936-10-02	04단	非常時の感激 一絲紊れぬ統制下の活動 これでこそ日本人だ(釜山)/月光に打映ず 闇に沈む要塞の街々 敵機の空襲を擊退(鎭海、馬山)
4959	南鮮版	1936-10-02	04단	防空演習畵報
4960	南鮮版	1936-10-02	07단	警官五百名增員/釜山、平壤に警察署新設/警務局の新規事業
4961	南鮮版	1936-10-02	07단	施政記念日奉告祭/全鮮體育デー
4962	南鮮版	1936-10-02	08단	燈火管制中/倉庫から出火/直ちに消化

일련번호	판명	간행일	단수	기사명
4963	南鮮版	1936-10-02	10단	防護團活動/統營地方
4964	南鮮版	1936-10-02	10단	グライダーを/靑訓に使用/丁子屋の試み
4965	南鮮版	1936-10-02	10단	檢事異動
4966	南鮮版	1936-10-03	01단	*梨本元帥宮殿下/眞價を發揮した防護團の活動 南鮮防空演習茲に終る 石原指導部長の挨拶*
4967	南鮮版	1936-10-03	01단	グライダー曳航/試驗飛行も鮮かに大拍手/京城の空へもお目見え
4968	南鮮版	1936-10-03	01단	警察部長の總更迭斷行か/人事異動詮考に着手
4969	南鮮版	1936-10-03	01단	愈よ十五日から外事課新設/大演習で實施期遲る
4970	南鮮版	1936-10-03	02단	政治經濟の再吟味２０/北鮮の巻E記者/安價なる電力の供給が望ましい/"工業咸南"將來の鍵
4971	南鮮版	1936-10-03	03단	お役人の學校
4972	南鮮版	1936-10-03	03단	實弾射擊を一般に公開
4973	南鮮版	1936-10-03	04단	南總督
4974	南鮮版	1936-10-03	04단	三十二萬の勞銀を撒布/慶北水害事業
4975	南鮮版	1936-10-03	05단	二千年前の石棺を發見/大邱中學前で
4976	南鮮版	1936-10-03	05단	小鹿島に旅立つ/哀れ白衣の佳人/不幸な人達のため一生捧げ/惡辣な女布教師の犠牲
4977	南鮮版	1936-10-03	06단	榮山江改修の猛運動を起す/沿岸各町村の決意
4978	南鮮版	1936-10-03	07단	當局の取調中/一切の運動を差控/ひとのみち教團京城支部
4979	南鮮版	1936-10-03	08단	全北代表決る
4980	南鮮版	1936-10-03	08단	笹原君の鄕軍葬
4981	南鮮版	1936-10-03	10단	紳商運の賭博/京城本町署に
4982	南鮮版	1936-10-03	10단	觀水橋下に胎兒の死體/疑惑は女給に
4983	南鮮版	1936-10-03	10단	競馬ですって靑年自殺
4984	南鮮版	1936-10-04	01단	*あっといふ瞬間 船は海底へ沈む 現場は波浪高く搜査は困難 仁川汽船鹿島丸遭難/六十三名絶望？/突風に遭遇 不意の珍事/立石警部急行*
4985	南鮮版	1936-10-04	01단	動物祭/府細菌試驗室で六日執行す
4986	南鮮版	1936-10-04	02단	政治經濟の再吟味２１/北鮮の巻E記者/所謂、農村振興策/咸北では必要少し/廣大な遊地に入口希薄
4987	南鮮版	1936-10-04	04단	岸、橋本兩課長
4988	南鮮版	1936-10-04	04단	盛大な記念事業/釜山第一商業校創立/滿三十年を迎へて
4989	南鮮版	1936-10-04	04단	實際的には凶作/一千九百九十四萬二千石/鮮米第一回收穫豫想高
4990	南鮮版	1936-10-04	04단	裁判所檢事局監督官会議

일련번호	판명	간행일	단수	기사명
4991	南鮮版	1936-10-04	06단	有畜農業經營講習會
4992	南鮮版	1936-10-04	07단	從來の貯水池/腰橋湖を干拓/良田良民化を目標に/臨益水利組合の大計畫
4993	南鮮版	1936-10-04	07단	豪華づくめ/關釜聯絡船/金剛丸試運轉
4994	南鮮版	1936-10-04	08단	赤化投手ら/十九日公判
4995	南鮮版	1936-10-04	08단	角フ米協會總會
4996	南鮮版	1936-10-04	10단	各地から(浦項、統營、晋州、群山、開城、仁川、大田)
4997	南鮮版	1936-10-06	01단	行方不明の漁船四十隻に達す/清津羅津地方に暴風雨襲來
4998	南鮮版	1936-10-06	01단	大湖襲來す/家屋、田畑浸水
4999	南鮮版	1936-10-06	01단	黄海道鳳山群/米穀統制組合
5000	南鮮版	1936-10-06	01단	近年の凶作/慶南の米作収穫豫想高
5001	南鮮版	1936-10-06	02단	一時間四十分/非常な短縮/釜山から慶州まで
5002	南鮮版	1936-10-06	02단	南鮮水害義金/元山刑務支所囚人らが醵出
5003	南鮮版	1936-10-06	02단	米穀統制組合/慶南道では群單位に組織
5004	南鮮版	1936-10-06	03단	政治經濟の再吟味２２/北鮮の巻E記者/緬羊飼育に好適の三大要件を具備す/然し前途幾多の難關
5005	南鮮版	1936-10-06	03단	廣津橋竣工/十三日落成式
5006	南鮮版	1936-10-06	03단	石劍を發見/二千五百年前/石器時代の武器
5007	南鮮版	1936-10-06	03단	鐵道事故防止會
5008	南鮮版	1936-10-06	03단	相川外事課長
5009	南鮮版	1936-10-06	04단	釜山手形交換高
5010	南鮮版	1936-10-06	04단	朝鮮神宮競技/野球試合
5011	南鮮版	1936-10-06	04단	司法官會議/きのふ第一日
5012	南鮮版	1936-10-06	04단	府尹への慰勞金/今後一切禁止すべし/嚴重な通牒發す
5013	南鮮版	1936-10-06	06단	釜山清掃週間
5014	南鮮版	1936-10-06	06단	大邱神社大祭
5015	南鮮版	1936-10-06	07단	大埠頭を建築/大型關釜聯絡線就航と釜山第一棧橋の威容
5016	南鮮版	1936-10-06	07단	米穀自治管理の統制組合を設置/組合員の資格きまる
5017	南鮮版	1936-10-06	07단	全南の棉作/減収對策
5018	南鮮版	1936-10-06	08단	穗積殖産局長
5019	南鮮版	1936-10-06	08단	遠大な馬政計畫/明年度から愈よ實施
5020	南鮮版	1936-10-06	09단	大阪で開く/特産見本市/慶南も出品
5021	南鮮版	1936-10-06	09단	トラックに轢殺
5022	南鮮版	1936-10-06	09단	金剛山探勝
5023	南鮮版	1936-10-06	10단	各地から(光州、京城、全州、春川)

일련번호	판명	간행일	단수	기사명
5024	南鮮版	1936-10-07	01단	半島産業開發の諮問事項決定す/廿日から五日間に亙り開催/朝鮮産業經濟調査會
5025	南鮮版	1936-10-07	01단	*危險地帶の部落　安全地に移轉　農村振興根本的に改發/風水害による　各種免稅額*
5026	南鮮版	1936-10-07	01단	角フ米の聲價を發揚/調査に着手
5027	南鮮版	1936-10-07	01단	司法會議/第二日諮問事項
5028	南鮮版	1936-10-07	02단	約二十年間/租稅を納めぬ/淸津舊ソ聯領事館
5029	南鮮版	1936-10-07	02단	政治經濟の再吟味２３/北鮮の巻F記者/名のみの北鮮時代/前途道遠しの感/運賃是正最も必要
5030	南鮮版	1936-10-07	04단	釜山公立初等學校大運動會
5031	南鮮版	1936-10-07	04단	零下二度・初氷/鴨綠江上流地方
5032	南鮮版	1936-10-07	04단	朝鮮でも追隨/郵便料金値上げ/增収百萬圓の見込
5033	南鮮版	1936-10-07	05단	各種試驗日割
5034	南鮮版	1936-10-07	05단	スポーツの秋
5035	南鮮版	1936-10-07	07단	潛水作業捗らず/風波多角海中は濁水/沈没鹿島丸の搜査
5036	南鮮版	1936-10-07	07단	鐵道全鮮陸上競技
5037	南鮮版	1936-10-07	08단	參列者一同/眞面目に燒香/きのふ動物慰靈祭
5038	南鮮版	1936-10-07	08단	龍頭山神社の昇格奉告祭/勅使として大野政務總監/來釜、各官廳の初巡視
5039	南鮮版	1936-10-07	10단	忠南府尹郡守會議
5040	南鮮版	1936-10-07	10단	綿打工場燒く/機械の摩擦から
5041	南鮮版	1936-10-07	10단	社會事業懇談會
5042	南鮮版	1936-10-08	01단	明年度の豫算に關し大藏當局と折衝/林財務局長十七、八日頃歸城/大野總督改めて東上
5043	南鮮版	1936-10-08	01단	漢江橋愈よ竣工/二十三日渡橋式擧行
5044	南鮮版	1936-10-08	01단	朝鮮朝日會/出席者の氏名
5045	南鮮版	1936-10-08	02단	政治經濟の再吟味２４/北鮮の巻F記者/經濟的地步の確立/十年の歲月を要す/今北鮮は試練時代
5046	南鮮版	1936-10-08	02단	秋の京城競馬/馬券總賣上高/百卅二萬六千圓
5047	南鮮版	1936-10-08	03단	損害は逐年激增/水災シーズン來る/昨年は三百五十萬圓を灰に
5048	南鮮版	1936-10-08	04단	全南府尹郡守會議
5049	南鮮版	1936-10-08	04단	村雲尼公一行
5050	南鮮版	1936-10-08	04단	凱旋のマラソン王
5051	南鮮版	1936-10-08	05단	一萬圓寄附/平壤の朴尚煥氏
5052	南鮮版	1936-10-08	05단	委員任命さる/朝鮮産業經濟調査會/民間側の主なる顔觸

일련번호	판명	간행일	단수	기사명
5053	南鮮版	1936-10-08	05단	滿洲國への出張/容易ならしむ/旅費規定を改定
5054	南鮮版	1936-10-08	05단	罹災民救濟/應急土木工事/近く一齊に着工
5055	南鮮版	1936-10-08	06단	竹島燈台修理/假燈を燈ず
5056	南鮮版	1936-10-08	06단	*四十度位の傾斜で沈没　甲板は破壞されてゐる　遭難の鹿島丸捜査/女の死體發見*
5057	南鮮版	1936-10-08	07단	金融慶南理事異動
5058	南鮮版	1936-10-08	07단	ボート轉覆/戀人抱合溺死/月見中の珍事
5059	南鮮版	1936-10-08	07단	詐欺賭博で三萬圓捲上ぐ/一味九名開城署へ
5060	南鮮版	1936-10-08	07단	各地から(釜山、統營)
5061	南鮮版	1936-10-08	09단	繼子と本夫を棍棒で撲殺/姦夫と同棲中捕はる
5062	南鮮版	1936-10-09	01단	農作物の被害高/ざっと一億圓！/旱害、冷害に加へ風水害で/實に空前の巨額に達す
5063	南鮮版	1936-10-09	01단	決定した方策はまづ實行に移す/朝鮮産業經濟調査會
5064	南鮮版	1936-10-09	01단	新嘗祭獻上米
5065	南鮮版	1936-10-09	01단	政治經濟の再吟味２５/南鮮の巻F記者/躍進半島の將來を約束する南鮮の産業/四通八達の交通網
5066	南鮮版	1936-10-09	03단	秋の話題/金剛山の魅力/隻脚大使重光さんまで/引張り込んで仕舞ふ
5067	南鮮版	1936-10-09	04단	釜山三島高女新校舍落成式
5068	南鮮版	1936-10-09	04단	南鮮防空演習/座談会
5069	南鮮版	1936-10-09	05단	中小商工業者が/連鎖店を組織/東洋百貨相互會社生る
5070	南鮮版	1936-10-09	05단	全く夢のやうです/孫マラソン選手が朝鮮語で感激をレコードに吹き込む
5071	南鮮版	1936-10-09	06단	京城グラウンド/愈よ大改造か/經費十萬圓、捻出困難
5072	南鮮版	1936-10-09	06단	事務官級の移動/全面的に行ふ/四五十名、廿日頃發令
5073	南鮮版	1936-10-09	07단	妓生の始末に困る/氾濫過剩に素質低下を憂へ/入學資格は美貌第一
5074	南鮮版	1936-10-09	08단	一圓札を僞造/愛の破綻と生活難から
5075	南鮮版	1936-10-09	08단	晝は旗行列/夜は堤燈行列/龍頭山神社のお祭
5076	南鮮版	1936-10-09	08단	刑務所官吏/數名を召喚/瀆職容疑で嚴重取調
5077	南鮮版	1936-10-09	09단	學生の下腹部にナイフを突刺す/見學旅行の列車內で
5078	南鮮版	1936-10-09	10단	土工四名負傷/ハンドカー脫線
5079	南鮮版	1936-10-09	10단	五死體を發見/鹿島丸捜査
5080	南鮮版	1936-10-09	10단	少年の轢死
5081	南鮮版	1936-10-10	01단	積極的奮起を促し/庶政一新に對應/緊張の中樞院會議

일련번호	판명	간행일	단수	기사명
5082	南鮮版	1936-10-10	01단	成北線買収說/極めて薄弱/鐵道局の私鐵買収問題
5083	南鮮版	1936-10-10	01단	朝鮮産業經濟調査會委員
5084	南鮮版	1936-10-10	02단	京城麗水間に直通旅客列車/運轉の要望
5085	南鮮版	1936-10-10	02단	移出牛頭數/四千六百頭
5086	南鮮版	1936-10-10	02단	政治經濟の再吟味２６/南鮮の巻F記者/南鮮文化の發祥/洛東江の大改修/南總督の治水方針
5087	南鮮版	1936-10-10	03단	海軍協會慶南支部
5088	南鮮版	1936-10-10	03단	琺瑯鐵器輸出數量
5089	南鮮版	1936-10-10	03단	映畵檢閱増員
5090	南鮮版	1936-10-10	03단	夫妻を縛りあげ/現金時計を强奪/京城に二人組强盜
5091	南鮮版	1936-10-10	04단	海事出張所新設
5092	南鮮版	1936-10-10	04단	馬山公立高女/近く上棟式
5093	南鮮版	1936-10-10	04단	朝鮮神宮競技/マラソン大會後援/孫、南兩選手の凱旋記念/オリンピックに關する映畵、講演の會
5094	南鮮版	1936-10-10	07단	官民招待晩餐會/村山本社會長
5095	南鮮版	1936-10-10	07단	林檎は不作/前年に比し二割六分減
5096	南鮮版	1936-10-10	07단	大田神社大祭
5097	南鮮版	1936-10-10	07단	鐵道局辭令
5098	南鮮版	1936-10-10	08단	東洋琺瑯鐵器/ストライキ
5099	南鮮版	1936-10-10	08단	つばめ太夫/ぷさん劇場へ
5100	南鮮版	1936-10-10	09단	父の喧嘩相手を割木で撲殺
5101	南鮮版	1936-10-10	09단	忠南敎育會總會
5102	南鮮版	1936-10-10	09단	各地から(大田、春川、開城、群山)
5103	南鮮版	1936-10-11	01단	鮮銀の在滿支店/十二月から引き揚げ/監督は總督府へ還元
5104	南鮮版	1936-10-11	01단	朝鮮神宮例祭/十七日に執行
5105	南鮮版	1936-10-11	01단	朝鮮映畵の進出/愈よ本格的の撮影所を創設/半島シネマ界漸く多事
5106	南鮮版	1936-10-11	01단	大邱寫眞競技の應募九十六點/來月上旬に入賞發表
5107	南鮮版	1936-10-11	01단	中樞院會議終る
5108	南鮮版	1936-10-11	01단	京城府の償還公債
5109	南鮮版	1936-10-11	02단	政治經濟の再吟味/南鮮の巻Ｆ記者完/國際貿易港として一大躍進の釜山/工場都市への膨脹
5110	南鮮版	1936-10-11	03단	辰村、谷澤/兩巡査も戰死/四氏部長昇任
5111	南鮮版	1936-10-11	04단	十二日に京城府會

일련번호	판명	간행일	단수	기사명
5112	南鮮版	1936-10-11	04단	麻藥中毒者の一掃/各道治療所で更生に努め/現在百名、明年中に絶滅
5113	南鮮版	1936-10-11	04단	東萊高普のプール開き
5114	南鮮版	1936-10-11	04단	囚人と通じ外部と聯絡/現職官吏に容疑發覺
5115	南鮮版	1936-10-11	05단	*鹿島丸から死體 更に十八個發見 忠南から押寄す遺族/「申譯がない」田中仁川汽船社長語る/突風による不可抗力 遭難の原因*
5116	南鮮版	1936-10-11	06단	內・鮮・滿聯絡史上空前の大革命/玄海を僅かに五時間で走る/大型關釜聯絡船金剛丸
5117	南鮮版	1936-10-11	08단	何れも禁錮/汽動車衝突事件の判決
5118	南鮮版	1936-10-11	09단	取落した辨當を拾ひたさに飛降り/學校の歸りがけ兒童の奇禍
5119	南鮮版	1936-10-11	10단	朝鮮マッチ工場/來月から操業開始
5120	南鮮版	1936-10-11	10단	各地から(釜山、馬山)
5121	南鮮版	1936-10-11	10단	釜山の心中未遂
5122	南鮮版	1936-10-13	01단	死の歸港
5123	南鮮版	1936-10-13	01단	街に韋駄天の氾濫/孫、南兩君の優勝から/交通整理に明らかな惱み
5124	南鮮版	1936-10-13	01단	金剛山を調査し「名勝」に指定/開發施設促進を期待
5125	南鮮版	1936-10-13	01단	*災害復舊を熟慮 龍頭山神社へ參向の大野政務總監談/京城神社秋祭*
5126	南鮮版	1936-10-13	04단	京城商工組合聯合會うまる
5127	南鮮版	1936-10-13	04단	オリンピック東京大會/マラソン再制覇を目指して！/孫・南兩選手凱旋記念/オリンピックに關する映畵・講演會/朝鮮神宮競技マラソン大會後援
5128	南鮮版	1936-10-13	04단	掘割と隧道工費/ザッと八十萬圓/釜山に殖える東洋一
5129	南鮮版	1936-10-13	04단	小磯軍司令官歸任
5130	南鮮版	1936-10-13	05단	事務官大異動/廿一日に發令
5131	南鮮版	1936-10-13	05단	活況を豫想/局線中旬出貨
5132	南鮮版	1936-10-13	06단	鎭海の觀兵式
5133	南鮮版	1936-10-13	06단	勞働者殺到/工業界活況で釜山府の昨今
5134	南鮮版	1936-10-13	06단	水産製品檢査所/新設に決定/輸移出振興に拍車
5135	南鮮版	1936-10-13	07단	神社行政の整備を計る/新法規を制定
5136	南鮮版	1936-10-13	07단	角フ協會の新役員
5137	南鮮版	1936-10-13	08단	德川航空兵團長
5138	南鮮版	1936-10-13	08단	小鹿島所長を勅任官に昇格

일련번호	판명	간행일	단수	기사명
5139	南鮮版	1936-10-13	08단	年末輸送協議/十五、六兩日
5140	南鮮版	1936-10-13	09단	道路損傷稅/明年度から新設か
5141	南鮮版	1936-10-13	09단	麥の畦巾改善督勵
5142	南鮮版	1936-10-13	09단	神宮相撲大會
5143	南鮮版	1936-10-13	09단	各地から(馬山、統營、釜山)
5144	南鮮版	1936-10-14	01단	*秋晴れ！各地に御祭繪巻　港の船もお化粧　街に"動く花園"龍頭山神社昇格のお祝ひ/將來府民の上に一層の御加護を山本釜山府尹語る/記念スタンプ/仁川神宮秋祭/大田神社大祭/春川神社も*
5145	南鮮版	1936-10-14	02단	若き鮮滿畵壇の花/十五日中等美術展蓋明け(漲る潑剌味/審査槪評)
5146	南鮮版	1936-10-14	03단	半島オリンピック/若人五千熱技を競ふ/壯美の極み神宮の大會式
5147	南鮮版	1936-10-14	03단	銀行會社は何れも休業/神宮秋祭當日
5148	南鮮版	1936-10-14	04단	東部靑年團へ輝く本社優勝旗/仁川商店訪問リレー
5149	南鮮版	1936-10-14	05단	鎭海小學校廿五周年記念式
5150	南鮮版	1936-10-14	06단	道外事課長/十三日發令さる
5151	南鮮版	1936-10-14	06단	戰死四警官へ譽れの功勞章/署葬の靈前に供ふ
5152	南鮮版	1936-10-14	06단	民間航空史上に祝福の第一頁/京城裡里定期飛行始まる
5153	南鮮版	1936-10-14	07단	「奮勵一番」/鈴木京畿外事課長談
5154	南鮮版	1936-10-14	07단	自轉車で追跡し女の金包み强奪/白晝、釜山の通り魔
5155	南鮮版	1936-10-14	08단	釜山港で衝突
5156	南鮮版	1936-10-14	08단	二千餘名參集し海の護りを誓ふ/海軍協會慶南支部發會式
5157	南鮮版	1936-10-14	09단	「警察事務を引締める」/和栗江原道警務課長談
5158	南鮮版	1936-10-14	09단	父の靈前に捧ぐ/文展入選の歡び/「閑日」の作者/山本壽生君
5159	南鮮版	1936-10-14	10단	全く嵌り役/森咸北外事課長
5160	南鮮版	1936-10-14	10단	大野政務總監/茂山鐵鑛視察
5161	南鮮版	1936-10-15	01단	狹隘に喘ぐ白堊殿/二百十四名の職員增員に/收容難の悲鳴あぐ
5162	南鮮版	1936-10-15	01단	綜合學藝會/廿五日京城で
5163	南鮮版	1936-10-15	01단	紅葉の金剛山へ/折も折重なる旗日と日曜/ドッと押出す探勝客
5164	南鮮版	1936-10-15	01단	指定寶物に返還請求/京畿春宮里の五重石塔に/東京の笠井氏から
5165	南鮮版	1936-10-15	02단	富山事務官/支那視察へ
5166	南鮮版	1936-10-15	02단	局長會議

일련번호	판명	간행일	단수	기사명
5167	南鮮版	1936-10-15	02단	美術の秋入選を謳ふ(新文展/自身ある作/安武君寄宿先の話、のんびりした朝鮮の氣分を/松田君夫人談、中等美術展/氣に入った構圖/謙遜する若槻君、夢のやう/福島孃の歡び)
5168	南鮮版	1936-10-15	03단	分掌規定改正/一兩日中に公布
5169	南鮮版	1936-10-15	04단	統營花火大會
5170	南鮮版	1936-10-15	04단	京畿警察部異動/適材適所の妙
5171	南鮮版	1936-10-15	04단	歡喜一色
5172	南鮮版	1936-10-15	05단	覇氣と圓熟/季節飾る名花二つ/京城齒專に妍を競ふ
5173	南鮮版	1936-10-15	05단	豫想外に擴大か/西大門刑務所事件/五名の身柄を檢束
5174	南鮮版	1936-10-15	05단	鐵道從業員へ/痛いお灸/「注意せよ」と
5175	南鮮版	1936-10-15	06단	統營開港卅周年祝賀/十六日盛大に
5176	南鮮版	1936-10-15	06단	警察行政と政府の聯結/釜山で懇談會
5177	南鮮版	1936-10-15	07단	全鮮工業者大會の議案
5178	南鮮版	1936-10-15	08단	京城の火事
5179	南鮮版	1936-10-15	08단	要塞地帶に怪漁船
5180	南鮮版	1936-10-15	09단	新設の工場は聞慶が有力候補/笠井小野田洋灰社長語る
5181	南鮮版	1936-10-15	09단	嚴かな慰靈祭/龍頭山神社で
5182	南鮮版	1936-10-15	10단	京城神社臨時大祭スタンプ
5183	南鮮版	1936-10-15	10단	溺死體漂着
5184	南鮮版	1936-10-15	10단	各地から(統營)
5185	南鮮版	1936-10-16	01단	講演に映畵に/“世界の興奮”再現/マラソン再制覇を目指す/本社京城通信局主催オリンピックの夕
5186	南鮮版	1936-10-16	01단	教育會總會
5187	南鮮版	1936-10-16	01단	關釜聯絡船上の閑院若宮殿下
5188	南鮮版	1936-10-16	02단	勞働者七千人も不足/北鮮はいま書人時/竹內本府囑託の視察談
5189	南鮮版	1936-10-16	02단	關東局で風水害義捐金募集
5190	南鮮版	1936-10-16	03단	權威者揃ひ/治水委員會の委員/廿七名を一齊任命
5191	南鮮版	1936-10-16	04단	統營神社秋祭
5192	南鮮版	1936-10-16	04단	一度きりの手紙に說く/半島の母の心構へ/總督夫人月末までに來鮮
5193	南鮮版	1936-10-16	04단	御列格の喜びに/晴着と火の海/大京城秋祭の豪華版
5194	南鮮版	1936-10-16	05단	愼飛行士圍み/成功の乾杯/定期飛行初日の裡里
5195	南鮮版	1936-10-16	07단	畜牛の流感/統營郡に約一萬
5196	南鮮版	1936-10-16	07단	*神宮競技ひらく 絢爛の大會式擧行/慶南ア式蹴球大會*
5197	南鮮版	1936-10-16	07단	旅館難の京城に新築の朗報頻り/反對排し許可の方針

일련번호	판명	간행일	단수	기사명
5198	南鮮版	1936-10-16	07단	晋州神社秋祭
5199	南鮮版	1936-10-16	08단	新鋭警官二百名/國境の護り固む/匪禍に備ふ冬の陣
5200	南鮮版	1936-10-16	10단	各地から(釜山、馬山、統營)
5201	南鮮版	1936-10-17	01단	産業統制法條件付同意/セメントに限る/內地の限産率は適用せぬ/穗積殖産局長談
5202	南鮮版	1936-10-17	01단	聖訓に恪遵し國體の精華發揚/教育會總會で決議
5203	南鮮版	1936-10-17	01단	朝鮮神宮例祭
5204	南鮮版	1936-10-17	01단	オリンピック映畵・講演會の盛況
5205	南鮮版	1936-10-17	02단	六年間の在鮮/流石に去り辛い/安井新拓務局長談
5206	南鮮版	1936-10-17	03단	總督府辭令
5207	南鮮版	1936-10-17	04단	四列車遲る
5208	南鮮版	1936-10-17	04단	*咸南山地帶の開發に貢獻 湯村新京畿道知事/學士の肩書二つ肌觸の好い人柄 笹川新咸南知事*
5209	南鮮版	1936-10-17	05단	秋祭の賑ひ
5210	南鮮版	1936-10-17	05단	*初の覇者柳長春　朝日カップに刻む　東京大會再制覇の野望に燃える　神宮競技の花マラソン大會/沿道の熱狂/決勝タイム/柳君の力走/十五日の成績*
5211	南鮮版	1936-10-17	08단	慶南警察部異動
5212	南鮮版	1936-10-17	08단	治水調査委員會の委員幹事
5213	南鮮版	1936-10-17	09단	産業經濟調査會の委員追加
5214	南鮮版	1936-10-17	10단	郵便料金値上げの增收
5215	南鮮版	1936-10-17	10단	朝鮮送電第二回拂込み徵收
5216	南鮮版	1936-10-17	10단	伊東原蠶種製造所燒く
5217	南鮮版	1936-10-17	10단	叺包の死體
5218	南鮮版	1936-10-20	01단	半島産業經濟の根本方針を確立/內、鮮、滿の權威者が一堂に/二十日から歷史的會議
5219	南鮮版	1936-10-20	01단	鐵道旣定路線に局營バスを運轉/明年度實施に內定
5220	南鮮版	1936-10-20	01단	工業者大會
5221	南鮮版	1936-10-20	01단	功勞者を表彰/統營開港卅周年記念式
5222	南鮮版	1936-10-20	01단	朝鮮神宮競技(十六日の成績、十七日の成績、十八日の成績、學生卓球大會)
5223	南鮮版	1936-10-20	02단	鎭海神社秋祭
5224	南鮮版	1936-10-20	02단	京城の內地人十三萬三千人
5225	南鮮版	1936-10-20	03단	天安にも名勝スタンプ

일련번호	판명	간행일	단수	기사명
5226	南鮮版	1936-10-20	03단	*持て囃されても決して心を緩めるな 總督、マラソン王を激勵/朝日カップに我名を刻む嬉しさ 神宮マラソン最初の覇者柳長春選手の感激*
5227	南鮮版	1936-10-20	05단	*人情部長として官民から慕はる 下飯坂新全南內務部長/心殘りが多い 岩城新講習所教授語る/突然に驚く 安田新忠北警察部長談*
5228	南鮮版	1936-10-20	05단	飛行機で京城へ歸った孫選手(十七日)
5229	南鮮版	1936-10-20	07단	奇峰征服の瞬間/眞っ逆樣に墜落/光州高普生慘死す
5230	南鮮版	1936-10-20	07단	風水害旱害救濟費內譯
5231	南鮮版	1936-10-20	07단	晋州郡米穀統制組合發會式
5232	南鮮版	1936-10-20	08단	京城のマラソンコース制限
5233	南鮮版	1936-10-20	08단	公債が多いのに中央も驚く/林財務局長歸任談
5234	南鮮版	1936-10-20	09단	麓は紅葉の盛り/毘盧峰に雪/金剛山だより
5235	南鮮版	1936-10-20	09단	晋州郡の火事
5236	南鮮版	1936-10-20	09단	春蠶飼育狀況〔農林局しらべ〕
5237	南鮮版	1936-10-20	10단	各地から(釜山、晋州、春川、統營)
5238	南鮮版	1936-10-20	10단	實弟を斬殺
5239	南鮮版	1936-10-21	01단	*錚々の權威揃ひ 鋭い檢討のメス 産業經濟調査會開く(農業關係、林業關係、水産關係、工業關係、鐵道關係、電氣關係、金融財政關係、其他一般的意見)/日滿經濟ブロック完成を特に强調 總督の滿洲體驗生く*
5240	南鮮版	1936-10-21	01단	お祭り氣分高潮
5241	南鮮版	1936-10-21	04단	肥料協議會/廿六、七兩日
5242	南鮮版	1936-10-21	04단	各地の秋祭(麗水、統營、浦項)
5243	南鮮版	1936-10-21	05단	基金募集終る/釜山輔成會
5244	南鮮版	1936-10-21	05단	慶南道異動
5245	南鮮版	1936-10-21	05단	中旬局線の荷動き堅調
5246	南鮮版	1936-10-21	05단	內地在住半島出身者が/鄉土熱愛の贈り物/本社寄託南鮮風水害義金/二回に亙り三萬七千餘圓
5247	南鮮版	1936-10-21	05단	晩秋の山野に/カメラの放列/朝鮮寫眞展作品募集に/本社の優勝旗寄贈(作品募集規定)
5248	南鮮版	1936-10-21	06단	京城に拳銃强盜/「俺は滿洲落ちの馬賊」と/現金奪ひ悠々逃走
5249	南鮮版	1936-10-21	07단	軍警一致を强化/近く小磯軍司令官を訪ひ/三橋警務局長が重要會談
5250	南鮮版	1936-10-21	08단	「ラヂオを聽け」と/十萬突破へ驀進/面白い聽取者職業別
5251	南鮮版	1936-10-21	08단	病苦の飛込み

일련번호	판명	간행일	단수	기사명
5252	南鮮版	1936-10-21	09단	叺詰め死體は病死體の遺棄
5253	南鮮版	1936-10-21	09단	姙婦重傷す
5254	南鮮版	1936-10-21	09단	母子心中公判
5255	南鮮版	1936-10-21	10단	赤六名を檢擧
5256	南鮮版	1936-10-21	10단	內地學事視察團/京畿道から派遣
5257	南鮮版	1936-10-21	10단	各地から(釜山、馬山、鎭海、統營)
5258	南鮮版	1936-10-22	01단	*お坐なりは無用　核心に突き進め　産業經濟調査會に望む/期待の分科會/鮮滿提携强化*
5259	南鮮版	1936-10-22	02단	*松岡滿鐵總裁　總督と重要會談　鴨綠江水利と北鮮開發/「南さんの顔を見るだけさ」マドロスパイプを吹かし　話を煙にする總裁*
5260	南鮮版	1936-10-22	04단	大邱各校の勅語奉讀式
5261	南鮮版	1936-10-22	04단	産業全北の全貌/一堂に見る盛觀/全州に展覽會景氣沸く
5262	南鮮版	1936-10-22	05단	早わかり紙ガイド
5263	南鮮版	1936-10-22	05단	新築を阻む/事務澁滯/京畿保安課增員
5264	南鮮版	1936-10-22	06단	拔毛をお國の爲に/愛婦全會員が取まとめ/鐵冑購入費に獻金
5265	南鮮版	1936-10-22	06단	“不可抗力”說搖ぐ/鹿島丸の遭難眞原因/二審制最初の俎上に上る
5266	南鮮版	1936-10-22	07단	秋晴れの下/體育の花/釜山聯合の大會
5267	南鮮版	1936-10-22	07단	京城と永登浦を繫ぐ重要な役割/廿三日漢江橋竣工式
5268	南鮮版	1936-10-22	08단	廿八日開所式/仁川少年刑務所
5269	南鮮版	1936-10-22	08단	女給身投げ
5270	南鮮版	1936-10-22	09단	農民大擧陳情
5271	南鮮版	1936-10-22	09단	嘆きの母に二年求刑
5272	南鮮版	1936-10-22	10단	雙兒を壓殺
5273	南鮮版	1936-10-23	01단	*教育勅語奉讀式　御下付廿五周年の廿四日に全鮮で嚴肅に擧行/京城の奉祝*
5274	南鮮版	1936-10-23	01단	松岡總裁東上
5275	南鮮版	1936-10-23	01단	鎭海航空隊/祝賀の方法決る
5276	南鮮版	1936-10-23	01단	馬山新府廳舍落成
5277	南鮮版	1936-10-23	01단	*フィッシュミール　清津から米國へ　東海岸漁業に新分野/ビール需要　一割五分增/宇部窒素硫酸製造に乘出す/京城組銀勘定*
5278	南鮮版	1936-10-23	02단	漁船復興協議/近く慶南で
5279	南鮮版	1936-10-23	02단	藥學會總會

일련번호	판명	간행일	단수	기사명
5280	南鮮版	1936-10-23	02단	秋人話 1/南總督/“霜は軍營に滿ちて…”/名吟に託すもの＞ふの感懷
5281	南鮮版	1936-10-23	03단	南江を三千浦へ/切落せば一石二鳥/洛東江氾濫對策を中心に/廿九日から治山治水評定
5282	南鮮版	1936-10-23	04단	釜山消防組の幹部決る
5283	南鮮版	1936-10-23	04단	各刑務所製作品々評會
5284	南鮮版	1936-10-23	04단	*電力統制計畫に根本的改訂か 産業經濟調査會でも論及/産業統制法は勅令で施行　問題は總督府の權限/分科會の意見(第一分科會【農林、水産】、第二分科會【資源、工業】、第三分科會【商業、金融、貿易、交通】)*
5285	南鮮版	1936-10-23	05단	謳ふ太刀魚景氣/盛漁期の慶南東海岸
5286	南鮮版	1936-10-23	06단	拳銃强盜捕る
5287	南鮮版	1936-10-23	08단	殖えは殖えたが/公醫はまだまだ/全鮮に四百廿七名
5288	南鮮版	1936-10-23	08단	八名起訴さる/西大門刑務所看守收賄事件
5289	南鮮版	1936-10-23	08단	各地から(馬山、大田、大邱、開城、釜山)
5290	南鮮版	1936-10-23	09단	籠拔け詐欺
5291	南鮮版	1936-10-24	01단	*茂山を遙か凌ぐ　高品位の磁鐵鑛　咸南豐山郡に發見/茂山鐵鑛開發の最後案を固める 田子商工省技師視察*
5292	南鮮版	1936-10-24	01단	教育報國祈願/廿四日釜山で
5293	南鮮版	1936-10-24	01단	秋人話 2/小泉平壤博物館長/我が宿命は“墓に入るまで墓を掘る”
5294	南鮮版	1936-10-24	02단	*非常時鄕軍の意氣を昂揚 明治節の京城/銃劍術刀術の練習*
5295	南鮮版	1936-10-24	04단	瓦電新舍屋披露宴
5296	南鮮版	1936-10-24	04단	總督府辭令
5297	南鮮版	1936-10-24	04단	慶南射擊大會
5298	南鮮版	1936-10-24	04단	受驗の春遠からじ/童心に又も開く/失樂園の門/型の如く準備勉强嚴禁
5299	南鮮版	1936-10-24	05단	*鐘紡積極的に近く六工場建設 新義州、大邱、群山にも/延長戰の經濟價値調査 京南、京東兩鐵道*
5300	南鮮版	1936-10-24	06단	第二の故鄕へ歸った感じ/藤村新大田刑務所長談
5301	南鮮版	1936-10-24	06단	採用九名に百六十/京畿消防手試驗の難しさ/大火を消す以上
5302	南鮮版	1936-10-24	06단	滿洲國武官一行の通過日程
5303	南鮮版	1936-10-24	06단	病院はガラ空き
5304	南鮮版	1936-10-24	07단	*調査會の意見 具現を注目 論議された諸問題/第四分科會開く*
5305	南鮮版	1936-10-24	07단	*警官の外套纏ひ　千二百圓を强奪　公州に“日本刀の强盜”/連山に辻强盜*

일련번호	판명	간행일	단수	기사명
5306	南鮮版	1936-10-24	08단	重要肥料統制法/內地より遲れて實施
5307	南鮮版	1936-10-24	08단	機關銃を備へ密漁船取締り
5308	南鮮版	1936-10-24	08단	釜山の火事
5309	南鮮版	1936-10-24	09단	うっかり轉任できぬ話
5310	南鮮版	1936-10-24	09단	衛生展覽會
5311	南鮮版	1936-10-24	09단	大京城に打つ/工業都市の脈搏/工場數は飛躍的激增
5312	南鮮版	1936-10-24	09단	運動競技界(大學專門卓球)
5313	南鮮版	1936-10-24	10단	新刊紹介
5314	南鮮版	1936-10-24	10단	各地から(馬山、釜山)
5315	南鮮版	1936-10-24	10단	兒童にチフテリア豫防注射
5316	南鮮版	1936-10-24	10단	釜山秋競馬/卅一日から
5317	南鮮版	1936-10-25	01단	教育勅語/御下付廿五周年/總督府前廣場で嚴かな奉讀式/南總督諭告を發す
5318	南鮮版	1936-10-25	01단	專賣局も擧式
5319	南鮮版	1936-10-25	01단	總督府辭令
5320	南鮮版	1936-10-25	01단	秋人話３/橋本さん夫妻/八尾島燈台/アレ雁が飛ぶ島の空
5321	南鮮版	1936-10-25	02단	釜山「菊の日」/明治節に行ふ
5322	南鮮版	1936-10-25	02단	西條氏受諾/釜山消防組頭
5323	南鮮版	1936-10-25	03단	「大いに勉强」和栗江原道新警務課長語る
5324	南鮮版	1936-10-25	03단	*內鮮滿の聯絡審議機關　新設を政府へ要望　産業經濟調査會で決議/分科會終る*
5325	南鮮版	1936-10-25	04단	平壤出貨情勢
5326	南鮮版	1936-10-25	04단	大田署射擊會
5327	南鮮版	1936-10-25	06단	貨車木ッ端微塵/金泉驛員の機敏な處置で/重大事故辛くも免る
5328	南鮮版	1936-10-25	07단	鐘紡大邱工場/錦町に設置決る/明年の暮れから操業
5329	南鮮版	1936-10-25	07단	京電に刎られ/百萬長者即死す/水原邑の李秉雲翁
5330	南鮮版	1936-10-25	07단	再築上棟式に/「暫く待った」/統營校異聞
5331	南鮮版	1936-10-25	07단	藥學會總會/二百名出席
5332	南鮮版	1936-10-25	07단	總督の北鮮視察/今月末か來月早々
5333	南鮮版	1936-10-25	08단	“遠慮强盜”御用/京城の“强盜ストック”/年末までに一掃されさう
5334	南鮮版	1936-10-25	08단	二萬五千餘圓/橫領容疑者捕る/樺太某私鐵會計主任
5335	南鮮版	1936-10-25	09단	無事故表彰規定を制限
5336	南鮮版	1936-10-25	09단	本格的實行へ/農村振興と社會施設の擴充
5337	南鮮版	1936-10-25	09단	各地から(統營、大田、釜山、開城)

일련번호	판명	간행일	단수	기사명
5338	南鮮版	1936-10-27	01단	*廿師團秋季演習 掉尾飾る觀兵式 廿八日朝 龍山練兵場で/小磯軍司令官 渡河作戰を視察*
5339	南鮮版	1936-10-27	01단	無水酒精中心に/燃料問題を協議/産業調査會を機會に
5340	南鮮版	1936-10-27	01단	京仁トラック/明年度から全機能發揮
5341	南鮮版	1936-10-27	01단	釜山ロータリー俱樂部チャーターナイト
5342	南鮮版	1936-10-27	02단	局線九月分の貨物輸送概要
5343	南鮮版	1936-10-27	03단	道廳を在任中に新築したい/湯村新京畿道知事談
5344	南鮮版	1936-10-27	03단	秋人話 4/玄長安寺主持/雲は漂々“赤き峰”
5345	南鮮版	1936-10-27	03단	平壤から京城へ/日歸り實現/十二月からダイヤ改正
5346	南鮮版	1936-10-27	04단	總督北鮮へ/八日間の豫定
5347	南鮮版	1936-10-27	04단	慶南棉花共販/昨年より半減か
5348	南鮮版	1936-10-27	05단	農民救濟の新計畫樹立/東拓釜山支店
5349	南鮮版	1936-10-27	05단	半島一の忠靈塔/大邱鄕軍の赤誠實を結び/塔身百尺竣工近し
5350	南鮮版	1936-10-27	06단	全馬山優勝/慶南ア式蹴球
5351	南鮮版	1936-10-27	07단	判檢事卅餘名/地方法院に增員/敏速に訴訟事件捌く
5352	南鮮版	1936-10-27	07단	トラック列車と衝突/三名重傷す
5353	南鮮版	1936-10-27	07단	神社不參拜など/不祥事跡を絶つ/秋祭各地とも嚴肅
5354	南鮮版	1936-10-27	08단	四名死傷の慘/ボイラーの蒸氣が噴出
5355	南鮮版	1936-10-27	09단	未練の“男お定”/妻を慘殺し自殺未遂
5356	南鮮版	1936-10-27	09단	各地から(統營、釜山、浦項、麗水)
5357	南鮮版	1936-10-27	09단	刑務所長會議
5358	南鮮版	1936-10-27	10단	一齊に着工/慶南の災害復舊
5359	南鮮版	1936-10-27	10단	卒業生指導學校/全面的に擴充/慶南道から補助
5360	南鮮版	1936-10-28	01단	國民精神作興週間催す/局長會議の報告
5361	南鮮版	1936-10-28	01단	産業經濟調査會批判㊤(內容を大衆へ！經濟政策を生かす道/本社京城通信局長/鈴木正文)
5362	南鮮版	1936-10-28	01단	秋人話 5/桑島飛行士/み空に虹の歡迎門/しろがねの翼もて我れは舞ふなり
5363	南鮮版	1936-10-28	02단	小型漁船避難所完備を陳情
5364	南鮮版	1936-10-28	03단	中川博士一行/南江放水工事豫定地を視察
5365	南鮮版	1936-10-28	04단	孫選手歸鄕
5366	南鮮版	1936-10-28	04단	玄人はだし/釜山放送局の素人演藝好評
5367	南鮮版	1936-10-28	05단	全州の火事

일련번호	판명	간행일	단수	기사명
5368	南鮮版	1936-10-28	05단	だぶつく內地の資本で“支線民營”も一案/東上を前に大野總監談(茂山鐵鑛の開發、增稅問題、鴨綠江水力電氣問題、鐵道の問題)
5369	南鮮版	1936-10-28	06단	*闌秋の寫壇に誇る　第二回大邱寫眞撮影競技會　榮えの入選者決定/業を煮やした後フト浮んだ構圖 特選 大城義雄氏語る*
5370	南鮮版	1936-10-28	07단	「驅落待った」に抱合ボート心中/釜山水上署で再びご厄介
5371	南鮮版	1936-10-28	07단	浦項運動會
5372	南鮮版	1936-10-28	08단	慶南に稻熱病/被害四萬三千町步
5373	南鮮版	1936-10-28	08단	學童の奇禍
5374	南鮮版	1936-10-28	09단	各地から(開城、釜山、統營、晋州)
5375	南鮮版	1936-10-28	10단	親子四人心中の母親に實刑
5376	南鮮版	1936-10-28	10단	*霧に苦心　准特選一席　崔季福氏談/無難なもの　准特選二席林本太郞氏談*
5377	南鮮版	1936-10-29	01단	産業經濟調査會批判㊥(喫緊の六大問題/鮮滿協力實現を急げ/本社京城通信局長/鈴木正文、調査會の答申案/極力實現に努む/近く打合會を開く、重要工業を積極的に助成)
5378	南鮮版	1936-10-29	01단	赤崎半島中心に大工場地帶が實現/十四萬坪の埋築完成に伴ひ/石油工場や臨港鐵道
5379	南鮮版	1936-10-29	01단	秋人話６/松浦釜山府立病院長/おさかな臨床學
5380	南鮮版	1936-10-29	02단	賣りに出た百萬圓の本殿/槿花一朝の夢普天敎
5381	南鮮版	1936-10-29	05단	茂山鐵道視察/南總督一行
5382	南鮮版	1936-10-29	05단	乳幼兒全部にチフテリア豫防注射/先づ九萬人分を配布
5383	南鮮版	1936-10-29	05단	第廿師團觀兵式/晩秋の空紺碧に燦たり劍光帽影/精銳一萬宛ら繪卷
5384	南鮮版	1936-10-29	06단	大邱穀物會社/解散に決る
5385	南鮮版	1936-10-29	07단	仁川少年刑務所開廳式
5386	南鮮版	1936-10-29	07단	轉向を語る座談會/昭道會の創立一周年記念に/檢事さんも膝を交へて
5387	南鮮版	1936-10-29	07단	稅關打合會
5388	南鮮版	1936-10-29	08단	十周年を祝賀/蔚山農業實習
5389	南鮮版	1936-10-29	08단	娼妓剃刀自殺
5390	南鮮版	1936-10-29	08단	運動競技界(學生卓球聯盟戰)
5391	南鮮版	1936-10-29	09단	治水調査委員會の諮問事項
5392	南鮮版	1936-10-29	09단	東大門競馬場/移轉後を買收か/京城中央市場候補地
5393	南鮮版	1936-10-29	10단	高額無盡認可

일련번호	판명	간행일	단수	기사명
5394	南鮮版	1936-10-30	01단	産業經濟調査會批判㊦(大金融機關が必要/統制は"日本の意思"/本社京城通信局長/鈴木正文)
5395	南鮮版	1936-10-30	01단	蘇る濟州島/農工兩面の新視野から/松本知事が力こぶ
5396	南鮮版	1936-10-30	01단	*次の銀行大會 京城に決る/海雲台でゴルフ競技會*
5397	南鮮版	1936-10-30	02단	治水委員會
5398	南鮮版	1936-10-30	02단	京福本線促進/猛運動を起す
5399	南鮮版	1936-10-30	02단	瓦電新社屋/盛大に披露
5400	南鮮版	1936-10-30	02단	秋人話７/是枝漁撈長/一目萬兩の睨み
5401	南鮮版	1936-10-30	03단	爽やか秋晴續き/記録破りの釜山地方
5402	南鮮版	1936-10-30	04단	總督羅津視察
5403	南鮮版	1936-10-30	05단	*十二月十六日 お待兼ねの開通 慶全北郡線 谷城、順天間/順鐵の店開き 十一月一日*
5404	南鮮版	1936-10-30	06단	千棟近くも家が殖える/釜山の繁榮振り
5405	南鮮版	1936-10-30	07단	小磯軍司令官/來月南鮮視察
5406	南鮮版	1936-10-30	07단	*五名を縛り上げ 强奪凄い捨科白 京城に三人組の强盜/塵箱から兇器/戰々競々の界隈 京畿道で應急策考究*
5407	南鮮版	1936-10-30	07단	第廿師團觀兵式における分列式
5408	南鮮版	1936-10-30	09단	朝鮮語劇通じ左翼思想を注入/檢擧された藝術座(檢擧者氏名)
5409	南鮮版	1936-10-30	09단	菊湯奉告祭
5410	南鮮版	1936-10-30	10단	各地から(大田、馬山、統營)
5411	南鮮版	1936-10-31	01단	鮮滿雙方の人事/頻繁に入替へか/"一如"具現の先決問題
5412	南鮮版	1936-10-31	01단	治水大綱成る/初委員會終了
5413	南鮮版	1936-10-31	01단	精神作興週間迫る/大京城更生の意氣
5414	南鮮版	1936-10-31	02단	總督府で開催の治水調査委員會
5415	南鮮版	1936-10-31	02단	近く改修實地視察
5416	南鮮版	1936-10-31	02단	圖書檢閱系/下關にも常置
5417	南鮮版	1936-10-31	03단	*學園光畵藝術に腕の見せどころ 學生寫聯の作品募集/光州カメラクラブの作品展*
5418	南鮮版	1936-10-31	03단	秋人話８/犬の神様/小林さん/君知るや王侯の遊び
5419	南鮮版	1936-10-31	03단	超特急機關車の試運轉行はる/客車も來月四日に
5420	南鮮版	1936-10-31	04단	慶南府尹郡守會議
5421	南鮮版	1936-10-31	05단	新規事業費中央と折衝/吉田鐵道局長來月上旬東上
5422	南鮮版	1936-10-31	05단	釜山秋競馬始る/馬券黨の人氣も集中
5423	南鮮版	1936-10-31	05단	滿洲特産出廻/凡そ五十萬瓲/本年の北鮮三港
5424	南鮮版	1936-10-31	06단	慶南署長會議

일련번호	판명	간행일	단수	기사명
5425	南鮮版	1936-10-31	06단	南總督夫人來鮮
5426	南鮮版	1936-10-31	06단	光州府防護團生る
5427	南鮮版	1936-10-31	07단	運賃協議會/一日から釜山で
5428	南鮮版	1936-10-31	07단	圖書館週間の行事
5429	南鮮版	1936-10-31	07단	市街地計畫成り/仁川と新義州兩府會に諮問/答申を待ち最後案(仁川府、新義州府)
5430	南鮮版	1936-10-31	07단	世界一の水銀鑛/所轄署がボロイ折紙/ほんとにさうなら嬉しいね
5431	南鮮版	1936-10-31	07단	水産打合會
5432	南鮮版	1936-10-31	08단	工業組合業種
5433	南鮮版	1936-10-31	08단	一念發起の强盜/仕事初めに失敗/主人の豪膽に怖氣づく
5434	南鮮版	1936-10-31	08단	談合行政處分の解除を申請
5435	南鮮版	1936-10-31	09단	醫師試驗第一部合格者
5436	南鮮版	1936-10-31	10단	各地から(統營、麗水、馬山、開城、京城、大田、釜山)

1936년 11월

일련번호	판명	간행일	단수	기사명
5437	南鮮版	1936-11-01	01단	*治山治水の大網 調査委員會から答申 具體案を樹て實行に移す(治水對策、治山對策、水害豫防措置)/南江切落し決定 工費を明年度豫算に盛る 洛東江氾濫防止の根本對策*
5438	南鮮版	1936-11-01	01단	*明治節奉祝會 朝鮮神宮で擧行/鄕軍釜山分會行事/勤續者表彰*
5439	南鮮版	1936-11-01	01단	秋人話 9 /森機關長/港と步む男一代
5440	南鮮版	1936-11-01	02단	具體化を急ぐ全國智囊の結晶/民間方面とも打合せ
5441	南鮮版	1936-11-01	04단	試運轉好成績/超特急用機關車
5442	南鮮版	1936-11-01	04단	總督會寧視察
5443	南鮮版	1936-11-01	04단	鐵道現業員の福利を增進/共助規則改正
5444	南鮮版	1936-11-01	05단	特選大城氏らへ七日に賞品授與/大邱寫眞撮影競技會
5445	南鮮版	1936-11-01	05단	十二月早々から/國際空路に登場/市街から自動車で僅場か十三分/鮮內で一番便利な大邱飛行場
5446	南鮮版	1936-11-01	05단	釜山工業用水/本格的に試驗
5447	南鮮版	1936-11-01	07단	純情の義金五十圓/十七の少女が行商しつゝ/晋州邑の風水害罹災者
5448	南鮮版	1936-11-01	07단	二道衛生課長/國費技師に/明年度に實現
5449	南鮮版	1936-11-01	08단	密耕者と睨まれ/池に身投げ/專賣局員を袋叩き
5450	南鮮版	1936-11-01	08단	古代文化の再認識へ/博物館週間始る
5451	南鮮版	1936-11-01	08단	人夫大募集/土木建築協會
5452	南鮮版	1936-11-01	09단	鑛業權整理
5453	南鮮版	1936-11-01	09단	ひとのみち教團/信者はガタ落ち/內務省同樣に取締る
5454	南鮮版	1936-11-01	09단	各地から(大田、馬山、釜山)
5455	南鮮版	1936-11-01	10단	薩摩堀埋築鍬入式
5456	南鮮版	1936-11-01	10단	外事警察講習會
5457	南鮮版	1936-11-03	01단	*鮮滿一如に關し 完全に意見一致 歸任の南總督語る/當面の二問題 國境警備と密輸防止 三橋警務局長談*
5458	南鮮版	1936-11-03	01단	秋人話をはり/榎田千鶴子さん/"瞼の戀人"こゝに在り
5459	南鮮版	1936-11-03	04단	鐵道課所場長會議
5460	南鮮版	1936-11-03	05단	*產業統制法など 關係當局と折衝 大野政務總監東上/財務局長東上*
5461	南鮮版	1936-11-03	05단	高等普通教育に內鮮一如の新指標/校長會議から上申
5462	南鮮版	1936-11-03	05단	光州神社を改築/廿五萬圓の寄附募集
5463	南鮮版	1936-11-03	05단	京城官廳街に又殖える新名物/宏壯な遞信事業會館
5464	南鮮版	1936-11-03	06단	灑々書道院展
5465	南鮮版	1936-11-03	06단	遞信分掌局長會議

일련번호	판명	간행일	단수	기사명
5466	南鮮版	1936-11-03	07단	慶州赤農事件控訴判決
5467	南鮮版	1936-11-03	07단	秋晴れに萬國旗/祝ひ抜く順天邑/鐵道事務所店開き
5468	南鮮版	1936-11-03	08단	來年の秋季演習/豫定地を踏査/三宅第廿師團長
5469	南鮮版	1936-11-03	09단	釜山秋競馬大賑ひ
5470	南鮮版	1936-11-03	10단	各地消防演習(京城、釜山、大邱)
5471	南鮮版	1936-11-03	10단	元町公普落成
5472	南鮮版	1936-11-04	01단	*明治節　冷酒の乾杯高く　萬歲を奉唱　總督府の拜賀式(京城、釜山、大邱、光州)/佳節に表彰　消防功勞者十九名/軍樂隊も勇しく　鄕軍の市街行進 京城に非常時の意氣*
5473	南鮮版	1936-11-04	01단	嚴かな大祭/朝鮮神宮で選歌披講/讃仰の聲電波で全鮮へ
5474	南鮮版	1936-11-04	01단	朝鮮雜觀/關口泰/一、月の仁川閣
5475	南鮮版	1936-11-04	04단	配軍整正旬間/釜鐵管內で實施
5476	南鮮版	1936-11-04	04단	第二回大邱寫眞撮影競技會/特選/「秋の日ざし」/大城義雄
5477	南鮮版	1936-11-04	05단	健康の適/結核性の疾患死者/一年間に一萬人超す/意外に多い公務員
5478	南鮮版	1936-11-04	06단	西大田驛竣工
5479	南鮮版	1936-11-04	06단	滿洲國式官一行
5480	南鮮版	1936-11-04	07단	新しい大邱土産品
5481	南鮮版	1936-11-04	08단	釜山消防組の放水演習
5482	南鮮版	1936-11-04	08단	議事堂竣工式記念スタンプ
5483	南鮮版	1936-11-04	08단	籾保管證書僞造/約廿萬圓を詐取/平康事件の豫審終結
5484	南鮮版	1936-11-04	10단	會議規則改正/四日京城府會で
5485	南鮮版	1936-11-04	10단	取引所聯合會總會附議事項
5486	南鮮版	1936-11-04	10단	硫酸製造確實
5487	南鮮版	1936-11-04	10단	各地から(大田、釜山、京城)
5488	南鮮版	1936-11-05	01단	朝鮮雜觀/關口泰/二、金剛山の紅葉
5489	南鮮版	1936-11-05	01단	*局課長、事務官が次々に滿洲國視察　認識深め一如を强化/人事人替の魁け 大竹(朝鮮)大達(滿洲)兩氏*
5490	南鮮版	1936-11-05	01단	佳節のグラフ
5491	南鮮版	1936-11-05	03단	本府局長會議
5492	南鮮版	1936-11-05	04단	市街地計畫の原案施行を望む/仁川府會から答申
5493	南鮮版	1936-11-05	04단	大邱稅監局辭令
5494	南鮮版	1936-11-05	05단	サア見て下さい/金剛丸の素晴しさ/十五日釜山港で披露式/明粧凝らし沸き立つ埠頭
5495	南鮮版	1936-11-05	05단	第二回大邱寫眞撮影競技會/准特選/「霧の渡場」/崔季福

일련번호	판명	간행일	단수	기사명
5496	南鮮版	1936-11-05	06단	鐵路の譽れ/勤續者百四十三名表彰
5497	南鮮版	1936-11-05	06단	對支貿易促進/朝郵航路の配船を増加
5498	南鮮版	1936-11-05	06단	乘り心地も上乘/超特急車輛の試運轉
5499	南鮮版	1936-11-05	07단	締切り迫る/特選目指し力作殺到/全關西寫聯支部印畫募集
5500	南鮮版	1936-11-05	07단	列車立往生/豪雨で開城北方の線路沈下
5501	南鮮版	1936-11-05	08단	釜山貿易展/十一日から開催
5502	南鮮版	1936-11-05	08단	本社優勝旗は大邱專賣局へ/全鮮庭球大會
5503	南鮮版	1936-11-05	08단	郵便所へ强盜/所長と挌鬪捕る/不安絶えぬ京城の夜
5504	南鮮版	1936-11-05	08단	肥料倉庫殖やす/全鮮に十萬瓩程度のストック置く計畫
5505	南鮮版	1936-11-05	09단	殖える道立病院/洪城、北靑は本月末/忠州も來年一月には竣工
5506	南鮮版	1936-11-05	09단	慶南十八郡に支部を設く/釜山輔成會
5507	南鮮版	1936-11-06	01단	朝鮮雜觀/關口泰/三、慶州と扶餘
5508	南鮮版	1936-11-06	01단	*明年度の治水費　ザッと一千萬圓　財源は公債に仰ぐ/南江切落し工事　明年度から着手　水力發電も計畫さる/風水害復舊費千萬餘圓　三ヶ年計畫で實施*
5509	南鮮版	1936-11-06	01단	小磯軍司令官/八月鎭海灣要塞檢閱へ
5510	南鮮版	1936-11-06	02단	海洋少年團/近く發團式
5511	南鮮版	1936-11-06	03단	旅客機から祝福のビラ/裡里邑開設廿五周年記念式
5512	南鮮版	1936-11-06	04단	釜山府一般經濟檢事委員會
5513	南鮮版	1936-11-06	04단	*全鮮要所々々に工場地帶を設定　官民の一政協力で/赤崎灣臨港鐵道の免許申請*
5514	南鮮版	1936-11-06	04단	統計功績者を表彰
5515	南鮮版	1936-11-06	05단	大田消防組の演習
5516	南鮮版	1936-11-06	05단	第二回大邱寫眞撮影競技會/准特選/第二席/「子供」森本太郎
5517	南鮮版	1936-11-06	06단	鮮銀の異動/滿洲國某銀行入りに伴ひ/十二月ごろに斷行
5518	南鮮版	1936-11-06	06단	分掌局長會議
5519	南鮮版	1936-11-06	06단	府民の一錢獻金で忠魂碑を建てる/釜山龍頭山神社に
5520	南鮮版	1936-11-06	07단	各地から(統營、大邱、釜山)
5521	南鮮版	1936-11-06	07단	金組聯合の倉庫/五ヶ年計畫で建設
5522	南鮮版	1936-11-06	08단	「ひかり」遲る
5523	南鮮版	1936-11-06	09단	鐵道局新築/十三年度迄に實現せん
5524	南鮮版	1936-11-06	09단	日本産業進出/明春ごろ實現/總督府も諒解
5525	南鮮版	1936-11-06	09단	京城市街地計畫すっかり本極り/明年度から事業着手

일련번호	판명	간행일	단수	기사명
5526	南鮮版	1936-11-06	09단	巡査試験に失敗/忽ち强盜に鞍替へ/郵便所襲擊犯人の素姓
5527	南鮮版	1936-11-06	10단	漢藥時代の觀/本府衛生課に技師級の囑託
5528	南鮮版	1936-11-07	01단	朝鮮雜觀/關口泰/四、平壤博物館
5529	南鮮版	1936-11-07	01단	北支へ經濟發展/積極的方策の下調べ/先づ相川外事課長を派遣
5530	南鮮版	1936-11-07	01단	最低百萬噸の原油を輸入/釜山製油工場の計畫
5531	南鮮版	1936-11-07	01단	一面二校へ/慶南の第二次普通教育擴充
5532	南鮮版	1936-11-07	02단	精神作興週間に放つヒット/全鮮の高齡者/招き慰安の宴/床し總督の人間味
5533	南鮮版	1936-11-07	03단	大邱府營瓦斯/鮮內最初の認可/明年十月ごろ配給
5534	南鮮版	1936-11-07	03단	專任獸醫技師明年度に採用
5535	南鮮版	1936-11-07	03단	保險模範部落表彰
5536	南鮮版	1936-11-07	04단	運動競技界(大邱納會野球)
5537	南鮮版	1936-11-07	04단	低資融通に難關/工業組合令の施行までに紆餘曲折は免れぬ
5538	南鮮版	1936-11-07	05단	倉庫の統制/早くも奧地の過剩傾向に各方面から要望さる
5539	南鮮版	1936-11-07	05단	來れ聲自慢/釜山放送局で出演者を募集
5540	南鮮版	1936-11-07	05단	非常時に弓引く/渡滿部隊の宿泊料を國防獻金せずに不正費消/釜山某府議ら有力者引致
5541	南鮮版	1936-11-07	06단	後半に入る/釜山秋競馬
5542	南鮮版	1936-11-07	06단	邑面職員共濟會/慶南で組織
5543	南鮮版	1936-11-07	06단	「ひとのみち」の內情を調査/各道へ通牒
5544	南鮮版	1936-11-07	07단	邱南鐵道の敷設を促進/全南實業大會
5545	南鮮版	1936-11-07	07단	映畫界展望/擡頭した日本物/優秀な發聲裝置も殖え/トーキー時代謳歌
5546	南鮮版	1936-11-07	07단	保導原理を確立/七日全鮮の主任會議開き/學童愛護に一步前進
5547	南鮮版	1936-11-07	08단	競泳用プール/釜山に竣工
5548	南鮮版	1936-11-07	08단	深夜の轢殺
5549	南鮮版	1936-11-07	09단	下端峠の切下げ/二ヶ年繼續で改修
5550	南鮮版	1936-11-07	09단	各地から(開城、大邱、京城)
5551	南鮮版	1936-11-07	09단	京電脫線
5552	南鮮版	1936-11-07	10단	元密陽郡守に懲役六月
5553	南鮮版	1936-11-07	10단	十八名送還
5554	南鮮版	1936-11-07	10단	船頭ブクブク
5555	南鮮版	1936-11-08	01단	朝鮮雜觀/關口泰/五、文廟釋奠

일련번호	판명	간행일	단수	기사명
5556	南鮮版	1936-11-08	01단	買ひ被られた外地/さうは出せぬ繰入金/大藏省と肚の探合ひ
5557	南鮮版	1936-11-08	01단	精神作興週間始る/各地で敬虔な神社參拜(釜山、大邱)
5558	南鮮版	1936-11-08	01단	釜山貿易振興展迫る
5559	南鮮版	1936-11-08	02단	釜山、大邱兩府も市街計畫を諮問/立體的都市を建設(釜山府、大邱府)
5560	南鮮版	1936-11-08	04단	米作悲觀豫想
5561	南鮮版	1936-11-08	04단	數年越しの苦勞/晴れて實を結ぶ/注目の大邱府營瓦斯
5562	南鮮版	1936-11-08	05단	農業經營改善
5563	南鮮版	1936-11-08	06단	各地から(京城、仁川、開城、釜山、大邱、統營)
5564	南鮮版	1936-11-08	06단	慶南聯合靑年團/廿二日に發團式
5565	南鮮版	1936-11-08	06단	野菜四割安/澁面忽ち笑ひ顔
5566	南鮮版	1936-11-08	06단	日本の勢力は北支で隆々/富士事務官の視察談
5567	南鮮版	1936-11-08	07단	六十五萬圓投じ/守山橋を架ける/明年度から二年繼續
5568	南鮮版	1936-11-08	07단	女白退送局
5569	南鮮版	1936-11-08	08단	京城驛構內の薪炭場跡を借用/中央市場の敷地內定
5570	南鮮版	1936-11-08	08단	鐵道非常時の指令電話を完備/順天、平壤、城津にも
5571	南鮮版	1936-11-08	09단	釜山のボヤ
5572	南鮮版	1936-11-08	09단	下關圖書檢閱事務所ひらく
5573	南鮮版	1936-11-08	09단	棉花道營檢査/一齊に十日から慶南産の聲價發揚
5574	南鮮版	1936-11-08	10단	釜山職紹の懇親會
5575	南鮮版	1936-11-10	01단	朝鮮雜觀/關口泰/六、簡易學校の使命
5576	南鮮版	1936-11-10	01단	*南さんは善いお方　老いの身に有難や　高齡者感激の午餐會/赤十字さん出動　全部心づくしの朝鮮料理　一老起って古謠朗々(京城、釜山)*
5577	南鮮版	1936-11-10	01단	卅年後に備へ擴がる大邱
5578	南鮮版	1936-11-10	04단	運動競技界(全鮮蹴球大會)
5579	南鮮版	1936-11-10	05단	固城署優勝/慶南武道大會
5580	南鮮版	1936-11-10	05단	外國市場開拓の經濟使命に專心/本府外事課の新指針
5581	南鮮版	1936-11-10	06단	ひことのみち敎團/五支部隊に解散/信者八千人見限る
5582	南鮮版	1936-11-10	06단	國際港の繁昌/一目で早分り/釜山の貿易展蓋明け
5583	南鮮版	1936-11-10	07단	*特選大城氏へ榮えの府尹盃　大邱寫眞競技の賞品授與/DK光畵會入選/大邱寫友會例會*
5584	南鮮版	1936-11-10	08단	電氣合同會議/十日から東京で
5585	南鮮版	1936-11-10	08단	釜山秋競馬賣上げ良好
5586	南鮮版	1936-11-10	08단	解散近き京城

일련번호	판명	간행일	단수	기사명
5587	南鮮版	1936-11-10	08단	電球輸出數量
5588	南鮮版	1936-11-10	08단	慶南署長會議
5589	南鮮版	1936-11-10	08단	ベスト御用心/平齊、大鄒方面みに蔓延の兆
5590	南鮮版	1936-11-10	09단	各地から(統營、鎭海、釜山、京城、全州、裡里)
5591	南鮮版	1936-11-10	09단	急ぐ申込みに簡保の緊急融通/總額百八萬四千圓
5592	南鮮版	1936-11-10	09단	超特急車輛ふ再び試運轉
5593	南鮮版	1936-11-12	01단	朝鮮雜觀/關口泰/八、求職少年訓練部
5594	南鮮版	1936-11-12	01단	*煙に巻かれた愛煙家　一夜明くればアッ煙草値上げ　二割は辛い喧々囂々/"安い"と聞いたに"高い"とびっくり　釜山上陸第一歩旅客埠頭で押問答/「下級品へ轉向」「それは一時的」　街の反響A・B・C/全鮮販賣所へ深夜の飛電　儲けの本山京城專賣局/特殊事情は十分考慮　專賣局の話/轉込む二百萬圓　大藏省の一般會計へ繰込まず　從業員優遇や工場改善へ/果報は寢て待て　「それほどでもないが」と悅に入る小賣商人*
5595	南鮮版	1936-11-12	03단	御下賜金に御禮電報/南總督より
5596	南鮮版	1936-11-12	04단	各地から(木浦、馬山、統營、釜山、京城)
5597	南鮮版	1936-11-12	05단	これ位ではとても
5598	南鮮版	1936-11-12	05단	奇數日夜に下關/偶數日夜に釜山發/金剛丸利用客の心得帳
5599	南鮮版	1936-11-12	08단	鑛業警察令/明春から施行
5600	南鮮版	1936-11-12	08단	超特急試運轉/十三、四兩日
5601	南鮮版	1936-11-12	08단	米穀統制組合聯合會創立/慶南と全南に
5602	南鮮版	1936-11-12	09단	北滿と東滿へ商權を擴張/鮮滿打合會で決る
5603	南鮮版	1936-11-12	09단	鎭海飛行場/廿八日に祝賀會
5604	南鮮版	1936-11-12	10단	蔚山、慶州間廣軌來月營業
5605	南鮮版	1936-11-12	10단	「朝鮮地方行政」續刊
5606	南鮮版	1936-11-12	10단	おめでた
5607	南鮮版	1936-11-13	01단	朝鮮雜觀/關口泰/九、農村女子教育
5608	南鮮版	1936-11-13	01단	風雲を呼ぶ森氏/東拓とガッチリ握手/江界水力發電會社を設く
5609	南鮮版	1936-11-13	01단	原新鎭海司令官は水雷戰術の權威/惜しまれる井上中將
5610	南鮮版	1936-11-13	01단	鐵道局で勤續者表彰/百四十三名
5611	南鮮版	1936-11-13	01단	慶南府尹部守會議
5612	南鮮版	1936-11-13	02단	工場實地指導
5613	南鮮版	1936-11-13	02단	英靈安らかに眠れ/祈る心に捧げ銃/大邱忠靈塔の鎭祭式
5614	南鮮版	1936-11-13	04단	琺瑯鐵器輸出數量

일련번호	판명	간행일	단수	기사명
5615	南鮮版	1936-11-13	04단	鐵道業務監祭
5616	南鮮版	1936-11-13	05단	赤十字社の赤ちゃん審査會
5617	南鮮版	1936-11-13	05단	昌慶苑動物慰靈祭
5618	南鮮版	1936-11-13	05단	*勅語謄本奉遷し負傷者さへ皆無 焰の中に壽松公普の統制/警察へ行く校長を離さぬ學童たち　耐火切斷壁がなく校舍全體が導火線/出火の原因/使はぬ室から不思議な發火 野中校長語る*
5619	南鮮版	1936-11-13	06단	各地から(大田、馬山、晋州、統營、木浦、開城、釜山、京城)
5620	南鮮版	1936-11-13	06단	京城に五年制の工業學校を設立/明年度豫算で審議
5621	南鮮版	1936-11-13	06단	*隣人愛の金字塔 南鮮風水害の義金 五十萬圓に達せん/大阪の先生から 四千八百五十圓*
5622	南鮮版	1936-11-13	07단	對英輸出電球
5623	南鮮版	1936-11-13	08단	鮮銀高級行員數名新銀行へ
5624	南鮮版	1936-11-13	08단	痘瘡跡を絶つ
5625	南鮮版	1936-11-13	08단	「のぞみ」に捨子？
5626	南鮮版	1936-11-13	08단	牛の流感猖獗
5627	南鮮版	1936-11-13	09단	釜山交通安全デー
5628	南鮮版	1936-11-13	09단	皮肉な輪禍
5629	南鮮版	1936-11-13	09단	刑務所破り忽ち捕る/例の赤行嚢犯人
5630	南鮮版	1936-11-13	10단	京城勞銀指數昻騰
5631	南鮮版	1936-11-14	01단	朝鮮雜觀/關口泰/十、色衣裝勵是か
5632	南鮮版	1936-11-14	01단	林財務局長は自分の祕藏っ子/決して手放しはせんよ/南總督語る
5633	南鮮版	1936-11-14	01단	盛裝の花嫁・金剛丸/全鮮のお客招き/壽ぐ“久遠の幸”/釜山港の花棧橋も絢爛と十五日アット・ホーム催す
5634	南鮮版	1936-11-14	04단	初便の豫約殺到/鮮滿から「船室を」「寢台を」/素晴しいぞ首途の祝福
5635	南鮮版	1936-11-14	05단	工業者大會の決議陳情
5636	南鮮版	1936-11-14	05단	並みの石炭でどれだけ走る？/試驗しつゝ玄海驀進
5637	南鮮版	1936-11-14	05단	滿洲行自由移民/鮮滿拓植へ一任/重要性更に加はる
5638	南鮮版	1936-11-14	06단	民衆警察など三橋イズム明示/來月上旬に部長會議
5639	南鮮版	1936-11-14	06단	物産宣示會/哈爾濱で開く
5640	南鮮版	1936-11-14	07단	*京釜間の超特急 速さ豫想以上 まるで彈丸、公式試運轉/乘り心地は滿點 小原列車係長“ご自慢”*
5641	南鮮版	1936-11-14	07단	相當な酒豪で趣味は相撲/新任鎭海司令官原中將

일련번호	판명	간행일	단수	기사명
5642	南鮮版	1936-11-14	07단	釜山の赤字デー
5643	南鮮版	1936-11-14	07단	釜山移出米新記錄
5644	南鮮版	1936-11-14	08단	絞殺死體は全北の女/犯人目星つく
5645	南鮮版	1936-11-14	08단	大貝塚を發見/釜山牧島東部で
5646	南鮮版	1936-11-14	08단	街を汚す者は罰金ですゾ/市民の常識掃除令細則
5647	南鮮版	1936-11-14	09단	機關車と牛車正面衝突
5648	南鮮版	1936-11-14	09단	命令航路以外の汽船數
5649	南鮮版	1936-11-14	10단	線路名改稱
5650	南鮮版	1936-11-14	10단	普天教大教殿競賣やり直し
5651	南鮮版	1936-11-14	10단	各地から(釜山、京城)
5652	南鮮版	1936-11-15	01단	*金剛丸披露式　船上で實況放送　岩尾、田邊兩アナウンサー 一時間廿分全鮮へ/華かな話題 望む旅客心理/鮮滿の歡び　內地へ更に接近す 山本釜山府尹談/將來を祝福 立石釜山商議會頭語る*
5653	南鮮版	1936-11-15	01단	妻の耳へ熟睡中/沸る油を注ぐ/假面の夫縊死の届け
5654	南鮮版	1936-11-15	01단	親子飛降り
5655	南鮮版	1936-11-15	02단	人夫三名重輕傷
5656	南鮮版	1936-11-15	02단	十月中の鹽販賣高
5657	南鮮版	1936-11-15	03단	總督府辭令（忠北堤川）
5658	南鮮版	1936-11-15	03단	兒童の失火/壽松公普火災の眞因
5659	南鮮版	1936-11-15	04단	目が覺めたやう/鐵道景氣安東/地價も全く鰻上り
5660	南鮮版	1936-11-15	04단	鐵道局辭令（十四日）
5661	南鮮版	1936-11-15	04단	釜中武裝行軍
5662	南鮮版	1936-11-15	04단	內地炭の需要激增
5663	南鮮版	1936-11-15	05단	東拓無水酒精工場は國境か
5664	南鮮版	1936-11-15	05단	汚された獻金/赤誠に再生/釜山水晶町の心意氣
5665	南鮮版	1936-11-15	05단	局線十月中の運輸收入
5666	南鮮版	1936-11-15	06단	中學校長會議
5667	南鮮版	1936-11-15	06단	*洪水解消策成る　直轄河川廿一-一億一千滿圓　中小河川-二億二千滿圓　十年計畫で大改修/南鮮の近代工業化　南江切落しの落差を利用し 水力發電實現へ*
5668	南鮮版	1936-11-15	06단	大邱市街計畫/三面とも贊成
5669	南鮮版	1936-11-15	07단	米倉の小運送進出注目さる
5670	南鮮版	1936-11-15	07단	摸擬産組設け/學童の家庭實習/慶南各普校に普及
5671	南鮮版	1936-11-15	08단	職工賃銀にも好況を反映/京城府の調べ

일련번호	판명	간행일	단수	기사명
5672	南鮮版	1936-11-15	08단	咸北線の隧道は完成までに三年/採算をみて新會社
5673	南鮮版	1936-11-15	09단	朝鮮語の布教で日本精神を注入/近く布教者の再教育
5674	南鮮版	1936-11-15	10단	鐵道史編纂/規定發令さる
5675	南鮮版	1936-11-15	10단	平南の家畜調査
5676	南鮮版	1936-11-15	10단	各地から(開城、統營、京城)
5677	南鮮版	1936-11-17	01단	*鮮商品の海外進軍　南洋、南支、印度へ　定期航路が實現 毎日二船釜山へ寄港/競爭相手蹴落し　鹽鰯、滿洲で好評 西本水産課長の視察談/滿洲主要都市に陳列場設け宣傳 見本市開催も目論む*
5678	南鮮版	1936-11-17	01단	釜山第一棧橋へ横付した金剛丸
5679	南鮮版	1936-11-17	02단	七十八聯隊慰靈祭
5680	南鮮版	1936-11-17	03단	日満貨物運賃の細目打合せ
5681	南鮮版	1936-11-17	03단	昨年の積立金半分を繰入れ/更生水組聯合會
5682	南鮮版	1936-11-17	04단	總督府辭令
5683	南鮮版	1936-11-17	04단	驛構內の敷地を鐵道局も內諾/注目の京城中央市場
5684	南鮮版	1936-11-17	04단	火災シーズン/十二月一日に一せい防火デー/內相の放送も中繼
5685	南鮮版	1936-11-17	05단	毎日數頭づつ鯨の大漁
5686	南鮮版	1936-11-17	06단	群山競馬始る
5687	南鮮版	1936-11-17	06단	方面委員制度を全面的に擴充/社會課で具體策研究
5688	南鮮版	1936-11-17	06단	鮮銀理事後任/噂に上る人々
5689	南鮮版	1936-11-17	07단	各地から(統營、東萊、大邱、釜山)
5690	南鮮版	1936-11-17	07단	風水害罹災民　千餘名を使ふ/草梁沖の埋立工事
5691	南鮮版	1936-11-17	07단	釜山も大邱も都計案可決/本府へ近く答申
5692	南鮮版	1936-11-17	07단	お祝ひお悔み電報/年賀電報に諺文も取扱ふ/來月一日からサーヴィス
5693	南鮮版	1936-11-17	08단	醫師試驗第三部合格者
5694	南鮮版	1936-11-17	08단	慶州を中心に便利になる觀光/廣軌開通お祝ひ準備
5695	南鮮版	1936-11-17	08단	洋灰又値上げ
5696	南鮮版	1936-11-17	09단	慶南被害漁船/明春までに復舊
5697	南鮮版	1936-11-17	09단	無煙炭の保護關稅要望/本府愼重を期す
5698	南鮮版	1936-11-17	10단	鑛夫勞役扶助規則原案成る
5699	南鮮版	1936-11-18	01단	總督府に體育官/各道に體育主事/全スポーツ界を統制
5700	南鮮版	1936-11-18	01단	勅語奉戴式/廿三日步兵第七十八聯隊で
5701	南鮮版	1936-11-18	01단	赤十字デーに傷病兵慰問

일련번호	판명	간행일	단수	기사명
5702	南鮮版	1936-11-18	01단	下に厚く上に薄い/本府のボーナス査定標準/氣を好しする下級官史
5703	南鮮版	1936-11-18	02단	海軍側も地元も/祝賀に融け合ふ/近づく鎭海航空隊竣工式
5704	南鮮版	1936-11-18	03단	「洛東江の唄」入選者發表さる
5705	南鮮版	1936-11-18	03단	海運界の賑ひ/沿岸交通量にハッキリ反映
5706	南鮮版	1936-11-18	03단	*花やか初乘景氣　船內至る所禮讃と祝福の聲　女王さま處女航海/昌慶丸を借切り　金剛丸に乘損ねた支那人　殘念がりつゝお大盡の船旅/列車三等寢台　値下げを思案　金剛丸の好評に刺激されて*
5707	南鮮版	1936-11-18	04단	教育功績者表彰
5708	南鮮版	1936-11-18	04단	*鮮銀在滿支店員　某銀行へ輸出　松原氏ら近く新京へ/北平に支店設く　初代支店長は管場氏*
5709	南鮮版	1936-11-18	04단	相川外事課長東上
5710	南鮮版	1936-11-18	05단	工場實地指導/廿七ヶ所で行ふ
5711	南鮮版	1936-11-18	05단	章魚入道ヤーイ/不漁に小漁業者悲鳴
5712	南鮮版	1936-11-18	06단	表裏の半島玄關/便利な聲の握手/市內電話同樣に良好
5713	南鮮版	1936-11-18	07단	精神病監護に法令要望の機運/城大醫學部も乘出す
5714	南鮮版	1936-11-18	07단	全北勞働移民/七十五家族が廿一日北鮮へ
5715	南鮮版	1936-11-18	08단	滿洲國圖書館名實共に充實
5716	南鮮版	1936-11-18	08단	釜山美術展
5717	南鮮版	1936-11-18	08단	全釜山の家庭が拔毛獻金に參加/高女生の眞心に感激
5718	南鮮版	1936-11-18	08단	各地から(統營、釜山、京城)
5719	南鮮版	1936-11-18	08단	專賣美談募集
5720	南鮮版	1936-11-18	09단	トラック五幼兒を轢く/一名は絶命
5721	南鮮版	1936-11-18	10단	忠南府郡教育會の對抗競技
5722	南鮮版	1936-11-19	01단	急轉する國境警備/消極防禦は一擲/越境匪賊を討伐/兵器彈藥もどっさり/繰出す勇猛果敢の新選組
5723	南鮮版	1936-11-19	01단	各地から(群山、京城、春川、釜山)
5724	南鮮版	1936-11-19	02단	鮮滿鐵道一元化/斷じてなし/總督、局長會議で否定
5725	南鮮版	1936-11-19	02단	氾濫する"冬の味覺"/大同江岸の白菜船
5726	南鮮版	1936-11-19	04단	國防獻金橫領の津田を送局
5727	南鮮版	1936-11-19	04단	全國に網を張り/リレー式に密輸/檢擧された德力商會
5728	南鮮版	1936-11-19	05단	驛の新設や線路名改稱/十二月から實施
5729	南鮮版	1936-11-19	05단	滿洲中堅官史一行總督府訪問
5730	南鮮版	1936-11-19	05단	半島少國民へ海事訓練を施す/廿二日/海洋少年團結成

일련번호	판명	간행일	단수	기사명
5731	南鮮版	1936-11-19	05단	運動競技界(柔道朝鮮代表)
5732	南鮮版	1936-11-19	06단	フラッシュ・ボタンを主要踏切に設置/自動車との衝突頻發に/懲り懲りの鐵道局
5733	南鮮版	1936-11-19	06단	*この一戰・正月映畫　今年は二千三百巻位　検閲受付は來月十五日限り/ニュースの幽靈　血迷うて時々御出現　今後は頭から全部カット*
5734	南鮮版	1936-11-19	07단	嚴肅な慰靈祭/第七十八聯隊で
5735	南鮮版	1936-11-19	07단	超特急の試乘運轉
5736	南鮮版	1936-11-19	07단	小漁港復舊
5737	南鮮版	1936-11-19	07단	金剛丸下り便
5738	南鮮版	1936-11-19	08단	燒失の壽松公普/廿三萬圓で復興/本年度內に着工せん
5739	南鮮版	1936-11-19	08단	災害の祟り/新規事業全部繰延べ/慶南の明年度豫算編成方針
5740	南鮮版	1936-11-19	08단	貴金屬泥捕る
5741	南鮮版	1936-11-19	08단	若者刎らる
5742	南鮮版	1936-11-19	09단	聯絡統制を密に/特別區域も設く/京城防護團健直し
5743	南鮮版	1936-11-19	10단	大邱の火事
5744	南鮮版	1936-11-19	10단	釜山の傳染病/一月以來八百五十一名發生
5745	南鮮版	1936-11-20	01단	*下賜金傳達式　釜山癩病院へ/賜品授與式　廿三日大邱　聯隊營庭で*
5746	南鮮版	1936-11-20	01단	初冬の渡し場【平壤大同門附近】
5747	南鮮版	1936-11-20	01단	躍る黃金魔の群/大密輸のカラクリを暴く/判明せる關係者/五十餘名に上る/帳簿係には元刑事を雇ひ/用意周到の闇の陣
5748	南鮮版	1936-11-20	02단	素人女性ばかり得意の藝盡し/廿四日夜釜山から放送
5749	南鮮版	1936-11-20	04단	魚群の發見用に/水上偵察機使ふ/空から無電で速報
5750	南鮮版	1936-11-20	05단	*ダイヤ改正の主眼　鐵道局長より發表(京釜、京義本線、京元、咸鏡本線、東海南部線、貨物關係)/「あかつき」と命名　京釜間の超特急*
5751	南鮮版	1936-11-20	05단	運轉手と女車掌/乘車賃を山分け/馬山府內バスに容疑
5752	南鮮版	1936-11-20	05단	木浦衛生組合聯合會發會式
5753	南鮮版	1936-11-20	06단	景福丸の入港遲る
5754	南鮮版	1936-11-20	06단	漁夫罷業解決
5755	南鮮版	1936-11-20	06단	賭博團送局
5756	南鮮版	1936-11-20	07단	年賀郵便/釜山局早くも特別取扱準備
5757	南鮮版	1936-11-20	07단	釜山府營プール竣工
5758	南鮮版	1936-11-20	07단	馬券賣上高/昨秋の三割增加/群山以外/二百七萬圓

일련번호	판명	간행일	단수	기사명
5759	南鮮版	1936-11-20	08단	十錢の新煙草/轉賣局で研究
5760	南鮮版	1936-11-20	08단	學務課長會議
5761	南鮮版	1936-11-20	08단	素晴しい鰤景氣/釜山へ一時に三千尾
5762	南鮮版	1936-11-20	08단	市街計畫可決/木浦府會
5763	南鮮版	1936-11-20	08단	希望意見附し/原案通り答申/釜山市街計畫
5764	南鮮版	1936-11-20	09단	各地から(開城、大邱、馬山、木浦)
5765	南鮮版	1936-11-21	01단	*人生初年兵　就職難ケロリ　職場の撰擇難　一流所で優遇を！　衝天の意氣/結核性疾患の脅威　今後斷然入學お斷り上級學校正に"後門の虎"/健康を回復後　入學すればよい高雄本府學務課長談*
5766	南鮮版	1936-11-21	02단	晝夜とも盛況/大邱印畵展ひらく
5767	南鮮版	1936-11-21	03단	十月中の郵貯增加
5768	南鮮版	1936-11-21	03단	*港の誘拐魔に　挑戰する救世車　釜山に婦人ホーム建設/渡航取締例規 改善の意見交換*
5769	南鮮版	1936-11-21	04단	若人三千餘名/一つの旗の下に/生れる慶南聯合靑年團
5770	南鮮版	1936-11-21	04단	總督の演習慰勞宴
5771	南鮮版	1936-11-21	05단	法專講演會
5772	南鮮版	1936-11-21	05단	第廿師團新兵來鮮日程
5773	南鮮版	1936-11-21	06단	國境警備の情報交換/具體策を協議
5774	南鮮版	1936-11-21	06단	叺の品質向上/指導方を通牒
5775	南鮮版	1936-11-21	06단	國境突破手段を抉る解剖のメス/密輸の首魁近く護送
5776	南鮮版	1936-11-21	07단	長女を慘殺/精神異狀の兇行
5777	南鮮版	1936-11-21	07단	淸凉町一帶に/砲煙渦巻く/京城の學生聯合演習
5778	南鮮版	1936-11-21	07단	局營バスは國産を使用
5779	南鮮版	1936-11-21	07단	釜山考古會記念展
5780	南鮮版	1936-11-21	07단	十月中の郵便爲替
5781	南鮮版	1936-11-21	07단	慶北臨時道會/來月五日開く
5782	南鮮版	1936-11-21	08단	半島漁船五隻/沿海州沖で活躍/照風丸から心强い報告
5783	南鮮版	1936-11-21	08단	茂山製鐵所は密山石炭が適當/東上中の大野總監談
5784	南鮮版	1936-11-21	08단	水原高農事件判決
5785	南鮮版	1936-11-21	09단	艀人夫勞賃/來月から引上げ
5786	南鮮版	1936-11-21	09단	鮮滿土木協會/提携の下相談
5787	南鮮版	1936-11-21	10단	各地から(麗水、群山、大邱、釜山)
5788	南鮮版	1936-11-22	01단	訣別か再建か/苦悶する基督教/平壤事件は一つの具象化/全面的に後退の兆

일련번호	판명	간행일	단수	기사명
5789	南鮮版	1936-11-22	01단	院展の新作展觀/京城德壽宮
5790	南鮮版	1936-11-22	02단	京城運動場をうんと擴充/東京大會目指して
5791	南鮮版	1936-11-22	03단	大野政務總監/歸途は金剛丸で
5792	南鮮版	1936-11-22	03단	超特急快走/記者團の試乘
5793	南鮮版	1936-11-22	04단	主要列車新ダイヤ㊤/十二月一日から実施(釜山新京問下り、新京釜山問上り、京元咸鏡本線下り、京元咸鏡本線上り、湖南線上り、湖南線下り)
5794	南鮮版	1936-11-22	04단	落葉/平壤瑞氣山にて
5795	南鮮版	1936-11-22	05단	學生の手を取り/照準教へる南さん/聯合演習に蘇る武人の心
5796	南鮮版	1936-11-22	06단	釜山の防火デー
5797	南鮮版	1936-11-22	07단	繰入金の割當は/五百萬圓位か/新規事業控へて打擊
5798	南鮮版	1936-11-22	07단	初代の羅津府議/當選者廿四名決定す
5799	南鮮版	1936-11-22	08단	記念博物館設計/根本的に修正/萩原技師衆智集めに東上
5800	南鮮版	1936-11-22	09단	京城の宵强盜
5801	南鮮版	1936-11-22	09단	奉天省內の都計實施市
5802	南鮮版	1936-11-22	10단	總督府兩課長東上
5803	南鮮版	1936-11-22	10단	各地から(統營、馬山、開城、釜山、浦項、京城)
5804	南鮮版	1936-11-22	10단	釜山の山火事
5805	南鮮版	1936-11-24	01단	結婚適齡期の娘を『どう導くか』の相談/代表的？お母さん達
5806	南鮮版	1936-11-24	01단	冬を訪ねて/豪華觀光團
5807	南鮮版	1936-11-24	01단	釜山の考古會展
5808	南鮮版	1936-11-24	01단	*嚴か勅語奉戴式 鄕軍京城支部で擧行/新嘗祭の大邱*
5809	南鮮版	1936-11-24	01단	軍犬資格檢査
5810	南鮮版	1936-11-24	02단	統制反對の叫び/京城のスリチビ大會
5811	南鮮版	1936-11-24	02단	慶南道辭令
5812	南鮮版	1936-11-24	02단	溫容玉の如し/しかも滿洲事變には武勳赫々/廿師團長になる川岸中將
5813	南鮮版	1936-11-24	03단	主要列車新ダイヤの解說㊥/輸送力增大に主力/颯爽「あかつき」登場(旅客列車關係)
5814	南鮮版	1936-11-24	04단	三千浦港の起工式
5815	南鮮版	1936-11-24	04단	仁川商議總會
5816	南鮮版	1936-11-24	04단	本格的冬の訪れ/京城地方零下五度
5817	南鮮版	1936-11-24	04단	提燈行列や屋台/航空隊の開隊式迫り/祝賀氣分たかまる鎭海
5818	南鮮版	1936-11-24	05단	全九州ぐるり/見事ゴールイン/意氣軒昂の岡田君
5819	南鮮版	1936-11-24	06단	黃澗に市內電話

일련번호	판명	간행일	단수	기사명
5820	南鮮版	1936-11-24	06단	鮮銀新京支店異動
5821	南鮮版	1936-11-24	06단	釜山に美術館！/中村翁義擧の朗報に/一般から大きい期待
5822	南鮮版	1936-11-24	07단	店頭飾窓裝飾競技
5823	南鮮版	1936-11-24	07단	慶南聯合靑年團の發團奉告
5824	南鮮版	1936-11-24	08단	元山土木一組/本社/優勝旗を獲得/江原、咸南弓道競射大會
5825	南鮮版	1936-11-24	08단	運動競技界(培材高普優勝/ラグビー豫選、全鮮陸協役員)
5826	南鮮版	1936-11-24	09단	各地から(晋州、大田、統營、釜山、京城)
5827	南鮮版	1936-11-24	09단	石炭需給狀況/京城は圓滑
5828	南鮮版	1936-11-25	01단	大國旗の前に挺身報國の血盟/鄕軍大邱支部大會
5829	南鮮版	1936-11-25	01단	功勞者表彰し/大田の市中行進/湖南支部勅語奉戴式
5830	南鮮版	1936-11-25	01단	釜山美術展の特選
5831	南鮮版	1936-11-25	02단	主要列車新ダイヤ解說㊦/急行貨物列車現る/釜山安東間で七時間半を短縮(京元、咸鏡本線、全羅線、東海南部線、貨物關係)
5832	南鮮版	1936-11-25	03단	行員配置/法令公布後決る/松原興銀副總裁談
5833	南鮮版	1936-11-25	04단	開城府會
5834	南鮮版	1936-11-25	04단	お祝ひ準備に美しい軍民一致/航空隊開隊式迫る
5835	南鮮版	1936-11-25	04단	京城にも感化院/不良靑少年百名を收容し/惡の泥土から光明へ
5836	南鮮版	1936-11-25	04단	新警察々儀に參進する上瀧知事
5837	南鮮版	1936-11-25	06단	慶州地方民へ無賃バス配布/廣軌開通式に(試運轉時間)
5838	南鮮版	1936-11-25	07단	西日本に君臨/燦たり本社のカップ/半島代表/京醫專蹴球チーム
5839	南鮮版	1936-11-25	07단	軍參謀異動
5840	南鮮版	1936-11-25	08단	女中街頭自殺
5841	南鮮版	1936-11-25	08단	印度から商談/釜山商議へ
5842	南鮮版	1936-11-25	08단	外安輸入の際も/まかせて欲しい/朝窒から本府へ希望
5843	南鮮版	1936-11-25	08단	慶南災害復舊/三年計畫で實施
5844	南鮮版	1936-11-25	08단	釜山一商生の軍隊生活
5845	南鮮版	1936-11-25	09단	御造營の基金/四十萬圓募集/龍頭山神社
5846	南鮮版	1936-11-25	10단	飛込み死體
5847	南鮮版	1936-11-25	10단	各地から(京城、釜山)
5848	南鮮版	1936-11-26	01단	一般會計繰入れ/九百五十萬圓に決定/情勢急變し一躍增加
5849	南鮮版	1936-11-26	01단	二千餘名參集し一周年を祝賀/國婦京城分會の喜び
5850	南鮮版	1936-11-26	01단	釜山、大邱間は年內に開通/日滿聯絡電話進捗

일련번호	판명	간행일	단수	기사명
5851	南鮮版	1936-11-26	01단	馬山港改修/起工式/盛大に擧行
5852	南鮮版	1936-11-26	01단	十月の米穀移動高
5853	南鮮版	1936-11-26	01단	災害地方に冬季副業/慶南道で奬勵
5854	南鮮版	1936-11-26	02단	忠南棉花の出廻り
5855	南鮮版	1936-11-26	02단	鐵道局辭令
5856	南鮮版	1936-11-26	02단	街のユーモア/金剛丸級の大型人間揃ひ/自畵自讃ノツポ比べ、太り較べ
5857	南鮮版	1936-11-26	03단	ローカル放送に新しい趣向/釜山放送局
5858	南鮮版	1936-11-26	03단	工業地方分散/委員會設け/具體案研究
5859	南鮮版	1936-11-26	04단	總監、廿八日歸城
5860	南鮮版	1936-11-26	04단	能率增進風景
5861	南鮮版	1936-11-26	04단	大邱から京城へ日歸り旅行/釜山行にも頗る便利
5862	南鮮版	1936-11-26	05단	南洋定期航路船/寄港は四月から/每月一回釜山港へ
5863	南鮮版	1936-11-26	05단	鄉軍將校團の現地戰術演習
5864	南鮮版	1936-11-26	06단	あまりに多い行事/朝鮮でも統一强化/警務局が調査に乗出す
5865	南鮮版	1936-11-26	06단	水原高農事件控訴
5866	南鮮版	1936-11-26	07단	統制の機運/全北自動車業
5867	南鮮版	1936-11-26	07단	大都市建設に備へ/上水道の擴張/釜山府で調査に着手
5868	南鮮版	1936-11-26	07단	大田女高普設置に大口寄附
5869	南鮮版	1936-11-26	07단	玉名検事正の講演行脚
5870	南鮮版	1936-11-26	07단	全鮮貯水池へ公魚を放つ/明年約二千二百萬尾
5871	南鮮版	1936-11-26	08단	洪城道立醫院/來月から診療
5872	南鮮版	1936-11-26	08단	思想犯に愛の園/十二月中旬から三都市に/保護觀察所を新設
5873	南鮮版	1936-11-26	08단	慶南農民道場の講習會
5874	南鮮版	1936-11-26	09단	石福と山田/東京から護送
5875	南鮮版	1936-11-26	09단	內外金剛山麓に淡水魚の養殖場/乙な觀光客足止策
5876	南鮮版	1936-11-26	10단	國防獻金橫領の津田を起訴
5877	南鮮版	1936-11-26	10단	少年職業の紹介打合せ/釜山府教育係が普校校長と
5878	南鮮版	1936-11-26	10단	現金と白米の方面袋配る/釜山方面委員會
5879	南鮮版	1936-11-28	01단	蔚山、慶州間廣軌開通/玩具列車に代り/大型列車の驀進/十二月一日から/驛舍七つも全部模様替へ/わけて男前あげた慶州驛
5880	南鮮版	1936-11-28	01단	*慶州の商取引は大邱よりも釜山へ　貨物利用も殖えよう/五百名招待し　賑やかにお祝ひ　一日慶州驛前廣場で/試運轉好成績*

일련번호	판명	간행일	단수	기사명
5881	南鮮版	1936-11-28	04단	*冬　中部に暴風雪襲來　被害は意外に甚大/雪化粧の京城地方/出漁の鰯漁船憂慮さる/風速十五、六米　平壤地方/本格的寒氣の前觸れ*
5882	南鮮版	1936-11-28	04단	電氣合同會社/各地から引張凧/釜山が誘致第一電
5883	南鮮版	1936-11-28	05단	釜山地方法院異動
5884	南鮮版	1936-11-28	05단	貿易狀況調査/商工省係官來鮮
5885	南鮮版	1936-11-28	06단	海難船の搜索/外國機ガイド/飛行機使って/明春から新生面開く
5886	南鮮版	1936-11-28	06단	裝飾競技會入賞店
5887	南鮮版	1936-11-28	07단	拿捕された漁船/五十隻に上る/ソ聯へ釋放要求決定
5888	南鮮版	1936-11-28	07단	印度へ南洋へ貿易に拍車/定期航路寄港で釜山の活況
5889	南鮮版	1936-11-28	07단	密漁船檢擧
5890	南鮮版	1936-11-28	07단	法人所得のみ/稅率引上げ/村山稅務課長東上
5891	南鮮版	1936-11-28	07단	安東建設事務所長に松野氏
5892	南鮮版	1936-11-28	08단	教練研究會
5893	南鮮版	1936-11-28	08단	新しい釣場/赴戰湖の養殖魚順調に繁殖
5894	南鮮版	1936-11-28	08단	明礬石からのアルミ製造/朝窒興南工場で着手
5895	南鮮版	1936-11-28	09단	少年轢殺さる
5896	南鮮版	1936-11-28	09단	金密輸事件の核心を衝く/山田らの取調べ始まる
5897	南鮮版	1936-11-28	10단	澤田新駐滿參事官來城
5898	南鮮版	1936-11-28	10단	法人組織の産組聯合分會/慶南から申請
5899	南鮮版	1936-11-28	10단	各地から(仁川、釜山)
5900	南鮮版	1936-11-28	10단	十月の滿洲宛郵便爲替
5901	南鮮版	1936-11-29	01단	空海陸相呼應し/開隊お祝ひの渦巻/旗の海、提燈行列の火の海/鎭海々軍航空隊の首途
5902	南鮮版	1936-11-29	01단	マストの上から下界を見れば
5903	南鮮版	1936-11-29	02단	明年度の公債は六千五百萬圓/大野總監のお土産話
5904	南鮮版	1936-11-29	02단	日滿電話の釜山中繼所視察
5905	南鮮版	1936-11-29	04단	慶南臨時道會/來月八日に招集
5906	南鮮版	1936-11-29	04단	*釜山慶州　廣軌全通を祝す/利用して欲しい　鈴木釜鐵事務所長談/觀光施設改善　井上慶州邑長談/商工業に力瘤　中島慶州商工會長語る*
5907	南鮮版	1936-11-29	05단	改正列車時間表/一日付本紙に添付
5908	南鮮版	1936-11-29	05단	慶南警察部/第二次異動
5909	南鮮版	1936-11-29	05단	艀三隻轉覆し石油一萬鑵流失/鎭南浦港の暴風被害

일련번호	판명	간행일	단수	기사명
5910	南鮮版	1936-11-29	05단	十年間に千五百萬坪/大京成の區畫整理
5911	南鮮版	1936-11-29	06단	統營歲末大賣出し
5912	南鮮版	1936-11-29	06단	耕作者と販賣側/感情的に拮抗/水蔘異變、共倒れの懸念
5913	南鮮版	1936-11-29	07단	國防機獻納費/一萬圓寄附/文明琦翁から
5914	南鮮版	1936-11-29	07단	切替ダイヤ/旅行するにはこれだけを(京釜京義本線、京元咸鏡線、湖南線)
5915	南鮮版	1936-11-29	07단	專賣局辭令
5916	南鮮版	1936-11-29	07단	〆めて四百五十貫/チヱの廻る巨人會の集り
5917	南鮮版	1936-11-29	07단	新穀ので廻り遲る
5918	南鮮版	1936-11-29	08단	簡保契約數
5919	南鮮版	1936-11-29	08단	赤行襲盜難か
5920	南鮮版	1936-11-29	08단	注げ隣人愛/來月十一日から貧しい人へ/京城で歲末同情週間
5921	南鮮版	1936-11-29	09단	辻强盜現る
5922	南鮮版	1936-11-29	09단	「どうしませう」/「さやうでございますね」/溜息ばかり/母の會おしまひ
5923	南鮮版	1936-11-29	09단	トマト・サーヂン/新記錄期待さる/廿五萬箱を突破か
5924	南鮮版	1936-11-29	09단	産地積みと釜山渡し勵行/惡習慣を是正
5925	南鮮版	1936-11-29	10단	盛大な祝賀會/一日に安東で
5926	南鮮版	1936-11-29	10단	外人土地所有令/來月廿日ごろ公布/適用面積八百萬町步
5927	南鮮版	1936-11-29	11단	二普校增設/釜山草梁町と大新町に
5928	南鮮版	1936-11-29	11단	三年制の獸醫科/水原高農に新設
5929	南鮮版	1936-11-29	11단	京春鐵道の自動車買收進む
5930	南鮮版	1936-11-29	11단	各地から(釜山、統營、密陽)

1936년 12월

일련번호	판명	간행일	단수	기사명
5931	南鮮版	1936-12-01	01단	全線ダイヤ改正　貨客四十列車を增設/金文字「あかつき」燦と超特急走る 防音、無振動の施設完備し　釜山棧橋から汽笛第一聲/郵便物速達/小口貨物運輸改善/京城府內各驛配達時刻改正
5932	南鮮版	1936-12-01	01단	步兵隊除隊日
5933	南鮮版	1936-12-01	02단	「もう皆な忘れたわい」/銅像除幕式參列に來鮮の林男「韓國公使」の思ひ出
5934	南鮮版	1936-12-01	04단	釜山辯護士會認可
5935	南鮮版	1936-12-01	04단	氣象通報の受信設備認可/京城飛行場
5936	南鮮版	1936-12-01	04단	東邊道に特置員/鮮滿警備電話を擴充/丹下保安課長歸來談
5937	南鮮版	1936-12-01	05단	全南乘合自動車八社の合同成る/本社は光州に置く
5938	南鮮版	1936-12-01	06단	義務教育實現へ近づく力强い步み　明年度から倍加運動/邑面振興學院 十九校增設 明年度慶南に
5939	南鮮版	1936-12-01	07단	開城に强盜
5940	南鮮版	1936-12-01	08단	風水害の慰問金/四十七萬餘圓/遙かに豫定額を超ゆ
5941	南鮮版	1936-12-01	08단	防火大宣傳/釜山の行事
5942	南鮮版	1936-12-01	08단	德積群島附近の暴風禍
5943	南鮮版	1936-12-01	08단	籾の貯藏資金八十四萬圓融通/今年から在滿鮮農へ
5944	南鮮版	1936-12-01	09단	京城の白米値下げ
5945	南鮮版	1936-12-01	09단	全州小學校長瀕死/ドライヴ中に轉落し/運轉手は重傷後死亡
5946	南鮮版	1936-12-01	10단	局長會議
5947	南鮮版	1936-12-01	10단	大邱工業研究所の事業
5948	南鮮版	1936-12-01	11단	各地から(開城、釜山、全州)
5949	南鮮版	1936-12-02	01단	祝へや廣軌全通　古都慶州に新興の息吹き　冬晴れの下に盛宴/見事なダイヤ切替　前後八時間で完了す/乘客大滿悅　超特急試乘記/船車聯絡好調
5950	南鮮版	1936-12-02	01단	白銀の流氷頻り
5951	南鮮版	1936-12-02	04단	待命の三宅將軍 各方面から惜まる/朝鮮關係/總數五十五名
5952	南鮮版	1936-12-02	04단	音樂遊戲大會/廿三日に釜山で
5953	南鮮版	1936-12-02	04단	本社釜山通信部來訪
5954	南鮮版	1936-12-02	05단	東鄕元師の二男/實中佐鎭海へ/總督府御用掛も兼務
5955	南鮮版	1936-12-02	05단	火魔へ一齊挑戰/各地に勇し防火演習(京城、釜山、光州)
5956	南鮮版	1936-12-02	05단	鄕軍の充實に極力援助せよ/政務總監から通牒
5957	南鮮版	1936-12-02	05단	學務課長會議
5958	南鮮版	1936-12-02	06단	林男等の歡迎晚餐會/總督官邸で開催
5959	南鮮版	1936-12-02	07단	住宅も工場も目覺しい殖え方/釜山に建築黃金時代

일련번호	판명	간행일	단수	기사명
5960	南鮮版	1936-12-02	07단	先づ無料宿泊所/京城基督教各派が共同で同情會財團を設立
5961	南鮮版	1936-12-02	07단	釜山商工業の現況を視察/慶州商工會長等
5962	南鮮版	1936-12-02	08단	"鮮産品を語る座談會"/哈爾濱で催す
5963	南鮮版	1936-12-02	08단	サルムソン機で會員の訓練/朝鮮航空聯盟の計畫
5964	南鮮版	1936-12-02	08단	釜山に武德殿
5965	南鮮版	1936-12-02	08단	長箭沖で衝突
5966	南鮮版	1936-12-02	09단	*新しい十錢煙草　「かをり」の角罐入り　明春から揃ってお目見え/賣れる賣れる値上げをしても却って增加*
5967	南鮮版	1936-12-02	09단	復舊漁船の價格協定不成立
5968	南鮮版	1936-12-02	09단	鐵道用地事務打合せ會
5969	南鮮版	1936-12-02	10단	勞働賃銀統計/年內につくる
5970	南鮮版	1936-12-02	10단	淸溪川改修/明年度から着手か
5971	南鮮版	1936-12-02	10단	西大門署の外事係獨立
5972	南鮮版	1936-12-02	10단	白髮染をのみ藝妓生命危篤
5973	南鮮版	1936-12-02	11단	各地から(統營、大田、釜山)
5974	南鮮版	1936-12-02	11단	大麻を增産/慶南道農會が優良種子普及
5975	南鮮版	1936-12-03	01단	彼も鐵路の花形/凄いぞ貨物急行/初荷新鮮・道草食はず
5976	南鮮版	1936-12-03	01단	*興安丸の船長は栗林氏に白羽の矢　一月廿六日から就航の豫定/光麗線自動車時刻改正*
5977	南鮮版	1936-12-03	01단	*"福の神"鐵道景氣譜へる躍進安東　建設事務所店びらき/邑の祝賀會/「鐵道報國」松野所長談*
5978	南鮮版	1936-12-03	04단	*速く正確に　年賀郵便をお手許へ　二十日から受付けます/釜山局は三割增加の見込み/犯罪防止に電報電話を利用*
5979	南鮮版	1936-12-03	04단	富田滿興總裁
5980	南鮮版	1936-12-03	05단	朝鮮藝術座の一味近く送局
5981	南鮮版	1936-12-03	05단	*領事や商務官を囑託に海外進出　相川外事課長歸來談/白國や布哇へ最初の輸出 先月の對外貿易*
5982	南鮮版	1936-12-03	05단	防火デー畫報
5983	南鮮版	1936-12-03	06단	難所竹峰貫き/半島一の長い隧道/工事區城百七十キロ
5984	南鮮版	1936-12-03	06단	豪放にして緻密/酌めど盡きぬ人間味/病氣勇退の佐枝少將
5985	南鮮版	1936-12-03	07단	廣軌開通に賑ふ慶州驛前(昨紙參照)
5986	南鮮版	1936-12-03	07단	空氣汚濁調査/京城の主要校や映畵館
5987	南鮮版	1936-12-03	08단	明年は有資格者十名を採用
5988	南鮮版	1936-12-03	08단	*南鮮にまた暴風 湖南、多島海に被害/大邱に初雪*
5989	南鮮版	1936-12-03	09단	龍山練兵場の使用交涉を進む/グライダーの練習に

일련번호	판명	간행일	단수	기사명
5990	南鮮版	1936-12-03	09단	「日韓市場」改築を計畫/十五萬圓投じて
5991	南鮮版	1936-12-03	09단	京城の交通禍/半年間に四百九十二件
5992	南鮮版	1936-12-03	09단	京城飛行場に輕油庫を建設
5993	南鮮版	1936-12-03	10단	慶弔電報/取扱始まる
5994	南鮮版	1936-12-03	10단	小鰆五千萬尾/鎭海灣へ放流
5995	南鮮版	1936-12-03	10단	花札賭博檢擧
5996	南鮮版	1936-12-03	10단	マイトで密漁
5997	南鮮版	1936-12-03	10단	チップだけでも一年に約卅萬圓/大京城夜の歡樂街
5998	南鮮版	1936-12-03	11단	專賣局新廳舍/明春法專跡へ
5999	南鮮版	1936-12-03	11단	各地から(開城、統營、晉州)
6000	南鮮版	1936-12-04	01단	金組員一戸一頭/耕牛を飼育させる/低資百萬圓貸付け
6001	南鮮版	1936-12-04	01단	十三年度までに全道へ鑛業技手/將來は技師に昇格
6002	南鮮版	1936-12-04	01단	各地で同情週間/京城は十一日から
6003	南鮮版	1936-12-04	01단	重油統制/七日に協議會
6004	南鮮版	1936-12-04	01단	林男退城
6005	南鮮版	1936-12-04	01단	林權助男の銅像除幕式【挨拶するのは林男】
6006	南鮮版	1936-12-04	02단	釜山を視察/大學慶州から
6007	南鮮版	1936-12-04	03단	新舊鎭海司令官
6008	南鮮版	1936-12-04	03단	警察部長會議協議事項
6009	南鮮版	1936-12-04	03단	京城幹線道路十二本拓く/五年計畫で六百萬圓
6010	南鮮版	1936-12-04	04단	光州の初雪
6011	南鮮版	1936-12-04	04단	外國領事招き座談會開く/鮮産品進出の斡旋懇請
6012	南鮮版	1936-12-04	04단	*街を彩る師走の色　大賣出し蓋明け　店頭裝飾に趣向を凝らし　釜山繁華街本年掉尾の商戰/金の動くところ　光る鋭い眼　署員總出の特別警戒/新しい十錢煙草　名前は「みどり」？　三月から賣出す*
6013	南鮮版	1936-12-04	05단	馬山高女お引越し
6014	南鮮版	1936-12-04	05단	農村振興强化/慶南に指導班
6015	南鮮版	1936-12-04	06단	寧越郵便所に電信音響機
6016	南鮮版	1936-12-04	06단	二人組の强盜/刑事を滅多斬り/一人はまもなく捕縛
6017	南鮮版	1936-12-04	06단	小野大邱無盡社長/詐欺嫌疑で送局/但し身柄は不拘束
6018	南鮮版	1936-12-04	06단	京畿道保安課に建築相談係
6019	南鮮版	1936-12-04	07단	米葉耕作大擴張/輸入原料を驅逐
6020	南鮮版	1936-12-04	07단	「資金は債券で」/富田滿洲興銀總裁談
6021	南鮮版	1936-12-04	07단	海州、翠野間/十一日に開通

일련번호	판명	간행일	단수	기사명
6022	南鮮版	1936-12-04	07단	師走の海へザンブ/釜山港四百米の耐寒水泳/非常時水上署員の意氣
6023	南鮮版	1936-12-04	08단	日鮮鑛業中旬操業
6024	南鮮版	1936-12-04	08단	自作農地設定/慶南各郡の割當
6025	南鮮版	1936-12-04	09단	釜山新屠獸場/年內に竣工
6026	南鮮版	1936-12-04	09단	東京野外博物館の資料蒐集
6027	南鮮版	1936-12-04	09단	大それた少年
6028	南鮮版	1936-12-04	09단	工業鹽民營化の許可はまだまだ/企業形能に研究の餘地
6029	南鮮版	1936-12-04	10단	京城府營家育市場の取引高
6030	南鮮版	1936-12-04	10단	慶南大渚面民に寄生蟲檢査
6031	南鮮版	1936-12-04	10단	新版/朝鮮略暦/更生の姿を街頭へ
6032	南鮮版	1936-12-04	11단	各地から(京城、大田)
6033	南鮮版	1936-12-04	11단	竊盜自轉車隊
6034	南鮮版	1936-12-05	01단	*思想犯の觀察所 七ヶ所に設ける 法令は廿日から實施/主旨は保護 一般の協力を望む 增永法務局長談*
6035	南鮮版	1936-12-05	01단	*茂山鐵鑛/三年後には全機能が完備 穗積殖産局長語る/南洋航路問題 荷主の奮起必要*
6036	南鮮版	1936-12-05	01단	薄化粧の大邱市街
6037	南鮮版	1936-12-05	03단	掃除令施行/細則を公布
6038	南鮮版	1936-12-05	03단	順天⇆谷城間/十六日から開通/麗水港發展の好機
6039	南鮮版	1936-12-05	04단	光州の勅語奉戴式
6040	南鮮版	1936-12-05	04단	觀光團激增
6041	南鮮版	1936-12-05	04단	電波を通じて/心鵬號の上に在り/アマチュア無電局の山中君/本社訪暹飛行に待機
6042	南鮮版	1936-12-05	05단	永登浦に隣保館/明年度に設立
6043	南鮮版	1936-12-05	05단	壽像のお禮返し/鄉土博物館/香椎翁が釜山に建設
6044	南鮮版	1936-12-05	05단	好成績の學童貯金
6045	南鮮版	1936-12-05	05단	*魚釣りでもやらう 鎭海着任の原中將、成算胸に悠々たる司令官振り/小磯閣下とは熱河以來の緣故 久納新任軍參謀長談*
6046	南鮮版	1936-12-05	06단	釜山の初雪
6047	南鮮版	1936-12-05	07단	市街計畫の答申/大半山揃ふ/年內に委員會で審議
6048	南鮮版	1936-12-05	08단	鴨綠江結氷後も夜渡るべからず/密輸取締りに積極手段
6049	南鮮版	1936-12-05	08단	*「降りろ」と叫び落下傘で飛降り 命拾ひした染谷曹長/廿日程前結婚 殉職山本曹長*
6050	南鮮版	1936-12-05	08단	*東萊に放火? 同時に四軒から出火/容疑者引致*

일련번호	판명	간행일	단수	기사명
6051	南鮮版	1936-12-05	09단	路線を改良し“足”も殖やす/京電の百萬圓計畫
6052	南鮮版	1936-12-05	10단	自動車水中へ/助手は卽死
6053	南鮮版	1936-12-05	11단	各地から(京城、釜山)
6054	南鮮版	1936-12-06	01단	長老派敗れたり/不振の全北四校廢校に內定す/「明春募集せず」と通達
6055	南鮮版	1936-12-06	01단	國際橋梁架設の調印に新京へ/總監、八日飛行機で
6056	南鮮版	1936-12-06	01단	釜山水族館の建設案浮び上る/廿五萬圓に豫算增加
6057	南鮮版	1936-12-06	01단	雪の慶會樓
6058	南鮮版	1936-12-06	03단	蔚山電氣料金改訂申請
6059	南鮮版	1936-12-06	04단	白茂線延長工事/繼續實施に決る/明春から豫算三百萬圓
6060	南鮮版	1936-12-06	04단	三傑嶺隧道は本月中に完成/樟本平壤建設事務所長談
6061	南鮮版	1936-12-06	04단	優良雛を孵化/慶南で移入防止
6062	南鮮版	1936-12-06	04단	風水害當時の御禮を打電/慶北道會
6063	南鮮版	1936-12-06	04단	遞信辭令
6064	南鮮版	1936-12-06	04단	學位授與(五日)
6065	南鮮版	1936-12-06	05단	漁民訓練所/明年度慶南に設立
6066	南鮮版	1936-12-06	05단	三自動車會社を京春鐵道が買収/十七、八日頃正式調印
6067	南鮮版	1936-12-06	05단	鰯粕生産高
6068	南鮮版	1936-12-06	06단	米穀資金不振
6069	南鮮版	1936-12-06	06단	馬山火葬場新築府會へ附議
6070	南鮮版	1936-12-06	07단	函塊進水式/麗水港壯觀
6071	南鮮版	1936-12-06	07단	*黃海道に雪深し　二ヶ所遞送不能に陷る/零下十一度　平壤地方に酷寒*
6072	南鮮版	1936-12-06	07단	開城商業教練査閱
6073	南鮮版	1936-12-06	07단	三陟炭田搬出港/汀羅に變更さる/百六十萬圓投じ改修
6074	南鮮版	1936-12-06	07단	妓生を乘せる車/經營繞るイザコザ/京城檢番と組合又揉める
6075	南鮮版	1936-12-06	08단	ソ聯總領事へ漁船釋放を要求
6076	南鮮版	1936-12-06	08단	無氣味な印象/運轉手殺し容疑者を語る/龍山方面の女給さん
6077	南鮮版	1936-12-06	08단	川岸新師團長/十五日に着任
6078	南鮮版	1936-12-06	09단	釜山の電話を自動式に改める/電話局もやがて獨立
6079	南鮮版	1936-12-06	09단	本月分の煙草製造豫定數量
6080	南鮮版	1936-12-06	09단	十五日開延/瓦電飛込み事件の公判
6081	南鮮版	1936-12-06	09단	忠南自作農地設定各郡割當
6082	南鮮版	1936-12-06	10단	組み付かれて主人を刺す/晋州の居直り强盜
6083	南鮮版	1936-12-06	10단	街の紳士檢擧

일련번호	판명	간행일	단수	기사명
6084	南鮮版	1936-12-06	10단	ゴ難のスケッチ
6085	南鮮版	1936-12-06	10단	五島家のおめでた
6086	南鮮版	1936-12-06	11단	各地から(春川、馬山)
6087	南鮮版	1936-12-08	01단	三橋行政の二大基調/新情勢に立脚の鮮滿警察聯絡/民衆との徹底的な接觸と融和/就任初の部長會議で明示
6088	南鮮版	1936-12-08	01단	*國境河川開發の會社は半官半民 新京行を前に 大野總監談/歸任後再び東上 豫算折衝に十一日發*
6089	南鮮版	1936-12-08	01단	勅使御差遣/武藤軍醫部長告別式へ
6090	南鮮版	1936-12-08	01단	仄かに偲ぶ春の夢/訪ふ人もなき昌慶苑に
6091	南鮮版	1936-12-08	04단	釜山、浦項間/定期航路實施
6092	南鮮版	1936-12-08	04단	海員養成所へ/現役將校配屬/杉岡少佐ら任命
6093	南鮮版	1936-12-08	04단	殖銀ブロックの前進と五面衝突/鮮銀惱み果てなし
6094	南鮮版	1936-12-08	04단	全關西寫聯支部寫眞展の入賞發表/譽れの本社優勝旗/再び釜山黎光俱樂部へ/絢爛・光畵藝術の萬華鏡
6095	南鮮版	1936-12-08	07단	雪の全北平野に繰展ぐ軍國繪巻/中等生、靑訓聯合演習
6096	南鮮版	1936-12-08	07단	お次はサーヴィス改善/微に入り細を穿つ百廿項目/驛長さんたちが大評定
6097	南鮮版	1936-12-08	08단	廿師團入營兵/十日朝釜山上陸
6098	南鮮版	1936-12-08	08단	重要肥料統制に朝窒は不參加？/代償に硫安値下げ
6099	南鮮版	1936-12-08	09단	一萬圓橫領？
6100	南鮮版	1936-12-08	09단	釜山の特別警戒/四期に分け十日から
6101	南鮮版	1936-12-08	09단	各地から(釜山、大田、統營)
6102	南鮮版	1936-12-08	10단	釜山大廳町の晝火事
6103	南鮮版	1936-12-09	01단	鮮滿警察一如/具現に異常の熱意/臨時警察部長會議開く(總督訓示要旨)
6104	南鮮版	1936-12-09	01단	日之皇子の祈ひ日
6105	南鮮版	1936-12-09	01단	耳がちぎれさうだよ＝橋の上/船だって氷詰めだ！＝橋の下
6106	南鮮版	1936-12-09	01단	痛烈な檄文飛ぶ/贈答を廃めよ/送り迎へもするな/官界は華美だ/迫る年の瀨/改善の秋
6107	南鮮版	1936-12-09	03단	全州入退營奉告式
6108	南鮮版	1936-12-09	04단	全北臨時道會/十九日に開く
6109	南鮮版	1936-12-09	04단	木炭格差協定會
6110	南鮮版	1936-12-09	05단	國防座談會/石原要塞司令官を中心に十四日釜山で催す
6111	南鮮版	1936-12-09	05단	激勵を雨と浴び新兵さんの首途/神戶出帆一路半島へ

일련번호	판명	간행일	단수	기사명
6112	南鮮版	1936-12-09	05단	長老派に相次ぐ敗報 明後年春までに校門閉す十二校 何處へ？生徒三千七百/崇實專門等三校同じく廢校聲明 四十年の歷史空し/廢校は事實 光州スピア女學校談
6113	南鮮版	1936-12-09	07단	綜合考査が重點 中等入試改正案發表/智育偏重廢し德育と體育徹底 富氷學務局長語る
6114	南鮮版	1936-12-09	07단	各地から(麗水、大田)
6115	南鮮版	1936-12-09	07단	災害豫算を可決/慶南の臨時道會
6116	南鮮版	1936-12-09	08단	指物工場全燒
6117	南鮮版	1936-12-09	08단	童心商賣/釜山校の兒童百餘名/大賣出しに可愛い點景
6118	南鮮版	1936-12-09	09단	三道の棉花收穫/一億五千萬斤を豫想
6119	南鮮版	1936-12-09	09단	顔を見せぬ米/積取船は赤腹の嘆き
6120	南鮮版	1936-12-09	11단	忠南甘藷栽培/やがて道外搬出
6121	南鮮版	1936-12-09	11단	千六百圓詐取
6122	南鮮版	1936-12-10	01단	誇らん入賞の榮え 優秀印畵生みの苦心を聞く/光畵界の常勝軍(特選/「重なる榮譽の保持に努力」/釜山黎光倶樂部/吉川收二氏談、准特選/第一席/“よいな”と思ふスリチビの朝/木浦光畵研究會/內谷和靖氏談、第二席/カメラ極樂/京城航空寫友會/羽泉淸一郞氏談、第三席/審査評が參考/大邱寫友會/森本太郞氏談)
6123	南鮮版	1936-12-10	02단	燃料用の酒精に買上げ專賣制實施/十三年度から方針決定す
6124	南鮮版	1936-12-10	02단	戴冠式にハラハラ/折角の注文飛ぶか豆電球
6125	南鮮版	1936-12-10	03단	三道に棉作技師を配置
6126	南鮮版	1936-12-10	03단	“白い腕章”全盛時代/師走をさばく人氣者・實習生
6127	南鮮版	1936-12-10	04단	朝鐵も參加/バス合同會社へ
6128	南鮮版	1936-12-10	04단	南鮮/電氣合同會社/三月末に設立/本社の爭奪注目さる
6129	南鮮版	1936-12-10	04단	さやうならさやうなら/除隊兵內地へ
6130	南鮮版	1936-12-10	05단	徵兵制への熱望 近く實を結ぶ？ 一部に志願兵制度案/愼重に調査中だ 內田高級參謀語る
6131	南鮮版	1936-12-10	07단	歲末の豪華輸送陣/貨物の激增が惱みの種/スキー列車ばかりは空と相談
6132	南鮮版	1936-12-10	07단	內地へ林檎進軍/今年初めて鹿兒島へも
6133	南鮮版	1936-12-10	07단	歲末風景のリレー放送/釜山、京城、平壤三局タイアップ
6134	南鮮版	1936-12-10	08단	お正月から好くなる觀劇氣分/京畿取締規則に新味
6135	南鮮版	1936-12-10	09단	貨車燒失す
6136	南鮮版	1936-12-10	09단	支那、台灣との貿易は努力一つ/大河原釜山稅關長視察談
6137	南鮮版	1936-12-10	09단	自作桑田創定割當

일련번호	판명	간행일	단수	기사명
6138	南鮮版	1936-12-10	10단	各地から(京城、馬山)
6139	南鮮版	1936-12-10	10단	十七戶全燒/花山面の火事
6140	南鮮版	1936-12-10	10단	煉炭焜爐爆發
6141	南鮮版	1936-12-10	10단	放蕩の夫へ死の諫止/金剛丸身投事件の原因判明
6142	南鮮版	1936-12-11	01단	*“鮮滿一如”こゝに具體化/發電八十萬キロ 鴨綠江に大ダム建設 鮮滿一體の經濟開發/二大河川の上に 打建てる交通路 國際橋梁架設覺書の調印終り 大野總監のコンミュニケ*
6143	南鮮版	1936-12-11	02단	硫安四十萬瓲/朝窒の本年度製造高
6144	南鮮版	1936-12-11	03단	六如館の劍道大會
6145	南鮮版	1936-12-11	03단	電報の二重通信式
6146	南鮮版	1936-12-11	03단	水害の跡に稻熱病/全北の被害七萬四千町步/救濟事業の補助を本府へ折衝
6147	南鮮版	1936-12-11	04단	全關西寫眞聯盟朝鮮支部第一回朝鮮寫眞展/特選/「閑日」/釜山黎光俱樂部/吉川收二
6148	南鮮版	1936-12-11	04단	朝汽重役會議
6149	南鮮版	1936-12-11	04단	京城の防空研究
6150	南鮮版	1936-12-11	05단	全鮮會社異動
6151	南鮮版	1936-12-11	05단	新兵さん歡迎/水々しい印象だ/陸も海も萬歲だ/上陸第一步武運長久祈り/入營地へ勇躍北進
6152	南鮮版	1936-12-11	06단	小野大邱無盡社長歸宅を許さる
6153	南鮮版	1936-12-11	06단	肩の銃後の護り/起てり軍國女性/馬山國防婦人會生る
6154	南鮮版	1936-12-11	07단	魚群の搜査機/明夏實現か/海軍省へ拂下げ申請
6155	南鮮版	1936-12-11	08단	人夫壓死す
6156	南鮮版	1936-12-11	09단	*續々龍山へ/十九師團入營兵も淸津港へ*
6157	南鮮版	1936-12-11	09단	朝取代行會社新設を決議/一波瀾豫想さる
6158	南鮮版	1936-12-11	09단	總督や總監はボーナスがない/但し氣前よく決裁
6159	南鮮版	1936-12-11	09단	女工罷業/光州の道是製絲
6160	南鮮版	1936-12-11	10단	各地から(釜山、大田)
6161	南鮮版	1936-12-11	10단	廢校決議認めず/飽まで學園死守/崇實關係者決意固し
6162	南鮮版	1936-12-12	01단	*電力統制 第二發展段階へ 南北二つに纏む 南鮮電氣の合同漸く成り 工業躍進に拍車/合同後まもなく三千萬圓に增資 本店は會社側で決めれば好い 重荷を降し今井電氣課長語る*
6163	南鮮版	1936-12-12	01단	全關西寫眞聯盟朝鮮支部第一回寫眞展/准特選/「朝の飮食店」/木浦光畵研究會/內谷和靖
6164	南鮮版	1936-12-12	01단	故武藤軍醫監の餘榮
6165	南鮮版	1936-12-12	03단	土木建築請負高

일련번호	판명	간행일	단수	기사명
6166	南鮮版	1936-12-12	04단	雪で交通杜絶/慶北義城郡
6167	南鮮版	1936-12-12	04단	津浪被害地方に砂防工事
6168	南鮮版	1936-12-12	04단	食事まで節約/晴着に跣足の花嫁/更生一路！水禍の部落
6169	南鮮版	1936-12-12	04단	國際列車を增發/廿七、八、九の三日間/聯絡船も增發して接續
6170	南鮮版	1936-12-12	04단	聖將偲ばす顔立/"父の印象"など静かに語り/東鄕實中佐單身着任
6171	南鮮版	1936-12-12	05단	*就航近き興安丸　優秀な無電設備　認可下り活躍期待/公式試運轉*
6172	南鮮版	1936-12-12	05단	釜山上陸の第廿師團入營兵
6173	南鮮版	1936-12-12	06단	鮮米布哇へ
6174	南鮮版	1936-12-12	06단	「ひかり」遲着
6175	南鮮版	1936-12-12	07단	許取一萬圓に上る土砂流し
6176	南鮮版	1936-12-12	07단	釜山穀檢不正事件求刑
6177	南鮮版	1936-12-12	07단	京城の火事
6178	南鮮版	1936-12-12	07단	開港以來の新記錄/釜山の貿易額
6179	南鮮版	1936-12-12	07단	*隱れた民謠を全國へ紹介　放送協會調査に着手/副業講座新設/刑務所全部にラヂオ備付け*
6180	南鮮版	1936-12-12	07단	免稅百廿萬圓/稅監局の新告出揃ふ
6181	南鮮版	1936-12-12	07단	直通貨物の運賃を協議
6182	南鮮版	1936-12-12	08단	復舊漁船標準價格
6183	南鮮版	1936-12-12	08단	産業躍進の象徵/至る所工場の建設譜/早くも勞働者拂底を告ぐ
6184	南鮮版	1936-12-12	08단	二辯護士を収容/看守瀆職事件に關係か
6185	南鮮版	1936-12-12	09단	東拓米穀資金貸出激減
6186	南鮮版	1936-12-12	09단	人造纖維工業/急速發展の機運/平壤、淸津に工場設置
6187	南鮮版	1936-12-12	09단	遭難發動機船四隻とも歸港
6188	南鮮版	1936-12-12	09단	草梁驛で殉職
6189	南鮮版	1936-12-12	09단	開城校臨時休校
6190	南鮮版	1936-12-12	10단	各地から(開城、京城、釜山、大邱)
6191	南鮮版	1936-12-12	10단	正門改築費募集に異議
6192	南鮮版	1936-12-13	01단	東上を前に大野總監談/鴨綠江開發會社/資本金は約一億/鮮滿折半で持ち寄り
6193	南鮮版	1936-12-13	01단	鮮滿の競爭避け/工業分野を確立/明春最初の工業大會
6194	南鮮版	1936-12-13	01단	水害地等外籾は更に上下二等級/穀檢への要望實現

일련번호	판명	간행일	단수	기사명
6195	南鮮版	1936-12-13	01단	勇んで人營
6196	南鮮版	1936-12-13	03단	京城勞銀指數暴騰
6197	南鮮版	1936-12-13	04단	釜鐵昇給發令
6198	南鮮版	1936-12-13	04단	歸省生徒の臨時列車/廿四日に運轉
6199	南鮮版	1936-12-13	04단	衝突・技手絶命
6200	南鮮版	1936-12-13	04단	歲末の不當利得/斷じて許さず/物價吊上げ商人嚴罰
6201	南鮮版	1936-12-13	04단	敵高謝砲に散り/天恩に酬いたい/半島青年血書の航空兵志願
6202	南鮮版	1936-12-13	05단	全關西寫眞聯盟朝鮮支部第一回寫眞展/准特選「雨後」/京城航空寫友會/羽泉清一郎
6203	南鮮版	1936-12-13	05단	總督府辭令（十二日）
6204	南鮮版	1936-12-13	05단	大邱工業協會總會
6205	南鮮版	1936-12-13	06단	慶南米統組合補助金の內譯
6206	南鮮版	1936-12-13	06단	明年度分千萬圓契約/龍山工作會社
6207	南鮮版	1936-12-13	06단	濁酒會社合同/釜山に擡頭
6208	南鮮版	1936-12-13	07단	「我家に歸った氣持」/初登廳の東郷中佐語る
6209	南鮮版	1936-12-13	07단	五十キロ放送/明春から實現/十周年記念式と同時に
6210	南鮮版	1936-12-13	08단	先づ足下を見よ/鮮內は勞働者拂底だ/“內地行待っだ”の具體案練る
6211	南鮮版	1936-12-13	08단	女中學百般/僅か三月でみっちり/大邱職紹の風變り講習會
6212	南鮮版	1936-12-13	08단	風水害義金/續々慶南へ
6213	南鮮版	1936-12-13	09단	刎られて死亡
6214	南鮮版	1936-12-13	09단	思想犯保護觀察令公布
6215	南鮮版	1936-12-13	09단	忠南訓練所修了式
6216	南鮮版	1936-12-13	10단	溫泉で越年しませう/平鐵が宣傳
6217	南鮮版	1936-12-13	10단	徳壽丸遲發
6218	南鮮版	1936-12-13	10단	公判に附さる/共産黨再建事件
6219	南鮮版	1936-12-13	11단	各地から(釜山、大邱、開城)
6220	南鮮版	1936-12-15	01단	*張學良討つべし　在鮮支那人約六萬の總意　南京政府へ打電/旬日中に解決　本國から電報があった范京城總領事語る/釜山は案外平靜「蔣氏の無事を祈る」*
6221	南鮮版	1936-12-15	01단	全關西寫眞聯盟朝鮮支部第一回寫眞展/准特選「馭者」/大邱寫友會/森林太郎
6222	南鮮版	1936-12-15	03단	茂山開發の大綱折衝/殖産局長ら東上
6223	南鮮版	1936-12-15	03단	*「御奉公の覺悟　何處へ行っても同じ」　川岸新廿師團長半島入り/三宅中將退城/釜山で事務引繼*

일련번호	판명	간행일	단수	기사명
6224	南鮮版	1936-12-15	04단	光州臨時府會
6225	南鮮版	1936-12-15	04단	問題を解く(電氣合同の功德/直下げは何時か/解消する重役の椅子)
6226	南鮮版	1936-12-15	05단	ＡＫニュース中繼〔十五日から〕
6227	南鮮版	1936-12-15	05단	お正月用品/續々釜山陸揚げ
6228	南鮮版	1936-12-15	06단	農振講習會/一月下旬開く
6229	南鮮版	1936-12-15	06단	風水害の復舊國庫補助五百四十萬圓/剩餘金から支出決る
6230	南鮮版	1936-12-15	07단	平壤宣教師會も經營斷念を通告/崇實卒業生ら維持に奔走
6231	南鮮版	1936-12-15	07단	金組倉庫建設に二百萬圓を充當/合計三百萬坪に決定
6232	南鮮版	1936-12-15	08단	漁村副業に養貝を奬勵
6233	南鮮版	1936-12-15	08단	東津江と南江支流/明年度から改修/治山治水恒久策着手
6234	南鮮版	1936-12-15	09단	軍旗の前に嚴肅な入隊式
6235	南鮮版	1936-12-15	09단	優良林野保護契を表彰
6236	南鮮版	1936-12-15	09단	電熱孵卵機/金海郡で購入
6237	南鮮版	1936-12-15	09단	各地から(釜山、大田)
6238	南鮮版	1936-12-15	10단	大貯水池を建設/光州の三ヶ年計畫
6239	南鮮版	1936-12-16	01단	課稅技術上から餘儀なく增稅か/三百萬圓程度大衆の脅威僅少
6240	南鮮版	1936-12-16	01단	一割乃至三割の運賃引下げ斷行/直通貨物の妥協成る
6241	南鮮版	1936-12-16	01단	龍山部隊に別れを惜む三宅將軍
6242	南鮮版	1936-12-16	02단	禮砲轟く中/溫・顔・綻ぶ/川岸第廿師團長着任
6243	南鮮版	1936-12-16	03단	移入稅全廢
6244	南鮮版	1936-12-16	03단	*ズシリと重い手應へ 出たぞ、ボーナス〔全鮮締めて一千五百圓〕/歡迎！大盤振舞 京畿警察官ホクホク*
6245	南鮮版	1936-12-16	04단	廿七日は爲替貯金事務を取扱ふ
6246	南鮮版	1936-12-16	04단	馬山高女の修祓式
6247	南鮮版	1936-12-16	04단	錦繪情緒/大都の師走
6248	南鮮版	1936-12-16	05단	釜山國防座談會
6249	南鮮版	1936-12-16	06단	*興電を中心に吸収合併の形式 月末に各社とも總會/本社誘致 釜山、大邱で熾烈*
6250	南鮮版	1936-12-16	06단	中小商工業金融機關を協議
6251	南鮮版	1936-12-16	07단	天王山スキー場に登山道路
6252	南鮮版	1936-12-16	08단	全羅線遂に開通/裡里、麗水間は一直線/關麗聯絡船との接續も便利
6253	南鮮版	1936-12-16	08단	小野大邱無盡社長ら三名を起訴/七萬圓詐取の嫌疑
6254	南鮮版	1936-12-16	09단	魚群搜査用に陸軍機も交涉/愼君に白羽の矢

일련번호	판명	간행일	단수	기사명
6255	南鮮版	1936-12-16	09단	羅州橋を架ける卅萬圓で明年度着工
6256	南鮮版	1936-12-16	09단	兵變知るや知らずや
6257	南鮮版	1936-12-16	10단	工業用水調査/釜山附近の十四ヶ所で
6258	南鮮版	1936-12-16	11단	受信用木造塔/鐵塔に改築/釜山無電局
6259	南鮮版	1936-12-16	11단	勿禁に强盜
6260	南鮮版	1936-12-17	01단	*全支赤化せば靜觀を一擲せん"非公式"南總督に聽く　支那の動亂に處する日本人の心構へ/南支で失っても北支で埋合せ貿易上寧ろ樂觀材料/防共祝福の獻金　舊トルコ人から百圓*
6261	南鮮版	1936-12-17	01단	陸大御入學の李鍵公殿下/總督から御祝電
6262	南鮮版	1936-12-17	01단	奉祝！日の皇子御降誕記念日
6263	南鮮版	1936-12-17	03단	三百萬圓見當/釜山府の豫算
6264	南鮮版	1936-12-17	04단	京城の糯價格
6265	南鮮版	1936-12-17	04단	鎭海灣鱈漁好成績
6266	南鮮版	1936-12-17	04단	慶南水組復舊工事始る
6267	南鮮版	1936-12-17	04단	九億圓を抜くか/放出される事業資金/銀行貸出に驚異の新記録
6268	南鮮版	1936-12-17	05단	*全羅線全通　北に裡里、南に麗水　快適・六時間の旅　順天で歡喜の披露/大環狀線を貫く　沿線を綴る名所舊蹟*
6269	南鮮版	1936-12-17	05단	問題の解く(我が清津に燃やせ鎔鑛爐)
6270	南鮮版	1936-12-17	05단	各地から(大田、釜山、全州、京城、密陽)
6271	南鮮版	1936-12-17	07단	拿捕漁船六隻だけ釋放/ソ聯から回答
6272	南鮮版	1936-12-17	08단	うまい酒を飮み勉强するよ/川岸師團長朗らか
6273	南鮮版	1936-12-17	09단	官民擧って全中へ寄附/開校旣に內定
6274	南鮮版	1936-12-17	09단	珍・十錢ボーナス/「特別勉勵につき」の辭令付/開けて悔しい玉手函
6275	南鮮版	1936-12-17	10단	掉尾の米國觀光團
6276	南鮮版	1936-12-17	10단	春に開く鐵道黃金時代/客貨車、機關車の大量製作/吉田さん東京で越年
6277	南鮮版	1936-12-17	10단	直通貨物取扱ひ頗る簡易化/日滿貿易さらに伸展
6278	南鮮版	1936-12-18	01단	*勞力の需給調節　剩る地方から不足地方へ　一絲紊れぬ總動員/騰るぞ勞銀/京城土木協會善處約す*
6279	南鮮版	1936-12-18	01단	專賣局昇給
6280	南鮮版	1936-12-18	01단	防共祝福獻金の動機/"父祖の地"ウラルトルコの回復/われ等の血なり我等の祈りなり(白系露人獻金)
6281	南鮮版	1936-12-18	02단	角フ協會臨時總會議案
6282	南鮮版	1936-12-18	03단	稚蠶共同飼育增加

일련번호	판명	간행일	단수	기사명
6283	南鮮版	1936-12-18	03단	鴨綠江共同開發 細目は歩み寄り 大乘的精神から讓步/道路問題で奉天へ急行 榛葉土木課長
6284	南鮮版	1936-12-18	03단	歲末列車增發
6285	南鮮版	1936-12-18	04단	殖銀米資貸出半減
6286	南鮮版	1936-12-18	04단	天降りを待つ？社長の椅子三つ 合電、京畿無盡、南鮮電氣/南鮮電氣社長に土師知事推薦か「あかつき」で京城へ紹特急/經過を聽取 釜山商議懇談會
6287	南鮮版	1936-12-18	05단	六十七ヶ所に殖える通信機關 市街地よりも地方へ/釜山分掌局管內
6288	南鮮版	1936-12-18	05단	十二月の表情 1/妖しき街・狐の漫步
6289	南鮮版	1936-12-18	06단	放浪者救濟
6290	南鮮版	1936-12-18	07단	禁錮八ヶ月/飛込み電車の運轉手に求刑
6291	南鮮版	1936-12-18	07단	賀狀はお早く
6292	南鮮版	1936-12-18	08단	夫婦ふぐ中毒
6293	南鮮版	1936-12-18	08단	年六百萬石の精米/安い電力とアセトン利用し/朝窒・新工場を設く
6294	南鮮版	1936-12-18	09단	手に負へぬ伯爵の二男/詐欺容疑で檢擧
6295	南鮮版	1936-12-18	09단	マイト五十三本/導火線など盜む/金海署で四名を引致
6296	南鮮版	1936-12-18	09단	各地から(大邱、大田)
6297	南鮮版	1936-12-18	09단	死刑を求刑/元看守金仁璃へ
6298	南鮮版	1936-12-18	09단	娘の溺死體
6299	南鮮版	1936-12-18	10단	讀者優待デー/十八日から四日間釜山寶來館で
6300	南鮮版	1936-12-18	10단	普校建設積立金/他の用途へ支出/取消要求で一揉め
6301	南鮮版	1936-12-19	01단	鴨綠江鮮滿共同技術委員會/設置の覺書成る/年內か明春交通相來城し/總督と正式に調印(趣意書)
6302	南鮮版	1936-12-19	01단	健康と人格尊重 專門學校入試も改革/慶北入試要項
6303	南鮮版	1936-12-19	01단	十二月の表情 2/忘年會の樂屋裏
6304	南鮮版	1936-12-19	02단	瓦斯府營を可決/大邱府會掉尾の波瀾
6305	南鮮版	1936-12-19	04단	燃料用無水酒精/三工場設く/明年度から生産開始
6306	南鮮版	1936-12-19	04단	遞信辭令（十八日附）
6307	南鮮版	1936-12-19	04단	慶北、忠北、京南の三私鐵先づ買收/咸北線改良は朝鐵一任か
6308	南鮮版	1936-12-19	05단	川口製鐵創立總會
6309	南鮮版	1936-12-19	05단	就職斡旋に腐心
6310	南鮮版	1936-12-19	05단	釜山本驛移轉/明年度着工內定
6311	南鮮版	1936-12-19	05단	瓦電臨時株主總會

일련번호	판명	간행일	단수	기사명
6312	南鮮版	1936-12-19	05단	陸軍始觀兵式/一月八日龍山練兵場で一萬の精銳を動員
6313	南鮮版	1936-12-19	05단	各地から(釜山、京城、浦項)
6314	南鮮版	1936-12-19	06단	工員を養成
6315	南鮮版	1936-12-19	06단	朝鮮信託支店を咸興に設置
6316	南鮮版	1936-12-19	06단	郵便料金値上で百廿八萬圓增收/還元の高率を要求
6317	南鮮版	1936-12-19	06단	贈物に平壤栗/道山林會で賣る
6318	南鮮版	1936-12-19	06단	浦項藥酒會社創立
6319	南鮮版	1936-12-19	07단	樂觀を許さぬ鎭南浦港の前途
6320	南鮮版	1936-12-19	07단	海軍大學視察團
6321	南鮮版	1936-12-19	07단	鮮炭海陸運賃/引下げの猛運動/合同無煙炭佛印に挑む
6322	南鮮版	1936-12-19	08단	兩米檢瀆職事件判決と求刑
6323	南鮮版	1936-12-19	08단	チンピラ竊盜團/十七名を檢擧
6324	南鮮版	1936-12-19	08단	汎太平洋博に朝鮮館建設/鮮産品を積極的宣傳
6325	南鮮版	1936-12-19	09단	釜山貯金管理所を大改造
6326	南鮮版	1936-12-19	09단	改良事務所を三ヶ所に設ける/淸水工務課長歸來談
6327	南鮮版	1936-12-19	09단	八名負傷バス田圃へ轉落
6328	南鮮版	1936-12-19	09단	拾った石油賣却
6329	南鮮版	1936-12-19	09단	轉轍手重傷
6330	南鮮版	1936-12-19	10단	産業功勞者/植田氏を表彰
6331	南鮮版	1936-12-19	10단	中江鎭に大雪
6332	南鮮版	1936-12-19	10단	漁民訓練所/慶南水産試驗場に併置
6333	南鮮版	1936-12-19	10단	四名死傷の慘/文明琦鑛山で
6334	南鮮版	1936-12-19	10단	靑德面の强盜捕る
6335	南鮮版	1936-12-20	01단	東洋民族の手で東洋の平和確保/南總督の年末所懷
6336	南鮮版	1936-12-20	01단	警官、消防手へ健康增進の施設/乘り出す共濟組合
6337	南鮮版	1936-12-20	01단	御安泰祈願祭/釜山の奉祝行事
6338	南鮮版	1936-12-20	01단	十二月の表情 3/逞しき食慾
6339	南鮮版	1936-12-20	02단	酒井侍從武官
6340	南鮮版	1936-12-20	02단	災害豫算可決/全北道會
6341	南鮮版	1936-12-20	03단	ボーナス颱風圈/擬裝の“虛禮廢止”
6342	南鮮版	1936-12-20	04단	明春から着工の國際橋梁決定す/淸城鎭、會寧、長白の三つ
6343	南鮮版	1936-12-20	04단	羅津都市建設に滿鐵支援本極り/病院、ホテル等完備
6344	南鮮版	1936-12-20	05단	叺生産豫想
6345	南鮮版	1936-12-20	05단	全羅線全通の賑ひ

일련번호	판명	간행일	단수	기사명
6346	南鮮版	1936-12-20	06단	クリスマス祝會
6347	南鮮版	1936-12-20	07단	ドルの國から婦人觀光團/京城から奉天へ向ふ
6348	南鮮版	1936-12-20	07단	走る走る賀狀列車/特別取扱ひは廿日から
6349	南鮮版	1936-12-20	07단	南洋船路定期寄港で運賃値上げ/釜山の業者反對運動
6350	南鮮版	1936-12-20	08단	內地の密漁船檢擧
6351	南鮮版	1936-12-20	08단	愛國のマコー/朝鮮人少年の健氣な軍國美談/課外讀物に推奬さる
6352	南鮮版	1936-12-20	08단	“統制”の巨腕/沿岸航路にも伸ぶ/汽船營業令を制定
6353	南鮮版	1936-12-20	09단	鹿子絞り奬勵/四千戶を救濟
6354	南鮮版	1936-12-20	10단	忠南女高普/寄附旣に七割
6355	南鮮版	1936-12-20	10단	何れも死刑求刑/江界一家皆殺し公判
6356	南鮮版	1936-12-20	10단	港のダニびっくり/刑事と知らず十五名拘留
6357	南鮮版	1936-12-20	10단	獻金橫領求刑
6358	南鮮版	1936-12-20	11단	明年京電增車
6359	南鮮版	1936-12-20	11단	各地から(釜山、大田)
6360	南鮮版	1936-12-22	01단	*差し伸す慈愛の手　赤き思想も雪の如く　待望の觀察制度實施/大邱の開廳式*
6361	南鮮版	1936-12-22	01단	穀聯の改組に條件つきで贊成/角フ協會の緊急總會
6362	南鮮版	1936-12-22	01단	大邱の奉祝
6363	南鮮版	1936-12-22	01단	歲末特別警戒/第二期へ突進/指紋カードの威力發揮/京城府民の力強い民警ぶり
6364	南鮮版	1936-12-22	02단	社會敎化懇談
6365	南鮮版	1936-12-22	02단	敎育刷新に軍部と意見一致
6366	南鮮版	1936-12-22	03단	スキーヤー喜べ/今年の雪に測候所も折紙
6367	南鮮版	1936-12-22	03단	十二月の表情４/天まで屆くおしゃべりの道
6368	南鮮版	1936-12-22	04단	記念博物館/明夏設計完成
6369	南鮮版	1936-12-22	04단	制私服動員/緊張する釜山署
6370	南鮮版	1936-12-22	04단	安義面に强盜
6371	南鮮版	1936-12-22	04단	*賀狀は亂れ飛ぶ　「一錢五厘の葉書」最後の正月　京城は初日十九萬枚/大邱は一萬枚*
6372	南鮮版	1936-12-22	04단	本府御用納め式
6373	南鮮版	1936-12-22	05단	白衣の勇士宇品へ
6374	南鮮版	1936-12-22	05단	紐育流行界/朝鮮鼬が席卷？/十萬枚ドッと進出/平壤外人達買占めに大童
6375	南鮮版	1936-12-22	06단	嬉しい冬休み

일련번호	판명	간행일	단수	기사명
6376	南鮮版	1936-12-22	06단	在釜トルコ人が皇軍慰問金
6377	南鮮版	1936-12-22	06단	鮮米の內地直送/特別割引を實施/一年間朝運の一手引受け
6378	南鮮版	1936-12-22	07단	裁判所の職員を增加
6379	南鮮版	1936-12-22	07단	*釜山、大邱、大田 三巴の爭奪 南鮮合同電氣の本社/瓦電當局から說明を聽取 釜山府會懇談會*
6380	南鮮版	1936-12-22	07단	女學生を揶揄ひ制止者にリンチ/新興學校生八十名取調べ
6381	南鮮版	1936-12-22	07단	*鰯油の生産高 六百萬鑵を豫想 相場も平均五十錢高/一月に歐洲へ*
6382	南鮮版	1936-12-22	07단	立石前南海署長追起訴
6383	南鮮版	1936-12-22	08단	承認確實/一億五千萬圓/鐵道の超大豫算/山積の懸案一氣遂行
6384	南鮮版	1936-12-22	09단	全羅線初事故
6385	南鮮版	1936-12-22	09단	獻金橫領に實刑
6386	南鮮版	1936-12-22	09단	轢殺騷ぎ二つ
6387	南鮮版	1936-12-22	10단	小作料を拐帶
6388	南鮮版	1936-12-22	10단	バス崖から墜つ/乘客奇蹟的に輕傷
6389	南鮮版	1936-12-22	10단	慶南の千切干好評
6390	南鮮版	1936-12-22	11단	各地から(大邱)
6391	南鮮版	1936-12-22	11단	釜鐵劍道試合
6392	南鮮版	1936-12-23	01단	*超尨大豫算決る 四億一千六百萬圓 躍進朝鮮如實に反映/國策一齊に着手 總督府として大成功/國境のGメン 五百名增員も本極り/主なる費目/こゝも膨脹豫算 提出の新規事業七百萬圓 京城府の査定始る*
6393	南鮮版	1936-12-23	01단	國境守備隊と朝鮮軍御慰問
6394	南鮮版	1936-12-23	02단	九萬八千餘圓/慶南の免稅額
6395	南鮮版	1936-12-23	03단	産業分野にも鮮滿一如具現/滿洲國側と協議
6396	南鮮版	1936-12-23	04단	釜山納め府會
6397	南鮮版	1936-12-23	04단	德壽丸遲着
6398	南鮮版	1936-12-23	04단	可愛いクリスマス裝飾
6399	南鮮版	1936-12-23	05단	本格的な冬景色/南鮮の氣溫急降下
6400	南鮮版	1936-12-23	05단	金、金、金の惱み/米國からの送金激減/岐路に立つ基督教系諸校
6401	南鮮版	1936-12-23	05단	十二月の表情 5/深夜のユーモア
6402	南鮮版	1936-12-23	06단	鮮銀異動
6403	南鮮版	1936-12-23	06단	毒藥や劇藥の品目大改正/新取締令四月に實施
6404	南鮮版	1936-12-23	07단	開廳した大邱思想犯保護觀察所

일련번호	판명	간행일	단수	기사명
6405	南鮮版	1936-12-23	08단	中央試験所釜山支所を設く
6406	南鮮版	1936-12-23	08단	內鮮融和の家族 帝都で服毒心中 死所求め主人は彷徨/麗水の心中
6407	南鮮版	1936-12-23	08단	府議全部が委員/南鮮合電本社を誘致
6408	南鮮版	1936-12-23	09단	十一月の外國郵便爲替
6409	南鮮版	1936-12-23	09단	溺死、行方不明/十四名に上る/珍島沖渡船遭難の詳報
6410	南鮮版	1936-12-23	09단	トルコ人から獻金
6411	南鮮版	1936-12-23	09단	學童貯金に御褒美
6412	南鮮版	1936-12-23	09단	蠻鑵詰の販賣/物産が引受け/三萬箱七十萬圓
6413	南鮮版	1936-12-23	10단	製絲整理資金
6414	南鮮版	1936-12-23	10단	滿人學童の志望者殺到
6415	南鮮版	1936-12-23	10단	「貨車待てッ」と機關車が追跡/アッと言ふ間に衝突
6416	南鮮版	1936-12-23	11단	各地から(馬山、釜山、大邱、大田)
6417	南鮮版	1936-12-23	11단	高浪に轉復
6418	南鮮版	1936-12-24	01단	日の皇子/御誕辰を奉祝/冬晴れ日の丸翩翻/赤誠一心・御安泰祈願祭(釜山)
6419	南鮮版	1936-12-24	01단	河川、港灣改修に擦亂の黃金時代/新税は國策の實現へ(土木關係)
6420	南鮮版	1936-12-24	01단	師走の夜の感情線
6421	南鮮版	1936-12-24	03단	皇軍慰問金/再び在釜トルコ人から
6422	南鮮版	1936-12-24	04단	朝取定時總會
6423	南鮮版	1936-12-24	04단	一寸一服・歲末息拔き集 借問す自家用なりや/官廳街スローガン 綱紀肅正は自動車から/老婦人のミイラ 墓地から忙しい街へ悠々/鰻驚いて曰く 「統制ボク等に及ぶ」蒲燒に味を見せる總督府
6424	南鮮版	1936-12-24	05단	特割運賃實施で釜山却って不利/打擊受ける米穀業者
6425	南鮮版	1936-12-24	05단	特輯豪華版/初春・釜山の興行街(寶來館、昭和館、相生館)
6426	南鮮版	1936-12-24	06단	外人土地所有に一定の制限設く/新土地法閣議で決定
6427	南鮮版	1936-12-24	06단	潜行ダンスへ大痛捧/浮れる勿れ坐って歌へ
6428	南鮮版	1936-12-24	07단	日滿電話工事/密陽まで進捗
6429	南鮮版	1936-12-24	07단	二宮總裁迎へ事業開始を協議/鮮滿拓殖の重役會
6430	南鮮版	1936-12-24	07단	運動競技界(卓球選手順位、大邱武道納會)
6431	南鮮版	1936-12-24	08단	少年掏摸團
6432	南鮮版	1936-12-24	08단	警官が指導し井戶を掘らせる/慶南農村の健康增進
6433	南鮮版	1936-12-24	09단	不動産の移轉登記增加/景氣上向を反映

일련번호	판명	간행일	단수	기사명
6434	南鮮版	1936-12-24	09단	釜山局窓口で現金入り鞄紛失/「盜まれた」と屆出で
6435	南鮮版	1936-12-24	09단	平壤府電擴充費/實現注目さる
6436	南鮮版	1936-12-24	09단	喧嘩で重傷
6437	南鮮版	1936-12-24	10단	失戀の身投げ
6438	南鮮版	1936-12-24	10단	農産物の適地主義徹底/明年度平南で
6439	南鮮版	1936-12-24	11단	各地から(大邱、釜山)
6440	南鮮版	1936-12-24	11단	明春三月に完成/鴨緑江破岩工事
6441	南鮮版	1936-12-25	01단	燈台職員へ光り/皇太后陛下より御下賜金/慰めなき生活に御慈しみ
6442	南鮮版	1936-12-25	01단	俄かに殖えた白い喪服の群/色服着用違反の掟をおそれ/白服への執着・窮餘の一策
6443	南鮮版	1936-12-25	01단	お正月を叩き出す杵の音
6444	南鮮版	1936-12-25	02단	「近づくに從ひ幸福感を覺えた」久納軍參謀長着任
6445	南鮮版	1936-12-25	04단	資本利子税は百分の三に引上/銀行預金等も追隨
6446	南鮮版	1936-12-25	04단	鮮銀と滿洲中銀/協定更改を折衝/加藤總裁一月に渡滿
6447	南鮮版	1936-12-25	04단	卅一で醫博/晋州道立醫院産婦人科長/高山芳雄氏
6448	南鮮版	1936-12-25	05단	大野政務總監/廿八日に歸任
6449	南鮮版	1936-12-25	05단	釜山納め府會
6450	南鮮版	1936-12-25	05단	鱧の放流/廿八日から
6451	南鮮版	1936-12-25	06단	鰯粕生産高
6452	南鮮版	1936-12-25	06단	釜山榮クラブ生る
6453	南鮮版	1936-12-25	06단	各地から(釜山)
6454	南鮮版	1936-12-25	06단	*何處へ南鮮合電本社　釜山、大邱爭奪は京城へ漁夫の利　小倉大興電氣社長の警告/四代表上城　　成行如何で府民大會/釜山設置期成會を結成*
6455	南鮮版	1936-12-25	06단	*少年よ嘆く勿れ　巷に愛の手は伸びてゐる/家出の母を捜す少年 警官の溫い情け*
6456	南鮮版	1936-12-25	07단	洋裝令孃風の萬引/歲の市で混雜の貴金屬商で時計を掏り替へて捕る
6457	南鮮版	1936-12-25	08단	朝汽配當八朱
6458	南鮮版	1936-12-25	08단	年の潮乘切る丁半戰法/小賭博激增
6459	南鮮版	1936-12-25	09단	轉轍手殉職
6460	南鮮版	1936-12-25	09단	重大使命を帶び/大邱測候所竣工す/廿六日にお引越し
6461	南鮮版	1936-12-25	10단	少年行方不明
6462	南鮮版	1936-12-25	10단	今井田氏嚴父危篤

일련번호	판명	간행일	단수	기사명
6463	南鮮版	1936-12-25	10단	無期懲役/元看守へ判決
6464	南鮮版	1936-12-25	10단	社長天降りはあるまい/土師慶南知事談
6465	南鮮版	1936-12-26	01단	皇太后陛下 方面委員へ御下賜品 全社會事業の榮譽/南總督謹話/大邱の遙拜式
6466	南鮮版	1936-12-26	01단	鴨緑江から豆滿江へ/數ヶ所を堰止め水電卅餘萬キロ/野口系へ果敢の挑戰
6467	南鮮版	1936-12-26	01단	豐作は名ばかり至る所に裏切る事實 移出米も六百萬石前後か/主要港の在米高激減す
6468	南鮮版	1936-12-26	03단	來年は勞働天國 需要四十五萬人 北鮮は頻りに招く/釜山鎭埋築人夫 罹災者へ優先權 一日平均千名を使ふ
6469	南鮮版	1936-12-26	04단	教鍊研究會
6470	南鮮版	1936-12-26	05단	迷子の冬/久しぶりに麗かな迎春
6471	南鮮版	1936-12-26	06단	最高潮歲末狂躁曲/健氣な實習 釜山六普校の九十四名/五船一齊に活動 往復とも貨客滿載 完璧の關釜輸送陣/十年來の新記録 大混雜の京城驛/各列車遲延
6472	南鮮版	1936-12-26	06단	不良水組の歲入缺陷やっと補塡
6473	南鮮版	1936-12-26	06단	京城、利川間バス一月中旬に合同/關東自動車參加せん
6474	南鮮版	1936-12-26	07단	籾一千叺流失/發動機船轉覆
6475	南鮮版	1936-12-26	07단	京城/裡里/空のタクシー/一月から週二回往復
6476	南鮮版	1936-12-26	08단	第二の前川君を出さぬ萬全の策/漢拏山登山隊を調査
6477	南鮮版	1936-12-26	08단	老行商人を慘殺/僅かな賣上金に目がくれて/歲末のスピード捕物陣
6478	南鮮版	1936-12-26	09단	漁獲豫想高
6479	南鮮版	1936-12-26	09단	宇垣さんへ記念品
6480	南鮮版	1936-12-26	10단	棉花、緬羊費を七十八萬圓增加/殖える棉作技術員
6481	南鮮版	1936-12-26	11단	各地から(釜山)
6482	南鮮版	1936-12-26	11단	穀檢瀆職判決
6483	南鮮版	1936-12-27	01단	石炭液化事業へ補助金交付/五十一萬圓承認さる
6484	南鮮版	1936-12-27	01단	關稅改正半島への影響
6485	南鮮版	1936-12-27	01단	朝鮮婦人と座談會
6486	南鮮版	1936-12-27	01단	漁業用ガソリン課稅に決定す/但し五百十萬圓補償
6487	南鮮版	1936-12-27	02단	農村振興の再檢討/精神運動をさらに强化し經濟厚生を加へる(精神的方面、經濟厚生)
6488	南鮮版	1936-12-27	03단	原油輸入船/相踵いで元山へ
6489	南鮮版	1936-12-27	03단	移出牛約四萬
6490	南鮮版	1936-12-27	03단	釜山のXマス

일련번호	판명	간행일	단수	기사명
6491	南鮮版	1936-12-27	03단	朝信咸興支店/一月中旬に開業
6492	南鮮版	1936-12-27	03단	平北道路品評會の成績
6493	南鮮版	1936-12-27	04단	*あと數日・明暗雙曲線　次から次へ倒産者　負債四十餘萬圓、首が廻らず 投出した平壤の大商店/チゲ君待機　平壤に賀狀の洪水/切手なし千通　釜山も激增/平壤特別警戒　第三期へ突進/社會鍋は新記錄　京城の同情週間に特に目立つ小口の義金*
6494	南鮮版	1936-12-27	04단	一月二十日に京城で正式調印/鴨綠江共同技術委員會
6495	南鮮版	1936-12-27	04단	優勝旗が來た、更に精神
6496	南鮮版	1936-12-27	04단	ぶりの相場引上げ
6497	南鮮版	1936-12-27	05단	新刊紹介(山葡萄)
6498	南鮮版	1936-12-27	06단	滿軍獨自の力で國防につく日近し/第一軍管區の成績を顧み/滿良參謀長語る(募兵、教育、軍記、討伐、警察隊の國軍移管問題、銃後の後援)
6499	南鮮版	1936-12-27	07단	*京城驛で日銀券と交換/京釜急行運轉 五日-十日*
6500	南鮮版	1936-12-27	07단	背後からグワン/昏倒させて現金を强奪/大邱府外に二人組追剝
6501	南鮮版	1936-12-27	07단	公課として道路維持金徵收/明春道路令實施
6502	南鮮版	1936-12-27	07단	大野政務總監
6503	南鮮版	1936-12-27	08단	長津江水電の第三發電所認可/六百萬圓で明春着工
6504	南鮮版	1936-12-27	08단	簡保契約件數
6505	南鮮版	1936-12-27	08단	成南/山林課獨立
6506	南鮮版	1936-12-27	09단	二名に死刑/一名は證據不十分で無罪/江界一家皆殺し判決
6507	南鮮版	1936-12-27	09단	各地から(新義州、大邱、平壤、釜山、京城)
6508	南鮮版	1936-12-27	09단	土地收用令/京城の新小學校敷地に適用
6509	南鮮版	1936-12-27	09단	瓦電株主大會/廿七日に開く
6510	南鮮版	1936-12-27	09단	新義州に鮮銀支店/惠山鎭に商銀支店/地方金融を積極的に圓滑化
6511	南鮮版	1936-12-27	10단	治本工作と並行/產業開發へ/閣匪潰滅後の三角地帶/農村復興に拍車
6512	南鮮版	1936-12-27	11단	一萬六千圓橫領？

아사히신문 외지판 (남선판) 기사명 색인

1937년

1937년 1월

일련번호	판명	간행일	단수	기사명
6513	南鮮版	1937-01-05	01단	半島正月景氣　めでためでたの特輯篇　氣壓宛ら秋の配置　初詣で記錄破り　三日間に九萬五千人、白衣も多く　御神酒は一石、お賽錢は千五百圓　朝鮮神宮浄き賑ひ/五割の激增 龍頭山神社/關釜の乘客　一日三千人　各列車とも滿員/本府御用開始/空は晴れたり初飛行　飛六の精鋭二十餘機　新春壽ぐ小手ならし/四百騎勢揃ひ 恒例の初乘會　五日京城全市に憂々の音/お歸り旅客に臨時列車を運轉 當分貨物列車も增發
6514	南鮮版	1937-01-05	01단	松の內の初强盜/統營で百十圓强奪
6515	南鮮版	1937-01-05	01단	年頭所感 鮮滿一如・以て共存同榮の實 朝鮮總督 南次郞/新年試筆　南總督/新年の辭/勇躍微笑含み國難征服せん 朝鮮軍司令官 小磯國昭/新年試筆 小磯軍司令官
6516	南鮮版	1937-01-05	04단	賀狀ウンと激增 全鮮主要局の取扱ひ　三千百九十八萬通/四百廿九萬通 釜山局の扱ひ
6517	南鮮版	1937-01-05	04단	釜山消防組出初式
6518	南鮮版	1937-01-05	07단	勇しい梯子登り/大邱の消防組出初式
6519	南鮮版	1937-01-05	08단	旅館で自殺計る
6520	南鮮版	1937-01-05	10단	鎭海水産と漁組が合倂
6521	南鮮版	1937-01-05	10단	本社誘致條件付きで合倂案を可決か/注目の瓦電株主總會
6522	南鮮版	1937-01-05	11단	元日の事故
6523	南鮮版	1937-01-05	11단	神宮水上競技
6524	南鮮版	1937-01-06	01단	能率增進に先づ優遇/朝鮮人警官諸君喜べ一齊增俸だ/月に三圓、潤ふ八千人
6525	南鮮版	1937-01-06	01단	關釜聯絡完璧の陣/大衆サーヴィスに萬全期し/第二豪船興安丸登場
6526	南鮮版	1937-01-06	01단	司法官增員實現/卅名を全鮮各法院へ/公州地方法院は大田移轉
6527	南鮮版	1937-01-06	01단	慶北初等校長會議
6528	南鮮版	1937-01-06	01단	迎春隨想/隨筆の辯ならびに芝燒きのこと/鈴木正文
6529	南鮮版	1937-01-06	02단	緬羊六千頭/豫定通り濠洲から購入
6530	南鮮版	1937-01-06	03단	南洋貿易第一船/十六日釜山へ
6531	南鮮版	1937-01-06	03단	多妻の記錄保持者/我世の春/四十二頭の牝牛を擁し出産は百發百中/平壤牛の親玉/大安號
6532	南鮮版	1937-01-06	04단	釜山鮮魚の滿洲行激增/昨年は百萬圓
6533	南鮮版	1937-01-06	04단	東萊の出初式
6534	南鮮版	1937-01-06	05단	鎭海の觀兵式 十四日空海陸に繪卷/八日大邱で分列式
6535	南鮮版	1937-01-06	05단	平鐵頗る好調
6536	南鮮版	1937-01-06	05단	どんな映畫館も半分以上は日本物/洋畫專門は今年から解消

일련번호	판명	간행일	단수	기사명
6537	南鮮版	1937-01-06	06단	鎭南浦貿易額減少
6538	南鮮版	1937-01-06	06단	卅年振りの暖冬/大同江も碧流洋々
6539	南鮮版	1937-01-06	07단	八億圓を衝くか/新興工業の進軍喇叭/完成品輸移出時代を招來
6540	南鮮版	1937-01-06	08단	特急滿員つゞき/平壤驛での增結も殆ど燒石に水の態
6541	南鮮版	1937-01-06	08단	優良消防手表彰/大邱消防組
6542	南鮮版	1937-01-06	09단	薪さっぱり/京城驛に貨車の儘立往生/お蔭で喜ぶお台所
6543	南鮮版	1937-01-06	09단	鴨綠江水電へ優先的に力こぶ/十二日に歷史的調印
6544	南鮮版	1937-01-06	10단	春高の人氣相場/釜山大邱米取の初立會活況
6545	南鮮版	1937-01-06	10단	妓生の顔をひやかすな/憤慨遂に自殺
6546	南鮮版	1937-01-06	11단	春駒の嘶き/京城の初乘會
6547	南鮮版	1937-01-06	11단	仁川港の艀賃値上げ/十五日ごろ決定
6548	南鮮版	1937-01-06	11단	五千圓詐取の犯人捕はる/共犯は指名手配
6549	南鮮版	1937-01-06	11단	各地から(釜山)
6550	南鮮版	1937-01-07	01단	*妓生柳眉逆立て絶對に放送お斷り「藝術と格式を無視した」と突如平壤放送局へ絶緣狀/氣分の問題昂然・激昂する妓生側/沈默を護る平壤放送局談/不用意言葉が憤慨の原因尹檢番社長語る*
6551	南鮮版	1937-01-07	01단	迎春隨想/井戶端會議/安倍能成
6552	南鮮版	1937-01-07	02단	三橋警務局長/近く國境を慰問
6553	南鮮版	1937-01-07	02단	五十キロ放送今月末か來月中に實現/聽取者も著しく增加
6554	南鮮版	1937-01-07	03단	加藤總裁新京へ
6555	南鮮版	1937-01-07	03단	四船で旅客輸送
6556	南鮮版	1937-01-07	03단	警察始め式/七日大邱で擧行
6557	南鮮版	1937-01-07	03단	內務、産業部長會議
6558	南鮮版	1937-01-07	04단	總監十四日に東上
6559	南鮮版	1937-01-07	04단	頌春試筆/京城/加藤松林
6560	南鮮版	1937-01-07	04단	釜山開港以來の最高記錄を示現/昨年中の貿易總額三億七千餘萬圓
6561	南鮮版	1937-01-07	05단	消防出初式(釜山、鎭海、大田、新義州、京城)
6562	南鮮版	1937-01-07	05단	*京城驛の收入も創業以來の黑子 虛禮廢止默殺の人場者/出來高激增　年末年始の株式街*
6563	南鮮版	1937-01-07	07단	觀察所長會議/十五、六餘日開く
6564	南鮮版	1937-01-07	07단	每日狂ふダイヤ/急行優先扱ひ强要から/下級列車は遲勝ち
6565	南鮮版	1937-01-07	08단	見て下さいこの鰯景氣
6566	南鮮版	1937-01-07	08단	滿員札止の盛況/一日の平均入場者三萬人/初春の京城銀幕街

일련번호	판명	간행일	단수	기사명
6567	南鮮版	1937-01-07	08단	京城の初乘會
6568	南鮮版	1937-01-07	09단	準備教育嚴禁
6569	南鮮版	1937-01-07	10단	火事騷ぎ起し/巧みに掻拂ひ/惡智惠の人妻
6570	南鮮版	1937-01-07	10단	金咸北南山面長拳銃で射擊さる/犯人は三峰稅關支所員
6571	南鮮版	1937-01-07	10단	僞警官强奪
6572	南鮮版	1937-01-07	10단	吹雪に運轉誤り/トラック崖下へ/運轉手ら六名重輕傷
6573	南鮮版	1937-01-07	10단	スキーヤー脾肉の嘆/暖冬を喞つ
6574	南鮮版	1937-01-07	11단	簡保募集完了/釜山分堂局管內
6575	南鮮版	1937-01-07	11단	滿浦沿線など/經濟調査開會/平壤商議で
6576	南鮮版	1937-01-07	11단	各地から(釜山)
6577	南鮮版	1937-01-08	01단	國境警備慰問の夕/「此處は朝鮮北端の」會寧から實感放送/金井田さんや三橋さんをはじめ/“銃とる妻”もマイクの前/帝都こと現地より全國中繼
6578	南鮮版	1937-01-08	01단	西鮮合電の手に平壤府電を買入/府會も大勢は國策順應
6579	南鮮版	1937-01-08	01단	合併假契約案/遂に無條件承認/瓦電株主總會大波瀾
6580	南鮮版	1937-01-08	01단	田家雪/京城/村上美里
6581	南鮮版	1937-01-08	01단	迎春隨想/初芝居/國富信一
6582	南鮮版	1937-01-08	02단	忠南河川改修認可
6583	南鮮版	1937-01-08	03단	海軍大學鮮滿/視察團第二班
6584	南鮮版	1937-01-08	03단	林業開發會社を新設/三井、住友も參加し/總督府が配當補償金交付
6585	南鮮版	1937-01-08	04단	平安丸釜山へ入港
6586	南鮮版	1937-01-08	04단	*釜山消防組表彰者/統營の出初式*
6587	南鮮版	1937-01-08	04단	*遲れた歸省客　歸心矢のごとし　「あかつき」今頃超滿員/乘客千五百名　滿載の金剛丸/全海員の大同團結　準備委員會開催*
6588	南鮮版	1937-01-08	06단	本年の純益ですゾ/二千九百萬圓/黑子鐵道の豪勢な胸算用
6589	南鮮版	1937-01-08	07단	“小鹿島”增築
6590	南鮮版	1937-01-08	07단	五十キロ放送認可
6591	南鮮版	1937-01-08	07단	壯觀·消防出初式
6592	南鮮版	1937-01-08	08단	西岡氏着任
6593	南鮮版	1937-01-08	08단	新幕、瑞興附近に觀測支所を設置/安全になる空の難所
6594	南鮮版	1937-01-08	08단	工業品の輸出に力こぶを入れる/貿易更に躍進せん
6595	南鮮版	1937-01-08	08단	北漢山ケーブル出願
6596	南鮮版	1937-01-08	10단	穀聯鮮米宣傳

일련번호	판명	간행일	단수	기사명
6597	南鮮版	1937-01-08	10단	伊勢神宮へ參拜し大阪本社で新聞見學/慶南昌原郡の代表兒童一行
6598	南鮮版	1937-01-09	01단	冬らしい冬急襲/イミテーションの春は退陣/釜山も久振りに氷結/平壤に雪
6599	南鮮版	1937-01-09	01단	液體燃料補助金　百萬圓を交付　十三年度以後更に增額/天然石油　人造石油
6600	南鮮版	1937-01-09	01단	未成立水組へ國庫から貸付/六十八萬圓
6601	南鮮版	1937-01-09	01단	迎春隨想/雉/三橋孝一郞
6602	南鮮版	1937-01-09	02단	關釜聯絡船移管/要求に强硬決意/萬一鐵道省が一蹴すれば/關麗直營で對抗か
6603	南鮮版	1937-01-09	04단	主要港在米
6604	南鮮版	1937-01-09	04단	總督官邸新築/今春から着工
6605	南鮮版	1937-01-09	05단	貿易番附/綱橫對外新義州、對內釜山/淸津は笠置山か
6606	南鮮版	1937-01-09	05단	寒天に意氣の花　陸の精銳一萬五千堂々と　龍山原頭に陸軍始觀兵式/空陸呼應　國境會寧の壯觀/壯烈大邱の分列式
6607	南鮮版	1937-01-09	06단	飛六耐寒飛行/十四日から開始
6608	南鮮版	1937-01-09	07단	椿はやくも綻ぶ
6609	南鮮版	1937-01-09	07단	ＢＫの釋明で妓生側もサラリ/放送の縺れ大團圓
6610	南鮮版	1937-01-09	07단	力强い宣言/慶北の警察始め式
6611	南鮮版	1937-01-09	08단	密航團送還
6612	南鮮版	1937-01-09	08단	鮮か空中分列式/戰爆廿一機爆音高く/平壤に軍國繪卷の壓卷/馬山で記念品贈呈
6613	南鮮版	1937-01-09	09단	搜査の主力を怨恨關係に注ぐ/西囊島の殺人事件
6614	南鮮版	1937-01-09	09단	舊江界電氣料金大巾引下げ實施
6615	南鮮版	1937-01-09	09단	網島技師十日來鮮
6616	南鮮版	1937-01-09	09단	蔚山の火事
6617	南鮮版	1937-01-09	10단	獨身警官アパート/京城四ヶ所に建設
6618	南鮮版	1937-01-09	10단	圖書館長國境慰問
6619	南鮮版	1937-01-09	11단	各地から(釜山、大邱、馬山)
6620	南鮮版	1937-01-10	01단	迎春隨想/丸腰の辯/脇鐵一
6621	南鮮版	1937-01-10	01단	庶政刷新の基礎工事　浮き沈み廣範圍　天下り社長の倚子を繞り　春·本格的の南人事/彪大豫算の消化策に釘　本府局長會議
6622	南鮮版	1937-01-10	01단	風水害義捐金/春窮期に配布/殘額廿五萬圓
6623	南鮮版	1937-01-10	01단	軍國の花觀兵式

일련번호	판명	간행일	단수	기사명
6624	南鮮版	1937-01-10	03단	*日滿電話回線の管理主體は未定 梶井遞信工務局長語る/明年度に完成*
6625	南鮮版	1937-01-10	04단	煙草賣渡高
6626	南鮮版	1937-01-10	04단	今ぞ輸出の好機/行け我等の鮮産品/四、五月ごろ南洋で見本市/殖産局ウンと力こぶ
6627	南鮮版	1937-01-10	04단	十二年度に撒く一億四千萬圓/鐵道諸懸案一氣實現
6628	南鮮版	1937-01-10	05단	朝日賞輝く孫選手/「東京大會に再び御期待に副ひこの無上の榮えに酬いん」
6629	南鮮版	1937-01-10	05단	樂浪文化の芳香/木槨境から放送
6630	南鮮版	1937-01-10	06단	廿一本の隧道に蓋溫めて列車を走らす/零下廿度、水柱で危い狗峴嶺
6631	南鮮版	1937-01-10	06단	優良馬四萬頭增産を實施/競馬制度も改善
6632	南鮮版	1937-01-10	08단	湖南地方に新線/鶴橋、井邑間/朝鐵から認可申請
6633	南鮮版	1937-01-10	08단	各地から(釜山)
6634	南鮮版	1937-01-10	08단	各觀光協會に橫の聯絡
6635	南鮮版	1937-01-10	09단	音樂會場として全然なってない/京城府民館の缺陷
6636	南鮮版	1937-01-10	09단	林業會社折衝/農林局長十三四日ころ東上
6637	南鮮版	1937-01-10	09단	マラソンの岡田君歸る
6638	南鮮版	1937-01-10	09단	アジヤ證券店員取調らる
6639	南鮮版	1937-01-10	09단	アマチュアー拳鬪協會生る
6640	南鮮版	1937-01-10	10단	京畿河川改修
6641	南鮮版	1937-01-10	10단	漢銀利益金處分案
6642	南鮮版	1937-01-10	10단	京城の白米値上げ
6643	南鮮版	1937-01-10	11단	聯絡船超滿員/千六百名上陸
6644	南鮮版	1937-01-12	01단	凜烈躍る男性美/遠征の早大選手も乘込み/水上競技大會始る
6645	南鮮版	1937-01-12	01단	*七府市街計畫に最終的の斷案　十九、廿の兩日間總督府委員會/京城の區畫整理 結局府尹が遂行か*
6646	南鮮版	1937-01-12	01단	御下賜金で共濟團體/全鮮燈台職員
6647	南鮮版	1937-01-12	01단	迎春隨想/東京の友へ/山岡操
6648	南鮮版	1937-01-12	02단	荷動き活況
6649	南鮮版	1937-01-12	03단	治山治水檢討/內務、産業兩部長會議開く
6650	南鮮版	1937-01-12	03단	新築平南道廳は三階建ての威容/西平壤方面へ移轉
6651	南鮮版	1937-01-12	04단	春塘池氷結/スケート場開く
6652	南鮮版	1937-01-12	04단	アリナレに水上橇動く
6653	南鮮版	1937-01-12	05단	全滿三會議へ/朝鮮代表招請

일련번호	판명	간행일	단수	기사명
6654	南鮮版	1937-01-12	05단	鮮産電氣世界に輝く/琺瑯鐵器躍進
6655	南鮮版	1937-01-12	05단	年始列車を廿一日まで運轉
6656	南鮮版	1937-01-12	05단	關麗聯絡より望しい福麗聯絡/歸任の吉田鐵道局長談
6657	南鮮版	1937-01-12	06단	横領面長失踪
6658	南鮮版	1937-01-12	07단	*李交通相來城鴨綠江開發委員會覺書十二日に正式調印/開發の內容/覺書の骨子*
6659	南鮮版	1937-01-12	07단	勞働者のサンタクロース/一日卅五萬人の福運袋を背に伊達さんが狩集めに各道行脚
6660	南鮮版	1937-01-12	07단	寧越發電所今發電/南鮮合電の移入石炭大節約
6661	南鮮版	1937-01-12	07단	來れ三百名/朝運新たに社員採用
6662	南鮮版	1937-01-12	07단	京仁線複線實行を內示
6663	南鮮版	1937-01-12	08단	國策に乘る棉花/補助金殖やし大獎勵
6664	南鮮版	1937-01-12	08단	京城の火事減少す
6665	南鮮版	1937-01-12	09단	慶南河川改修/五百四十七萬圓
6666	南鮮版	1937-01-12	09단	お天氣詐欺
6667	南鮮版	1937-01-12	09단	寺院荒し捕る
6668	南鮮版	1937-01-12	09단	各地から(釜山、開城)
6669	南鮮版	1937-01-12	10단	釜山の新年乘馬會
6670	南鮮版	1937-01-12	10단	優良就業員を表彰
6671	南鮮版	1937-01-12	10단	三中井釜山支店八月頃竣工
6672	南鮮版	1937-01-12	10단	ＤＫ光書入賞
6673	南鮮版	1937-01-12	10단	外國爲替管理/府令十二日公示
6674	南鮮版	1937-01-12	11단	平壤府電買收大綱決定近し
6675	南鮮版	1937-01-13	01단	*歷史的調印式　鴨綠江共同技術委員會　國境の性質失せ經濟開發の使命　大野政務總督と李交通相 美果結ぶ鮮滿一如/慶賀の至り 南總督語る/郵便物を速配 遞送問題も近く解決/松岡滿鐵總裁 總督と重要協議 十四日飛行機で來城*
6676	南鮮版	1937-01-13	01단	國境警官の感激/東伏見宮妃殿下から/子供用のセーター御下賜
6677	南鮮版	1937-01-13	03단	大村滿鐵副總裁鎭南浦視察
6678	南鮮版	1937-01-13	04단	釜山港出入機帆船
6679	南鮮版	1937-01-13	04단	胸打つ六十の手習/暗いランプの下で算術や讀方/山奧に燃ゆ知識への憧れ
6680	南鮮版	1937-01-13	04단	移民中堅靑年/養成所を設ける/咸北に建設地物色
6681	南鮮版	1937-01-13	04단	譽れの金牌/六ヶ月無事故の平鐵機關區
6682	南鮮版	1937-01-13	05단	釜山辯論大會放送

일련번호	판명	간행일	단수	기사명
6683	南鮮版	1937-01-13	05단	釜山法院の弓場射初式
6684	南鮮版	1937-01-13	05단	軍人になれぬ嘆き/釜山の朝鮮人靑年服毒自殺
6685	南鮮版	1937-01-13	06단	高橋氏監禁は嫌がらせ策/目的は邦人追放
6686	南鮮版	1937-01-13	06단	色刷りを殖やし新知識も豊富に/普校教科書を改革
6687	南鮮版	1937-01-13	07단	三越賣場に血點々/二度目に忍んだ居直り强盜/錐で店員をグサリ
6688	南鮮版	1937-01-13	07단	大田の婦人互禮會
6689	南鮮版	1937-01-13	07단	目覺しい平壤の建築界
6690	南鮮版	1937-01-13	07단	嬰兒の死體
6691	南鮮版	1937-01-13	07단	京城都計財源特別稅法で捻出/明年度から課稅方針
6692	南鮮版	1937-01-13	08단	子供を背負ひ帶紐の中に金塊/女ばかりの密輸團
6693	南鮮版	1937-01-13	08단	ミッション會へ經營續行を勸告/新興學校の父兄大會
6694	南鮮版	1937-01-13	08단	街頭地獄解消へ/京畿交通改善協會生る
6695	南鮮版	1937-01-13	09단	氷害に備へ各機關緊張/昨今の鎭南浦港
6696	南鮮版	1937-01-13	09단	人夫三名死傷/馬山中學工事場の土砂崩潰
6697	南鮮版	1937-01-13	09단	渡航者收容所/釜山に建てる
6698	南鮮版	1937-01-13	10단	十四日發會式/海員聯合靑年會
6699	南鮮版	1937-01-13	10단	病死か自殺か/疑問の看護婦
6700	南鮮版	1937-01-13	10단	春の平壤に遊覽バス/別府から案內孃
6701	南鮮版	1937-01-13	10단	各地から(京城、大田、釜山、雄基、平壤)
6702	南鮮版	1937-01-14	01단	波騷ぐ日本海/大連、川崎兩汽船進出/商船、朝郵へ決戰を挑む
6703	南鮮版	1937-01-14	01단	迎春隨想/適材適所/朴榮喆
6704	南鮮版	1937-01-14	01단	赴戰高原に築く學外教育の殿堂/將來は大農場も開拓/城大から朝窒へ讓渡交涉
6705	南鮮版	1937-01-14	02단	昨年の養蠶
6706	南鮮版	1937-01-14	02단	重役の割當決る/南鮮合同電氣打合會
6707	南鮮版	1937-01-14	03단	看護婦の死因/雙方讓らず/成行興味の的
6708	南鮮版	1937-01-14	04단	林業開發會社は追加豫算にでも/東上の大野總監談
6709	南鮮版	1937-01-14	04단	舊年末警戒/平壤、大同兩署
6710	南鮮版	1937-01-14	05단	釜山埠頭の國際色/外人旅客半年間に六千三百人/一番多いのは滿洲國人
6711	南鮮版	1937-01-14	05단	湍豐鐵道今春着工/竣工は明後年
6712	南鮮版	1937-01-14	05단	潭陽、金池線の終點變更陳情/南原邑長ら
6713	南鮮版	1937-01-14	05단	鴨綠江共同技術委員會の調印式
6714	南鮮版	1937-01-14	06단	笹井少將/龍山の軍醫部長に營轉

일련번호	판명	간행일	단수	기사명
6715	南鮮版	1937-01-14	06단	本年開通の新線(內定)
6716	南鮮版	1937-01-14	06단	日本刀劍展/無鑑査入選/深夜に研ぐ國貞/一日一本手がけた四千本/守谷氏の說く神髓
6717	南鮮版	1937-01-14	07단	平南豫算査定/要求總額五百五十萬圓
6718	南鮮版	1937-01-14	07단	鴨綠江技術委員會初顔合せ
6719	南鮮版	1937-01-14	07단	ゆかしい心意氣/名前も告げぬ國防獻金袋/中に百圓札が十枚
6720	南鮮版	1937-01-14	07단	纛島の老婆殺し眞犯人を逮捕/雇人に喉のかさる
6721	南鮮版	1937-01-14	08단	釜山工場調査/一商生も應援
6722	南鮮版	1937-01-14	09단	小運送統制會社/鮮內へ影響甚大/河合朝運專務東上す
6723	南鮮版	1937-01-14	09단	釜山鎭署は十月頃開廳
6724	南鮮版	1937-01-14	09단	ドレッヂヤー四ヶ所に新設
6725	南鮮版	1937-01-14	10단	全南十一區に視察を駐在/初等校長も異動
6726	南鮮版	1937-01-14	10단	釜山港改修の人夫倒着
6727	南鮮版	1937-01-14	10단	名畵を種に詐欺
6728	南鮮版	1937-01-14	10단	人夫生埋め
6729	南鮮版	1937-01-14	10단	五十錢の生命
6730	南鮮版	1937-01-14	11단	各地から(釜山)
6731	南鮮版	1937-01-15	01단	*歸任の李交通相に託す　滿洲國皇帝陛下へ謂れの蘭を獻上全國民御紋章を敬愛せよ　友邦に祈る南總督/水電百萬キロ鮮滿一如で開發 六月ごろ正式調印か/上流は朝鮮側下流は滿洲國側 鴨綠江の基礎調査*
6732	南鮮版	1937-01-15	01단	優良兒童表彰
6733	南鮮版	1937-01-15	01단	治山治水を主に南總督視察/二月廿日から三月中旬ごろ
6734	南鮮版	1937-01-15	02단	迎春隨想/朝鮮の三奇勝/下郡山誠一(一、濟州道/一、金剛山/一、白頭山)
6735	南鮮版	1937-01-15	03단	『官吏怠慢』/平壤巡視の川岸廿師團長/官民を集めて痛憤
6736	南鮮版	1937-01-15	04단	無煙炭協定
6737	南鮮版	1937-01-15	04단	全鮮鑛山調査
6738	南鮮版	1937-01-15	05단	*地主に協力求め 小作人の生活安定　全南の畫期的農振策/農耕地の分配/小作料額の公正*
6739	南鮮版	1937-01-15	05단	豪傑・地下で微苦笑/拙者こそ正統後裔/山中鹿之助の本家争ひに肅川の果樹園主が名乘り
6740	南鮮版	1937-01-15	05단	廢校善後處置に米國からお使ひ/月末光州で重要協議
6741	南鮮版	1937-01-15	07단	負傷者十二名を出した釜山大倉町燒跡
6742	南鮮版	1937-01-15	08단	貨車轉落現場は線路も少し悪い/損害廿餘萬圓に上る
6743	南鮮版	1937-01-15	09단	谷間に貨物の山/山本高山驛助役語る

일련번호	판명	간행일	단수	기사명
6744	南鮮版	1937-01-15	09단	史實的に立證/源五郎翁の話
6745	南鮮版	1937-01-15	09단	密航者送還
6746	南鮮版	1937-01-15	10단	新義州無水酒精/十三年度から買上げ實施/積極的に原料增産
6747	南鮮版	1937-01-15	10단	雪/中部以北西海岸一帶に
6748	南鮮版	1937-01-15	11단	三越の賊捕る
6749	南鮮版	1937-01-16	01단	*世界にほこる八十萬キロ大發電　遙か雲表に聳ゆ　周回十五里のダム　落差實に二千四百米 鮮滿の科學陣總動員/鮮滿産業文化に貢獻極めて大 大野搃監東京で語る*
6750	南鮮版	1937-01-16	01단	迎春隨想/二・二六事件を回顧して/高木義人
6751	南鮮版	1937-01-16	03단	本年度は七百萬圓/鮮滿拓殖の計畫成る
6752	南鮮版	1937-01-16	04단	海員青年總合會/花々しく首途
6753	南鮮版	1937-01-16	04단	二割値上げ/釜山港艀船人/夫の爭議解決
6754	南鮮版	1937-01-16	05단	釜山商議新規事業
6755	南鮮版	1937-01-16	05단	大衆の負擔嵩む/河川改修や初等教育擴充/地方税の增税必至
6756	南鮮版	1937-01-16	05단	開場待つばかり/竣工した大邱飛行場
6757	南鮮版	1937-01-16	05단	大村滿鐵副總裁來城
6758	南鮮版	1937-01-16	06단	義金一千圓/大邱の金台源翁
6759	南鮮版	1937-01-16	06단	貨物列車轉覆の現場
6760	南鮮版	1937-01-16	07단	晋州の火事
6761	南鮮版	1937-01-16	07단	迎日灣へ鰊の大群
6762	南鮮版	1937-01-16	08단	三防、高山間は十七日から開通/光づ線路復舊に全力
6763	南鮮版	1937-01-16	08단	雲山へ送電線認可
6764	南鮮版	1937-01-16	08단	昭和水組復活陳情
6765	南鮮版	1937-01-16	08단	機關車の火の粉から？火事
6766	南鮮版	1937-01-16	08단	各地から(釜山、鎭海、晋州)
6767	南鮮版	1937-01-16	09단	京電追突騷ぎ
6768	南鮮版	1937-01-16	09단	軍用電話切斷
6769	南鮮版	1937-01-16	09단	全南初等校異動(道視學、初等學校)/本府異動
6770	南鮮版	1937-01-16	09단	早大對延禧ホッケー戰
6771	南鮮版	1937-01-16	09단	忠南女子講習所修了式
6772	南鮮版	1937-01-16	10단	京城に强盜
6773	南鮮版	1937-01-16	10단	十五戶全燒
6774	南鮮版	1937-01-16	12단	警官の家竣工
6775	南鮮版	1937-01-17	01단	物價騰勢阻止のさけび漸く熾烈/總督府は拱手傍觀
6776	南鮮版	1937-01-17	01단	棉價補償制度/十二年度から實施か/補償、積立は農會の手で

일련번호	판명	간행일	단수	기사명
6777	南鮮版	1937-01-17	01단	日紡清津工場/明年操業に決る/今村重役二月に來清
6778	南鮮版	1937-01-17	01단	硫安漸騰
6779	南鮮版	1937-01-17	01단	迎春隨想/京城發展史/穗積眞六郎
6780	南鮮版	1937-01-17	02단	春競馬日割
6781	南鮮版	1937-01-17	03단	漁都に異彩/慶北漁組聯合會竣工す
6782	南鮮版	1937-01-17	04단	東拓支店長會議
6783	南鮮版	1937-01-17	04단	*開通は十八日 列車轉覆現場/殉職者出づ*
6784	南鮮版	1937-01-17	05단	漁村講習會
6785	南鮮版	1937-01-17	05단	*全券五萬項 出版界の偉觀 純正の朝鮮史 塵と迷妄の中に苦難十五年 世に出る日近し/稻葉博士談*
6786	南鮮版	1937-01-17	05단	遞信局辭令(十六日付)
6787	南鮮版	1937-01-17	06단	六つの細民地區/十三年度釜山に實現
6788	南鮮版	1937-01-17	07단	滿洲特産の洪水/本年度輸移出六十萬瓲は確實/前途洋々の北鮮三港
6789	南鮮版	1937-01-17	08단	新案「讀者聯盟」/書物をうんと讀ませ/文化の水準を上げる
6790	南鮮版	1937-01-17	08단	「ひかり」遲る
6791	南鮮版	1937-01-17	08단	四年制認可/釜山高女の學制改革
6792	南鮮版	1937-01-17	08단	織物移入稅撤廢反對を一蹴
6793	南鮮版	1937-01-17	08단	暖氣に的外れ/京城に石炭の山
6794	南鮮版	1937-01-17	09단	三橋警務局長/廿七日國境へ
6795	南鮮版	1937-01-17	09단	襄陽に電話
6796	南鮮版	1937-01-17	09단	オーバ泥棒御用
6797	南鮮版	1937-01-17	09단	慶南河川改修工費の年度割
6798	南鮮版	1937-01-17	09단	慶南內務部長嚴氏當分兼任
6799	南鮮版	1937-01-17	10단	機船の火事
6800	南鮮版	1937-01-17	10단	保健協議會
6801	南鮮版	1937-01-17	10단	北鮮開拓實務打會
6802	南鮮版	1937-01-17	10단	警察機に落下傘
6803	南鮮版	1937-01-17	10단	各地から(京城、釜山、大邱、開城)
6804	南鮮版	1937-01-19	01단	*大邱飛行場 卅一日会場式/航空日本に颯爽 躍り出た空の港 市中から自動車で十數分 空陸聯絡の便利がご自慢/廣さ十四萬坪 工費廿餘萬圓の大部分は 府民が自發的の寄附(中央に、燈台と、大鼓判)/內、鮮、滿名士招き 盛大な祝賀の宴 希望者は試乘させる*
6805	南鮮版	1937-01-19	03단	重要産業統制法/朝鮮への適用決る/總督の權限多分に織込む

일련번호	판명	간행일	단수	기사명
6806	南鮮版	1937-01-19	03단	迎春隨想/北極洋の思ひ出/佐藤眉峰
6807	南鮮版	1937-01-19	04단	*朝鮮製錬八分配當*
6808	南鮮版	1937-01-19	04단	簡易學校卒業生へ自習讀本
6809	南鮮版	1937-01-19	05단	大邱の發展期して待つ/門脇府尹談
6810	南鮮版	1937-01-19	05단	國境從業員へ溫い襯衣や寢卷/遞信局の慰問品發送
6811	南鮮版	1937-01-19	05단	南電本社誘致/大田の猛運動
6812	南鮮版	1937-01-19	05단	入試採點標準は學校別に一任/試驗後改めて熟議
6813	南鮮版	1937-01-19	06단	京城の電話に度數料金制/七月一日から實施
6814	南鮮版	1937-01-19	07단	內容を新鮮に高普教科書も改訂(男子の部、女子の部)
6815	南鮮版	1937-01-19	07단	新開通の市外電話
6816	南鮮版	1937-01-19	07단	新に六都市へも市街計畫を實施/各道へ技手を配置
6817	南鮮版	1937-01-19	08단	豪農丸焼け
6818	南鮮版	1937-01-19	08단	給仕につゝ苦闘五年/普文試驗に天晴れパス/忽ち拓く新しき官吏への道
6819	南鮮版	1937-01-19	09단	泗川水組事件送局
6820	南鮮版	1937-01-19	09단	マイト爆發
6821	南鮮版	1937-01-19	09단	高周波城津工場/七月から操業/高橋專務の土産話
6822	南鮮版	1937-01-19	09단	空、海、陸呼應し/豪壯な軍國繪卷/鎭海の新年始觀兵式
6823	南鮮版	1937-01-19	10단	橫領主任自首
6824	南鮮版	1937-01-19	10단	阿片密輸檢擧
6825	南鮮版	1937-01-19	10단	土師知事上城/時節柄注目さる
6826	南鮮版	1937-01-19	10단	人絹、紡織兩工場/一千萬圓で建設/四月着工鐘紡平壤工場
6827	南鮮版	1937-01-19	10단	各地から(馬山、釜山、蔚山、大田)
6828	南鮮版	1937-01-19	11단	社會教化講演/京畿道各地で
6829	南鮮版	1937-01-20	01단	小學校の卒業生八萬收容を實現/中等學校新設や學級增加/試驗地獄緩和の十年計畫
6830	南鮮版	1937-01-20	01단	水害殉職警官ら功績こゝに不朽/十一氏に功勞記章
6831	南鮮版	1937-01-20	01단	咸北の思想警察/充實が急務/古川圖書課長視察談
6832	南鮮版	1937-01-20	01단	無料健康相談
6833	南鮮版	1937-01-20	02단	*鮮滿運賃會議 廿二日から開催/サーヴィスを改善*
6834	南鮮版	1937-01-20	02단	博釜無線電話は五回線か六回線/海底不通に備へる
6835	南鮮版	1937-01-20	03단	京城財源委員會
6836	南鮮版	1937-01-20	04단	水橋、長淵間/廿一日より開通
6837	南鮮版	1937-01-20	04단	虛禮は眞ッ平/南總督の西鮮視察を機會に/先手を打ち各道へ通牒

일련번호	판명	간행일	단수	기사명
6838	南鮮版	1937-01-20	05단	森林買收費調達に掛軸詐欺
6839	南鮮版	1937-01-20	05단	南鮮地方荒る
6840	南鮮版	1937-01-20	05단	教育講習會
6841	南鮮版	1937-01-20	05단	釜山、麗水航路に四社爭覇展開か/新に船會社許可申請
6842	南鮮版	1937-01-20	06단	迎春隨想/滿洲の想出/高尾甚造
6843	南鮮版	1937-01-20	07단	物價騰貴の痛手/小金山青息吐息/資本合同で延命策
6844	南鮮版	1937-01-20	08단	氷上代表選手
6845	南鮮版	1937-01-20	09단	神域匂ふ花嫁姿/心田開發か、生活簡易化か/殖えてきた新前結婚
6846	南鮮版	1937-01-20	09단	放火、混雜に乘じ四千圓を竊取/精米所へ金庫破り
6847	南鮮版	1937-01-20	09단	川岸師團長
6848	南鮮版	1937-01-20	09단	父子を縛り白米强奪/山番の家へ强盜
6849	南鮮版	1937-01-20	10단	家人五名を針金で縛る
6850	南鮮版	1937-01-20	10단	各地から(晋州、釜山)
6851	南鮮版	1937-01-20	10단	ちやら子驅落
6852	南鮮版	1937-01-21	01단	驛構內從業員に八時間制を斷行/明年度鐵道國の大英斷
6853	南鮮版	1937-01-21	01단	米穀商の統制組合決定
6854	南鮮版	1937-01-21	01단	*姸を競ふ女王二人　金剛丸と交互に豪華輸送　卅一日夜就航の興安丸/乘客激增せん*
6855	南鮮版	1937-01-21	01단	府制功勞者慰靈祭/廿九日京城で
6856	南鮮版	1937-01-21	01단	迎春隨想/男性の日本史觀/永島信子
6857	南鮮版	1937-01-21	02단	第一位の成績/慶南産業奬勵館
6858	南鮮版	1937-01-21	02단	五年計畫改修の主要河川決定す/水禍解消、沿岸の喜び
6859	南鮮版	1937-01-21	04단	二月五日開業/鮮銀新義州支店
6860	南鮮版	1937-01-21	04단	新人に白羽の矢/互に引拔き合戰/京城實業野球春の陣
6861	南鮮版	1937-01-21	05단	釜山の水族館總督府も贊成
6862	南鮮版	1937-01-21	06단	上昇–九千八百米/寒いッ！零下四十五度/空の勇士窒息しさう
6863	南鮮版	1937-01-21	06단	薄給獨身吏員へ三階建アパート/京城訓練院に建設
6864	南鮮版	1937-01-21	06단	咲いた咲いた氷の花が
6865	南鮮版	1937-01-21	07단	建築相談係/京畿道に店開き
6866	南鮮版	1937-01-21	08단	花やか産金時代/各地に競って精練所
6867	南鮮版	1937-01-21	09단	關稅知識普及
6868	南鮮版	1937-01-21	09단	鮮米特別運賃に絶對反對の叫び/仁川穀協から聲明書
6869	南鮮版	1937-01-21	10단	京城の各地區/今春中に決定
6870	南鮮版	1937-01-21	10단	老婆殺し送局

일련번호	판명	간행일	단수	기사명
6871	南鮮版	1937-01-21	10단	辭令
6872	南鮮版	1937-01-21	10단	遺恨の放火
6873	南鮮版	1937-01-21	10단	各地から(京城、釜山、仁川、開城)
6874	南鮮版	1937-01-22	01단	*物價騰勢に暗礁續出 超彪大豫算更に一、二割を増加か 此儘では遂行できぬ/鐵道の軌條、車輛製作に一頓挫 鐵飢饉てき面に影響/工事單價値上げ やむを得ず容認 率は一、二割見當か*
6875	南鮮版	1937-01-22	01단	迎春隨想/牛が東支鐵道を開通させた話/鎌田澤一郎
6876	南鮮版	1937-01-22	02단	風水害復舊融資決定す
6877	南鮮版	1937-01-22	03단	慶南初等校長會議
6878	南鮮版	1937-01-22	04단	土木出張所會議
6879	南鮮版	1937-01-22	04단	二、三萬トン級の巨船/優に五、六隻も橫着け/大連を凌ぐ明日の釜山港
6880	南鮮版	1937-01-22	05단	“あかつき”を安東へ/將來延長したい/局長會議で吉田さん希望
6881	南鮮版	1937-01-22	06단	孫選手東上
6882	南鮮版	1937-01-22	06단	*大邱飛行場へ 本社の“誕生祝ひ”/「朝日機來る」快報 光彩放つ數々の記念行事に 全大邱擧げて絶讚/開場式參觀兼ね光畫創作の喜び 鏡玉牌へ カメラマン待機*
6883	南鮮版	1937-01-22	07단	馬山對釜山卓球戰
6884	南鮮版	1937-01-22	07단	ヤンヤの喝采/簡保宣傳の紙芝居
6885	南鮮版	1937-01-22	07단	水産組合中央會/本府も援助、實現確定的
6886	南鮮版	1937-01-22	08단	釜山商議の新豫算
6887	南鮮版	1937-01-22	08단	要塞地帶で密漁
6888	南鮮版	1937-01-22	08단	凄腕の人妻/夫人の實印を特出し/十七萬八千圓を融通
6889	南鮮版	1937-01-22	08단	戰爆十機が參加/錦上更に花の壯觀
6890	南鮮版	1937-01-22	09단	未遂强盜捕る
6891	南鮮版	1937-01-22	09단	春の抽籤馬
6892	南鮮版	1937-01-22	09단	河川改修地方費/全部起債に決る/預金部へ引受方交涉
6893	南鮮版	1937-01-22	09단	各地から(釜山、京城、蔚山)
6894	南鮮版	1937-01-22	11단	“赤”に求刑
6895	南鮮版	1937-01-23	01단	聖慮國境に洽し/四手井侍從武官御差遣
6896	南鮮版	1937-01-23	01단	解散の場合/豫算はどうなる/一、二ヶ月遲れる/本年度施行豫算の範圍內で實行豫算を編成し/差額を特別議會へ
6897	南鮮版	1937-01-23	01단	遞信內務員にも訪れる八時間制/料金引上かくて生く
6898	南鮮版	1937-01-23	01단	國境警備その他/安東省長と會談/廿七日總督が新義州で
6899	南鮮版	1937-01-23	01단	迎春隨想/登山意慾/飯山達雄

일련번호	판명	간행일	단수	기사명
6900	南鮮版	1937-01-23	03단	二百萬圓增か/江原明年度豫算
6901	南鮮版	1937-01-23	03단	三月十日に執行/光州商義の初選擧
6902	南鮮版	1937-01-23	03단	立正商業認可
6903	南鮮版	1937-01-23	04단	慶南署長級異動/月末ごろ發令
6904	南鮮版	1937-01-23	05단	*盛裝凝らす飛行場 待望の開場式卅一日にせまり　大邱府民準備にいそいそ/二月一日から着發する旅客機 航空郵便も大宣傳/十數機欣舞*
6905	南鮮版	1937-01-23	06단	金龍鐘就縛
6906	南鮮版	1937-01-23	06단	度々新聞が不着/飛んだ鐵道運送異變
6907	南鮮版	1937-01-23	07단	心外なスパイ扱ひ/ソ聯の不法に激昂しつゝ/さいべりや丸羅津へ歸る
6908	南鮮版	1937-01-23	08단	魚族のアヂト大手入れ
6909	南鮮版	1937-01-23	08단	滿洲國三會議への代表
6910	南鮮版	1937-01-23	08단	物價、勞銀高で工事界にピンチ/二の足ふみ入札皆無
6911	南鮮版	1937-01-23	09단	大田の川岸師團長
6912	南鮮版	1937-01-23	09단	鐵道の抱合心中/桃山遊廓娼枝と店員
6913	南鮮版	1937-01-23	10단	順天に强盜
6914	南鮮版	1937-01-23	10단	京城一の洋品店主/昌慶丸から身投の船客
6915	南鮮版	1937-01-23	10단	遭難機船救はる
6916	南鮮版	1937-01-24	01단	中等學校九つ/四月新設に決定/六百名收容數增す
6917	南鮮版	1937-01-24	01단	迎春隨想/時勢は進む/金大羽
6918	南鮮版	1937-01-24	01단	どんな故障でも見透しの千里眼/ドイツと競爭/大西技師に凱歌/自動式電話に重寶な發明
6919	南鮮版	1937-01-24	01단	勅任技師十五年/飯倉遞信局工務課長/功成り名とげて圓滿勇退
6920	南鮮版	1937-01-24	02단	南鮮合電本社は釜山設置が當然/土師慶南知事語る
6921	南鮮版	1937-01-24	04단	視學官增員
6922	南鮮版	1937-01-24	04단	千九百四十萬石/昨年米實收高
6923	南鮮版	1937-01-24	04단	重任果した三艦/懷しの鎭海へ歸る/艦色褪せたれど士氣旺盛
6924	南鮮版	1937-01-24	05단	滿州移民詮考/慶南の罹災者千四百五十名
6925	南鮮版	1937-01-24	06단	*金剛山に雪 押寄すスキーヤー/暖い京城地方*
6926	南鮮版	1937-01-24	06단	*飛行場開場式に兒童達の旗行列　うれしい飛行機參觀/旅客機ダイヤ/遞信局異動*
6927	南鮮版	1937-01-24	07단	面目一新の墨湖/港灣一帶に防波堤築き/六千噸級の船も横着け
6928	南鮮版	1937-01-24	08단	『この次の航海に再び取調べ續行』/ゲ・ペ・ウ不穩な言渡し
6929	南鮮版	1937-01-24	08단	商業實務員の検定試驗施行/釜山商議の試み

일련번호	판명	간행일	단수	기사명
6930	南鮮版	1937-01-24	08단	保險課工事に手拔きの容疑　間組幹部招致さる/間組の話/岡技師談
6931	南鮮版	1937-01-24	09단	人絹染色同業組合認可
6932	南鮮版	1937-01-24	09단	東洋丸進水/就航は四月
6933	南鮮版	1937-01-24	09단	マルタ丸卅日釜山寄港
6934	南鮮版	1937-01-24	10단	慶南金融狀況
6935	南鮮版	1937-01-24	10단	濟州島開發急速具體化/來月協議會開く
6936	南鮮版	1937-01-24	10단	僞造歸鮮證明書/一枚十圓で賣る/勞動者相手に一儲け
6937	南鮮版	1937-01-24	11단	各地から(光州、大田、釜山)
6938	南鮮版	1937-01-26	01단	宇垣さんへ熱援の嵐/難關突破を祈る/誰彼の出世話に花/內鮮の別なく力瘤/溫泉か好き　一日に三度も四度も 海雲台に殘る逸話/小磯將軍の耳　「國境慰安の夕」に傾け　“新陸相”說には蓄/ピンと歡迎相場　慕はれる農民の慈父/いまも夫人がお達者であれば 思ひ出盡きぬ釜山
6939	南鮮版	1937-01-26	01단	總督時代の宇垣大將
6940	南鮮版	1937-01-26	03단	林の如き靜けさ/我關せずの總督/讀書に好し雪曇り
6941	南鮮版	1937-01-26	05단	禮讚の聲/全大邱に滿つ
6942	南鮮版	1937-01-26	07단	新內閣になれば私鐵買收蒔直し　吉田鐵道局長語る(北鐵運賃問題、新線計畫、鐵道の電化)/期待は大(橫瀨鮮銀理事談、林殖産銀行理事談、あかつき延長)/航空便で拡被り　平壤からお祝ひ
6943	南鮮版	1937-01-26	11단	金海赤農組合一味送局
6944	南鮮版	1937-01-26	11단	女子師範の寄宿舍にチフス
6945	南鮮版	1937-01-27	01단	聖旨並に令旨 拜する感激 御下賜品も傳達さる/南總督謹話
6946	南鮮版	1937-01-27	01단	お化粧代/六百五十萬圓/麗水港を改修/南鮮新玄關の威容
6947	南鮮版	1937-01-27	01단	釜中出の若き飛行家ら/鄕土訪問飛行/グライダーを曳航し/長驅新京まで飛ぶか
6948	南鮮版	1937-01-27	01단	流言に迷はず沈着職分を盡せ 總督局長會議で注意/移動警察活動
6949	南鮮版	1937-01-27	01단	慶南大異動/主任級四十名
6950	南鮮版	1937-01-27	02단	京城に酷寒
6951	南鮮版	1937-01-27	02단	迎春隨想/桑田變海袢話/加藤灌覺
6952	南鮮版	1937-01-27	04단	南總督/西鮮視察に出發/平壤、鎭南浦巡視日/警務局長國境慰問延期
6953	南鮮版	1937-01-27	04단	大型國産車/局營光麗線に四輛增車
6954	南鮮版	1937-01-27	04단	木浦の人口

일련번호	판명	간행일	단수	기사명
6955	南鮮版	1937-01-27	04단	タンク爆發/店員卽死す
6956	南鮮版	1937-01-27	05단	各種醫師試驗
6957	南鮮版	1937-01-27	05단	鮮産品紹介のパンフレット
6958	南鮮版	1937-01-27	06단	朝鮮寫眞展/廿八日から三越で
6959	南鮮版	1937-01-27	06단	證券金融株主總會
6960	南鮮版	1937-01-27	06단	變った鄕軍の基金造成
6961	南鮮版	1937-01-27	07단	畓の灌漑設備や工業用水も考慮/河川改修に一石三鳥
6962	南鮮版	1937-01-27	07단	來月から實施に決定/朝滿國境地方の郵便物交換
6963	南鮮版	1937-01-27	07단	バスも客車も增發するさわぎ/大邱飛行場開き當日
6964	南鮮版	1937-01-27	08단	南鮮合電第二回準備委員會
6965	南鮮版	1937-01-27	08단	大邱、平壤兩神社國幣社に列格/一道一社に殖やす
6966	南鮮版	1937-01-27	10단	米穀政策內外地に一貫/鮮米も買上げ
6967	南鮮版	1937-01-27	10단	釜山
6968	南鮮版	1937-01-27	11단	鹽の密輸減少
6969	南鮮版	1937-01-27	11단	雪崩打つ蜜柑/淸津經由滿州國へ
6970	南鮮版	1937-01-28	01단	世界一の公園にきっとしてみせる絶景金剛山/大ホテルや數本のドライブウェー/東京大會機に三百萬圓奮發
6971	南鮮版	1937-01-28	01단	全鮮大砂防工事/今夏一齊に着手/總工費七千六百萬圓
6972	南鮮版	1937-01-28	01단	貯銀配當八分
6973	南鮮版	1937-01-28	01단	南洋向運賃/値上げ阻止/釜山商議運動
6974	南鮮版	1937-01-28	02단	鮮米買入れ/細目
6975	南鮮版	1937-01-28	02단	晋州の人口
6976	南鮮版	1937-01-28	02단	鐵脚の女學生/神仙峰雪中登山
6977	南鮮版	1937-01-28	03단	タクシー悲鳴/近く値上げ陳情
6978	南鮮版	1937-01-28	03단	朝運麓水支店/二月から設置
6979	南鮮版	1937-01-28	04단	商銀惠山支店/四月上旬新設
6980	南鮮版	1937-01-28	04단	京城商議豫算總會
6981	南鮮版	1937-01-28	04단	妥協までに相當の時日/日滿直通運賃
6982	南鮮版	1937-01-28	04단	陸上から外航へ/鰯油直接積込み/淸津漁港の大作業
6983	南鮮版	1937-01-28	05단	東拓積極的に伐材
6984	南鮮版	1937-01-28	05단	菜果保溫貨車新造
6985	南鮮版	1937-01-28	06단	空のスリルを語る座談会/近く本紙上に連載
6986	南鮮版	1937-01-28	06단	端豐鐵道重役
6987	南鮮版	1937-01-28	06단	發明協會慶南支部創設
6988	南鮮版	1937-01-28	06단	滿洲國語を正科/立正商業新興の意氣

일련번호	판명	간행일	단수	기사명
6989	南鮮版	1937-01-28	07단	水雲教轉向/東本願寺の門徒となる
6990	南鮮版	1937-01-28	07단	鮮滿に姉妹會社/鴨綠江水電の合辨事業/一如精神で落着か
6991	南鮮版	1937-01-28	08단	線路沈下/列車一時立往生
6992	南鮮版	1937-01-28	08단	師範校長會議
6993	南鮮版	1937-01-28	08단	高普校庭で分列式を閱兵/新義州の南總督
6994	南鮮版	1937-01-28	08단	支那麻布の輸入四十倍に激增す/仁川港特異の現象
6995	南鮮版	1937-01-28	08단	金剛山丸も就航中止か/經濟的打擊は微弱
6996	南鮮版	1937-01-28	10단	菓山普校全燒/教育勅語謄本も燒失
6997	南鮮版	1937-01-28	10단	大邱の航空郵便/卅一日特に速達/航空機を飛ばして
6998	南鮮版	1937-01-28	11단	各地から(釜山、晋州)
6999	南鮮版	1937-01-29	01단	*最低賃銀を保障 模範勞動者に奬勵金交付 大量動員の對策決る/政局に關せず 土木事業を準備 出張所長會議で申合す/物價高に屈せず 場を建設する 多少設計變更の程度*
7000	南鮮版	1937-01-29	01단	空のスリルを語る座談會 1/成層圈を突き拔け/敵の要地を不意打ち
7001	南鮮版	1937-01-29	02단	總督平壤へ
7002	南鮮版	1937-01-29	03단	車扱ひ運賃持越し/鮮南會議物別れ
7003	南鮮版	1937-01-29	03단	國境に怪飛行機
7004	南鮮版	1937-01-29	04단	總督府辭令
7005	南鮮版	1937-01-29	04단	無料健康相談/慶南各地で
7006	南鮮版	1937-01-29	04단	春窮期救濟に水害義金を活用/豫定の倍額に達す
7007	南鮮版	1937-01-29	05단	三百萬圓膨張/京畿明年度豫算
7008	南鮮版	1937-01-29	05단	*羅津止りを止め 敢然浦潮へ向ふ 使命重大さいべりや丸/空氣好轉 激勵電報來る*
7009	南鮮版	1937-01-29	06단	吉成少將來城
7010	南鮮版	1937-01-29	06단	滿洲國商務官/公辨處を要望/朝鮮貿易協會理事會
7011	南鮮版	1937-01-29	06단	人絹織物染色/同業組合生る
7012	南鮮版	1937-01-29	07단	修養講演會/北鮮の日程
7013	南鮮版	1937-01-29	07단	京電增資成る
7014	南鮮版	1937-01-29	07단	三味は切れ哀切の唄聲/「國境警備慰問の夕」の放送に/零下廿七度、絃に冷し白頭颪
7015	南鮮版	1937-01-29	08단	職業婦人の希望が多い/釜山高女卒業生
7016	南鮮版	1937-01-29	08단	釜山赤榮判決
7017	南鮮版	1937-01-29	08단	*銀盤に鮮滿競ふ 國境の“この一戰” 水上大會愈よ卅一日/スピード/ホッケー/フィギュアー*

일련번호	판명	간행일	단수	기사명
7018	南鮮版	1937-01-29	09단	豫定通り實現/咸興自動式電話
7019	南鮮版	1937-01-29	09단	咸興氣溫急降
7020	南鮮版	1937-01-29	09단	釜山卓球試合
7021	南鮮版	1937-01-29	09단	スキーヤー悲觀
7022	南鮮版	1937-01-29	09단	二萬六千圓詐取
7023	南鮮版	1937-01-29	09단	各地から(蔚山、釜山、統營)
7024	南鮮版	1937-01-29	10단	インチキ賭博
7025	南鮮版	1937-01-29	10단	前夫殺し十年求刑
7026	南鮮版	1937-01-29	10단	土木事業に期待/撒布の勞銀六十五萬圓/咸南明年度豫算
7027	南鮮版	1937-01-29	11단	海州の人口
7028	南鮮版	1937-01-29	11단	一戸に一頭/黃海の耕牛增加
7029	南鮮版	1937-01-30	01단	拜辭の飛電一閃/牡丹台忽ち騷然/知るや知らずや總督南/大同江畔默して語らず
7030	南鮮版	1937-01-30	01단	流言蜚語嚴戒/【各道へ通達す】
7031	南鮮版	1937-01-30	01단	空のスリルを語る座談會 2/一番怖しい細菌彈/大編隊かソ聯の空襲
7032	南鮮版	1937-01-30	03단	海員會館/釜山に建てる
7033	南鮮版	1937-01-30	03단	*卅一日/軍民機爆音高く 豪華ペーゼント　大邱飛行場の誕生/開場式次第 理想的施設をやがて完備松尾飛行場長談*
7034	南鮮版	1937-01-30	04단	ダイヤ改正の準備
7035	南鮮版	1937-01-30	04단	鰯油隨意契約
7036	南鮮版	1937-01-30	07단	記念スタンプ
7037	南鮮版	1937-01-30	07단	大竹內務局長
7038	南鮮版	1937-01-30	07단	四人組の拳銃强盜/國境の街で百圓强奪
7039	南鮮版	1937-01-30	08단	興安丸の設備を千餘名に見せる/釜山で一日の晝から
7040	南鮮版	1937-01-30	08단	斷崖に突落とす
7041	南鮮版	1937-01-30	08단	人夫大亂鬪
7042	南鮮版	1937-01-30	08단	小賣物價を監視/不當吊上げ容赦せぬ
7043	南鮮版	1937-01-30	09단	鹿島丸番判
7044	南鮮版	1937-01-30	09단	三年前に遡り/物價を調べる/釜山商議で對策
7045	南鮮版	1937-01-30	09단	一萬圓獻金/全州のわかき富豪
7046	南鮮版	1937-01-30	09단	不安全地帶/無免許運轉の自動車乘上げ/六婦人いづれも重傷
7047	南鮮版	1937-01-30	10단	釜山改良事務所/草梁驛前に建設/同時に保線區をも
7048	南鮮版	1937-01-30	10단	金を借りたい/上りこんで賣上金を鷲掴み
7049	南鮮版	1937-01-30	10단	全鮮漁組の大同團結/中央會を設ける

일련번호	판명	간행일	단수	기사명
7050	南鮮版	1937-01-30	11단	事務所建設/慶南漁組聯合/會總會で可決
7051	南鮮版	1937-01-30	11단	総督府辭令
7052	南鮮版	1937-01-31	01단	朝鮮通から朝鮮通へ 政局急轉林大將へ親愛の情 ぴんと跳ねたるデッカイ八字髭 切腹覺悟越境の決斷力で 非常時乗切り期待/手腕には期待薄 軍都平壤の觀測
7053	南鮮版	1937-01-31	01단	夜便には惜しい位 “煌く麗貌”興安丸の晴れ姿/暁の歡迎花火初入港の合圖/海上ホテル
7054	南鮮版	1937-01-31	02단	速かな組閣祈る/鎭南丸にで/南總督談
7055	南鮮版	1937-01-31	03단	一門誇りの髭/軍人として有效に使ふ/從兄弟高木龍中校長の珍自慢
7056	南鮮版	1937-01-31	03단	內地模範農地視察
7057	南鮮版	1937-01-31	04단	平壤の火災しらべ
7058	南鮮版	1937-01-31	05단	『養氣練膽』/釜山憲兵分隊に雄渾の筆/將兵の士氣を鼓舞
7059	南鮮版	1937-01-31	05단	殖銀配當九分
7060	南鮮版	1937-01-31	07단	急速に實現計る/スローガン七つ/庶政一新や思想指導
7061	南鮮版	1937-01-31	07단	朝鮮女性向上に力强い刺激/婦人問題研究會生る
7062	南鮮版	1937-01-31	08단	原因に不審/綦山公普の火事
7063	南鮮版	1937-01-31	08단	鮮滿一如は益々强化/新貝人事課長談
7064	南鮮版	1937-01-31	08단	電波で國語普及/普校兒童に讀本を朗讀させ/第二放送として大衆化
7065	南鮮版	1937-01-31	09단	五百圓强盜
7066	南鮮版	1937-01-31	09단	そば値上げ
7067	南鮮版	1937-01-31	09단	慶北道會 一月十六日から/頭痛鉢巻の態 慶南明年度豫算
7068	南鮮版	1937-01-31	09단	横戀慕の人殺し/執念深い筈、蛇取業
7069	南鮮版	1937-01-31	09단	簡易商業講習
7070	南鮮版	1937-01-31	10단	人夫二名生埋め
7071	南鮮版	1937-01-31	10단	濱屋旅館で縊死の女の身許
7072	南鮮版	1937-01-31	10단	各地から(釜山)
7073	南鮮版	1937-01-31	11단	石野元技師控訴

1937년 2월

일련번호	판명	간행일	단수	기사명
7074	南鮮版	1937-02-02	01단	自分を手本とし/歡迎會宴會は簡素にせよ/南總督の西洋視察談
7075	南鮮版	1937-02-02	01단	朝窒が硫安の移出を差控へる/統制法本月中に公布
7076	南鮮版	1937-02-02	01단	空のスリルを語る座談會３/盲目飛行漸く脫出/海を見ると鱶の群れ
7077	南鮮版	1937-02-02	02단	*夜海玄海を渡る派手好み姉妹船興安丸迎へ曉の花火參觀者舌を券いて感歎の聲/成績極めて良好栗林船長の喜び*
7078	南鮮版	1937-02-02	03단	精神作興祈願/慶南道廳員
7079	南鮮版	1937-02-02	04단	大竹內務局長/南鮮各地を視察
7080	南鮮版	1937-02-02	05단	少年航空兵合格者
7081	南鮮版	1937-02-02	05단	猛火の呪ひ
7082	南鮮版	1937-02-02	06단	勞銀調査成る
7083	南鮮版	1937-02-02	06단	*沒收品返還せず上陸にも監視員つき松原さいべりや丸船長談/もう一航海浦潮へ寄港朝郵の兩船*
7084	南鮮版	1937-02-02	08단	京城の傳染病/例年の三倍續發/氣候異變兒童へ脅威
7085	南鮮版	1937-02-02	08단	木浦公會堂/資金募集順調
7086	南鮮版	1937-02-02	08단	下級船員養成
7087	南鮮版	1937-02-02	09단	一日三往復/釜山、麗水船路
7088	南鮮版	1937-02-02	09단	物價は上れど上らぬサラリー/奧樣お台所でタメ息
7089	南鮮版	1937-02-02	10단	事務所竣工/電球、琺瑯鐵器兩同業組合
7090	南鮮版	1937-02-02	10단	「新しき土」京城と平壤で封切
7091	南鮮版	1937-02-02	10단	一月對外貿易
7092	南鮮版	1937-02-02	10단	鬱陵島の火事
7093	南鮮版	1937-02-02	10단	父母戀しさ主家に放火/十六の雇女
7094	南鮮版	1937-02-02	11단	短刀で脅迫
7095	南鮮版	1937-02-02	11단	各地から(鎭海)
7096	南鮮版	1937-02-03	01단	*公債再び俎上へ 結城新藏相の健全主義で 修正か朝鮮の豫算/林內閣を慶祝 大陸認識の深きを喜ぶ 親任式の日 南總督語る*
7097	南鮮版	1937-02-03	01단	空のスリルを語る座談會４/宙返り位何のその羽が生えて飛ぶ快さ
7098	南鮮版	1937-02-03	01단	海と空の花形
7099	南鮮版	1937-02-03	02단	改良費を懸念
7100	南鮮版	1937-02-03	04단	大田に大雪
7101	南鮮版	1937-02-03	04단	孫選手歸る
7102	南鮮版	1937-02-03	04단	市街地特別稅/新設するつもり/甘蔗京城府尹語る

일련번호	판명	간행일	단수	기사명
7103	南鮮版	1937-02-03	05단	全京城對滿洲醫大のホッケー試合
7104	南鮮版	1937-02-03	06단	*フルトン氏來鮮 廢校問題の實情調査/崇實三校結局廢校 宣教師團が聲明*
7105	南鮮版	1937-02-03	06단	宇垣內閣種に各士を騙る/滿洲崩れ二人組
7106	南鮮版	1937-02-03	07단	*工場資本誘致の癌を斷つ收用法 淸津製鐵所敷地に發動か/福田重役本府訪問*
7107	南鮮版	1937-02-03	07단	二年位專賣にせず/無水酒精に補助/穗積殖産局長歸來談
7108	南鮮版	1937-02-03	08단	フグ中毒死
7109	南鮮版	1937-02-03	09단	東大門署を利用の詐欺
7110	南鮮版	1937-02-03	09단	慶南三嘉面の郵便所全燒/消防手三名負傷す
7111	南鮮版	1937-02-03	10단	義母を殺害
7112	南鮮版	1937-02-03	10단	轉轍手殉職
7113	南鮮版	1937-02-03	11단	各地から(釜山、統營)
7114	南鮮版	1937-02-04	01단	うれしい雪搔き【二日京城東大門小學校】
7115	南鮮版	1937-02-04	01단	空のスリルを語る座談會 5/大空で襲ふ寂莫感/肌身はなさぬ觀音像
7116	南鮮版	1937-02-04	01단	旣設中等學校に十二學級を增加/新設校と合わせ千二百名增收容
7117	南鮮版	1937-02-04	02단	國語普及放送/紀元節に第一聲
7118	南鮮版	1937-02-04	03단	米內新海相も鎭海で二年間/嘗っての慈父に期待
7119	南鮮版	1937-02-04	03단	鹽魚の輸出高增加
7120	南鮮版	1937-02-04	03단	富寧水電工事進捗
7121	南鮮版	1937-02-04	03단	お國のために/少年航空兵のお父さん/利代治氏の喜び
7122	南鮮版	1937-02-04	04단	寂しい燈台守へ/"陸の愛情"放送/八日夜「慰安の夕」
7123	南鮮版	1937-02-04	04단	土木建築の請負高
7124	南鮮版	1937-02-04	05단	關釜の通信に傳書鳩も一役/初めは船上から
7125	南鮮版	1937-02-04	05단	食糖補充に馬鈴薯促成栽培
7126	南鮮版	1937-02-04	06단	會員倍加運動/愛婦慶南支部
7127	南鮮版	1937-02-04	06단	總督府廳の別館/設計成り解水後着工
7128	南鮮版	1937-02-04	06단	相變らず好況/釜山港の貿易
7129	南鮮版	1937-02-04	06단	加藤總栽動くまい/鮮銀の北支進出で大切な時/藏相變ることも手放せぬ
7130	南鮮版	1937-02-04	07단	釜山米穀移出同組の移出高
7131	南鮮版	1937-02-04	07단	節分開運祭
7132	南鮮版	1937-02-04	07단	鑛夫二名死傷

일련번호	판명	간행일	단수	기사명
7133	南鮮版	1937-02-04	08단	朝鮮紡織の紛爭解決す
7134	南鮮版	1937-02-04	08단	八、九月頃/西鮮防空演習/鎭南浦、平壤に防護團
7135	南鮮版	1937-02-04	08단	教科書の間違ひ/遠視眼を老視眼に訂正せよ/松井博士から指摘
7136	南鮮版	1937-02-04	09단	忠南桑蘭多收穫品評會入賞
7137	南鮮版	1937-02-04	09단	妾の子を殺害
7138	南鮮版	1937-02-04	09단	金物商殺し送局
7139	南鮮版	1937-02-04	09단	萬々歲の勞動者/慶南で延三百五十萬
7140	南鮮版	1937-02-04	09단	土木建設協會の出張所二つ新設/積極的に勞力を調節
7141	南鮮版	1937-02-04	09단	老人轢殺さる
7142	南鮮版	1937-02-04	09단	保險金欲しさ/自宅に放火/不振の雜貨商
7143	南鮮版	1937-02-04	10단	丸善女店員のハンドバッグを强奪/宵の本町通で
7144	南鮮版	1937-02-04	10단	各地から(釜山、仁川、大田)
7145	南鮮版	1937-02-05	01단	全鮮道議の改選/五月十日に執行/決議機關として二度目
7146	南鮮版	1937-02-05	01단	軍事講演會/各地で催す
7147	南鮮版	1937-02-05	01단	白衣凱旋勇士へ/溫い慰問の催し/ミナト釜山銃後の熱誠
7148	南鮮版	1937-02-05	01단	西鮮の旅/罷り出た美妓に「何者だッ」と一喝/發揮した南總督の面目
7149	南鮮版	1937-02-05	01단	白一色の大田
7150	南鮮版	1937-02-05	03단	釜山市街美化週間
7151	南鮮版	1937-02-05	03단	中小漁業家に補助/先づ漁船を改裝/水産業振興へ第一步
7152	南鮮版	1937-02-05	04단	嚴冬去るの感/暖かい立春の京城
7153	南鮮版	1937-02-05	04단	*匪賊山寨へ肉彈戰越境の我討伐隊遂に占據壯烈·四巡査戰死傷/弔電と見舞電總督、局長から*
7154	南鮮版	1937-02-05	04단	大邱商議補選
7155	南鮮版	1937-02-05	04단	抽籤馬到着
7156	南鮮版	1937-02-05	05단	滿洲國商務官/今春中に實現か/懸案領事館の母體
7157	南鮮版	1937-02-05	05단	國境將士慰問/國婦京城支部
7158	南鮮版	1937-02-05	05단	寒氣列車を阻む/宣川で貨車三輛脫線
7159	南鮮版	1937-02-05	06단	郵貯に好景氣反映/增加振りも異常のスピード/六千萬圓を突破す
7160	南鮮版	1937-02-05	07단	大邱の建國祭
7161	南鮮版	1937-02-05	07단	初等校長會議
7162	南鮮版	1937-02-05	07단	佳節に歌へ囚人よ/聲高く君が代を蘇らん日本人の誇り
7163	南鮮版	1937-02-05	07단	忠南道會/二十七日から
7164	南鮮版	1937-02-05	07단	幾ら建てゝも足らぬ住宅/京城は膨脹する

일련번호	판명	간행일	단수	기사명
7165	南鮮版	1937-02-05	08단	助手アッと言ふ間に運轉手身投げ/病身の母も後を追ふ
7166	南鮮版	1937-02-05	08단	雪だよりに勇躍/京城からスキー列車
7167	南鮮版	1937-02-05	08단	守山橋架設に鐵暴騰の痛手
7168	南鮮版	1937-02-05	08단	三井物産京城支店新築
7169	南鮮版	1937-02-05	09단	福岡縣特産見本市
7170	南鮮版	1937-02-05	09단	東京火災の攻勢/朝鮮火災の牙城に肉薄し/業界の戰ひ深刻化
7171	南鮮版	1937-02-05	09단	各地から(釜山、大邱、馬山)
7172	南鮮版	1937-02-05	10단	鰯油肥の統制/一元化實現/同時に鰯油保留改革
7173	南鮮版	1937-02-05	10단	圖々しい大工
7174	南鮮版	1937-02-05	10단	釜山卓球大會
7175	南鮮版	1937-02-06	01단	結成藏相の斧鉞/人件費に下るか/增員計畫頓挫の懸念
7176	南鮮版	1937-02-06	01단	外油統制緩和の陳情を斷乎一蹴/阿吾地より供給の肚
7177	南鮮版	1937-02-06	01단	淸津製鐵所にクルツプ製鋼法を施行/製鐵日獨親善の現れ
7178	南鮮版	1937-02-06	01단	總督府辭令
7179	南鮮版	1937-02-06	01단	春と呼ぶ五線詩集/音楽大会前記/大望を抱く少女樂人/進明女の至寶李さんの獨唱 1/女高普粒よりの合唱團(進明女高普、京城女高普)
7180	南鮮版	1937-02-06	03단	竹嶺、雉嶽兩隊道/開鑿に近く着手/建設史上稀有の難工
7181	南鮮版	1937-02-06	03단	琺瑯鐵器輸出激增
7182	南鮮版	1937-02-06	04단	勞動者需給調節委員會設く
7183	南鮮版	1937-02-06	04단	釜山鎭署敷地を寄附/企業會社から
7184	南鮮版	1937-02-06	04단	一月中の電球輸出增加
7185	南鮮版	1937-02-06	04단	紀元節の京城
7186	南鮮版	1937-02-06	05단	瞼に描く十五年/“父來る”日近し/大震災で一家離散馬山に來て/左棲取る身に巡る春
7187	南鮮版	1937-02-06	07단	遞信辭令
7188	南鮮版	1937-02-06	07단	*世界の風流人へ　觀光朝鮮を宣傳　委員も完璧の豪華版/世界周遊團　十二日釜山へ*
7189	南鮮版	1937-02-06	07단	*行かう若者 “喜びの丘”三防峽へ/天王山も二尺*
7190	南鮮版	1937-02-06	08단	一家四名中毒死/フグの臟腑を食べて
7191	南鮮版	1937-02-06	08단	船夫窒息死
7192	南鮮版	1937-02-06	08단	江界水電四月創立
7193	南鮮版	1937-02-06	08단	全國帝大寫眞展
7194	南鮮版	1937-02-06	09단	*營繕疑獄摘發 業界に電擊 今後も不正容赦せず/關係者の意見*
7195	南鮮版	1937-02-06	09단	又轉轍手殉織

일련번호	판명	간행일	단수	기사명
7196	南鮮版	1937-02-06	09단	覆面强盜
7197	南鮮版	1937-02-06	09단	電氣學敎盟休
7198	南鮮版	1937-02-06	10단	瀆職嫌疑の元巡査部長留置
7199	南鮮版	1937-02-06	10단	譴責処分/鹿島丸船長へ裁決の言渡し
7200	南鮮版	1937-02-06	11단	各地から(京城、釜山)
7201	南鮮版	1937-02-07	01단	*深夜に霧都京城　タクシーも危險で走れず　壁を立てたやうな濃さ/卅數年目の暖さ　釜山に感冒患者續出*
7202	南鮮版	1937-02-07	01단	「梅のお節句」/紀元節の釜山
7203	南鮮版	1937-02-07	01단	春と呼ぶ五線詩集/音楽大会前記/日嗣の皇子を讃ふ２/佳節にふさはし彰德女の童謠/精進の第二高女、女子實業(第二高女、女子實業、彰德女)
7204	南鮮版	1937-02-07	02단	總督湖南へ/十五日朝出發
7205	南鮮版	1937-02-07	02단	殺人犯人は煉炭/女子師範生と止宿先の女中/瓦斯中毒で遂に覺めず
7206	南鮮版	1937-02-07	03단	功績者表彰/慶南教育會總會
7207	南鮮版	1937-02-07	03단	今井田氏寄附/亡父の忌明けに五百圓
7208	南鮮版	1937-02-07	03단	慶南農業移民/三月中旬に渡滿
7209	南鮮版	1937-02-07	04단	三橋警務局長/十一日頃國境へ
7210	南鮮版	1937-02-07	04단	セメント操短/五割以上か/統制法の實施迫る
7211	南鮮版	1937-02-07	04단	京城郡計研究會
7212	南鮮版	1937-02-07	05단	京畿染色會社落成
7213	南鮮版	1937-02-07	05단	水稻種子更新/慶南五年計畫
7214	南鮮版	1937-02-07	05단	京城高商、高工もグライダー研究會へ參加/四敎一丸の航空報國
7215	南鮮版	1937-02-07	06단	心中した筈の女忽然現れて消ゆ/謎解きに警察躍起
7216	南鮮版	1937-02-07	06단	佛教に更生の活/全鮮卅一本山の住持集め/心田へ開發運動へ旣起促す
7217	南鮮版	1937-02-07	06단	富豪息を監禁/小切手惡用/不良青年捕る
7218	南鮮版	1937-02-07	07단	毒牙の男へ死の抗議/未遂に終り警察へ訴ふ
7219	南鮮版	1937-02-07	07단	*三千五百名募り施設完備の樂園　來夏操業の鐘紡平壤工場/製品は各國へ　小島初代工場長語る*
7220	南鮮版	1937-02-07	08단	赤五名起訴
7221	南鮮版	1937-02-07	08단	普校志願受付の町總代へ注意/父兄不安がる
7222	南鮮版	1937-02-07	09단	生徒廿七名連行さる/電氣學校の盟休
7223	南鮮版	1937-02-07	09단	人夫壓死す
7224	南鮮版	1937-02-07	09단	人妻首つり

일련번호	판명	간행일	단수	기사명
7225	南鮮版	1937-02-07	09단	各地から(開城、東萊、春川、仁川、京城、釜山)
7226	南鮮版	1937-02-09	01단	*建國祭の家庭化 時局に鑑み催しを盛大に 日本精神を撥揚/鐵道職員家族も擧つて神宮參拜 京龍在住五千餘名/總督府の表彰(釜山、鎭海)*
7227	南鮮版	1937-02-09	01단	專賣局辭令
7228	南鮮版	1937-02-09	01단	春と呼ぶ五線詩集/音楽大会前記/第一高女野望の作 3 /佛教聖歌の精華揃へる龍谷女/淑明女の天才歌手陳さん(淑明女、龍谷女、第一高女)
7229	南鮮版	1937-02-09	02단	北鮮開拓協會
7230	南鮮版	1937-02-09	02단	五驛に大操車場/約八千萬圓投じ建設
7231	南鮮版	1937-02-09	03단	無修正通過を折衝に東上/泰葉土木課長
7232	南鮮版	1937-02-09	03단	觀光案內所二つ/釜山棧橋と本驛前に設ける
7233	南鮮版	1937-02-09	04단	忠南の棉花好成績
7234	南鮮版	1937-02-09	04단	忠南の肥料共進會入賞農會
7235	南鮮版	1937-02-09	04단	金剛丸遲る
7236	南鮮版	1937-02-09	05단	訪れ早き春風に嘆く
7237	南鮮版	1937-02-09	06단	旋律を電波に/府民館から全鮮へ
7238	南鮮版	1937-02-09	06단	買上應募米は百五十萬石位
7239	南鮮版	1937-02-09	07단	鮮滿鐵道の握手/運輸事務統制委員會設け/實質的に一如實現
7240	南鮮版	1937-02-09	08단	職工募集の祭/誇大宣傳するな/逃亡の禍根を除く
7241	南鮮版	1937-02-09	08단	*有力財閥三巴で製鹽工業を競願 平南海岸に工場建設/重輕工業誘致に先づ埋立て 鎭南浦の五ヶ年計畫*
7242	南鮮版	1937-02-09	09단	絹織物工場を大田に設置/鍾紡の進出本極り
7243	南鮮版	1937-02-09	09단	清津製煉所に伴ひ/大防波堤を築く/摠工費は七百萬圓
7244	南鮮版	1937-02-09	09단	各地から(釜山、統營)
7245	南鮮版	1937-02-09	11단	マイトを盜む
7246	南鮮版	1937-02-10		發行不明
7247	南鮮版	1937-02-11	01단	果然、銑鐵飢饉で車輛の製作不能 經理課長、日鐵に嚴談/國策上是非共 成算を得て歸る 東上前、經理課長談
7248	南鮮版	1937-02-11	01단	歐美留學は實益第一/南總督の言明
7249	南鮮版	1937-02-11	01단	遞信機をもう一機購入/五萬圓投じて
7250	南鮮版	1937-02-11	01단	明年度滿洲移民/二萬三千人/運賃も七割を割引
7251	南鮮版	1937-02-11	02단	釜山物價指數昻騰
7252	南鮮版	1937-02-11	02단	ヒゲの春/超然內閣と言ふ勿れ/動物園に多士濟々の與黨?(猛虎、河馬、ライオン、駱駝、膃肭臍、髭鷲、針鼠)

일련번호	판명	간행일	단수	기사명
7253	南鮮版	1937-02-11	02단	文化朝鮮の恩人/齋藤總督時代に大きい足跡/兒玉新遞相へ殘る親しみ
7254	南鮮版	1937-02-11	03단	舊元旦は霽れよう 南鮮一帶に生憎の雨/御下賜金傳達 建國際に慶北で
7255	南鮮版	1937-02-11	04단	七名重輕傷/光州でバス轉覆す
7256	南鮮版	1937-02-11	05단	釜山の輪禍
7257	南鮮版	1937-02-11	05단	大邱の火事
7258	南鮮版	1937-02-11	05단	地方官廳事務の簡易化を實現/庶政刷新へ第一步
7259	南鮮版	1937-02-11	05단	細民へ惠みの施米
7260	南鮮版	1937-02-11	06단	京城に漁夫の利か/南鮮合電本社の設置說有力
7261	南鮮版	1937-02-11	06단	鑛業警察規則/ちかく實施の運び
7262	南鮮版	1937-02-11	06단	佳節に表彰
7263	南鮮版	1937-02-11	07단	定員も比率も改正しない/五月執行の道議選擧
7264	南鮮版	1937-02-11	07단	發明協會慶南支部會員募集
7265	南鮮版	1937-02-11	08단	各地から(釜山、馬山、開城、光州)
7266	南鮮版	1937-02-11	08단	張切る半島選手/大館の全日本スキー大會に/誓ふ必勝の意氣
7267	南鮮版	1937-02-11	09단	出張は考へ物/留守居の妻自殺
7268	南鮮版	1937-02-11	10단	慶南武德殿/六萬圓で建設
7269	南鮮版	1937-02-11	10단	釜山府豫算部會と府會
7270	南鮮版	1937-02-11	10단	慶北漁民訓練所/六月から浦項に
7271	南鮮版	1937-02-11	10단	京電事務刷新
7272	南鮮版	1937-02-11	10단	歷代總督摠監の演述集編纂
7273	南鮮版	1937-02-12	01단	全社會事業の光榮 御下賜金の御沙汰拜し 南總督謹んで語る/拜受團體/教育功績狀/地方功績狀/農山漁村關係/人命救助の篤行者/慶尙南道/京畿道傳達式/釜山共生會館 知恩寺に建設
7274	南鮮版	1937-02-12	01단	日の丸の棋風に脈打つ建國精神 山間僻地に至るまで 非常時克服の燃える意氣/朝鮮神宮社頭に萬民一心の祈り 蜿蜒五千鐵道從業員(釜山、鎭海、大邱、光州)
7275	南鮮版	1937-02-12	04단	「佳節の歌」合唱/感激のリズム電波で全鮮へ/京城女子中等音樂大會
7276	南鮮版	1937-02-12	05단	洋行の木谷氏へ總督·異例の訓令/「眞劍に研究せよ」
7277	南鮮版	1937-02-12	05단	北滿皇軍へ慰問袋
7278	南鮮版	1937-02-12	07단	城取り競爭/五等入賞者
7279	南鮮版	1937-02-12	07단	內鮮滿地圖に朝鮮を大きく/旅客輸送會議へ要求
7280	南鮮版	1937-02-12	08단	大邱瓦斯施行認可申請
7281	南鮮版	1937-02-12	08단	やっぱり殺人罪/草刈鎌で追っかけた男に/懲役三年の言渡し

일련번호	판명	간행일	단수	기사명
7282	南鮮版	1937-02-12	08단	勤續十七年譽れの交換孃/龍山電話分厲竹久さんを表彰
7283	南鮮版	1937-02-12	09단	警務局長出發/國境警官慰問に
7284	南鮮版	1937-02-12	09단	隧道內で刎らる
7285	南鮮版	1937-02-12	10단	故竹迫巡査部長の遺骨歸鄕
7286	南鮮版	1937-02-12	10단	各地から(京城、大邱)
7287	南鮮版	1937-02-12	11단	運動競技界(釜山卓球大會)
7288	南鮮版	1937-02-13	01단	鐵道の新規採用/豪勢！五千餘名/隨時に人材を選ぶ
7289	南鮮版	1937-02-13	01단	四月に勞働移民/一萬二千人を送る/南鮮から西北鮮へ
7290	南鮮版	1937-02-13	01단	農民訓練所の效果に疑問の礫/京畿に吏員道場新設
7291	南鮮版	1937-02-13	01단	佳節に咲く
7292	南鮮版	1937-02-13	03단	京畿道の水産振興
7293	南鮮版	1937-02-13	04단	削減の大汗/慶南の豫算査定
7294	南鮮版	1937-02-13	04단	*ガラ空き超特急　暴風特報に關釜聯絡船缺航　內地行き旅客は入往生/十餘隻待機/釜博聯絡杜絶/大型優秀船を增加要望の聲　缺航續きに俄然昂る/郡界峠危險*
7295	南鮮版	1937-02-13	05단	肉彈三勇士/五周年に銅像/櫻の候龍山驛前に
7296	南鮮版	1937-02-13	07단	米穀南漸の兆
7297	南鮮版	1937-02-13	07단	七百十二萬圓/五年後濡手に粟/京城に金のなる木
7298	南鮮版	1937-02-13	08단	陸上十傑
7299	南鮮版	1937-02-13	08단	醉拂ひ大暴れ
7300	南鮮版	1937-02-13	08단	母なればこそ/音樂大會雜觀
7301	南鮮版	1937-02-13	09단	物價と賃銀/跛行歷然/本府社會課調査
7302	南鮮版	1937-02-13	09단	增給の魁け/金組書記の初任金/一躍約三割引上げ
7303	南鮮版	1937-02-13	10단	納稅成績良好/京城は九割八分
7304	南鮮版	1937-02-13	10단	各地から(釜山、大田)
7305	南鮮版	1937-02-13	10단	本紙延着御斷り
7306	南鮮版	1937-02-13	10단	身代わり加入で保險金詐取企つ/外交員や僧侶が共謀
7307	南鮮版	1937-02-13	11단	左足首を轢斷
7308	南鮮版	1937-02-14	01단	鐵原から順川へ續中央線を建設/十三年度豫算より三千萬圓要求
7309	南鮮版	1937-02-14	01단	*國語を使ひませう　作文活用や自宅での使用奬勵「先づ兒童から！」の學務局案/來年の平南道會　國語だけで議事　內鮮兩語は今年限り*
7310	南鮮版	1937-02-14	01단	經學院釋尊も陽曆に改正/遲くも八月から
7311	南鮮版	1937-02-14	01단	春の木立【京城郊外】

일련번호	판명	간행일	단수	기사명
7312	南鮮版	1937-02-14	02단	崇專分離經營も不同意を言明す/宣教師會釘を打つ
7313	南鮮版	1937-02-14	03단	飽くまで反對なら/斷乎！平壤府會解散/電氣統制に上內知事“切札”の聲明
7314	南鮮版	1937-02-14	04단	橫瀨鮮銀理事三百圓を紛失
7315	南鮮版	1937-02-14	04단	金泉驛表彰
7316	南鮮版	1937-02-14	04단	企業金融機關本年中に實現か/特殊會社案が有力
7317	南鮮版	1937-02-14	05단	濟州島の大開發/出稼ぎ防ぎ着々實現
7318	南鮮版	1937-02-14	05단	ライオンの赤ちゃんに曲藝を仕込む【京城昌慶苑動物園】
7319	南鮮版	1937-02-14	05단	注目の本社、社長/南鮮合電準備委員會/十六日に東京で開く
7320	南鮮版	1937-02-14	07단	世界觀光團/上陸、京城へ
7321	南鮮版	1937-02-14	07단	半島のテナー曹永恩君/鄕土樂團にお目見え/四月下旬に環女史のお供して/巧くなつたピンカートン
7322	南鮮版	1937-02-14	08단	海業トラック運輸組合組織
7323	南鮮版	1937-02-14	08단	國境地方一帶に滿洲國幣の奔流/鮮銀巻漸次影を潜む
7324	南鮮版	1937-02-14	09단	結成案稅制修正/大した影響なし/約百萬圓減る程度
7325	南鮮版	1937-02-14	09단	中線運送を朝運合併/五月一日から
7326	南鮮版	1937-02-14	09단	*賴もしい興安丸 玄海の怒濤蹴つて颯爽/旅客立往生 德壽も景福も缺航*
7327	南鮮版	1937-02-14	10단	運搬船遭難
7328	南鮮版	1937-02-14	10단	死藏の知識に生きた聯絡/硏究所代表會議開く
7329	南鮮版	1937-02-14	11단	夢見る心地/京城驛前札束の拾ひ主
7330	南鮮版	1937-02-14	11단	白髮染自殺未遂
7331	南鮮版	1937-02-16	01단	林業開發會社へ相富の國庫補助/歸任の農林局長語る
7332	南鮮版	1937-02-16	01단	朝鮮の重要性を政府もよく認識/繰延削除一分は大成功
7333	南鮮版	1937-02-16	01단	早くもゴルファーの姿
7334	南鮮版	1937-02-16	03단	國歌作曲者の愛孃と京城でなつかしい邂逅/松村中將懐舊の日佛親善
7335	南鮮版	1937-02-16	04단	淸州島開發協議會延期
7336	南鮮版	1937-02-16	04단	殖銀十一年末貸付
7337	南鮮版	1937-02-16	04단	“太陽暦の釋典”早速實行に決る/春は四月、秋は十月
7338	南鮮版	1937-02-16	04단	物價高の大波も小賣値にはまだ/恐怖心理除去に苦勞
7339	南鮮版	1937-02-16	05단	カメラに納る崔承喜さん
7340	南鮮版	1937-02-16	05단	世界に冠たる我國體/咸南空靑事件の全被告/大町檢事の論告に感動
7341	南鮮版	1937-02-16	07단	資金四十九萬圓漁村更生に融通/慶南漁業組合聯合會

일련번호	판명	간행일	단수	기사명
7342	南鮮版	1937-02-16	07단	札速に落し主二人/さて本町署がどう裁く?
7343	南鮮版	1937-02-16	07단	專賣局慰問班/十八日國境へ
7344	南鮮版	1937-02-16	07단	京城特別稅の種類と賦課率
7345	南鮮版	1937-02-16	08단	西鮮鹽業に配電曹達工業を促進/鴨綠江水電の計畫
7346	南鮮版	1937-02-16	09단	罹災者貸付/擴張の府令公布
7347	南鮮版	1937-02-16	09단	學生寫眞聯盟入選
7348	南鮮版	1937-02-16	09단	三割値上げか/鰯油肥船運費
7349	南鮮版	1937-02-16	10단	各地から(釜山、統營)
7350	南鮮版	1937-02-16	10단	簡易商業講習始る
7351	南鮮版	1937-02-16	10단	お酒値上げ/陽氣にトラにもなれぬ
7352	南鮮版	1937-02-17	01단	*太平洋越えて歸る 淺間丸に瞼の子と瞼の父/青雲の志遂げて四十年目の歸朝父既に亡く老いたる母のみ 夜每の夢に泣き濡れて待つA/顔さへ知らぬ父 會ひたさは募る胸もわくわく橫濱へB*
7353	南鮮版	1937-02-17	01단	朝鮮學生寫眞聯盟第二回寫眞展/特選/「演奏」/京城齒專/大越五十雄
7354	南鮮版	1937-02-17	04단	齊藤子追悼會
7355	南鮮版	1937-02-17	04단	蠶組聯合會發會式
7356	南鮮版	1937-02-17	04단	*國體明徵は國語使用から 先づ道府邑會は早く通譯全廢へ 內務局長談話發表/國語を解する者 京城でも二割五分 特に女性層普及が急務/今にして知る 柳參議先氏の明 一昨年通譯廢止に先鞭*
7357	南鮮版	1937-02-17	04단	滿洲事變民間功勞者へ賞賜
7358	南鮮版	1937-02-17	05단	淸州島開發へ本格的第一步/協議會開かる
7359	南鮮版	1937-02-17	05단	アンチモニーの富鑛部發見/忠南の八木氏鑛山で
7360	南鮮版	1937-02-17	06단	農振酬はれず/慶南農家の六割二分は細農/再檢討必要の叫び
7361	南鮮版	1937-02-17	06단	一月鹽販賣高
7362	南鮮版	1937-02-17	07단	安東の慘事へ弔慰金贈る/合同葬には弔辭
7363	南鮮版	1937-02-17	07단	老夫婦のあばら屋へ/不斷に訪れる人情の春/巡査と醫師隣人愛の二重奏
7364	南鮮版	1937-02-17	07단	幸田女吏北鮮で農場を經營
7365	南鮮版	1937-02-17	07단	釜山鐵道會館擴張
7366	南鮮版	1937-02-17	08단	賀狀遲れた譯
7367	南鮮版	1937-02-17	08단	「詩吟放送の夕」
7368	南鮮版	1937-02-17	08단	農會倉庫の籾盜まる/一時に二百叺
7369	南鮮版	1937-02-17	08단	茂丸衝突沈沒

일련번호	판명	간행일	단수	기사명
7370	南鮮版	1937-02-17	09단	運動競技界(法院優勝す/大邱競射大會)
7371	南鮮版	1937-02-17	09단	營林署長會談
7372	南鮮版	1937-02-17	09단	塚谷氏の遺骨
7373	南鮮版	1937-02-17	09단	チフテリア流行
7374	南鮮版	1937-02-17	09단	海運界明暗相
7375	南鮮版	1937-02-17	10단	*七百廿萬圓 全南明年度豫算成る/忠南道會 二月三日より*
7376	南鮮版	1937-02-17	10단	各地から(釜山、大邱、大田)
7377	南鮮版	1937-02-18	01단	第二放送に國語/今後積極的に加へる/總督府から放送局へ交涉
7378	南鮮版	1937-02-18	01단	滿洲國幣の流入/嚴重に取締る/新義州のみには便法
7379	南鮮版	1937-02-18	01단	朝鮮學生寫眞聯盟第二回寫眞展/准特選一席/「主婦の勤め」/京城齒專/吉井一徹
7380	南鮮版	1937-02-18	02단	白衣の勇士へ/慰問の數々/釜山港で感激の情景
7381	南鮮版	1937-02-18	02단	新郵便所開所期日
7382	南鮮版	1937-02-18	04단	總督巡視日程/十八日湖南へ
7383	南鮮版	1937-02-18	04단	自慢の色服着用/とんと見當らぬ/あれもこれも一時的
7384	南鮮版	1937-02-18	04단	鮮米直通輸送で運賃收入減る/海運業者に痛手
7385	南鮮版	1937-02-18	04단	私鐵の買收は/駄目かも知らぬ/東上前、鐵道局長語る
7386	南鮮版	1937-02-18	05단	軍旗奉讚會/第八十聯隊で組織
7387	南鮮版	1937-02-18	05단	全州工業補習の裡里移轉の反對/道當局へ再考を求む
7388	南鮮版	1937-02-18	05단	慶北道會開く
7389	南鮮版	1937-02-18	05단	細窮民のため/簡易住宅建設/京城府の妙案
7390	南鮮版	1937-02-18	06단	技術者不足に悲鳴/京城の工營部豫算遂行には/百五十人の增員が必要
7391	南鮮版	1937-02-18	07단	地方の行事もなるべく陽曆で/各道へちかく通牒
7392	南鮮版	1937-02-18	07단	悲戀の三人心中/京電車掌と新町遊廓の藝妓ら/女はいづれも絶命
7393	南鮮版	1937-02-18	07단	三地に領事館/京城に總領事館/滿洲國へ設置を交涉
7394	南鮮版	1937-02-18	07단	神理教の內輪揉め/遂に告訴沙汰
7395	南鮮版	1937-02-18	08단	入試方法改正で志願者殖え氣味/入學難の釜山高女
7396	南鮮版	1937-02-18	08단	僞造通貨ザラザラ/一時に廿四枚
7397	南鮮版	1937-02-18	08단	釜山の人口
7398	南鮮版	1937-02-18	09단	總督府辭令
7399	南鮮版	1937-02-18	09단	刑法犯罪增加/慶南昨年の調査
7400	南鮮版	1937-02-18	09단	商務官や領事/正式に囑託決定/北平ほか八ヶ所
7401	南鮮版	1937-02-18	09단	剃刀自殺未遂

일련번호	판명	간행일	단수	기사명
7402	南鮮版	1937-02-18	09단	各地から(釜山)
7403	南鮮版	1937-02-18	10단	目潰しくはせ/九百餘圓を强奪/江原道に三人組强盜
7404	南鮮版	1937-02-18	10단	鑛區登錄激增
7405	南鮮版	1937-02-18	11단	釜山の工業用水再調査
7406	南鮮版	1937-02-18	11단	藤村覺正氏
7407	南鮮版	1937-02-19	01단	不良商人、家主へ傳家の寶刀抜く/「暴利取締れ」と嚴達
7408	南鮮版	1937-02-19	01단	官選議員廢止と議長互選の機運/慶北道會に意見書提出か
7409	南鮮版	1937-02-19	01단	警視七名を增員/道廳所在地と新設二署長/四月廣範圍の異動
7410	南鮮版	1937-02-19	01단	朝鮮學生寫眞聯盟第二回寫眞展/准特選二席/「道風辨爭」/城大豫科/原田透
7411	南鮮版	1937-02-19	02단	京畿木炭一齊檢査
7412	南鮮版	1937-02-19	02단	地稅免除決定
7413	南鮮版	1937-02-19	03단	朝鐵方向轉換し滿洲國へ投資/鮮內は一應打切る
7414	南鮮版	1937-02-19	04단	金泉丸四月に竣工
7415	南鮮版	1937-02-19	04단	ボロイ話なら/海賊の寶を搜さずとも(保山沖、土城里西岸、平壤市街、練光亭沖)
7416	南鮮版	1937-02-19	05단	逝ける母、安らかに眠れ/あなたの愛兒は救はれた
7417	南鮮版	1937-02-19	05단	ラヂオ靑年辯論大會の豫選
7418	南鮮版	1937-02-19	06단	*牧羊に期待 十三年濟州島に種羊場 松澤農務課長語る/平南にも種羊場 十二年度に增設*
7419	南鮮版	1937-02-19	06단	新淸凉里驛へ貨物扱ひを移管/京龍兩驛は旅客本位
7420	南鮮版	1937-02-19	07단	國産自動車販賣會社を買收
7421	南鮮版	1937-02-19	07단	吏道地に墮ちたり/慶南昨年の瀆職卅四件/痛憤！肅整の叫び
7422	南鮮版	1937-02-19	08단	豆兵隊の勇しい演習/釜山梭で實施
7423	南鮮版	1937-02-19	08단	第二放送中に國史を讀ませる/京城の普校兒童に
7424	南鮮版	1937-02-19	08단	淨寶縷丸/廿二日釜山へ
7425	南鮮版	1937-02-19	09단	*非常口利用の訓練が大切 坂本新義州署長語る/新義州の焼死支那人廿五名/美座知事慰問/劇場火災對策協議*
7426	南鮮版	1937-02-19	09단	漁區の人札は和やかに進まう/淸津で近江日魯常務談
7427	南鮮版	1937-02-19	09단	幼女右足轢斷
7428	南鮮版	1937-02-19	11단	各地から(釜山)
7429	南鮮版	1937-02-20	01단	土地收用法の發動範圍を擴大/化學工業の保護助長
7430	南鮮版	1937-02-20	01단	危ぶまれる中央線/豫算はあれども仕事進まず/豫定期間に果して如何

일련번호	판명	간행일	단수	기사명
7431	南鮮版	1937-02-20	01단	朝鮮學生寫眞聯盟第二回寫眞展/准特選三席/「祈り」/城大/瀨川良造
7432	南鮮版	1937-02-20	03단	總督大田視察
7433	南鮮版	1937-02-20	04단	京畿道會/廿日から二週間
7434	南鮮版	1937-02-20	04단	釜山港活況
7435	南鮮版	1937-02-20	04단	高普か女高普か/大田の新設中等校燒り/本府と道の意見食違ひ
7436	南鮮版	1937-02-20	04단	*サラリーは昇るか 鍵を握る人々に聽く/朝鮮人警官は三圓づつ上げる 伊藤本府警務課長談/考へてゐない 總督府當局談/成行を觀望 武士京電專務談/祝儀の名目で幾分は增給 鐘紡永登浦工場 片岡工場長談/もう上げたサ 河合朝鮮運送專務談/今にやる 龍山工作所 田中社長談/フリ合ひ見て 林殖銀理事談/勿論考慮中 小武家朝郵庶務課長談*
7437	南鮮版	1937-02-20	05단	「買へ買へ」と唆る內裏樣
7438	南鮮版	1937-02-20	05단	人夫五名死傷/仁川で崖崩れ
7439	南鮮版	1937-02-20	06단	三郵便所開設
7440	南鮮版	1937-02-20	06단	仲居風の轢死體
7441	南鮮版	1937-02-20	07단	長項を修築/浮動棧橋を二つ設け/三千噸級の船舶繫留
7442	南鮮版	1937-02-20	07단	燃える貨車
7443	南鮮版	1937-02-20	07단	日露役勇士招待や壯烈な防空演習/京城の陸軍記念日
7444	南鮮版	1937-02-20	08단	大楠公兜を貰ひ/日本一のお節句/歡聲爆發"一等賞の家"
7445	南鮮版	1937-02-20	09단	各地から(釜山、統營)
7446	南鮮版	1937-02-20	09단	理想的スキー場/面積も廣く變化も多い/大邱南方の最頂山
7447	南鮮版	1937-02-20	09단	朝鮮ホテルの怪紳士遂に捕る/建築景氣種に一芝居
7448	南鮮版	1937-02-20	10단	男兒の死體
7449	南鮮版	1937-02-20	11단	大同江の第二人道橋は削除
7450	南鮮版	1937-02-20	11단	囚人の獻金
7451	南鮮版	1937-02-21	01단	配給機關强化し/物價暴騰に對抗/生活自衛のスクラム
7452	南鮮版	1937-02-21	01단	道會は現狀維持/官選廢止、議長互選は考へぬ/大竹內務局長言明
7453	南鮮版	1937-02-21	01단	「國旗を各戶に」/公共團體には揭揚塔/摠監から近く奬勵の通牒
7454	南鮮版	1937-02-21	01단	記念博物館の委員顧問
7455	南鮮版	1937-02-21	01단	豚汁で一盞/南總督裡里視察
7456	南鮮版	1937-02-21	04단	眼を北に鐵道建設/寶の山を持ちながら/北海道にも及ばぬ貧弱さ
7457	南鮮版	1937-02-21	04단	賃銀引上げ/釜山工場街の明朗色

일련번호	판명	간행일	단수	기사명
7458	南鮮版	1937-02-21	04단	內地博覽會へ積極的に出品/躍進の全貌紹介
7459	南鮮版	1937-02-21	04단	亞歐聯絡飛行成功祝願
7460	南鮮版	1937-02-21	04단	新舊カメラ對照/四輪馬車からリンカーンへ/總督出邸篇
7461	南鮮版	1937-02-21	05단	「大いに働く」姜新任黃海知事語る/李範益氏 東拓入り 同時に參議任命/異動發令
7462	南鮮版	1937-02-21	05단	爆藥日産廿噸/增産を實現/朝窒火藥の工場擴張
7463	南鮮版	1937-02-21	06단	全州內で移轉/工業補習を專修と改稱
7464	南鮮版	1937-02-21	07단	電信電話費はまあ成功だ/歸任の遞信局長談
7465	南鮮版	1937-02-21	07단	地方漁港修築
7466	南鮮版	1937-02-21	07단	情けの警官
7467	南鮮版	1937-02-21	08단	聽取料値下は二ヶ年先き/四月から聽取者增募
7468	南鮮版	1937-02-21	08단	「ねェ」調が壓倒的/大衆をたかむ流行歌/凄まじいレコード洪水
7469	南鮮版	1937-02-21	08단	電球試驗完備/電話增設など既定計畫通り
7470	南鮮版	1937-02-21	09단	五百四十萬圓/全北豫算決る
7471	南鮮版	1937-02-21	09단	宅扱普及週間
7472	南鮮版	1937-02-21	09단	釜山の國防獻金
7473	南鮮版	1937-02-21	09단	噂の候補地は結局沙汰止み/京城飛行場
7474	南鮮版	1937-02-21	10단	葉煙草輸入船
7475	南鮮版	1937-02-21	10단	赤から青へ/囚衣を改善
7476	南鮮版	1937-02-21	10단	元西面々長らに懲役を求刑
7477	南鮮版	1937-02-21	11단	各地から(釜山)
7478	南鮮版	1937-02-23	01단	幼友達の病床へ 眞心籠るお見舞 湖南巡視の南總督全州で床しくも描く友情感激篇/子供時分から偉かつた こまさん嬉し淚/面長の亡父へ情けの香奠總督、麗水から光州へ
7479	南鮮版	1937-02-23	01단	四手井侍従武官歸東
7480	南鮮版	1937-02-23	01단	新舊カメラ對照/玄海童話時代
7481	南鮮版	1937-02-23	03단	中等生を閱兵
7482	南鮮版	1937-02-23	04단	京釜兩神社祈年祭
7483	南鮮版	1937-02-23	04단	官界生活卅年/退官は感無量/李範益氏語る
7484	南鮮版	1937-02-23	04단	鰻上りの物價に"姿なき强敵"擡頭/全鮮に消費節約運動
7485	南鮮版	1937-02-23	05단	受驗場が狹過る 全州師範尋常科の入試に殆ど十倍も殺到/戰く小鳩も群
7486	南鮮版	1937-02-23	06단	茂山鐵鑛開發/本格的に乘出す/石田鑛山課長歸來談
7487	南鮮版	1937-02-23	06단	「のぞみ」を新京へ「ひかり」を哈爾濱へ/案外早く實現せん

일련번호	판명	간행일	단수	기사명
7488	南鮮版	1937-02-23	06단	勞動力餘裕綽々/來月動員計畫を協議
7489	南鮮版	1937-02-23	07단	兒童野外演習
7490	南鮮版	1937-02-23	07단	南鮮合電の本社/總督府の裁定仰ぐか/東京で依然驅引續く
7491	南鮮版	1937-02-23	08단	稅制修正案/四月ごろ政令を發布
7492	南鮮版	1937-02-23	09단	國境の從業員/優遇に先鞭/鐵道局の方針決定す
7493	南鮮版	1937-02-23	09단	警務局長警戒の警官へ發砲/對岸に不敵の匪賊團
7494	南鮮版	1937-02-23	09단	十八萬豫算/三千萬圓/約五百萬圓の增
7495	南鮮版	1937-02-23	10단	狂言强盜
7496	南鮮版	1937-02-23	10단	南鮮から北鮮へ/移民五萬人/十三年度から
7497	南鮮版	1937-02-23	11단	東三洞市場遲ればせに認可
7498	南鮮版	1937-02-23	11단	各地から(釜山)
7499	南鮮版	1937-02-24	01단	*全鮮の勞動者に强き使命感鼓吹　調整委員會を新設/面事務所に勞動申込所 平南の對案*
7500	南鮮版	1937-02-24	01단	物價運賃を改正/小口扱ひは三等級に簡易化/全面的に不合理一掃
7501	南鮮版	1937-02-24	01단	婦人報國祭/地久節に擧行
7502	南鮮版	1937-02-24	01단	新舊カメラ對照/出船入船の國祭色/狐狸は何處へ？清津港
7503	南鮮版	1937-02-24	02단	必要な私鐵を二線位買收/澤鐵道局理事語る
7504	南鮮版	1937-02-24	03단	總督木浦視察
7505	南鮮版	1937-02-24	04단	鮮滿拓殖配當四分
7506	南鮮版	1937-02-24	04단	出よう春の街へ
7507	南鮮版	1937-02-24	04단	緬羊のお輿入れ/六千三百頭/各牧場準備に大童
7508	南鮮版	1937-02-24	05단	麗水郡廳を出る南總督（廿一日）
7509	南鮮版	1937-02-24	05단	京城區畫整理地區發表さる
7510	南鮮版	1937-02-24	06단	重工業會社/四月ごろ創立
7511	南鮮版	1937-02-24	06단	土地金融の弊風を打破
7512	南鮮版	1937-02-24	06단	蝕まれる幼き生命/慶南大渚面の初等校兒童/九割五分まで寄生蟲保育
7513	南鮮版	1937-02-24	06단	十五分早ければ匪賊と正面衝突/國境慰問の警務局長
7514	南鮮版	1937-02-24	07단	提琴王來る/「とても好い初印象」/靜かに降る港の雨にうっとり/サインの求めにも氣輕
7515	南鮮版	1937-02-24	08단	十一人に一人/大邱師範の入試
7516	南鮮版	1937-02-24	08단	淨寶縷丸釜山入港
7517	南鮮版	1937-02-24	08단	夥しい新規採用/先づを廳舍を增築/收容しきれぬ鐵道局
7518	南鮮版	1937-02-24	09단	謝恩福引大會/本紙京城販賣店

일련번호	판명	간행일	단수	기사명
7519	南鮮版	1937-02-24	09단	清津製鐵所敷地/地主は圓滿提供/「收用法適用は不可解」
7520	南鮮版	1937-02-24	09단	カメラ界(應募八十一點、大邱寫眞撮影會、大邱寫眞會入選、小型カメラ展)
7521	南鮮版	1937-02-24	10단	各地から(密陽、大邱、釜山)
7522	南鮮版	1937-02-24	10단	統營で感電死
7523	南鮮版	1937-02-24	10단	服毒自殺未遂
7524	南鮮版	1937-02-25	01단	京春鐵道沿線に新住宅地の朗報/京城へ頻繁にガソリンかー運轉/私鐵の附帶事業に新機軸
7525	南鮮版	1937-02-25	01단	一死報國の赤心/治安斷じて泰し/國境警官慰問行六十里/滿幅の信賴、三橋警務局長斷言
7526	南鮮版	1937-02-25	01단	新舊カメラ對照/“ビルの谿谷”に一變/佗しさつのる鍾路の普信閣
7527	南鮮版	1937-02-25	02단	米穀商統組/京城に結成
7528	南鮮版	1937-02-25	04단	釜山で齊藤子の追悼會
7529	南鮮版	1937-02-25	04단	*仁川防護團 陸軍記念日に盛大な發團式/京城で兵器被服展*
7530	南鮮版	1937-02-25	04단	未耕作地に甘藷/無水酒精を製造/國策に乘る濟州島
7531	南鮮版	1937-02-25	04단	斷案仰がれて？/紛糾の南鮮合電會議へ/電氣課長急遽東上
7532	南鮮版	1937-02-25	04단	中等生分列式閱兵の南總督
7533	南鮮版	1937-02-25	05단	大田府の豫算
7534	南鮮版	1937-02-25	05단	早急解決は困難？/總督府の指示を仰ぐ/釜山港理築人夫の罷業
7535	南鮮版	1937-02-25	05단	早春
7536	南鮮版	1937-02-25	05단	交換手就職難
7537	南鮮版	1937-02-25	06단	守山橋地元負擔金
7538	南鮮版	1937-02-25	06단	國産自動車會社/三月十四日創立
7539	南鮮版	1937-02-25	07단	朝鮮佛教更生大會の出席者
7540	南鮮版	1937-02-25	07단	トマトサーヂン/輸出に特典/遞信局長と交渉
7541	南鮮版	1937-02-25	07단	派出所から逃走/氷の裂目へザブン/大同江萬引男を呑む
7542	南鮮版	1937-02-25	08단	運動競技界(春のラグビー/三月一日皮切り、大邱體協庭球スケジュール)
7543	南鮮版	1937-02-25	08단	林業開發會社/四月に創設/農林局長再び東上
7544	南鮮版	1937-02-25	08단	各地から(京城、大邱、大田、開城、釜山、東萊、馬山)
7545	南鮮版	1937-02-25	09단	男に棄てられ/戀仇心中の約束/一人は列車に飛込む
7546	南鮮版	1937-02-25	09단	技師、技手配し/市街計畫を促進/三月に事務打合會
7547	南鮮版	1937-02-25	11단	千トンの貯油タンク/雄基と城津に
7548	南鮮版	1937-02-25	11단	元西面々長らに判決言渡し

일련번호	판명	간행일	단수	기사명
7549	南鮮版	1937-02-26	01단	*土木黃金時代 一億八千萬圓 延べ人員七千七百萬人 十二年度の盛觀/勞働者動員の具體策樹立 軍官民の勞務懇談會*
7550	南鮮版	1937-02-26	01단	李王殿下軍務に御精勵/李王職次官謹話
7551	南鮮版	1937-02-26	01단	半島橫斷幹線/實現へ一步前進/本格的の調査に着手
7552	南鮮版	1937-02-26	02단	新舊カメラ對照/不滅！女傑の遺業/繁榮の卅年、光州小學校
7553	南鮮版	1937-02-26	02단	稻熱病の防除試驗
7554	南鮮版	1937-02-26	03단	住持會合諮問事項
7555	南鮮版	1937-02-26	03단	全南道會/廿七日から
7556	南鮮版	1937-02-26	04단	土壤肥料組合會議
7557	南鮮版	1937-02-26	04단	影響は案外少い/釜山港理築人夫罷業に/本府土木課の觀測
7558	南鮮版	1937-02-26	04단	卸商聯合會/近く創立總會
7559	南鮮版	1937-02-26	04단	繩叺筵製造高
7560	南鮮版	1937-02-26	05단	全北中等入試
7561	南鮮版	1937-02-26	05단	遠距離遞減法/交涉あらば一蹴/北鮮鐵道の運賃問題
7562	南鮮版	1937-02-26	06단	無電局長會議
7563	南鮮版	1937-02-26	06단	國境裝備費は今後も一層留意/歸任の警務局長語る
7564	南鮮版	1937-02-26	06단	材料暴騰で漁船復舊に悲鳴
7565	南鮮版	1937-02-26	07단	二千二百圓/學校と鄕軍へ黃祐永氏寄附
7566	南鮮版	1937-02-26	07단	大邱の陸軍記念日
7567	南鮮版	1937-02-26	07단	*合格の自信失せ死所求めて家出 憔悴！入試のいけにへ/學校と家庭の聯絡が必要 十河視學談*
7568	南鮮版	1937-02-26	07단	在庫品の山/米倉釜山倉庫
7569	南鮮版	1937-02-26	08단	「搜査陣擴充」/高京畿道警察部長着任
7570	南鮮版	1937-02-26	08단	綠化も鮮滿一如/植樹節樹苗廿五萬本/滿洲國へ大量寄贈
7571	南鮮版	1937-02-26	08단	各地から(春川、釜山、統營、晋州)
7572	南鮮版	1937-02-26	09단	職工狂言强盜
7573	南鮮版	1937-02-26	09단	咸師への寄附/拂込み遲々/催促に個別訪問
7574	南鮮版	1937-02-26	09단	滿洲事變論功行賞
7575	南鮮版	1937-02-26	10단	鴨綠江に春/早くも解け初む
7576	南鮮版	1937-02-26	10단	大同江も解氷
7577	南鮮版	1937-02-27	01단	湖南の民よ北西に希望の眼を注げ/「天則」を語る南總督(國體明徵問題、心田開發、鮮滿一如、農業)
7578	南鮮版	1937-02-27	01단	新方針に基く中等入試問題/筆記は平易だが口頭は難しい/平壤高女受驗生の父兄ブツブツ(國史、地理、修身)
7579	南鮮版	1937-02-27	01단	新舊カメラ對照/妓生は古典でない/見給へ、この髮、この姿

일련번호	판명	간행일	단수	기사명
7580	南鮮版	1937-02-27	03단	大阪は重要地/働き甲斐がある/榮轉の岡田大佐談
7581	南鮮版	1937-02-27	04단	四、五月頃南總督東上
7582	南鮮版	1937-02-27	04단	南鮮合電本社/誘致に東上/大邱の三代表
7583	南鮮版	1937-02-27	04단	發明協會支部/六月から新設
7584	南鮮版	1937-02-27	05단	群山で南總督の記念撮影
7585	南鮮版	1937-02-27	05단	*朝鮮佛教振興に奮起を切望 住持會同に總督訓示/會同第一日*
7586	南鮮版	1937-02-27	05단	春空競ふ“若き時代”/グライダーや模擬飛行機競技會/全日本大會へ燃える野望
7587	南鮮版	1937-02-27	05단	さあシーズン！/觀光の春ひらく/滿洲行列車は超滿員
7588	南鮮版	1937-02-27	06단	囑託保護司/五十四氏任命
7589	南鮮版	1937-02-27	06단	追慕の淚新た/齊藤子追悼會
7590	南鮮版	1937-02-27	07단	京電株買收で相當波瀾か/注目の京城府會
7591	南鮮版	1937-02-27	07단	官公吏は率先し國語を常用せよ/總督府から嚴重通牒
7592	南鮮版	1937-02-27	09단	馬山國婦會旗寄贈
7593	南鮮版	1937-02-27	09단	勞働者動員に遺憾なきを期す/近く募集要項配布
7594	南鮮版	1937-02-27	10단	各地から(釜山、仁川)
7595	南鮮版	1937-02-27	10단	三百餘名就業す/釜山の人夫罷業如轉
7596	南鮮版	1937-02-28	01단	重要産業統制法/三月一日から施行/內地の委員會は朝鮮へ權限なし/差當りセメント業に限り/他の業種は當分指定せぬ
7597	南鮮版	1937-02-28	01단	新舊カメラ對照/世紀の縮刷版興南/然り！十年は一昔
7598	南鮮版	1937-02-28	03단	輸出品取締規則/三月に適用擴大/ゴム靴、靴下、人絹にも
7599	南鮮版	1937-02-28	03단	背廣はご法度/住持會同で決る
7600	南鮮版	1937-02-28	03단	*關釜聯絡一航海 增航實現を要求 列車時刻も大改正/麗水、福岡間聯絡 早急に實現せん 乘客より貨物に期待*
7601	南鮮版	1937-02-28	03단	侍從御差遣に御禮の電報/全南道會始る
7602	南鮮版	1937-02-28	04단	總督南鮮視察
7603	南鮮版	1937-02-28	04단	就職率滿點/釜山一商大喜び
7604	南鮮版	1937-02-28	05단	教育功績者表彰
7605	南鮮版	1937-02-28	05단	岐路に立つ三校/存續に落着す/一年振り解決の喜び
7606	南鮮版	1937-02-28	05단	英靈追悼
7607	南鮮版	1937-02-28	06단	外事課長渡滿/領事館設置折衝
7608	南鮮版	1937-02-28	06단	囚人も歌のお稽古
7609	南鮮版	1937-02-28	08단	慶南中等校卒業式
7610	南鮮版	1937-02-28	08단	釜山に天然痘/五萬人へ種痘
7611	南鮮版	1937-02-28	08단	“あかつき”に投石/三等車の窓硝子滅茶苦茶

일련번호	판명	간행일	단수	기사명
7612	南鮮版	1937-02-28	08단	「病人は居ませんか」/お巡りさんが戶別訪問/腰に藥箱、これこそ民衆警察
7613	南鮮版	1937-02-28	09단	三菱製鐵所も許可の意向/實現はクルツプ法問題
7614	南鮮版	1937-02-28	09단	物價が騰っても/輕擧妄動するな/釜山分掌局から警告
7615	南鮮版	1937-02-28	10단	平壤府會/三月一日開く
7616	南鮮版	1937-02-28	10단	各地から(開城、統營、釜山)

1937년 3월

일련번호	판명	간행일	단수	기사명
7617	南鮮版	1937-03-02	01단	国際情勢を考慮 参謀部動き少し 将來のX 小磯將軍の居据り/陸軍大異動 母紙所報以外の分(進級、轉補)/「一朝事ある際お役に立つ」 思ひ出語る鈴木中將
7618	南鮮版	1937-03-02	01단	鴨綠江水力発電/資金一億を調達/滿洲國、朝窒、電業公司、滿鐵が出資/遲くも四月に着工
7619	南鮮版	1937-03-02	01단	新舊カメラ對照/光化門通/山容同じけれど/春風に囁くは近代ムスメ
7620	南鮮版	1937-03-02	05단	大田への新設校/女高普に內定す/地元の希望を尊重
7621	南鮮版	1937-03-02	05단	勞働者動員に熱心な協議/社會主事會議
7622	南鮮版	1937-03-02	06단	無事故の譽れ/草梁、大邱兩機關庫を表彰
7623	南鮮版	1937-03-02	07단	知事會議で闡明/"南統治"の全貌/四月十三日から三日間
7624	南鮮版	1937-03-02	07단	忠南知事着任
7625	南鮮版	1937-03-02	07단	「離朝は寂しい」/名殘惜しむ山田大佐
7626	南鮮版	1937-03-02	08단	總督の祝電/滿州國總理へ
7627	南鮮版	1937-03-02	09단	「在鄕軍人ともよく接觸したい」鈴木大邱聯隊長談/傳染病の權威 新任獸醫部長小野大佐/「朝鮮は初て」 田原新任京城憲兵隊長語る
7628	南鮮版	1937-03-02	09단	天然痘の娘を隱して行方晦す/釜山の患者十五名
7629	南鮮版	1937-03-02	10단	自力更生日の釜山
7630	南鮮版	1937-03-02	12단	稀に見る人情通/植野大佐榮轉
7631	南鮮版	1937-03-03	01단	京城から奉天へ/便利な直通電話/新京との通話も近い
7632	南鮮版	1937-03-03	01단	四千餘名閉出し 京城各普校へ約一萬殺到 依然深刻な入學難/八割まで就學 釜山も受付終る
7633	南鮮版	1937-03-03	01단	九百六十萬圓 慶南の膨脹豫算/慶北道會終了
7634	南鮮版	1937-03-03	01단	『大いに働きたい』醫博の三木軍醫部長語る/「御支援を感謝」 城倉大佐榮轉の喜び/「心殘りが…」高地中佐語る/陸軍異動〔尉官の分〕(進級、轉補)
7635	南鮮版	1937-03-03	02단	武德會武德殿/五日に地鎭祭
7636	南鮮版	1937-03-03	03단	新舊カメラ對照/鰯は海の手品師だ/泥沼にサッと清津漁港
7637	南鮮版	1937-03-03	04단	本町署の事務演習
7638	南鮮版	1937-03-03	05단	鮮內卒業生を優先的に採用/局長會議で申合せ
7639	南鮮版	1937-03-03	05단	初等校教員の精神力强化/總督から訓示
7640	南鮮版	1937-03-03	06단	反對論押切り府電統制を可決/平壤府會の本會議

일련번호	판명	간행일	단수	기사명
7641	南鮮版	1937-03-03	06단	*お祭騷ぎを廢し實のある防空演習　陸軍記念日京城の行事/奉天會戰を偲ぶ 盛大な釜山の催し*
7642	南鮮版	1937-03-03	06단	軍事功勞者
7643	南鮮版	1937-03-03	07단	釜山の花祭/賑かな行事決る
7644	南鮮版	1937-03-03	08단	釜山府第一部豫算
7645	南鮮版	1937-03-03	08단	鄕軍分會を統制/警察署管轄區域中心に改組し/治安維持に力强い支援
7646	南鮮版	1937-03-03	09단	老婆を轢逃げ
7647	南鮮版	1937-03-03	09단	大鐵運輸部長來鮮
7648	南鮮版	1937-03-03	10단	大邱各校の卒業式
7649	南鮮版	1937-03-03	11단	北鮮、滿洲國間の電話開通
7650	南鮮版	1937-03-03	11단	密航機船檢擧
7651	南鮮版	1937-03-03	11단	各地から(釜山、京城)
7652	南鮮版	1937-03-04	01단	全北道の豹變に本府も遺憾の意/移轉は事前に諒解？
7653	南鮮版	1937-03-04	01단	三重要肥料とも價格を公定/朝窒製品に移出禁止/統制令十日から實施
7654	南鮮版	1937-03-04	01단	南洋航路船/釜山寄港日
7655	南鮮版	1937-03-04	01단	*約九百七十萬圓 慶南の豫算發表さる/大邱府豫算*
7656	南鮮版	1937-03-04	02단	總督巡視日程
7657	南鮮版	1937-03-04	02단	新舊カメラ對照/乙に澄した牡丹台/これこの通り元は禿山
7658	南鮮版	1937-03-04	04단	釜山中央市場賣上
7659	南鮮版	1937-03-04	04단	新設の郵便所
7660	南鮮版	1937-03-04	04단	鮮滿繫ぐ五輪列車/金剛山もうんと宣傳/“好機”に備へ外客誘致協議
7661	南鮮版	1937-03-04	04단	專門的知識を“大衆のもの”に/城大法學會公開講演
7662	南鮮版	1937-03-04	05단	老女の還曆祝ひ/計らずも“最後の晩餐”/幼な友達と窒息死
7663	南鮮版	1937-03-04	05단	スピア女學校生/教室に籠城/廢校の回答に反對
7664	南鮮版	1937-03-04	06단	硬化油工場/淸津に設置せん鰯油は優先的に買取
7665	南鮮版	1937-03-04	07단	義捐金の殘額/春窮期救濟に/月末から配布
7666	南鮮版	1937-03-04	07단	釜山鎭署敷地/移轉登記了る
7667	南鮮版	1937-03-04	07단	南鮮合電問題/初株主總會迄に難問を解決したい/歸釜の香椎氏ら語る
7668	南鮮版	1937-03-04	08단	鮮銀異動

일련번호	판명	간행일	단수	기사명
7669	南鮮版	1937-03-04	08단	昨年の家蠶繭
7670	南鮮版	1937-03-04	08단	洋灰基準値段は實情に基き決定/産業統制法適用の影響
7671	南鮮版	1937-03-04	08단	金組の米倉は短期貯藏が原則/既設米倉との軋轢解決
7672	南鮮版	1937-03-04	09단	各地の紡績工場/七月までに着工
7673	南鮮版	1937-03-04	09단	若き百萬長者/蜜月旅行に來鮮
7674	南鮮版	1937-03-04	10단	四萬人に種痘/痘禍の釜山
7675	南鮮版	1937-03-04	10단	各地から(釜山、大邱、京城)
7676	南鮮版	1937-03-04	10단	無免許で投藥
7677	南鮮版	1937-03-05	01단	*幼き靈に再び祈る 鎭海の燒死學童追悼會に　七日溫情の總督特に參列/映畵上映に萬全を期す*
7678	南鮮版	1937-03-05	01단	新舊カメラ對照/坪一圓から五百圓へ/大邱“ミス・モトマチ”の繁昌記
7679	南鮮版	1937-03-05	01단	*茂山鐵鑛の開發　早く着手したい　櫻井氏の質問に大野總監答ふ　衆議院豫算第一分科會/櫻井兵五郎氏(民政)/大野總監/慶北合同鑵詰創立*
7680	南鮮版	1937-03-05	02단	院長と檢事正勅任官に昇格/淸津除く八地方法院
7681	南鮮版	1937-03-05	04단	大邱土久節奉祝會
7682	南鮮版	1937-03-05	04단	片や米倉片や朝運/食ふか食はれるか凄じき相剋/運送界戰國時代の觀
7683	南鮮版	1937-03-05	04단	慶南の新規事業
7684	南鮮版	1937-03-05	05단	宣教師團から引繼ぎ調印/平壤の長老派三校
7685	南鮮版	1937-03-05	05단	籠城生徒解散
7686	南鮮版	1937-03-05	05단	總督府の裁定を仰ぐのが上分別/南鮮合電本社問題小倉氏の歸來談
7687	南鮮版	1937-03-05	06단	京電バス電化/大邱に新しいバス
7688	南鮮版	1937-03-05	06단	身投女を救助
7689	南鮮版	1937-03-05	06단	忠南道會始る
7690	南鮮版	1937-03-05	07단	支那人切腹
7691	南鮮版	1937-03-05	07단	不良靑年狩り
7692	南鮮版	1937-03-05	07단	內地の學生は朝鮮認識が淺い/鐵道局庶務課長談
7693	南鮮版	1937-03-05	08단	廿八日新京で第二回目の協議/鴨綠江技術委員會
7694	南鮮版	1937-03-05	08단	不安の從業員/ゴム工場休業
7695	南鮮版	1937-03-05	08단	金剛丸遲る

일련번호	판명	간행일	단수	기사명
7696	南鮮版	1937-03-05	09단	私鐵に受難時代/十四年度から補助打切で/退却か方向轉換か
7697	南鮮版	1937-03-05	09단	依然行方不明/轢逃げ運轉手
7698	南鮮版	1937-03-05	10단	金化の强盜/京城で捕る
7699	南鮮版	1937-03-06	01단	*刻々決定迫る 南鮮合電本社/一任の社長會議を十五日に京城で開く 「解決しなければ總督府が裁定」 大野政務總監東京で語る*
7700	南鮮版	1937-03-06	01단	慶南道廳員に力强い訓示/南鮮初巡視の南總督
7701	南鮮版	1937-03-06	01단	*學童轢殺事件移動座談會 1/不安！手放しで登校させられぬ/自分も氣が轉倒 運轉手の語る刹那*
7702	南鮮版	1937-03-06	03단	豫算案を可決/京畿、全北兩會
7703	南鮮版	1937-03-06	03단	道議選擧の立候補/遙かに增加せん/峻烈に違反を取締る
7704	南鮮版	1937-03-06	04단	輸入緬羊は民間牧場へも/お迎役は坂巻氏
7705	南鮮版	1937-03-06	05단	釜山棧橋で小荷物の拔取り
7706	南鮮版	1937-03-06	05단	新舊カメラ對照/見よ逞しき京仁の足/むかしの渡船はバラス運搬
7707	南鮮版	1937-03-06	06단	貿易協會釜山支部設置決る
7708	南鮮版	1937-03-06	07단	お待兼ねの車輛/八月頃から納入/各社との打合せ纏る
7709	南鮮版	1937-03-06	07단	市街計畫財源に受益稅を新設/大釜山建設へ進軍
7710	南鮮版	1937-03-06	08단	慶南罹災林地復舊
7711	南鮮版	1937-03-06	08단	ふぐ中毒/一家五人倒る
7712	南鮮版	1937-03-06	08단	漁船の引揚場五十ヶ所を設く/災禍を未然に防止
7713	南鮮版	1937-03-06	09단	工業組合令/今夏までに公布
7714	南鮮版	1937-03-06	09단	北滿朝鮮人に初めての公會堂/今春哈爾濱に起工
7715	南鮮版	1937-03-06	09단	邪推の殺人
7716	南鮮版	1937-03-06	09단	釜山驛人夫重傷
7717	南鮮版	1937-03-06	09단	"狹き門"を叩く/二倍から七倍半の競爭率/始まる京城の中等入試
7718	南鮮版	1937-03-06	10단	各地から(釜山、大邱)
7719	南鮮版	1937-03-07	01단	眼を遠く大陸に/特色を發揮せよ/"慶南の使命"南總督談
7720	南鮮版	1937-03-07	01단	*學童轢殺人事件移動座談會 2/登校、退校の時に望む巡査の保護/學校の前では徐行すべし 小原交通巡査の意見*
7721	南鮮版	1937-03-07	03단	育英の勞酬はる/釜山三島實業女學校訪れ/溫容、全生徒に教訓
7722	南鮮版	1937-03-07	04단	無水酒精工場を數ヶ所に新設/原料農作物を大增殖

일련번호	판명	간행일	단수	기사명
7723	南鮮版	1937-03-07	05단	鎭海へ向ふ
7724	南鮮版	1937-03-07	05단	列車の窓から捕繩のまゝ飛降り/犯人現場附近で轢死
7725	南鮮版	1937-03-07	06단	*婦人報國祭 各地で盛大に執行(釜山、光州、仁川)*
7726	南鮮版	1937-03-07	07단	六歲未滿まで無賃で乘れる五月から實施
7727	南鮮版	1937-03-07	07단	無錢遊興/なんと四千圓/社長と觸込んで
7728	南鮮版	1937-03-07	07단	市日も陽曆で
7729	南鮮版	1937-03-07	07단	その布團待つた/二萬圓の生阿片/怪しい女街路で浦る
7730	南鮮版	1937-03-07	08단	朝窒系肥料の販賣會社解散か/重要肥料統制令公布
7731	南鮮版	1937-03-07	09단	鉛筆にお祓ひ/入試合格祈願
7732	南鮮版	1937-03-07	09단	滿州國領事館設置決定す/相川外事課長歸る
7733	南鮮版	1937-03-07	09단	夢想から現實へ/兒童の職業選擇にも反映/減少した給仕志望
7734	南鮮版	1937-03-07	09단	慶南水利協會/四月上旬に創立
7735	南鮮版	1937-03-07	10단	女の左片腕/汚物中から現る
7736	南鮮版	1937-03-07	10단	故五島翁の告別式
7737	南鮮版	1937-03-07	10단	出前持刺さる
7738	南鮮版	1937-03-07	11단	叔父の家へ强盜に入る
7739	南鮮版	1937-03-07	11단	各地から(統營、大邱、晋州)
7740	南鮮版	1937-03-09	01단	追加豫算か否か/朝鮮は內地順應/計上せぬ場合/計畫變更或は材料官給制/物價値上りに挑戰
7741	南鮮版	1937-03-09	01단	在鮮美術家の顔を立てる折衷案/鮮展審査に諮問機關
7742	南鮮版	1937-03-09	01단	雨後の社頭に腕を競ふカメラ/大邱神社納寫眞競技會
7743	南鮮版	1937-03-09	02단	*學童轢殺事件移動座談會 3/最も根本問題は府民の交通訓練 坂本京電運輸係長談/子供に每朝必ず踏切の注意 柳本京城府學務課長談*
7744	南鮮版	1937-03-09	04단	釜山中等入試
7745	南鮮版	1937-03-09	04단	電球二月輸出數量
7746	南鮮版	1937-03-09	04단	漁船保險實施か
7747	南鮮版	1937-03-09	05단	傴僂男の指令一下/兇器閃めかし荒稼ぎ/京城の强盜團送局
7748	南鮮版	1937-03-09	06단	タクシー步道へ/又三名を殺傷/京城に相つぐ交通禍
7749	南鮮版	1937-03-09	07단	*南江切落し視察 南總督九日に歸城/晋州城址へ*
7750	南鮮版	1937-03-09	07단	大田の陸軍記念日
7751	南鮮版	1937-03-09	07단	密航團送還さる

일련번호	판명	간행일	단수	기사명
7752	南鮮版	1937-03-09	08단	幼き霊の冥福祈る
7753	南鮮版	1937-03-09	08단	釜山府第一部豫算可決
7754	南鮮版	1937-03-09	08단	按摩さんの血塗れ死體/他殺の疑ひ濃厚
7755	南鮮版	1937-03-09	08단	服毒娼妓追ひ男も白髮染嚥下/賑町遊廊に心中騷ぎ
7756	南鮮版	1937-03-09	09단	木都に燃料難
7757	南鮮版	1937-03-09	09단	陳情座談會/平南道會珍風景
7758	南鮮版	1937-03-09	09단	無煙炭層を發見/郡是製絲が忠州附近に
7759	南鮮版	1937-03-09	09단	魚に釣られた魚釣
7760	南鮮版	1937-03-09	10단	平壤府內に警備電話網/四月から着工
7761	南鮮版	1937-03-09	10단	各地から(開城、晋州)
7762	南鮮版	1937-03-09	10단	印刷所燒く
7763	南鮮版	1937-03-09	10단	北鮮線に指令電話
7764	南鮮版	1937-03-09	10단	列車から墜つ
7765	南鮮版	1937-03-10	01단	*初代青森飛行場長へ　簡拔！若き技手　春明朗·半島航空界/二千四十五キロ　一飛びの榮轉/「感激を以て働く赴任も京城から飛行機で」　飯塚技手强い決意*
7766	南鮮版	1937-03-10	01단	職工二千餘名へ/寢耳に水の增給/沸返る鎭南浦精錬所
7767	南鮮版	1937-03-10	01단	金融調査會を開くとせば今夏/西崎本府理財課長談
7768	南鮮版	1937-03-10	02단	濟州島視察/釜山の商工業者
7769	南鮮版	1937-03-10	03단	陸軍記念日迎へ/國民士氣發揚に率先奮起せん/小磯軍司令官の所感
7770	南鮮版	1937-03-10	03단	練習艦隊二艦/四月四日に仁川へ入港
7771	南鮮版	1937-03-10	04단	溫床に春光燦々/盛場は人造の八重櫻
7772	南鮮版	1937-03-10	04단	王外交部長へ祝電
7773	南鮮版	1937-03-10	05단	*ドラで不時呼集　部落更生を賞讃　下林里視察の南総督/晋州から歸城*
7774	南鮮版	1937-03-10	05단	京城豫算府會/十一日に開く
7775	南鮮版	1937-03-10	05단	特選賞鏡玉牌は徐丙直氏が獲得/飛行場開き寫眞撮影會入賞
7776	南鮮版	1937-03-10	06단	往復十里徒步競走/釜山第七校で決行
7777	南鮮版	1937-03-10	06단	京城防空演習に遞信機參加
7778	南鮮版	1937-03-10	06단	朝鮮人の青年四人/匿名で四萬圓を獻納/愛國京城機の魁け
7779	南鮮版	1937-03-10	07단	輪禍防止問題安保課長會議へ提出
7780	南鮮版	1937-03-10	07단	籾の共販に主力

일련번호	판명	간행일	단수	기사명
7781	南鮮版	1937-03-10	07단	太公望の死體
7782	南鮮版	1937-03-10	08단	日光面に天然痘
7783	南鮮版	1937-03-10	08단	「責任重大を痛感」/鈴木大邱聯隊長着任
7784	南鮮版	1937-03-10	09단	藥業組合大會/四月上旬釜山で
7785	南鮮版	1937-03-10	09단	淑明女專を創立/崔承喜孃も募金公演
7786	南鮮版	1937-03-10	09단	南鮮合電問題/自主的に解決/今井電氣課長歸任談
7787	南鮮版	1937-03-10	10단	各地から(大邱、釜山)
7788	南鮮版	1937-03-10	10단	三越店員服毒
7789	南鮮版	1937-03-10	10단	栗山辯護士不拘束送局/詐欺の容疑で
7790	南鮮版	1937-03-10	11단	鎭南浦港二月貿易
7791	南鮮版	1937-03-11	01단	*壯烈な空陸立體戰 軍民機入り亂れ京城爆擊 士氣衝天陸軍記念日(羅南、釜山、鎭海、新義州、大邱、咸興、光州、全州、淸津)*
7792	南鮮版	1937-03-11	01단	西北鮮勞働移民/一萬五千人/三月末か四月に輸送
7793	南鮮版	1937-03-11	01단	鴨綠江水電の鮮滿協議
7794	南鮮版	1937-03-11	02단	西脇大佐着任
7795	南鮮版	1937-03-11	02단	簡保振替貸付/利率引下げ/四月一日から實施
7796	南鮮版	1937-03-11	03단	我等は國境を死守す㊤/久し振りの豚肉/スキヤキ十五日間/咸北茂山署/長岡署員
7797	南鮮版	1937-03-11	03단	瓦電最終株主總會
7798	南鮮版	1937-03-11	03단	釜山府第二部豫算
7799	南鮮版	1937-03-11	04단	全鮮巡視終る/南總督歸城す
7800	南鮮版	1937-03-11	04단	軍國の記念日に語る/第二、第三の愛國機/仰ぎ見ん京城の空/床し“獻金四人男”の願ひ
7801	南鮮版	1937-03-11	05단	雪粉々/二十餘機空襲下の平壤
7802	南鮮版	1937-03-11	05단	飛降りて昏睡/妊娠七ヶ月の女
7803	南鮮版	1937-03-11	06단	二人組辻强盜/行商人に重傷
7804	南鮮版	1937-03-11	06단	故五島翁告別式
7805	南鮮版	1937-03-11	06단	嬰兒を投込む
7806	南鮮版	1937-03-11	07단	釜山御商同盟會新役員
7807	南鮮版	1937-03-11	07단	明年度追加豫算二百萬圓を計上/總額四億千四百萬圓
7808	南鮮版	1937-03-11	08단	彈性波式探査を洛東江にも行ふ/水底に起る人造地震
7809	南鮮版	1937-03-11	08단	南鮮ゴム同組/十四日に初總會

일련번호	판명	간행일	단수	기사명
7810	南鮮版	1937-03-11	09단	叔父を殺さんと自宅に放火/生活苦に敗れた男
7811	南鮮版	1937-03-11	10단	各地から(大邱)
7812	南鮮版	1937-03-12	01단	*“生きた教材”陸相へ上申~ お國への獻金だ　足は彈む十三里順安公普から生徒代表團 日の丸の旗を翳し平壤へ/一萬圓を獻金 陸軍記念日の演習に感動し 京城孟永玉氏の美擧*
7813	南鮮版	1937-03-12	02단	無水酒精製造/始まる基礎調査/十四年度から製造
7814	南鮮版	1937-03-12	04단	茂山鐵鑛開發/最終的の折衝/殖産局長東上
7815	南鮮版	1937-03-12	04단	保安課長會議
7816	南鮮版	1937-03-12	05단	道警部補試驗の合格者
7817	南鮮版	1937-03-12	05단	“文化朝鮮”の戰慄/人命砂礫の如し/昨年の負傷者二千七百三人/死者實に五百五十二人“防げ輪禍”聲切實
7818	南鮮版	1937-03-12	05단	*南鮮地方荒れる ビクともせぬ興安丸/書便は缺航*
7819	南鮮版	1937-03-12	06단	十三倍强の難關/遞信局員講習所へ雪崩を打つ志願者
7820	南鮮版	1937-03-12	07단	全半島に高鳴る軍國調
7821	南鮮版	1937-03-12	07단	全南へ四萬圓/慶北へは八萬圓/大興電氣から奇附
7822	南鮮版	1937-03-12	07단	合併記念式
7823	南鮮版	1937-03-12	08단	勿禁に天然痘
7824	南鮮版	1937-03-12	08단	全滿各地歷訪の經濟使節を派遣/一流實業家を選んで
7825	南鮮版	1937-03-12	08단	忠南道會原案可決
7826	南鮮版	1937-03-12	09단	慶南道會日程
7827	南鮮版	1937-03-12	09단	“阿呆な泥棒”捕る
7828	南鮮版	1937-03-12	09단	亞歐聯絡飛行/聲援の祈願/十六日大邱神社で
7829	南鮮版	1937-03-12	10단	全く氣乘薄/光州商議選擧
7830	南鮮版	1937-03-12	10단	各地から(釜山、鐵原、晋州、大邱)
7831	南鮮版	1937-03-12	10단	龜山に明礬石鑛/總督府が富鑛の折紙
7832	南鮮版	1937-03-12	10단	謝恩奉仕福引/京城竹井新聞舖
7833	南鮮版	1937-03-13	01단	增俸だ！/魁けの黑字鐵道/先づ今春採用の學校出に/やがて全從業員へ
7834	南鮮版	1937-03-13	01단	俎上に時の問題/暴利、興行場、交通禍取締り/斷行協議の保安課長會議
7835	南鮮版	1937-03-13	01단	國語奬勵の反面/內地人へ朝鮮語奬勵/平南道會で矛盾指適
7836	南鮮版	1937-03-13	02단	東北滿州と北鮮/貿易座談會/貿易協會で開く
7837	南鮮版	1937-03-13	03단	朝窒を中心に咸南を視察/總督月末に出發

일련번호	판명	간행일	단수	기사명
7838	南鮮版	1937-03-13	03단	嬉しくて堪らぬ文明琦翁/「神風よ、みごと飛んでくれ」と盈德神祠で成功祈願祭
7839	南鮮版	1937-03-13	03단	我等は國境を死守す2/血と汗を越えてあゝ望樓聳えたり
7840	南鮮版	1937-03-13	04단	獻穀田奉耕者
7841	南鮮版	1937-03-13	04단	咸南の赤字分子三百餘名を檢擧/農村、工場街へ魔手
7842	南鮮版	1937-03-13	05단	滿州の耳と口を一尺の近さに…/至極上々の國際電話
7843	南鮮版	1937-03-13	05단	超滿員の金剛丸/春休みの學生氾濫
7844	南鮮版	1937-03-13	06단	色は國防色/遞信局員一萬四千に制服を着させる
7845	南鮮版	1937-03-13	06단	授業料引上げ
7846	南鮮版	1937-03-13	08단	「もう宣傳は眞つ平」/七尺一寸、獨身巨人の辯
7847	南鮮版	1937-03-13	08단	慶南五十ヶ所に雨量の觀測網/洪水禍を未然に防ぐ
7848	南鮮版	1937-03-13	08단	庶政一新は事務簡捷から/形式的な規定改廢
7849	南鮮版	1937-03-13	09단	軍事警察の機能を發揮/田原中佐着任
7850	南鮮版	1937-03-13	09단	又死神の誘ひ/朝鮮神宮で縊死/神經衰弱の三越店員
7851	南鮮版	1937-03-13	09단	千五百圓寄附
7852	南鮮版	1937-03-13	10단	釜山移出牛新記錄
7853	南鮮版	1937-03-13	10단	寒い釜山地方
7854	南鮮版	1937-03-13	11단	窓硝子破り/遂に捕はる
7855	南鮮版	1937-03-13	11단	雜貨商へ泥棒
7856	南鮮版	1937-03-13	11단	天然痘又一名
7857	南鮮版	1937-03-13	11단	各地から(統營、木浦、大邱、蔚山、釜山)
7858	南鮮版	1937-03-14	01단	*童心の聲援乘せて春を舞ふ模型『神風』港都擧げて話題獨占/「使命を達成せよ」若竹少將釜山で語る*
7859	南鮮版	1937-03-14	01단	今年こそ日本一/本社主催、健康優良兒搜し/朝鮮審査會委員決る
7860	南鮮版	1937-03-14	02단	*十五萬圓を寄附 瓦電社長から申出で/社長會議は十四日京城で開く*
7861	南鮮版	1937-03-14	03단	我等は國境を死守す3/咄、僞の負傷者奴/亂射!拳銃の亂射
7862	南鮮版	1937-03-14	04단	人命救助に感謝狀
7863	南鮮版	1937-03-14	04단	先生を內地から/約三百名採用/師範增設し大量養成
7864	南鮮版	1937-03-14	04단	慶南道會開く
7865	南鮮版	1937-03-14	05단	金融調査會/今秋までに開く
7866	南鮮版	1937-03-14	06단	牝馬と種馬を移入

일련번호	판명	간행일	단수	기사명
7867	南鮮版	1937-03-14	07단	成功祈願に松尾さん参加「飯沼君と昵懇」
7868	南鮮版	1937-03-14	07단	哀れ二幼兒轢殺/蘧取に行き刎らる
7869	南鮮版	1937-03-14	08단	總督府辭令
7870	南鮮版	1937-03-14	08단	學生服の籠抜け/金カップを受取り/敬星普校の中へドロン
7871	南鮮版	1937-03-14	08단	開く航路/補助費總額八十五萬圓
7872	南鮮版	1937-03-14	08단	春霞む沿海州に日ソ漁船の爭覇/朝鮮も五十餘隻出動
7873	南鮮版	1937-03-14	08단	伊藤氏に決まる/大邱商議會頭
7874	南鮮版	1937-03-14	09단	京畿道警部補異動
7875	南鮮版	1937-03-14	09단	又狂言强盜
7876	南鮮版	1937-03-14	09단	硫安統制規制/十五日に公布
7877	南鮮版	1937-03-14	10단	第二回鴨綠江技術委員會
7878	南鮮版	1937-03-14	10단	南鮮地方の櫻は一週間位早からう/花ざかりは四月上旬ごろ
7879	南鮮版	1937-03-14	10단	漂流する漁船
7880	南鮮版	1937-03-14	10단	男の溺死體
7881	南鮮版	1937-03-14	10단	首つり
7882	南鮮版	1937-03-16	01단	*國境警備電話は極力國費で整備　林財務局長から答辯　朝鮮關係の質問戰要旨(松岡俊三氏、林財務局長)徵兵令は研究中(氏家淸氏、林財務局長)繩叺の輸出を奬勵せよ(綾川武治(昭)、林財務局長)*
7883	南鮮版	1937-03-16	01단	五箇條御誓文/奉戴記念式/各地で嚴肅に擧行(釜山、光州、新義州、木浦)
7884	南鮮版	1937-03-16	01단	我等は國境を死守す4/霽れ行く朝霧-/僚友呼べど應へず
7885	南鮮版	1937-03-16	02단	祈年祭を執行/朝鮮神宮で
7886	南鮮版	1937-03-16	03단	木浦府會始る
7887	南鮮版	1937-03-16	03단	釜山豫算府會/廿日から開く
7888	南鮮版	1937-03-16	04단	漁業用燃料打合會
7889	南鮮版	1937-03-16	04단	吉田鐵道局長の勇退說が擡頭/早くも後任の下馬評
7890	南鮮版	1937-03-16	05단	身投運轉手の死體漂着
7891	南鮮版	1937-03-16	07단	祈年祭に參列
7892	南鮮版	1937-03-16	07단	施政全般の審議/牧山氏の廿一項目中心に委員會緊張せん
7893	南鮮版	1937-03-16	08단	豪農を襲った四人組捕る/事件後一ヶ月振り
7894	南鮮版	1937-03-16	08단	中等學校全部に將校專屬を折衝/三年制農業學校にも
7895	南鮮版	1937-03-16	08단	密航團檢擧

일련번호	판명	간행일	단수	기사명
7896	南鮮版	1937-03-16	09단	硫安許可規則公布
7897	南鮮版	1937-03-16	09단	客の品を入質
7898	南鮮版	1937-03-16	09단	內地社會政策取り入れる/柳生課長視察
7899	南鮮版	1937-03-16	09단	榮山浦學校組合議員總辭職
7900	南鮮版	1937-03-17	01단	解氷期を待兼ね花開く土木事業/千七百餘萬圓の巨額
7901	南鮮版	1937-03-17	01단	電車にはラベル/商店街に引幕/『神風』へ釜山の聲援
7902	南鮮版	1937-03-17	01단	「體育の向上に最善の努力」/三木新軍醫部長着任
7903	南鮮版	1937-03-17	02단	五千圓寄附/大興電氣から
7904	南鮮版	1937-03-17	02단	大邱と平壤/法院長、檢事正勅任認めらる
7905	南鮮版	1937-03-17	02단	電氣一本槍の精進/秋には銅像、喜びの二重奏/南鮮合電社長小倉氏の素描
7906	南鮮版	1937-03-17	03단	遞信辭令（十五日）
7907	南鮮版	1937-03-17	04단	新學年から一躍/三割一分が就學/名實ともに"教育慶南"
7908	南鮮版	1937-03-17	04단	開城府會
7909	南鮮版	1937-03-17	04단	反對派を監禁暴行/辭職强要し告訴沙汰/スピア女學校教師の暗闘
7910	南鮮版	1937-03-17	05단	墓地を美化/櫻や松を植る
7911	南鮮版	1937-03-17	06단	慶南中等校改正授業料
7912	南鮮版	1937-03-17	06단	釜山中等校合格者發表
7913	南鮮版	1937-03-17	06단	釜山の憂慮募る/今後一層誘致に努力
7914	南鮮版	1937-03-17	07단	国際列車遲れがち
7915	南鮮版	1937-03-17	07단	五穀豊穰祈願
7916	南鮮版	1937-03-17	07단	大邱第二教育部會
7917	南鮮版	1937-03-17	07단	國語讀本放送/四月から恒久的/近く具體案を檢討
7918	南鮮版	1937-03-17	07단	將來に期待/大邱も懸命
7919	南鮮版	1937-03-17	08단	釣天狗活躍/川に海に溪流にいざ
7920	南鮮版	1937-03-17	08단	二百十萬圓〔追加豫算發表〕
7921	南鮮版	1937-03-17	08단	大邱に生れる/グライダー俱樂部/松尾飛行場長が指導
7922	南鮮版	1937-03-17	09단	京城卸賣物價指數
7923	南鮮版	1937-03-17	09단	植木のラツシユ
7924	南鮮版	1937-03-17	09단	移民列車運轉
7925	南鮮版	1937-03-17	10단	靑金運搬中/姿を晦す/成歡金山會計係

일련번호	판명	간행일	단수	기사명
7926	南鮮版	1937-03-17	10단	各地から(釜山、大邱)
7927	南鮮版	1937-03-18	01단	*亞欧聯絡記錄飛行 全鮮を縦に横に聲援會を結成 廿日に朝鮮神宮で祈願祭 幸先祝ひ愼機快翔/春空にアドバルーン 電車もタクシーもカフエも“行けよ神風空遠く”*
7928	南鮮版	1937-03-18	01단	大田商議當選者晴れの十八氏決定す
7929	南鮮版	1937-03-18	03단	大邱で盈徳で祈る神々の加護/文明琦翁も率先して
7930	南鮮版	1937-03-18	05단	所要時間の計算大童/平壤の人氣沸騰
7931	南鮮版	1937-03-18	05단	美しいラベルを旅客のトランクに/平壤商店街は大賣出し
7932	南鮮版	1937-03-18	05단	「總督は元の教官懐しさ一入」/尾高十九師團長來城
7933	南鮮版	1937-03-18	06단	卒業生送別學藝會に聲援歌
7934	南鮮版	1937-03-18	06단	「南鮮合電本社は京城に永久的か」/西條釜山期成會長談
7935	南鮮版	1937-03-18	06단	初等校の先生へ/精神修養を鼓吹/先づ開く視學講習會
7936	南鮮版	1937-03-18	07단	街に愛林日ポスター
7937	南鮮版	1937-03-18	07단	救世軍々曹盜む/信仰で更生を志し/生活難から再び悪に轉落
7938	南鮮版	1937-03-18	08단	二百萬圓投じ工業用水供給設備/近く臨時平北道會招集
7939	南鮮版	1937-03-18	08단	南鮮ゴム同組役員
7940	南鮮版	1937-03-18	09단	賞品を授與/大邱飛行場開き寫眞撮影會
7941	南鮮版	1937-03-18	09단	十八日も對策協議
7942	南鮮版	1937-03-18	09단	總額四百十七萬圓/釜山府の豫算內示
7943	南鮮版	1937-03-18	09단	光州の火事
7944	南鮮版	1937-03-18	09단	八千四百萬圓/各道豫算總額
7945	南鮮版	1937-03-18	10단	京城の白米値上げ
7946	南鮮版	1937-03-18	10단	慶南警部補級異動
7947	南鮮版	1937-03-18	10단	留守宅へ强盜
7948	南鮮版	1937-03-18	10단	遭難漁夫救助
7949	南鮮版	1937-03-18	10단	殺されたか/幼兒の死體
7950	南鮮版	1937-03-18	11단	千圓を詐取
7951	南鮮版	1937-03-19	01단	*吉木梓とその一黨 大飛行を舞踊に表現/朗々歌ふ聲援歌 口から口へ春のリズム*
7952	南鮮版	1937-03-19	01단	忠州神社々頭に心からなる默禱/兒童二百餘名が参拜
7953	南鮮版	1937-03-19	02단	お祝ひの漢詩/文翁から寄す
7954	南鮮版	1937-03-19	03단	新舊中等校通じ廿四學級を增設/入學難著く緩和さる

일련번호	판명	간행일	단수	기사명
7955	南鮮版	1937-03-19	03단	全面的追及/齋藤、牧山兩氏の質問に朝鮮關係委員會緊張
7956	南鮮版	1937-03-19	04단	神理教滿鮮教會祈願祭/廿一日に行ふ
7957	南鮮版	1937-03-19	04단	大邱第一教育部會
7958	南鮮版	1937-03-19	05단	*聲援！平壤擧げて/この技術この機體 世界に誇れ 高木第卅九旅團長談/肩身が廣い 飛六中富大佐談/威力發揚の機 福島商議會頭談*
7959	南鮮版	1937-03-19	05단	急設電話申請のインチキ一掃/市價暴騰に根本對策
7960	南鮮版	1937-03-19	08단	光暢法主の手で水雲教主ら得度式/すっかり大谷派の坊さん
7961	南鮮版	1937-03-19	08단	傷病兵を慰問
7962	南鮮版	1937-03-19	08단	六社の社員は當分異動せぬ/小倉南鮮合電社長談
7963	南鮮版	1937-03-19	08단	加山面に天然痘
7964	南鮮版	1937-03-19	08단	高點爭ひ–/光州商議選擧無競爭
7965	南鮮版	1937-03-19	09단	慶南各種試驗
7966	南鮮版	1937-03-19	09단	雪崩打つ旅客群/聯絡船も汽車も滿員續き/釜山驛早くも汗だく
7967	南鮮版	1937-03-19	09단	飾窓破り捕る
7968	南鮮版	1937-03-19	09단	官公吏は執務中/努めて國語吏へ/總督府から勵行通達
7969	南鮮版	1937-03-19	10단	歡迎午餐會
7970	南鮮版	1937-03-19	10단	炭團工場焼く
7971	南鮮版	1937-03-19	11단	踊りと漫才/釜山の讀者優待
7972	南鮮版	1937-03-19	11단	奇蹟的に命拾ひ
7973	南鮮版	1937-03-20	01단	鄕土へ錦、樂人二人/伊國からテナー、獨逸から提琴家/苦鬪四ヶ年、大望に燃えて
7974	南鮮版	1937-03-20	01단	*大飛行にちなむ「舞踊と映畫の會」廿二、三兩日京城府民館で/千餘名參列廿一日平壤で成功祈願祭/光州に聲援會*
7975	南鮮版	1937-03-20	01단	誰の『神風』が一番よく飛ぶか/眼は大空へ少年飛行士/體操の時腕較べ
7976	南鮮版	1937-03-20	03단	*半島航空界の聲援/意力が大切 飯沼君は申分なし 愼朝鮮飛行學校長語る/生きた教材 京城航空會速水會長談/航空界の誇り 日本空輸京城支所 神津所長談/御成功祈る 山田遞信局長談/最初のコース成功すれば占めたもの 岩男遞信監理課長談*
7977	南鮮版	1937-03-20	04단	學校から街へ、家庭へ/釜山を揺がす聲援歌
7978	南鮮版	1937-03-20	06단	國境へ慰問袋/釜山煙草商から
7979	南鮮版	1937-03-20	06단	本社の釜山設置成らずんば辭職/香椎南鮮合電會長談

일련번호	판명	간행일	단수	기사명
7980	南鮮版	1937-03-20	06단	大邱飛行場開き記念寫眞撮影会/「飛行場開き」/特選/大邱南町/徐丙直
7981	南鮮版	1937-03-20	07단	慶南消防演習/廿日釜山南濱で
7982	南鮮版	1937-03-20	07단	すさまじい"猪"の行列
7983	南鮮版	1937-03-20	09단	京城設置に釜山期成會反對
7984	南鮮版	1937-03-20	09단	春·京城で觀光祭
7985	南鮮版	1937-03-20	10단	漁組中央會/四月中旬までに創立/事務所は京城の水産會館
7986	南鮮版	1937-03-20	10단	東海丸釜山へ寄港
7987	南鮮版	1937-03-20	11단	新會社に五課
7988	南鮮版	1937-03-21	01단	*神風全鮮を巻く 軍官民の代表網羅し　朝鮮神宮大前に成功熱禱/日本晴れに吹流し/アドバルーン揚る 祝賀機は飛ぶ 自動車、自轉車隊蜿蜒*
7989	南鮮版	1937-03-21	01단	*內鮮結婚は結構殖えて欲しい/結城拓相融和を力說/第四回朝鮮關係委員會*
7990	南鮮版	1937-03-21	05단	*弘法様の護符 飯沼飛行士へ　一萬遍の願かけ/『神風』號の歌　朝鮮神宮で披講*
7991	南鮮版	1937-03-21	05단	大邱飛行場開き記念寫眞撮影会/「開場日の人氣物」/准特選一席/崔李福
7992	南鮮版	1937-03-21	06단	先づ行樂日和/日曜の空打診
7993	南鮮版	1937-03-21	07단	衆院を通過/二法案、廿二日貴院へ
7994	南鮮版	1937-03-21	08단	珠玉揃ひ九十點/大邱神社奉納寫眞競技會
7995	南鮮版	1937-03-21	08단	强力無雙のお役人さん/動き始めた徳壽丸を引き止む/"實は降り損ね"前代未聞·港異變
7996	南鮮版	1937-03-21	08단	大邱目抜通に引幕
7997	南鮮版	1937-03-21	08단	內務局長ら新京へ
7998	南鮮版	1937-03-21	09단	自由契約か/借庫方法更改
7999	南鮮版	1937-03-21	09단	廿周年記念/鑛業會大會/六月四日開く
8000	南鮮版	1937-03-21	09단	半島の義人へ/續々同情金
8001	南鮮版	1937-03-21	09단	われらの空は我等の手で/京城で防空座談會
8002	南鮮版	1937-03-21	10단	慶南豫算案成立
8003	南鮮版	1937-03-21	10단	大田豫算府會
8004	南鮮版	1937-03-21	10단	金庫を盜んだが强盜忽ち捕はる/お手柄の店員諸君
8005	南鮮版	1937-03-21	10단	カフエ燒く
8006	南鮮版	1937-03-21	10단	子守と幼兒轢死さる/トロッコに

일련번호	판명	간행일	단수	기사명
8007	南鮮版	1937-03-21	11단	命取りの治療
8008	南鮮版	1937-03-21	11단	マイト爆發/抗夫一名死亡
8009	南鮮版	1937-03-23	01단	胸襟開く南統治/虚心坦壊民の聲を聽く用意あり/安んじて文書で言ひたい事言へ/“下意上達のコツ”を通牒
8010	南鮮版	1937-03-23	01단	慶北線の買收案豫算總會で否決/明年度全面的にお流れ
8011	南鮮版	1937-03-23	01단	*聲援舞踊に喝采　京城の「舞踊と映畵の會」　超滿員の凄まじさ/神理教祈願祭*
8012	南鮮版	1937-03-23	01단	大釜山建設を語る 1/十年後は大連を凌ぐ要塞地帶なるが故に却って發展上大きい利益
8013	南鮮版	1937-03-23	04단	大邱府會第一日
8014	南鮮版	1937-03-23	04단	歌ふ交換孃
8015	南鮮版	1937-03-23	05단	慶南道會終る
8016	南鮮版	1937-03-23	05단	大邱飛行場開き記念寫眞撮影会/「飛行場開き」/准特選二席/(大邱南町)/徐丙直
8017	南鮮版	1937-03-23	05단	國有財産法/四月一日から實施
8018	南鮮版	1937-03-23	06단	運賃は割引せう/ぜひ片道は鮮內へ/五輪大會お客へサーヴィス
8019	南鮮版	1937-03-23	07단	南門市の實況放送
8020	南鮮版	1937-03-23	08단	警察官增員は結局八百名/治安維持さらに强化
8021	南鮮版	1937-03-23	08단	鐵道新職員/近く大學着任
8022	南鮮版	1937-03-23	08단	倉敷紡績工場群山に決る/早ければ今秋に着工
8023	南鮮版	1937-03-23	08단	通行人を丸裸/五人組辻强盜
8024	南鮮版	1937-03-23	09단	食刀で刺殺/京畿永中面に强盜
8025	南鮮版	1937-03-23	09단	開城防護團發團式
8026	南鮮版	1937-03-23	09단	不良少年の感化院/全南に新設
8027	南鮮版	1937-03-23	09단	降峴普校々長の息轢殺さる
8028	南鮮版	1937-03-23	10단	貨物激增す
8029	南鮮版	1937-03-23	10단	自動車取締規則を改正
8030	南鮮版	1937-03-23	10단	溺死事件調査
8031	南鮮版	1937-03-23	11단	滿洲國からの訪日團體激增
8032	南鮮版	1937-03-23	11단	豪勢な觀光團/花の平壤へ續々
8033	南鮮版	1937-03-23	11단	帆船丸焼け
8034	南鮮版	1937-03-23	11단	各地から(大邱、釜山)

일련번호	판명	간행일	단수	기사명
8035	南鮮版	1937-03-24	01단	打てば響く統制/大都の空を護る/新機構の京城防護團/神武天皇祭に晴れの結團式
8036	南鮮版	1937-03-24	01단	*全釜山を一丸に 大飛行聲援會 廿五日に成功祈願祭/聲援會役員/鎭南浦の聲援 廿四日祈願祭*
8037	南鮮版	1937-03-24	01단	大釜山建設を語る 2/工場に誂へ向/水も豊富、交通も至便/此上取締が緩和されたら
8038	南鮮版	1937-03-24	02단	春蠶掃立枚數/六十八萬枚豫想/五分乃至七分の增加
8039	南鮮版	1937-03-24	03단	驛長級異動
8040	南鮮版	1937-03-24	04단	拓務省移民團
8041	南鮮版	1937-03-24	04단	洋灰統制懇談
8042	南鮮版	1937-03-24	04단	*難航の豫算成立 商業校に內鮮共學を熱望し 朝鮮人議員側も折れる/擧つて辭意表明*
8043	南鮮版	1937-03-24	05단	府外の生徒に寄附引上げ/鎭南浦高女四月から
8044	南鮮版	1937-03-24	05단	河合卯之助氏/近作陶器展/京城三越にて
8045	南鮮版	1937-03-24	07단	危ふく窒息死
8046	南鮮版	1937-03-24	07단	甘藷を本格的に漢拏山麓で栽培/種芋は鹿兒島縣から
8047	南鮮版	1937-03-24	08단	三等客優遇/客車を明粧
8048	南鮮版	1937-03-24	08단	廿萬圓を横領/鈴鹿商店員留置さる
8049	南鮮版	1937-03-24	09단	明壽丸遭難者へ弔慰金
8050	南鮮版	1937-03-24	09단	六つの爲名持ち鮮滿を股に詐欺/朝鮮ホテルの怪紳士
8051	南鮮版	1937-03-24	09단	女エ二千名/東洋紡績永登浦工場で募集
8052	南鮮版	1937-03-24	09단	每日喧嘩さわぎ/滿洲行各列車は超滿員/ごった返す平壤驛
8053	南鮮版	1937-03-24	10단	“あかつき”延長本年中は望み薄/西鮮は採算上疑問
8054	南鮮版	1937-03-24	10단	天然痘續發/京畿で臨時種痘
8055	南鮮版	1937-03-24	11단	恩を仇で返す/殺人强盜犯人は元雇人
8056	南鮮版	1937-03-24	11단	大田府會始る
8057	南鮮版	1937-03-24	11단	轢死體二つ
8058	南鮮版	1937-03-25	01단	*春光の下・大合唱光州神社大前で成功祈願祭“響け世界に國産機”/聲援歌合唱のコーラス團編成釜山祈願祭飾る麗花/五萬咸興府民の總意籠る激勵電嵐の拍手、府會の聲援*
8059	南鮮版	1937-03-25	01단	舞踊『神風』號
8060	南鮮版	1937-03-25	01단	大釜山建設を語る 3/海の幸生かせ/製油工場や魚肉工場/大規模に建てる事が必要
8061	南鮮版	1937-03-25	04단	總督廿六日咸南へ

일련번호	판명	간행일	단수	기사명
8062	南鮮版	1937-03-25	04단	釜山府會廿五日から二讀會
8063	南鮮版	1937-03-25	04단	知事會議延期/四月廿日頃から五日間
8064	南鮮版	1937-03-25	04단	馬山消防組頭/後任は西田氏
8065	南鮮版	1937-03-25	05단	「高嶺土の朝鮮で窯業不振は殘念」/河合卯之助來鮮
8066	南鮮版	1937-03-25	05단	繼足し列車走る/「のぞみ」の脫線騷ぎから/京義線ダイヤ混亂
8067	南鮮版	1937-03-25	06단	鮮滿の化物輸送一元的統制へ/四月上旬に國境會議
8068	南鮮版	1937-03-25	07단	大詰へ一步/洋灰統制懇談會
8069	南鮮版	1937-03-25	07단	加藤總裁搭乘機/通州に不時着す/乘客、機體とも無事
8070	南鮮版	1937-03-25	07단	地主から强奪
8071	南鮮版	1937-03-25	07단	西北鮮へ移民列車/四千五百名先發
8072	南鮮版	1937-03-25	08단	お花見客歡迎/南鮮随一/櫻の鎭海
8073	南鮮版	1937-03-25	08단	北鮮の官民は工鑛業を理解/石田鑛山課長視察談
8074	南鮮版	1937-03-25	09단	密航の親分/改心を誓ふ
8075	南鮮版	1937-03-25	09단	季節はづれの雪/元山地方に降り續く
8076	南鮮版	1937-03-25	09단	浦項港擴設期成會生る
8077	南鮮版	1937-03-25	09단	二千圓を盜む
8078	南鮮版	1937-03-25	09단	豆滿江解氷
8079	南鮮版	1937-03-25	09단	寡婦の篤志/千五百圓を寄附
8080	南鮮版	1937-03-25	10단	蔚山赤化事件求刑
8081	南鮮版	1937-03-25	10단	各地から(東萊、京城、釜山)
8082	南鮮版	1937-03-26	01단	城大卒業式
8083	南鮮版	1937-03-26	01단	京城花祭迫る
8084	南鮮版	1937-03-26	01단	出資社員も纒る/裡里放送局近く着工
8085	南鮮版	1937-03-26	01단	勞力調節協議
8086	南鮮版	1937-03-26	01단	*狂ふ季節の時計　北鮮一帶は强風、積雪/吹雪で運轉不能〔白茂線の沿線〕/春支度退却 寒風つのる光州地方/櫻も澁面 釜山地方から氷結/間もなく暖くならう 京城測候所の打診*
8087	南鮮版	1937-03-26	02단	*亞欧聯絡大飛行　敬虔額づく千餘名　龍頭山神社で成功祈願祭　聲援歌、港都を壓す/神符と激勵電 聲援會より本社へ*

일련번호	판명	간행일	단수	기사명
8088	南鮮版	1937-03-26	02단	*いざ征け 釜山聲援會の役員諸氏から 滿腔の感謝 顧問土師慶南知事談/國家的狀擧 顧問鎌田少佐談/私は嬉しい 名誉會長山本府尹談/新記錄を確信 副会長坂田國防義會長談/親善に裨益 副会長金東準氏談/我國航空界の進步を示す好機会長立石商議會頭談/成功疑ひなし 副会長西條府會副議長談*
8089	南鮮版	1937-03-26	05단	龍浦丸沈沒
8090	南鮮版	1937-03-26	05단	輸出琺瑯鐵器の割當增加を要求/協定更改會議ひらく
8091	南鮮版	1937-03-26	06단	液體燃料原料に鰯新しく登場/採れるか重油代用品
8092	南鮮版	1937-03-26	06단	調査會常置/恒久的對策を樹てる
8093	南鮮版	1937-03-26	07단	知事會議決る
8094	南鮮版	1937-03-26	07단	對滿貿易振興/卅日に座談會
8095	南鮮版	1937-03-26	07단	土木出張所を廢合/仁川、元山、麗水は廢止し京城、釜山は陣容を强化
8096	南鮮版	1937-03-26	08단	金融調査會の根本方針
8097	南鮮版	1937-03-26	08단	林野內採草地品評會の入賞
8098	南鮮版	1937-03-26	08단	五十尺の斷崖からトラック轉落/三名卽死、運轉手重傷
8099	南鮮版	1937-03-26	08단	春宵歡談/總督が陸士出の將軍招いて
8100	南鮮版	1937-03-26	09단	林檎移入檢査反對
8101	南鮮版	1937-03-26	09단	京城の植樹デー
8102	南鮮版	1937-03-26	09단	同性愛血の終曲/コッソリ妻帶した友達に剃刀で瀕死の重傷
8103	南鮮版	1937-03-26	09단	四月四日まで又使用禁止/新義州飛行場
8104	南鮮版	1937-03-26	10단	四名死傷の惨/トラック轉覆
8105	南鮮版	1937-03-26	10단	米穀商へ强盜
8106	南鮮版	1937-03-26	10단	棒化木材會社の金庫破壞さる/三千四百圓を竊取
8107	南鮮版	1937-03-26	11단	運動競技界(釜山庭球聯盟/スケヂュール/朝鮮體協の評議員擴充)
8108	南鮮版	1937-03-26	11단	各地から(釜山、大邱、京城、裡里)
8109	南鮮版	1937-03-27	01단	地價吊上げ前に/機先制する便法/道知事の權限を擴大
8110	南鮮版	1937-03-27	01단	水産品檢査所/十三ヶ所に新設/稅關から獨立させる
8111	南鮮版	1937-03-27	01단	*前納金位物かは 押すな押すな 京城の急設電話申込/釜山も殺到*
8112	南鮮版	1937-03-27	01단	大釜山建設を語る 4 /滿洲や北鮮へ/旅客誘致の手を伸せ/人爲的施設も完備せよ
8113	南鮮版	1937-03-27	02단	芳醇酒へ褒賞/大邱の品評會

일련번호	판명	간행일	단수	기사명
8114	南鮮版	1937-03-27	03단	植樹デーの鎭海
8115	南鮮版	1937-03-27	04단	戰慄の性病禍/京城花柳界調べ
8116	南鮮版	1937-03-27	04단	亞歐大飛行に神助あれ
8117	南鮮版	1937-03-27	05단	機上の魚群搜し/七月から實現/漁船も無電、聯絡自在
8118	南鮮版	1937-03-27	05단	酔はれぬ春/酒も勝る、ビールも勝る/ネオン街お手盛案
8119	南鮮版	1937-03-27	06단	硬化油會社/四月中に創立
8120	南鮮版	1937-03-27	07단	風水害救濟費/國庫補助決る
8121	南鮮版	1937-03-27	07단	『神風』歸る日まで/續けん曉の禊ぎ/京城神社/敬神會長の熱援
8122	南鮮版	1937-03-27	08단	*咸北の降雪一尺　至る所に交通杜絶す/北鮮線復舊　大型船も難航*
8123	南鮮版	1937-03-27	08단	鐵橋で刎らる
8124	南鮮版	1937-03-27	08단	渡船轉覆し二名が行方不明
8125	南鮮版	1937-03-27	09단	不定期急行/廿七日から運轉
8126	南鮮版	1937-03-27	10단	焼酎釀造會社が/無水酒精を製造/總督府も助長策講ず
8127	南鮮版	1937-03-27	10단	慶南の大停電
8128	南鮮版	1937-03-28	01단	大釜山建設を語る/殖える貧困者/一年に七千人位づつ/半分以上地道の流れ者
8129	南鮮版	1937-03-28	01단	東久邇宮殿下/六月に御來鮮遊ばさる
8130	南鮮版	1937-03-28	01단	雪の金剛縱走/五輪大會宣傳映畵も撮影
8131	南鮮版	1937-03-28	01단	銃後の護り重し/女學生にも教練/國婦幹部を仕上げる
8132	南鮮版	1937-03-28	03단	お手並鮮か豆巡査/“交通整理に交通整理”の人氣/果然巻き起る贊否兩論
8133	南鮮版	1937-03-28	03단	大飛行祈願祭/井邑神社で執行
8134	南鮮版	1937-03-28	04단	邑圖/職員共濟會/近く慶南に組織
8135	南鮮版	1937-03-28	05단	歸るが是か一/歸らざるが非か/內地と朝鮮に/恩愛の絆
8136	南鮮版	1937-03-28	05단	土砂流し犯人捕る
8137	南鮮版	1937-03-28	06단	*新に新義州へ 港灣施設を要す/鮮滿非同　技術委員會で有力/委員會の收穫*
8138	南鮮版	1937-03-28	07단	宛ら不定期列車/關釜聯絡船も出港遲勝ち/國際列車に時間勵行要望の聲
8139	南鮮版	1937-03-28	08단	絶好の行樂日和/海雲台溫泉大賑ひ
8140	南鮮版	1937-03-28	09단	愛犬に注射を

일련번호	판명	간행일	단수	기사명
8141	南鮮版	1937-03-28	09단	山田畵伯個展
8142	南鮮版	1937-03-28	09단	妓生學院/京城に生れる
8143	南鮮版	1937-03-28	10단	船車とも滿員
8144	南鮮版	1937-03-28	10단	地方官吏養成所試驗合格者
8145	南鮮版	1937-03-28	11단	二千圓詐取
8146	南鮮版	1937-03-28	11단	郵便料金改正/街頭宣傳始る
8147	南鮮版	1937-03-30	01단	*亞歐結ぶ大飛行 無論、成功を確信 木下少將激勵の辭/『神風』の驀進を 地圖に描く 大邱府內十三ヶ所で/咸興に聲援會/大田で宣傳*
8148	南鮮版	1937-03-30	01단	*あらゆる分野に忘るな鮮滿一如 南總督の咸南視察談/三大鐵橋設計に空と水への安心 小田技師が苦心完成*
8149	南鮮版	1937-03-30	03단	寒い滿洲各地を/獻金の募集行脚/愛國婆さんの佳話
8150	南鮮版	1937-03-30	04단	ソ聯船釜山へ寄港
8151	南鮮版	1937-03-30	04단	三將軍相次ぎ東上
8152	南鮮版	1937-03-30	05단	國際鐵橋架設の覺書に調印
8153	南鮮版	1937-03-30	05단	大邱第二教育部會原案可決
8154	南鮮版	1937-03-30	05단	全鮮藥業聯合大會
8155	南鮮版	1937-03-30	06단	人絹工業時代實現/水は大丈夫、原料も豊富/各地績競って進出
8156	南鮮版	1937-03-30	06단	全慶南道廳員/再び神社參拜/自力更生日に
8157	南鮮版	1937-03-30	07단	國産奬勵/春の撮影會/本社釜山通信局後援/四月十一日東萊で
8158	南鮮版	1937-03-30	08단	彼女らの天國/昌慶苑で
8159	南鮮版	1937-03-30	08단	米の品種別
8160	南鮮版	1937-03-30	08단	烈風に煽られ/空車の轉覆騷ぎ/機關車と衝突刎らる
8161	南鮮版	1937-03-30	08단	興安丸超滿員
8162	南鮮版	1937-03-30	09단	ハイクに賃金割引
8163	南鮮版	1937-03-30	09단	朝鮮に船籍/有する船舶
8164	南鮮版	1937-03-30	09단	全部落殆ど罹病/平南に依然麻疹猖獗
8165	南鮮版	1937-03-30	09단	傷害犯人自首
8166	南鮮版	1937-03-30	10단	千葉茂樹中佐
8167	南鮮版	1937-03-30	10단	亞歐飛行/記念映畵會/四月一、二兩日釜山で/愛讀者優待
8168	南鮮版	1937-03-30	10단	各地から(釜山、開城)
8169	南鮮版	1937-03-31	01단	五輪大會のお蔭/仁川月尾島を冬のパラダイスに/朝鮮ホテルにはダンスホールを/國際觀光都市の施設急ぐ

일련번호	판명	간행일	단수	기사명
8170	南鮮版	1937-03-31	01단	巷間傳ふる異動/行ふ考へなし/總督、局長會議で否定
8171	南鮮版	1937-03-31	01단	*京畿道三無盡/合同決定す/新社長には內部から/光州府會始まる*
8172	南鮮版	1937-03-31	01단	大豫算鵜呑み/京城府會終る/大邱府會原案可決
8173	南鮮版	1937-03-31	02단	新鷄林風土記 1/自らを知れ/鷄林の由來/(『新鷄林風土記』)
8174	南鮮版	1937-03-31	03단	植樹デー迫る
8175	南鮮版	1937-03-31	04단	勞働者輸送
8176	南鮮版	1937-03-31	04단	活況の金融界
8177	南鮮版	1937-03-31	04단	晋州探光會例會
8178	南鮮版	1937-03-31	05단	鰯の大漁/欲知島沖
8179	南鮮版	1937-03-31	05단	躍進の全貌誇示/別府博の異彩朝鮮館
8180	南鮮版	1937-03-31	05단	蔚山農業認可
8181	南鮮版	1937-03-31	05단	輸入稅免除法案/衆議院委員會で可決
8182	南鮮版	1937-03-31	07단	鳥致院に强盜
8183	南鮮版	1937-03-31	07단	四月七、八日頃/創立記念祝賀會/馬山重砲兵聯隊
8184	南鮮版	1937-03-31	07단	父の死骸を松に/縊死を裝はす?/鎭南浦署、船頭を引致
8185	南鮮版	1937-03-31	08단	林檎移入檢査/防止に代表上京/知事會議にも陳情
8186	南鮮版	1937-03-31	08단	陜川署長異動
8187	南鮮版	1937-03-31	08단	林業開發會社/創立本極り/配當補助金閣議通過
8188	南鮮版	1937-03-31	08단	大飛行成功を/神明に祈る/山口統營邑長談
8189	南鮮版	1937-03-31	09단	松井米倉社長東上
8190	南鮮版	1937-03-31	09단	內相の表彰旗/仁川消防組へ
8191	南鮮版	1937-03-31	09단	異色の團體
8192	南鮮版	1937-03-31	09단	慶南初等校/教員大異動/卅一日付で發表
8193	南鮮版	1937-03-31	09단	討匪に發揮した/鮮滿一如の威力/全滅に近き打擊與ふ
8194	南鮮版	1937-03-31	10단	拐帶犯人の死體を發見
8195	南鮮版	1937-03-31	11단	大阪本社見學(二十九日)
8196	南鮮版	1937-03-31	11단	釜山體協スケヂユール
8197	南鮮版	1937-03-31	11단	婦人客、左足轢斷
8198	南鮮版	1937-03-31	11단	全州師範講習科修了生
8199	南鮮版	1937-03-31	11단	各地から(蔚山、裡里、鎭海、釜山、通營、晋州)

1937년 4월

일련번호	판명	간행일	단수	기사명
8200	南鮮版	1937-04-01	01단	新鷄林風土記２/京畿道篇Ａ/悠久干年王城の地/近代朝鮮の羽搏き
8201	南鮮版	1937-04-01	01단	渦を巻く旅客/興安、景福兩船相次いで入港/降立つ二千四百名
8202	南鮮版	1937-04-01	01단	富士氏當選/大田商議會頭
8203	南鮮版	1937-04-01	01단	稅制改正案成る/年額三百萬圓前後の增收/四月一日から實施
8204	南鮮版	1937-04-01	01단	『神風』の快翔振り/慶南各地で速報/釜山府內は卅六ヶ所
8205	南鮮版	1937-04-01	04단	慶南教員異動發表
8206	南鮮版	1937-04-01	05단	釜山で立往生の人達へ溫い救ひ/社會課出張所を新築
8207	南鮮版	1937-04-01	06단	大邱吟詠會生る/參加の同好者九十名
8208	南鮮版	1937-04-01	06단	木浦の映畵會
8209	南鮮版	1937-04-01	08단	北鮮線運賃改正不可能に陷る/鮮鐵側は强硬に反對
8210	南鮮版	1937-04-01	08단	檀君の居城か/滿浦線龍源理驛附近に石造城址發見さる
8211	南鮮版	1937-04-01	08단	大邱府會終了
8212	南鮮版	1937-04-01	08단	芳醇の朝鮮酒
8213	南鮮版	1937-04-01	08단	交通道德宣傳の都々逸募集
8214	南鮮版	1937-04-01	09단	實兄を絞殺し拐帶裝はす/怪死體事件の謎解く
8215	南鮮版	1937-04-01	09단	鮮產品の海外發展懇談/各國領事招いて
8216	南鮮版	1937-04-01	09단	料金引上げで約一割增收/慶南の郵便局所
8217	南鮮版	1937-04-01	09단	慶南棉作品評會の入賞
8218	南鮮版	1937-04-01	10단	各地から(統營、釜山)
8219	南鮮版	1937-04-02	01단	輝く出發式に祈る/北鮮に昻し“聲援の爆音”
8220	南鮮版	1937-04-02	01단	釜山と福岡間にヂカに電報發着/一日からぐっと速達
8221	南鮮版	1937-04-02	01단	液體燃料調查委員會生る/總監歸任次第顔合せ
8222	南鮮版	1937-04-02	01단	嬉しい入學日
8223	南鮮版	1937-04-02	01단	學校保健確立
8224	南鮮版	1937-04-02	02단	命令航路補助/總額發表さる
8225	南鮮版	1937-04-02	03단	新鷄林風土記３/京畿道篇Ｂ/高き文化低き文化/諧謔都市京城の顔
8226	南鮮版	1937-04-02	03단	龍頭山神社へ二千名參拜/自力更生日に
8227	南鮮版	1937-04-02	04단	咸興祈願祭
8228	南鮮版	1937-04-02	04단	春の辨天市/二日から蓋開け
8229	南鮮版	1937-04-02	05단	市場改築案は揉拔いて否決/釜山府會終る
8230	南鮮版	1937-04-02	05단	仁川の発展は宗教的信念の力/初度巡視の總督語る
8231	南鮮版	1937-04-02	05단	湖南に人絹工場/倉敷紡績準備を進む
8232	南鮮版	1937-04-02	05단	愛國京城第一號機/晴れの命名式/五月一日に擧行

일련번호	판명	간행일	단수	기사명
8233	南鮮版	1937-04-02	06단	お客が多過ぎて乘車をお斷り/國際列車中間驛の惱み
8234	南鮮版	1937-04-02	07단	水産品檢査所/一日より新設
8235	南鮮版	1937-04-02	08단	*慶南中等初等敎員異動/更に五十一名動く/慶北初等敎員*
8236	南鮮版	1937-04-02	09단	本府から地方へ廳員天降り廢止/知事の裁量範圍擴大
8237	南鮮版	1937-04-02	09단	土木出張所長發令
8238	南鮮版	1937-04-02	09단	天然痘と流腦/一名づつ續發/釜山の戰慄
8239	南鮮版	1937-04-02	09단	産業課を廢し山林、商工に分く/全南で新年度から
8240	南鮮版	1937-04-02	10단	急設電話申請/四割五分に激減/京城は三千八百口
8241	南鮮版	1937-04-02	10단	蔚山郡讀書會事件判決
8242	南鮮版	1937-04-02	10단	密航團送還
8243	南鮮版	1937-04-03	01단	*全州工業問題で全北首腦部總更迭　新知事は孫氏（江原）榮轉/官吏としての信念　尊重の南人事イデオロギー　注目される異例の措置/待ってゐた吉報　北支視察から歸るなり全北警察部長の福島氏*
8244	南鮮版	1937-04-03	01단	畜産試驗場/近く光州に設ける/ホームスパン工場も計畫
8245	南鮮版	1937-04-03	01단	液體燃料調査會の目標
8246	南鮮版	1937-04-03	01단	新鷄林風土記４/京畿道篇Ｃ/特殊事情の隱れ蓑/脫ぐは今弱體大學
8247	南鮮版	1937-04-03	02단	慶南の主任級異動
8248	南鮮版	1937-04-03	03단	*期待に添はず眞に濟まぬ　金新江原知事談/かねて覺悟　古市新任大邱府尹語る/室田寅雄氏談*
8249	南鮮版	1937-04-03	04단	南鮮の櫻綻ぶ/祭日、日曜二日續き/行樂の春花やかに開く
8250	南鮮版	1937-04-03	05단	*發揚せよ國威　「神風」の國家的壯擧に　原鎭海要港部司令官の激勵/全國民の熱で/牛島鎭海邑長談*
8251	南鮮版	1937-04-03	05단	*第二次異動　慶南の初等學校長/京畿道視學級*
8252	南鮮版	1937-04-03	05단	勤勞の結晶で高射機關銃を獻納/備前屋旅館の從業員
8253	南鮮版	1937-04-03	06단	事務官駐在を北支で歡迎/近日正式打合せ
8254	南鮮版	1937-04-03	07단	大激戰を豫想/京畿道議選擧の立候補/百十餘名に上らん
8255	南鮮版	1937-04-03	07단	*新看板の下に活動　張切る釜山土木出張所員/最適任の所長勅任技師橫井氏*
8256	南鮮版	1937-04-03	08단	團旗入魂式/京城府防護團
8257	南鮮版	1937-04-03	09단	守山橋認可/地元負擔は十三萬圓
8258	南鮮版	1937-04-03	09단	『飛行場開き』/寫眞展盛況
8259	南鮮版	1937-04-03	10단	線路沈下/楡木亭、進永間
8260	南鮮版	1937-04-03	10단	結構盡めの條件/北鮮行きの勞働移民/一萬五千人五日から輸送
8261	南鮮版	1937-04-03	11단	女の溺死體

일련번호	판명	간행일	단수	기사명
8262	南鮮版	1937-04-03	11단	二千圓拐帶/伊藤忠商店給仕
8263	南鮮版	1937-04-04		休刊
8264	南鮮版	1937-04-06	01단	一千萬圓を投じバス四千キロ局營化/近く具體案を協議
8265	南鮮版	1937-04-06	01단	貸ビル黃金時代/七十室豫約濟の朝鮮ビル/空へ伸びる京城オフィス街
8266	南鮮版	1937-04-06	01단	*江原道で今少し働きたかった 孫新任全北知事語る/名コンビの女房役 門脇新內務部長/門脇氏送別會/福島氏七日に赴任*
8267	南鮮版	1937-04-06	02단	一等地は坪千圓/京城の地價鰻上り
8268	南鮮版	1937-04-06	03단	將來工業用鹽も鮮內で自給自足/歸任の專賣局長語る
8269	南鮮版	1937-04-06	04단	三千圓寄附/消防會館建設費
8270	南鮮版	1937-04-06	04단	釜山目拔通を練る白象行列
8271	南鮮版	1937-04-06	04단	京城府辭令
8272	南鮮版	1937-04-06	05단	京畿道議選擧要項發表
8273	南鮮版	1937-04-06	05단	カメラマンの話題を獨占/國産奬勵春の撮影會
8274	南鮮版	1937-04-06	05단	櫻二分咲き
8275	南鮮版	1937-04-06	06단	「ひとのみち」にメス/不敬事實は斷乎處分/信徒總數五千を算す
8276	南鮮版	1937-04-06	06단	經濟上の鮮滿一如/畫期的大會議を準備/摩擦を避けて國策推進
8277	南鮮版	1937-04-06	07단	産業經濟分野の調整を急ぐ/知事會議機の具體化
8278	南鮮版	1937-04-06	07단	不安全畓更生
8279	南鮮版	1937-04-06	08단	輸出品檢査規則/新に三種目適用/來る二十日から實施
8280	南鮮版	1937-04-06	08단	鐵道新規採用者/初任給引上げ/十圓づつ增俸の魁け
8281	南鮮版	1937-04-06	09단	傷害致死の無賴漢捕る
8282	南鮮版	1937-04-06	09단	列車から墜落/少年無殘の死
8283	南鮮版	1937-04-06	09단	春の京城を彩る海軍色/水兵さん繰込む
8284	南鮮版	1937-04-06	10단	僞造五十錢銀貨
8285	南鮮版	1937-04-06	10단	各地から(釜山、晋州、開城)
8286	南鮮版	1937-04-06	11단	砂糖含有菓子に出港稅
8287	南鮮版	1937-04-07	01단	*刻一刻、全鮮の眼 "神風"と共に飛ぶ 君も僕も同じ誇りの國産機 驚異の神速、讚歎の白熱圈/港都ゆらげ聲援歌 道行く人も高唱しつゝ 速報所前は黑山の人だかり/一報至る每にワッと歡聲/沸き返る平壤全市*
8288	南鮮版	1937-04-07	01단	世襲財産設定/御諮詢案可決/王公族番議會
8289	南鮮版	1937-04-07	02단	新鷄林風土記５/京畿道篇Ｄ/無用也事勿れ州義/速水總長に望む力
8290	南鮮版	1937-04-07	03단	京釜間の複線工事/豫定早めて五月着手/完成次第、列車大增發

일련번호	판명	간행일	단수	기사명
8291	南鮮版	1937-04-07	05단	思はず合唱　先生からのお話で彈む童心、光州の兒童達/日糖の祝辭/新津氏から/早くもお祝ひの準備　平壤名工場汽笛の祝福
8292	南鮮版	1937-04-07	06단	無人の帆船漂流
8293	南鮮版	1937-04-07	06단	海員ホーム/釜山港に建てる
8294	南鮮版	1937-04-07	07단	林檎移入檢査實施見合せか/陳情員上京中止
8295	南鮮版	1937-04-07	07단	八雲へ總督を招待
8296	南鮮版	1937-04-07	08단	移入稅下るまで/藏住ひの織勿類/石油は早手廻し員込
8297	南鮮版	1937-04-07	08단	人絹輸出檢査を朝鮮も適用/問題は內地製別珍
8298	南鮮版	1937-04-07	08단	簡保を普及/釜山掌當局行事
8299	南鮮版	1937-04-07	09단	四階建ての別館/工費卅萬圓を投じ白堊殿左側に着工
8300	南鮮版	1937-04-07	09단	藥業聯合大會
8301	南鮮版	1937-04-07	10단	密航團檢擧
8302	南鮮版	1937-04-07	11단	各地から(京城)
8303	南鮮版	1937-04-07	11단	ひとのみち犬/田支部長檢擧
8304	南鮮版	1937-04-08	01단	張總理と南總督　鮮滿一如を懇談　東京訪門の途　廿二日に來城/綿花の鮮滿一如　關農一號を栽培試驗/棉花女子共同作圃倍加
8305	南鮮版	1937-04-08	01단	世界に誇る鐵橋/洪水何ぞ空襲恐れじ/學位は待つ小田氏の設計
8306	南鮮版	1937-04-08	01단	觀櫻御會御召/民間功勞者
8307	南鮮版	1937-04-08	01단	京城神社宮司表彰
8308	南鮮版	1937-04-08	02단	新鷄林風土記 6 /京畿道篇 E /情熱なき知識のみ/浮ばれぬ學の權威
8309	南鮮版	1937-04-08	03단	濟州島の燒酎工場に脫水塔
8310	南鮮版	1937-04-08	03단	バンドン丸/釜山へ寄港
8311	南鮮版	1937-04-08	04단	空陸連帶輸送に滿鐵も參加/準備完了、十五日から
8312	南鮮版	1937-04-08	04단	大野政務總監/十二日に歸任
8313	南鮮版	1937-04-08	04단	滿開は日曜日頃　花見氣分昂まる南鮮(釜山、馬山)/十八日ごろ絶頂の京城の櫻
8314	南鮮版	1937-04-08	05단	新設燒酎工場は無水酒精必ず製造せよ/許可に條件を付ける
8315	南鮮版	1937-04-08	06단	慶北に天然痘續發
8316	南鮮版	1937-04-08	06단	平南の種羊場/般山面に設置
8317	南鮮版	1937-04-08	07단	軍需工業に呼應/特殊鑛を開發/本格的に調查始める
8318	南鮮版	1937-04-08	07단	"神風"號萬歲！
8319	南鮮版	1937-04-08	09단	少年を絞殺/盜みの嫌疑でリンチ

일련번호	판명	간행일	단수	기사명
8320	南鮮版	1937-04-08	10단	百萬長者の家で小作人殺害さる/犯人は內部說有力
8321	南鮮版	1937-04-08	11단	決翔又決翔に血沸かす少國民/最高潮、釜山の聲援熱
8322	南鮮版	1937-04-09	01단	京城に軍人會館 七十萬圓で來月着工 鄕軍活動一切の本據/國防婦人會を統制 兩師團所在地に南北總本部 朝鮮女性にも一心同體
8323	南鮮版	1937-04-09	01단	新鷄林風土記 7 /京畿道篇 F /今一步氣魄と精進/全國的文學水準へ
8324	南鮮版	1937-04-09	01단	大邱府外に遊園地/今夏お目見え
8325	南鮮版	1937-04-09	01단	南鮮合電創立總會へ釜山から繰込む/多數の株主續々東上
8326	南鮮版	1937-04-09	02단	司法法規改正/委員會を設けて
8327	南鮮版	1937-04-09	03단	十八番の世界一 “神風”號へ進呈/米人觀光團も感歎/「成功せよ」の思ひは一つ淸津の熱狂/空の勇士も心強い太鼓判 平壤府民有頂天
8328	南鮮版	1937-04-09	04단	殉職者招魂祭/廿五日に執行
8329	南鮮版	1937-04-09	04단	光州の櫻開く
8330	南鮮版	1937-04-09	05단	片倉製絲工場/原州に設置決る/今秋までに着工せん
8331	南鮮版	1937-04-09	05단	先着四百名に景品を贈呈/國産獎勵春の撮影大會迫る
8332	南鮮版	1937-04-09	06단	松岡滿鐵總裁/十一日新義州へ
8333	南鮮版	1937-04-09	07단	“神風”式の黑字新記錄/局鐵・八百五十萬圓增收
8334	南鮮版	1937-04-09	07단	滿浦線工事に八千名更に動員/明春に基礎工作完了
8335	南鮮版	1937-04-09	07단	密航團又送還
8336	南鮮版	1937-04-09	08단	倫敦安着と共に祝福の花火/手具脛をひく京城
8337	南鮮版	1937-04-09	08단	內地の林檎移入檢査取止め
8338	南鮮版	1937-04-09	10단	張總理を迎へ/數々の記念行事/滿洲國の認識深める
8339	南鮮版	1937-04-09	11단	保全、建設工事/七割增加す/風水害の祟り
8340	南鮮版	1937-04-09	11단	旅館で割腹
8341	南鮮版	1937-04-10	01단	今一息・大壯擧完成春·快調の聲援歌“神風”號宛ら磁石世界驚倒のニュースに醉ひ固唾！大詰の熱援/前祝ひの花見酒我が胸彈み、高鳴る櫻も微笑まん港の感激/教材になる“神風”號京城內の各小學校で航程辿り世界地理說明/早速にお禮詣り大邱の聲援最高潮/必死の祈り萬歲絶叫の馬山/釜山も奉告祭/奉告感謝祭十日朝鮮神宮にて
8342	南鮮版	1937-04-10	02단	消防演習/大邱で擧行
8343	南鮮版	1937-04-10	03단	釜山府に停年制/內規を設け人事刷新
8344	南鮮版	1937-04-10	04단	鮮滿一如に關し 總督と重要會談 松岡總裁十五日來城/張總理來城日 廿一日に繰上 歸路は北朝鮮廻り/熙官相も來城

일련번호	판명	간행일	단수	기사명
8345	南鮮版	1937-04-10	05단	既設倉庫のある地方は新設せず/金組倉庫に妥協成立
8346	南鮮版	1937-04-10	05단	春色二題(雪、櫻)
8347	南鮮版	1937-04-10	07단	表彰の軍士像/十七名に贈る
8348	南鮮版	1937-04-10	07단	はんぶるぐ丸/十四日釜山へ
8349	南鮮版	1937-04-10	08단	國を賣る赤魔/軍都、工場街の情報蒐集/咸南スパイ事件送局
8350	南鮮版	1937-04-10	09단	花爛漫武勳讃ふ/馬山重砲兵聯隊の記念祭
8351	南鮮版	1937-04-10	10단	林業開發會社/九月初めに創立/本社は京城に置く/角永本府事務官歸來談
8352	南鮮版	1937-04-10	11단	昭和水組復活/積極的に運動/鎭南浦有力者も
8353	南鮮版	1937-04-10	11단	平壤の貿易額減少
8354	南鮮版	1937-04-11	01단	*聲援酬はる"神風"號 神助を感謝す奉告祭 全半島歡呼どよめく/二千名の旗行列 平壤全市を祝賀行進/深夜の感激 電話で"萬歲々々" お祝ひ一番槍·飛込むタクシー 世界的一瞬 本社平壤通信局/各地にサイレン/木浦府內練廻る樽御輿萬歲の一齊射擊/夜中に參拜 全州の興奮/在城外人も祝意/凱歌の表情/"神風"デー/羅南熱狂/釜山の歡喜爆發 統營で奉告祭/"神風"に祝辭の花吹雪(總ての世界記錄 日本人の手に ○○飛行團長 木下少將談/頗る欣快 久納軍參謀長談/日東健兒の大面目 富永學務局長談/一躍世界的 兒島咸北知事談/新記錄に敬意 土師慶南知事談/機體、技術、天運 三位一體/甘蔗京城府尹談/驚異的大記錄 赤木航空官談/「正明兄ちゃん偉いなあ」 遠緣の坊ちゃん感歎/祝電/半島の人達の航空知識高む 山田遞信局長談/神國日本 再認識 上內平南知事談/淚が、嬉し淚が…… 平壤 松井民治郎氏談/滿腔の敬意 前田淸津府尹談/外國崇拜を覆す 賀田朝鮮商議會頭談/淸津の奉告祭/航空日本へ精神的激勵 飛六聯隊長中富大左談/世界史を飾る 矢野平壤府尹談/世界に皇威發揚 平壤步兵第卅九團長高木少將談/全日本の誇り 日本空輸京城支所 神津支所長談/兩勇士に感謝 淸津聲援會々長四元商議會頭談)*
8355	南鮮版	1937-04-11	04단	藥師寺押送
8356	南鮮版	1937-04-11	05단	朝郵廿五周年記念
8357	南鮮版	1937-04-13	01단	私鐵の買收案は次の通常議會へ/二ヶ月振りに歸任/總監のお土産話
8358	南鮮版	1937-04-13	01단	"神風"號へ祝辭
8359	南鮮版	1937-04-13	01단	新鷄林風土記 8/京畿道篇 G/進步を忘れた畵壇/苦難は生む 崔承喜
8360	南鮮版	1937-04-13	02단	林業開發會社株/鮮內でも公募/矢島農林局長歸來談
8361	南鮮版	1937-04-13	03단	警察部長會議/五月三日から三日間に變更

일련번호	판명	간행일	단수	기사명
8362	南鮮版	1937-04-13	04단	全然白紙で臨む/金融機關統制は愼重に/着任の公森新鮮銀副總裁談
8363	南鮮版	1937-04-13	04단	淺野洋灰工場の起工式
8364	南鮮版	1937-04-13	04단	鄕軍全南大會
8365	南鮮版	1937-04-13	05단	*多獅島築港は引受けても好い 松岡滿鐵總裁語る/總督と會談*
8366	南鮮版	1937-04-13	06단	滿開の櫻散る/釜山地方は土砂降り
8367	南鮮版	1937-04-13	06단	草梁驛前の埋立/明年中に完了/“大釜山港”の進軍譜
8368	南鮮版	1937-04-13	07단	*定員の三倍以上立候補せん 慶北の道議選擧始まる/慶南も告示*
8369	南鮮版	1937-04-13	07단	林檎の病蟲害/根絶を期す/各道へ嚴重通牒
8370	南鮮版	1937-04-13	08단	簡保加入件數百萬を突破/各地で記念事業を催す
8371	南鮮版	1937-04-13	08단	他殺の疑ひ/山林に變死體
8372	南鮮版	1937-04-13	09단	山本府尹も參加/明朗振りを發揮/國産奬勵撮影大會
8373	南鮮版	1937-04-13	10단	“神風”號讚ふ
8374	南鮮版	1937-04-13	11단	各地から(統營、釜山)
8375	南鮮版	1937-04-13	11단	原因は謎/景福丸から身投げの吉田氏
8376	南鮮版	1937-04-13	11단	二名に死刑/上海猛血團求刑
8377	南鮮版	1937-04-13	11단	主基丸坐礁
8378	南鮮版	1937-04-13	11단	安東刑務所の火事
8379	南鮮版	1937-04-14	01단	新鷄林風土記 9/京畿道篇 H/結婚適齡期の焦躁/京城に刻む黑い皺
8380	南鮮版	1937-04-14	01단	*“南統治”の敵 白々教檢擧を機に邪教へ斷乎鐵槌 同時に農民啓蒙運動/假面の類似宗教 邪教と同樣に取締る 警備陣も根本的に充實*
8381	南鮮版	1937-04-14	01단	練成至上主義で國軍の面目發揚/小軍司令語る
8382	南鮮版	1937-04-14	04단	*早く廿二名立つ 新人目立つ慶北道議選擧/忠南は十名*
8383	南鮮版	1937-04-14	04단	鄕軍武技試合
8384	南鮮版	1937-04-14	05단	神風機成功を祝ふ/京城放送局/入江俊生
8385	南鮮版	1937-04-14	05단	昭和水組復活せよ/地主五百名が參加し/總督府へ目的貫徹を陳情
8386	南鮮版	1937-04-14	05단	足並揃へ郊外へ/春風は誇ふハイキング(五峰コース、天竺寺コース、回龍寺コース、逍遙山コース、冠嶽、北漢コース)
8387	南鮮版	1937-04-14	05단	專賣收入增加
8388	南鮮版	1937-04-14	06단	すぐ復活し難い/出來るだけ善處する/矢島農林局長談
8389	南鮮版	1937-04-14	07단	新川鐵橋架替へ/大邱に都市美を添へる
8390	南鮮版	1937-04-14	08단	各地から(釜山、浦項、仁川)

일련번호	판명	간행일	단수	기사명
8391	南鮮版	1937-04-14	08단	惡を以て悪を制す/一杯かけられた密航團
8392	南鮮版	1937-04-14	09단	暴風雨中に火災 敏浦洞には落雷騷ぎ 新義州、義州間バス不通/人夫三名溺死す 木材流失四百尺
8393	南鮮版	1937-04-14	09단	臨時急行立往生
8394	南鮮版	1937-04-14	09단	水原高農赤化事件控訴判決
8395	南鮮版	1937-04-14	10단	平壤分掌局新築を具申/經費五十萬圓
8396	南鮮版	1937-04-14	10단	盛大な開所式/羅津陸軍運輸部出張所
8397	南鮮版	1937-04-14	10단	九名死傷す/灰岩炭鑛內で落磐
8398	南鮮版	1937-04-14	10단	不再錄號外發行
8399	南鮮版	1937-04-14	11단	咸南土木工事/勞銀約八百萬圓をバラ撒く
8400	南鮮版	1937-04-15	01단	四月の雨量として稀有の記錄 特に多い全北、忠南/南鮮湖南一帶に暴風雨 全南の浸水四百卅戶 漁船卅餘隻遭難氣遣はる/全羅線二ヶ所運轉不能に陷る 線路危險に瀕す/電信電話復舊/木浦全市暗黑
8401	南鮮版	1937-04-15	01단	麥作は大豐年/千三百萬石の見込み
8402	南鮮版	1937-04-15	01단	三局長歸る
8403	南鮮版	1937-04-15	02단	興安丸も風浪で晝過ぎ漸く繫留/"あかつき"空車で走る
8404	南鮮版	1937-04-15	03단	朝鮮學生體育總聯盟結成/全部の運動競技統轄
8405	南鮮版	1937-04-15	04단	鮮米移出高
8406	南鮮版	1937-04-15	04단	群山・火攻め水攻め任實地方も水浸り/自動車道路杜絶廿ヶ所慶南の被害/南江刻々增水堤防補强工作に懸命奧地交通全く杜絕す/仁川に高潮床上浸水五十五戶/慶北河川增水/家屋二十八戶流失、倒壞黃草坪危機を脫す/隧道に避難鎭海線の線路上に民家倒壞/沈沒又は大破/釜山港內に被害續出
8407	南鮮版	1937-04-15	05단	熙洽官內相/十五日に來城
8408	南鮮版	1937-04-15	05단	卅六名立つ 定員超過慶北道議選擧/旣に廿四名 慶南道議選擧/濫立の忠南
8409	南鮮版	1937-04-15	06단	堤防決潰/榮州邑侵水
8410	南鮮版	1937-04-15	07단	歌舞伎一座/亞歐大飛行成功記念/釜山で讀者優待
8411	南鮮版	1937-04-15	08단	一般類似宗教の玉石明瞭に分つ/この際社會惡を掃滅
8412	南鮮版	1937-04-15	08단	張國務總理の鮮內視察日程
8413	南鮮版	1937-04-15	09단	各地から(原州、釜山、晋州)
8414	南鮮版	1937-04-15	09단	平壤に文化會館/思想善導の參謀本部/近く基金募集運動を起す
8415	南鮮版	1937-04-15	09단	京城實業野球スケヂュール
8416	南鮮版	1937-04-15	09단	列車區長會議/鮮滿共同で開く

일련번호	판명	간행일	단수	기사명
8417	南鮮版	1937-04-15	09단	約十倍殺到/新設の蔚山農業
8418	南鮮版	1937-04-16	01단	カラリと上天氣　〔愁眉開く〕/各列車滿員/ご難の大邱飛行場/はんぶるぐ丸寄港
8419	南鮮版	1937-04-16	01단	新鷄林風土記１０/京畿道篇Ｉ/古い扉を叩くもの/日本資本主義の手
8420	南鮮版	1937-04-16	01단	江原道最も劇甚 死者、行方不明が七十八名　暴風雨の被害判明(全羅北道、平安北道、慶尙北道、慶尙南道、全羅南道、江原道)/慶南 家屋の全半壞 八百六十三戶 船舶の被害も百隻/六百戶倒壞　慶南の劇甚地泗川部/道路に小船 麗水の慘狀/寶城興業會社の防波堤決潰　損害約卅萬圓に上る/全南の被害/一家四名溺死す 智島面の浸水二百戶
8421	南鮮版	1937-04-16	05단	一家四名溺死す/智島面の浸水二百戶
8422	南鮮版	1937-04-16	05단	ドレッチヤー行方不明/蟾津江に押流され沈沒か
8423	南鮮版	1937-04-16	07단	漁船四十隻遭難か/全南警備船出動
8424	南鮮版	1937-04-16	07단	犯人は內部か/二萬圓紛失の謎を追及
8425	南鮮版	1937-04-16	08단	漁船十二隻流失ず
8426	南鮮版	1937-04-16	08단	四十五名を算す/慶北道議選擧立候補
8427	南鮮版	1937-04-16	08단	强く正しく愛らしく/兒童愛護週間近づく
8428	南鮮版	1937-04-16	08단	白茂線の運轉中止/橋脚二ヶ所流失
8429	南鮮版	1937-04-16	09단	陽曆最初の釋奠/京城經學院で執行
8430	南鮮版	1937-04-16	09단	鯖流し網漁船の乘組員歸港
8431	南鮮版	1937-04-16	10단	大野氏歸朝
8432	南鮮版	1937-04-16	10단	卅日に開催/對滿貿易座談會
8433	南鮮版	1937-04-16	10단	自動車路線は積極的に擴充/吉田鐵道局長語る
8434	南鮮版	1937-04-16	10단	簡保資金の第一回融通割當
8435	南鮮版	1937-04-16	11단	各地から(釜山、大邱)
8436	南鮮版	1937-04-16	11단	鐵道局に電氣課新設/五月一日から
8437	南鮮版	1937-04-16	11단	安川東拓總裁
8438	南鮮版	1937-04-16	11단	露天商殺しに死刑求刑
8439	南鮮版	1937-04-17	01단	新鷄林風土記１１/京畿道篇Ｊ/影うすき土着資本/〆めて二千萬圓也
8440	南鮮版	1937-04-17	01단	東拓業法改正案/特別議會へ出す/來鮮の安川總裁語る
8441	南鮮版	1937-04-17	01단	鮮米船運賃/三割値上げか/傭船料昂騰で配船手控え/移出港に滯貨の山
8442	南鮮版	1937-04-17	02단	中小金融機關の調整を急ぐ/林財務局長歸來談
8443	南鮮版	1937-04-17	04단	"神風"號成功祝し歡喜滿つ奉告祭/光州で盛大に執行

일련번호	판명	간행일	단수	기사명
8444	南鮮版	1937-04-17	04단	“未來の知事”配屬
8445	南鮮版	1937-04-17	04단	商議事務打合會
8446	南鮮版	1937-04-17	04단	松岡滿鐵總裁釜山視察
8447	南鮮版	1937-04-17	05단	地下資源調査/國境に伸ぶ/本年から三ヶ年計畫
8448	南鮮版	1937-04-17	05단	中等校長異動
8449	南鮮版	1937-04-17	06단	ひとのみち教團へ近く解散命令/邪教彈壓へ第一彈
8450	南鮮版	1937-04-17	07단	硫安價格決定
8451	南鮮版	1937-04-17	07단	專賣局辭令
8452	南鮮版	1937-04-17	07단	南鮮に誇る球場/庭球場と共に竣工式/スポーツ大邱ご自慢の種
8453	南鮮版	1937-04-17	08단	*定員遙かに超ゆ　慶南の道議選擧/旣に五千三名　慶北の立候補/忠南は卅名*
8454	南鮮版	1937-04-17	08단	防空係新設
8455	南鮮版	1937-04-17	09단	早山石油會社も石炭液化に觸手/芳賀技師長北鮮へ
8456	南鮮版	1937-04-17	09단	人蔘の精石鹼/專賣局が賣出す
8457	南鮮版	1937-04-17	10단	各地から(大田、釜山)
8458	南鮮版	1937-04-17	10단	仲裁役を斬る
8459	南鮮版	1937-04-17	10단	昌慶苑の夜櫻/十八日から
8460	南鮮版	1937-04-18	01단	忍びこんだ家に瞼の姉は女中奉公/京城へ飮まず食はず百五十餘里/向學少年再會の泣き笑ひ
8461	南鮮版	1937-04-18	01단	空の二大競技大會/グライダーと模型飛行機/本社から優勝旗と楯寄贈
8462	南鮮版	1937-04-18	01단	*飯沼飛行士へ祝電英京に飛ぶ　長野縣人會の祝賀會/感激の寄附　公共事業へ手續*
8463	南鮮版	1937-04-18	01단	邱師附屬普校決定
8464	南鮮版	1937-04-18	02단	醒めよ邪教の惡夢/三局目指す啓蒙一路
8465	南鮮版	1937-04-18	03단	各地から(開城、京城、釜山)
8466	南鮮版	1937-04-18	03단	*抗日電波を搏つ　朝鮮放送協會生れて十年　本邦最初　五十キロ放送/聽取者倍增　地方放送網を擴充*
8467	南鮮版	1937-04-18	04단	五月中に勞働者第二期輸送
8468	南鮮版	1937-04-18	04단	大邱、顧母間改良工事落札
8469	南鮮版	1937-04-18	04단	大田の軍旗祭
8470	南鮮版	1937-04-18	05단	“お土産を書く”張總理
8471	南鮮版	1937-04-18	05단	*定員の倍數　忠南道議選擧激戰/官選に注目　慶北五十五名/違反四件摘發　慶南は四十二名*
8472	南鮮版	1937-04-18	05단	孔子樣と並べ/日本の二賢人祀る/藤樹、尊德兩翁を經學院へ

일련번호	판명	간행일	단수	기사명
8473	南鮮版	1937-04-18	05단	少年店員から五百餘圓搔拂ひ
8474	南鮮版	1937-04-18	06단	遊戱中溺死
8475	南鮮版	1937-04-18	07단	大田の櫻爛漫【法院支廳】
8476	南鮮版	1937-04-18	08단	二萬圓の札束を一瞬間に掏替へ/舊惡露見の柳寅明
8477	南鮮版	1937-04-18	09단	平田百貨店談
8478	南鮮版	1937-04-18	09단	光州「春の撮影會」
8479	南鮮版	1937-04-20	01단	*百々教の剔抉 愈出でて愈怪/鬼畜の殺戮振り 妻子や母と共に一家鏖殺 死體發掘第二期へ(京畿道楊平郡、江原道平康郡)*
8480	南鮮版	1937-04-20	01단	軍用トラック/轉落し七名死傷/機關銃隊の演習中
8481	南鮮版	1937-04-20	01단	朝日世界ニュース/秩父宮兩殿下ヴァンクーヴァ御安着映畵/釜山三館で一齊謹映
8482	南鮮版	1937-04-20	03단	農山漁村の社會事業研究會
8483	南鮮版	1937-04-20	03단	*超滿員で驀進し 重量に堪かね カーヴで轉覆 新興鐵道鮮血に染む/死亡/重傷者/實地檢證/弔慰加療に誠意盡す 恐縮する新鐵*
8484	南鮮版	1937-04-20	04단	浦項商工祭/"神風"號成功を歌と踊りに若葉兒童協會
8485	南鮮版	1937-04-20	04단	朝鮮中央無盡會社生る
8486	南鮮版	1937-04-20	04단	重工業會社/六月ごろ設立
8487	南鮮版	1937-04-20	05단	*春の行樂變じて阿鼻叫喚の巷凄慘目を掩ふ現場/アッと思ふ間に夫は冷く……淚・井上未亡人の淚*
8488	南鮮版	1937-04-20	05단	氣動車轉覆の現場
8489	南鮮版	1937-04-20	07단	京釜間に特急增發/內鮮滿台の空陸連帶輸送に備へ/十月から新ダイヤを實施
8490	南鮮版	1937-04-20	07단	血情所優勝/釜山庭球戰
8491	南鮮版	1937-04-20	08단	*團體の觀光客 昨年より四割激增 釜山埠頭彩る國際色/慶北は六十名/卅九名（忠南）*
8492	南鮮版	1937-04-20	08단	官選を觀望/釜山、馬山はまだ立候補なし
8493	南鮮版	1937-04-20	08단	燦たり軍旗/分列式と奉讚會/大邱八十聯隊の賑ひ
8494	南鮮版	1937-04-20	09단	誘拐されたか/龍山小學教二年生/昌慶苑で遊戱中行方不明
8495	南鮮版	1937-04-20	09단	痴漢蟇口强奪
8496	南鮮版	1937-04-20	10단	機關車脫線/惡戱の砂利に乘り上ぐ
8497	南鮮版	1937-04-20	10단	張滿洲國總理/歡迎準備進む
8498	南鮮版	1937-04-20	11단	羅津の火事

일련번호	판명	간행일	단수	기사명
8499	南鮮版	1937-04-21	01단	*五大スローガン　總督·知事會議で闡明　國體明徵　鮮萬一如　教學振作 農工併進 庶政刷新/訓示要旨 我等は帝國臣民なり 信念を子女の胸奥に(國體明徵、鮮萬一如、教學振作、農工併進、庶政刷新、日程)*
8500	南鮮版	1937-04-21	01단	新鷄林風土記１２/京畿道篇Ｋ/混戰續きの金融界/後の滿洲が先きへ
8501	南鮮版	1937-04-21	04단	全鮮菓子品評會/廿四日から開く
8502	南鮮版	1937-04-21	04단	嬉しい首途/"全中"の開校入學式
8503	南鮮版	1937-04-21	05단	*六百十一名立つ　全鮮道議定圓(民選)の二倍半　目立つ新人と元議員/六十三名に増す　激戰の慶北道議選擧/更に三名出馬 慶南は四十六名*
8504	南鮮版	1937-04-21	06단	滿洲事情/紹介映畵會/京城各館で催す
8505	南鮮版	1937-04-21	06단	平壤に出現する鐘紡ブロック/大同江に近代的施設
8506	南鮮版	1937-04-21	07단	廿師團管下在留地徵兵檢査
8507	南鮮版	1937-04-21	08단	飛躍一途の牧島/市內通話數激增す
8508	南鮮版	1937-04-21	08단	"神風"號の偉業/近來なき病快事/來鮮の末次大將語る
8509	南鮮版	1937-04-21	08단	釜山の野球戰期待
8510	南鮮版	1937-04-21	09단	朝鮮の緬羊はすべて配給する/平南の國立種羊場
8511	南鮮版	1937-04-21	09단	水營海水浴場に新施設
8512	南鮮版	1937-04-21	10단	他殺的自殺
8513	南鮮版	1937-04-21	10단	釜山の春競馬/前人氣昂まる
8514	南鮮版	1937-04-21	11단	各地から(晋州、釜山)
8515	南鮮版	1937-04-22	01단	鮮滿一如の協定/實行に移したい/張國務總理の車中談
8516	南鮮版	1937-04-22	01단	李淸樣廿三日初の御參內
8517	南鮮版	1937-04-22	01단	總督指示事頂
8518	南鮮版	1937-04-22	03단	海外の經濟事情/豊富に集める/領事らへ調査方囑託
8519	南鮮版	1937-04-22	03단	新鷄林風土記１３/京畿道篇Ｌ/內地資本の儲けに/大衆を參加させよ
8520	南鮮版	1937-04-22	04단	六十名增員/慶南土木課の陣容整備
8521	南鮮版	1937-04-22	04단	お客さん本位/待遇改善や運賃の改正
8522	南鮮版	1937-04-22	05단	大邱春競馬
8523	南鮮版	1937-04-22	05단	愛國京城第一號機/廿四日に命名式
8524	南鮮版	1937-04-22	05단	中堅靑年講習會
8525	南鮮版	1937-04-22	06단	慶南棉作播種
8526	南鮮版	1937-04-22	07단	*新人續々蹶起す 慶北道議選擧第二期戰へ　六十八名にのぼる/慶南四十七名*

일련번호	판명	간행일	단수	기사명
8527	南鮮版	1937-04-22	08단	路盆に妨げられ　前方が見透せぬ　列車、バス衝突の現場/死傷者氏名
8528	南鮮版	1937-04-22	08단	咲いた、笑った、昌慶苑の千本櫻
8529	南鮮版	1937-04-22	09단	大田の軍旗祭賑ふ
8530	南鮮版	1937-04-22	10단	電線泥棒墜落
8531	南鮮版	1937-04-22	10단	强盜に無期
8532	南鮮版	1937-04-22	10단	昻まり昻る獻金/年內に二百萬圓突破
8533	南鮮版	1937-04-22	11단	各地から(釜山)
8534	南鮮版	1937-04-23	01단	南は裡里、北は咸興/翼に結ぶ定期線/補助金廿萬圓を交付
8535	南鮮版	1937-04-23	01단	京仁線を電化　複線工事の完成に續き　卅萬圓投じて實現/經濟提携會談　丁實業相廿八日に來城/總領事館は當分商銀內
8536	南鮮版	1937-04-23	01단	總督、軍司令官と鮮滿一如を懇談/來鮮第二日の張總理
8537	南鮮版	1937-04-23	01단	新鷄林風土記１４/京畿道篇M/一年生級の百貨店/小賣商もお先眞暗
8538	南鮮版	1937-04-23	02단	元彌陀教の入佛式
8539	南鮮版	1937-04-23	04단	七十名競ひ立つ/激化する慶北道議戰(慶南四十九名、忠南四十一名、全北廿九名)
8540	南鮮版	1937-04-23	05단	奇蹟的命拾ひ/衝突のバスに乘ってゐた佐藤氏
8541	南鮮版	1937-04-23	06단	朝倉氏の後任/富永氏を發令
8542	南鮮版	1937-04-23	07단	憂鬱の春を喞つ/失業インテリー群/京城職紹に知識階級郡
8543	南鮮版	1937-04-23	07단	櫻花淩ぐ軍國の花/天長節に軍民觀兵式/龍山原頭繰り展ぐ壯觀
8544	南鮮版	1937-04-23	08단	全北警察部異動
8545	南鮮版	1937-04-23	09단	ハンドバッグ强奪/三十數件に上る/銀行荒しの餘罪發覺
8546	南鮮版	1937-04-23	09단	釜山の朝新祝賀會
8547	南鮮版	1937-04-23	09단	ガーランド氏一行/五月一日に來鮮
8548	南鮮版	1937-04-23	09단	植物輸移出檢査規則を改正
8549	南鮮版	1937-04-23	10단	お花見客へ/總督府後庭開放
8550	南鮮版	1937-04-23	10단	京仁間に臨時列車
8551	南鮮版	1937-04-23	10단	定州、昌城間に廣軌鐵道/實測に着手
8552	南鮮版	1937-04-23	11단	嬰兒を絞殺
8553	南鮮版	1937-04-23	11단	鑛石船沈沒
8554	南鮮版	1937-04-23	11단	會寧高女の開校式
8555	南鮮版	1937-04-24	01단	全鮮の急設電話　例年の約二倍　四千五百六十四個/一千圓を割るか　京城の相場下り坂

일련번호	판명	간행일	단수	기사명
8556	南鮮版	1937-04-24	01단	東久邇若宮/總督の御招宴に臨ませらる
8557	南鮮版	1937-04-24	01단	新鷄林風土記１５/京畿道篇N/相も變らぬ天降り/光れ慣習批判の眼
8558	南鮮版	1937-04-24	02단	道知事會議の諮問事項
8559	南鮮版	1937-04-24	03단	南鮮氣溫低下
8560	南鮮版	1937-04-24	03단	李淸樣御參內
8561	南鮮版	1937-04-24	03단	“職場の母”を待つ/幼兒悲しや轢殺/父の命日の夕まぐれ
8562	南鮮版	1937-04-24	04단	釜山の人々へ贊成株に優先權/重工業會社懇談會
8563	南鮮版	1937-04-24	04단	大邱吟咏會/天長節に發會式
8564	南鮮版	1937-04-24	04단	警官、消防手殉職者招魂祭/五月二日に執行
8565	南鮮版	1937-04-24	05단	全選擧區に立つ/慶北旣に七十四名
8566	南鮮版	1937-04-24	05단	時效の十日前捕る/戀の葛藤・友人殺し
8567	南鮮版	1937-04-24	06단	全南の巡廻見本市
8568	南鮮版	1937-04-24	07단	釜山六ヶ所に/細民地區を設定/高地帶部落を移轉
8569	南鮮版	1937-04-24	07단	*歡迎に金一封　朝鮮置物の返し　張總理と滿洲國民團/仁川を視察*
8570	南鮮版	1937-04-24	07단	五十名に達す/慶南道議選擧
8571	南鮮版	1937-04-24	07단	釜山米穀統組創立總會
8572	南鮮版	1937-04-24	08단	踊りと歌の試驗/開業待つ四平壤券番
8573	南鮮版	1937-04-24	08단	府になる海州邑/內容外觀とも實力十分/明年度施行に內定
8574	南鮮版	1937-04-24	09단	先妻の子の燒殺企つ/迷信の女に懲役
8575	南鮮版	1937-04-24	09단	珍事に踏切に見張人
8576	南鮮版	1937-04-24	10단	滿洲粟低調
8577	南鮮版	1937-04-24	10단	一本釣漁船/近く大擧出動
8578	南鮮版	1937-04-24	10단	鄭斗源ら贈收賄事件の求刑
8579	南鮮版	1937-04-24	11단	各地から(釜山、統營)
8580	南鮮版	1937-04-24	11단	瓦斯勤誘にナンセンス問答
8581	南鮮版	1937-04-24	11단	羅津驛長辭職
8582	南鮮版	1937-04-25	01단	官民を招待後張總理咸興へ/引續き北鮮各地視察
8583	南鮮版	1937-04-25	01단	釜山港突堤外に今一つ港を造る/能力殆ど三倍に增大
8584	南鮮版	1937-04-25	01단	鐵材使用の工事/豫定通り進める/國際橋梁中止の程度
8585	南鮮版	1937-04-25	01단	新鷄林風土記１６/京畿道篇O/不感症京電重役/人物出でよ經濟街
8586	南鮮版	1937-04-25	03단	十年前の犯行暴露/白々教舊幹部も檢擧/殺戮二百二名に增す
8587	南鮮版	1937-04-25	03단	忠南警察部異動

일련번호	판명	간행일	단수	기사명
8588	南鮮版	1937-04-25	04단	大邱招魂祭/廿七日に執行
8589	南鮮版	1937-04-25	04단	盈德に法院支廳
8590	南鮮版	1937-04-25	05단	迫る空の豪華競技/本社奇贈の大旆と楯を目指し/廿五日京城飛行場で爭覇
8591	南鮮版	1937-04-25	05단	鮮內の常住人口/二千二百八十七萬人
8592	南鮮版	1937-04-25	05단	さても賑やか“神風”號祝賀花祭
8593	南鮮版	1937-04-25	07단	愛國京城機に命名の盛儀/仁川、水原へ訪問飛行
8594	南鮮版	1937-04-25	08단	春駒競ふ/初日から大穴續出/釜山の競馬始まる
8595	南鮮版	1937-04-25	08단	慶南海苔增收
8596	南鮮版	1937-04-25	09단	*出馬七十五名　慶北道議選擧/忠南四十四名*
8597	南鮮版	1937-04-25	09단	健康相談所を開放
8598	南鮮版	1937-04-25	09단	部落清掃運動/慶南各地で起す
8599	南鮮版	1937-04-25	10단	乘客千八百名/超滿員の興安丸
8600	南鮮版	1937-04-25	10단	タクシー同士/側面衝突/兩運轉手瀕死
8601	南鮮版	1937-04-25	10단	知事會議終了
8602	南鮮版	1937-04-25	10단	街路で服毒
8603	南鮮版	1937-04-25	11단	牛賣り代金强奪さる
8604	南鮮版	1937-04-25	11단	釜山の火事
8605	南鮮版	1937-04-27	01단	新鷄林風土記１７/京畿道篇Ｐ/仁川の吉田と加藤/開城金正浩の素描
8606	南鮮版	1937-04-27	01단	*愛國京城第二號機　舞ひ上る春の空　續く匿名獻金二萬圓/赤誠に彩る勤勞　公休日に働き給料を國防獻金　兵器製造所全從業員の心意氣*
8607	南鮮版	1937-04-27	01단	北鮮の發展を大いに期待/張總理朱乙で語る
8608	南鮮版	1937-04-27	02단	“神風”號所要時間懸賞の四等當選者
8609	南鮮版	1937-04-27	03단	鮮滿鐵道會議
8610	南鮮版	1937-04-27	04단	*道會に新分野　立候補者七百廿四名　新顔と舊議員が壓倒的/月末に官選內示　慶南立候補五十二名/七十七名出づ　慶北道議選擧/忠北漸く激化*
8611	南鮮版	1937-04-27	04단	釜山競馬日程變更
8612	南鮮版	1937-04-27	05단	京城實業野球/注目の新陣容成る(殖産銀行、鐵道國、遞信局、京城府廳、京城電氣)
8613	南鮮版	1937-04-27	07단	空の競技初の覇者/朝鮮グライダー倶樂部と侵野君/本社の優勝旗と楯を獲得
8614	南鮮版	1937-04-27	08단	夫婦を松に縛り悠々車で盜去る/嶺北面に三人組强盜
8615	南鮮版	1937-04-27	08단	釜山の消防手增員

일련번호	판명	간행일	단수	기사명
8616	南鮮版	1937-04-27	08단	釜山教育會卅周年記念行事
8617	南鮮版	1937-04-27	09단	遊覽券發賣
8618	南鮮版	1937-04-27	10단	五月中旬から/監時列車增發/觀光客に備へて
8619	南鮮版	1937-04-27	11단	大邱保護觀察所
8620	南鮮版	1937-04-27	11단	薪炭商刎らる
8621	南鮮版	1937-04-27	11단	竊盜數十件
8622	南鮮版	1937-04-28	01단	官民五千名招き/新錄の下園遊會/天長節に總督夫妻主催
8623	南鮮版	1937-04-28	01단	横の聯絡緊密に功名爭ひを封す/警察部長會議で檢討
8624	南鮮版	1937-04-28	01단	新鷄林風土記１８/京畿道篇Q/白堊殿の局長見參/穗積殖産と林財務
8625	南鮮版	1937-04-28	02단	學童に觀覽を學務係から奬勵/大邱スポーツ映畵會
8626	南鮮版	1937-04-28	02단	盛大な遙拜式/龍頭山神社で
8627	南鮮版	1937-04-28	04단	實力本位で警察幹部任用/慶南の誠み
8628	南鮮版	1937-04-28	04단	第十九師團の練兵狀況を視察/羅南入りの張總理
8629	南鮮版	1937-04-28	04단	朝鮮中央無盡の創立懇談會
8630	南鮮版	1937-04-28	04단	大田國婦の發會式
8631	南鮮版	1937-04-28	05단	榮えの本社優勝旗を中心に
8632	南鮮版	1937-04-28	06단	"神風"號が四秒/遲れて吳れたら/三等當選/田所さんの喜び
8633	南鮮版	1937-04-28	06단	快レース續き/釜山の春競馬
8634	南鮮版	1937-04-28	08단	慶南三郡の來作/收穫六分減/暴風雨の被害深刻
8635	南鮮版	1937-04-28	08단	*職能代表に重點　各方面の權威を網羅　慶南官選議員內示さる/內示の顔觸/全州の官選/慶南五十四名/慶北七十八名/忠南四十五名*
8636	南鮮版	1937-04-28	10단	最高潮−花見氣分/京城昌慶苑夜櫻の入場者/十日間に卅三萬人
8637	南鮮版	1937-04-28	10단	瓦電に刎らる
8638	南鮮版	1937-04-28	10단	運動競技界(龍山鐵道決勝/對釜山鐵道野球戰)
8639	南鮮版	1937-04-28	11단	各地から(大田、蔚山、釜山)
8640	南鮮版	1937-04-29	01단	*治安に捧ぐ人柱　永年勤續の警官三百卅名　佳節に嬉しい表彰/功勞記章　總督から授與/生れる龍山國婦　會員二千名に上る/釜山の奉祝*
8641	南鮮版	1937-04-29	01단	桃太郞捜し/調査カード提出/五月十日限り/"日本一へ"の緊張
8642	南鮮版	1937-04-29	01단	新鷄林風土記１９/京畿道篇R/富永學務に至囑す/燃える信念の教育
8643	南鮮版	1937-04-29	03단	洛東江、進永間/基面上昇を行ふ/水害に萬全の對策
8644	南鮮版	1937-04-29	03단	咸南の官選

일련번호	판명	간행일	단수	기사명
8645	南鮮版	1937-04-29	03단	大野氏着任
8646	南鮮版	1937-04-29	04단	大空に鯉のぼり地に少年劍客
8647	南鮮版	1937-04-29	05단	本年度の豫算/約一千萬圓/釜山土木出張所工事
8648	南鮮版	1937-04-29	05단	張滿洲國總理/淸津から羅津へ
8649	南鮮版	1937-04-29	05단	鐵道從業員の調査
8650	南鮮版	1937-04-29	07단	硬化油會社/資金の割當決る/社長に大島氏有力
8651	南鮮版	1937-04-29	07단	波瀾を呼ぶか/鮮米運賃/不當要求には決裂辭せず/强硬態度で會議へ
8652	南鮮版	1937-04-29	07단	大邱の招魂祭
8653	南鮮版	1937-04-29	08단	目が覺めたら六日目だった/豚肉中毒の四十一名/眠りの新記錄・殆ど意識回復
8654	南鮮版	1937-04-29	09단	各地から(釜山、開城)
8655	南鮮版	1937-04-29	09단	大田も盛大に
8656	南鮮版	1937-04-29	10단	平康事件公判
8657	南鮮版	1937-04-29	11단	老人を轢逃げ
8658	南鮮版	1937-04-30	01단	*春空群れ立つ鳩 龍山原頭に一萬の大行進 佳節の生彩觀兵式/聖壽無窮を壽ぐ 總督府の盛んな拜賀式 引續き後庭で祝賀大園遊會/天長節祭 朝鮮神宮で執行(釜山、大邱、光州、木浦、晉州、鎭海)*
8659	南鮮版	1937-04-30	02단	*"大大邱"を建設 待望の市街地計畫令 五月一日からスタート/土木係増員*
8660	南鮮版	1937-04-30	03단	*共匪の巢窟變じ 王道讃へる平和鄕 長嶺子事件偲び感慨無量 滿洲國琿春にて梶山本社特派員/そぼ降る雨の中 地下の英靈に合掌 部落近く猛獸の足跡(冬化粧、殿樣獵、居留民)*
8661	南鮮版	1937-04-30	04단	總督府辭令
8662	南鮮版	1937-04-30	04단	奉耕田地鎭祭/五月一日に執行
8663	南鮮版	1937-04-30	05단	*共存共榮に邁進 張總理退鮮のステートメント/産業經濟提携が鮮滿一如の根本 來鮮の丁實業相語る*
8664	南鮮版	1937-04-30	07단	數千萬圓を投じ/擴充は確定的/檜舞台に出る多獅島港
8665	南鮮版	1937-04-30	09단	*七十九名出づ 慶北道議選擧/全南六十四名/忠南四十八名/慶南五十九名*
8666	南鮮版	1937-04-30	10단	服毒の人妻

1937년 5월

일련번호	판명	간행일	단수	기사명
8667	南鮮版	1937-05-01	01단	*東亞の新情勢に半島の共産黨運動全く潰滅す 根本的に大轉換か 記事解禁/全鮮へ赤き女性同志獲得に狂奔 神出鬼沒の李載裕*
8668	南鮮版	1937-05-01	01단	新鷄林風土記２０/京畿道篇Ｓ/新官僚の逸材三橋/指導原理なき矢島
8669	南鮮版	1937-05-01	04단	步武堂々！龍山步兵部隊の分列式
8670	南鮮版	1937-05-01	05단	*全北の官選內示 山間部からも任命/六十名に達す 慶南道議選擧*
8671	南鮮版	1937-05-01	06단	表彰の警察官/慶南は卅八名
8672	南鮮版	1937-05-01	06단	麗人をモデルに京城の撮影大會/昌慶苑で腕くらべ
8673	南鮮版	1937-05-01	07단	經濟の鮮滿一如/第一人者四十餘名列席し貿易懇談會を開催
8674	南鮮版	1937-05-01	08단	長手通の電車複線にせぬ/單線も將來撤廢
8675	南鮮版	1937-05-01	08단	交通安全週間/京畿道で催す
8676	南鮮版	1937-05-01	08단	超特急へ投石
8677	南鮮版	1937-05-01	09단	竹槍で刺さる
8678	南鮮版	1937-05-01	09단	目指す近代都市/釜山市街地計畫令/愈よ一日から實施
8679	南鮮版	1937-05-01	09단	釜山に强盜/鐵道職員を襲ふ
8680	南鮮版	1937-05-01	09단	慶南春蠶掃立減少
8681	南鮮版	1937-05-01	10단	京城、釜山両支部/自發的に解散/瀕死の“ひとのみち”
8682	南鮮版	1937-05-01	10단	高壓線に感電
8683	南鮮版	1937-05-02	01단	新廻周コース/青葉の金剛山にちかく竣成
8684	南鮮版	1937-05-02	01단	新鷄林風土記２１/京畿道篇Ｔ/內地と滿洲仕込み/風格備へた三人男
8685	南鮮版	1937-05-02	01단	*思想の夜明け 民族運動に新動向 打樹つ准戰體制 惡夢こゝに醒めたり/赤色勞働協議會と反帝同盟の暗躍 理論鬪爭檢擧を早む*
8686	南鮮版	1937-05-02	04단	總督府辭令
8687	南鮮版	1937-05-02	04단	國防に軍警一致/七日第二十師團長官邸で懇談會をひらく
8688	南鮮版	1937-05-02	05단	卅九名超過/白熱の慶南道議選擧/忠南四十九名/大邱は結局三名か
8689	南鮮版	1937-05-02	05단	本年の對外貿易一億圓突破か/幸先祝ふ四月の出超
8690	南鮮版	1937-05-02	06단	*「ひとのみち」へ解散指令發す 各地支部自滅相次ぐ/大田支部解散*
8691	南鮮版	1937-05-02	07단	大邱吟詠會/發會式を擧行
8692	南鮮版	1937-05-02	08단	大邱綜合運動場竣工式
8693	南鮮版	1937-05-02	08단	渡滿の松井部隊/萬歲聲裡に入港/本社特殊號外に感激

일련번호	판명	간행일	단수	기사명
8694	南鮮版	1937-05-02	08단	兵上に胸躍らせソ滿國境を望む/あッ！曠野掩ふ野火(白光、苦心、氷塊)
8695	南鮮版	1937-05-02	08단	盛大な武德祭
8696	南鮮版	1937-05-02	09단	各地から(釜山、蔚山)
8697	南鮮版	1937-05-02	09단	春蠶の掃立豫想/六十四萬九千餘枚
8698	南鮮版	1937-05-02	10단	寶城水組復舊費/十七萬圓補助/豫備金から支出
8699	南鮮版	1937-05-02	11단	讀者優待の夕/釜山太平館で
8700	南鮮版	1937-05-02	11단	暴れトラック/酒店の飾窓を破壞して逃ぐ
8701	南鮮版	1937-05-02	11단	拳鬪家の恐喝
8702	南鮮版	1937-05-02	11단	運動競技界(平實５安東倶３、平鐵１３滿洲１０)
8703	南鮮版	1937-05-04	01단	民衆の信賴こそ時艱克服の基礎/全鮮警察部長會議で總督・特に心構へを訓示
8704	南鮮版	1937-05-04	01단	*響れの奉納寫眞〔入賞發表〕(特選、准特選)/無上の光榮/出來榮えに感心　上瀧慶北知事の祝辭/審査評*
8705	南鮮版	1937-05-04	01단	雨中、奉耕田地鎭祭
8706	南鮮版	1937-05-04	02단	洋灰業許可規則を制定
8707	南鮮版	1937-05-04	02단	日滿兩國旗の下/鼻唄交りの旅行/時勢は移る濱綏線(物資、白衣、高原)
8708	南鮮版	1937-05-04	03단	三重苦の聖女/六月廿二日に來城
8709	南鮮版	1937-05-04	04단	農村振興運動へ經濟更生の活/根本方針として推進
8710	南鮮版	1937-05-04	05단	殉職警祭官・消防手の招魂祭
8711	南鮮版	1937-05-04	06단	最後の默禱裡/祭具を燒くひとのみち京城支部
8712	南鮮版	1937-05-04	07단	ガーランド氏來鮮
8713	南鮮版	1937-05-04	07단	濟州島を視察/兩局長四日出發
8714	南鮮版	1937-05-04	07단	蔚山農業の開校式
8715	南鮮版	1937-05-04	07단	電球送れの注文/續々海外から釜山工場の施設完備
8716	南鮮版	1937-05-04	08단	勞働移民/近く第二回輸送
8717	南鮮版	1937-05-04	09단	金剛丸でお産
8718	南鮮版	1937-05-04	09단	相搏つ七十三名/激戰の慶南道議選擧
8719	南鮮版	1937-05-04	09단	鑛業兩規則/今秋迄に公布
8720	南鮮版	1937-05-04	09단	大田國婦生る
8721	南鮮版	1937-05-04	10단	大邱スポーツ映畵の會盛況
8722	南鮮版	1937-05-04	10단	大邱職業學校認可
8723	南鮮版	1937-05-04	10단	龍山鐵道官舍の夜盜捕はる
8724	南鮮版	1937-05-04	11단	各地から(開城、大田、淸州、釜山)

일련번호	판명	간행일	단수	기사명
8725	南鮮版	1937-05-04	11단	口論から毆殺
8726	南鮮版	1937-05-04	11단	モルヒネ密賣檢擧
8727	南鮮版	1937-05-04	11단	野球選手盜難
8728	南鮮版	1937-05-04	11단	感電して墜落
8729	南鮮版	1937-05-04	11단	僞刑事の夜盜/百十圓强奪
8730	南鮮版	1937-05-05	01단	新鷄林風土記２２/京畿道篇Ｕ/談合は詐欺罪なり/內地を引摺る判決
8731	南鮮版	1937-05-05	01단	釜山港に大棧橋/幅員百四十米、長さ四百七十米/大型聯絡船の發着に備へ/十五年度迄に建設
8732	南鮮版	1937-05-05	01단	咸興、淸津、雄基も六月末から競馬　鮮內で九ヶ所になる/釜山春競馬大賑び
8733	南鮮版	1937-05-05	01단	膨れる總督府豫算/明年度は四億三千萬圓位か/各局早くも編成に着手
8734	南鮮版	1937-05-05	02단	釜山の簡保好成績
8735	南鮮版	1937-05-05	02단	“頭髮の革新”丸坊主になった城大豫科生
8736	南鮮版	1937-05-05	03단	ロシヤ色濃き街/流れる三味の音色/春淺き綏芬河を觀る
8737	南鮮版	1937-05-05	04단	大邱國婦の發會式
8738	南鮮版	1937-05-05	05단	全南に無競爭五區　道議戰の立候補六十九名/慶北は八十三名　榮州郡のみ無競爭/慶北の開票/釜山も五名立つ　慶南の總數七十九名/忠南五十二名/一名の定員に十人も競ひ立つ　咸南高原郡の激戰
8739	南鮮版	1937-05-05	06단	火災ニュース變り種/列車の煤煙から强風中に山火事　二百町步を一舐め//バス全燒す 吸殼・ガソリンに引火
8740	南鮮版	1937-05-05	06단	カメラ揃へて麗人を包圍攻擊/昌慶苑の撮影大會
8741	南鮮版	1937-05-05	09단	小鹿島丸沈沒
8742	南鮮版	1937-05-05	09단	三人組追剝/百五十圓を强奪
8743	南鮮版	1937-05-05	09단	癩少年殺さる
8744	南鮮版	1937-05-05	09단	鮮展の搬入始る/十六日から三週間開催
8745	南鮮版	1937-05-05	10단	京義線ダイヤ亂る
8746	南鮮版	1937-05-05	10단	衝突の卷添へ/小學生瀕死
8747	南鮮版	1937-05-05	10단	一萬五千圓/全南農村婦人養成所へ寄附
8748	南鮮版	1937-05-05	11단	各地から(統營、安東、釜山)
8749	南鮮版	1937-05-05	11단	獵奇の殺人に死刑
8750	南鮮版	1937-05-05	11단	落合一氏
8751	南鮮版	1937-05-06	01단	道議選立候補者　定員の三倍超ゆ　總數八百五十七名　新人多く前回より粒揃ひ/全北立候補者/慶北立候補者

일련번호	판명	간행일	단수	기사명
8752	南鮮版	1937-05-06	01단	新鷄林風土記２３/京畿道篇Ⅴ/安くならぬ電燈料/まづい一方の煙草
8753	南鮮版	1937-05-06	02단	*國家的大祭には休める上に日給　平壤の海軍鑛業部增給に次ぐ優遇/朝郵の船員增給/鐵道下級從業員一割增俸成るか*
8754	南鮮版	1937-05-06	03단	山林課長會議
8755	南鮮版	1937-05-06	05단	取調の被疑者から金品收受の弊風剔抉/警備陣の威信確保
8756	南鮮版	1937-05-06	05단	始まった鮮展の搬入
8757	南鮮版	1937-05-06	07단	一躍三千萬圓突破は確實/十一年度の剩餘金
8758	南鮮版	1937-05-06	07단	會計檢査始る
8759	南鮮版	1937-05-06	07단	道立忠州醫院長/中村博士に決る
8760	南鮮版	1937-05-06	07단	訪日滿洲國武官
8761	南鮮版	1937-05-06	07단	滿洲國總領事/事務を開始
8762	南鮮版	1937-05-06	08단	鬱陵島と瑞興に“空の燈台”建設/何れも八千圓投じて
8763	南鮮版	1937-05-06	08단	マネキンとドロン
8764	南鮮版	1937-05-06	08단	燒かれた「ひとのみち」實生箱
8765	南鮮版	1937-05-06	09단	各地から(鎭海、馬山)
8766	南鮮版	1937-05-06	09단	兩局長木浦へ
8767	南鮮版	1937-05-06	09단	電線泥棒捕る
8768	南鮮版	1937-05-06	09단	「ひかり」遲る
8769	南鮮版	1937-05-06	10단	山內釜山府議ら/文書僞造の容疑/一件書類のみ送局
8770	南鮮版	1937-05-07	01단	殺人鬼の實弟も意外桃花敎の敎主/幹部檢擧の指令飛ぶ
8771	南鮮版	1937-05-07	01단	造船業に主力/朝鮮重工業會社設立に當り土師慶南知事語る
8772	南鮮版	1937-05-07	01단	國語唱歌も第二放送に歌ふ/每週月、水、金の夕
8773	南鮮版	1937-05-07	01단	新鷄林風土記２４/京畿道篇W/湯村に政治的手腕/甘蔗に氣魄を切望
8774	南鮮版	1937-05-07	03단	大邱神社昇格/お祝ひ準備/寫眞展も開く
8775	南鮮版	1937-05-07	04단	「うんと勉強」/永井鐵道局電氣課長着任
8776	南鮮版	1937-05-07	04단	忠南の山林課獨立
8777	南鮮版	1937-05-07	04단	曠野に揚る産聲/見よや希望を耕す人々/東北滿に惠みあれ
8778	南鮮版	1937-05-07	05단	忠北立候補者
8779	南鮮版	1937-05-07	05단	東海岸に暴風/行方不明卅名を算す
8780	南鮮版	1937-05-07	05단	琺瑯鐵器輸出金額激增
8781	南鮮版	1937-05-07	06단	釜山府二部制/明年度に實現か/內務部と經濟部に分つ
8782	南鮮版	1937-05-07	06단	殉職警官の勳功/敎科書に載錄/少國民の胸に生く
8783	南鮮版	1937-05-07	07단	さまらん丸七日朝釜山寄港

일련번호	판명	간행일	단수	기사명
8784	南鮮版	1937-05-07	07단	京城高商にも航空研究會生る/先づグライダー練習
8785	南鮮版	1937-05-07	08단	失踪十八日間手懸りなし/京城の資産家山田氏
8786	南鮮版	1937-05-07	09단	十五戶全燒す/龍門面の火事
8787	南鮮版	1937-05-07	09단	有罪と認定/元貯銀行員七萬圓詐取事件
8788	南鮮版	1937-05-07	09단	山火事頻々/各道山林課長會議で農林局長警戒を訓示
8789	南鮮版	1937-05-07	10단	各地から(釜山、春川)
8790	南鮮版	1937-05-07	10단	運動競技界(釜山/門司ゴルフ倶樂部マッチ)
8791	南鮮版	1937-05-07	10단	時節柄ご注意/要塞地帶撮影/嚴重に處分
8792	南鮮版	1937-05-07	11단	幼兒轢殺さる
8793	南鮮版	1937-05-08	01단	外地へ注がせ給ふ大御心に感泣/風水害御救恤下賜金を拜し結城拓務大臣謹話
8794	南鮮版	1937-05-08	01단	新鷄林風土記２５/京畿道篇Ⅹ/精力府尹の人間味/氣象知識の大衆化
8795	南鮮版	1937-05-08	01단	*慶北の官選決定/忠南の官選/慶南の違反九件*
8796	南鮮版	1937-05-08	01단	社會のお蔭で儲けた金は社會のため使ふ/生活信條をそのまゝ實行/床し金鍾翊氏死床の寄附
8797	南鮮版	1937-05-08	03단	海外派遣員會議
8798	南鮮版	1937-05-08	03단	人材拔擢の異動/今夏廣範圍に斷行か/五大スローガンを實踐
8799	南鮮版	1937-05-08	04단	內鮮滿貨物事務打合會
8800	南鮮版	1937-05-08	05단	滿洲國總領事館/八日に開館式/披露宴も催す
8801	南鮮版	1937-05-08	05단	郵便局所表彰
8802	南鮮版	1937-05-08	05단	大邱神社奉納寫眞撮影競技大會/特選「大邱神社境內」/大邱寫友會/徐丙直
8803	南鮮版	1937-05-08	06단	一萬圓の今樣浦島/寄る年波、兄の住む故鄕戀しく卅四年振り布哇から歸る
8804	南鮮版	1937-05-08	07단	入選發表は十日/鮮展の搬入千二百點
8805	南鮮版	1937-05-08	08단	*大邱神社昇格は十五日ごろ 奉告祭と直會の盛儀/三日間お祝ひ*
8806	南鮮版	1937-05-08	08단	良い國語を普及/明春教科書を改訂
8807	南鮮版	1937-05-08	08단	密輸取締りに二本建て處罰と就職斡旋
8808	南鮮版	1937-05-08	09단	總督府異動
8809	南鮮版	1937-05-08	09단	ダイヤ改正/のぞみ、ひかり發着繰上げ不定期兩列車を定期的に
8810	南鮮版	1937-05-08	10단	各地から(昌寧、釜山)
8811	南鮮版	1937-05-08	10단	釜山の天然痘終熄
8812	南鮮版	1937-05-08	10단	漢江に女の首/他殺の疑ひ濃厚

일련번호	판명	간행일	단수	기사명
8813	南鮮版	1937-05-08	10단	東大演習林の猛炎漸く消ゆ
8814	南鮮版	1937-05-08	10단	新妓生券番大繁昌
8815	南鮮版	1937-05-08	11단	李王職所有林延燒
8816	南鮮版	1937-05-08	11단	三千町步燒く/京畿道の山火事
8817	南鮮版	1937-05-09	01단	聖恩鴻大/風水害御救恤の御思召し/感激・南總督謹話
8818	南鮮版	1937-05-09	01단	近く石炭液化のガソリンも登場/阿吾地で年産五萬噸
8819	南鮮版	1937-05-09	01단	坪當り千五百圓/京城銀座街に地價昻騰新記錄/何をやるのか謎の使ひ途
8820	南鮮版	1937-05-09	01단	一萬五千圓/朝郵創立廿五周年記念に空路施設費を寄附
8821	南鮮版	1937-05-09	01단	全通次第電送寫眞も日滿聯絡電話
8822	南鮮版	1937-05-09	02단	新鷄林風土記２６/平安南道篇Ａ/今も議論の府平壤/隱然大御所の福島/平壤府廳の玄關
8823	南鮮版	1937-05-09	03단	大野政務總監/江原道視察日程
8824	南鮮版	1937-05-09	04단	「敎育者の歌」入賞
8825	南鮮版	1937-05-09	04단	慶南の投票と開票
8826	南鮮版	1937-05-09	04단	試驗台にのぼる世界一の心臟/セブランス醫專の若き學徒/マラソン朝鮮の秘密を探る
8827	南鮮版	1937-05-09	05단	大邱神社奉納寫眞撮影競技大會/准特選一席「社頭」大邱寫友會/崔季福
8828	南鮮版	1937-05-09	07단	一流選手招き/プール開き/七月上旬ごろ釜山で
8829	南鮮版	1937-05-09	08단	釜山の國際色/外人旅客激增
8830	南鮮版	1937-05-09	09단	貯油不履行の外油へ近く抗議/總督府當局激昻す
8831	南鮮版	1937-05-09	09단	仁川ミナト祭/十五日賑やかに
8832	南鮮版	1937-05-09	09단	優れた僧侶養成/佛教專門學校を改革
8833	南鮮版	1937-05-11	01단	新人進出目覺しく/道會の分野一變/總改選の投票執行(慶尚南道、慶尚北道、全羅南道、平安南道、咸鏡北道、全羅北道、咸鏡南道)/大邱圖書館樓上における慶北道議の選擧場
8834	南鮮版	1937-05-11	02단	*鮮展の入選發表　輝く二百七十一點/各審査員の感想(第一部/荒木十畝氏、第二部/田邊至氏、第三部/津田信夫氏)*
8835	南鮮版	1937-05-11	03단	農村託兒所/廿ヶ所を表彰/二十五日に正式發表
8836	南鮮版	1937-05-11	04단	農業技術官會同
8837	南鮮版	1937-05-11	05단	業務綜合管轄に一課を設ける/鐵道廳誕生の前提か
8838	南鮮版	1937-05-11	05단	簡保事務優秀從事員を表彰
8839	南鮮版	1937-05-11	05단	活動を始めた京城の滿洲國名譽總領事館
8840	南鮮版	1937-05-11	06단	大邱神社の御靈代
8841	南鮮版	1937-05-11	06단	釜山ミナト祭/二十一日から

일련번호	판명	간행일	단수	기사명
8842	南鮮版	1937-05-11	07단	還暦祝ひ/釜山に師弟愛
8843	南鮮版	1937-05-11	07단	増給の御家庭へ早速貯金のお勧め/抜目のない平壌分掌局
8844	南鮮版	1937-05-11	07단	模範青年の脫走/慶北の農業實修生卅七名/粗食と勤勞に堪へ兼ねて
8845	南鮮版	1937-05-11	08단	盛大な開廳式/新義州觀察所
8846	南鮮版	1937-05-11	08단	運動競技界(大邱野球/庭球試合/釜山軍敗る/對門司ゴルフ戰/アラメダ野球團/城大豫科運動會の黑ん坊踊り)
8847	南鮮版	1937-05-11	09단	廿戶燒失/溫和面の火事
8848	南鮮版	1937-05-11	09단	留置場でモヒ患者悶死
8849	南鮮版	1937-05-11	09단	實兄殺し共犯/死刑確定す/理由なしと上告棄却
8850	南鮮版	1937-05-11	11단	各地から(鎭海、開城、春川、釜山)
8851	南鮮版	1937-05-12	01단	英帝戴冠式の奉祝午餐會開く/京城の英國領事館
8852	南鮮版	1937-05-12	01단	*脈打つ清新の氣　卅歲の少壯斷然勝名乘り　榮冠徵笑む新道議(慶南、平南、慶北)/溫和面は十七日に投票(京畿道、慶尙南道、全羅南道、忠淸南道、平安南道、平安北道、黃海道、咸鏡北道、江原道、忠淸北道、慶尙北道、咸鏡南道、全羅北道)*
8853	南鮮版	1937-05-12	04단	鮮展入選者/上(第一部〔東洋畵〕、第二部〔西洋畵〕)
8854	南鮮版	1937-05-12	08단	物價昂騰に伴ひ/大修正の憂目/遞信五ケ年計畫成る
8855	南鮮版	1937-05-12	10단	線路手殉職
8856	南鮮版	1937-05-12	11단	馬山に會議所
8857	南鮮版	1937-05-12	11단	火勢益々募る/咸南の山火事
8858	南鮮版	1937-05-13	01단	御戴冠を壽ぎ奉る/英國總領事館の午餐會/南總督祝詞を述ぶ
8859	南鮮版	1937-05-13	01단	*拓務省の首腦部　ズラリ朝鮮關係　棟居氏管理局長に/山澤氏有力　專賣局長の後任*
8860	南鮮版	1937-05-13	01단	總監春川へ
8861	南鮮版	1937-05-13	01단	鮮展入選者下/第三部【彫塑及び工藝】
8862	南鮮版	1937-05-13	02단	百餘點集る/國産奬勵春の撮影大會作品
8863	南鮮版	1937-05-13	03단	各道民選定員の七割六分は新人/新道議の顔觸決定(全羅北道、咸鏡南道、忠淸南道、平安北道、咸鏡北道、慶尙北道民選)
8864	南鮮版	1937-05-13	04단	京城健兒團/十四日入團式
8865	南鮮版	1937-05-13	05단	京城にたゞ一人/年收廿二萬圓/戶別稅査定の豪華版
8866	南鮮版	1937-05-13	05단	看護學勉强に健氣な墺國留學/セブランス病院の二女性
8867	南鮮版	1937-05-13	06단	慶南徵兵檢査始る
8868	南鮮版	1937-05-13	06단	殖産局長東上

일련번호	판명	간행일	단수	기사명
8869	南鮮版	1937-05-13	07단	一千圓寄附
8870	南鮮版	1937-05-13	07단	經濟開發目指し調査部新設か/新進事務官級の要望
8871	南鮮版	1937-05-13	07단	驅逐艦に乘せ松眞浦まで航行/海軍記念日の釜山
8872	南鮮版	1937-05-13	08단	親子三人燒死/フィルムからバス全燒
8873	南鮮版	1937-05-13	08단	義父を崖下へ/義弟の嫁を種に誘き出し結納金を强奪逃走
8874	南鮮版	1937-05-13	09단	慶南の兩會議
8875	南鮮版	1937-05-13	09단	行商人の獻金
8876	南鮮版	1937-05-13	09단	我兒を絞殺
8877	南鮮版	1937-05-13	10단	各地から(晋州、釜山)
8878	南鮮版	1937-05-13	10단	六烈士の映畫/十三日京城で
8879	南鮮版	1937-05-13	11단	二代目天勝/十六、七兩日釜山劇場/愛讀者優待
8880	南鮮版	1937-05-14	01단	“靑年道會”運用の重任擔ふ副議長/その後に彈む新話題(咸北當選者)
8881	南鮮版	1937-05-14	01단	下賜金傳達
8882	南鮮版	1937-05-14	02단	*鮮展初特選の頌譜譜/はにかむ閨秀畵家　入選の回數も喜びに忘れて　「靑衣」の大塚さん、質問を笑殺/初出品忽ち金的「柳京舟遊圖」の山田君　沸き返る勤め先/田園風景　金基昶君の弟さんの話/全く意外　淺川さんの喜び/老翁の傑作/榮えの特選*
8883	南鮮版	1937-05-14	03단	發明に優等賞/大西技師東上
8884	南鮮版	1937-05-14	03단	新鷄林風土記２７/平安南道篇Ｂ/翼を失った宣敎師/火を好む人々の街
8885	南鮮版	1937-05-14	04단	ゴム同組輸出數量
8886	南鮮版	1937-05-14	05단	大邱神社奉納寫眞撮影競技大會/准特選　二席　「境內」/大邱稅艶局慶光僕業郵/大城義雄
8887	南鮮版	1937-05-14	07단	自殺未遂
8888	南鮮版	1937-05-14	08단	女は引張凧/求職より斷然多い求人
8889	南鮮版	1937-05-14	08단	九驛構內線路分岐部を改良
8890	南鮮版	1937-05-14	08단	ビール生産高
8891	南鮮版	1937-05-14	08단	豫想より三月早く/二億圓を突破/激增の簡易保險金額
8892	南鮮版	1937-05-14	08단	懸命に努力/鈴川新專賣局長語る
8893	南鮮版	1937-05-14	09단	鴨綠江水電開發委員會規定公布
8894	南鮮版	1937-05-14	11단	各地から(釜山、大田)

일련번호	판명	간행일	단수	기사명
8895	南鮮版	1937-05-15	01단	*人材登用の現れ 總督のお眼鏡に叶ひ 井坂氏を文書課長に拔擢/「大過、小過山ほど」 謙遜する井坂新文書課長/久振り劍さげて新しき土へ 山村江原道警察部長/小兵肥大の純情家 瀨戶新任平南警察部長*
8896	南鮮版	1937-05-15	01단	のぞみに客車增結
8897	南鮮版	1937-05-15	01단	新鷄林風土記２８/平安南道篇Ｃ/役人の出世にも運/色褪せた神主知事
8898	南鮮版	1937-05-15	03단	金剛山へ探勝列車/六月から運轉
8899	南鮮版	1937-05-15	03단	“神風”環る日/寫眞展蓋開け/丁子屋へ參觀者續々
8900	南鮮版	1937-05-15	04단	模範集配手を表彰
8901	南鮮版	1937-05-15	04단	開發せよ特殊鑛/奬勵金を交付する/國際情勢の生む新方針
8902	南鮮版	1937-05-15	05단	爽快！季節の分列式
8903	南鮮版	1937-05-15	06단	歸還飛行の成功を祈る/再び釜山の聲拔
8904	南鮮版	1937-05-15	07단	昌德宮賜賞と總督賞発表さる/鮮展表彰の最高峰/鮮展初特選の喜び
8905	南鮮版	1937-05-15	08단	旅客激增す
8906	南鮮版	1937-05-15	08단	街の强盜五年求刑
8907	南鮮版	1937-05-15	08단	內地の朝鮮人を同化主義で保護/柳生社會課長歸來談
8908	南鮮版	1937-05-15	08단	京城電話度數制/七月實施に決る/公衆電話は五錢に
8909	南鮮版	1937-05-15	09단	スピード捕物
8910	南鮮版	1937-05-15	09단	本府鑛山課員に詐欺の容疑/十四日突如召喚さる
8911	南鮮版	1937-05-15	09단	白々教の殺戮數/二百四名に上る/本格的に死體發掘
8912	南鮮版	1937-05-15	09단	慶南水利協會/廿四日に創立
8913	南鮮版	1937-05-15	10단	各地から(釜山、開城)
8914	南鮮版	1937-05-15	10단	選擧違反容疑
8915	南鮮版	1937-05-16	01단	國家的で儲かるなら大いにやる心算/投資口を搜しに小林一三氏來る/張り切る企業慾
8916	南鮮版	1937-05-16	01단	怪しい支那人風の男/新義州以後附き纏ふ/謎の國際列車盜難事件
8917	南鮮版	1937-05-16	01단	新鷄林風土記２９/平安南道篇Ｄ/生活の河に流れて/猶抱く妓生の誇り
8918	南鮮版	1937-05-16	04단	京城勞銀指數續騰
8919	南鮮版	1937-05-16	05단	新設豫定線に飜る測量旗/局鐵輸送陣を强化
8920	南鮮版	1937-05-16	06단	快速歸還飛行/新たに募る感激/“神風”熱港都を席巻/“神風”號寫眞展

일련번호	판명	간행일	단수	기사명
8921	南鮮版	1937-05-16	07단	底なしの妖虐振り/取調べ進展、白々教の殺戮/二百六十一名に達す
8922	南鮮版	1937-05-16	08단	*大邱、平壤兩神社　國幣小社に列格　近く正式に奉告祭/全慶北の榮譽　上瀧知事談/社殿を改造*
8923	南鮮版	1937-05-16	09단	釜山水、陸兩署の射擊大會
8924	南鮮版	1937-05-16	10단	鎭海灣の鯛漁始る
8925	南鮮版	1937-05-16	10단	轉向の水雲教/嚴かに入佛式
8926	南鮮版	1937-05-16	10단	敬神と奉仕/境內を淸掃する制服の處女
8927	南鮮版	1937-05-16	11단	各地から(釜山、淸州、大邱)
8928	南鮮版	1937-05-16	11단	ガソリンを盜んで賣る
8929	南鮮版	1937-05-16	11단	運動競技界(軟式野球大會の試合組合せ、學生馬術大會)
8930	南鮮版	1937-05-18	01단	新鷄林風土記３０/平安南道篇Ｅ/滿浦線の全通近し/商圈爭ひ用意如何
8931	南鮮版	1937-05-18	01단	基督教會も必ず國旗を揭揚せよ/文書に西曆使用嚴禁/平南道から强硬方針通牒
8932	南鮮版	1937-05-18	01단	列格奉告祭に勅使として總督參向/大邱、平壤兩神社へ
8933	南鮮版	1937-05-18	03단	森永の鮮滿進出/京城に四階建てビル/目拔街覆面の買主判る
8934	南鮮版	1937-05-18	03단	山村氏の後任
8935	南鮮版	1937-05-18	03단	釜山戰友會生る
8936	南鮮版	1937-05-18	04단	大野總監歸任
8937	南鮮版	1937-05-18	04단	水害罹災民を鹽夫に斡旋/京畿、平南へ輸送
8938	南鮮版	1937-05-18	05단	摸擬軍艦爆破や驅逐艦拜觀/海軍記念日の鎭海
8939	南鮮版	1937-05-18	06단	簡保映畵、講演會
8940	南鮮版	1937-05-18	07단	老人身投げ
8941	南鮮版	1937-05-18	07단	歸還飛行祈願
8942	南鮮版	1937-05-18	07단	*“神風”帝都凱旋をサイレンで速報　　釜山各大工場の祝意/寫眞展繰延べ 廿日まで續開*
8943	南鮮版	1937-05-18	08단	讀者奉仕福引/當籤者決定す
8944	南鮮版	1937-05-18	08단	“鮮內の新工場計畫十億圓上る”/安川東拓總裁語る
8945	南鮮版	1937-05-18	08단	借金、警官を縛る/物價騰貴に募る苦惱
8946	南鮮版	1937-05-18	09단	乘馬を傷つけ兵士の鐵道自殺/バラバラ死體發見
8947	南鮮版	1937-05-18	10단	ガソリン拔取り被害十萬圓/八十萬圓の資産家
8948	南鮮版	1937-05-18	10단	釜鐵軍勝つ/對大鐵野球戰
8949	南鮮版	1937-05-18	10단	拳銃泥棒捕る
8950	南鮮版	1937-05-19	01단	半島の治政狀況/御熱心に御聽取/三知事謹んで語る

일련번호	판명	간행일	단수	기사명
8951	南鮮版	1937-05-19	01단	立遲れの江原道/急ピッチで開發/大野總監の視察談
8952	南鮮版	1937-05-19	01단	新鷄林風土記３１/平安南道篇Ｆ/府電の統制と矢野/鼎の輕重を問はる
8953	南鮮版	1937-05-19	02단	*道議選の棄權　非常に少い　各道平均一分七厘/慶南臨時道會六月中旬招集か/平南寧遠郡當選者*
8954	南鮮版	1937-05-19	05단	大阪新京/二晝夜で聯絡/日本海に快速船はるびん丸就航/羅津、新京間を走る准急行/日滿最捷路を實現
8955	南鮮版	1937-05-19	06단	重工業會社は七月上旬に創立/土師慶南知事語る
8956	南鮮版	1937-05-19	07단	吏員採用に實力試驗/釜山府政强化
8957	南鮮版	1937-05-19	07단	三中井（本店）の怪盜/血櫻團遂に捕る/贓品を內地で處分
8958	南鮮版	1937-05-19	08단	日赤蔚山郡委員部總會
8959	南鮮版	1937-05-19	08단	弱氣の强盜/八回とも失敗捕る
8960	南鮮版	1937-05-19	08단	貿易躍進に拍車/命令航路に畫期的改訂
8961	南鮮版	1937-05-19	09단	釜山改良事務所員約七十名
8962	南鮮版	1937-05-19	09단	馬政計畫成る
8963	南鮮版	1937-05-19	10단	大阪へ發送/春の撮影大會應募作品
8964	南鮮版	1937-05-19	10단	京城學友映畵會
8965	南鮮版	1937-05-19	10단	寺內總督の銅像/納まり工合を見に…/朝倉文夫氏一寸京城へ
8966	南鮮版	1937-05-19	10단	店の金を拐帶
8967	南鮮版	1937-05-19	11단	殖銀から釜山府借入れ
8968	南鮮版	1937-05-19	11단	各地から(釜山、大田)
8969	南鮮版	1937-05-20	01단	いざ勞働者諸君/健康を鍛へよう/全鮮工場へ體操奬勵
8970	南鮮版	1937-05-20	01단	江原道各位の協力を感謝/平南へ榮轉の瀨戶兵談
8971	南鮮版	1937-05-20	01단	慶南山間部のトラック合同許可方を陳情
8972	南鮮版	1937-05-20	01단	新鷄林風土記３２/咸鏡北道篇Ａ/撩亂花と競ふ企業/無條件祝福は早い/勞銀は騰る土地も騰る
8973	南鮮版	1937-05-20	02단	大田徵兵檢査
8974	南鮮版	1937-05-20	03단	大邱神社へ聲の奉納/詩吟と謠曲
8975	南鮮版	1937-05-20	03단	“神風”號の凱旋迫る/文翁ら盈德面で祈願祭
8976	南鮮版	1937-05-20	04단	大邱測候所落成式
8977	南鮮版	1937-05-20	04단	慶南署長會議
8978	南鮮版	1937-05-20	05단	同僚の名を騙り假面の生活廿年/內地人になりすました半島人/密航企て遂に暴露
8979	南鮮版	1937-05-20	05단	チリー視察團/歡迎準備進む
8980	南鮮版	1937-05-20	06단	滿浦線の勞働者/怠けた揚句逃亡/一日働いて一日遊ぶ

일련번호	판명	간행일	단수	기사명
8981	南鮮版	1937-05-20	06단	全東洋人の喜び 土師慶南知事語る/改めて感謝 山本釜山府尹談/功績不朽 立石釜山商議會頭語る/記念寫眞展 廿一日から五日間 釜山山本吳服店樓上にて
8982	南鮮版	1937-05-20	07단	檢事にも停年制/判事同樣身分を保障/今秋までに實施せん
8983	南鮮版	1937-05-20	08단	司法々規改正
8984	南鮮版	1937-05-20	08단	妓生を連れて內地視察の旅/平壤府議一行
8985	南鮮版	1937-05-20	08단	釜山ミナト祭り/廿一日から蓋開け一週間を祝ひ拔く
8986	南鮮版	1937-05-20	09단	雨量觀測所/下旬に着工
8987	南鮮版	1937-05-20	09단	荷車の馬狂奔/學童二人下敷き兩足を骨折、生命危篤
8988	南鮮版	1937-05-20	09단	崔承喜劇場/建設行惱み
8989	南鮮版	1937-05-20	09단	ユレネフ氏
8990	南鮮版	1937-05-20	10단	復緣を刎られ短刀で滅多斬り/豫備憲兵の兇行
8991	南鮮版	1937-05-20	10단	勞銀値上げ/平北奧地鑛山で
8992	南鮮版	1937-05-20	11단	運動競技界(中鮮軟式野球)
8993	南鮮版	1937-05-20	11단	各地から(大邱、釜山)
8994	南鮮版	1937-05-21	01단	內鮮渾然一體 "神風"凱旋を讚 二十二日朝鮮神宮で奉告祭 千名參加の旗行列/花火で凱旋速報 空に朴機、地にサウンドカー ビル屋上から祝賀の長旒
8995	南鮮版	1937-05-21	01단	新鷄林風土記３３/咸鏡北道篇Ｂ/全道これ石炭と鐵鰯加工に科學の妙/巾着網般制限は上出來
8996	南鮮版	1937-05-21	03단	八十七萬圓/在滿朝鮮人施設補助金決る
8997	南鮮版	1937-05-21	04단	釜山米穀統組認可
8998	南鮮版	1937-05-21	04단	貴重品扱ひされて「泣けてくるよ」と三老師/敎へ子の將校達と嬉し淚の再會
8999	南鮮版	1937-05-21	05단	南式の初巡視/歡迎宴を一切お斷り/革新の範を示す孫(全北)知事
9000	南鮮版	1937-05-21	05단	慶南武德殿/十月末に竣工
9001	南鮮版	1937-05-21	06단	鴨綠江水電先づ五十萬キロ發電/六月中に初委員會
9002	南鮮版	1937-05-21	07단	玄海大荒れ
9003	南鮮版	1937-05-21	08단	西面に工場住宅地
9004	南鮮版	1937-05-21	08단	鰯巾着網の許可/卅件內外か/小資本の合同勸奬
9005	南鮮版	1937-05-21	09단	密陽江の鮎/豊漁を豫想
9006	南鮮版	1937-05-21	09단	大邱製絲燒く
9007	南鮮版	1937-05-21	09단	善隣生萬引團
9008	南鮮版	1937-05-21	09단	統治根本策を局長會議で練る/"報告會議"の內容一新
9009	南鮮版	1937-05-21	10단	五萬圓拐帶犯/京城料亭に出沒/愛知縣の銀行支店長

일련번호	판명	간행일	단수	기사명
9010	南鮮版	1937-05-21	10단	寢てゐる間にお金と簪盜まる/犯人、賭博中を逮捕
9011	南鮮版	1937-05-21	11단	櫻丸坐礁/乘組員救はる
9012	南鮮版	1937-05-21	11단	各地から(釜山)
9013	南鮮版	1937-05-22	01단	新鷄林風土記３４/咸鏡北道篇Ｃ/現ナマの北鮮景氣/田園將に荒んとす/芳ばしからぬ北羊計畫/慶源の東拓緬羊牧場
9014	南鮮版	1937-05-22	01단	各官廳の現業員/近く增俸實現か/合同重要會議開かる
9015	南鮮版	1937-05-22	01단	勅使は總監/列格兩神社へ
9016	南鮮版	1937-05-22	01단	*祝賀の二重奏 "神風"號凱旋とミナト祭　日本晴れ歡呼沸く/學校の揭示板に躍る凱旋の文字 平壤に祝辭の氾濫/思はず聲援歌 光州再び熱狂*
9017	南鮮版	1937-05-22	04단	*體育總聯盟未加入校 催しを公認せぬ　徹底的に統制强行/男女高普生に武士道を吹込む 體育の規定を改正*
9018	南鮮版	1937-05-22	05단	*千三百年前の如意輪觀音か 安東邑玉洞で發掘/白神校長談*
9019	南鮮版	1937-05-22	06단	各地で再現/國技館の興奮
9020	南鮮版	1937-05-22	06단	銅像と初對面/來城の朝倉氏
9021	南鮮版	1937-05-22	07단	朝鮮人の小學訓導/"國語常用の家庭"へ福音
9022	南鮮版	1937-05-22	07단	三割以上の割當を要求/內鮮電球會議
9023	南鮮版	1937-05-22	08단	新人募集手遲れ內地學生の鼻息あらく/アテの外れた局鐵
9024	南鮮版	1937-05-22	08단	國際列車のダイヤ改正
9025	南鮮版	1937-05-22	09단	南洋、南支の貿易座談會/來月釜山で開く
9026	南鮮版	1937-05-22	10단	新會社案に對し朝郵の自主堅持/日本海航路整備折衝
9027	南鮮版	1937-05-22	10단	記者團勝つ/對慶南警察部野球試合
9028	南鮮版	1937-05-22	10단	加藤氏當選/馬山府會副議長
9029	南鮮版	1937-05-22	11단	各地から(釜山、淸州、開城、大田、全州)
9030	南鮮版	1937-05-22	11단	林全北道議/違反容疑で留置
9031	南鮮版	1937-05-23	01단	*遂げたり"神風"　胸の一つ一つ昂し國民的衿恃　朴機の撒く五色の花吹雪　朝鮮神宮で奉告祭/歌ふ火、練る火　"凱旋の夜"繰出す六百人　大邱の大提燈行列/熱狂の淸津/大邱府會の祝電*
9032	南鮮版	1937-05-23	01단	新鷄林風土記３５/咸鏡北道篇Ｄ/特産商人の苦が手/煩瑣極る二重通關/啀み合ふ北鐵と鐵道局
9033	南鮮版	1937-05-23	04단	"神風"凱旋祝電
9034	南鮮版	1937-05-23	04단	*"神風"號の寫眞を夏休み自習書にも童心に吹込む世界的覇業/憧れの兩鳥人へ綴方を贈る　牧島公普兒童から*
9035	南鮮版	1937-05-23	05단	萬歲！萬歲！"神風"凱旋
9036	南鮮版	1937-05-23	06단	朝鮮關係の預金部運用資金

일련번호	판명	간행일	단수	기사명
9037	南鮮版	1937-05-23	07단	總督府辭令
9038	南鮮版	1937-05-23	07단	京釜、京義線以外改良工事打切り/銑鐵飢饉で經費節減
9039	南鮮版	1937-05-23	08단	*學童が百圓獻金/亡父の香奠をそっくり/宿舍料を獻金*
9040	南鮮版	1937-05-23	09단	釜山に高工要望/廿五日に聯合父兄會
9041	南鮮版	1937-05-23	09단	慶南産組協會總會
9042	南鮮版	1937-05-23	10단	鐵道局異動
9043	南鮮版	1937-05-23	10단	犯人は姉夫婦/レブラ少年殺し
9044	南鮮版	1937-05-23	10단	同じ血に繋る名馬の奇遇/朝鮮軍廐舍話題
9045	南鮮版	1937-05-23	11단	强盜と押問答
9046	南鮮版	1937-05-23	11단	僞學生の竊盜
9047	南鮮版	1937-05-25	01단	新鷄林風土記３６/咸鏡北道篇Ｅ/國策は掛け聲倒れ滿鐵側の獨り相撲/まだお粗末日本海時代
9048	南鮮版	1937-05-25	01단	大運河の兩側に近代工業の集團/海陸の施設を完備し釜山西面に工場地帶建設
9049	南鮮版	1937-05-25	01단	譽れの慈愛旗/託兒所廿ケ所/本社社會事業團から表彰(京畿道【三ケ所】、忠淸北道【二ケ所】、忠淸南道【二ケ所】、全羅北道【二ケ所】、全羅南道【三ケ所】、慶尙北道【二ケ所】、慶尙南道【二ケ所】、黃海道【二ケ所】、江原道【二ケ所】)
9050	南鮮版	1937-05-25	02단	*本居掌典補/大野總監日程*
9051	南鮮版	1937-05-25	03단	京城“神風”號凱旋/奉告祭參列者芳名
9052	南鮮版	1937-05-25	05단	馬山國婦總會
9053	南鮮版	1937-05-25	06단	「何だか一寸心配」/鄕土初公演にはにかみつゝ/テナー三浦永恩君歸る
9054	南鮮版	1937-05-25	07단	擴張の上水道/來月通水の豫定/木浦の水不足解消す
9055	南鮮版	1937-05-25	07단	無煙炭の採掘と販賣/合理化に努力/石田鑛山課長語る
9056	南鮮版	1937-05-25	09단	水産見本市/十月ごろ上海で開く
9057	南鮮版	1937-05-25	09단	“神風”寫眞展/釜山廿五日限り
9058	南鮮版	1937-05-25	09단	鎭南浦の不完全/飛んだ所で暴露/鐘紡、機械陸揚げに難澁
9059	南鮮版	1937-05-25	09단	工事契約成立/鴨綠江水電建設材料運輸線
9060	南鮮版	1937-05-25	10단	全北道辭令
9061	南鮮版	1937-05-25	10단	永持中將一行
9062	南鮮版	1937-05-25	10단	琴湖踏切で衝突
9063	南鮮版	1937-05-25	10단	京城の紳商連/賭博容疑で引致/卅萬圓の巨額に上る
9064	南鮮版	1937-05-25	11단	橫領犯人捕る/安東藥種仲買人
9065	南鮮版	1937-05-25	11단	釜山防疫週間

일련번호	판명	간행일	단수	기사명
9066	南鮮版	1937-05-25	11단	殺人强盜犯に死刑
9067	南鮮版	1937-05-26	01단	*鐵路の驚異　釜山、新京間に走るぞ超々特急　滿鐵の重量機關車乘入れ　時速百キロの快速/佳木斯へ京城へ 淸津から直通列車 十月より實現に內定*
9068	南鮮版	1937-05-26	01단	現業員の増俸/急速具體化せん/局長會議で意向表明
9069	南鮮版	1937-05-26	01단	新鷄林風土記３７/咸鏡北道篇Ｆ/ぬかるみの街羅津/望む特殊行政地域/覇氣ある事業家出でよ
9070	南鮮版	1937-05-26	02단	田代驛長着任
9071	南鮮版	1937-05-26	03단	二掛程度高値か/春繭値基協定
9072	南鮮版	1937-05-26	04단	優良保險從業員を表彰
9073	南鮮版	1937-05-26	04단	慶南莚の北鮮進出
9074	南鮮版	1937-05-26	05단	旗と灯の慶祝/大邱神社の列格奉告祭/勅使を迎へて執行
9075	南鮮版	1937-05-26	07단	本社優勝楯をラツキー軍獲得/中鮮軟式野球大會
9076	南鮮版	1937-05-26	07단	聯合消防演習/大田で擧行
9077	南鮮版	1937-05-26	07단	また孔子の後裔
9078	南鮮版	1937-05-26	08단	*無條約時代への國民の覺悟强調　海軍記念日京城の行事/東萊で祝賀飛行*
9079	南鮮版	1937-05-26	08단	慶南水利協會/役員決定す
9080	南鮮版	1937-05-26	09단	釜山を中心に魚類の冷藏、冷凍/日本水産社長ら來鮮
9081	南鮮版	1937-05-26	09단	李鍾嬉捕る
9082	南鮮版	1937-05-26	09단	赤い夜間學校/一味送局さる
9083	南鮮版	1937-05-26	10단	高敞郡守收容
9084	南鮮版	1937-05-26	10단	飯田氏郡山へ/金魚艷死事件
9085	南鮮版	1937-05-26	11단	各地から(釜山、淸州、浦項)
9086	南鮮版	1937-05-26	11단	家出の娼妓賞金つきで捜査
9087	南鮮版	1937-05-27	01단	*一躍、內務部長から型破り慶南知事　阿部氏の榮轉に現はれた　人材拔擢と道政充實方針/今がやめる潮時　しんみり土師氏語る/二度の風水害に親身の救濟　道政を全面的に刷新/愼重に喜ぶ 阿部新任慶南知事　上瀧さん、電氣問題で一矢/浪人から一陽來復 松本新任慶北內務部長*
9088	南鮮版	1937-05-27	01단	新鷄林風土記３８/咸鏡北道篇Ｇ/行政上幾多の相剋/正に兒島の試金石/全國的に鳴る齋藤龍本
9089	南鮮版	1937-05-27	04단	あるぐん丸釜山へ
9090	南鮮版	1937-05-27	05단	*名刀を奉納/寫眞撮影競技*
9091	南鮮版	1937-05-27	05단	大邱神社列格/記念スタンプ

일련번호	판명	간행일	단수	기사명
9092	南鮮版	1937-05-27	05단	電球の輸出割當　結局三割位か　燐寸、琺瑯鐵器、硫安やがて統制　歸任の穗積殖産局長談/商工省の原案/近藤事務官から本府へ提示
9093	南鮮版	1937-05-27	06단	朝鮮代表健康兒/月末に決定/兩地區とも申告終る
9094	南鮮版	1937-05-27	07단	馬山商議創立總會
9095	南鮮版	1937-05-27	07단	各道漁組網羅し中央會創立決る/評議員會で役員選任
9096	南鮮版	1937-05-27	08단	慶南署長會議延期
9097	南鮮版	1937-05-27	08단	全土"寶の褥"鑛區–六千五百十三
9098	南鮮版	1937-05-27	09단	外國貿易研究會/釜山に組織
9099	南鮮版	1937-05-27	09단	打續く觧景氣
9100	南鮮版	1937-05-27	09단	「商品が高い」と購買組合の機運/商店街、阻止に躍起
9101	南鮮版	1937-05-27	10단	國際鐵道協議會の鮮鐵代表
9102	南鮮版	1937-05-27	10단	通話區域擴張
9103	南鮮版	1937-05-27	10단	水上機祝賀や勇しい將兵行進/海軍記念日の釜山
9104	南鮮版	1937-05-27	10단	團平船で密航企つ
9105	南鮮版	1937-05-27	11단	各地から(釜山、全州、東萊)
9106	南鮮版	1937-05-27	11단	生活苦の身殺
9107	南鮮版	1937-05-27	11단	線路班死傷
9108	南鮮版	1937-05-28	01단	新鷄林風土記３９/慶尚南道篇Ａ/巨頭迫間と香椎/半ば歷史的の存在/金に明け金に暮れる釜山
9109	南鮮版	1937-05-28	01단	無敵艦隊を祝福　無條約時代初めての海軍記念日　全鮮に戰勝の思ひ出新た/轟然、機雷爆發　模型軍艦沈沒す　釜山の空、水上機欣舞/檣頭飜るZ旗　忽ち銃聲　寺洞小學生の演習/淸津
9110	南鮮版	1937-05-28	03단	松眞浦で盛んな記念祭典
9111	南鮮版	1937-05-28	03단	蘇生の農民/慶南砂防工事勞銀百餘萬圓
9112	南鮮版	1937-05-28	05단	檢察陣肅正の矛盾と犧牲濡衣霽れたれど悲憤・路頭に迷ふ十幾年の精勵空しく元警官斷食、無言の抗議/復職差支へなし取調べの與田檢事談/片岡東大門署長談/上野警務課長談
9113	南鮮版	1937-05-28	07단	本紙を教材に常識涵養/木商で每週二時間
9114	南鮮版	1937-05-28	07단	稅監局長會議/一日から三日間
9115	南鮮版	1937-05-28	07단	奇しくも瑞祥/花火の小旗御屋根に落下/森嚴！大邱神社の列格祭
9116	南鮮版	1937-05-28	08단	稅關長會議の諮問事項
9117	南鮮版	1937-05-28	08단	各官公署の職員/全面的に大增員/七月一日から實現
9118	南鮮版	1937-05-28	09단	貨物の洪水

일련번호	판명	간행일	단수	기사명
9119	南鮮版	1937-05-28	09단	追跡の密漁船に監視船追突/乘組員二名死傷す
9120	南鮮版	1937-05-28	10단	土師さん退官奉告
9121	南鮮版	1937-05-28	10단	印畫提出期は六月十日かぎり/春を飾る寫眞競技
9122	南鮮版	1937-05-28	10단	正式に起訴/高敞郡守外十名
9123	南鮮版	1937-05-28	11단	朝鮮人の訴訟を東京で審理
9124	南鮮版	1937-05-28	11단	禁漁區に蜜漁船橫行/群山府議ら出資
9125	南鮮版	1937-05-28	11단	「鮮滿一如花瓶」獻納
9126	南鮮版	1937-05-28	11단	各地から(統營、淸州)
9127	南鮮版	1937-05-29	01단	鐵材節約しつゝ豫定計畫を遂行/吉田鐵道局長歸來談
9128	南鮮版	1937-05-29	01단	初等校の先生はタダで結核治療/將來共濟組合設ける
9129	南鮮版	1937-05-29	01단	第二豫備金支出
9130	南鮮版	1937-05-29	01단	新鷄林風土記４０/慶尙南道篇Ｂ/力量不足ながら至って正直な山本/代表的人氣男西條と坂田
9131	南鮮版	1937-05-29	02단	七月十日から南鮮防空演習/釜山を中心に實施
9132	南鮮版	1937-05-29	02단	多彩な航空週間〔六月一日から〕
9133	南鮮版	1937-05-29	03단	巡廻健康相談
9134	南鮮版	1937-05-29	03단	釜山府營職紹を大橋通りへ移轉/勞働者を斡旋させる
9135	南鮮版	1937-05-29	04단	慶南海藻作柄不振
9136	南鮮版	1937-05-29	05단	*“見合の戀”に殉ず 姉夫婦に緣談を中止され 純情一筋、漢江へ身投げ/一言話して吳れたなら 悔む姉夫婦/お針友達の話/釜山にも身投げ 鄕里の緣談を嫌って/賑ふ大邱神社*
9137	南鮮版	1937-05-29	08단	舊瓦電の寄附使途決る
9138	南鮮版	1937-05-29	08단	スリ團檢擧
9139	南鮮版	1937-05-29	08단	*世間へお詫び 京城野球試合亂鬪事件に對し 關係者より聲明書/野球聯盟/鐵道局/府廳*
9140	南鮮版	1937-05-29	09단	今夏濟州島へ蜘蛛の採集旅行/意氣込む白甲鏞君
9141	南鮮版	1937-05-29	10단	釜山建設の恩人/上杉古太郞氏
9142	南鮮版	1937-05-29	10단	賭博團から揚錢卷上ぐ/十五道溝の匪賊
9143	南鮮版	1937-05-29	11단	各地から(釜山)
9144	南鮮版	1937-05-30	01단	地方振興運動の前途は未だ遼遠/借金苦の咸南農村
9145	南鮮版	1937-05-30	01단	招かれた客から警告やら要望/南鮮合電の釜山披露宴
9146	南鮮版	1937-05-30	01단	新鷄林風土記４１/慶尙南道篇Ｃ/仕事の山を前に冬眠を貪る會議所/もっと積極的に宣傳を
9147	南鮮版	1937-05-30	03단	*戴冠式トーキー大邱で謹映 卅一日から三日間/“神風”の雄姿に思はず聲援歌 釜山學童の感激*

일련번호	판명	간행일	단수	기사명
9148	南鮮版	1937-05-30	04단	武德會新範士
9149	南鮮版	1937-05-30	04단	京城臨時競馬
9150	南鮮版	1937-05-30	05단	親日旅行家/オ氏一日來城
9151	南鮮版	1937-05-30	05단	主な河川池沼に鮒の大量放流/農村副業として期待
9152	南鮮版	1937-05-30	05단	精錬本軌道へ
9153	南鮮版	1937-05-30	05단	鮎/一日から解禁/各地とも豊漁豫想
9154	南鮮版	1937-05-30	06단	殖える警視/九名の配置決る/七月一日から實現
9155	南鮮版	1937-05-30	07단	私鐵收入增加
9156	南鮮版	1937-05-30	07단	寄附、寄附、寄附/高物價時代といふのに…/咸南道民、負擔過重に悲鳴
9157	南鮮版	1937-05-30	07단	龍頭山神社で慰靈祭を營む金組慶南支部
9158	南鮮版	1937-05-30	07단	豪膽な勇士揃ひ/殉職平壤機の搭乘者
9159	南鮮版	1937-05-30	08단	"朝鮮の夕"成功/各地の入場者二萬
9160	南鮮版	1937-05-30	08단	鐵窓の慰安/咸興刑務所にラヂオ備付け
9161	南鮮版	1937-05-30	08단	要塞地帶撮影
9162	南鮮版	1937-05-30	08단	不倫の戀に狂ひ本夫へ瀕死の重傷/女房にも共謀の疑ひ
9163	南鮮版	1937-05-30	09단	少年配達手重傷
9164	南鮮版	1937-05-30	09단	人夫三名死傷
9165	南鮮版	1937-05-30	09단	架空の籾取引で一萬圓を詐取？/一杯くった棚橋商店
9166	南鮮版	1937-05-30	09단	伐採禁止區域擴張
9167	南鮮版	1937-05-30	10단	各地から(晋州、淸州、釜山、京城)
9168	南鮮版	1937-05-30	10단	千圓を寄附
9169	南鮮版	1937-05-30	10단	咸南水産高/新記錄を示す
9170	南鮮版	1937-05-30	10단	赤ちゃん自慢較べ

1937년 6월

일련번호	판명	간행일	단수	기사명
9171	南鮮版	1937-06-01	01단	「のぞみ」新京延長/十月から實現/全滿ダイヤ改正案成る(ひかり、のぞみ)
9172	南鮮版	1937-06-01	01단	*輿論に聽く明朗人事 濡衣の二警官 嬉しや復職決る 新實例清淨潔白の官吏は辭表提出に及ばず/出來るだけ早く 中村高等課長語る*
9173	南鮮版	1937-06-01	02단	新鷄林風土記４２/慶尙南道篇Ｄ/黑鉛、埋築變り種/大池家の遺德芳し/童心に呼びかける松田
9174	南鮮版	1937-06-01	04단	釜山鐵道改良事務所/一日に開廳式
9175	南鮮版	1937-06-01	04단	漁組中央會/めでたく結成
9176	南鮮版	1937-06-01	05단	南洋航路船は釜山へも寄る/遞信局長のお土産話
9177	南鮮版	1937-06-01	05단	增俸！/喜びの二重奏/沸き立つ現業員
9178	南鮮版	1937-06-01	06단	防護團と國婦/同時に結成さる/固し大邱防衛の決意
9179	南鮮版	1937-06-01	08단	“神風”凱旋/トーキー映畫/釜山三館で上映
9180	南鮮版	1937-06-01	08단	光州の金組記念式
9181	南鮮版	1937-06-01	09단	舞台は六ヶ所/壯烈な聯合演習/一日から火蓋を切る
9182	南鮮版	1937-06-01	09단	慶南道會/十五日から開く
9183	南鮮版	1937-06-01	09단	情婦を毆殺
9184	南鮮版	1937-06-01	10단	オカッパ娘の服毒
9185	南鮮版	1937-06-01	10단	列車に刎らる
9186	南鮮版	1937-06-01	10단	喪の凱旋
9187	南鮮版	1937-06-01	10단	猿之助一座來る/京城、釜山でお目見得
9188	南鮮版	1937-06-01	11단	醉拂ひ慘死
9189	南鮮版	1937-06-01	11단	各地から(統營、釜山)
9190	南鮮版	1937-06-02	01단	*政變眠中になし 悠々たり南總督 全鮮各地の本社速報所前さすがに黑山の人だかり/「ホホゥ又政變か」 記念祭で廻りすぎた盃 我關せず小磯將軍*
9191	南鮮版	1937-06-02	01단	將軍も老馬丁も綠の園で壽ぐ/朝鮮軍第一回記念祭
9192	南鮮版	1937-06-02	01단	新鷄林風土記４３/慶尙南道篇Ｅ/海山の幸あれど/年每に殖える窮民/上下一貫進め生活安定へ
9193	南鮮版	1937-06-02	02단	南鮮合電異動
9194	南鮮版	1937-06-02	03단	*惜別の情一入 土師氏送別會/放送協會總會*
9195	南鮮版	1937-06-02	04단	同じ時刻、同量服毒/分離心中晴れて結婚/兩親折れ悲變に凱歌
9196	南鮮版	1937-06-02	04단	貿易座談會/十四日に開く
9197	南鮮版	1937-06-02	05단	最初の夜間中學/明年度京城に新設か
9198	南鮮版	1937-06-02	05단	慶南の自力更生日
9199	南鮮版	1937-06-02	05단	氣壓・眞夏の配置

일련번호	판명	간행일	단수	기사명
9200	南鮮版	1937-06-02	05단	釜山鐵道改良事務所店開き
9201	南鮮版	1937-06-02	06단	慶南道會議案
9202	南鮮版	1937-06-02	07단	鴨綠江水電の第一期堰堤/九寧浦に決る/國際橋梁取急ぎ着工
9203	南鮮版	1937-06-02	07단	航空川柳募集
9204	南鮮版	1937-06-02	08단	繼母へ面當て服毒オカッパ/少女身許判明
9205	南鮮版	1937-06-02	08단	狂言强盜にお目玉
9206	南鮮版	1937-06-02	08단	春川農學校生盟休籠城す/三、四年生八十餘名
9207	南鮮版	1937-06-02	09단	嬉しい祝盃/「空の特急」送り迎へて/賑ふ汝矣島飛行場
9208	南鮮版	1937-06-02	09단	氣紛れ飛行機/ひょっこり京城へ/ラトヴィヤから「空の漫步」九ヶ月
9209	南鮮版	1937-06-02	10단	運動競技界(庄司君優勝)
9210	南鮮版	1937-06-02	11단	各地から(大田、大邱、釜山)
9211	南鮮版	1937-06-03	01단	靑年宰相登場でカラリ明朗氣分/國防第一線の半島に/特に嬉しい陸、海相の留任
9212	南鮮版	1937-06-03	01단	九龍淵に觀瀑亭
9213	南鮮版	1937-06-03	01단	東亞日報再刊
9214	南鮮版	1937-06-03	01단	吉原氏醫博に內定
9215	南鮮版	1937-06-03	01단	十圓の結婚式/新郞新婦に晴着も貸す/京城經學院を開放
9216	南鮮版	1937-06-03	01단	新鷄林風土記44/慶尙南道篇F/港灣修築に伴ひ伸びる馬山商工業/鎭海繁榮の癌、派閥抗爭
9217	南鮮版	1937-06-03	02단	慶南勞働移民輸送
9218	南鮮版	1937-06-03	03단	銀行大會/十一日京城で
9219	南鮮版	1937-06-03	04단	大邱寫友會例會
9220	南鮮版	1937-06-03	04단	十七年振りの奇遇/勇退の土師氏と新任の松本氏/思ひ出なつかし郡長時代
9221	南鮮版	1937-06-03	04단	“神風”寫眞展/大邱で盛況
9222	南鮮版	1937-06-03	05단	海員會館竣工
9223	南鮮版	1937-06-03	06단	石炭完全燃燒液/製造工場を新設/西面に中旬ごろ竣工
9224	南鮮版	1937-06-03	06단	全滿卓球選手
9225	南鮮版	1937-06-03	06단	鮮滿案內所/內地四都市に增設
9226	南鮮版	1937-06-03	07단	元貯銀行員へ四年求刑
9227	南鮮版	1937-06-03	07단	京城に歡樂境/支那總領事館敷地を買收し映畵を中心に建設
9228	南鮮版	1937-06-03	08단	開橋時間變更陳情
9229	南鮮版	1937-06-03	08단	印鑑を僞造し鮮銀から引出す/六回に二萬六千圓
9230	南鮮版	1937-06-03	08단	綠蔭・兩將軍の歡談

일련번호	판명	간행일	단수	기사명
9231	南鮮版	1937-06-03	09단	牧師ら重傷
9232	南鮮版	1937-06-03	10단	徐丙朝氏當選/慶北道會副議長
9233	南鮮版	1937-06-03	10단	豚の呪ひ/自宅を燒く
9234	南鮮版	1937-06-03	10단	諸機械に封緘/轟音一瞬に消ゆ/小野田洋灰の操短
9235	南鮮版	1937-06-03	11단	各地から(統營、春川、釜山)
9236	南鮮版	1937-06-04	01단	先づ都會地から二部教育を實施/普校不足の惱み補ふ
9237	南鮮版	1937-06-04	01단	同姓の禁婚に檢討のメス/注目の中樞院會議
9238	南鮮版	1937-06-04	01단	低資借受け/災害復舊工費
9239	南鮮版	1937-06-04	01단	新鷄林風土記４５/慶尙南道篇Ｇ/信賴された土師/阿部は案外太つ腹/“自力本願”起つべき秋
9240	南鮮版	1937-06-04	02단	酒類購買組合結成
9241	南鮮版	1937-06-04	02단	植付は大體順調
9242	南鮮版	1937-06-04	03단	産組資金利子徵收
9243	南鮮版	1937-06-04	03단	繩叺協會に不正容疑/筒木を主事を嚴重取調
9244	南鮮版	1937-06-04	04단	忠南府尹郡守會議
9245	南鮮版	1937-06-04	04단	第三日ソ丸浦潮へ
9246	南鮮版	1937-06-04	05단	阿部慶南知事四日着任
9247	南鮮版	1937-06-04	05단	自轉車に追突し卽死させて逃ぐ/不埒!醉拂ひ自動車
9248	南鮮版	1937-06-04	07단	背負投げや腰車/鮮やか女生徒の柔道
9249	南鮮版	1937-06-04	07단	若い斷髮美人/竊盜の見張り役/京城の學校荒し捕る
9250	南鮮版	1937-06-04	08단	殖える航空郵便/四月の引受一萬五千
9251	南鮮版	1937-06-04	09단	京城に放火？/損害一萬五千圓
9252	南鮮版	1937-06-04	09단	蜿蜒三里の放列/冠嶽山南方に大戰塵/第廿師團の聯合演習
9253	南鮮版	1937-06-04	09단	鰯刺網の共同購入斡旋/漁組中央會
9254	南鮮版	1937-06-04	09단	鰯の大豊漁/沸き返る慶南漁村
9255	南鮮版	1937-06-04	10단	南鮮實業野球番組
9256	南鮮版	1937-06-04	10단	各地から(釜山、大邱、淸州、馬山)
9257	南鮮版	1937-06-04	11단	ハリキリ翁/勇躍お江戶へ
9258	南鮮版	1937-06-05	01단	邦正美君の舞踊に恍惚・伯林の觀衆/批評家も妙技を讚ふ
9259	南鮮版	1937-06-05	01단	水害との因緣話/「行く先々でずゐぶん苦勞」/阿部慶南知事着任
9260	南鮮版	1937-06-05	01단	新鷄林風土記４６/咸鏡南道篇Ａ/東拓總裁のタンカ/「咸興なんて儂は知らん」/現段階省察の基點
9261	南鮮版	1937-06-05	02단	慶北春蠶共販/四十萬貫突破か
9262	南鮮版	1937-06-05	02단	ムシ齒豫防デー

일련번호	판명	간행일	단수	기사명
9263	南鮮版	1937-06-05	03단	殖産財團助成事業
9264	南鮮版	1937-06-05	03단	精神病者へ漸く/保護の手伸ぶ/法令制定、病院を充實
9265	南鮮版	1937-06-05	04단	一割見當許可/鰯巾着網の出願
9266	南鮮版	1937-06-05	04단	慶北郡守會議
9267	南鮮版	1937-06-05	04단	臨時局長會議
9268	南鮮版	1937-06-05	05단	*鮮滿産業經濟座談會開く 靑木司長中心に/稅關長會議*
9269	南鮮版	1937-06-05	05단	第廿師團聯合演習
9270	南鮮版	1937-06-05	06단	免囚保護團體/統制機關を設く/五十萬圓の奇附募集
9271	南鮮版	1937-06-05	06단	代書業取締規則を一部改正
9272	南鮮版	1937-06-05	07단	七月十日から三日間行ふ/第二回南鮮防空演習
9273	南鮮版	1937-06-05	08단	寶水川改修し幹線道路を新設/釜山西部發展に拍車
9274	南鮮版	1937-06-05	08단	仇討殺人へ實刑
9275	南鮮版	1937-06-05	08단	滿洲國から牛の申込み殺到/農林局長咸南北視察談
9276	南鮮版	1937-06-05	09단	リンチ殺人に判決
9277	南鮮版	1937-06-05	09단	拳銃盜まる
9278	南鮮版	1937-06-05	10단	畑に嬰兒死體
9279	南鮮版	1937-06-05	10단	若妻身投げ
9280	南鮮版	1937-06-05	10단	全大邱野球軍改組
9281	南鮮版	1937-06-05	11단	胴體眞つ二つ
9282	南鮮版	1937-06-05	11단	各地から(統營、釜山)
9283	南鮮版	1937-06-05	11단	水原に强盜
9284	南鮮版	1937-06-05	11단	本社京城支局來訪
9285	南鮮版	1937-06-06	01단	歌へ國語の校歌/朝鮮語の分は認めぬ/靑年に國體明徵の精神鼓吹
9286	南鮮版	1937-06-06	01단	十日の夜訪れる三重苦の聖女/釜山、大邱、京城歷訪
9287	南鮮版	1937-06-06	01단	寶物や古蹟を新たに追加/九日の委員會で決定
9288	南鮮版	1937-06-06	01단	日鑛買鑛出張所/全州に新設/敷地買收終る
9289	南鮮版	1937-06-06	01단	新鷄林風土記47/咸鏡南道篇Ｂ/山村樂土の建設へ愼重なる用意と實行力/正に野心的の命題
9290	南鮮版	1937-06-06	02단	鄕軍有功章拜受者
9291	南鮮版	1937-06-06	02단	慶北農事試驗場/芳村洞へ移轉
9292	南鮮版	1937-06-06	03단	郵便所雇傭員/一割を增給/釜山分掌局管內
9293	南鮮版	1937-06-06	03단	京城驛待合室で置引き二萬餘圓/警察、ラヂオで警告
9294	南鮮版	1937-06-06	04단	鮮銀異動
9295	南鮮版	1937-06-06	04단	水害復舊に十五萬圓/大藏省も承認

일련번호	판명	간행일	단수	기사명
9296	南鮮版	1937-06-06	04단	繩叺協會の容疑/全鮮に擴大か/數年前に遡り複雜
9297	南鮮版	1937-06-06	05단	麥の適期刈取督勵
9298	南鮮版	1937-06-06	05단	慶南磯洗週間/廿二日から始る
9299	南鮮版	1937-06-06	06단	割戻し漸廢/朝運自體の活動に俟つ
9300	南鮮版	1937-06-06	06단	瓦斯需要家/豫定數超ゆ/大邱府ホクホク
9301	南鮮版	1937-06-06	06단	拂曉の遭遇に掉尾の激戰/廿師團聯合演習終る
9302	南鮮版	1937-06-06	07단	善良な警官は飽まで身分保障/京畿道警察部の發表
9303	南鮮版	1937-06-06	07단	再び覆面の愛國者/京城第二號機を獻納/今秋盛大な命名式擧行
9304	南鮮版	1937-06-06	08단	『光への道』/近く映畵化
9305	南鮮版	1937-06-06	08단	釜山府廳舍を四階建てに增築/明年度廿五萬圓で
9306	南鮮版	1937-06-06	08단	夏は涼しい“神風”ゆかた
9307	南鮮版	1937-06-06	09단	中央市場經營の委託を繞り紛糾/京城府と京畿道對立
9308	南鮮版	1937-06-06	10단	「朝鮮便り」十六日に放送
9309	南鮮版	1937-06-06	10단	電球五月輸出數量
9310	南鮮版	1937-06-06	10단	ホテルの新設/擴充を奬める
9311	南鮮版	1937-06-06	10단	釜山鎭驛で飛込み
9312	南鮮版	1937-06-06	11단	線路枕に悠々自殺/馬山附近で
9313	南鮮版	1937-06-06	11단	鷄泥棒の天才
9314	南鮮版	1937-06-06	11단	各地から(馬山、釜山)
9315	南鮮版	1937-06-08	01단	*全國健康爭覇へ 朝鮮代表決定す 中央審査會に申告/南鮮の部(六名)/北鮮の部(六名)/木浦から代表三名 “准日本一” 中上孃の刺激 斷然、健康地を誇る/健康調査表/南鮮の部(六名)/北鮮の部(六名)*
9316	南鮮版	1937-06-08	03단	新鷄林風土記48/咸鏡南道篇C/ヘゲモニーの轉換/肥料業から軍需工業へ/野口の新しき出發
9317	南鮮版	1937-06-08	04단	慶南簡閱點呼
9318	南鮮版	1937-06-08	04단	鮮滿稅關會議
9319	南鮮版	1937-06-08	05단	內鮮滿經濟の一如機運を昂む/靑木司長らと座談會
9320	南鮮版	1937-06-08	05단	*殉職七勇士を哀悼 官民三百餘名參列し 嚴かな合同假葬儀執行/「必ず仇を討つ」 暗然たる大川警部/鮮滿協力し弔ひ合戰 鹽谷惠山署長談/最も惡性*
9321	南鮮版	1937-06-08	05단	南總督/官邸で緬羊飼育
9322	南鮮版	1937-06-08	06단	中樞院會議
9323	南鮮版	1937-06-08	07단	床下や山中から僞造鑄型を發見/一攫千金夢見た犯人
9324	南鮮版	1937-06-08	08단	慶南射擊大會入賞

일련번호	판명	간행일	단수	기사명
9325	南鮮版	1937-06-08	09단	滿期兵の貯金を盜んだ脫走兵/平壤憲兵隊に捕る
9326	南鮮版	1937-06-08	09단	密航團檢擧
9327	南鮮版	1937-06-08	09단	咸南に稻腐病
9328	南鮮版	1937-06-08	10단	樂しい釜山敬老會
9329	南鮮版	1937-06-08	10단	十二道溝でも民家を掠奪/越境直ちに擊退
9330	南鮮版	1937-06-08	10단	積雪五寸/長白山脈一帶
9331	南鮮版	1937-06-08	10단	『航空』川柳/蔚山で募集
9332	南鮮版	1937-06-08	10단	バンドン丸
9333	南鮮版	1937-06-08	11단	運動競技界(南鮮實業野球成績)
9334	南鮮版	1937-06-09	01단	朝鮮人學童の體位向上に示唆/內地人學童より總括的に劣る/城大李仁圭君の硏究
9335	南鮮版	1937-06-09	01단	新鷄林風土記４９/咸鏡南道篇Ｄ/放膽無比の獨裁王/現住地不明を賣物
9336	南鮮版	1937-06-09	03단	建康優良兒/南鮮地區代表/無缺席の優等生/每朝六時に起きてお手傳ひ/釜山第六校の誇り/山木育子さん
9337	南鮮版	1937-06-09	03단	農民デー［十四日一齊に］
9338	南鮮版	1937-06-09	03단	慶南工場調査
9339	南鮮版	1937-06-09	04단	忠南警察署長會議
9340	南鮮版	1937-06-09	05단	締切り目睫/優秀印畵續々集る/春を飾る撮影競技大會
9341	南鮮版	1937-06-09	06단	主な漁港五十位/改修工事を起す/五年計畫、約二千萬圓
9342	南鮮版	1937-06-09	07단	僞造五十錢銀貨
9343	南鮮版	1937-06-09	08단	鮮滿拓殖の社債/一千萬圓募集/相川外事課長歸任談
9344	南鮮版	1937-06-09	08단	大增員の前に官制を改正/全鮮通じて約五千名
9345	南鮮版	1937-06-09	09단	獸醫規則制定
9346	南鮮版	1937-06-09	09단	南鮮に豪雨
9347	南鮮版	1937-06-09	10단	忠南繭の品質極上
9348	南鮮版	1937-06-09	10단	時の記念日/執務も定時勵行尊重(織道局、平南)
9349	南鮮版	1937-06-09	10단	在滿鮮農達に黎明ちかし/室田事務官の視察談
9350	南鮮版	1937-06-09	10단	各地から(釜山、大田、統榮)
9351	南鮮版	1937-06-10	01단	同本、同姓禁婚の答申に贊否兩論/緊張した中樞院會議
9352	南鮮版	1937-06-10	01단	*暴虐！普天堡匪襲の跡/殉職者と負傷者*
9353	南鮮版	1937-06-10	01단	國境の姿なき敵/赤色電波を探る/七月から測定器出動
9354	南鮮版	1937-06-10	03단	小磯軍司令官
9355	南鮮版	1937-06-10	03단	天然記念物保存委員會
9356	南鮮版	1937-06-10	04단	金剛丸修理終る

일련번호	판명	간행일	단수	기사명
9357	南鮮版	1937-06-10	04단	坂本繩叺協會長ら三名を取調べ/本格的に核心追及
9358	南鮮版	1937-06-10	05단	滿期兵出發
9359	南鮮版	1937-06-10	05단	本社優勝楯繞り弓技の精華發揚/南鮮弓道大會近づく
9360	南鮮版	1937-06-10	07단	小女誘拐團捕る/誘拐された女の成れの果て/老婆首魁に鮮支人一味
9361	南鮮版	1937-06-10	08단	搔拂ひ恐喝百餘件
9362	南鮮版	1937-06-10	08단	淺海養殖奬勵
9363	南鮮版	1937-06-10	08단	國防獻金
9364	南鮮版	1937-06-10	09단	無賃乘車發覺を恐れて飛降り/內地人慘死
9365	南鮮版	1937-06-10	09단	運動競技界(一流水泳選手揃って來釜/鮮鐵/門鐵庭球試合)
9366	南鮮版	1937-06-10	10단	インチキ賭博/種に恐喝容疑
9367	南鮮版	1937-06-10	11단	各地から(全州、大田、釜山)
9368	南鮮版	1937-06-11	01단	*京城水産會社に營業延期を認む　京畿當局、大乘的見地から府の顔を立て一先づ解決/白紙に還る 湯村京畿道知事談*
9369	南鮮版	1937-06-11	01단	日銀の鮮銀統一/却つて失敗明らか/歸鮮の加藤總裁語る
9370	南鮮版	1937-06-11	01단	新鷄林風土記５０/咸鏡南道篇Ｅ/明朗な紳士の永里/瀧、小林式を氣取れどもダイヤは滅茶苦茶
9371	南鮮版	1937-06-11	03단	殖職者の署葬/十七日に執行
9372	南鮮版	1937-06-11	03단	元面長ら四名召喚/財産橫領の容疑
9373	南鮮版	1937-06-11	04단	在滿普校兒童へ教科書を無料交付/總數約三萬五千人
9374	南鮮版	1937-06-11	05단	鮮滿一如の唄/作/植田國境子氏
9375	南鮮版	1937-06-11	05단	*先生より大きい　どの學年も級長か副級長　健康優良兒の南鮮地區代表　樋口康子さん/一般に男子より女子の發育劣る申告健康兒の傾向*
9376	南鮮版	1937-06-11	06단	釜山港貿易額
9377	南鮮版	1937-06-11	07단	慈愛旗と奬勵金/優良託兒所へ贈呈/近く道、郡廳で授與式
9378	南鮮版	1937-06-11	08단	盛大に落成式/釜山の海員會館
9379	南鮮版	1937-06-11	08단	滿洲へ經濟使節/有力者十餘名を派遣
9380	南鮮版	1937-06-11	08단	各道に移民係
9381	南鮮版	1937-06-11	08단	法規解釋に示す/簡易生活への理解/當分取締規則を改正せぬ
9382	南鮮版	1937-06-11	09단	益々努力/柳生社會課長談
9383	南鮮版	1937-06-11	09단	*鐘をつく　年間　時間尊重の觀念鼓吹　功勞者區長夫人表彰さる/慶南で各種の行事*
9384	南鮮版	1937-06-11	09단	平康事件求刑
9385	南鮮版	1937-06-11	10단	郵便貯金橫領

일련번호	판명	간행일	단수	기사명
9386	南鮮版	1937-06-11	10단	元鑛山課雇員近く送局
9387	南鮮版	1937-06-11	10단	運動競技界(下關鐵道勝つ/對釜鐵野球戰/釜山庭球大會)
9388	南鮮版	1937-06-11	11단	各地から(釜山、統營、淸州)
9389	南鮮版	1937-06-12	01단	惠まれぬ患者へ/注ぐ學徒の情け/城大から長島愛生園へ奇附/感謝の「一圓療」早速着工
9390	南鮮版	1937-06-12	01단	粟や海産物など特惠關稅が急務/政府、滿洲國へ要求か
9391	南鮮版	1937-06-12	01단	指定の寶物、古蹟
9392	南鮮版	1937-06-12	01단	新鷄林風土記51/咸鏡南道篇F/經濟知識光る土谷/木村と共に理論の代表/獨占タクシー橫暴
9393	南鮮版	1937-06-12	03단	鐵道[雇員傭員]定期昇給
9394	南鮮版	1937-06-12	04단	學生弓道大會
9395	南鮮版	1937-06-12	05단	*特選は田北氏　國産獎勵春の撮影大會　晴れの入賞者決る/情緖を狙ふ　特選　田北周平氏談/冒險的の撮影　准特選　中島甲馬太氏談/望外光榮　准特選　吉川收二氏談*
9396	南鮮版	1937-06-12	06단	總督府に情報係/積極的に宜傳戰術
9397	南鮮版	1937-06-12	06단	大のはにかみや嫌ひなものは人蔘と喧嘩/三坂校の寶、近藤八三君/健康優良兒南鮮代表
9398	南鮮版	1937-06-12	08단	熟練工の養成/とくに必要/高尾學務課長歸任談
9399	南鮮版	1937-06-12	08단	失島農林局長東上
9400	南鮮版	1937-06-12	09단	燦たり京師全勝/第二位は京商に決る/京城中等野球リーグ戰
9401	南鮮版	1937-06-12	09단	郵便遞送會議/五年、六の兩日
9402	南鮮版	1937-06-12	10단	琺瑯鐵器輸出數量
9403	南鮮版	1937-06-12	10단	各地から(大田、釜山)
9404	南鮮版	1937-06-13	01단	*國境を護れ/警官の大部隊で集團匪賊に對抗　軍隊出の獨身者を選拔し　手榴彈、機關銃など整備/筒井警察部長談/斷末魔の兇暴性　匪賊の裝備戰術著しく進步　磯崎事務官の普天堡視察談*
9405	南鮮版	1937-06-13	01단	*國境第一線に打ってつけ　腹部新平北警察部長/治安工作盡力拓務省へ榮轉の中野氏談/總督府異動*
9406	南鮮版	1937-06-13	01단	新鷄林風土記52/咸鏡南道篇G/權限の畫期的擴大/知事の手腕發揮の好機/道政に縣ける期待
9407	南鮮版	1937-06-13	04단	南山稻荷大祭
9408	南鮮版	1937-06-13	04단	春繭取引相場/-農林局發表-
9409	南鮮版	1937-06-13	04단	全南農民デー
9410	南鮮版	1937-06-13	05단	臨時局長會議

일련번호	판명	간행일	단수	기사명
9411	南鮮版	1937-06-13	05단	昴し健康地の誇り 珠玉兒童の南鮮代表を三名まで 豪勢·獨り占めに木浦沸く/木浦の三健康兒/擔任諸先生の喜び
9412	南鮮版	1937-06-13	06단	行かう外金剛へ/カメラマンを待つ大自然美/ツーリスト/ピユーローからも賞品
9413	南鮮版	1937-06-13	07단	スピードの犧牲/自動車、水田內へ墜落轉覆/乘客ら九名重輕傷
9414	南鮮版	1937-06-13	09단	邑に昇格決定/東面と居昌面
9415	南鮮版	1937-06-13	09단	松井全南道議 違反容疑で召喚 加藤商議副會頭と共に/許慶南道議 取調べ 三邑議も檢擧
9416	南鮮版	1937-06-13	10단	今一息僞學生/三越で運の盡き
9417	南鮮版	1937-06-13	10단	三名を會長代理/合議制で執務/暗雲漂ふ繩叺協會
9418	南鮮版	1937-06-13	10단	各地から(淸津)
9419	南鮮版	1937-06-13	11단	光州の電話/明年度複式交換に改善
9420	南鮮版	1937-06-13	11단	張健相護送
9421	南鮮版	1937-06-15	01단	四つの金融機關/事務統一を實施/農村振興課が管掌
9422	南鮮版	1937-06-15	01단	大新町と瀛州町/貫く人道隧道/百廿萬圓、明年度から
9423	南鮮版	1937-06-15	01단	李王、同妃兩殿下/鄭、玄兩氏お召し/朝鮮文藝會の光榮
9424	南鮮版	1937-06-15	01단	新鷄林風土記５３/咸鏡南道篇Ｈ/開け活眠、視よ現實/依然たり小作への轉落/農村振興彼岸遠し
9425	南鮮版	1937-06-15	02단	農は天下の大本/各地になびく長旒/田植にぎやか農民デー/慶南
9426	南鮮版	1937-06-15	04단	總督府辭令
9427	南鮮版	1937-06-15	04단	失業者漸減の兆/農村振興充實と土木工事增加/躍進朝鮮の力強い斷面
9428	南鮮版	1937-06-15	05단	オフィス街の異彩/遞信事業會館近く落成式
9429	南鮮版	1937-06-15	06단	畵家の妻自殺/ひとのみち閉鎖から精神異狀
9430	南鮮版	1937-06-15	06단	北鮮代表/大竹治枝さん/白鉢卷、木劍手に劍道を勵む勇しさ/姉さんに續き二代目健康兒
9431	南鮮版	1937-06-15	07단	淸津の鰯工業へ野口遵氏の挑戰/雄基に新しい根據地
9432	南鮮版	1937-06-15	07단	電車內で安産
9433	南鮮版	1937-06-15	08단	參加の申込み 旣に百餘名 機熟す南鮮弓道大會/參加團體
9434	南鮮版	1937-06-15	10단	金錢授受を二邑議自白/許派の違反事件
9435	南鮮版	1937-06-15	10단	流筏稅新設
9436	南鮮版	1937-06-15	11단	運動競技界(二商２０Ａ高普１６、釜山中等野球、一商１６二商０、中學１２高普２)
9437	南鮮版	1937-06-16	01단	バラバラ無電局/橫の聯絡を完備/三ケ年計畫で富平平野に廿キロの强力送信所設く

일련번호	판명	간행일	단수	기사명
9438	南鮮版	1937-06-16	01단	いつもニコニコ阿彌陀様/兩親の慈愛が"健康の素"/桃太郎捜し北鮮代表金永煥君
9439	南鮮版	1937-06-16	01단	新鷄林風土記５４/咸鏡南道篇Ｉ/達識能辯の李曦燮/目立つ金明學と尹日重/道會の人材を拾ふ
9440	南鮮版	1937-06-16	04단	産金奬勵金/明年度から増額
9441	南鮮版	1937-06-16	04단	御聲援感謝/"神風"映畵の會/十七、十八兩日京城府民館
9442	南鮮版	1937-06-16	05단	水戀し明粧急ぐ海水浴場(松島、近衞ヶ濱、水營)
9443	南鮮版	1937-06-16	05단	お歴々の田植［上］
9444	南鮮版	1937-06-16	06단	輸血に幼兒蘇る/警官の友愛と醫員の同情/城大病院の感激篇
9445	南鮮版	1937-06-16	07단	三少年刑務所で緬羊を飼育/國策を教へ情操陶冶
9446	南鮮版	1937-06-16	08단	*天津に事務官駐在/南洋、南支貿易振興に拍車 座談會開かる*
9447	南鮮版	1937-06-16	08단	御大體勳章胸に威張る竊盜團長/百餘件、被害約一萬圓
9448	南鮮版	1937-06-16	09단	全北武道大會
9449	南鮮版	1937-06-16	09단	金慶鎭氏當選す/慶南道會の副議長
9450	南鮮版	1937-06-16	10단	仁川の龍宮閣/十五日から開場
9451	南鮮版	1937-06-16	10단	社長は森氏/重工業會社の重役決る
9452	南鮮版	1937-06-16	11단	少年消防組/清州、忠州でちかく結成式
9453	南鮮版	1937-06-16	11단	醉拂ひ電車に衝突
9454	南鮮版	1937-06-16	11단	二託兒所へ慈愛旗傳達
9455	南鮮版	1937-06-16	11단	普校兒重の教護聯盟/釜山に生る
9456	南鮮版	1937-06-16	11단	國勢調査課と改稱
9457	南鮮版	1937-06-16	11단	資源調査や防空係新設
9458	南鮮版	1937-06-16	11단	平南貯穀契と指導部落增加
9459	南鮮版	1937-06-17	01단	躍る驚異の黑子/十一年度に約二千八百萬圓/局鐵創設以來の儲け
9460	南鮮版	1937-06-17	01단	早寢早起のお蔭/家庭ではお手傳ひもよくする/健康兒北鮮代表松尾俶子さん
9461	南鮮版	1937-06-17	01단	新鷄林風土記５５/咸鏡南道篇Ｊ/苦勞人の府尹關藤/在任六年飽かれざる彼/今一歩氣魄と押し
9462	南鮮版	1937-06-17	03단	防護團講習や燈管實地指導/大原大尉招聘
9463	南鮮版	1937-06-17	03단	汀羅港改修/先づ十萬圓、來月着工
9464	南鮮版	1937-06-17	04단	慶南府尹郡守會議
9465	南鮮版	1937-06-17	04단	慶南警部補級異動
9466	南鮮版	1937-06-17	04단	*白々教検擧のさ中胸に祕めた愛兒の死　今こそ哭け"警察官の父"/殊勳高等主任の犬に毒饅頭 謎の娘、妖教の手先？*

일련번호	판명	간행일	단수	기사명
9467	南鮮版	1937-06-17	05단	スピア女學院事件判決
9468	南鮮版	1937-06-17	08단	獻金募集相撲/天龍關一行/來月釜山で
9469	南鮮版	1937-06-17	08단	中央線沿線の商圈確保を計る/大邱近く調査隊派遣
9470	南鮮版	1937-06-17	08단	忠南武道大會
9471	南鮮版	1937-06-17	08단	長島司法次官
9472	南鮮版	1937-06-17	09단	赤の三首腦/身柄を送局
9473	南鮮版	1937-06-17	09단	何に使ふかー/寄附/百七十五萬圓/遺族の意見一致せず
9474	南鮮版	1937-06-17	10단	「差別撤廢に奮鬪」朴春琴代議士歸る
9475	南鮮版	1937-06-17	10단	金地金密輸/六萬五千圓
9476	南鮮版	1937-06-17	10단	慶南道會議場（十五日）
9477	南鮮版	1937-06-17	11단	定期航空廢止說に反對運動/新義州商議
9478	南鮮版	1937-06-17	11단	九月聯合演習/平壤、鎭南浦中等校と靑訓
9479	南鮮版	1937-06-17	11단	各地から(釜山、開城)
9480	南鮮版	1937-06-18	01단	*五億圓前後に豫算膨脹は必至　時勢適應新味を盛る/繰入金の增額はこれ以上眞っ平 こっちも金が要る*
9481	南鮮版	1937-06-18	01단	新鷄林風土記５６/咸鏡南道篇Ｋ/內鮮親和の理想境/この力この長所生かせ元山で總督の訓示
9482	南鮮版	1937-06-18	02단	勞働者燒死/十二戶全燒す
9483	南鮮版	1937-06-18	02단	*海上に防護區域 第二回南鮮防空演習/防空講演會*
9484	南鮮版	1937-06-18	04단	慶南警察部異動
9485	南鮮版	1937-06-18	04단	馳せ參ずる選士/百十六名の盛觀/目前に迫る南鮮弓道大會
9486	南鮮版	1937-06-18	04단	忠南金組理事會議
9487	南鮮版	1937-06-18	07단	葬儀社の人夫/忽ち葬儀必要/タクシー激突
9488	南鮮版	1937-06-18	07단	電話の無駄話法度/京城の度數制實施を前に/總督府會計課長から飛檄
9489	南鮮版	1937-06-18	08단	京城高野山別院に靈場
9490	南鮮版	1937-06-18	08단	共産主義撲滅に最善を期す/二宮憲兵隊司令官談
9491	南鮮版	1937-06-18	08단	衛生局の獨立は急ぐか時期尚早か/保健省の投げる兩論
9492	南鮮版	1937-06-18	09단	幼稚園の歸途誘拐、賣飛ばさる/仁川驛前で泣く少女
9493	南鮮版	1937-06-18	10단	江原道の麥作豫想
9494	南鮮版	1937-06-18	10단	慶南武德殿工事津村組落札
9495	南鮮版	1937-06-18	10단	少年人夫重傷
9496	南鮮版	1937-06-18	10단	開城で雨乞祭
9497	南鮮版	1937-06-18	11단	慈愛旗傳達/慶南二託兒所へ
9498	南鮮版	1937-06-18	11단	慶南の二會議

일련번호	판명	간행일	단수	기사명
9499	南鮮版	1937-06-19	01단	*ソ聯の軍規低劣我を恐れ神經過敏ゲ・ペ・ウ不法射撃事件朝鮮軍の觀測/滿人家屋から不意打ち*
9500	南鮮版	1937-06-19	01단	夏空に歡び沸騰/健康兒の南北鮮一決定し/江原道二名を獨占
9501	南鮮版	1937-06-19	01단	大邱を中心に壯烈な防空演習/九月十、十一兩日行ふ
9502	南鮮版	1937-06-19	02단	停年制設け整理斷行/釜山府人事刷新
9503	南鮮版	1937-06-19	02단	國語教育刷新
9504	南鮮版	1937-06-19	03단	新鷄林風土記５７/全羅南道篇Ａ/鮮滿/ブロックの一環/總督提唱の新テーゼへ/飛躍、進軍とゞろく足音
9505	南鮮版	1937-06-19	04단	氷菓子の衛生檢査
9506	南鮮版	1937-06-19	04단	總督府辭令
9507	南鮮版	1937-06-19	05단	*腰辨さげて御出勤 守衛重役や魚屋重役　スローガン「職工を酷使するな」　鼻息荒い平壤の人絹會社/とにかく頑張る重役の松川醫師談*
9508	南鮮版	1937-06-19	05단	巴里の會社が釜山に出張所/鮮産品を直接輸出
9509	南鮮版	1937-06-19	07단	獻金美談三つ
9510	南鮮版	1937-06-19	08단	京城に數日滯在/へレン・ケラー女史の親祭日程大體きまる
9511	南鮮版	1937-06-19	08단	畜牛の大增殖/廿年間に二百五十萬頭に技手四百名を增員
9512	南鮮版	1937-06-19	09단	犯人と眞相の判明を待つ/大井群山中學校長談
9513	南鮮版	1937-06-19	09단	强盜傷人犯人逋る
9514	南鮮版	1937-06-19	10단	國境警備器材費/實を結ぶ獻納式/十九日平北道廳で
9515	南鮮版	1937-06-20	01단	ゲ・ペ・ウの不意打/胸部貫かれ卽死/默々と流れる圖們江挾み/鮮血の跡彼我對峙
9516	南鮮版	1937-06-20	01단	嬉しいはにかみ/逃げ廻る"南鮮一"/近藤君圍み再び萬歲
9517	南鮮版	1937-06-20	01단	獨逸畜産界の長所を取入れる/歸國のレ氏/專門家二名を同伴
9518	南鮮版	1937-06-20	01단	高松宮家から御表彰と御奬勵/光榮の農村功績者
9519	南鮮版	1937-06-20	04단	下村博士講演
9520	南鮮版	1937-06-20	05단	*結婚後僅か二月目 護國の花、日隈巡査　「かねて覺悟」と健氣な新髮/模範警官だ 西水羅署長談*
9521	南鮮版	1937-06-20	05단	殖銀理事後任/富永氏か林氏か/七月の改選期に補充
9522	南鮮版	1937-06-20	06단	殉職五警官の遺骨
9523	南鮮版	1937-06-20	06단	慶南署長會議日程
9524	南鮮版	1937-06-20	07단	濟州島の開發に新會社を設立/資本金は三千萬圓位
9525	南鮮版	1937-06-20	07단	驛手飛降りて卽死
9526	南鮮版	1937-06-20	08단	愛國子女團/馬山高女で結成
9527	南鮮版	1937-06-20	08단	"神風"に酔ふ

일련번호	판명	간행일	단수	기사명
9528	南鮮版	1937-06-20	09단	二幼女溺死
9529	南鮮版	1937-06-20	10단	*李允熙全南道議ら十六名送局さる 但し身柄は不拘束/松井道議起訴　加藤氏は釋放*
9530	南鮮版	1937-06-20	10단	一萬八千圓を東招[大田支店]から詐取/元巡査の犯人捕る
9531	南鮮版	1937-06-20	11단	苧麻布と大麻布の生産增加
9532	南鮮版	1937-06-20	11단	慶南の插秧順調
9533	南鮮版	1937-06-22	01단	緬羊を中心に國策綜合の開發/濟州島に新會社設け/別に道路、港灣なども完備(一、資本金、一、事業)
9534	南鮮版	1937-06-22	01단	*本社の優勝楯を大邱双葉會獲得す 個人一等は大田の淵上選士 第一回南鮮弓道大會/南鮮大會入賞(團體の部、個人の部)/武德會賞*
9535	南鮮版	1937-06-22	03단	新鷄林風土記５８/全羅南道篇Ｂ/烈々と燃える熱意/失敗の跡を踏み越えて時代の呼聲濟州島開發
9536	南鮮版	1937-06-22	04단	加藤總裁本府訪問
9537	南鮮版	1937-06-22	04단	湖南銀行が增給/ボーナスも殖やす
9538	南鮮版	1937-06-22	05단	船舶二百噸まで自由に出入出來る/釜山西面運河の設計完了
9539	南鮮版	1937-06-22	05단	*力强き宣誓　馬山高女の愛國子女團生る/愛國女性の集ひ/愛婦馬山分會總會*
9540	南鮮版	1937-06-22	05단	お祭り騷ぎ排擊/釜山で防空指導講習
9541	南鮮版	1937-06-22	06단	鎌田氏ら渡歐
9542	南鮮版	1937-06-22	07단	ゴム靴は八人分/六個しかない死體/無氣味な白々教發掘
9543	南鮮版	1937-06-22	08단	競技檢査制度
9544	南鮮版	1937-06-22	08단	慶南武道大會の優勝者
9545	南鮮版	1937-06-22	08단	先生も生徒も參禪して修養/釜山一商初ての試み
9546	南鮮版	1937-06-22	09단	邑に昇格/松汀里など四面
9547	南鮮版	1937-06-22	09단	武裝移民へ牛輸出の要/本府農務課長談
9548	南鮮版	1937-06-22	09단	古竈で就寢中/壁が崩れ下敷き/廿一名中、三名死傷す
9549	南鮮版	1937-06-22	10단	運動競技界(一商優勝す/釜山中等野球、釜山高女優勝/慶南籠排球大會)
9550	南鮮版	1937-06-22	10단	近藤博士來鮮
9551	南鮮版	1937-06-22	10단	慶南署長會議始る
9552	南鮮版	1937-06-22	10단	水産會館の上棟式
9553	南鮮版	1937-06-22	11단	續々大量注文/朝鮮商工會社へ
9554	南鮮版	1937-06-22	11단	柳草島の堤防を修增築/大地主が三萬圓投じて
9555	南鮮版	1937-06-22	11단	卅歲の醫博/平醫專槇教授
9556	南鮮版	1937-06-22	11단	九十五回竊盜日記

일련번호	판명	간행일	단수	기사명
9557	南鮮版	1937-06-23	01단	「發端は日本側」とソ聯逆捻の主張　外事課長、總領事と會見し“誠意ある回答”を要求す/殉職五警官遺骨の告別式/殉職警官の弔慰金取次
9558	南鮮版	1937-06-23	01단	新鷄林風土記５９/全羅南道篇Ｃ/ズラリ並ぶ工場群/十ヶ年計畫完成の日よ/女護ヶ島の風貌を一變
9559	南鮮版	1937-06-23	02단	土建勞働者に登錄制を採用/熟練工の大量動員策
9560	南鮮版	1937-06-23	02단	濟州島開發に東拓總裁も乘氣/新會社年內に具體化
9561	南鮮版	1937-06-23	03단	川岸廿師團長/國境守備隊檢閱
9562	南鮮版	1937-06-23	04단	南鮮合電本社/あくまで誘致/釜山期成會存置
9563	南鮮版	1937-06-23	04단	傷病兵を慰問
9564	南鮮版	1937-06-23	05단	下村博士廿六日朝來鮮
9565	南鮮版	1937-06-23	05단	“奇蹟の聖女”へ贈る話題/聞えぬ耳を開く/母の愛一筋道/娘は語る美しい聲で
9566	南鮮版	1937-06-23	06단	雄渾の夏姿を縱橫に描き盡す/盛況の金剛山撮影大會
9567	南鮮版	1937-06-23	07단	日給の一日分擧って國防獻金/煙草工場の職工さん
9568	南鮮版	1937-06-23	07단	盜難調べや警告にラヂオを活用/本町署とＤＫ協力
9569	南鮮版	1937-06-23	08단	トマトの奇病/慶北で病原究明
9570	南鮮版	1937-06-23	08단	梁山署の刑事收賄で起訴さる/選擧違反取調べから發覺
9571	南鮮版	1937-06-23	08단	大邱商圈に義城挑戰/會社計畫さる
9572	南鮮版	1937-06-23	09단	忠南農家に繭景氣
9573	南鮮版	1937-06-23	09단	忠北、江原、黃海も道視學官を配置/七月から全鮮に揃ふ
9574	南鮮版	1937-06-23	09단	銀貨僞造犯人送局
9575	南鮮版	1937-06-23	10단	お詫び
9576	南鮮版	1937-06-23	10단	仔牛の身代り
9577	南鮮版	1937-06-23	10단	本府外事課に通商係設く/七月中旬から實現
9578	南鮮版	1937-06-23	10단	黃海道異動
9579	南鮮版	1937-06-23	10단	高應參氏の頌德碑建つ/鎭南浦郊外に
9580	南鮮版	1937-06-23	11단	各地から(晋州、開城、淸州、鎭海、釜山、大田)
9581	南鮮版	1937-06-23	11단	漢江水死者慰靈祭
9582	南鮮版	1937-06-24	01단	三井系人絹工場/勿禁、龜浦が有力/敷地十五萬坪を物色
9583	南鮮版	1937-06-24	01단	鮮滿經濟會議は特別議會後開く/特に重大/大野政務摠監談
9584	南鮮版	1937-06-24	01단	新記錄の出廻り旣に四十六萬八千三百貫/養蠶慶北の面目躍如
9585	南鮮版	1937-06-24	01단	『鮮滿認識深めたい』進藤遞信郵務局長來鮮
9586	南鮮版	1937-06-24	02단	新鷄林風土記６０/全羅南道篇Ｄ/緬羊の飼育は有望/コリデール種五萬頭へ/海に陸に相次ぐ大計畫

일련번호	판명	간행일	단수	기사명
9587	南鮮版	1937-06-24	03단	釜山にも國婦/今秋までに結成
9588	南鮮版	1937-06-24	04단	慶南武德殿地鎭祭
9589	南鮮版	1937-06-24	04단	狩獵期を短縮/保護鳥、禁鳥の種類殖やす
9590	南鮮版	1937-06-24	04단	聖女の講演/十二日大邱で
9591	南鮮版	1937-06-24	05단	學生寫聯展/廿五、六兩日/京城三越にて
9592	南鮮版	1937-06-24	05단	妓生引拔き戰解決/脫退後一年間は許可與へぬ/京城三券番覺え書交換
9593	南鮮版	1937-06-24	06단	發動機船沈沒
9594	南鮮版	1937-06-24	06단	山へ、海へ/運貨削引
9595	南鮮版	1937-06-24	07단	統營臨港鐵道/期成聯合大會
9596	南鮮版	1937-06-24	07단	力士振り天晴れ/各學年に健康優良兒の候補を定め連續北鮮一を出し全校の意氣衝天/金永煥君の母校鐵原公普
9597	南鮮版	1937-06-24	08단	慈愛旗傳達/全南三託兒所へ
9598	南鮮版	1937-06-24	09단	營業稅引下げよ/全鮮のカフェ業者代表/本府と京城稅監局へ陳情
9599	南鮮版	1937-06-24	09단	京城に傳染病/俄かに續出/防疫陣編成に掛る
9600	南鮮版	1937-06-24	10단	水死者慰靈祭/盛大に營まる
9601	南鮮版	1937-06-24	10단	淡水魚講習會/八月鎭海で海開く
9602	南鮮版	1937-06-24	10단	日獨協會の支部/廿六日發會式を擧行
9603	南鮮版	1937-06-24	11단	運動競技界(門鐵野球部來る)
9604	南鮮版	1937-06-24	11단	各地から(大邱、釜山)
9605	南鮮版	1937-06-24	11단	堅山畵伯個展
9606	南鮮版	1937-06-25	01단	輝けり“特選”われらの健康代表樋口康子さん/お孃さんは歌好き/幸福な家庭で伸び伸びと愛らしき夏の若芽
9607	南鮮版	1937-06-25	01단	釜山の卅餘工場/續々賃銀値上げ/一割から一割五分
9608	南鮮版	1937-06-25	01단	大邱水源地を增設/明年度から二ヶ年繼續で五十六萬圓を投ず
9609	南鮮版	1937-06-25	01단	慶南武德殿地鎭祭
9610	南鮮版	1937-06-25	02단	新鷄林風土記６１/全羅南道篇Ｅ/實現待つ三橫斷線/ノロくさい幹線の汽車/お蔭でバスは黑字續き
9611	南鮮版	1937-06-25	03단	トールモンド博士
9612	南鮮版	1937-06-25	04단	未成年者は飮むな喫ふな/禁止法年內に實施か
9613	南鮮版	1937-06-25	05단	國語普及の講習會/「知らぬ者に教へる」を眼目に明年度主要地でひらく
9614	南鮮版	1937-06-25	06단	釜山府大異動/停年制に基き人事刷新
9615	南鮮版	1937-06-25	06단	*日獨親善の精神 鮮內で結實祈る　シュプランガー博士談/クレープス氏ら來城*

일련번호	판명	간행일	단수	기사명
9616	南鮮版	1937-06-25	07단	想定釜山港攻略/釜山の攻防演習
9617	南鮮版	1937-06-25	08단	少年竊盜團
9618	南鮮版	1937-06-25	08단	客車や貨車燒失/終夜運轉の乾燥機から漏電？/永登浦車輛會社の火事
9619	南鮮版	1937-06-25	08단	租稅歲入激增す/十一年度は七千五百萬圓/經濟力充實を反映
9620	南鮮版	1937-06-25	09단	金剛山探勝施設/調査委員會生る/近く第一回顔合せ
9621	南鮮版	1937-06-25	10단	川原の乞食/濁流に呑まる雨で俄かに增水
9622	南鮮版	1937-06-25	10단	街の眞中から石劍二本/大邱で發掘さる
9623	南鮮版	1937-06-25	10단	各地から(統營、開城、釜山)
9624	南鮮版	1937-06-25	10단	純益三千三百萬圓/鐵道局十二年度の實行豫算
9625	南鮮版	1937-06-25	11단	猩紅熱で休校
9626	南鮮版	1937-06-25	11단	*門鐵野球部の京城試合日程/培材高普優勝　中等卓球大會/釜山陸上競技*
9627	南鮮版	1937-06-26	01단	投げ損じた鐵鎚/後頭部に命中瀕死/女高普の選手二名傷つく/京城運動場の珍事
9628	南鮮版	1937-06-26	01단	鯉の稚魚/十六萬尾/鎭海から各地へ輸送
9629	南鮮版	1937-06-26	01단	副議長に金信錫氏當選/全南臨時道會
9630	南鮮版	1937-06-26	01단	新鷄林風土記６２/全羅南道篇Ｆ/光州に生みの惱み/揉める卸賣會社の創立/商才發揮する府尹杉山
9631	南鮮版	1937-06-26	02단	漁撈の革命/鰯を追ふ二機/七月一日から飛ぶ
9632	南鮮版	1937-06-26	03단	御田植祭/大邱神社で
9633	南鮮版	1937-06-26	03단	松島遊園へ至る海沿ひ電車道路/釜山府の明年度計畫
9634	南鮮版	1937-06-26	04단	釜山の自動車賃値上げ決議
9635	南鮮版	1937-06-26	04단	許慶南道議辭表を提出
9636	南鮮版	1937-06-26	04단	城大の夏季講習會
9637	南鮮版	1937-06-26	05단	十七面を邑に昇格/六年振り文化發達の現れ
9638	南鮮版	1937-06-26	06단	三驅逐艦麗水入港
9639	南鮮版	1937-06-26	08단	貿易座談會/實際家を招いて
9640	南鮮版	1937-06-26	08단	*天水畓全く枯死　大麥石當り九圓に暴騰　平南農村憂色濃し/卅四度三分　平壤地方の氣溫狂騰/筏流れず鴨綠江減水*
9641	南鮮版	1937-06-26	09단	民間ばかりで四區分團編成/釜山海上防護團
9642	南鮮版	1937-06-26	09단	交叉點十ヶ所に尖光標識燈設く/京城夜のパイロット
9643	南鮮版	1937-06-26	09단	平壤牛の注文增加
9644	南鮮版	1937-06-26	09단	學園の素人/探偵を表彰
9645	南鮮版	1937-06-26	10단	金剛丸で盜難

일련번호	판명	간행일	단수	기사명
9646	南鮮版	1937-06-26	10단	弄んで巻上ぐ
9647	南鮮版	1937-06-26	10단	下村博士の歡迎マツチ/釜山ゴルフクラブ
9648	南鮮版	1937-06-26	11단	釜山分掌局管內簡保支拂額
9649	南鮮版	1937-06-26	11단	平壤のカフェビール値上げ
9650	南鮮版	1937-06-26	11단	白髮染自殺を計る
9651	南鮮版	1937-06-26	11단	各地から(大田、釜山、開城)
9652	南鮮版	1937-06-27	01단	*推薦の榮え大川氏 本社より優勝楯と花瓶 春を飾る撮影大會入賞者/總評*
9653	南鮮版	1937-06-27	01단	郡守十名前後/滿洲國へ轉出/殆ど朝鮮人練達の士
9654	南鮮版	1937-06-27	01단	新鷄林風土記６３/全羅南道篇G/再生の歌奏づ木浦/官民擧げて港灣改修へ/懐し陸地棉發祥記念碑
9655	南鮮版	1937-06-27	03단	人夫四名死傷
9656	南鮮版	1937-06-27	04단	下村博士/釜山で第一聲
9657	南鮮版	1937-06-27	04단	千圓を國防獻金/愛婦や女學生から慰問袋/皇軍へ盡きぬ感謝
9658	南鮮版	1937-06-27	04단	城大劍道部
9659	南鮮版	1937-06-27	05단	相川氏の後任/鮮內で起用/七月初め異動發表
9660	南鮮版	1937-06-27	07단	釜山商議視察團
9661	南鮮版	1937-06-27	07단	*林業開發會社/八月下旬に創立 出資は全部民間から 歸任の矢島農林局長談/會社の內容〔發表〕*
9662	南鮮版	1937-06-27	07단	藝妓や娼妓に伸びた救ひの手/慶南で道令を改正
9663	南鮮版	1937-06-27	08단	釜山に又鷄疫
9664	南鮮版	1937-06-27	08단	五千噸級收容の大ドックを建設/重工業會社で計畫
9665	南鮮版	1937-06-27	09단	京城の警備網/七月から整備/警官九十名を增員
9666	南鮮版	1937-06-27	10단	日獨協會支部/盛大に發會式/朝鮮ホテルで
9667	南鮮版	1937-06-27	10단	釣錢を詐取/自轉車で逃ぐ
9668	南鮮版	1937-06-27	10단	柔道の稽古中死亡
9669	南鮮版	1937-06-27	10단	大邱飛行場/改修に着手
9670	南鮮版	1937-06-27	11단	新成里託兒所の表彰式
9671	南鮮版	1937-06-27	11단	訴訟書類の印紙を盜む
9672	南鮮版	1937-06-27	11단	各地から(釜山、京城)
9673	南鮮版	1937-06-29	01단	沈滯の中堅層を百名前後動かす/適材適所で清新の氣/固き日獨の握手
9674	南鮮版	1937-06-29	01단	新鷄林風土記６４/全羅南道篇H/謹嚴な常識人松本/下飯坂の洒脫、山本の率直/死して名をのこす金鍾翊
9675	南鮮版	1937-06-29	03단	*光州から京城へ 下村海南博士/視察講演日程*

일련번호	판명	간행일	단수	기사명
9676	南鮮版	1937-06-29	03단	穗積殖産局長/飛機で新京へ/經濟會議打合せ
9677	南鮮版	1937-06-29	03단	水營江に大ダム/二ヶ年繼續で建設し工業用水不足補ふ
9678	南鮮版	1937-06-29	04단	朝鮮神宮大祓
9679	南鮮版	1937-06-29	04단	兒童千餘名の野外戰鬪演習/西面中心に展開
9680	南鮮版	1937-06-29	05단	工場誘致を阻む土地ブローカーの暗躍/永登浦敬遠相次ぐ
9681	南鮮版	1937-06-29	06단	密林中の匪賊へノロ彈ばら撒く/偵察機利用の新戰術
9682	南鮮版	1937-06-29	08단	鐵道警備演習
9683	南鮮版	1937-06-29	09단	誰も彼も大自慢/北鮮一健康兒松尾孃を出し江陵校笑ひの氾濫
9684	南鮮版	1937-06-29	09단	慶南の自力更生日
9685	南鮮版	1937-06-29	10단	新講堂落成/釜山第七小學校
9686	南鮮版	1937-06-29	10단	讀者優待週間/廿九日から來月五日まで/釜山實來館
9687	南鮮版	1937-06-29	10단	工場取締規則繞り/警務殖産兩局意見對立/公布まで相當の波瀾
9688	南鮮版	1937-06-29	11단	各地から(釜山、開城)
9689	南鮮版	1937-06-30	01단	*東一銀行建直し現取締役は全部辭任　鮮銀の精鋭で固む/鮮銀から入行の顔觸れ*
9690	南鮮版	1937-06-30	01단	鰯を搜す三機/雨中で始翔/三十日朝北鮮へ向ふ
9691	南鮮版	1937-06-30	02단	總督四日歸城/警務局長は三日
9692	南鮮版	1937-06-30	03단	爆音に咲へ花/初代エア・ポート・ガール/“容姿端麗”を募集
9693	南鮮版	1937-06-30	03단	朝鮮の躍進に全く驚歎/阮駐日大使談
9694	南鮮版	1937-06-30	04단	大野總監/大田から全北へ
9695	南鮮版	1937-06-30	04단	二判事滿洲國入り
9696	南鮮版	1937-06-30	04단	港都爆彈の洗禮/活躍する防護團員約五千/第二回南鮮防空演習
9697	南鮮版	1937-06-30	05단	忠北招魂祭
9698	南鮮版	1937-06-30	07단	普天堡襲擊の匪賊/又も越境を狙ふ/國境一帶極度に緊張
9699	南鮮版	1937-06-30	08단	鰮機船巾着網漁業の許可者
9700	南鮮版	1937-06-30	08단	白々教主、諫止の妹夫婦を殺害/內地渡航を感づいて
9701	南鮮版	1937-06-30	09단	嬰兒の統殺死體
9702	南鮮版	1937-06-30	10단	飛込み自殺
9703	南鮮版	1937-06-30	10단	釜山府民歌/野口兩情氏作
9704	南鮮版	1937-06-30	10단	釜山初等球技大會
9705	南鮮版	1937-06-30	10단	南鮮に再び豪雨/灌漑用水これで十分
9706	南鮮版	1937-06-30	11단	高田せい子一行鮮內巡演
9707	南鮮版	1937-06-30	11단	各地から(大邱、釜山、浦項、淸州、晋州)

1937년 7월

일련번호	판명	간행일	단수	기사명
9708	南鮮版	1937-07-01	01단	花咲かず緑失せ/降灰の下柩の街/小野田洋灰へ防止施設要望/古茂山全市民の憤激爆發
9709	南鮮版	1937-07-01	01단	*松本工場長へ反感？咸北當局、方針を明示せず/交渉決裂す*
9710	南鮮版	1937-07-01	01단	一齊に定期昇給
9711	南鮮版	1937-07-01	03단	*林業開發會社設立委員/初委員會八日開く*
9712	南鮮版	1937-07-01	04단	興安丸二日夜から就航
9713	南鮮版	1937-07-01	04단	リレー納涼放送
9714	南鮮版	1937-07-01	04단	春を飾る撮影競技大會/特選/二席/『春と女性』京城府舟橋町二五/末永治作
9715	南鮮版	1937-07-01	06단	全南植付好調
9716	南鮮版	1937-07-01	07단	揮毫の求めに快く健筆揮ふ/空の旅の賴母木、櫻內兩氏
9717	南鮮版	1937-07-01	07단	判任官の大量增員/登用を縛つた定員擴大/鐵道局の五百卅名浮ぶ
9718	南鮮版	1937-07-01	07단	大邱、平壤兩法院/院長と檢事正勅任決定/他地方も順次昇格
9719	南鮮版	1937-07-01	08단	靑森林檎と內地で一戰/良作の大邱林檎
9720	南鮮版	1937-07-01	08단	少年審判所/明年度京城に新設
9721	南鮮版	1937-07-01	08단	交通安全週間/一日から釜山で
9722	南鮮版	1937-07-01	08단	液體燃料委員會の協議事項
9723	南鮮版	1937-07-01	08단	鳳安寺の遺物か/舍利盒石塔發見さる
9724	南鮮版	1937-07-01	09단	羅津稅關店開き/初代稅關長は小田島氏
9725	南鮮版	1937-07-01	09단	道政刷新の八則/阿部慶南知事聲明
9726	南鮮版	1937-07-01	10단	甘浦邑議八月選擧
9727	南鮮版	1937-07-01	10단	京城女高普優勝/女子中等卓球リーグ戰
9728	南鮮版	1937-07-01	10단	浦項で水防演習
9729	南鮮版	1937-07-01	10단	途方に暮れる少女四人
9730	南鮮版	1937-07-01	11단	慶北線延長/江口で促進要望
9731	南鮮版	1937-07-01	11단	平康事件判決
9732	南鮮版	1937-07-01	11단	漂流機船救はる
9733	南鮮版	1937-07-01	11단	各地から(釜山、淸州、大田、大邱)
9734	南鮮版	1937-07-02	01단	野口コンチェルンへ對し/西鮮に一大敵國/森氏の江界水電乘出しで/火蓋切る化學工業爭覇戰
9735	南鮮版	1937-07-02	01단	大邱に普校增設/東雲町か七星町方面
9736	南鮮版	1937-07-02	01단	甘黨天下讚ふ/釜山で菓子祭
9737	南鮮版	1937-07-02	01단	大野總監歸任
9738	南鮮版	1937-07-02	02단	期待の講演/下村博士が二日京城で

일련번호	판명	간행일	단수	기사명
9739	南鮮版	1937-07-02	02단	鐵原署柔道教師/日本刀で腹一文字/死を以て派閥警告か
9740	南鮮版	1937-07-02	03단	運動競技界(門鐵野球部の遠征日誌/中等對校陸上/八月一、二兩日、關西大角力/三日から釜山で/玄海男君歡迎拳鬪試合)
9741	南鮮版	1937-07-02	03단	春を飾る撮影競技大會/特選/三席/『建物』平壤府大和町/福島柳也
9742	南鮮版	1937-07-02	04단	風水害復舊費の支出決定す
9743	南鮮版	1937-07-02	05단	棄兒も迷兒も健康兒にしよう/慶北救濟會へ救ひの手
9744	南鮮版	1937-07-02	05단	京城府學校衛生研究會生る
9745	南鮮版	1937-07-02	06단	强力犯は減少し/殖えた智能犯/統計の描く暗黑面
9746	南鮮版	1937-07-02	07단	春繭出廻り/京畿道頗る好調
9747	南鮮版	1937-07-02	07단	魚さへ食へぬ海港/靑果も野菜も家賃も天井知らずの淸津の物價
9748	南鮮版	1937-07-02	07단	先生に叱られ學校へ放火企つ/楚山公普の六年生
9749	南鮮版	1937-07-02	08단	水産會と漁組打合會議日程
9750	南鮮版	1937-07-02	08단	定期昇給發令/釜山の各官廳
9751	南鮮版	1937-07-02	08단	*海水浴シーズン開く “松島へ！”と釜山府大宣傳/海の幸感謝祭 馬山各種の催し/釜山府營プールを公認*
9752	南鮮版	1937-07-02	09단	無駄な電話減る/度數制の效果覿面
9753	南鮮版	1937-07-02	09단	二セの溺死體と本物ハッキリ識別/京畿警察部濁川醫師の研究
9754	南鮮版	1937-07-02	09단	安鐘和氏送局
9755	南鮮版	1937-07-02	10단	地方馬の檢査日割
9756	南鮮版	1937-07-02	10단	馬券賣行好し/咸興初競馬
9757	南鮮版	1937-07-02	11단	鴨綠江新鐵橋/滿浦鎭で起工式
9758	南鮮版	1937-07-02	11단	羅津港の稅關手續を簡略に
9759	南鮮版	1937-07-02	11단	各地から(開城、蔚山、釜山)
9760	南鮮版	1937-07-03	01단	大藏經の搨拓/滿洲國皇帝陛下へ獻上を機に/三部餘分に東大等へ頒つ
9761	南鮮版	1937-07-03	01단	北支、南洋への商圈擴張が急務/貿易懇談會の結論
9762	南鮮版	1937-07-03	03단	朝鮮人官吏として/魁け・拓務省入り/榮轉の桂咸南保安課長
9763	南鮮版	1937-07-03	03단	自由人と名優/旅の奇遇/淸談の夕・お牧の茶屋
9764	南鮮版	1937-07-03	04단	部長制を設け/職制の擴張計る/吉田鐵道局長談
9765	南鮮版	1937-07-03	04단	*安心して步けぬ繁華街 鈴蘭燈の笠が落ち少年傷つく/目擊者の談/南鮮合電の話*
9766	南鮮版	1937-07-03	06단	東大出の逸材
9767	南鮮版	1937-07-03	06단	*晝夜二回の空襲 一絲亂れぬ防護團員 壯烈！南鮮防空演習豫行/全鮮五地方で大防空演習 望ましい軍民一致*

일련번호	판명	간행일	단수	기사명
9768	南鮮版	1937-07-03	07단	大相撲の收益で刑餘者へ慈愛の手/司法保護協會を設立
9769	南鮮版	1937-07-03	08단	中等校長會議
9770	南鮮版	1937-07-03	08단	萬力を線路に惡質の列車妨害/鐵道局、發見者を表彰
9771	南鮮版	1937-07-03	09단	大長項への首途/盛大に修築起工式
9772	南鮮版	1937-07-03	09단	液體燃料調査第一回委員會
9773	南鮮版	1937-07-03	10단	警部補に進め/教士號を申請/割腹の貝吹五段
9774	南鮮版	1937-07-03	10단	鴨綠江水電初委員會開かる
9775	南鮮版	1937-07-03	10단	鶏ペストの斃死鷄を賣る/食べると中毒
9776	南鮮版	1937-07-03	10단	元東津水組雇員に死刑求刑
9777	南鮮版	1937-07-03	11단	魚群探見機/十日根據地へ
9778	南鮮版	1937-07-03	11단	全部上等兵に/咸興部隊討匪行戰死者
9779	南鮮版	1937-07-03	11단	泥棒鑛夫捕る
9780	南鮮版	1937-07-03	11단	人妻剃刀自殺
9781	南鮮版	1937-07-03	11단	各地から(淸州、統營)
9782	南鮮版	1937-07-04	01단	*“南統治”の新陣容成る/大搖れ八十餘名 古參組の勇退と新進の拔擢 五大スローガンの巨歩前進/澤氏私鐵入り/總督府辭令*
9783	南鮮版	1937-07-04	01단	*農村振興の抱負 大局的に推進 湯村新農林局長語る/農政の權威*
9784	南鮮版	1937-07-04	02단	*畑違ひだ 一年生のつもりで 佐伯新京城府尹の喜び/官界の變り種*
9785	南鮮版	1937-07-04	02단	豪放にして善良/總督のプレーン・トラスト/學務局長心得塩原氏
9786	南鮮版	1937-07-04	04단	川岸師團長談
9787	南鮮版	1937-07-04	04단	誠心誠意働く/面食ふほどの大役……と謙遜しつゝ/ハリキル甘蔗新京畿道知事
9788	南鮮版	1937-07-04	04단	財政の道の專門家/西崎新鐵道理事
9789	南鮮版	1937-07-04	04단	全南知事の金的「濟州道開發に力を入れる」各人事課長榮轉す
9790	南鮮版	1937-07-04	05단	眞に感慨無量/退官の松本氏談
9791	南鮮版	1937-07-04	06단	大京城建設に手腕を發揮/榮轉の基礎築く
9792	南鮮版	1937-07-04	06단	若手局長再び飛躍/國分氏大邱へ
9793	南鮮版	1937-07-04	06단	新進の敏腕家/山本義一郞氏
9794	南鮮版	1937-07-04	06단	人事の定石打破/甘蔗氏の京畿知事躍進/天降り比較的無難
9795	南鮮版	1937-07-04	08단	明るい地方財政/殖銀入りは適任/勇退する富永さん
9796	南鮮版	1937-07-04	09단	警視級の異動/中旬ごろに行ふ/三橋警務局長歸來談

일련번호	판명	간행일	단수	기사명
9797	南鮮版	1937-07-04	09단	府民も生徒も胸にマーク/南鮮防空演習
9798	南鮮版	1937-07-04	09단	討匪行の重傷者
9799	南鮮版	1937-07-04	10단	夢のやうだ/下飯坂新任米穀課長談
9800	南鮮版	1937-07-04	10단	司法官へ返り咲く/大河原重信氏
9801	南鮮版	1937-07-04	10단	任復淳咸南/道議失格す
9802	南鮮版	1937-07-04	11단	不馴れだから/大いに勉强/兵頭新釜山稅關長語る
9803	南鮮版	1937-07-04	11단	殺された女
9804	南鮮版	1937-07-04	11단	運動競技界(全京城９Ａ原鐵０/都市對抗野球/平高普一日の長/平中自滅す/平南中等野球)
9805	南鮮版	1937-07-06	01단	*厭人病に取憑かれ　南さん汽船へ逃避　「金も他の鑛物も花恥づかしい處女だ　　老衰した內地とは譯が違ふよ」ワッハッハ・笑ふ大阪の宿/六日釜山上陸*
9806	南鮮版	1937-07-06	01단	甲子園を目指して１/中部の卷/大旆へ群立つ球團/“榮冠吾に在り”の無敵仁商/京師今ぞ成る攻擊型陣容
9807	南鮮版	1937-07-06	03단	*氣壓・雨期の構へ　降ったり止んだりの氣味惡さ/應急救濟金積立て　先づ各道に四十萬圓*
9808	南鮮版	1937-07-06	04단	米國獨立記念祭
9809	南鮮版	1937-07-06	05단	*ゴエイテンヲシユクス　亂飛ぶ祝電　白堊殿にモーニング氏氾濫　儲けた運送屋さん、料亭ひっそり閑　大異動直後の京城漫描/喜びを聽く/鳥山忠南警察部長/山本慶南警察部長/小池光州稅監局長/山地本府理財課長/田中忠南內務部長/總督府辭令*
9810	南鮮版	1937-07-06	06단	資源調査陣へ軍部も參加/質の高度化、名實備る
9811	南鮮版	1937-07-06	09단	ひとのみち舊釜山支部獻金
9812	南鮮版	1937-07-06	10단	瞼の母搜し疲れ/京城驛に倒る/警官も涙、熊本の少年
9813	南鮮版	1937-07-06	11단	大陸經濟會議/滿洲國も贊成/穗積殖産局長談
9814	南鮮版	1937-07-06	11단	「ひかり」遲る
9815	南鮮版	1937-07-06	11단	全釜山勝つ/對城大劍道試合
9816	南鮮版	1937-07-07	01단	ソ聯と境を接し/空の護り今や急務/靑年航空團の聲明
9817	南鮮版	1937-07-07	01단	半島の親しき友/融和に絶えず努力/歸任の途、總督門司で語る
9818	南鮮版	1937-07-07	02단	甲子園を目指して２/中部の卷/傳統の名に賭けて必勝期す意氣の京商/龍中の更生振り鮮やか
9819	南鮮版	1937-07-07	03단	慶南金組異動
9820	南鮮版	1937-07-07	03단	工事請負者集め/勞務懇談會開く/保護指導と需給調節
9821	南鮮版	1937-07-07	04단	玄海男君渡米/卅日大洋丸で
9822	南鮮版	1937-07-07	05단	名殘り惜しい/皆樣の御好意は忘れぬ/宮崎縣知事に榮轉の相川氏談

일련번호	판명	간행일	단수	기사명
9823	南鮮版	1937-07-07	05단	外事課長後任/松澤氏に決定す/來鮮後一年この榮冠
9824	南鮮版	1937-07-07	05단	近藤祕書官
9825	南鮮版	1937-07-07	06단	京城に女子醫專/順天へ高普設立/百七十五萬圓寄附の使途決る
9826	南鮮版	1937-07-07	07단	冷房裝置試驗/上首尾の金剛丸/引續き興安丸も行ふ
9827	南鮮版	1937-07-07	07단	觀世音菩薩立像/寶物に指定さる/百濟時代無二の逸品
9828	南鮮版	1937-07-07	09단	*水營海水浴場/浦項海水浴場 賑かにひらく*
9829	南鮮版	1937-07-07	10단	內鮮佛教懇談會
9830	南鮮版	1937-07-07	10단	慶南水防委員會規定を刷新
9831	南鮮版	1937-07-07	10단	國防獻金
9832	南鮮版	1937-07-07	11단	中央高普生縊死
9833	南鮮版	1937-07-07	11단	島岡少年を引取る
9834	南鮮版	1937-07-07	11단	亂暴な痴漢
9835	南鮮版	1937-07-07	11단	各地から(蔚山、釜山、馬山)
9836	南鮮版	1937-07-08	01단	共匪、我に十數倍/肉彈の中央突破/戰死傷十七偉勳樹つ/壯烈！咸興聯隊の奮戰錄
9837	南鮮版	1937-07-08	01단	眞紅の便衣纏ひ革命歌唄ふ/女團員も廿餘名
9838	南鮮版	1937-07-08	01단	甲子園を目指して３/中部の巻/善商に漲る重量感/ダーク・ホース京工/珍しい徽文の返り咲き
9839	南鮮版	1937-07-08	03단	*地價吊上げ膺懲 金融調整は分野決定から 廿日目に登廳 總督大いに語る/新聞統制やらぬ 滿洲國とは事情が異る 總督、釜山で言明*
9840	南鮮版	1937-07-08	04단	六月中の琺瑯/鐵器輸出數量
9841	南鮮版	1937-07-08	07단	徹底的に國體明徵/教育の內鮮差別を撤廢したい/鹽原新學務局長（心得）語る
9842	南鮮版	1937-07-08	08단	司法々規改正委員會開かる
9843	南鮮版	1937-07-08	09단	一坪、千圓也/殖銀の行舍增築敷地/レコード破りの地價で買收
9844	南鮮版	1937-07-08	09단	狂へる妻飛込み
9845	南鮮版	1937-07-08	09단	赤痢猖獗す/全南兵營面
9846	南鮮版	1937-07-08	09단	全北軟式野球大會/十、十一兩日全州高普にて/本社優勝旗を爭奪
9847	南鮮版	1937-07-08	09단	二等飛行士の實地試驗通過/固城公普校長の長男
9848	南鮮版	1937-07-08	10단	船長に譴責/鹿島丸事件論告
9849	南鮮版	1937-07-08	10단	下村氏の講演/九日夜大邱で
9850	南鮮版	1937-07-08	11단	內鮮手を握り/佛教振興へ/新協會組織さる
9851	南鮮版	1937-07-09	01단	*一輪、一輪の名花 見よ絢爛卅八校 中等野球豫選出場校決定す/十二日試合組合せ抽籤*

일련번호	판명	간행일	단수	기사명
9852	南鮮版	1937-07-09	01단	"物の豫算"を提出させる/鐵、木材など九項目
9853	南鮮版	1937-07-09	01단	甲子園を目指して４/西鮮の巻/熱涙凝る平商精神/商工進む覇業への道/謎の興味、平中稲田投手
9854	南鮮版	1937-07-09	03단	顧問に韓相龍氏/關東軍から白羽の矢
9855	南鮮版	1937-07-09	04단	釜山陸上競技
9856	南鮮版	1937-07-09	04단	技師技手增員
9857	南鮮版	1937-07-09	05단	五大スローガン實現を誓ふ/異動後の初局長會議
9858	南鮮版	1937-07-09	05단	*敵機に備へて起つ　十日開幕の南鮮防空演習　陸に海に漲る緊張/十二日閱團式*
9859	南鮮版	1937-07-09	05단	"眠れる獅子"東拓/企業金融に活用/特に新機關は設けず
9860	南鮮版	1937-07-09	06단	國體明徵講演/伊豆少將が巡廻
9861	南鮮版	1937-07-09	06단	珍・犯人透視鏡/公衆電話のボックス位/中に入れて首實檢
9862	南鮮版	1937-07-09	08단	留置場の愛人へ/差入れ九ヶ月/純情の麗人/尹阿只さん
9863	南鮮版	1937-07-09	08단	鐘紡大邱工場/本年末から操業/近く工事擔當者乘込み
9864	南鮮版	1937-07-09	10단	浦項港擴張へ大邱側も協力
9865	南鮮版	1937-07-09	10단	人事の鮮滿一如/積極的に轉出させる
9866	南鮮版	1937-07-09	10단	移民訓練所/明年度慶南に設く
9867	南鮮版	1937-07-09	11단	みゝずの採集/小林教輸滿洲へ
9868	南鮮版	1937-07-10	01단	*貿易額本年末に　四億圓を突破か　躍進一路の釜山港/調査課に昇格　釜山稅關統計係*
9869	南鮮版	1937-07-10	01단	資源興業委員會/慶南で率先して設く
9870	南鮮版	1937-07-10	01단	野球座談會/廿一日大邱で
9871	南鮮版	1937-07-10	01단	甲子園を目指して５/西鮮の巻/"新商强し"街の聲/光成の攻擊振り觀物/五ヶ年計畫首途の崇實(新義州商高、光成高普、崇實學校)
9872	南鮮版	1937-07-10	02단	*南鮮豫選の抽籤　十二日零時半から　慶北道廳地方課長室にて/羅南中學 出場取止め 全部で卅七校*
9873	南鮮版	1937-07-10	03단	晋州防護團生る
9874	南鮮版	1937-07-10	03단	總督府辭令
9875	南鮮版	1937-07-10	03단	來れ半島青年/陸士呼びかく
9876	南鮮版	1937-07-10	04단	青年歌發表演奏會
9877	南鮮版	1937-07-10	04단	新義州市況
9878	南鮮版	1937-07-10	04단	ぜひ京仁一帶を工業都市化したい/甘蔗京畿道知事の抱負
9879	南鮮版	1937-07-10	04단	書畫の日滿親善/滿洲南畫院（假稱）設け/久保田畫伯が出張指導
9880	南鮮版	1937-07-10	05단	熟練工を育てる/平壤航空支廠の試み

일련번호	판명	간행일	단수	기사명
9881	南鮮版	1937-07-10	05단	*松茸 豊作を豫想/栗 內地業者進出*
9882	南鮮版	1937-07-10	06단	我師南總督へ一書/殷汝耕氏、最近の心境傳ふ
9883	南鮮版	1937-07-10	07단	國境警備陣を固む/發動機船、プロペラ橇、傳書鳩、軍用犬/道路と共に平北で計畫
9884	南鮮版	1937-07-10	08단	興東丸竣成/十二日釜山入港
9885	南鮮版	1937-07-10	08단	*豪雨で死者四名【慶北】/激流、訓導を呑む 歸校の途、橋もろ共/二名流さる*
9886	南鮮版	1937-07-10	08단	戰死五勇士の合同聯隊葬/咸興で三千餘名參列
9887	南鮮版	1937-07-10	09단	赤痢八十名超す/全南兵營面益々猖獗
9888	南鮮版	1937-07-10	09단	拓大唐手部
9889	南鮮版	1937-07-10	09단	防諜運動起す/鄉軍釜山分會
9890	南鮮版	1937-07-10	09단	慶南勤農共組成績
9891	南鮮版	1937-07-10	10단	京城高商生自殺を計る
9892	南鮮版	1937-07-10	10단	故椎野しい子さんの告別式
9893	南鮮版	1937-07-10	10단	愛兒を救はんと母親線路へ
9894	南鮮版	1937-07-10	10단	金善洪全南道議/違反で送局/運動員と共に
9895	南鮮版	1937-07-10	11단	折角强奪の金を落す/支那人三人組
9896	南鮮版	1937-07-10	11단	野外航空演習/飛六機新義州へ
9897	南鮮版	1937-07-10	11단	黃海水稻作付
9898	南鮮版	1937-07-10	11단	平壤土木出張所四工場開設
9899	南鮮版	1937-07-10	11단	各地から(晋州、釜山)
9900	南鮮版	1937-07-11	01단	空襲の警報一下/闇の街、黑い列車/防護團奮起し敵機を擊退/南鮮防空演習始る
9901	南鮮版	1937-07-11	01단	京城に佛敎會館/原田積善會が十萬圓を寄附/更に一般から同額募る
9902	南鮮版	1937-07-11	01단	輸出鹽魚の販賣規格を統制/魚組代表會議で決る
9903	南鮮版	1937-07-11	01단	少年團實習會/八月外金剛で
9904	南鮮版	1937-07-11	02단	甲子園を目指して6/西鮮の卷/平高の投手陣整備/黃海の双璧海高、沙農/淸新！新中の初名乘り(平壤高普、海州高普、沙里院農業、新義州中學)
9905	南鮮版	1937-07-11	03단	流石海の勇士/鎭海馬山間一萬メートルを/五十名見事泳破
9906	南鮮版	1937-07-11	04단	四郵便所開く
9907	南鮮版	1937-07-11	04단	釜山商品見本市/九月廿一日から
9908	南鮮版	1937-07-11	04단	農山漁村振興/指導要項徹底/慶南の幹部總出
9909	南鮮版	1937-07-11	04단	皆樣の愛と同情をもっと哀れな同胞の上に/半島の旅に先立ちケラー女史聲なき聲

일련번호	판명	간행일	단수	기사명
9910	南鮮版	1937-07-11	05단	ホテルにも演擅にも聖女待つ馥郁の花/古市大邱府尹“香りの慰安”
9911	南鮮版	1937-07-11	06단	釜山畜産會社創立
9912	南鮮版	1937-07-11	06단	妻を滅多斬り/自殺計り危篤
9913	南鮮版	1937-07-11	07단	公州に女子師範/明年度の有力候補地
9914	南鮮版	1937-07-11	08단	“奇蹟の聲”日程
9915	南鮮版	1937-07-11	09단	咸北各地歷訪/總督夫人一行
9916	南鮮版	1937-07-11	10단	六萬八千圓/愛國切手と葉書の寄附
9917	南鮮版	1937-07-11	10단	西瓜初荷相場上乘
9918	南鮮版	1937-07-11	10단	トロッコの下敷
9919	南鮮版	1937-07-11	11단	釜山の强盜
9920	南鮮版	1937-07-11	11단	咸南農産物
9921	南鮮版	1937-07-11	11단	重工業會社の創立總會
9922	南鮮版	1937-07-11	11단	石搭で壓死
9923	南鮮版	1937-07-11	11단	便利になる濟州島行郵便物
9924	南鮮版	1937-07-13	01단	氣にかゝるのは半島同胞の消息/北支事變に關して南總督語る
9925	南鮮版	1937-07-13	01단	北支事變で緊急課長會議/緊張の總督府警務局
9926	南鮮版	1937-07-13	01단	西崎前理財課長の土産話/預金部資金擴充/大藏省でもＯＫ/産金額は二億圓に
9927	南鮮版	1937-07-13	01단	緬羊の輿入れ/相次で二千七百六十頭
9928	南鮮版	1937-07-13	02단	甲子園を目指して７/南鮮の巻/鬪志滿々の大商/釜山二商の誇る新陣容/非常時編成の大邱高普(大邱商業、釜山二商、大邱高普)
9929	南鮮版	1937-07-13	03단	山本慶南警察部長/あす着任
9930	南鮮版	1937-07-13	04단	穗積殖産局長東上
9931	南鮮版	1937-07-13	04단	豫備役將校の召集訓練
9932	南鮮版	1937-07-13	05단	早くも氣勢揚る/十八日盛大に結團式擧行の朝鮮靑年航空團
9933	南鮮版	1937-07-13	05단	大野政務總監/十七日に東上
9934	南鮮版	1937-07-13	06단	航空ペーヂェントは取止め
9935	南鮮版	1937-07-13	06단	下宿人と邪戀の逃避行
9936	南鮮版	1937-07-13	06단	空の護り固し！/三日間に亙り猛訓練展開/南鮮防空演習終る
9937	南鮮版	1937-07-13	07단	朝鮮服に打興す/半島入りのケラー女史
9938	南鮮版	1937-07-13	08단	柳善光さんの一行東上
9939	南鮮版	1937-07-13	08단	朝鮮中央防空委員會/總督府に設置さる
9940	南鮮版	1937-07-13	09단	朝鮮重工業の開業披露

일련번호	판명	간행일	단수	기사명
9941	南鮮版	1937-07-13	10단	實戰宛ら鎭海の演習
9942	南鮮版	1937-07-13	10단	宿直室で人妻に暴行/全北警察官の不祥事件/公判に回付さる
9943	南鮮版	1937-07-13	11단	好成績で終了/馬山の演習
9944	南鮮版	1937-07-14	01단	*頓みに緊張の半島　總督・北支事變で重要訓示を行ふ　各方面の首腦部を招致し　正確な認識を期す/正確な認識與ふ　學務局から通牒發す*
9945	南鮮版	1937-07-14	01단	甲子園を目指して７/南鮮の巻/名門の釜山一商/ダークホースの東萊高普/傳統を誇る强豪釜中(釜山一商、釜山中學、東萊高普)
9946	南鮮版	1937-07-14	03단	劈頭から好顔合/事實上優勝戰の仁商對京師/興味呼ぶ中部豫選番組
9947	南鮮版	1937-07-14	05단	*在北支將兵の武運長久を祈願 釜山で盛んな祭典/本府局長會議*
9948	南鮮版	1937-07-14	05단	全鮮各豫選大會/試合番組きまる/本社主催中等野球(中部、南鮮、湖南、西鮮、北鮮)
9949	南鮮版	1937-07-14	07단	釜山に毒蛾の空襲/觸れば忽ち麻疹を發生/被害者既に數百名
9950	南鮮版	1937-07-14	07단	室田事務官を北支に急派す
9951	南鮮版	1937-07-14	07단	總督と親しく懇談/賑かに入城のケラー女史/各方面から歡待攻め
9952	南鮮版	1937-07-14	10단	一名の採用に八十三名が殺到/空に憧れる麗人群
9953	南鮮版	1937-07-14	10단	半島での第一聲/多大の感銘を與ふ
9954	南鮮版	1937-07-14	11단	精靈流し/夜十時以後は禁止す
9955	南鮮版	1937-07-15	01단	*全鮮に漲る愛國熱 半島の非常準備 今や全く完備す 微動だにもしないその堅陣　護る日滿中心地帶/臨時知事會議招集/時局を反映し電報激增す 宛ら戰場の京城局/港都に漲る祖國愛*
9956	南鮮版	1937-07-15	01단	武運長久祈願祭/けふ朝鮮神宮で
9957	南鮮版	1937-07-15	01단	甲子園を目指して８/北鮮の巻/北鮮の雄咸興商業/若武者揃ひの鏡城高普(咸興商業、鏡城高普)
9958	南鮮版	1937-07-15	04단	皇軍家族に慰問金を寄附す
9959	南鮮版	1937-07-15	04단	*熱誠眞紅の日の丸　光州女子高普の生徒が鮮血で國旗を造り寄贈/愛國の國防獻金　軍都平壤に相つぐ/時局大會　京城鄕軍が開催*
9960	南鮮版	1937-07-15	05단	緊急議員總會/平壤商議で開催
9961	南鮮版	1937-07-15	05단	官憲に信頼し輕擧を愼む/在鮮支那人
9962	南鮮版	1937-07-15	06단	全半島に描く非常時風景/神社參拜に千人針に沸る朝鮮同胞の至誠
9963	南鮮版	1937-07-15	07단	滿鮮內ラヂオ中繼放送/今秋から有線に/雜音は完全に除去さる

일련번호	판명	간행일	단수	기사명
9964	南鮮版	1937-07-15	07단	斷崖から轉落/三名死傷/忠南でトラックの珍事
9965	南鮮版	1937-07-15	08단	京仁船會社/十八日に創立總會開催
9966	南鮮版	1937-07-15	09단	運動競技界(中等野球審判委員會打合、全北軟式野球二回戰以後は無期延期、中等武道大會、中等學校水上競技大會、京城齒專の登山プラン、咸北弓道競射大會)
9967	南鮮版	1937-07-15	09단	元金海署長らの贈收賄事件/判決言渡さる
9968	南鮮版	1937-07-15	09단	故齋藤子爵の偉業顯彰/柴田氏ら入城
9969	南鮮版	1937-07-15	09단	水稻植付狀況/九割五分五厘
9970	南鮮版	1937-07-15	10단	朝鮮送電の京城送電/設備捗る
9971	南鮮版	1937-07-15	11단	田作改良/慶南で更改
9972	南鮮版	1937-07-15	11단	各道水産打合大會
9973	南鮮版	1937-07-15	11단	藤田工務所/主任の奇禍/電車に衝突死亡
9974	南鮮版	1937-07-15	11단	溺死男漂着
9975	南鮮版	1937-07-16	01단	*異常な緊張呈した臨時道知事會議/"官民相協力して時艱克服に當れ" 南總督の熱烈火を吐く大訓示　朝鮮軍首腦部も列席/總督の訓示要旨*
9976	南鮮版	1937-07-16	01단	國威宣揚祈願祭/朝鮮神宮で嚴肅に執行
9977	南鮮版	1937-07-16	01단	甲子園を目指して 9/北鮮の卷/意氣衝天の元中/鐵桶の守備を誇る元山商業/國境の雄會寧商業(元山商業、元山商業、會寧商業)
9978	南鮮版	1937-07-16	02단	ケラー女史/平壤に向ふ
9979	南鮮版	1937-07-16	03단	洋行の鎌田氏/あす出發
9980	南鮮版	1937-07-16	04단	近藤祕書官着任
9981	南鮮版	1937-07-16	04단	絢爛の力作揃ひ/金剛山撮影大會入選印畫決る/あすから三中井で作品展
9982	南鮮版	1937-07-16	05단	*沸る銃後の熱誠 今こそ奮起せよ！ 在城朝鮮人會主催時局講演會 非常な感動を呼ぶ/要路に激電 釜山商議で緊急役員會/皇軍慰問金　一千圓寄贈 大邱土木組合聲明書發表 大東同志會*
9983	南鮮版	1937-07-16	07단	力强い決意宣言/三道在鄕分會代表者招集し/京城で臨時鄕軍大會
9984	南鮮版	1937-07-16	07단	"國語は下手だが土掘位は出來る"/ぜひ軍隊に採用して吳れと/ペンキ職の健氣な歎願
9985	南鮮版	1937-07-16	08단	こゝにも至誠の歎願/國防獻金も寄託す
9986	南鮮版	1937-07-16	08단	北支將兵後援會/釜山の諸團體で結成を計畫/基金十萬圓を募る
9987	南鮮版	1937-07-16	08단	朝鮮學生水上競技大會
9988	南鮮版	1937-07-16	09단	時局を反映し電信電話輻湊/釜山遞信分掌局

일련번호	판명	간행일	단수	기사명
9989	南鮮版	1937-07-16	10단	朝鮮人男の轢死
9990	南鮮版	1937-07-16	10단	平北の祈願祭
9991	南鮮版	1937-07-16	10단	豊山地方に大粒の降雹/廿分間に亘り
9992	南鮮版	1937-07-16	11단	山本慶南警察部長着任
9993	南鮮版	1937-07-16	11단	中等教育の教授科目/委員會を設置し改正を研究
9994	南鮮版	1937-07-16	11단	明大陸上競技部/鮮滿遠征軍來鮮
9995	南鮮版	1937-07-16	11단	電線泥棒捕はる
9996	南鮮版	1937-07-17	01단	鮮滿經濟會議/大連で開催に決る
9997	南鮮版	1937-07-17	01단	總督府辭令
9998	南鮮版	1937-07-17	01단	甲子園を目指して１０/北鮮の巻/底力ある咸興高普/獨特の粘りで押す咸興農業/永生高普の誇る韓投手(咸興高普、咸興農業、永生高普)
9999	南鮮版	1937-07-17	01단	臨時知事會議
10000	南鮮版	1937-07-17	03단	追加豫算總額は大體七十萬圓/特別議會に出席の大野總監/けふ飛行機で東上
10001	南鮮版	1937-07-17	04단	マイクの三勇士/中等野球放送にハリキル/ＤＫの誇るトリオ
10002	南鮮版	1937-07-17	04단	國威宣揚祈願祭
10003	南鮮版	1937-07-17	06단	相次ぐ赤誠の獻金/釜山で既に三十件
10004	南鮮版	1937-07-17	07단	朝鮮神宮で時局大會/京城國防議會
10005	南鮮版	1937-07-17	07단	入營兵家族の治療費一切免除/平壤醫師會で申合す
10006	南鮮版	1937-07-17	07단	大野摠監/けふ東上
10007	南鮮版	1937-07-17	07단	江景に工場/半島進出の倉敷絹織
10008	南鮮版	1937-07-17	08단	釜山大乘會館/けふ開館式
10009	南鮮版	1937-07-17	08단	一齊動員檢閱/京城防護團で實戰宛らの演習/廿四日大々的に行ふ
10010	南鮮版	1937-07-17	09단	■■■將兵後援會/釜山で打合
10011	南鮮版	1937-07-17	09단	提燈から發火/京城の火事
10012	南鮮版	1937-07-17	09단	總督府外事課/愈よ部に昇格/三係置き事務官增員
10013	南鮮版	1937-07-17	09단	山中で脅迫强奪
10014	南鮮版	1937-07-17	10단	北支における鮮銀家族/異狀なし
10015	南鮮版	1937-07-17	10단	長男を慘殺/內地出稼中發狂した男
10016	南鮮版	1937-07-17	10단	兒童の職業實習
10017	南鮮版	1937-07-17	11단	“朝鮮は初めて”/祕書官三度目の近藤氏
10018	南鮮版	1937-07-17	11단	精靈流し/盛大に行はる
10019	南鮮版	1937-07-17	11단	共濟部新設/朝鮮海員組合

일련번호	판명	간행일	단수	기사명
10020	南鮮版	1937-07-17	11단	各種講習會/慶南で開催
10021	南鮮版	1937-07-18	01단	准戰時體制下に/警察官を總動員/護る鐵桶の警備陣
10022	南鮮版	1937-07-18	01단	臨時府尹、郡守會議/京畿道がトップを切り開催/三大原則を注入す
10023	南鮮版	1937-07-18	01단	甲子園を目指して１１/湖南の巻/鬪志旺んな光中/雌伏時代から脫した木商/勇猛果敢な光州高普(光州中學、木浦商業、光州高普)/新義州中學/出場取消し/審判委員の語る/吾が體驗と希望
10024	南鮮版	1937-07-18	03단	時局講演放送
10025	南鮮版	1937-07-18	03단	鰯油肥割當/近く協定會議
10026	南鮮版	1937-07-18	03단	全北産業獎勵館廿二日に竣工式
10027	南鮮版	1937-07-18	04단	大邱鄕軍の祈願祭
10028	南鮮版	1937-07-18	04단	昌德宮署長が龍山署長兼務/高橋氏は退職
10029	南鮮版	1937-07-18	04단	釜山プール開きに兵頭夫人ら來鮮/けふ妙技をふるふ
10030	南鮮版	1937-07-18	05단	軍民懇親會/大邱で盛大に擧行
10031	南鮮版	1937-07-18	06단	奸商に大鐵鎚/暴利を嚴重取締る
10032	南鮮版	1937-07-18	07단	鎭海市民大會
10033	南鮮版	1937-07-18	07단	釜山商品見本市
10034	南鮮版	1937-07-18	07단	警備の第一線に新銳警察官配置/總勢約六百五十名
10035	南鮮版	1937-07-18	07단	自轉車隊で商業旅行/釜山第二商
10036	南鮮版	1937-07-18	08단	京城府內各所で時局講演會/朝鮮同胞の愛國心强調
10037	南鮮版	1937-07-18	08단	實質的に半ドン解消？
10038	南鮮版	1937-07-18	08단	京城に强盜
10039	南鮮版	1937-07-18	09단	千三百圓獻金/京城府議の臨時懇談會
10040	南鮮版	1937-07-18	09단	京城高工に電氣機械兩科を新設/拂底のエンヂニヤー
10041	南鮮版	1937-07-18	10단	京城國防議會/時局講演大會/府民館で開催
10042	南鮮版	1937-07-18	10단	內地との長距離電話/通話區域擴張
10043	南鮮版	1937-07-18	10단	金剛丸事務長更迭
10044	南鮮版	1937-07-18	11단	釜山舊西面に消防組設置/開設式を擧行
10045	南鮮版	1937-07-18	11단	五ヶ所を出張所に/新義州稅關で計畫
10046	南鮮版	1937-07-18	11단	ぼろい商賣/建築設計業/取締規則制定
10047	南鮮版	1937-07-18	11단	釜山の晝火事/一時は大騷ぎ

일련번호	판명	간행일	단수	기사명
10048	南鮮版	1937-07-20	01단	この結束！を記錄 "北支事變日誌"編纂/武運長久祈願に朝鮮佛教徒起つ 本山は廿五日、末寺は一日 燃える日本人意識/所信斷行に奉公 義勇兵募集の請願など 在奉天朝鮮同胞態度を決す/北支駐屯軍へ決議を打電 淸津府民大會より/馬山で祈願祭/咸興神社で/時局講演會 京城三ヶ所で
10049	南鮮版	1937-07-20	01단	甲子園を目指して１２/湖南の卷/覇權へ裡農の鬪志/他の利占めた全州高普/新興のすごい打棒(裡里農林、全州高普、全州新興學校)/審判委員の語る/吾が體驗と希望(時間制限嚴守せよ、戰ふコツ見る呼吸)
10050	南鮮版	1937-07-20	04단	淸州高女に國防少女團
10051	南鮮版	1937-07-20	05단	飛べよ愛國開城號 孫洪駿氏、一萬圓を獻納/千圓を獻金/兒童達の獻金/府尹郡守會議 時局認識を徹底(慶南、慶北、忠南)/時局協議會 平南で開かる
10052	南鮮版	1937-07-20	05단	兵頭夫人ら鮮か模範水泳/釜山水上競技
10053	南鮮版	1937-07-20	07단	半ドンは廢止せぬ
10054	南鮮版	1937-07-20	08단	西鮮に豪雨/各河川とも增水し至る所交通杜絶す
10055	南鮮版	1937-07-20	09단	我等勝てり京城醫專
10056	南鮮版	1937-07-20	10단	積立て獻金/平壤理髮商組會
10057	南鮮版	1937-07-20	10단	朝取代行會社認可
10058	南鮮版	1937-07-20	11단	平北の愛國熱
10059	南鮮版	1937-07-20	11단	讚へよ健康 廿一日からラヂオ體操/釜山六ヶ所で
10060	南鮮版	1937-07-20	11단	本府商工課を商務と工業に/明年度から實施
10061	南鮮版	1937-07-21	01단	國防獻金、慰問品/怒濤の如く軍へ/熱烈！無上の感奮劑
10062	南鮮版	1937-07-21	01단	滿腔の謝意を表す/團結强化を祈るや切/久能朝鮮軍參謀長語る
10063	南鮮版	1937-07-21	01단	審判委員の語る/吾が體驗と希望(試合前も練習やれ、もっと感激を持って)
10064	南鮮版	1937-07-21	01단	選手一覽表【○印は主將】(中部大會、南鮮大會、湖南大會)
10065	南鮮版	1937-07-21	03단	第一日忽ち展く興味津々の顔合せ 待望一年、中等野球の豫選廿二日−全鮮一齊に始まる/中部大會(京工對徽文、仁商對京師、龍中對善商)/南鮮大會(東萊對邱商、一商對二商)/湖南大會(木商對光高)/光中出場中止/選手茶話會 三地とも廿一日/中部大會役員/南鮮大會役員/試合經過速報
10066	南鮮版	1937-07-21	04단	鎭海高女生の獻金
10067	南鮮版	1937-07-21	04단	白布に血書し 義勇兵歎願 釜山の愛國六靑年/運轉手君も/血判の歎願書
10068	南鮮版	1937-07-21	05단	朝鮮讀者のために/岡部記者、北支より通信

일련번호	판명	간행일	단수	기사명
10069	南鮮版	1937-07-21	06단	全社員擧って一萬圓を獻納　職工さんも給料を/トルコ人も/一錢貯金會から千七百餘圓 釜山憲兵分隊へ
10070	南鮮版	1937-07-21	07단	南鮮に豪雨襲來 淸州附近の被害甚大/全羅線沿線の河川氾濫
10071	南鮮版	1937-07-21	08단	內鮮の差別觀念/この際解消せよ/總督、局長會議で訓示
10072	南鮮版	1937-07-21	09단	少年の轢殺體
10073	南鮮版	1937-07-21	10단	不義の子殺害か
10074	南鮮版	1937-07-21	10단	線路手重傷
10075	南鮮版	1937-07-21	10단	特別議會提出の追加豫算決定す/總額七十四萬一千圓
10076	南鮮版	1937-07-21	11단	中部大會の球審と壘審
10077	南鮮版	1937-07-21	11단	卅二歲で理博/釜中出の富山氏
10078	南鮮版	1937-07-22	01단	流言蜚語は嚴罰/軍警緊密に聯絡し/“鐵の團結”を强化
10079	南鮮版	1937-07-22	01단	自重自戒望む【警務局長語る】
10080	南鮮版	1937-07-22	01단	北支の朝鮮人は最後まで踏留る/靑島では義勇軍結成
10081	南鮮版	1937-07-22	01단	神社へ參拜/慶南府尹郡守會議
10082	南鮮版	1937-07-22	01단	白系露人から
10083	南鮮版	1937-07-22	01단	沙里院の獻金
10084	南鮮版	1937-07-22	02단	鐵兜費千圓
10085	南鮮版	1937-07-22	02단	情報委員會/時局に鑑み早急設置
10086	南鮮版	1937-07-22	02단	軍事擁護聯盟/近く發會式を擧行
10087	南鮮版	1937-07-22	02단	國旗の下でラヂオ體操/平北の試み
10088	南鮮版	1937-07-22	03단	金中樞院參議も一萬圓を獻金/愛國開城號の費用に
10089	南鮮版	1937-07-22	03단	國防獻金週間/新義州世界館で
10090	南鮮版	1937-07-22	03단	釜山では先づ參拜
10091	南鮮版	1937-07-22	03단	海員組合獻金
10092	南鮮版	1937-07-22	04단	鐵原の獻金
10093	南鮮版	1937-07-22	04단	晋州の獻金
10094	南鮮版	1937-07-22	04단	床しいバザー
10095	南鮮版	1937-07-22	04단	事變にひらく耳/平壤のラヂオ聽取者激增/主として朝鮮人側
10096	南鮮版	1937-07-22	04단	國威宣揚を祈願 羅津で三千餘名參列/沙里院でも
10097	南鮮版	1937-07-22	05단	お小遣や貯金を北支の兵隊さんへ 水下公普の男女兒童から/つゞく童心の獻金/入學記念貯金 兒童から獻納
10098	南鮮版	1937-07-22	05단	船車超滿員
10099	南鮮版	1937-07-22	05단	江界で時局講演會
10100	南鮮版	1937-07-22	06단	これぞ貧者の一燈/財布をはたき食事を拔いて/勞働宿泊所から慰問金

일련번호	판명	간행일	단수	기사명
10101	南鮮版	1937-07-22	06단	武運長久を祈る/朝鮮神宮の大前に/教師一千名が參列
10102	南鮮版	1937-07-22	06단	東京大相撲/來月八日大田で
10103	南鮮版	1937-07-22	06단	職員增加に伴ひ/第二次の異動/約五十名に及ばん
10104	南鮮版	1937-07-22	07단	平北鑛業會社/京城に事務所
10105	南鮮版	1937-07-22	07단	私立學校規則を認可制度に改正/內外地の取扱ひ一貫
10106	南鮮版	1937-07-22	07단	半ドンに囚れず事務に精勵せよ/總督府、各道へ警告
10107	南鮮版	1937-07-22	08단	野球試合經過
10108	南鮮版	1937-07-22	09단	賃銀も晩酌も/お國のために/平壤に沸る愛國熱
10109	南鮮版	1937-07-22	09단	一千萬圓を投じ/マグネ工場建設/理研、鎭南浦へ進出
10110	南鮮版	1937-07-22	09단	江界水力電氣/本月中に認可
10111	南鮮版	1937-07-22	09단	炭鑛利權種に三萬圓騙取の嫌疑/滿洲くづれ檢擧さる
10112	南鮮版	1937-07-22	11단	電線竊盜團/十八名を逮捕
10113	南鮮版	1937-07-22	11단	固城郡の豪雨禍
10114	南鮮版	1937-07-22	11단	來月早々起工/朝鮮火藥會社海州工場
10115	南鮮版	1937-07-23	01단	物情騷然の街に皇軍の意氣衝天/居留民、ために安し/天津にて/岡部特派員廿一日發
10116	南鮮版	1937-07-23	01단	一投一打胸を打つ/正に日本精神の精華/鹽原學務局長野球大會に訓示
10117	南鮮版	1937-07-23	01단	北支に颯爽・正義の軍
10118	南鮮版	1937-07-23	05단	日本帝國禮讚/華僑公會から獻金
10119	南鮮版	1937-07-23	05단	*壯麗の球花開く　四地區一齊に熱戰　中等野球朝鮮第一次豫選/中部大會/巨星仁商墜つ　6－2京師攻防の妙/京工棄權す　9Ａ－1徽文一勝/南鮮大會/大邱高普棄權/邱常大量得點　17Ａ－9東高潰ゆ/湖南大會/西鮮大會/霸者光成敗る　13－1海高よく打つ*
10120	南鮮版	1937-07-23	08단	晋州の祈願祭
10121	南鮮版	1937-07-23	09단	龍兒「神風の歌」
10122	南鮮版	1937-07-23	11단	河童も球場へ
10123	南鮮版	1937-07-23	11단	非常招集演習/釜山聯合防護團
10124	南鮮版	1937-07-23	11단	仁川商議の補選當選者
10125	南鮮版	1937-07-23	11단	死刑と無期/晋州金物商殺しに判決
10126	南鮮版	1937-07-24		發行不明

일련번호	판명	간행일	단수	기사명
10127	南鮮版	1937-07-25	01단	龍中[中部]先づ優勝 觀衆萬餘、熱技に酔ふ 中等野球朝鮮第一次豫選/中部大會〔京成〕 京商悔なき善鬪 8－4龍中打棒の威力/試合評/京師對徽交~試合評~/西鮮大會〔平壤〕 平商猛擊成らず 6－4商工に勝鬨揚る/海高大勝す 13A－7平中敗る/龍中昇天の勢ひ 11－6京師に涙悲慘/北鮮大會〔咸興〕 元中敗退す 14－4咸農決勝/鏡高長蛇逸す 13－5咸商の貫祿/南鮮大會〔大邱〕 釜中好機を逸す 5－2邱商堂々勝つ/湖南大會〔全州〕 裡農、本壘打二本 21－10全高追擊成らず/新興無安打の敗 12－0木商樂々と勝つ
10128	南鮮版	1937-07-25	04단	平壤府聯合防護團の發團式
10129	南鮮版	1937-07-25	09단	血で描く日の丸 國防第一線の兵隊さんへ 釜山の三靑年奇託/相次ぐ獻金
10130	南鮮版	1937-07-25	09단	公森副總裁北支へ
10131	南鮮版	1937-07-25	09단	統營に將兵後援會
10132	南鮮版	1937-07-25	10단	一齊動員檢閱/京城府防護團
10133	南鮮版	1937-07-25	10단	二少女溺死/バス河中へ
10134	南鮮版	1937-07-25	10단	軍用機に五圓寄託
10135	南鮮版	1937-07-25	11단	平壤憲兵分隊扱/郵便配達夫の赤誠/玄參議淸津で熱辯/雄基市民大會
10136	南鮮版	1937-07-25	11단	涙新たな署葬/殉職日隈巡査の英靈を弔ふ
10137	南鮮版	1937-07-25	11단	又不法拿捕
10138	南鮮版	1937-07-25	11단	平北府尹郡守會議
10139	南鮮版	1937-07-27	01단	ベスト5鬪志滿々 球界の王座衝く 中等野球朝鮮第二次豫選廿八日から京城で/新進咸農優勝す 15－3咸高刀折れ矢盡く/全投手推賞 北鮮優勝試合評/永生の足並亂る 14A－9咸高の追擊奏功/補回戰、咸商敗る 10A－9咸農、偉勳を樹つ/力戰の海高惜敗 11A－7平高、攻擊凄まじ/平高、西鮮に優勝 5A－4大接戰、商工敗る/商工宛ら追擊砲 9－5沙農の逆襲空し/龍中の勝因は團結と好投 中部優勝試合評
10140	南鮮版	1937-07-27	01단	事變費三百萬圓 特別議會へ提出 追加豫算として/防空費八萬圓 大藏省の査定を通過/淸州市民宣誓大會/將兵後援基金五千圓を募集 慶南固城郡で
10141	南鮮版	1937-07-27	06단	朝鮮女性も千人針 京城より本社豆電送機にて/釜山全市に亙り 防空施設を整備 サイレンやマスクを/伊豆少將講演
10142	南鮮版	1937-07-27	06단	千四百萬圓投じ/多獅島港を改修/年荷役三百萬噸へ
10143	南鮮版	1937-07-27	08단	關釜聯絡全く回復/金剛、興安兩船出港/颱風日本海を拔け北上
10144	南鮮版	1937-07-27	08단	伊勢神宮參拜團/忠南から卅二名
10145	南鮮版	1937-07-27	08단	京城府廳員から機關銃を獻納/三ヶ月間月給を醵出

일련번호	판명	간행일	단수	기사명
10146	南鮮版	1937-07-27	08단	文博になる福富城大教授
10147	南鮮版	1937-07-27	09단	開城局の電信增加
10148	南鮮版	1937-07-27	09단	蔚山飛行場/廿八日まで使用を禁止
10149	南鮮版	1937-07-27	09단	東拓が乘出し/捕鯨會社を設立/資本金は約一千萬圓
10150	南鮮版	1937-07-27	10단	鮮銀の保證準備擴張/八月下旬か九月/臨時總會開いて決定
10151	南鮮版	1937-07-27	10단	手提金庫盜む
10152	南鮮版	1937-07-27	10단	商人風の男縊死
10153	南鮮版	1937-07-27	11단	連勝邱商へ/優勝旗授與/南鮮大會終る
10154	南鮮版	1937-07-27	11단	勇躍京城へ優勝の咸農選手
10155	南鮮版	1937-07-27	11단	畜産技術官會議
10156	南鮮版	1937-07-27	11단	林長二郎一行來鮮
10157	南鮮版	1937-07-28	01단	大衆の蹶起促し/正論喚起に努力/情報委員會の初幹事會で/北支事變對策成る
10158	南鮮版	1937-07-28	01단	*未だ起たざる團體　反國家的と做す　總督、警告の要を訓示/皇軍へ激勵電*
10159	南鮮版	1937-07-28	04단	へいぐ丸釜山寄港
10160	南鮮版	1937-07-28	04단	嵐の北支・陣中三景
10161	南鮮版	1937-07-28	04단	*憧れの甲子園近し　中等野球朝鮮第二次豫選　廿八日五チーム爭覇/平高の捨身戰法 勝利を齎す 西鮮優勝試合評*
10162	南鮮版	1937-07-28	05단	朝鮮人擧って/慶南國防會/一日ごろ發會式擧行
10163	南鮮版	1937-07-28	05단	貯銀大邱支店/九月中旬に開設
10164	南鮮版	1937-07-28	06단	男女高普の名稱/明年から解消か/教育內容は現狀通り
10165	南鮮版	1937-07-28	07단	船員待遇改善/要求五項目通る
10166	南鮮版	1937-07-28	08단	伊原畵伯個展/一日から三越で
10167	南鮮版	1937-07-28	09단	歸國の支那人/千六百四十餘名
10168	南鮮版	1937-07-28	09단	*六千八百圓を獻金に決る　新義州の朝鮮人側で/獻金續く/『かねて覺悟』 郎坊で戰死した梶山上等兵の妻女けなげに語る*
10169	南鮮版	1937-07-28	09단	京城/利川間/電車軌道を敷設/終點に寶塚式遊園地
10170	南鮮版	1937-07-28	10단	サーヴィス調査に生徒使ふ
10171	南鮮版	1937-07-28	10단	人蔘公定價格
10172	南鮮版	1937-07-28	11단	平壤憲兵分隊扱
10173	南鮮版	1937-07-28	11단	算術講習會
10174	南鮮版	1937-07-28	11단	釜山府會傍聽人規則を制定
10175	南鮮版	1937-07-28	11단	生果病蟲害/驅除講習會
10176	南鮮版	1937-07-28	11단	神祇講習會終る
10177	南鮮版	1937-07-28	11단	釜山の傳染病

일련번호	판명	간행일	단수	기사명
10178	南鮮版	1937-07-29	01단	濃綠映ゆる球場　相搏つ地方代表　中等野球第二次豫選展く/莊嚴な入場式/アナ君も興奮/平高、五回に崩る　９Ａ－１龍中果敢の總攻擊/仕事はお留守/學務局員述懷/朴投手の力鬪も 守備伴はず 試合評 安田義信氏
10179	南鮮版	1937-07-29	04단	模範二校長を表彰
10180	南鮮版	1937-07-29	04단	北鐵の移轉式/來月十五日に擧行/羅津建設事務所廢止
10181	南鮮版	1937-07-29	04단	獅子奮迅の鯉登部隊
10182	南鮮版	1937-07-29	05단	總督府辭令
10183	南鮮版	1937-07-29	06단	心眼に映る事變/平壤の朝鮮人盲目さん達/杖をついて百圓國防獻金
10184	南鮮版	1937-07-29	06단	一萬六千圓/釜山銃後の赤誠
10185	南鮮版	1937-07-29	07단	殖銀異動
10186	南鮮版	1937-07-29	07단	軍用機獻金　間島の半島學童/放送協會に特設防護團　ちかく猛訓練
10187	南鮮版	1937-07-29	08단	釜山麗水船路/朝鮮商船も就航
10188	南鮮版	1937-07-29	08단	釜山府廳員ら　俸給割いて獻金　府民からは防空兵器/慶南道廳員も/英人の感激
10189	南鮮版	1937-07-29	08단	立遲れの江原道/全面的開發を促進/忠北線延長近く着工
10190	南鮮版	1937-07-29	09단	眠る少年轢かる
10191	南鮮版	1937-07-29	09단	老夜警負傷
10192	南鮮版	1937-07-29	09단	双葉山一行/新義州で盛況
10193	南鮮版	1937-07-29	10단	棉花の生産費/本年から調査
10194	南鮮版	1937-07-29	10단	濃霧に阻まれ/興安丸入港遲る/あかつき、のぞみガラ空き
10195	南鮮版	1937-07-29	11단	武田中將講演 廿九日大田で/平壤の講演は一日
10196	南鮮版	1937-07-29	11단	新義州港北支貿易變化なし
10197	南鮮版	1937-07-30	01단	日輪を凌ぐ意氣　綠旆目前の爭覇　中等野球第二次豫選准決勝/咸農、打擊に劣る　１９Ａ－３裡農“無人の境”/邱商、戰拔き惜敗　６－５龍中、最終回に勝つ/この熱狂
10198	南鮮版	1937-07-30	04단	慶南國防會/二日に發會式
10199	南鮮版	1937-07-30	04단	烈々！航空報國　本社の軍用機獻納運動に　昂まりゆく金字塔/軍部各機關とも 醵金申合せ 平壤府民續々寄託
10200	南鮮版	1937-07-30	06단	戰場からの繪葉書/令孃達へ慈愛の言葉/南苑の勇將/高木部隊長の留守宅を訪ふ
10201	南鮮版	1937-07-30	08단	北支兩將軍へ/總督の激勵電/特に朝鮮人保護を依賴
10202	南鮮版	1937-07-30	08단	軍用機全北號/道民擧って獻納/旣に十五萬圓申込み
10203	南鮮版	1937-07-30	09단	吹けよ愛國の風/暑い北支の兵隊さんへ/團扇や扇子を贈る
10204	南鮮版	1937-07-30	10단	參議異動

일련번호	판명	간행일	단수	기사명
10205	南鮮版	1937-07-30	10단	大同江の地質/彈性波式探査/兩博士來鮮す
10206	南鮮版	1937-07-30	10단	鳴物暫く遠慮/平壤妓生申合せ
10207	南鮮版	1937-07-30	10단	感謝電報決議/全北臨時道會
10208	南鮮版	1937-07-30	10단	軍事後援聯盟/慶北に組織さる
10209	南鮮版	1937-07-30	11단	皇軍激勵の歌/原田平壤府議作
10210	南鮮版	1937-07-30	11단	沸る赤心
10211	南鮮版	1937-07-30	11단	北支貿易研究會
10212	南鮮版	1937-07-30	11단	大邱で燈火管制
10213	南鮮版	1937-07-30	11단	不良サイダー押收
10214	南鮮版	1937-07-31	01단	*よくやった、友岡部君　戰火燃ゆる北支の空へ　遙かに捧ぐ默禱 深夜舞ひこむ戰死の悲報　社旗の下ほとばしる義憤/花環を飾り偲ぶ面影　　各方面の弔問相次ぐ/眞に頼りになる男警察に、經濟界に、軍部に 才筆と人間的魅力發揮*
10215	南鮮版	1937-07-31	04단	將兵後援資金募る
10216	南鮮版	1937-07-31	04단	本壘で憤死！
10217	南鮮版	1937-07-31	05단	國家のために/盡したいと口癖/惜む久納軍參謀長
10218	南鮮版	1937-07-31	05단	從軍出發前の壯行會
10219	南鮮版	1937-07-31	05단	*駒を進む甲子園　龍中・我等の代表　中等野球第二次豫選終る/龍中堂々優勝す　８Ａ－１裡農打擊封ぜらる/裡農の敗因は守備の缺陥　清水、金の强打光る*
10220	南鮮版	1937-07-31	07단	*實感溢る＞特電　襟を正し愛讀してゐた　哀悼する三橋警務局長/戰鬪員の死と全く同じ 佐伯京城府尹語る*
10221	南鮮版	1937-07-31	08단	本人もさぞ滿足/戰死した江崎一等兵の/嚴父木浦で語る
10222	南鮮版	1937-07-31	08단	開豊郡時局講演會
10223	南鮮版	1937-07-31	09단	同じ飛行機で偵察をやった/熊谷少佐北支の回想
10224	南鮮版	1937-07-31	09단	*豊かな人情/理想的のジャーナリスト/高京畿警察部長談/觀察が鋭敏/東大門署長談*
10225	南鮮版	1937-07-31	09단	教學刷新の決議を打電/元山夏季大學
10226	南鮮版	1937-07-31	10단	珠算講習會
10227	南鮮版	1937-07-31	10단	少年溺死す
10228	南鮮版	1937-07-31	10단	慶南の支那人動搖せず
10229	南鮮版	1937-07-31	10단	人蔘業者の意氣/愛國機開城號の獻納資金/四萬圓揃へて軍へ
10230	南鮮版	1937-07-31	11단	獻金進軍
10231	南鮮版	1937-07-31	11단	鑛山技術員を養成の講習會/平南で九月開く
10232	南鮮版	1937-07-31	11단	羅津愛婦會員募集

1937년 8월

일련번호	판명	간행일	단수	기사명
10233	南鮮版	1937-08-01	01단	噫“好敵手”岡部君/ペンの友/盡きぬ嘆き(大阪每日新聞京城支局/玄命健氏、每日申報社/趙鏞穆氏、同盟通信京城支局/鈴木一氏、京城日報社/中川左近氏)
10234	南鮮版	1937-08-01	01단	戰死の友瞑せよ　この弔電この花環　南總督、小磯軍司令官初め　未知の人々まで切々哀悼/弔問者芳名/眞に通恨の極み 總監、東京より弔電/慷慨の軍歌 釜山池田氏作
10235	南鮮版	1937-08-01	04단	學生時代から雄圖を抱く/恩師木畑教授談
10236	南鮮版	1937-08-01	04단	銃後の憂ひ絶つ 資金卅萬圓を募集　軍事後援聯盟の事業決る/支部旣に六つ/武運長久祈る/朝鮮婦人の赤誠
10237	南鮮版	1937-08-01	06단	金山王八十萬圓投ず/京城梨泰院町に高普設立
10238	南鮮版	1937-08-01	06단	江原道方面の造植林先づ着手/矢島林業開發社長談
10239	南鮮版	1937-08-01	07단	增員二日實施
10240	南鮮版	1937-08-01	08단	「あかつき」夏休み/「のぞみ」は新京まで延長/汽車の旅心得帳(國際列車下り、國際列車上り)
10241	南鮮版	1937-08-01	08단	慶南異動發令
10242	南鮮版	1937-08-01	08단	總督府辭令
10243	南鮮版	1937-08-01	08단	豪快士俵入り/來城の双葉山
10244	南鮮版	1937-08-01	10단	佐伯師の講演
10245	南鮮版	1937-08-01	11단	羅佛川改修本年度實施
10246	南鮮版	1937-08-03	01단	軍曹戰死の刹那　拳銃を握占め「仇を討つぞ」　岡部君、郎坊驛で悲憤　天津にて池內本社特派員一日發/本社鵬機で三日死の凱旋　池內特派員が捧持/放送協會代表し英靈を弔ふ土師會長談/武人の妻として今日あるを覺悟　戰死した丸山中佐夫人語る/決意示す手紙 受けたばかり 田伏准尉夫人談/從軍看護婦を血書で志願　釜山の愛國三女性/大邱の激勵電/刻一刻の戰況を凝視　釜山の速報所前
10247	南鮮版	1937-08-03	01단	陸軍異動て榮轉の人々(一死奉公の覺悟/新任第二飛行團長/菅原少將の決意、德望の武人/新任第一師團經理部長/中山主計少將、部內の中堅/田中新七十三聯隊長、お國のために/新任第七十六聯隊長/上村大佐語る)
10248	南鮮版	1937-08-03	04단	慶南銃後至誠會發會式を擧ぐ
10249	南鮮版	1937-08-03	05단	故岡部特派員弔問者芳名(弔電、弔問者、岡部家弔問者)
10250	南鮮版	1937-08-03	05단	朝鮮同胞にも兵役義務を/懇談會開き議會請願
10251	南鮮版	1937-08-03	06단	增員官制公布
10252	南鮮版	1937-08-03	07단	京義線の豪雨禍/定州以北、築堤流失す
10253	南鮮版	1937-08-03	09단	慶北郡守異動
10254	南鮮版	1937-08-03	10단	軍事後援聯盟 黃海道に生る/開城にも/獻金と慰問袋

일련번호	판명	간행일	단수	기사명
10255	南鮮版	1937-08-03	10단	愛兒を絞殺し井戶へ飛び込む若き母、晴着をきて
10256	南鮮版	1937-08-03	10단	普校校長留守宅へ强盜
10257	南鮮版	1937-08-03	11단	總督府辭令
10258	南鮮版	1937-08-04	01단	北支朝鮮同胞は皇軍、保護に最善/眞の日本國民になれ/總督・各部隊長の書翰公表
10259	南鮮版	1937-08-04	01단	戰死者の遺族訪ふ(生きて歸らぬ　悲壯な決意示して出發　酒井大尉夫人たみ子さん談、滿洲事變にも勇名轟せた武人　毅然！濱地少尉夫人、"日本刀少尉"　佐久間正夫氏、さだめし本望　先田一等兵のお母さん語る)/昂し獻金熱/北支の戰場へ愛國機"慶北號"　道民から十萬圓獻納/慶南國防會の役員決定/"朝日精神"の龜鑑　岡部記者を社葬　六日京城で告別式/歸りませ友よ　君再び我等の手に在り　妻と子の手に在り/大邱弔問者/井上特派員再び北支へ/軍用機獻納に普校兒童の魁け　獻金や千人針にも
10260	南鮮版	1937-08-04	01단	詔書奉讀式/釜山分掌局で
10261	南鮮版	1937-08-04	03단	八百戶水浸り五十戶押流さる　平北雩時面の慘狀/家屋倒壞流失す　平北の被害刻々增大/レール上　五尺浸水　ライオンホテル舊館流失す/枇峴白馬減水/濁流巡査を呑む　南西駐在所流失す/三橋川の激流で鐵橋危險に瀕す　各列車、折返し運轉/防疫班派遣/列車內に籠城　安東驛で炊出し/颱風半島を衝くか　四、五日頃が峠の豫想　釜山測候所警報を發す
10262	南鮮版	1937-08-04	04단	遞信辭令
10263	南鮮版	1937-08-04	04단	簡保拂込み遲延/無效にせず/軍務公用者に便法
10264	南鮮版	1937-08-04	09단	手腕家の反面部下思ひ田中新平壤署長
10265	南鮮版	1937-08-04	10단	電話料金收入增加
10266	南鮮版	1937-08-04	10단	本社優勝旗を全群山軍が獲得/全北軟式野球大會
10267	南鮮版	1937-08-04	11단	朝郵中堅異動
10268	南鮮版	1937-08-04	11단	行方不明の靑年身投げ
10269	南鮮版	1937-08-04	11단	身投げしたか龜浦の雜貨商
10270	南鮮版	1937-08-05	01단	軍部への熱援に滿腔の謝意表明　ソ聯北支を睨んで尾高十九師團長談/榮轉揃ひ十九師團　土地思惑の排擊　これが北鮮へ殘す言葉だ　陸軍省入りの井出新少將語る/ソ聯の情勢は油斷できぬ　新參謀長中村大佐談/自づと緊張　大生大佐惜しまれて大阪へ/譽れの戰死者/獻金と慰問/一萬圓を獻金　會寧間島貿易主/天道敎蹶起す　武運昌盛祈禱週間催し　全信徒國旗を揭揚/基督敎も祈禱會　獻金や慰問金募集/農村彙報の時局特輯號　振興會へ配布/時局惡用の押賣取締る　平南道通牒/開城防護團行進/鮮內の增稅は約二百萬圓　中央政府と同一步調/儒林方面へ活動を促す

일련번호	판명	간행일	단수	기사명
10271	南鮮版	1937-08-05	04단	岡部特派員の遺骨を前に戰友涙の報告　香煙縷々悲しき通夜/弔問者芳名/井上特派員も熱辯を揮ふ　北支事變講演會で/噫、壯烈岡部特派員 大中健兒作
10272	南鮮版	1937-08-05	04단	釜山正米市場七月の賣買高
10273	南鮮版	1937-08-05	05단	開城で軍事講演會
10274	南鮮版	1937-08-05	05단	銃後の赤誠は生涯忘れぬ鎌田少佐榮轉
10275	南鮮版	1937-08-05	08단	京義線白馬鐵橋 六日午後開通か　作業中に又もや降雨/颱風も北支へ/水防團待機
10276	南鮮版	1937-08-05	10단	釜山見本市/五十一店參加
10277	南鮮版	1937-08-05	10단	釜山中央市場七月の取引高
10278	南鮮版	1937-08-05	11단	總督府異動
10279	南鮮版	1937-08-05	11단	社會課出張所/今秋までに竣工
10280	南鮮版	1937-08-05	11단	對外貿易概算
10281	南鮮版	1937-08-05	11단	双葉山一行/十四、五兩日釜山で興行
10282	南鮮版	1937-08-05	11단	米、粟輸移出入高
10283	南鮮版	1937-08-05	11단	少年溺死す
10284	南鮮版	1937-08-06	01단	死者、行方不明百七十七名算す　家屋の被害九千四百餘戶平北の水禍劇甚/京義線開通す
10285	南鮮版	1937-08-06	03단	鯉登部隊の戰死者/兵隊さんへ少國民の感謝/慶南に情報委員會
10286	南鮮版	1937-08-06	03단	岡部君追悼記　朝鮮新聞特派員小坂貞雄　君の顔淨めつゝ我は泣く新戰場　酌み給へ斷腸の思ひ/原田本社重役　社葬參列に來鮮/花環寄贈者
10287	南鮮版	1937-08-06	04단	不正商人へ鐵鎚/日用品の物價日每に暴騰/釜山署取締に乘出す
10288	南鮮版	1937-08-06	05단	軍用機獻納デー 品物を買へばその儘愛國獻金　平壤三中井大賑ひ/慶南國防會へ寄附/獻金行進譜/大邱府尹弔電
10289	南鮮版	1937-08-06	06단	北支へ內鮮から事變通信の洪水　奉天局まるで戰場/ラヂオも新聞も申込み殺到
10290	南鮮版	1937-08-06	08단	ホテルや大病院/羅津に勢ひ立つ/三年前凌ぐ殷盛振り
10291	南鮮版	1937-08-06	08단	二巡査殺し犯人/父子とも逮捕/鮮滿警察協力の賜物
10292	南鮮版	1937-08-06	09단	産米改良懇談/十日慶南道廳で
10293	南鮮版	1937-08-06	10단	二學童溺る/大同江へ魚釣に行って/北支事變寫眞展
10294	南鮮版	1937-08-06	11단	醉拂ひを撲殺
10295	南鮮版	1937-08-06	11단	乘組員溺死/打瀨船沈沒す
10296	南鮮版	1937-08-06	11단	賭博團檢擧

일련번호	판명	간행일	단수	기사명
10297	南鮮版	1937-08-07	01단	殉職に酬ゆ社葬の禮/“朝日魂”包む社旗 新聞報國の象徵 五千社友の哀悼裡に“ペンの故鄕”京城で執行/微笑む如き肖像 岡部君の靈來り聽け 聲涙下る原田重役の弔辭/一般の燒香二千餘 式場に並ぶ“血の遺稿” さらば君、安らかに眠れ
10298	南鮮版	1937-08-07	01단	弔問者芳名
10299	南鮮版	1937-08-07	02단	戰死が早く殘念 目取眞少尉嚴父語る/通州で遭難か 池田元彥氏/起て朝鮮同胞 全鮮に呼びかく 講師廿二名を派遣/目の廻る交換孃 一人で一時間に三百七十四回 釜山分掌局開設以來の忙しさ/何人でも採用 補充になやむ平壤局/日本人ですゾ 血判押して烈々の手紙/獻金の怒濤
10300	南鮮版	1937-08-07	04단	釜山畜産會社/廿五日に創立
10301	南鮮版	1937-08-07	04단	報一報募る水禍 死者、行方不明二百十三名 平北地方雨全くやむ/慘澹たる罹災地 朔州、義州、雲山特に劇甚 待たれる救ひの手/大寧江鐵橋架替決定す
10302	南鮮版	1937-08-07	07단	龍中八日に出發/勇躍・憧れの甲子園へ
10303	南鮮版	1937-08-07	08단	燃料課新設
10304	南鮮版	1937-08-07	08단	龍頭山神社改造/更に十萬圓追加/事變一段落後募る
10305	南鮮版	1937-08-07	08단	木浦府防護團/結團式を擧ぐ
10306	南鮮版	1937-08-07	09단	スポーツ用語も國語を使へ/學務局で調査進む
10307	南鮮版	1937-08-07	09단	運動競技界(都市對抗軟式野球西鮮豫選)
10308	南鮮版	1937-08-07	10단	平壤手形交換所交換高
10309	南鮮版	1937-08-07	10단	關釜聯絡船遲發
10310	南鮮版	1937-08-07	10단	一億千八百萬圓/昨年の林産總額
10311	南鮮版	1937-08-07	11단	愛國婆さん轢かる
10312	南鮮版	1937-08-07	11단	鑛山熟練工/五年計畫で養成
10313	南鮮版	1937-08-07	11단	鑛山ブローカー鑛業權取消す/産金大增産
10314	南鮮版	1937-08-08	01단	愛國の熱情を呼ぶ[京城の北支事變講演會]/サイダーや炭酸水 賴む早く北支へ 炎熱！皇軍に不足だ/金組聯合會から五萬圓を獻金 朴商銀頭取も一萬圓/高射機關銃を競って獻納 流石國境平北の佳話/軍國美談三題
10315	南鮮版	1937-08-08	01단	殉職岡部特派員の社葬/故岡部特派員の弔問者芳名
10316	南鮮版	1937-08-08	04단	大野政務總監/十日午後歸任
10317	南鮮版	1937-08-08	05단	國防金字塔
10318	南鮮版	1937-08-08	05단	米の中へ小石 混入して數回も賣る 鎭南浦で不正摘發の槍玉/淸算取引市場の情熱に注意 代表者招いて懇談/春川に防護團/軍事後援聯盟 江原道に結成/血書の從軍歎願書/儒生も起つ 全鮮の交廟や明倫堂 十五日に時局講演會

일련번호	판명	간행일	단수	기사명
10319	南鮮版	1937-08-08	06단	一萬餘人避難す 鴨綠江沿岸忽ち浸水 大潮を控へ不安に包まる/浸水增加/南滿の安全農村 豪雨で被害甚大 外事部救濟準備進む/安東以北行は遲延承知の貨客に限る 復舊の見込み立たず/一一〇二列車遲る
10320	南鮮版	1937-08-08	08단	電話切斷頻發
10321	南鮮版	1937-08-08	08단	京電の下半期事業決定
10322	南鮮版	1937-08-08	09단	産金奬勵補助金十四萬圓通過す/中小金山開發に拍車
10323	南鮮版	1937-08-08	10단	劇場で縊死
10324	南鮮版	1937-08-08	10단	遠征を激勵/龍中クラブ
10325	南鮮版	1937-08-08	10단	特に力を注ぐ道路、港灣の改修/新規要求一億三千萬圓
10326	南鮮版	1937-08-08	11단	四鑛夫生埋め一人だけ救はる
10327	南鮮版	1937-08-08	11단	米倉浦項支店 設置に決る/米倉異動
10328	南鮮版	1937-08-08	11단	水仁線開通
10329	南鮮版	1937-08-10	01단	虛川江水電の計畫を改變し卅五萬キロ發電/總工費一億一千萬圓
10330	南鮮版	1937-08-10	01단	小鹿島から獻金 樂園に寄せる時局の波 周防所長の講演に感動/北支の皇軍へ濾水機二台を急送 平南の獻金で購入/獻金報國/慰問袋二萬個 平壤から贈る/北支の空を憶ふ 中富美穗子/中富部隊長の謝電/もっとお國に盡してから健氣な森川上等兵夫人/評判の親孝行 戰死の橫山軍曹/非常時型の家主 軍務公用者の家族に「家貸は要らぬ」と申出で/開城の時局講演會/晋州軍事後援聯盟/軍陣齒科學講習會/從軍看護婦を志願/瓦斯防護教育
10331	南鮮版	1937-08-10	03단	功績不滅(故岡部特派員を讃ふ、京畿知事弔辭、京城府尹弔辭、新聞協會弔辭)
10332	南鮮版	1937-08-10	04단	○○へ進軍する○○部隊
10333	南鮮版	1937-08-10	07단	死者三百十五名/忠南、北、平北の水禍
10334	南鮮版	1937-08-10	07단	北支の勇士から水害へ慰問金/優しい手紙添へて
10335	南鮮版	1937-08-10	07단	甲子園へ！/甲子園へ！
10336	南鮮版	1937-08-10	08단	七月の對內地貿易
10337	南鮮版	1937-08-10	09단	一意專心ご奉公 富田陸軍御用掛着任/軍事警察の使命を發揮 長濱新釜山憲兵分隊長語る
10338	南鮮版	1937-08-10	09단	手ほどき役は私/東京オリンピック馬術選手/萩原中尉嚴父の喜び
10339	南鮮版	1937-08-10	09단	林業開發會社/卅一日創立
10340	南鮮版	1937-08-10	09단	北支事變寫眞展/十一日から三日間釜山で
10341	南鮮版	1937-08-10	10단	痴漢を毆殺

일련번호	판명	간행일	단수	기사명
10342	南鮮版	1937-08-10	11단	毆りに行き毆り殺さる/勘違ひの喧嘩
10343	南鮮版	1937-08-10	11단	釜山に驟雨
10344	南鮮版	1937-08-10	11단	平南保安課長更迭
10345	南鮮版	1937-08-10	11단	新義州飛行場/また使用禁止
10346	南鮮版	1937-08-10	11단	群山海事出張所落成式を擧行
10347	南鮮版	1937-08-10	11단	木浦の火事
10348	南鮮版	1937-08-11	01단	*十字砲火の只中　決死の一番乘り　半島の生んだ譽れの武人金部隊長を軍病院に訪ふ/軍官民一致を强化 總督官邸で巨頭懇談/時局認識を徹底 煙草にカード、郵便物には新スタンプ電車やバスに宣傳ポスター/大衆指導者たれ　舊韓國政府高官や　施政當時の萬等官と懇談/勞動者にも/戰傷者快癒戰線へ/慶南と釜山の軍事後援聯盟　第一回打合會/北平の朝鮮人は再び生業に就く　通州へ救援隊向ふ/在鮮の支那人 歸國を急ぐ 更に仁川から三千名/沙里院の獻金/商銀も五千圓*
10349	南鮮版	1937-08-11	01단	第一線の陣中カメラ訪問
10350	南鮮版	1937-08-11	04단	釜山圖書館移轉
10351	南鮮版	1937-08-11	04단	戰死者追悼會/南山本願寺で十六日に嚴修
10352	南鮮版	1937-08-11	07단	內地資本移入し産金三億圓へ/歸任の大野總督談
10353	南鮮版	1937-08-11	08단	半島ファンの期待にそむかぬ/龍中チーム下關で語る
10354	南鮮版	1937-08-11	08단	鴨綠江水電の創立總會は月末/京城と新京で開く
10355	南鮮版	1937-08-11	08단	燃え上る軍用機熱/平壤航空支廠から分掌局から赤誠の獻納資金寄託
10356	南鮮版	1937-08-11	10단	蔚山農業の地鎭祭
10357	南鮮版	1937-08-11	10단	漁村指導員講習會
10358	南鮮版	1937-08-11	10단	鮮銀保證準備/擴張は來月/臨時總會開いて
10359	南鮮版	1937-08-11	10단	商銀支配人異動
10360	南鮮版	1937-08-11	10단	漁獲禁止の小鯛/公設市場で賣る/釜山府へ慶南道警告
10361	南鮮版	1937-08-11	10단	帝國酸素工場/釜山に新設
10362	南鮮版	1937-08-11	11단	珐瑯鐵器輸出數量
10363	南鮮版	1937-08-11	11단	釜山鎭署廳舍/近日中に着工
10364	南鮮版	1937-08-11	11단	機船泥棒捕る
10365	南鮮版	1937-08-11	11단	夏季大學講座
10366	南鮮版	1937-08-11	11단	*平北土木關係被害百廿萬圓/救濟方法決る/救護犧牲者の氏名*

일련번호	판명	간행일	단수	기사명
10367	南鮮版	1937-08-12	01단	朝鮮婦人に告ぐ　南總督談　幸福への大道は忠君愛國に在り戰鬪員たる心構へを持ち　今こそ決然と起つべき秋/黃海道自警團/獻金六十萬圓超ゆ　軍愛國部の多忙を見兼ねて國婦、愛婦からお手傳ひ/統營の分/忽ち三萬五千圓　愛國機資金集る晋州朝鮮人から獻納/美談の花束/朝鮮人の赤誠を議會へよく報告 欣然、大野總監語る/掛聲倒れを戒む 南總督、局長會議で/引揚げ續出　平壤、鎭南浦在在の支那人/高射機關銃 李鐘燮氏獻納/校長さん率先し感激の講演行脚 農村に山間に反響
10368	南鮮版	1937-08-12	01단	日章旗を先頭に○○へ向ふ○○部隊
10369	南鮮版	1937-08-12	04단	河田博士時局講演/從軍を歎願
10370	南鮮版	1937-08-12	06단	北支事變寫眞展の盛況
10371	南鮮版	1937-08-12	09단	軍事後援聯盟　大田にも牛る/統營郡に結成/七千圓集る/特別税令を發布 施行期間は一ヶ年/流言蜚語の男 京城で檢擧
10372	南鮮版	1937-08-12	09단	東拓大異動
10373	南鮮版	1937-08-12	09단	藤村中佐赴任
10374	南鮮版	1937-08-12	10단	鐵道局調査課/十一日から創設
10375	南鮮版	1937-08-12	11단	鐵道局七月の運輸收入激增
10376	南鮮版	1937-08-12	11단	忠南臨時道會十三日開く
10377	南鮮版	1937-08-12	11단	松本氏日本油脂へ
10378	南鮮版	1937-08-12	11단	釜山商議懇談會
10379	南鮮版	1937-08-12	11단	水稻新品種榮光を普及
10380	南鮮版	1937-08-12	11단	農作物被害
10381	南鮮版	1937-08-12	11단	殊勳の刑事
10382	南鮮版	1937-08-12	11단	若津丸沈沒
10383	南鮮版	1937-08-12	11단	府營プール溺る
10384	南鮮版	1937-08-13	01단	鮮滿一如の礎石/滿州國入の六氏決定/李範益氏は將來間島省長に
10385	南鮮版	1937-08-13	01단	「朝日新聞が着いたゾ」
10386	南鮮版	1937-08-13	01단	京電、三萬圓を獻金 朴寧根氏から一萬圓/可憐な義心　本社京城支局へ慰問金寄託/銃後の熱意/米國の新聞も日本に好意鵜池大佐急ぎ歸朝/地方における時局認識調査/軍事後援聯盟全南で發會式/戰傷者死亡/釜日の講演會盛況
10387	南鮮版	1937-08-13	05단	郵貯十二割餘激增
10388	南鮮版	1937-08-13	05단	防空演習行ひ銃後の士氣振作/光州で廿八、九兩日
10389	南鮮版	1937-08-13	05단	裡里に在鄕警友會
10390	南鮮版	1937-08-13	06단	林業開發會社理事

일련번호	판명	간행일	단수	기사명
10391	南鮮版	1937-08-13	06단	甲子園の第一戰　中京商業と對峙　必勝の決意龍山中學/好敵手　當房龍中主將談/愼重に戰ふ 松井中京主將談
10392	南鮮版	1937-08-13	07단	通話區域擴張
10393	南鮮版	1937-08-13	07단	落雷で十六名死傷/夏祭の賑ひ忽ち修羅場
10394	南鮮版	1937-08-13	08단	漁業補助金を九月から交付/本年度分は廿六萬圓
10395	南鮮版	1937-08-13	10단	マイト爆發し二採炭夫瀕死
10396	南鮮版	1937-08-13	10단	無免許の助手/崖に衝突卽死す/同乘の人夫も重傷
10397	南鮮版	1937-08-13	10단	傳染病豫防
10398	南鮮版	1937-08-13	11단	忠南臨時道會議案
10399	南鮮版	1937-08-13	11단	鐵道局異動
10400	南鮮版	1937-08-13	11단	總督府辭令
10401	南鮮版	1937-08-13	11단	琺瑯鐵器工場の被害を陳情
10402	南鮮版	1937-08-13	11단	遞送線不通
10403	南鮮版	1937-08-13	11단	鴨綠江水電の事業認可申請
10404	南鮮版	1937-08-14	01단	時局更に重大化　總督、一段の緊張訓示/內鮮佛教聯合し慰靈大法會を營む　十九日京城博文寺で時局に結ばれた固き握手/通州の婦女子は引揚げを要す　室田事務官より報告/鎭南浦から感謝電/鎭海の時局講演會/軍馬の糧食提供
10405	南鮮版	1937-08-14	01단	北支軍營スナップ
10406	南鮮版	1937-08-14	04단	動亂の那支へ六百七十名歸る/雜踏する鎭南浦埠頭
10407	南鮮版	1937-08-14	04단	總督府辭令
10408	南鮮版	1937-08-14	05단	軍用機獻納デーの賣上げから寄託　平壤の三中井支店/光州の天理教寄託/一萬圓獻金　大邱米取から/金簪を獻納しませう 南總督のステートメントに忽ち生る愛國金釵會（假稱）/上帝教も蹶起す　連日皇軍の武運祈願 信徒から國防費獻納赤心獻金
10409	南鮮版	1937-08-14	06단	初陣の健鬪空しく龍中惜くも玉碎/犒ふ甲子園の大觀衆
10410	南鮮版	1937-08-14	07단	高射機關銃卅數台　全南軍事後援聯盟から獻納/慰問詩百篇全南儒林會　皇軍へ贈る/軍人遺族には無利子で金融　大邱質屋組合/沙里院防護團 國婦と共に結成
10411	南鮮版	1937-08-14	08단	山澤事務官/東京から歸任
10412	南鮮版	1937-08-14	08단	颱風、南鮮に迫る
10413	南鮮版	1937-08-14	08단	松尾氏の遺骨　悲しき凱旋　出發以來廿九日目/軍用機忠北號獻納の運び/防寒、防彈用の眞綿のチョッキ 全南養蠶家より獻納/在釜支那人　八十一名引揚げ
10414	南鮮版	1937-08-14	09단	鷄卵大量移入

일련번호	판명	간행일	단수	기사명
10415	南鮮版	1937-08-14	10단	軍都の美談/外人も支援/外人の獻金相次ぐ
10416	南鮮版	1937-08-14	11단	山中氏當選/江原道會副議長
10417	南鮮版	1937-08-14	11단	釜山の水道使用料激增
10418	南鮮版	1937-08-14	11단	集團放火の群中生送局
10419	南鮮版	1937-08-14	11단	西鮮防空演習/九月から十月にかけて
10420	南鮮版	1937-08-14	11단	十月開業か/貯銀新義州支店
10421	南鮮版	1937-08-14	11단	夫殺し企つ
10422	南鮮版	1937-08-14	11단	不良飮料水製造業者に罰金
10423	南鮮版	1937-08-15	01단	鮮滿關係緊密化期して待つべし/滿洲國入りの六氏招待し南總督壯行會開いて激勵
10424	南鮮版	1937-08-15	01단	敵塹壕に斬込み百十數名を倒す名譽の戰傷御庄少尉/總督府防護團　訓練を開始
10425	南鮮版	1937-08-15	01단	夕陽に立つ○○部隊の步哨
10426	南鮮版	1937-08-15	04단	棉花主任官打合會
10427	南鮮版	1937-08-15	04단	二、三千萬圓は豫算膨脹しよう/水田司計課長歸任談
10428	南鮮版	1937-08-15	04단	颱風/十五日までに半島を橫斷か/慶南地方風波募る
10429	南鮮版	1937-08-15	05단	松尾幸助氏“喪の凱旋”
10430	南鮮版	1937-08-15	06단	銀行預金利子增稅率の早わかり/本府發表
10431	南鮮版	1937-08-15	06단	十萬圓醵出し愛國機獻納　江原道會座談會で決定/忽ち五萬圓愛國機晋州號資金集る/總督の感謝電　○○部隊長へ/藥劑料を半額か無料 公用者家族に/半島少女の千人針
10432	南鮮版	1937-08-15	06단	五、六百戶の集團住宅を建築/月賦で所有權移讓
10433	南鮮版	1937-08-15	07단	各鐵道完全に復舊
10434	南鮮版	1937-08-15	07단	全鮮畜産大會/十月海州にて
10435	南鮮版	1937-08-15	08단	獻金快速調
10436	南鮮版	1937-08-15	08단	海州の府昇格決る/晋州も內務局で硏究
10437	南鮮版	1937-08-15	08단	昨年の産金額/六千九百萬圓
10438	南鮮版	1937-08-15	08단	甲子園野球大會入場式の龍山中學
10439	南鮮版	1937-08-15	09단	誰にも出來る生業報國　　スタンプの時局標語決る/崇中生從軍志願/空壜を賣って獻金/鐵道庶務主任會議
10440	南鮮版	1937-08-15	09단	大邱の野球試合
10441	南鮮版	1937-08-15	10단	郡守級異動
10442	南鮮版	1937-08-15	10단	鎭海灣漁業會社を創立
10443	南鮮版	1937-08-15	11단	日滿電話海底ケーブル着工
10444	南鮮版	1937-08-15	11단	二十一種類に配合肥料

일련번호	판명	간행일	단수	기사명
10445	南鮮版	1937-08-15	11단	商議物價調査改善
10446	南鮮版	1937-08-15	11단	上水道問題/鎭南浦府會懇談會で近く決める
10447	南鮮版	1937-08-15	11단	松井、加藤兩氏/無罪の判決/選擧違反事件
10448	南鮮版	1937-08-15	11단	集配手の鞄盜まる
10449	南鮮版	1937-08-17	01단	水害に御救恤金/恐懼感激/南總督謹話
10450	南鮮版	1937-08-17	01단	*軍刀の足掛攀ぢ城壁高く日章旗　一兵、敵の手榴彈を投返す五ノ井部隊長の南苑死鬪記/「アッお父さん」朝日トーキーニュース見て半年目の再會　嬉泣き鈴木部隊長令息/流言蜚語を中繼　藝妓、女給、妓生達へ　一應警察から嚴重に注意/流言八名處分　二名は取調中/一萬圓を獻金　咸北の鰯業者/軍用機資金　淸津から寄託/慰問に「勝関」/飮料水の慰問/英靈を弔ふ釜山名寺院で/高野山釜山別院慰靈祭/天主敎會の祈願祭*
10451	南鮮版	1937-08-17	04단	*大野總監平北へ　水害慰問と初度巡視/義捐金募集/農作物被害/雨量記錄破り*
10452	南鮮版	1937-08-17	04단	獻金團結
10453	南鮮版	1937-08-17	05단	國から樂しいたより【○○にて○○部隊】
10454	南鮮版	1937-08-17	06단	忠南の郡事務檢閱
10455	南鮮版	1937-08-17	07단	山と積まれる慰問袋
10456	南鮮版	1937-08-17	08단	*馬山軍事後援聯盟結成さる/釜山水品町に國婦*
10457	南鮮版	1937-08-17	08단	多獅島港の改修/明年度から着手/總監視察後直に準備
10458	南鮮版	1937-08-17	09단	副議長は池氏/忠南臨時道會
10459	南鮮版	1937-08-17	09단	羅津へ移轉了る/淸津の北鐵事務所
10460	南鮮版	1937-08-17	09단	外金剛新スタンプ
10461	南鮮版	1937-08-17	09단	不審な强盜申告
10462	南鮮版	1937-08-17	09단	目覺しい婦人屋外勞働/忠南佳田里
10463	南鮮版	1937-08-17	09단	釜山の傳染病
10464	南鮮版	1937-08-17	10단	德壽丸遲る
10465	南鮮版	1937-08-17	10단	滿員の小舟轉覆/四名は行方不明/增水の禿魯江で珍事
10466	南鮮版	1937-08-17	10단	釜山稅關に技師を置く
10467	南鮮版	1937-08-17	10단	「デー」を整理
10468	南鮮版	1937-08-17	11단	叺詰めの嬰兒
10469	南鮮版	1937-08-17	11단	匪賊十數名を送局
10470	南鮮版	1937-08-17	11단	高麗俱樂部勝つ/對大邱野球試合

일련번호	판명	간행일	단수	기사명
10471	南鮮版	1937-08-18	01단	李王殿下より御紋章入り煙草　第一線將兵へ下賜/北支の朝鮮人救濟費增額を臨時議會へ提案　林財務局長歸任談/特に軍務公用者へ貯藏米拂下げ　內地同樣取扱ひ交涉/再び戰線へ出て欲しい　須藤伍長嚴父談/敵塹壕へ突擊 溫情に酬ゆ 壯烈！工藤上等兵/三桝氏戰死/愛國機“慶北號” 基金十萬圓集る 近く大邱で獻納式/愛國機獻納會　晋州に組織さる/宣言を打電/防空兵器配給 釜山各防護團へ/釜山軍事後援聯盟の打合會
10472	南鮮版	1937-08-18	01단	照る日・曇る日
10473	南鮮版	1937-08-18	04단	戶別稅を減免/平壤府で救護打合せ
10474	南鮮版	1937-08-18	05단	愛國金釵會本決り 中流以上の朝鮮婦人動員　廿日京城で盛んな發會式/心盡しの西瓜/防空用具を各戶に常備　咸南防空演習/淸津局の電報激增
10475	南鮮版	1937-08-18	07단	獻金挺身隊
10476	南鮮版	1937-08-18	07단	さらば京城よ/未亡人や遺兒に護られ岡部君の遺骨歸鄕
10477	南鮮版	1937-08-18	08단	釜山で强風中四十戶が全半燒/南京蟲捕の石油引火
10478	南鮮版	1937-08-18	09단	水を節約しませう/酷署續きで心細い水源地/平壤府からお觸れ
10479	南鮮版	1937-08-18	09단	十數隻の漁船/ソ聯に拿捕さる/ポセツト灣に抑留か
10480	南鮮版	1937-08-18	09단	社會係新設
10481	南鮮版	1937-08-18	09단	殉職兵士の告別式
10482	南鮮版	1937-08-18	10단	多獅島港を視察/大野政務總監一行
10483	南鮮版	1937-08-18	10단	竹森元京城專賣局係長へ懲役十ヶ月/瀆職收賄事件の判決
10484	南鮮版	1937-08-18	11단	高周波工場/一部操業の運び
10485	南鮮版	1937-08-19	01단	起て學園燃えよ赤心 北支へ上海へ送り出せ慰問袋　中等校も初等校も“銃後の動員令”/愛國デー　九月六日催す　國旗の下若人は歌ふ/約十七萬圓要す　救護法適用の經費/慰問袋と獻金/新義州憲兵分隊扱/朴濟鳳氏千圓獻金/大邱神社の祈願祭/統營の時局講演會/重機關銃を十台　金海軍事後援聯盟より獻納/愛國機慶北號　獻納式歌募集/愛國機慶南號 統營の獻納金/遺骨北支を出發 月末に合同告別式
10486	南鮮版	1937-08-19	01단	○○城壁で猛擊する○○部隊
10487	南鮮版	1937-08-19	04단	鴨綠江水電の覺書調印式/廿日總督府で行ふ
10488	南鮮版	1937-08-19	04단	釜山後援會聯盟に加入
10489	南鮮版	1937-08-19	04단	應召軍人家族を積極的に扶助 申出では遠慮なく/林檎のおやつ　北支の皇軍へ/金知事赤誠を感謝/統營後援會寄附金
10490	南鮮版	1937-08-19	05단	大陸經濟會議無期延期か/事實上開催は不可能
10491	南鮮版	1937-08-19	05단	岡部本社特派員の遺骨下關上陸
10492	南鮮版	1937-08-19	06단	日用品暴騰/釜山商議調整に乘出す

일련번호	판명	간행일	단수	기사명
10493	南鮮版	1937-08-19	07단	低利債借替
10494	南鮮版	1937-08-19	07단	モダン光州署竣工
10495	南鮮版	1937-08-19	07단	玉名、荒巻兩氏揃って榮轉/釜山法院の首腦更送
10496	南鮮版	1937-08-19	08단	釜山水晶町大火の燒跡
10497	南鮮版	1937-08-19	08단	棉價補償硏究
10498	南鮮版	1937-08-19	09단	海底ケーブル陸線と接續す
10499	南鮮版	1937-08-19	09단	築港の必要は十分感じてゐる/總監、多獅島視察談
10500	南鮮版	1937-08-19	09단	公州荒し强盜捕る
10501	南鮮版	1937-08-19	10단	又釜山の火事
10502	南鮮版	1937-08-19	10단	*水害復舊費九萬四千圓要求/慘澹たる枇峴*
10503	南鮮版	1937-08-19	10단	釜山埋築地の町名
10504	南鮮版	1937-08-19	10단	沙里院鄕軍分會長更迭
10505	南鮮版	1937-08-19	10단	十圓札僞造の一味を逮捕/海州署のお手柄
10506	南鮮版	1937-08-19	11단	男手引張り凧
10507	南鮮版	1937-08-19	11단	運動競技界(大邱水泳大會)
10508	南鮮版	1937-08-20	01단	*全半島を一丸に固む銃後の護り　各方面の代表次々に招致　廿日南總督から訓示、懇談/靑年團を普及强化「總和をもって時艱克服せよ」總監・各道知事へ通牒/空の護りを急施　旅行細則十月中に/獻金編隊/活動を促す　農事訓練所や補習學校にも/河川工事で働き　汗の結晶獻金　代山公普兒童達/定例局長會議*
10509	南鮮版	1937-08-20	02단	“街の人氣者”日の丸
10510	南鮮版	1937-08-20	03단	*行宮戰に燦・警察精神　血達磨になりつゝ　銃座へ彈丸運ぶ盡忠一念岡上等兵/平安丸と釜山丸上海行中止/全南防空演習大がゝりに擧行　同時に兵器獻納式/漢口方面から四十二名歸鮮す　朝鮮人の婦人子供/愛國機黃海號　九月中旬頃までに獻納/凌領事引揚げ　外交官歸國のトップ*
10511	南鮮版	1937-08-20	05단	○○拂曉戰の分捕り品【○○部隊】
10512	南鮮版	1937-08-20	07단	群山國婦名乘りを擧ぐ
10513	南鮮版	1937-08-20	08단	製氷會社ＳＯＳ/立秋とは名はかり/うだる京城の暑熱(卅三度二/釜山)
10514	南鮮版	1937-08-20	08단	*妓生も軍歌の稽古　千人針に精を出す藝妓　平壤の花街は勇しい軍國調/立派な働きを　上海で活躍の令息大尉を偲び　重村老將軍語る*
10515	南鮮版	1937-08-20	09단	殖銀支店長級異動
10516	南鮮版	1937-08-20	09단	總督府辭令

일련번호	판명	간행일	단수	기사명
10517	南鮮版	1937-08-20	09단	鴨綠江水電の現地調印終る/安東、新義州兩地で
10518	南鮮版	1937-08-20	10단	學生列車運轉
10519	南鮮版	1937-08-20	11단	緬羊輸入日割
10520	南鮮版	1937-08-20	11단	醫學博士
10521	南鮮版	1937-08-20	11단	金鑛業設備奬勵金交付規則
10522	南鮮版	1937-08-20	11단	驛員殉職
10523	南鮮版	1937-08-20	11단	釜山府會近く三回目を開く
10524	南鮮版	1937-08-20	11단	火事の罹災者に義損金募集
10525	南鮮版	1937-08-20	11단	嬰兒殺し犯人捕る
10526	南鮮版	1937-08-21	01단	*牢固且持久的　覺悟を把握せよ　危局第二段階に備へ　南總督・官民へ重大訓示/總督の訓示【臨時知事會談にて】/同胞虐殺の敵へ空から弔ひ合戰/森本部隊長の通州爆擊手記/「戰死は覺悟」　近藤准尉夫人談/防空器材費一萬六千圓　煙草小賣人から/女學生の洗濯奉仕/長谷川中將から感謝狀*
10527	南鮮版	1937-08-21	01단	護國の英靈凱旋
10528	南鮮版	1937-08-21	03단	*日章旗の下・內鮮“鐵の團結”/朝鮮貴族に協力を希望　大野政務總監/勇士の遺骨凱旋す　南總督、小磯將軍ら出迎へ　驛頭に滿つ慟哭の聲/鯉登部隊の遺骨　戰友の腕に抱かれて/鈴木部隊の遺骨/九月一日に告別式/地雷火で戰傷 大平伍長*
10529	南鮮版	1937-08-21	04단	辭令
10530	南鮮版	1937-08-21	05단	獻金灼熱す
10531	南鮮版	1937-08-21	09단	朝鮮婦人の意氣を見よ/國のためなら金簪も五百餘名集り愛國金釵會生る
10532	南鮮版	1937-08-21	11단	胎兒漂着す
10533	南鮮版	1937-08-22	01단	急轉、戰時體制/防空準備に着く/正に“待つあるの備へ”/朝鮮軍司令官告諭を發す/朝鮮軍司令官小磯國昭
10534	南鮮版	1937-08-22	01단	*金簪や指輪の爆擊的獻納　首途勇ましい金釵會/慰問袋千個*
10535	南鮮版	1937-08-22	01단	前線へ！前線へ！/○○部隊進軍
10536	南鮮版	1937-08-22	03단	美談集
10537	南鮮版	1937-08-22	04단	美談を蒐む
10538	南鮮版	1937-08-22	04단	遺骨の忠實な僕/凱旋將軍などと呼ばれるは心外/三部隊長“涙の感懷”
10539	南鮮版	1937-08-22	04단	*「上海はとてもスゴイ」久し振りに、或ひははじめて　美人揃ひのダンサー引揚げ/關西出身兵は粘り强い 凱旋の石堂部隊長談*
10540	南鮮版	1937-08-22	05단	五勇士を招き實戰座談會/本社平壤通信局で開く

일련번호	판명	간행일	단수	기사명
10541	南鮮版	1937-08-22	05단	銃後の護りを强調
10542	南鮮版	1937-08-22	06단	時艱克服懇談　慶南道廳にて/漢口から歸鮮/爆擊機“全北號”資金廿萬圓を獻納/愛國機慶南號の基金三萬圓/通州事件の犧牲者遺骨　京城へ歸る/愛國機黃海號の資金寄附者/上海から卅名 戰禍逃れて歸る　いづれも健氣な覺悟/遺族の方々をお慰めしたい 川岸夫人釜山で語る/北支の秋は早い 養蠶家、蠶業者動員し眞綿の獻納運動
10543	南鮮版	1937-08-22	08단	太陽レーヨン敷地買收殆ど成立/新公普建設を希望
10544	南鮮版	1937-08-22	08단	鮮滿二樣設備案/結局採用の模樣/鴨綠江發電周波數
10545	南鮮版	1937-08-22	09단	慶北道議補選
10546	南鮮版	1937-08-22	10단	郵便車脫線
10547	南鮮版	1937-08-22	10단	新校舍竣工す釜山小學校
10548	南鮮版	1937-08-22	11단	普通試驗の合格者氏名
10549	南鮮版	1937-08-24	01단	都市防衛の必要 實戰を通じ痛感　野村部隊長力說す/戰地で欲しい物は一番に新聞だ 加藤部隊長語る
10550	南鮮版	1937-08-24	04단	八十一名歸る/上海から釜山へ
10551	南鮮版	1937-08-24	04단	敗殘兵西瓜を捧げ皇軍の御機嫌伺ひ/“戰線ユーモア”ＡＢＣ
10552	南鮮版	1937-08-24	04단	獻金百十萬圓 滿洲事變當時の二倍/美談を刻む/金釵會獻金者
10553	南鮮版	1937-08-24	06단	金、印兩選手光る　全國中等陸上競技大會（第一部）に培材高普壓倒的の優勝/慶南水上大會
10554	南鮮版	1937-08-24	07단	お守札の慰問 釜山憲兵分隊へ/遺骨告別式　卅日午前九時營む/遺族運賃割引/總督、軍司令官の訓示を傳達　慶南時局懇談會/昌德宮特別區防護團結成式
10555	南鮮版	1937-08-24	08단	釜山共生會館/廿五日に落成式
10556	南鮮版	1937-08-24	08단	クルップ法特許權三菱獲得す/近く淸津に製鐵所
10557	南鮮版	1937-08-24	08단	淸州邑議補選の當選者
10558	南鮮版	1937-08-24	09단	名刹海印寺のお家騷動暴露す/檢事、本格的に取調べ
10559	南鮮版	1937-08-24	09단	生活苦の母子/漢江で三人心中/二女のみ遂に絶命
10560	南鮮版	1937-08-24	10단	麗川金組書記十數萬圓橫領？/六年に亙り帳簿改竄
10561	南鮮版	1937-08-24	10단	喜びの二重奏/須江新光州署長
10562	南鮮版	1937-08-24	11단	總督府辭令（八月二十一日付）
10563	南鮮版	1937-08-24	11단	慶北署長異動
10564	南鮮版	1937-08-24	11단	忠南も異動

일련번호	판명	간행일	단수	기사명
10565	南鮮版	1937-08-25	01단	北支は物資不足　朝鮮から輸出をするやう　特に生産業者の留意望む　部隊長の陣中書翰/直ちに大量輸送 貿易業者意氣の見せどころ/かくて皇軍强し「名を千載に輝かす覺悟」井上上等兵の絶筆/かくて皇軍强し「名を千栽に輝かす覺悟」井上上等兵の絶筆/通信も今は夢　重松一等兵戰死/支那語放送/給料を獻金/引揚げ子弟に特別傍廳學習　釜山府で便法/第二國民に時局知識を徹底　學務局の實行案成る/少女の獨り旅遙々青島から
10566	南鮮版	1937-08-25	01단	李鍵公殿下御歸鮮
10567	南鮮版	1937-08-25	01단	“砲煙彈雨を衝く”座談會 1/逃足の早い支那兵/戰友を捨てゝ一目散
10568	南鮮版	1937-08-25	04단	上海宛て電報
10569	南鮮版	1937-08-25	05단	銃劍で見張りしつゝ一休み（○○部隊）
10570	南鮮版	1937-08-25	06단	臨時議會追加豫算 凡そ六百萬圓　平北の水害復舊費五十萬圓を含む/皇軍へ感謝電　慶北臨時府尹郡守會議/公用者遺家族 無料で診療 簡保健康相談所
10571	南鮮版	1937-08-25	10단	警官へお禮二千圓/鐵道職員會から贈る
10572	南鮮版	1937-08-25	10단	産金令折衝 木野事務官東上/鑛山課を增員
10573	南鮮版	1937-08-25	10단	群山の支那人/百四十二名歸國
10574	南鮮版	1937-08-25	11단	釜山教育部會
10575	南鮮版	1937-08-25	11단	椎尾師講演會
10576	南鮮版	1937-08-25	11단	辯護士試驗合格者
10577	南鮮版	1937-08-25	11단	廿八日に全南道會
10578	南鮮版	1937-08-25	11단	慶南道議補選
10579	南鮮版	1937-08-25	11단	三和精米所の强盜捕る
10580	南鮮版	1937-08-26	01단	“砲煙彈雨を衝く”座談會 2/金佛ひの好い皇軍/支那兵は掠奪常習犯
10581	南鮮版	1937-08-26	01단	京城に常時管制 廿六日夕刻より實施　深澤防衛司令官布告す/愛國美談を教科書に載せる　明春の新學期から/奔騰！獻金/通州の殉職警官 金氏の遺骨凱旋 偲ぶ壯烈無比の奮戰/立派な最期であって欲しい　松本伍長嚴父談/遺骨告別式 來月三日に變更/故岡部特派員 町葬に決定 鄉里琴平町で
10582	南鮮版	1937-08-26	04단	一萬圓を獻金/京城の高村氏
10583	南鮮版	1937-08-26	04단	中食缺行同盟
10584	南鮮版	1937-08-26	04단	「朝鮮婦人は起ち上る」 本社京城支局が座談會開催　實戰座談會に續き連載/愛國機二台づゝ 全北と慶北から獻納

일련번호	판명	간행일	단수	기사명
10585	南鮮版	1937-08-26	04단	關門市況（二十五日）/川口全販聯落札値（廿五日）/季節の青果市況/養鷄飼料相場（關門船車乘値）/關門糖粉相場、關門諸物價（廿五日正午調）
10586	南鮮版	1937-08-26	06단	棉花輸入均等化/紡聯より陳情
10587	南鮮版	1937-08-26	09단	獻身的努力に陸相のお禮電報/感激する釜山府民
10588	南鮮版	1937-08-26	09단	濟州道開發/新貝知事再調査
10589	南鮮版	1937-08-26	10단	內鮮は同祖同根/不可分の關係を强調/九月十日古蹟愛護デーに
10590	南鮮版	1937-08-26	10단	二少女絞殺さる
10591	南鮮版	1937-08-26	11단	犯人手配に電送寫眞/明年度に實施
10592	南鮮版	1937-08-26	11단	醉拂ひ殺人犯捕る
10593	南鮮版	1937-08-26	11단	中等野球優勝校懸賞當籤者
10594	南鮮版	1937-08-27	01단	*靑年貴族蹶起す　主張「赤誠以て皇運を扶翼」　時局に生る同耀會/北支拓殖を設立　生業なき朝鮮人のため　恒久的に救ひの手/應急的救濟費　臨時議會へ要求　取敢ず三萬五千圓/國防獻金/內鮮永遠の融和を祈る　嚴柱明中尉帶輸/釜山水上署の親切を感謝　引揚げの朝鮮人/母子ホームを無料で提供　將兵家族へ/戰傷の兩勇士遂に死亡*
10595	南鮮版	1937-08-27	02단	空中戰に感奮/航空兵を歎願/釜山の朝鮮人少年
10596	南鮮版	1937-08-27	02단	“砲煙彈雨を衝く”座談會 3/突擊・城壁に人梯子/互ひに庇ふ將兵の情
10597	南鮮版	1937-08-27	04단	一萬圓獻金/朝鮮信託より
10598	南鮮版	1937-08-27	04단	*警戒管制を實施　廿七日夕刻から翌朝まで　釜山府民の努力を切望/河野副官談/結婚記念の金指輪　獻納の申出で　感慨深し朝鮮老女/水害の罹災者へ皇軍から慰問品　パンに現金を添へて/慰問品寄託/雜巾を縫ひ獻金/南洋、印度方面へ琺瑯鐵器輸出却って增加　上海鐵工場の被害から/國防服で執務釜山府全職員/海軍へ感謝文打電/軍用機資金*
10599	南鮮版	1937-08-27	05단	*産業/養鷄飼料釘づけ/滿洲在庫潤澤と暴利令で平穩裡に新穀期へ/佐賀鷄卵出荷協議/天草乾繭入札/關門市況（二十六日）/養鷄飼料相場（關門船車乘値）/季節の靑果市況/關門糖粉相場/關門諸物價（廿六日正千調）*
10600	南鮮版	1937-08-27	11단	*支那人八百名　鎭南浦港引揚げ/皇軍慰問使　平壤から派遣/忠南府尹郡守會議*
10601	南鮮版	1937-08-27	11단	慶南米籾共販方法の打合會
10602	南鮮版	1937-08-27	11단	鴨綠江技術委員會を安東で
10603	南鮮版	1937-08-27	11단	京城に隣保館/明年度建てる
10604	南鮮版	1937-08-27	11단	棉花主任官會議

일련번호	판명	간행일	단수	기사명
10605	南鮮版	1937-08-27	11단	釜山に赤痢猖獗す
10606	南鮮版	1937-08-27	11단	金塊八千圓を拐帶
10607	南鮮版	1937-08-28	01단	四勇士に祭粢料下賜/丸山大佐らの遺骨 告別式後に歸鄕 卅日午後五時半出發/愛婦の弔慰金 三勇士遺族へ/武勳を樹て中村一等兵戰死/高射重機關銃 全南道廳職員から獻納/淸酒と燒酎を贈る/童心も空へ 軍用機資金寄託
10608	南鮮版	1937-08-28	01단	北支戰線早くも秋冷/眞綿チヨッキ 二萬枚を皇軍へ 總督揮毫の“武運長久”捺拔き 京城府民“慰問の總意”こめて/皇軍を感激させた半島靑少年の意氣 晋州金鐘權君の慰問狀
10609	南鮮版	1937-08-28	02단	“砲煙彈雨を衝く”座談會 4/晝は蠅、夜は蚊攻め支那兵よりうるさい
10610	南鮮版	1937-08-28	05단	産業/秋松茸の走り/百匁七圓五十錢で初取引/質品は劣るが珍重/天草乾繭取引/關門市況(二十七日)/養鷄飼料相場(關門船車乘値)/季節の靑果市況/關門糖粉相場/關門諸物價(廿七日正午調)
10611	南鮮版	1937-08-28	05단	防空講演放送 石原司令官と阿部慶南知事/交換手を大量募集
10612	南鮮版	1937-08-28	05단	水稻の成育訓調
10613	南鮮版	1937-08-28	07단	京城常時管制は概ね所期の成績 支障なきやう逐次改良/皇軍慰問使 四中樞院參議を派遣/釜山高女生の街頭奉仕
10614	南鮮版	1937-08-28	09단	本社事變ニュース 眼と耳から觀客達へ速報 釜山映畫館で好評/木浦でも/晋州の獻金
10615	南鮮版	1937-08-28	11단	慶南署長級異動
10616	南鮮版	1937-08-28	11단	アルグン丸
10617	南鮮版	1937-08-29		發行不明
10618	南鮮版	1937-08-31	01단	李王大妃殿下 愛國金釵會へ千圓を下賜 御誕辰のお祝廢せられて/一家を擧って裝身具獻納 事變美談の白眉篇
10619	南鮮版	1937-08-31	01단	千載不朽の武勳 香し合同告別式 懷しき營庭で營まる/鮮內出身者/松尾氏の告別式/來た、慰問袋第一陣 「銃後の感謝が聞えてくるぞ」 北支部隊に朗笑の氾濫/軍事法令活用/銃後の後援は婦人の手で釜山府女敎員會起つ/慰問品に感謝電/皇軍へ“慰問の辭”/實習販賣して獻金/家族へ見舞金/釜山に忠靈塔建設 皇紀二千六百年記念事業/支那膺懲叫ぶ 釜山港經由引揚げの外人達
10620	南鮮版	1937-08-31	02단	朝鮮婦人は起ち上る座談會 2/我等の誇・金部隊長/徵兵制度布かれたらもっと愛國熱が沸き立つ
10621	南鮮版	1937-08-31	05단	岡部記者の戰死/浪曲レコードに

일련번호	판명	간행일	단수	기사명
10622	南鮮版	1937-08-31	06단	産業/カンよりも科學/漁は御意のまゝ/魚群探知器の發明/關門市況(三十日)/季節の靑果市況/養鷄飼料相場(關門船車乘値)/關門糖粉相場/關門諸物價(三十日正午調)
10623	南鮮版	1937-08-31	08단	釜山職制改革
10624	南鮮版	1937-08-31	09단	慶南水上大會
10625	南鮮版	1937-08-31	09단	金剛丸さへ悲鳴/殺到する船客乘せきれず/百廿人も積み殘し
10626	南鮮版	1937-08-31	09단	總監の東上取止め
10627	南鮮版	1937-08-31	09단	高普規程改正/朝鮮語漢文廢止
10628	南鮮版	1937-08-31	10단	奸商を嚴罰
10629	南鮮版	1937-08-31	11단	十月中旬に通話試驗/內鮮滿直通電話
10630	南鮮版	1937-08-31	11단	釜山港防疫陣
10631	南鮮版	1937-08-31	11단	石油船火災
10632	南鮮版	1937-08-31	11단	精神病者溺死

1937년 9월

일련번호	판명	간행일	단수	기사명
10633	南鮮版	1937-09-01	01단	光明は北支より　經濟的握手を目指し逸早く貿易座談會を開催/全鮮の主要地で再び巡廻講演　朝鮮人の名士五十九名を派遣/遺骨十一柱に幼稚園兒の燒香　四日營庭で告別式/七十六柱內地へ裏の凱旋/合同慰靈祭　釜山で營む/兩勇士遺骨釜山へ/郡民葬と府葬　全南出身二勇士/鐵道局友告別式/噫倉永部隊長　釜山府民哀悼/慰問袋三千個　慶南初等校から/大相撲の利益獻金
10634	南鮮版	1937-09-01	02단	目覺し半島同胞　通譯官や運轉手として第一線部隊に從軍/老勇士活躍
10635	南鮮版	1937-09-01	03단	朝鮮婦人は起ち上る座談會３/棄てよ誤れる外聞/女性の個人的實力を生かせ伸ばせ團體的訓練
10636	南鮮版	1937-09-01	04단	釜山府の吏員異動
10637	南鮮版	1937-09-01	04단	英靈の武勳讚ふ
10638	南鮮版	1937-09-01	06단	産業/白菜栽培に福音　偉效ある藥劑發見/關門市況（三十一日）/季節の靑果市況/養鷄飼料相場（關門船車乘値）/關門糖粉相場/關門諸物價（卅一日正午調）
10639	南鮮版	1937-09-01	09단	美談集を編纂/馬山酒六百本慰問/兒童の愛國熱徹底/龍頭山神社で武運長久祈願
10640	南鮮版	1937-09-01	10단	獸醫規則を公布/家畜を國家資源として保護、增殖が主眼
10641	南鮮版	1937-09-01	10단	煎子鰮不漁
10642	南鮮版	1937-09-01	10단	關稅課を新設
10643	南鮮版	1937-09-01	11단	愛國機忠南號に二千圓/恤兵金千圓/慰問の南瓜/農村中堅靑年に時局講習會
10644	南鮮版	1937-09-01	11단	交通宣傳ビラ配布
10645	南鮮版	1937-09-01	11단	新興丸船火事
10646	南鮮版	1937-09-02	01단	普校倍加計畫を五ヶ年位に短縮/明年男女師範新設か
10647	南鮮版	1937-09-02	01단	神前に捧げ奉る半島大衆の熱誠　三日　朝鮮神宮で祈願祭/時局解設册子　五十萬部を配布　平易にし農産漁村へ/慰問使の參議二日京城驛出發/時局講演講師/淸州邑葬執行/五萬圓募集　家族慰問費など/小磯將軍　五百圓寄附　朝鮮軍事聯盟へ/“一錢貯金”獻金/幼稚園兒も慰問袋/引揚げ朝鮮人　旣に千二百名　主に中南支から/遺骨內地へ原田中佐ら六柱
10648	南鮮版	1937-09-02	01단	國威宣揚祈願/龍頭山神社で
10649	南鮮版	1937-09-02	01단	太房山を占據
10650	南鮮版	1937-09-02	04단	慶北情報委員會
10651	南鮮版	1937-09-02	04단	鑛山金融新機關/本年中に具體化/資本金は五千萬圓

일련번호	판명	간행일	단수	기사명
10652	南鮮版	1937-09-02	06단	*産業/鷄卵十三圓突破 飼料高、産卵減少が主因 目先安値は望まれず/日向千切大根 愛知物を壓倒/關門市況(一日)/養鷄飼料相場(關門船車乗値)/季節の靑果市況/關門糖粉相場/關門諸物價(一日正午調)*
10653	南鮮版	1937-09-02	07단	コレラの脅威/特に西海岸各港警戒/豫防注射液廿萬人分製造
10654	南鮮版	1937-09-02	08단	新設資源、關税兩課長任命
10655	南鮮版	1937-09-02	08단	總督府辭令
10656	南鮮版	1937-09-02	09단	穩かな二百十日/快晴・爽涼の氣滿つ
10657	南鮮版	1937-09-02	09단	鮮銀異動
10658	南鮮版	1937-09-02	09단	楸子島に無電
10659	南鮮版	1937-09-02	09단	寂しい興安丸
10660	南鮮版	1937-09-02	10단	慶南の籾共販
10661	南鮮版	1937-09-02	10단	震災記念日の釜山
10662	南鮮版	1937-09-02	10단	江原道東海岸雨禍
10663	南鮮版	1937-09-02	10단	陸軍を騙る/不正辨當屋送局
10664	南鮮版	1937-09-02	11단	三人組の追剝
10665	南鮮版	1937-09-02	11단	妻を斬り/無理心中計る/神經衰弱の男
10666	南鮮版	1937-09-02	11단	船長ら死亡/船火事の新興丸
10667	南鮮版	1937-09-02	11단	南鮮ゴム同組の事務所
10668	南鮮版	1937-09-02	11단	捕鯨シーズン開く
10669	南鮮版	1937-09-03	01단	皇軍の威武宣揚/一層の御支援を祈る/本社京城支局あて○○部隊長より來信
10670	南鮮版	1937-09-03	01단	明朗北支の黎明/地獄で佛の喜び/避難民へ慰問袋子供達へお菓子/皇軍の征くところ支那民衆蘇る/長辛店に慈悲洽し
10671	南鮮版	1937-09-03	03단	*北支貿易の先驅 朝鮮貿易協會出張所 天津に設け調査員送る/天津へ直通航路 西鮮から第一船出發/視察員を派遣/慰問使派遣 朝鮮軍事聯盟/最初の白衣凱旋 兩地へ四十四名/「戰死は名譽」 國本上等兵の嚴父語る/森川伍長の全州府民葬執行/八百圓奇贈 深澤中將と同部隊將校より/佛教中央教務院の獻金/少年軍人歎願/在滿朝鮮同胞に脈打つ"日本人の血"旣に一萬五千圓獻金/唐山と塘沽に安全農村を建設 北支の朝鮮同胞救濟*
10672	南鮮版	1937-09-03	05단	良鄕の中川部隊長
10673	南鮮版	1937-09-03	05단	*産業/豫期せぬ障碍に關係者大惱み "物品特別税"の影響/關門市況(二日)/養鷄飼料相場(關門船車乗値)/季節の靑果市況/關門糖粉相場/關門諸物價(二日正午調)*
10674	南鮮版	1937-09-03	08단	京城の白米値下げ

일련번호	판명	간행일	단수	기사명
10675	南鮮版	1937-09-03	09단	慰問袋に入れる兒童文集「銃後」釜山/公普の心意氣
10676	南鮮版	1937-09-03	09단	商工係を昇格/慶南に一課新設
10677	南鮮版	1937-09-03	09단	總督府辭令
10678	南鮮版	1937-09-03	10단	忠南警察部異動
10679	南鮮版	1937-09-03	11단	渡初め式擧行/完山、大宮兩橋
10680	南鮮版	1937-09-03	11단	忠南辭令
10681	南鮮版	1937-09-03	11단	除隊教員配置
10682	南鮮版	1937-09-04	01단	*朝鮮神宮大前に皇軍武運强かれ　二千萬大衆の丹心こめて南北戰野へ激勵電/佐久間中尉等の勳し讃ふ告別式　分骨、忠靈塔に安置/遺族の誇る武勳(佐久間中尉、橋本上等兵、三好上等兵、藤井上等兵、久保伍長、釜山で追悼會)/金子一等兵の面葬/兩勇士の淸州邑葬*
10683	南鮮版	1937-09-04	03단	召しませ愛國人蔘茶/開商生編隊行商
10684	南鮮版	1937-09-04	04단	浦項の祈願祭
10685	南鮮版	1937-09-04	04단	流言蜚語百廿名を検擧
10686	南鮮版	1937-09-04	05단	*目取眞中尉告別式/白衣の凱旋　四日午後五時/野村少將講演*
10687	南鮮版	1937-09-04	05단	皇軍慰問體育大會/十一、二兩日京城運動場で純益をすべて獻金
10688	南鮮版	1937-09-04	05단	*責任感强い男　澤田一等兵戰死/丸山大佐遺骨*
10689	南鮮版	1937-09-04	05단	*産業/搖がぬ銃後の産業　關係團體の指令周到(帝國農會、馬匹協會)關門市況（三日）/養鷄飼料相場（關門船車乘値）/季節の青果市況/關門糖粉相場/關門諸物價（三日正午調）*
10690	南鮮版	1937-09-04	06단	*青年貴族より一萬圓獻金　朝鮮神宮へ奉告す/京城府の慰問使五日に出發*
10691	南鮮版	1937-09-04	06단	*總督府追加豫算五百六十五萬圓　臨時議會へ提出/長びくのを覺悟　精神運動卷起す　經費十六萬圓を計上*
10692	南鮮版	1937-09-04	08단	金泉驛で追突
10693	南鮮版	1937-09-04	08단	*愛國機'京畿號'三台を目標　資金約廿萬圓を募集/釜山校の獻金/大谷技師歸朝*
10694	南鮮版	1937-09-04	08단	コレラ門司港まで迫る脅威に釜山港緊張/海上生活者五千に豫防注射
10695	南鮮版	1937-09-04	09단	一割位は膨脹/釜山明年度豫算
10696	南鮮版	1937-09-04	09단	又明年度にも放送局を二つ位/土師放送協會長語る
10697	南鮮版	1937-09-04	11단	米輸移出高
10698	南鮮版	1937-09-04	11단	總督府辭令
10699	南鮮版	1937-09-04	11단	大邱に强盜

일련번호	판명	간행일	단수	기사명
10700	南鮮版	1937-09-04	11단	三人組强盜は狂言
10701	南鮮版	1937-09-04	11단	學校荒し捕る
10702	南鮮版	1937-09-05	01단	繃帶姿、口を揃へ「もう一度戰線へ」/稔りの秋を懷しさう/歸還列車に勇士を訪ふ/歸還列車到着/重傷負ひ唯一人　敵兵廿名を屠る 坂口軍曹南苑の殊勳
10703	南鮮版	1937-09-05	01단	全鮮三千ヶ所へ事變ニュース映畵配給　銀幕通じ愛國心喚起/映畵「銃後の朝鮮」農山漁村で上映/軍用機資金の十錢獻金袋 各校へ配布
10704	南鮮版	1937-09-05	01단	愛國デー行事
10705	南鮮版	1937-09-05	03단	半島大衆の祈願祭
10706	南鮮版	1937-09-05	04단	覺めたり儒林 [烈々の雄叫び]
10707	南鮮版	1937-09-05	05단	京城小學兒童の眞心籠る慰問文　國防費と共に差出す/釜山高女の慰問袋/眞綿を贈る/慰問品の梨/濟衆院も慰問金
10708	南鮮版	1937-09-05	05단	産業/二百十日の稻況　何れも概して良好(佐賀縣、鹿兒島縣)/關門市況(四日)/養鷄飼料相場(關門船車乘値)/季節の靑果市況/關門糖粉相場/關門諸物價(四日正午調)
10709	南鮮版	1937-09-05	05단	ソ聯恐るゝに足らず/小册子を一般に配布し危惧の念を一掃
10710	南鮮版	1937-09-05	05단	高射機關銃の申込み四十五台/十日ごろに獻納式
10711	南鮮版	1937-09-05	07단	皇軍の武運を山頂で祈る/牧島普校生
10712	南鮮版	1937-09-05	08단	石原少尉第一線へ
10713	南鮮版	1937-09-05	08단	酒井少佐らの遺骨內地歸還
10714	南鮮版	1937-09-05	08단	一家の名譽/戰死した河野上等兵母堂談
10715	南鮮版	1937-09-05	09단	交通事故防止/兒童を通じて
10716	南鮮版	1937-09-05	09단	兩勇士合同葬/釜山第六校で
10717	南鮮版	1937-09-05	10단	秋蠶繭價格
10718	南鮮版	1937-09-05	10단	超滿員の渡航/突風で轉覆/男女四名遂に溺死す
10719	南鮮版	1937-09-05	10단	釜山の商品は八割程度値上り/近く公定相場表配布
10720	南鮮版	1937-09-05	11단	防空法の特例/委員會開き協議
10721	南鮮版	1937-09-05	11단	朝鮮商議緊急總會
10722	南鮮版	1937-09-05	11단	鮮魚商に營業停止
10723	南鮮版	1937-09-05	11단	喧嘩から殺人
10724	南鮮版	1937-09-07	01단	身代りの千人針/彈丸雨飛の中を裸體で奮戰/走りつゝ平氣で吹く突擊ラッパ/戰線插話/車中座談會

일련번호	판명	간행일	단수	기사명
10725	南鮮版	1937-09-07	02단	熱血沸る愛國日 戶每に日の丸、各地で祈願祭 朝鮮神宮の參拜者五萬/愛國機忠北號 下旬に感謝飛行/鎭海に國婦 十三日ごろ結成/相撲純益から獻金/統營の獻金/空壜を賣って/釜山府民へ慰問金
10726	南鮮版	1937-09-07	02단	産業/高物價の影響で荷馬車が大持て トラックに對抗/關門市況（六日）/養鷄飼料相場（關門船車乘値）/季節の靑果市況/關門糖粉相場/關門諸物價（六日正午調）
10727	南鮮版	1937-09-07	04단	血染の國旗
10728	南鮮版	1937-09-07	05단	財界を擧げて政府の方針支援/時局硏究會（假稱）を組織
10729	南鮮版	1937-09-07	06단	御庄少尉ら七勇士歸る/兒童お見舞
10730	南鮮版	1937-09-07	07단	明らかに公海 朝風丸事件は外交々捗で筒井咸北警察部長談/有無を言はさず二隻で拿捕/五隻抑留
10731	南鮮版	1937-09-07	08단	産金報國を望む/新制令公布に當り大野政務總監語る
10732	南鮮版	1937-09-07	08단	神宮體育大會の用語、國語に統一/其他も決り次第發表
10733	南鮮版	1937-09-07	08단	櫻ヶ丘校開校
10734	南鮮版	1937-09-07	09단	京城家畜大市
10735	南鮮版	1937-09-07	09단	琺瑯鐵器八月中の輸出數量
10736	南鮮版	1937-09-07	09단	資金調整法/朝鮮にも施行
10737	南鮮版	1937-09-07	10단	釜山港貿易額
10738	南鮮版	1937-09-07	10단	釜山中央市場/八月の賣上高
10739	南鮮版	1937-09-07	10단	防空協會設け空の知識を普及/資金は道邑面支出
10740	南鮮版	1937-09-07	10단	總督府辭令
10741	南鮮版	1937-09-07	10단	京城三市場增改築
10742	南鮮版	1937-09-07	10단	「工業の釜山」配布
10743	南鮮版	1937-09-07	11단	殖銀異動
10744	南鮮版	1937-09-07	11단	商工就業員を表彰
10745	南鮮版	1937-09-07	11단	慶南各種試驗
10746	南鮮版	1937-09-07	11단	少年、大人を毆殺
10747	南鮮版	1937-09-07	11단	運動競技界(峨嵋軍優勝/ア式蹴球大會)
10748	南鮮版	1937-09-08	01단	全南基督教系四校に廢校の鐵槌下る 愛國日祈願祭に參拜拒否 反國家的の振舞ひ/參拜せんとした一部職員生徒を阻止 忽ち拔本塞源の處斷/同系學校への影響樂觀/生徒、兒童は公立學校へ編入 自覺ある 職員は道で採用/適宜の處置 監原學務局長談/廢校を却って喜ぶ 今後は大っぴらに參拜できる可憐なスピア女學校生
10749	南鮮版	1937-09-08	01단	敵陣地を攻擊する○○部隊

일련번호	판명	간행일	단수	기사명
10750	南鮮版	1937-09-08	04단	愛國日の大邱
10751	南鮮版	1937-09-08	04단	産業/夏鮪の漁場發見　鮪鑵詰界に朗報/關門市況（七日）/養鷄飼料相場（關門船車乘値）/季節の靑果市況/關門糖粉相場/關門諸物價（七日正午調）
10752	南鮮版	1937-09-08	05단	百萬の援軍/得た以上の心强さ/鈴木部隊長、後援を感謝
10753	南鮮版	1937-09-08	06단	赤誠の獻金
10754	南鮮版	1937-09-08	07단	愛國子女團/大邱に二つ生る
10755	南鮮版	1937-09-08	07단	愛國日畵報
10756	南鮮版	1937-09-08	07단	見よ在滿朝鮮人の意氣　現金、新穀、高射砲の資金獻納　歸順の匪賊も赤心吐露/志願兵申出で五百名に達す　沸る半島同胞の熱血/事變寫眞展　釜山で盛況/京畿軍用獻納會發起人會
10757	南鮮版	1937-09-08	08단	拿捕された漁船　旣に卅隻超ゆ　果然一船の憤激昂る/嚴重交涉中照風丸淸津入港/慶北漁船二隻拿捕さる/淸津商議打電
10758	南鮮版	1937-09-08	10단	國婦釜山支部/來月ごろ發會式
10759	南鮮版	1937-09-08	10단	釜山府から慰問文
10760	南鮮版	1937-09-08	10단	堀川中佐講演
10761	南鮮版	1937-09-08	10단	慶南巡廻映畵會
10762	南鮮版	1937-09-08	11단	京畿道産業調査委員會
10763	南鮮版	1937-09-08	11단	朴相駿氏講演
10764	南鮮版	1937-09-08	11단	三角伍長戰死
10765	南鮮版	1937-09-08	11단	慶南竹林手入デー
10766	南鮮版	1937-09-08	11단	釜山公說市場/七月の賣上高
10767	南鮮版	1937-09-08	11단	夫の毒殺企つ/まだ十四の若妻
10768	南鮮版	1937-09-09	01단	新興、紀全兩校も遂に自發的閉校　全北道廳申出を受理/全南四校生徒收容方法決定す　十八日に編入試驗/生徒、父兄動搖なし　當局を信賴/全南道の處置　總督府も承認
10769	南鮮版	1937-09-09	01단	正に戰鬪の好季　近く快報送らん　鯉登部隊長より通信/「國家のため」戰死した前野曹長嚴父語る/軍用機獻納の記念バッヂ　釜山府率先して贊同/決死隊組織し糧食運搬申出づ　北支の半島同胞活躍
10770	南鮮版	1937-09-09	04단	南鮮ゴムの上棟式
10771	南鮮版	1937-09-09	04단	軍歌"朝鮮版"「半島大衆を沸き立たせたい」　三浦永恩君の圓盤報國/北支主要都市で見本市開く　朝鮮との引取要望
10772	南鮮版	1937-09-09	04단	支那民家の屋上から

일련번호	판명	간행일	단수	기사명
10773	南鮮版	1937-09-09	05단	産業/間作綠肥の效力　栽桑に金肥を節約/關門市況（八日）/養鷄飼料相場（關門船車乘値）/季節の靑果市況/關門糖粉相場/關門諸物價（八日正午調）
10774	南鮮版	1937-09-09	07단	軍務公用者への慶祝電報　十一日から/慶南各府郡の時局施設强化
10775	南鮮版	1937-09-09	08단	愛國機平南號へ五千圓出す/平壤鐘紡從業員
10776	南鮮版	1937-09-09	08단	釜山か淸津か/共同油脂新工場繞り負けず劣らず誘致運動
10777	南鮮版	1937-09-09	09단	釜山火葬場を改築
10778	南鮮版	1937-09-09	09단	七人組竊盜團捕る
10779	南鮮版	1937-09-09	09단	斷乎使命に邁進　近藤照風丸船長決意語り　淸津より沿海州へ/朝風丸乘組員
10780	南鮮版	1937-09-09	11단	國境警備第二陣/五萬圓で整備/結氷期には完成
10781	南鮮版	1937-09-09	11단	僞鑛砂事件/公判に回付
10782	南鮮版	1937-09-09	11단	赤痢豫防內服藥を配給
10783	南鮮版	1937-09-09	11단	運動競技界(神宮體育大會/慶南豫選日程)
10784	南鮮版	1937-09-10	01단	「一心奉公」/釜山第六校々庭に獻金の空瓶七千本で愛國の心を描く
10785	南鮮版	1937-09-10	01단	追加豫算通過す　本年度總額四億二千萬圓　全く新記録を作る/臨時資金調整法は個人を統制せぬ　山地本府理財課長談/夕陽を背負ひて行水はだ寒し　良郷で重傷の和田少尉　嚴父へ床しい俳句通信
10786	南鮮版	1937-09-10	04단	産業/農山村に福音　簡易パルプの特許權を解放　公共團體には無償/關門市況（九日）/養鷄飼料相場（關門船車乘値）/季節の靑果市況/關門糖粉相場/關門諸物價（九日正午調）
10787	南鮮版	1937-09-10	04단	出版統制を斷行/質實剛健の氣風高む
10788	南鮮版	1937-09-10	04단	名譽の戰死者
10789	南鮮版	1937-09-10	04단	釜山藥劑師會奉仕
10790	南鮮版	1937-09-10	05단	白衣の勇士を訪ふ　瀕死の愛馬抱いて男泣き　田中香上等兵【平壤出身】/斷崖より墜つ　木浦出身　中川一等兵/曾根原准尉戰傷/三角伍長法要/故國本上等兵は統營邑民葬/慰問袋の山慶南から北支へ/愛國金品募集/朝鮮婦人の慰問品/月精寺獻金/皇軍慰問野球の利益金獻納/開商行商隊歸る/慶南時局講演會/釜山で北支貿易座談會
10791	南鮮版	1937-09-10	07단	教會に飜る日の丸　國防獻金や神社參拜も率先　基督教日本化運動起る/米國總領事へ發校問題を陳情　全南四校代表上城す
10792	南鮮版	1937-09-10	09단	事變映畵の會　十一、十二兩日三回づつ京城府民館で開く/乃木神社大祭　武運長久を祈願

일련번호	판명	간행일	단수	기사명
10793	南鮮版	1937-09-10	09단	統營道立病院/近く設置を陳情
10794	南鮮版	1937-09-10	10단	神宮體育大會忠南豫選
10795	南鮮版	1937-09-10	10단	父無情、母非情/泣く安子ちゃん釜山まで來て置去り
10796	南鮮版	1937-09-10	10단	戰地再會の約束ぜひ共果したい/故小川少尉の兄嘆願
10797	南鮮版	1937-09-10	11단	公海における我漁業權阻止
10798	南鮮版	1937-09-10	11단	拿捕判明漁船
10799	南鮮版	1937-09-10	11단	新設、增設される製錬工場
10800	南鮮版	1937-09-11	01단	*長期試煉を覺悟　聖旨に奉對せよ　　南總督・諭告を發し二千萬大衆の協力を促す/諭告*
10801	南鮮版	1937-09-11	01단	*高射機關銃５１台　赤誠こめて獻納　　光州神社で操射行ふ/陸海軍機を二台づつ獻納 "京畿號"期成會で決定*
10802	南鮮版	1937-09-11	01단	良鄕戰線・○○部隊の突擊
10803	南鮮版	1937-09-11	04단	*產業/竹利用の新生面 秋田で竹繩を完成/肉牛は高値　肉豚は峠か/關門市況（十日）/養鷄飼料相場（關門船車乘値）/季節の靑果市況/關門糖粉相場/關門諸物價（十日正午調）*
10804	南鮮版	1937-09-11	04단	陽德松茸全滅の形
10805	南鮮版	1937-09-11	04단	*事變トーキーニュース映畵　釜山劇場にて/故岡部、松尾兩氏の活躍　京城劇場で上演*
10806	南鮮版	1937-09-11	04단	*全鮮掩ふ萬歲の聲　秋季皇靈祭を生業報國日　神前のマイク總督の發聲に擧げて唱和/慰問使派遣 鄕軍大邱支部*
10807	南鮮版	1937-09-11	05단	勇士の瞼うるむ/心盡しのお見舞
10808	南鮮版	1937-09-11	07단	*病床の勇士を總督見舞ふ　戰況を具さに聽取/"全日本號"を有效に使ひたい　增野少將釜山で語る/唐山と大沽に鮮農の樂土建設 東拓代行して具體化/銃後の花*
10809	南鮮版	1937-09-11	08단	山を築く慰問袋
10810	南鮮版	1937-09-11	10단	貨物制限緩和
10811	南鮮版	1937-09-11	10단	南鮮海上大荒れ/釜山測候所特報發す
10812	南鮮版	1937-09-11	10단	斥候の使命果し/報告刹那に敵彈/戰死した重松一等兵
10813	南鮮版	1937-09-11	11단	屎尿處分場設計年內に完了
10814	南鮮版	1937-09-11	11단	野犬墓地を荒す
10815	南鮮版	1937-09-11	11단	二人組强盜/建築業者を襲ふ
10816	南鮮版	1937-09-11	11단	コレラ豫防/二萬人に注射
10817	南鮮版	1937-09-11	11단	古蹟愛護デー
10818	南鮮版	1937-09-12	01단	背嚢に父母の寫眞/忠孝二道全し/「祖國に盡すは男子の譽れ」/諭し守り戰線馳驅
10819	南鮮版	1937-09-12	01단	惡路を修理する南部部隊の勇士達

일련번호	판명	간행일	단수	기사명
10820	南鮮版	1937-09-12	01단	朝鮮神宮で獻詠歌募集
10821	南鮮版	1937-09-12	01단	教科書を通じて少國民に呼びかく明春より事變を輯録/遺家族救護の活動に着手資金も殆んど集る/授業料免除慶南で實施/戰死傷者弔慰總督、總監夫人/慰問金殺到/慰問方法協議/感謝電を寄す○○部隊長が京城府へ/獻金運動大會皇軍の武運長久祈りつゝ京城で花かに開く
10822	南鮮版	1937-09-12	04단	愛國機忠南號資金
10823	南鮮版	1937-09-12	04단	産業/賣溢りが祟り 餘って困る小麥　ボツボツ品傷み散見/關門市況(十一日)/季節の青果市況/養鷄飼料相場(關門船車乘値)/關門糖粉相場/關門諸物價(十一日正午調)
10824	南鮮版	1937-09-12	05단	總督府辭令
10825	南鮮版	1937-09-12	05단	山頂打樹つ日章旗/道なく食なく決死の進擊/敵を殲滅羽鳥部隊
10826	南鮮版	1937-09-12	06단	野球で鳴らした岡山君右腕切斷/玉口鎭で惜しや戰傷
10827	南鮮版	1937-09-12	07단	タクシー値上 十五日より實施/高警察部長談
10828	南鮮版	1937-09-12	08단	慶南道辭令
10829	南鮮版	1937-09-12	08단	風浪高し二百廿日 十二日は天候回復しよう　慶南の稻作良好、棉作大增收/晝便またも缺航　さすがに金剛、興安兩船夜行便に氣を吐く
10830	南鮮版	1937-09-12	09단	故岡部、松尾兩氏/脚光浴びて再生/簑茂氏一座/京城劇場で力演
10831	南鮮版	1937-09-12	11단	全南に感化院
10832	南鮮版	1937-09-12	11단	釜山府申請起債四割不許可
10833	南鮮版	1937-09-12	11단	山地理財課長東上
10834	南鮮版	1937-09-12	11단	慶南秋繭豫想
10835	南鮮版	1937-09-12	11단	辻强盜捕る
10836	南鮮版	1937-09-14	01단	白衣の勇士を見舞ふ南總督(十日○○陸軍病院にて)
10837	南鮮版	1937-09-14	01단	豪雨の中で露營 相變らず野菜が缺乏　皇軍の辛苦語る高木少佐/東京大會より戰地で手柄を馬術選手萩原中尉談/釜山から慰問團派遣　近く府會へ附議/河野伍長戰死/晋州で追悼會/二百圓獻金/今は亡し大生大佐/豪快な奮戰振り日に浮ぶやうだ 尾高將軍思出を語る/空への熱意反映　軍用機獻納の記念バッヂ　釜山各校で人氣博す/滿員の盛況　釜山の事變ニュース大會/公用者家族へ家賃値下げ "軍人の家"の家主さん/暴利は嚴罰　物價調査報告出揃ふ/天津方面の物資 案外拂底してをらぬ 蔭山氏の調査第一信
10838	南鮮版	1937-09-14	02단	金少佐から兩氏へ返電
10839	南鮮版	1937-09-14	02단	岡部未亡人へ寄す哀悼の心/戰傷の金少佐より
10840	南鮮版	1937-09-14	03단	北鮮に鰯景氣/連日大漁々々で沸き立つ/漁群探檢機も活躍

일련번호	판명	간행일	단수	기사명
10841	南鮮版	1937-09-14	04단	眞綿一萬枚を送付
10842	南鮮版	1937-09-14	04단	釜山初等校長會議
10843	南鮮版	1937-09-14	04단	九龍浦漁組私設電話線架設
10844	南鮮版	1937-09-14	05단	米穀資金貸出は八千萬圓位か/豊作豫想に需要激增
10845	南鮮版	1937-09-14	06단	慶南資源興業委員會の日程
10846	南鮮版	1937-09-14	06단	*産業/猛颱風の襲來で島根鳥取廿世紀は全滅　葡萄、柿にも大被害/關門市況(十三日)/養鷄飼料相場(關門船車乘値)/季節の靑果市況/關門糖粉相場/關門諸物價(十三日正午調)*
10847	南鮮版	1937-09-14	08단	三中井釜山支店/新築落成す
10848	南鮮版	1937-09-14	09단	囚人にも時局認識徹底
10849	南鮮版	1937-09-14	09단	遞信辭令
10850	南鮮版	1937-09-14	09단	釜山人絹工業發展
10851	南鮮版	1937-09-14	09단	贈收賄事件公判へ
10852	南鮮版	1937-09-14	10단	統營水産學校の昇格を促進
10853	南鮮版	1937-09-14	10단	不人情へ死の抗議
10854	南鮮版	1937-09-14	10단	他殺嬰兒か
10855	南鮮版	1937-09-14	10단	妓生方へ强盜
10856	南鮮版	1937-09-14	11단	運動競技界(慶南卓球、蹴球豫選)
10857	南鮮版	1937-09-15	01단	戰時體制下の半島/衆議院皇軍慰問團/羽田武嗣郞/記
10858	南鮮版	1937-09-15	01단	*今度歸る重傷者へ特に溫い慰問お願ひ　人情部隊長遙に傳言/全校擧げて愛國運動　勇し馬山高女/基督教會聯合し武運長久を祈禱　內鮮とも廿二日夕釜山で/お小遣を獻金/銃後美談放送/生業報國日　慶南の行事決る/皺のある紙も大事にして使へ　消耗品節約を徹底/海員靑年聯合會も獻金*
10859	南鮮版	1937-09-15	03단	皇軍の命名した「登美多橋」の警戒
10860	南鮮版	1937-09-15	04단	無料健康相談
10861	南鮮版	1937-09-15	05단	*産業/軍馬飼料　大麥を奬勵　農業報國の一方面/關門市況(十四日)/養鷄飼料相場(關門船車乘値)/季節の靑果市況/關門糖粉相場/關門諸物價(十四日正午調)*
10862	南鮮版	1937-09-15	06단	千三百萬圓の買物/大楡洞金山、日鑛の手に歸す/殘る外人經營は雲山だけ
10863	南鮮版	1937-09-15	06단	三井人絹工場或ひは不許可?/資金調整法の影響
10864	南鮮版	1937-09-15	07단	狩獵願ひ激減
10865	南鮮版	1937-09-15	07단	每日正午だけサイレンを使用/防空實施區域內にて
10866	南鮮版	1937-09-15	08단	道廳にも社會課/先づ京畿、慶南、平南に
10867	南鮮版	1937-09-15	08단	大空へ奇す熱意

일련번호	판명	간행일	단수	기사명
10868	南鮮版	1937-09-15	09단	寂れる京城の花街
10869	南鮮版	1937-09-15	09단	農作物二割減 鬱陵島の颱風禍/盈德郡の被害
10870	南鮮版	1937-09-15	10단	京城秋競馬/獻金や軍馬獻納を行ふ
10871	南鮮版	1937-09-15	10단	臨時船舶管理法/十月より實施/岡田海軍課長歸任談
10872	南鮮版	1937-09-15	10단	開城の煙草祭
10873	南鮮版	1937-09-15	10단	一萬人密航きせ八萬圓稼ぐ/十六犯の親玉連檢擧
10874	南鮮版	1937-09-15	11단	タクシー料金値上げ陳情/釜山の業者代表
10875	南鮮版	1937-09-15	11단	機船底曳網はソ聯警戒要す/殖産局長の報告
10876	南鮮版	1937-09-15	11단	釜山發着貨物減る
10877	南鮮版	1937-09-15	11단	銀行檢査官を置く
10878	南鮮版	1937-09-16	01단	敵陣砲擊中の細川部隊
10879	南鮮版	1937-09-16	01단	慰問袋に是非手紙 何回も送って欲しい 勇士は待兼ねてゐる/中尾大尉の戰地實情視察談/卑怯な敵の詐術 「オイ步哨」と拙い日本語で呼びかけ巡察裝ひ近づくや不意打ち 鈴木部隊長の陣中通信/靑龍刀揮ふ敵兵 一擊の下に倒す 大木少尉母堂へ報告/白布に血書 「祈武運長久」感激の半島靑年/“慶南號”の資金募集好成績/高射 機關銃三基 高陽郡から獻納/軍用機資金 京城支局へ寄託/還る白衣の勇士 廿六名兩地原隊へ/全鮮農山漁民 報國宣誓式 廿三日に執行/參拜者激增 龍頭山神社へ/戰死と聞いたら酒、肴で祝って呉れ 健氣の覺悟、森上上等兵/將兵の感謝文 釜山府民へ續々/森本少尉戰死 奮鬪中の通信が來た直後
10880	南鮮版	1937-09-16	04단	金東碩氏當選
10881	南鮮版	1937-09-16	05단	産業/養鷄飼料 日先き一段高/運賃吊騰と端境で(朝鮮松茸)/關門市況(十五日)/季節の靑果市況/養鷄飼料相場(關門船車乘値)/關門糖粉相場/關門諸物價(十五日正午調)
10882	南鮮版	1937-09-16	05단	獻金の旋風/數々の美談織まぜて
10883	南鮮版	1937-09-16	06단	鴨綠江水電許可
10884	南鮮版	1937-09-16	07단	産金令早分り/地金の買入、賣却/無免許は罰金/石田鑛山課長語る
10885	南鮮版	1937-09-16	07단	大豊作の全南棉/收穫豫想七千萬斤
10886	南鮮版	1937-09-16	09단	增稅を避けて自然增收に待つ/水田司計課長歸任談
10887	南鮮版	1937-09-16	10단	保護事業功績者
10888	南鮮版	1937-09-16	10단	中等學校、靑訓/聯合演習/十八日京城で
10889	南鮮版	1937-09-16	10단	移出牛檢疫所/十月から浦項に
10890	南鮮版	1937-09-16	11단	忙しい釜山職紹

일련번호	판명	간행일	단수	기사명
10891	南鮮版	1937-09-16	11단	郵貯增加す
10892	南鮮版	1937-09-16	11단	暴れタクシー/乘客二名重傷
10893	南鮮版	1937-09-16	11단	慶北の暴風禍
10894	南鮮版	1937-09-17	01단	高粱を縫ひ突擊する森本部隊
10895	南鮮版	1937-09-17	01단	光榮の金釵會
10896	南鮮版	1937-09-17	01단	每月六日を愛國日　長期にわたる事變に備へ學園の非常時訓練/灼熱する童心　高射機關銃“釜山學童號”　君も私も每月醵金して獻納/愛國機“慶北號”陸、海軍へ四台　基金廿三萬圓を超ゆ
10897	南鮮版	1937-09-17	03단	事變映畵公開/蔚山で慰靈祭/大邱で講演會/戰死者の面影
10898	南鮮版	1937-09-17	04단	産業/注目の澱粉合戰　北海道の馬鈴薯、九州の甘藷　何れも大增産豫想(鷄卵暴騰)/關門市況（十六日）/養鷄飼料相場（關門船車乘值）/季節の靑果市況/關門糖粉相場/關門諸物價（十六日正午調）
10899	南鮮版	1937-09-17	04단	砂防事務協議
10900	南鮮版	1937-09-17	04단	車中彈む功名談　分捕った支那馬に乘り突擊　一度に五十四人を捕虜　勇士傷つき猶軒昂/支那人引揚げすでに四割五分　【總督府外務部調査】/國威宣揚祈願 慶南の式次第
10901	南鮮版	1937-09-17	05단	皇軍激励・南総督の揮亮
10902	南鮮版	1937-09-17	05단	軍用機バッチ三千個飛ぶ/日每昂る空への關心
10903	南鮮版	1937-09-17	07단	豪雨を冒して南苑へ爪腹行進　中村上等兵の通信/多大の感銘國民會講演會/軍國の母/尾崎特務兵病歿/藝妓武運長久祈願/時局認識涵養に大紙を掲出 釜山女高普
10904	南鮮版	1937-09-17	08단	ソ聯、朝風丸を釋放に決す/外務省より正式入電
10905	南鮮版	1937-09-17	08단	朝鮮は初めて/井部新龍山憲兵分隊長着任
10906	南鮮版	1937-09-17	09단	新興、紀全兩校の生徒他校へ收容　全北道、具體案を發表/新興引受けに十萬圓提供 印昌桓參議
10907	南鮮版	1937-09-17	10단	酌婦を絞殺/自殺し損ねて自首/結婚できぬのを悲觀して
10908	南鮮版	1937-09-17	10단	總督府辭令
10909	南鮮版	1937-09-17	10단	釜山中央市場小賣物價保合
10910	南鮮版	1937-09-17	11단	慶南棉豊作
10911	南鮮版	1937-09-17	11단	穀物大會明秋まで延期
10912	南鮮版	1937-09-17	11단	開城署員殉職
10913	南鮮版	1937-09-17	11단	昌慶丸大延着
10914	南鮮版	1937-09-17	11단	京城の揚花料減る
10915	南鮮版	1937-09-18	01단	塹壕內で食事をする小林部隊

일련번호	판명	간행일	단수	기사명
10916	南鮮版	1937-09-18	01단	東洋の制空權　我等の手に握れ本社の軍用機獻納運動に炸裂！半島同胞の祖國愛/炎天下に街頭宣傳 朝鮮人地帶に呼びかけ咸興天理敎一如會より寄託/時局認識■現れ　三募金委員の感激/廳召者子弟に日の丸の胸章/慶北號獻納式　下旬に擧行/愛國機忠南號資金/防彈チョッキ考案/釜山の菓子と馬山の酒北支へ滿載してちかく船出/敵の眞只中へ愛馬を驅り奮戰　戰死した森上上等兵の手紙/常時管制中の燈火管制程度/その一、一般燈火/その二、特殊燈火火焰/“お祭騷ぎ”法度 近づく秋祭りに通牒/歐米は槪して日本へ好感　信原全南內務部長歸朝談
10917	南鮮版	1937-09-18	04단	臨時資金調整法/廿日から實施/特殊事情を考慮/運用は寬大に四人絹工場許可せん
10918	南鮮版	1937-09-18	05단	產業/朝鮮ものに强味　滿洲との大豆合戰/關門市況（十七日）/養鷄飼料相場（關門船車乘値）/季節の靑果市況/關門糖粉相場/關門諸物價（十七日正午調）
10919	南鮮版	1937-09-18	05단	佐藤外務書記官 拿捕事件調査/慶北機船拿捕さる
10920	南鮮版	1937-09-18	06단	鎭海灣へ辛潮
10921	南鮮版	1937-09-18	07단	總督官邸設計成る
10922	南鮮版	1937-09-18	07단	商船神津丸/大阪、鎭南/浦線に就港
10923	南鮮版	1937-09-18	07단	釜山各郵便局所の事務增加
10924	南鮮版	1937-09-18	08단	釜山鎭署の假廳舍
10925	南鮮版	1937-09-18	08단	案內役は世の情/兩親を失った八歲の朝鮮娘/東京から姉を慕って獨り旅
10926	南鮮版	1937-09-18	10단	二千二百萬人【昨年末人口】
10927	南鮮版	1937-09-18	10단	始めて汽車に乘って儒林代表京城へ獻金の旅
10928	南鮮版	1937-09-18	11단	鎭海の緬羊好成績
10929	南鮮版	1937-09-18	11단	運動競技界(神宮體育大會の全北豫選會、統營運動場月末頃竣工)
10930	南鮮版	1937-09-18	11단	二少女火傷
10931	南鮮版	1937-09-18	11단	移出牛斃死
10932	南鮮版	1937-09-18	11단	總督府辭令（十七日）
10933	南鮮版	1937-09-19	01단	上海で半島同胞活躍　看護婦や運転手　軍當局から多數表彰勞力奉仕の九名譽れの戰傷/軍國の秋・感激新た 滿洲事變記念日迎へ南總督・時艱克服を訓示(平壤、釜山)/時局座談會繼續的に開く/報告演設會　京城府會慰問使/三商議會頭 飛行機で北支へ/蔬菜の栽培を內鮮人の手で 慶北で實行
10934	南鮮版	1937-09-19	01단	平漢線南方前進の○○部隊騎兵斥候
10935	南鮮版	1937-09-19	02단	財界人七十五氏/手を携へて起つ/時局硏究會結成さる

일련번호	판명	간행일	단수	기사명
10936	南鮮版	1937-09-19	04단	共生會館で講演會
10937	南鮮版	1937-09-19	04단	産業/積出し因難から北海色豆産地安內地高　品ガスレで喘ぐ關門/關門市況(十八日)/養鷄飼料相場(關門船車乘値)/季節の靑果市況/關門糖粉相場/關門諸物價(十八日正午調)
10938	南鮮版	1937-09-19	05단	若き精鋭相搏つ/京城中等生、靑訓の聯合演習/北支戰野宛らの勇しさ
10939	南鮮版	1937-09-19	05단	金屬ニッケル近く市場へ/忠南で盛んに採掘
10940	南鮮版	1937-09-19	05단	○○驛歸還の戰傷病者
10941	南鮮版	1937-09-19	07단	舊盆を警戒
10942	南鮮版	1937-09-19	07단	銃後に咲く
10943	南鮮版	1937-09-19	07단	將來北支へも移民を送りたい/二宮鮮滿拓殖總裁談
10944	南鮮版	1937-09-19	08단	遞信局に航空課/同時に人事異動發令
10945	南鮮版	1937-09-19	08단	歸朝した信原全南內務部長
10946	南鮮版	1937-09-19	09단	總督府辭令
10947	南鮮版	1937-09-19	10단	適材適所/新課長小川氏
10948	南鮮版	1937-09-19	10단	鐵道局旗制定
10949	南鮮版	1937-09-19	10단	プロペラ船轉覆/十餘名溺死/鴨綠江遡航中の珍事
10950	南鮮版	1937-09-19	10단	幹線航路に新船を配す/朝郵十月から
10951	南鮮版	1937-09-19	11단	總監視察日程
10952	南鮮版	1937-09-19	11단	賣行き激增/釜山公設市場
10953	南鮮版	1937-09-19	11단	鑛山熟練工/明年度より養成
10954	南鮮版	1937-09-19	11단	人妻殺しに死刑を求む
10955	南鮮版	1937-09-21	01단	釜山の學童一萬　少年團設け結束　非常時局の訓練完璧/戰地のランプの下　亡兒の冥福を祈る　戰死した小川大尉の手紙/劍道二段の猛者「花々しい働きを信じます」岡本少尉未亡人談/生還期せず　戰傷松下少尉夫人語る/天晴れ戰功 渡邊准尉戰死/戰傷入報の日　男兒安産　森山少佐の留守宅/家族の治療費減免方法決定
10956	南鮮版	1937-09-21	01단	觀戰中の南、小磯兩將軍
10957	南鮮版	1937-09-21	03단	産業/各地とも豐漁　賣行も案外良好(小麥の新品種)/關門市況(二十日)/季節の靑果市況/養鷄飼料相場(關門船車乘値)/關門糖粉相場/關門諸物價(二十日正午調)
10958	南鮮版	1937-09-21	05단	獻金奔騰す/遠からず二百萬圓へ

일련번호	판명	간행일	단수	기사명
10959	南鮮版	1937-09-21	05단	“鄕關不出”を一擲 安東儒林の獻金が導火線 朝鮮神宮に祈る支那膺懲/公用中の官公吏 定期昇給も行ふ 萬事勤務中と同様/傷病兵を慰問 金釵會員一同/鐵窓・時局に覺む 四人の獻金相次ぐ/篤行美談募集
10960	南鮮版	1937-09-21	07단	松澤外務部長渡滿
10961	南鮮版	1937-09-21	08단	專賣局辭令
10962	南鮮版	1937-09-21	08단	綠旗內科醫院
10963	南鮮版	1937-09-21	08단	鮮銀と殖銀協定成立
10964	南鮮版	1937-09-21	08단	歐米も支那に愛想づかし/丹下資源課長歸朝談
10965	南鮮版	1937-09-21	09단	公務に不眠不休/疲れ果てゝ重傷/釜山水上署の國司氏
10966	南鮮版	1937-09-21	09단	總監光州視察
10967	南鮮版	1937-09-21	10단	濕式が好成績/三菱選鑛に關し高濱技師談
10968	南鮮版	1937-09-21	10단	肥料配給打合會
10969	南鮮版	1937-09-21	10단	「北釜山署」新設署名決る/北釜山署の工事津村組落札
10970	南鮮版	1937-09-21	11단	福田日鐵重役/殖産局長と協議
10971	南鮮版	1937-09-21	11단	運動競技界(慶南陸上一等記錄)
10972	南鮮版	1937-09-21	11단	講道館段外者試合
10973	南鮮版	1937-09-21	11단	野口三郎氏
10974	南鮮版	1937-09-22	01단	肉彈十五勇士を指揮する貴公子 更に加ふ半島の誇り/北支に金少佐 上海に李少尉/名門に武勳香る上海戰の花と讚へ街の人氣集中射擊/立派に働き死の凱旋期す 首途に示した決意 斎藤少尉談/應召者の特志/香奠を獻金/「朝日の寫眞を送ってやったが」 上海で戰死 川合一等兵
10975	南鮮版	1937-09-22	01단	秋晴れに肅々進軍
10976	南鮮版	1937-09-22	04단	晋州隔難病舍落成
10977	南鮮版	1937-09-22	04단	空前の大豐作豫想/米穀融資二千萬圓では不足/更に千萬圓を交涉
10978	南鮮版	1937-09-22	04단	産業/九州小麥盛返す 製粉にも一陽來復/日向の溫州/關門市況(二十一日)/養鷄飼料相場(關門船車乘値)/季節の靑果市況/關門糖粉相場關門諸物價(廿一日正午調)
10979	南鮮版	1937-09-22	05단	舊盆に英氣を養ふ
10980	南鮮版	1937-09-22	05단	紅蔘の買受け/本年も物産へ
10981	南鮮版	1937-09-22	06단	蔚山校卅周年記念式
10982	南鮮版	1937-09-22	07단	極貧者へ同情金
10983	南鮮版	1937-09-22	08단	應召兵も五圓
10984	南鮮版	1937-09-22	08단	慰問袋のお禮を軍用機資金へ/二女學生本社へ寄託

일련번호	판명	간행일	단수	기사명
10985	南鮮版	1937-09-22	09단	所藏米拂下げ正式に決定/局長會議に報告さる
10986	南鮮版	1937-09-22	09단	十四年振りに命からがら歸鄕/雲南省在住の朝鮮人
10987	南鮮版	1937-09-22	09단	柔道の覇者
10988	南鮮版	1937-09-22	10단	婦人のため講演會
10989	南鮮版	1937-09-22	10단	開城各校の運動會
10990	南鮮版	1937-09-22	11단	淺野、掛場兩氏揃って榮轉
10991	南鮮版	1937-09-22	11단	商品見本市/釜山で蓋明け
10992	南鮮版	1937-09-22	11단	コレラ防止/釜山港外で檢疫
10993	南鮮版	1937-09-23	01단	御諭旨奉戴式/廿四日京城で
10994	南鮮版	1937-09-23	01단	*ハリキリ若武者 朝靄衝いて進發　旗の海、萬歲の努濤/戰死は武人の譽れ 部下の御遺族にも申譯が立つ 遺兒を抱き田中大尉未亡人談/子供への繪葉書 今は刑見　大谷中尉未亡人語る/早く詳報を森脇准尉の未亡人語る/今春に結婚 戰死の吉部准尉/杉江伍長戰傷/私立學校にも軍事教練を實施 軍へ將校の配屬要求/釜山へ感謝狀　○○部隊長より/固城國婦の發會式/奇特な雜貨商 應召者家族には煙草の慰問*
10995	南鮮版	1937-09-23	02단	總督府辭令
10996	南鮮版	1937-09-23	04단	釜山で時局映畵會
10997	南鮮版	1937-09-23	04단	「私どもの眞心を」とお小遣ひ集めて寄託/京師附屬校兒童達の感激
10998	南鮮版	1937-09-23	04단	*本社提唱の軍用機獻納運動/十錢袋の申込み全鮮通じ既に十萬　意氣を示すバッヂの氾濫/三千圓寄託「釜山號」資金/初等校兒童に非常訓練 ちかく各道へ通牒*
10999	南鮮版	1937-09-23	05단	*産業/共販石灰室素 各地氣乘薄　申込み激減の模様/關門市況(二十二日)/養鷄飼料相場(關門船車乘値)/季節の青果市況/關門糖粉相場/關門諸物價(廿二日正午調)*
11000	南鮮版	1937-09-23	08단	無電局長異動
11001	南鮮版	1937-09-23	08단	順天の梅山兩校/自發的廢校か/南長老系學校/全南に跡を絶つ
11002	南鮮版	1937-09-23	08단	鐵道局名遊擊手/岡本君戰傷死/「近く快癒」の消息空し
11003	南鮮版	1937-09-23	09단	僞證事件判決
11004	南鮮版	1937-09-23	09단	流言者を送局
11005	南鮮版	1937-09-23	10단	協同油脂工場/釜山に內定/合電、動力を低額配給
11006	南鮮版	1937-09-23	10단	一新女高普の學級增加
11007	南鮮版	1937-09-23	11단	神宮大會忠南豫選
11008	南鮮版	1937-09-23	11단	京城府京畿道代表卓球選手

일련번호	판명	간행일	단수	기사명
11009	南鮮版	1937-09-24	01단	皇后陛下の御歌御内帑金を拜受/銃後の事業に最善の努力/南總督謹んで語る
11010	南鮮版	1937-09-24	01단	武勳輝く名門
11011	南鮮版	1937-09-24	01단	長期對策に留意せよ (總讀訓示)/日の丸の旗の下 生業報國を誓ふ 總督の萬歲・全鮮唱和 確立す農山漁村戰時體制/各地で愛國勤勞 勞銀の一部を獻金す(釜山、大邱、光州、鎭海、晋州)/赤誠の結晶 軍愛國部へ續々/相次ぐ拳銃獻納
11012	南鮮版	1937-09-24	03단	「朝鮮米穀號」三機を陸海軍へ 穀物協會より獻納/鎭海灣要塞司令部慰問
11013	南鮮版	1937-09-24	04단	晋州の時局講演會
11014	南鮮版	1937-09-24	05단	征け征け勇士/○○驛頭の熱狂
11015	南鮮版	1937-09-24	05단	百圓獻金悲願成就/木登り土運び汗の結晶/胸打つ半島學童の手紙
11016	南鮮版	1937-09-24	08단	釜山の基督敎會 一齊に武運祈禱 內鮮共に銃後の熱誠/林一等水兵の追悼法要/宮原伍長法要/愛國機「慶北號」首途を祝福 獻納式歌當選/北支直通航路 釜山寄港を運動
11017	南鮮版	1937-09-24	08단	咸南長津郡一帶/千六百萬坪を買收/江界水電の發電地用地
11018	南鮮版	1937-09-24	08단	蓋を明けた釜山品見本市
11019	南鮮版	1937-09-24	09단	人殺しに無期判決
11020	南鮮版	1937-09-24	10단	遞信辭令
11021	南鮮版	1937-09-24	10단	盛んに取引/釜山商品見本市
11022	南鮮版	1937-09-24	11단	戰死傷者
11023	南鮮版	1937-09-24	11단	北釜山署の地鎭祭
11024	南鮮版	1937-09-25	01단	御諭旨奉戴式/愛婦會員奮起を誓ふ
11025	南鮮版	1937-09-25	01단	南總督・生業報國を訓示
11026	南鮮版	1937-09-25	01단	空陸呼應釣瓶射ち瞬時に敵陳ケシ飛ぶ 健脚・四十餘里の惡路を急追 大陸作戰上に新記錄(九月十五日)/月蒼き戰場の夜 銃砲聲の中、野犬の遠吠(九月十六日)
11027	南鮮版	1937-09-25	04단	朝鮮神宮月前歌會
11028	南鮮版	1937-09-25	05단	地方課長會議
11029	南鮮版	1937-09-25	05단	國防獻金
11030	南鮮版	1937-09-25	06단	産業/豊作で卍の亂戰 林檎と溫州蜜柑/關門市況(二十四日)/季節の靑果市況/養鷄飼料相場(關門船車乘値)/關門糖粉相場/關門諸物價(廿二日正午調)
11031	南鮮版	1937-09-25	06단	事變ばり運動會 敵前渡河、鐵條網突破など勇ましい種目ばかり/朝鮮軍事聯盟の慰問使決る/高射機關銃四台 愛國機晋州號 獻納の手續終る/「應懲の聖戰」忠北各地で上映/運用機資金へ百五十圓寄託 釜山の事變トーキー會純益

일련번호	판명	간행일	단수	기사명
11032	南鮮版	1937-09-25	07단	中堅青年通じ時局認識を徹底/廿五、六兩日京城で大會
11033	南鮮版	1937-09-25	07단	約二百萬圓脫稅か/大楡洞鑛山の前經營者/警視廳で取押へ
11034	南鮮版	1937-09-25	08단	市日を新曆で
11035	南鮮版	1937-09-25	09단	輸出入品の臨時措置法施行
11036	南鮮版	1937-09-25	09단	東萊、海雲台街道/兩踏切に跨線橋/西面へも幹線道路
11037	南鮮版	1937-09-25	10단	京城に强盜頻發/犯人搜査に各署躍起
11038	南鮮版	1937-09-25	11단	慶南資源興業委員會の日程
11039	南鮮版	1937-09-25	11단	總督府辭令（二十二日）
11040	南鮮版	1937-09-26	01단	*軍歌高らかに雷雨衝いて進軍　夜襲の敵を忽ち一蹴　易縣にて井上特派員　廿四日發(九月十七日)/天の惠み・散る棗　晝食に代へ夕食に代ふ　泣き叫ぶ捨子哀れ(九月十八日)/新戰場に仰ぐ　中秋の明月　一本の煙草も十人で(九月十九日)/女子供を拉致され支那軍呪詛の聲滿つ　皇軍迎へ易縣に治維會(九月二十日)/山崎少佐の分捕品　白米に味噌汁　息つく間なく急追擊(九月廿一日)*
11041	南鮮版	1937-09-26	01단	總裁宮殿下の御諭旨奉戴式
11042	南鮮版	1937-09-26	03단	*産業/軍需の波に乘り醋酸石炭の製造　製炭界の好副産物/關門市況（二十五日）/養鷄飼料相場（關門船車乘値）/季節の靑果市況/關門糖粉相場/關門諸物價（廿五日正午調）*
11043	南鮮版	1937-09-26	04단	保定、滄州の陷落を祝す/南總督直ちに打電
11044	南鮮版	1937-09-26	04단	卅日釜山府會
11045	南鮮版	1937-09-26	07단	*父ちゃんが手柄だ　光州の山崎少佐留守宅　坊ちゃん、嬢ちゃんバンザイ/勇士慰問放送/模範燈管公開*
11046	南鮮版	1937-09-26	09단	慶南棉作豫想/殆ど四千萬斤の大增收
11047	南鮮版	1937-09-26	09단	引き緊めつゝ生産部門は擴充/明年度豫算編成方針
11048	南鮮版	1937-09-26	10단	*草刈して獻金　簡易學校兒童/兒童の慰問袋發送*
11049	南鮮版	1937-09-26	10단	*防げコレラ　船舶臨檢と豫防注射/九萬人分　豫防液を發送/豫防心得配布*
11050	南鮮版	1937-09-26	11단	*國防化學協會全南に結成/“非常時辨當”奬勵*
11051	南鮮版	1937-09-26	11단	專賣局辭令
11052	南鮮版	1937-09-26	11단	石炭値上げ
11053	南鮮版	1937-09-26	11단	大邱神社秋祭りに體育大會
11054	南鮮版	1937-09-26	11단	薛慶南道議失格
11055	南鮮版	1937-09-26	11단	仲裁役死亡
11056	南鮮版	1937-09-28	01단	伏見若宮殿下へ御戰傷御見舞/南總督打電
11057	南鮮版	1937-09-28	01단	易縣城を占領・萬歲を叫ぶ
11058	南鮮版	1937-09-28	01단	保定陷落の報に東天仰いで萬歲/○○部隊・敵の側背を衝き/急追擊に輝く戰果

일련번호	판명	간행일	단수	기사명
11059	南鮮版	1937-09-28	03단	大東民友會青年黨員/應召者の家族を慰問/感激の內鮮同胞愛
11060	南鮮版	1937-09-28	04단	大邱御諭示奉戴式
11061	南鮮版	1937-09-28	04단	總て人間業以上　日章旗の下笑って戰死　湯浦鍾路署巡査の血戰手記/原田上等兵 病院で加療
11062	南鮮版	1937-09-28	05단	産業/松茸はドカ下げ　潤雨に出荷殺到す(早生溫州)/關門市況（二十七日）/養鷄飼料相場（關門船車乘値）/季節の靑果市況/關門糖粉相場/關門諸物價（廿七日正午調）
11063	南鮮版	1937-09-28	07단	疑似コレラ 釜山に發生/患者見つけ次第　屆出を一刻も早く西龜衛生課長語る/豫防注射液を五十萬人分急送　全鮮港浦で防疫陣
11064	南鮮版	1937-09-28	08단	全身朱に染り「進め」の號令　菖蒲大尉名譽の戰傷/軍用機五台　京畿道より獻納 一般資金廿二萬圓
11065	南鮮版	1937-09-28	11단	在滿朝鮮人の力強い赤誠　松澤外務部長談/智山派信徒から慰問袋/全州警備隊を編成
11066	南鮮版	1937-09-28	11단	開城煙草祭表彰者
11067	南鮮版	1937-09-28	11단	義城郡優勝/學校職員大會
11068	南鮮版	1937-09-29	01단	移動酒保に咲く紅一點男裝の麗人　急追擊の部隊へ機上から白米の雨、煙草の雨が降る/軍用機バッヂ 飛ぶ賣れ行/バザー事變色
11069	南鮮版	1937-09-29	02단	草刈や取入など應召農家の手傳ひ/銃後に光る慶北中堅青年
11070	南鮮版	1937-09-29	02단	戰車は進む・易縣入城式
11071	南鮮版	1937-09-29	04단	戰傷兵慰問の愛國館建設　三地陸軍病院內に/成秀圭氏戰死通譯として活動
11072	南鮮版	1937-09-29	05단	産業/新販路を米國に　御難の輸出乾椎茸/關門市況（二十八日）/季節の靑果市況/養鷄飼料相場（關門船車乘値）/關門糖粉相場/關門諸物價（廿八日正午調）
11073	南鮮版	1937-09-29	05단	コレラ患者鮮內縱斷 國際列車で十六時間/一齊に大消毒　列車も驛も棧橋も/府民に强制注射 出船入船悉く檢疫 "眞性"に怯える釜山/市場內を消毒/鐵道職員注射
11074	南鮮版	1937-09-29	07단	肉彈三勇士の姿で街の喜捨を仰ぐ/竹筒に一杯獻金
11075	南鮮版	1937-09-29	08단	募金の仕方通牒
11076	南鮮版	1937-09-29	08단	外相の見舞金/上海朝鮮人民會へ贈呈
11077	南鮮版	1937-09-29	09단	順大、潭陽の三校/廢校を認可/兒童は公普へ收容
11078	南鮮版	1937-09-29	09단	釜山定期種痘
11079	南鮮版	1937-09-29	09단	連戰、連勝を祝賀/仁川で大旗行列
11080	南鮮版	1937-09-29	10단	農村に棉作景氣/共販相場は一寸安いが二千萬圓を越さう
11081	南鮮版	1937-09-29	11단	未入營者教育/鄉軍大邱支部

일련번호	판명	간행일	단수	기사명
11082	南鮮版	1937-09-29	11단	第二豫備金支出閣議で決定
11083	南鮮版	1937-09-29	11단	北釜山署幹部
11084	南鮮版	1937-09-29	11단	白衣救護班/一同第一線へ
11085	南鮮版	1937-09-30	01단	拒馬河の濁流を渡る鯉登部隊
11086	南鮮版	1937-09-30	01단	*貨物制限を解除　たゞし滯貨のラッシュで輸送力は多少不足/旅客の方は　五日頃解除か/北支經濟調査　星子技師を派遣/養子の半島靑年　嬉し保定で奮戰　餞けの日本刀に武勳/京畿聯合靑年團を結成/愛婦と國婦へ「團結せよ」の通牒　銃後運動の摩擦防ぐ*
11087	南鮮版	1937-09-30	04단	大邱で戰捷奉告祭
11088	南鮮版	1937-09-30	04단	皇軍は追擊中/當分/慰問を見合すやう/室田事務官より報告
11089	南鮮版	1937-09-30	04단	朝鮮婦人も混り下着類作製/國婦京城分會
11090	南鮮版	1937-09-30	04단	*養鷄飼料　拂底で猛騰　代用品を頻りに物色/新築落成式　東京手形交換所/關門市況（二十九日）/季節の靑果市況/養鷄飼料相場（關門船車乘値）/關門糖粉相場/關門諸物價（廿九日正午調）*
11091	南鮮版	1937-09-30	05단	朝鮮人官吏を優遇/先づ第一線の郡守、警視/內鮮判任官の昇給も年四回に
11092	南鮮版	1937-09-30	06단	「生産物の處理」第二期農村振興のスローガン/明年度から五ヵ年計畫
11093	南鮮版	1937-09-30	06단	*保定入城寫眞を聯絡の途中重傷　椎野　本社釜山　通信局長奇禍/大邱府民葬　才田三空曹遺骨迎へて/電燈料金免除*
11094	南鮮版	1937-09-30	08단	三百萬圓突破/愛國の金字塔
11095	南鮮版	1937-09-30	08단	*こゝ四、五日中に續發せねば大丈夫　釜山のコレラに萬全の策　西龜衛生課長語る/こんどは全南に疑はしい患者死亡　注射液一萬人分急送依賴/旣に九萬五千　釜山で豫防注射*
11096	南鮮版	1937-09-30	09단	一人殘らずコレラ强制注射
11097	南鮮版	1937-09-30	10단	生業報國振り地方の實情調査/總督府幹部總出動
11098	南鮮版	1937-09-30	10단	慶南海苔の篊建込數量
11099	南鮮版	1937-09-30	11단	工業試驗所支所設置を陳情
11100	南鮮版	1937-09-30	11단	物價下り始む/釜山の公設市場
11101	南鮮版	1937-09-30	11단	野口大佐來鮮

1937년 10월

일련번호	판명	간행일	단수	기사명
11102	南鮮版	1937-10-01	01단	宮內省辭令（三十日）
11103	南鮮版	1937-10-01	01단	燃える愛國一念　徒步で、トラックで、自轉車で 出徵勇士見送りに晝夜强行驛頭へ　萬歲叫ぶ半島學童(【その一】、【その二】、【その三】)/鮮産品はいかゞ 天津で見本市　新市場開拓の瀨踏み/白衣の勇士歸る 一日 兩地へ五十四名/總監見舞ふ
11104	南鮮版	1937-10-01	01단	敵陣目がけて前進！前進！/（○○部隊）
11105	南鮮版	1937-10-01	04단	國防獻金集/忠靈塔資金
11106	南鮮版	1937-10-01	04단	鐵道局の弔魂例察
11107	南鮮版	1937-10-01	04단	軍用機の單獨獻納 "匿名の主"は丁子屋 店と店員積立の結晶/高射機關銃を武勳記念に獻納 小林一など兵の母校/親孝行者 上海肉彈六勇 士吉原上等兵/戰線復歸待つ 戰傷木澤一　等兵留守宅
11108	南鮮版	1937-10-01	05단	産業/秋景氣は海から「鰤」も「鰛」も大豐漁/關門市況（三十日）/季節の靑果市況/養鷄飼料相場（關門船車乘値）/關門諸物價（三十日正午調）
11109	南鮮版	1937-10-01	06단	京城體育日
11110	南鮮版	1937-10-01	06단	忠南の郡事務檢閱
11111	南鮮版	1937-10-01	07단	木劍體操に誇る/武士道精神/總督府構內で公開
11112	南鮮版	1937-10-01	07단	兩雄郡に新署の誕生　大世帶の北釜山署 武藤署長始め全員勢揃ひ 溘州町以北に完璧の警備陣/管內は工業地帶　三年越しの懸案解決して 使命重し平壤船橋署
11113	南鮮版	1937-10-01	07단	自家中毒か/コレラ疑ひの全南患者
11114	南鮮版	1937-10-01	08단	慶南、江原の鯖も/探見機飛ばす/航空の實用化に拍車
11115	南鮮版	1937-10-01	08단	始政記念日/一日は休み
11116	南鮮版	1937-10-01	09단	十四萬圓を横領/容疑者三名送局さる
11117	南鮮版	1937-10-01	10단	南鮮か湖南に國立種羊場/明年度豫算に要求
11118	南鮮版	1937-10-01	10단	二名重輕傷/タクシーと衝突
11119	南鮮版	1937-10-01	10단	統營の殺人犯に十五年判決
11120	南鮮版	1937-10-02	01단	敗走の敵を追ひ　思ひきり急追擊 部隊長の書翰來る/【○○師團司令部發表】(一、陣地攻擊、二、追擊戰)/頰紅つけ擬裝の健康 戰地救護班の詮考をパス　胸に鮮か赤十字、彼女は徵く(凜々しい決、クラスメート、病院のおきて)/皇軍慰問使 二日八氏出發

일련번호	판명	간행일	단수	기사명
11121	南鮮版	1937-10-02	02단	壽ぐ施政記念日　各地の神社に參拜者の群れ　無敵皇軍へ寄す熱誠/雨中の戰捷奉告　龍頭山神社で萬歲唱和/提燈と國旗の街　秋祭とかち合ひ二重の賑ひ　平壤にスポーツ繪卷/國民精神作　興詔書奉讀　光州神社にて/馬山の祈願祭/淸津で拜賀式
11122	南鮮版	1937-10-02	04단	儒林の時局講演會
11123	南鮮版	1937-10-02	04단	朝鮮同胞の親切　身に沁みて嬉しい　白衣歸還の小林大尉語る/貧者の一燈　紙芝居へ織込む/儒林の赤誠/意匠權使用申出で/大邱憲兵分隊扱ひ獻金、慰問品
11124	南鮮版	1937-10-02	05단	産業/獨天下の平壤栗　天津栗は事變で沈默/關門市況(一日)/季節の靑果市況/養鷄飼料相場(關門船車乘値)/關門諸物價(一日正午調)
11125	南鮮版	1937-10-02	06단	自由行動法度に　藝妓一齊に反對　釜山南濱檢番と抗爭/あくまで戰ふ 藝妓側の言分/共存共榮だ 檢番側の話
11126	南鮮版	1937-10-02	07단	防空諸機關の綜合的訓練/龍山師團直轄管內で
11127	南鮮版	1937-10-02	07단	五日から列車運行從前通り
11128	南鮮版	1937-10-02	09단	釜山府會
11129	南鮮版	1937-10-02	09단	鮮滿間に慶弔電報/一日より實施
11130	南鮮版	1937-10-02	09단	市街地美化/淸掃令施行/細則を公布
11131	南鮮版	1937-10-02	09단	譽れの勤讀章/遞言從業員を表彰
11132	南鮮版	1937-10-02	09단	一日開廳の北釜山署看板
11133	南鮮版	1937-10-02	10단	船舶/管理法施行
11134	南鮮版	1937-10-02	10단	超特急機/大邱に不時着
11135	南鮮版	1937-10-02	10단	コレラ注意のピラ配布
11136	南鮮版	1937-10-02	11단	釜山高女運動會
11137	南鮮版	1937-10-02	11단	水産物の輸出協議
11138	南鮮版	1937-10-02	11단	昇給の朗報(慶南道、釜山府、釜山分掌局)
11139	南鮮版	1937-10-03	01단	各隊健鬪と共に銃後熱援の賜物　戰果收め國民に感謝　易州より○○部隊長の書翰【承前】　○○師團司令部發表/三、追擊間の後方關係/四、本會戰、軍全般の成績/棉は生む海軍機　"全南棉花號"と命名/全北も海軍機を本月上旬全州で擧式/高射機關銃二基　開豐郡から獻納/宮樣の御戰傷に　感激し千圓獻金　車全南道議海軍へ/金玉均氏遺族　蘭の色紙寄託/家族慰安映畫會/女事務員が行商
11140	南鮮版	1937-10-03	01단	京畿聯合靑年團/結成式を擧ぐ

일련번호	판명	간행일	단수	기사명
11141	南鮮版	1937-10-03	02단	産業/滿洲、北支方面へ　農産加工品の新販路(筍、枇杷、無花果、トマトソース、トマトケチャップ)/關門市況(二日)/季節の青果市況/養鷄飼料相場(關門船車乘値)/關門諸物價(二日正午調)
11142	南鮮版	1937-10-03	04단	米の放賣を愼め軍需品として最も必要湯村農林局長警告/一念發起愛國婆さん目にみえぬ身・戶每廻り贈る五枚の千人針
11143	南鮮版	1937-10-03	04단	安倍少將一行/皇軍慰問に出發
11144	南鮮版	1937-10-03	05단	時局認識强化日
11145	南鮮版	1937-10-03	05단	戰地救護班・本部前に勢揃ひ
11146	南鮮版	1937-10-03	07단	總督・四日北鮮へ/躍進の現狀を視察
11147	南鮮版	1937-10-03	07단	總督府辭令
11148	南鮮版	1937-10-03	08단	コレラの疑ひ　柿行商人死亡/全北で豫防注射
11149	南鮮版	1937-10-03	08단	北釜山署の開廳式
11150	南鮮版	1937-10-03	09단	慶南警察部異動
11151	南鮮版	1937-10-03	09단	大楡河鑛山從業員へ感謝
11152	南鮮版	1937-10-03	09단	全北で豫防注射
11153	南鮮版	1937-10-03	09단	中堅姐さん休業/置屋の應援も得て/釜山藝妓頑張る
11154	南鮮版	1937-10-03	10단	城津邑に商議
11155	南鮮版	1937-10-03	10단	智異山を絶讚/國立公園の第一候補/視察の田村博士語る
11156	南鮮版	1937-10-03	10단	秋季特別演習/咸北全道で實施/十九師團、日程を發表
11157	南鮮版	1937-10-03	11단	釜山高女の敬老會
11158	南鮮版	1937-10-03	11단	釜山分掌局表彰者
11159	南鮮版	1937-10-03	11단	新署長發令
11160	南鮮版	1937-10-03	11단	平北ア式蹴球大會
11161	南鮮版	1937-10-05	01단	團體も學童も唱和　皇國臣民の誓詞　團結固む合言葉/總督北鮮へ出發　生業報國の實情視察/大竹內務局長/バザーの利益獻金/北支へ水産物　先づ調査員派遣
11162	南鮮版	1937-10-05	01단	威風北支を壓す岡崎部隊の進軍(木村特派員撮影)
11163	南鮮版	1937-10-05	03단	從軍又は應召者へ/醫師試驗の恩典/期間中效力を保留
11164	南鮮版	1937-10-05	04단	産業/御難のわさび　コレラ流行から下落/關門市況(四日)/季節の青果市況/養鷄飼料相場(關門船車乘値)/關門諸物價(四日正午調)
11165	南鮮版	1937-10-05	04단	傷病兵の輸送遊戲
11166	南鮮版	1937-10-05	04단	愛國機忠南號資金
11167	南鮮版	1937-10-05	04단	朝鮮松茸絶望か

일련번호	판명	간행일	단수	기사명
11168	南鮮版	1937-10-05	05단	"煙草一本を"/街頭で獻納運動
11169	南鮮版	1937-10-05	05단	學童へ時局認識/釜山府內初等學校長を招き/教育上の注意與ふ
11170	南鮮版	1937-10-05	05단	海軍撥/"全北號"獻納
11171	南鮮版	1937-10-05	07단	釜山、馬山一帶/六日夜に燈管/機上より狀況を視察
11172	南鮮版	1937-10-05	08단	寺內、松井兩將軍へ/祝戰捷の感謝電/鄕軍平壤支部大會
11173	南鮮版	1937-10-05	08단	中堅青年講習會/五日から開く
11174	南鮮版	1937-10-05	08단	コレラ注射/釜山府內を終り軍部へ
11175	南鮮版	1937-10-05	09단	麗水郡廳竣工
11176	南鮮版	1937-10-05	10단	檢番側へ逆襲/釜山の藝妓爭議
11177	南鮮版	1937-10-05	10단	釜山中央電話局/明年十月に竣工/全部自動式に改良
11178	南鮮版	1937-10-05	10단	弟の遺骨背に仇を討つ/倉重一等兵の兄悲憤
11179	南鮮版	1937-10-05	11단	釜山北支航路/實現の模樣
11180	南鮮版	1937-10-05	11단	畜犬一齊調査
11181	南鮮版	1937-10-05	11단	統計功績者を表彰
11182	南鮮版	1937-10-06	01단	南總督から金一封寄贈/上海居留朝鮮人民會へ
11183	南鮮版	1937-10-06	01단	普通學校擴充の計畫年限を短縮/十ヶ年計畫を五ヶ年計畫に/義務教育制に邁進
11184	南鮮版	1937-10-06	01단	全鮮列車ダイヤ/見事に切替終る/各線共通常に復す
11185	南鮮版	1937-10-06	01단	從軍記者の慌しい食事/木村特派員撮影
11186	南鮮版	1937-10-06	02단	神吉次長ら/京城へ向ふ/在滿朝鮮側施設引繼細目會議
11187	南鮮版	1937-10-06	03단	國婦分會旗制定奉告祭
11188	南鮮版	1937-10-06	03단	記事解禁/隨所にテロ行爲/四十一名を起訴公判に回付/明川農民組合事件(公判開延)
11189	南鮮版	1937-10-06	04단	各陸軍病院に愛國館健設/慶南では早速寄附金募集
11190	南鮮版	1937-10-06	04단	見事な空襲管制/京城、仁川兩地區の防空訓練/良好な成績を收む
11191	南鮮版	1937-10-06	04단	軍用機資金寄託
11192	南鮮版	1937-10-06	04단	北支への電報料金引下
11193	南鮮版	1937-10-06	05단	*産業/播種に大支障　そら豆の輸入杜絶/關門市況(五日)/季節の青果市況/養鷄飼料相場(關門船車乘値)/關門諸物價(五日正午調)*
11194	南鮮版	1937-10-06	05단	海外へ見本/統營の螺鈿細工
11195	南鮮版	1937-10-06	06단	初の留置場入り
11196	南鮮版	1937-10-06	06단	サイレン完成

일련번호	판명	간행일	단수	기사명
11197	南鮮版	1937-10-06	07단	“戰死の模樣が”/重藤上等兵夫人健氣に語る
11198	南鮮版	1937-10-06	07단	楠木上等兵邑葬
11199	南鮮版	1937-10-06	07단	戰線から髭便り/留守居の夫人が語る/無敵空軍の花形笹尾大尉
11200	南鮮版	1937-10-06	08단	日露戰爭當時の戰歿者遺骨發掘/平壤萬壽台で續々發見
11201	南鮮版	1937-10-06	08단	懲役八月/現職判決官の收賄事件/五日判決言度さる
11202	南鮮版	1937-10-06	09단	鐵道局でも軍用機獻納/全局員から資金醵醵出
11203	南鮮版	1937-10-06	10단	釜山上水道/水營江水源地/新設計畫具體化す
11204	南鮮版	1937-10-06	11단	軍手の增産/慶南の割當決まる
11205	南鮮版	1937-10-06	11단	糧棧業者が轉業を企圖/農事合作社設立に恐慌
11206	南鮮版	1937-10-06	11단	萬壽台には陸軍病院/故老の話し
11207	南鮮版	1937-10-07	01단	簡保積立金の新運用計畫決る/諮問委員會の結果
11208	南鮮版	1937-10-07	01단	國民精神總動員/內地同樣に實施/週間中の行事決る
11209	南鮮版	1937-10-07	01단	勇躍拒馬河を渡河の皇軍=木村特派員撮影
11210	南鮮版	1937-10-07	01단	遺憾の點多し/京城、仁川兩地區防空訓練成績/龍山師團司令部で發表
11211	南鮮版	1937-10-07	03단	釜山の東西貫く/大市街トンネル/本府でも愈よ本腰
11212	南鮮版	1937-10-07	03단	鐵道運賃割引/釜山郊外ハイギングコース
11213	南鮮版	1937-10-07	03단	遞信局長視察
11214	南鮮版	1937-10-07	04단	決死・自襷隊の/戰ひ終ってふと/氣づく傷の痛み/血湧き肉躍る奮戰記/感激と緊張/砲彈の落下
11215	南鮮版	1937-10-07	04단	忠南米豫穫收高
11216	南鮮版	1937-10-07	04단	荷見米穀局長來鮮
11217	南鮮版	1937-10-07	05단	區間制を採用/釜山府內タクシー料金改正/愈よ十日から實施
11218	南鮮版	1937-10-07	05단	*産業/後から後からの注文攻めに悲鳴　眞綿の防寒、防彈チヨッキ/關門市況(六日)/季節の靑果市況/養鷄飼料相場(關門船車乘値)/關門諸物價(六日正午調)*
11219	南鮮版	1937-10-07	06단	天津に出張所/北支方面の販路開拓に備へ/朝鮮貿易協會で設置
11220	南鮮版	1937-10-07	07단	光州の飛行場/愈よ建設に決る/十二月から使用開始
11221	南鮮版	1937-10-07	07단	慶南道の生業/報國運動成績
11222	南鮮版	1937-10-07	08단	老勇士が見込んだ婿/戰死の三宅重雄曹長
11223	南鮮版	1937-10-07	08단	專賣局異動
11224	南鮮版	1937-10-07	09단	釜山港九月中貿易
11225	南鮮版	1937-10-07	10단	『平北官吏號』朝鮮のトップを切って獻納

일련번호	판명	간행일	단수	기사명
11226	南鮮版	1937-10-07	10단	墮胎嫌疑で醫師を召喚/釜山檢事局に
11227	南鮮版	1937-10-07	10단	皇軍慰問使/大邱府から派遣
11228	南鮮版	1937-10-07	10단	皇軍慰問品に冷凍生鰯/林兼で手當
11229	南鮮版	1937-10-07	11단	九千圓突破/釜山府軍事後援聯盟委託金
11230	南鮮版	1937-10-07	11단	防寒チョッキ/獻納運動起す
11231	南鮮版	1937-10-07	11단	釜山の朝火事
11232	南鮮版	1937-10-07	11단	質屋の雇人/轢殺さる/自動車は逃走
11233	南鮮版	1937-10-07	11단	統營郡教育會總會
11234	南鮮版	1937-10-07	11단	統營鄕軍射擊大會
11235	南鮮版	1937-10-08	01단	李鍵公殿下/鮮滿御視察から御歸國/李鍵公殿下と同妃と殿下
11236	南鮮版	1937-10-08	01단	*長津江水電視察　北鮮巡視の南總督/樫村少尉戰傷　奮戰便り屆く*
11237	南鮮版	1937-10-08	01단	*評判の親孝行者　一人息子の故堀部伍長/追擊戰で名譽の戰死 龍本順一五長/樫村少尉戰傷 奮戰便り屆く*
11238	南鮮版	1937-10-08	01단	敵彈を浴びつ、敵陣偵察の○○隊/井上特派員撮影
11239	南鮮版	1937-10-08	03단	*築く愛國金字塔　朝鮮軍司令部へ殺到の獻金 二百萬圓を突破す/北支戰跡視察に教員代表者派遣　各道から一名宛選拔し/出征軍人の家庭狀況 大東民友會で調査書を發送/『女學生號』　釜山高女の醵出方法/事變に對する朝鮮人の覺悟 時局解說、大衆パンフレット 半島同胞へ普く配布*
11240	南鮮版	1937-10-08	04단	大野總監開城附近視察
11241	南鮮版	1937-10-08	04단	蒙古大平原を縱橫に馳驅/輸送戰士、半島靑年運轉手一行/見事使命果し凱旋
11242	南鮮版	1937-10-08	05단	*產業/非常時の肥料對策　新潟縣下の試み 配合肥料奬勵の實例/肥料配合表/關門市況（七日）/季節の靑果市況/養鷄飼料相場（關門船車乘値）/關門諸物價（七日正午調）*
11243	南鮮版	1937-10-08	06단	崇るコレラ禍！/滿洲國で釜山朝鮮魚輸入禁止/業者大恐慌を來す
11244	南鮮版	1937-10-08	06단	好成績の木劍體操/明年から全鮮初、中等學校に/愈よ正料として課す
11245	南鮮版	1937-10-08	07단	空の燈台/大田に建設
11246	南鮮版	1937-10-08	08단	釜山府初等學校長會議
11247	南鮮版	1937-10-08	08단	全鮮模型飛行機競技會/二十三日漢江で開催
11248	南鮮版	1937-10-08	09단	國有森材產物平價委員會を新設
11249	南鮮版	1937-10-08	09단	琺瑯鐵器/輸出增加
11250	南鮮版	1937-10-08	09단	北支經濟調査/星子技師派遣

일련번호	판명	간행일	단수	기사명
11251	南鮮版	1937-10-08	09단	水道鉛管を盜む
11252	南鮮版	1937-10-08	10단	六名死傷す/慶南で自動車墜落
11253	南鮮版	1937-10-08	10단	元道議恐喝事件の判決
11254	南鮮版	1937-10-08	10단	全州
11255	南鮮版	1937-10-08	11단	農民を騙る/內地渡航餌に
11256	南鮮版	1937-10-08	11단	棉花共販/忠南で開始
11257	南鮮版	1937-10-08	11단	驛員の奇禍/飛乘らんとして墜落死亡す
11258	南鮮版	1937-10-08	11단	海豚中毒
11259	南鮮版	1937-10-08	11단	獻金帳詐欺
11260	南鮮版	1937-10-09	01단	鯉登部隊完縣入城/川上少尉血の報告書/生芋や大根嚙り/僅に空腹癒やす/平漢線山岳地帶の强行軍/完縣城に飜る日章旗(十五日~二十四日)
11261	南鮮版	1937-10-09	03단	新嘗祭供御新穀納受式
11262	南鮮版	1937-10-09	03단	平漢線戰線グラフ
11263	南鮮版	1937-10-09	03단	釜山義勇消防隊創設式
11264	南鮮版	1937-10-09	04단	*産業/ホルモン注射で鷄の多産を刺激　養鷄界に一大光明/關門市況(八日)/季節の靑果市況/養鷄飼料相場(關門船車乘値)/關門諸物價(八日正午調)*
11265	南鮮版	1937-10-09	05단	*各方面に解除陳情　釜山鮮魚の滿洲國輸入禁止　期間は向ふ二週間/釜山鮮魚暴落 これもコレラの崇り*
11266	南鮮版	1937-10-09	06단	銃後の赤誠映畫/各道へ一部宛配布す
11267	南鮮版	1937-10-09	07단	多大の感銘與ふ/北鮮視察の南總督
11268	南鮮版	1937-10-09	08단	經學院秋季釋典
11269	南鮮版	1937-10-09	08단	藍原學務局長、全南視察
11270	南鮮版	1937-10-09	09단	鎭海最初の戰死者/本地義晴伍長
11271	南鮮版	1937-10-09	10단	轢逃運轉手捕はる
11272	南鮮版	1937-10-09	10단	釜山中央電話局/地鎭祭執行
11273	南鮮版	1937-10-09	10단	釜山の火事/消防三名負傷
11274	南鮮版	1937-10-09	10단	北鮮地方商業/視察團派遣/釜山商議で
11275	南鮮版	1937-10-09	10단	總督府辭令
11276	南鮮版	1937-10-10	01단	在ソ朝鮮人强制移住の眞相/收穫の矢先、突如/奧地へ追放命令/親日分子、越境出國者は射殺/不法！ソ聯の暴狀
11277	南鮮版	1937-10-10	04단	釜山方面委員/第三事務所/凡一町に新設
11278	南鮮版	1937-10-10	04단	喜色滿面に浮べ/勇躍聖戰へ進發/驛頭に轟く歡呼の嵐
11279	南鮮版	1937-10-10	06단	勞働力補給に內地からＳ・Ｏ・Ｓ/本府でも斡旋を準備

일련번호	판명	간행일	단수	기사명
11280	南鮮版	1937-10-10	06단	*産業/段々增して來た　國鐵の物産斡旋 珍らしい實例を一つ/關門市況(九日)/季節の靑果市況/養鷄飼料相場(關門船車乘値)/關門諸物價(九日正午調)*
11281	南鮮版	1937-10-10	06단	勇躍徵途に上る
11282	南鮮版	1937-10-10	07단	タクシー値上げ/大邱で十日から實施
11283	南鮮版	1937-10-10	08단	今度は菓子に飛火/崇る釜山のコレラ禍
11284	南鮮版	1937-10-10	09단	*國防獻金　軍司令部寄託/八萬圓突破 普州の獻金/麗しいの童心*
11285	南鮮版	1937-10-10	09단	上海の朝鮮人會/敵彈を受け全燒/幸ひ同胞は全部武事
11286	南鮮版	1937-10-10	09단	城津視察/巡視の南總督
11287	南鮮版	1937-10-10	10단	一切の制限解除/列車全く通常に復す
11288	南鮮版	1937-10-10	11단	姐さん側に凱歌場る/釜山南濱檢番と藝妓の抗爭
11289	南鮮版	1937-10-12	01단	白衣の勇士招待/釜山高女の運動會
11290	南鮮版	1937-10-12	01단	事變以來急激に國家意識昂まる/高普生の思想動向
11291	南鮮版	1937-10-12	01단	二億七千萬圓に産金計畫を擴大/明年から補助金增額
11292	南鮮版	1937-10-12	01단	*壯烈な戰死　山西五小少尉/戰死は本望 藤田一等兵の嚴父語る/白衣の凱旋/服部中尉以下八十三名/出徵遺家族の慰問資金 釜山で積極的に募集*
11293	南鮮版	1937-10-12	03단	今後大勝利每に祝賀會を開催/銃後の氣勢を場る
11294	南鮮版	1937-10-12	03단	創立六十周年の盛大な紀念式/釜山高等小學校
11295	南鮮版	1937-10-12	04단	怪放送を摑む/最新式電波測定機近く到着/國境警備に新威力
11296	南鮮版	1937-10-12	04단	漁村中堅人物/養成講習會/慶南で開催
11297	南鮮版	1937-10-12	04단	一周年目に又もや共匪襲來/平北呂章の對岸に
11298	南鮮版	1937-10-12	04단	造林講習會
11299	南鮮版	1937-10-12	05단	公益職業紹介所主任打合會
11300	南鮮版	1937-10-12	05단	*産業/　十五日ごろが抃 松茸 出廻りは順調/關門市況(十一日)/季節の靑果市況/養鷄飼料相場(關門船車乘値)/關門諸物價(十一日正午調)*
11301	南鮮版	1937-10-12	05단	陳中見舞に娛樂品發送/鈴木(謙)部隊へ大邱から
11302	南鮮版	1937-10-12	06단	山本慶南警察部長初度巡視
11303	南鮮版	1937-10-12	06단	漁船避難所/慶南沿岸五十ヶ所に設置す
11304	南鮮版	1937-10-12	06단	總督府官吏の海外出張/當分中止
11305	南鮮版	1937-10-12	06단	刑務所長會議
11306	南鮮版	1937-10-12	07단	*神宮競技開幕　第一日は相撲と庭、蹴球/慶南道選手 續々出發す*

일련번호	판명	간행일	단수	기사명
11307	南鮮版	1937-10-12	07단	諸兵聯合練習始る/宛ら北支戰線の縮圖を展開/平南大同の山野で
11308	南鮮版	1937-10-12	07단	總督府辭令
11309	南鮮版	1937-10-12	08단	元山地方の新穀運賃/二、三割値上か
11310	南鮮版	1937-10-12	09단	緬羊飼育/慶南道で積極的に奬勵
11311	南鮮版	1937-10-12	09단	木浦の商家へ二人組覆面强盜/逃走後間もなく逮捕
11312	南鮮版	1937-10-12	09단	保護觀察所長會議
11313	南鮮版	1937-10-12	09단	平壤九月中貿易
11314	南鮮版	1937-10-12	10단	建設延期か/敷地難の新義州放送局
11315	南鮮版	1937-10-12	11단	勞働移民救療の救急藥
11316	南鮮版	1937-10-12	11단	人夫の喧嘩/支那人勞働者遂に死亡
11317	南鮮版	1937-10-13	01단	鑛山勞働者/待望の立法/近く審議終了
11318	南鮮版	1937-10-13	01단	本府明年度豫算/五億圓を突破か/愈よ本格的編成へ
11319	南鮮版	1937-10-13	01단	北支安全農村/愈よ建設に着手/總督府技師ら現地に向ふ
11320	南鮮版	1937-10-13	01단	北支へ派遣の初等學校長代表/人選を終り十六日出發
11321	南鮮版	1937-10-13	02단	校歌を國語に先づ京畿道で率先統一
11322	南鮮版	1937-10-13	02단	*産業/早、中、晩の三稻を三段に分け耕作　小人數農家の良策/關門市況（十二日）/季節の靑果市況/養鷄飼料相場（關門船車乘値）/關門諸物價（十二日正午調）*
11323	南鮮版	1937-10-13	03단	救急藥品箱/二面に二箱/增設配布す
11324	南鮮版	1937-10-13	04단	大野總監郡部視察
11325	南鮮版	1937-10-13	04단	勇躍唐川河を渡涉の○○部隊=井上特派員撮影
11326	南鮮版	1937-10-13	05단	武德殿上棟式
11327	南鮮版	1937-10-13	05단	*譽れの兄弟五勇士　惜しや長兄の中尉戰死/上海で戰死　昌原郡出身 野口實之君/伊藤准尉遺骨/楠木通驛邑葬*
11328	南鮮版	1937-10-13	07단	國境地下資源の調査隊を繰出す/新陳容の地質調査所から
11329	南鮮版	1937-10-13	07단	市日を陽曆に/明年から改正實施
11330	南鮮版	1937-10-13	08단	南鮮と湖南に國立種羊場新設/明年度豫算に經費要求
11331	南鮮版	1937-10-13	08단	鹽鰯廿滿尾/滿鐵から北支皇軍へ贈る
11332	南鮮版	1937-10-13	08단	各地から(釜山)
11333	南鮮版	1937-10-13	09단	*本社映畫に感激　軍用機へ獻金　開豊郡國防議會/國防獻金二十師團寄託/高射輕機關銃 京城女子師範から獻納*
11334	南鮮版	1937-10-13	09단	釜山鮮魚の輸入禁止解除/淸州國から本府へ通知
11335	南鮮版	1937-10-13	09단	釜山電車の車庫移轉/大新町へ
11336	南鮮版	1937-10-13	09단	鮮滿入替人事/朱平南參與官の退官に伴ひ/近日中に正式發令

일련번호	판명	간행일	단수	기사명
11337	南鮮版	1937-10-13	11단	「忠南號」資金/續々寄託さる
11338	南鮮版	1937-10-13	11단	慶召軍人家族/慰安大會/釜山高女で開催
11339	南鮮版	1937-10-13	11단	大講堂新築/平北五山高普
11340	南鮮版	1937-10-13	11단	變った獻納/朝鮮傳來の兵學指南書
11341	南鮮版	1937-10-13	11단	新義州府內の石炭消費高/年三萬五千噸
11342	南鮮版	1937-10-13	11단	平北の水害/復舊事業/愈よ着手
11343	南鮮版	1937-10-14	01단	金剛山の紅葉/これから見ごろ
11344	南鮮版	1937-10-14	01단	石家荘陥落！全半島の山河を揺がす萬歲の聲/各地で盛大な戰捷祝賀會開催(大邱、平壤)
11345	南鮮版	1937-10-14	02단	*戊申詔書奉讀式　全鮮一齊に執行　國民精神總動員週間始る(大邱、慶南、平壤)/官廳の實施事項　中央の方針に順應*
11346	南鮮版	1937-10-14	04단	國防獻金
11347	南鮮版	1937-10-14	04단	*産業/敎・鰻上りの高値數年ぶり五圓相場/萩は二圓高製鐵所から注文/關門市況（十三日）/季節の靑果市況/養鷄飼料相場（關門船車乘値）/關門諸物價（十三日正午調）*
11348	南鮮版	1937-10-14	05단	極東ソ聯の朝鮮人/壓政に憤然蹶起/國境綏芬河に烽火
11349	南鮮版	1937-10-14	07단	*國防獻金　高射機關銃八挺　兼二浦の日鐵から獻納/宴會や贈答は絶對に廢止　全州專賣局で決議/在鮮支那人の本國引揚者 約三萬二千人*
11350	南鮮版	1937-10-14	07단	白衣の凱旋/和田少尉以下十六勇士
11351	南鮮版	1937-10-14	08단	揮發油に引火し/發電所爆發全燒/平元線工事場の珍事
11352	南鮮版	1937-10-14	08단	輝く在鄕功勞章/大邱で十三氏に傳達
11353	南鮮版	1937-10-14	09단	愛國館建設に平壤の有志蹶起/傷病兵にオアシス提供
11354	南鮮版	1937-10-14	10단	經常歲入/兩部とも增收/總督府の十一年度歲入
11355	南鮮版	1937-10-14	10단	表面、天麩羅屋/實は大泥俸/釜山署で逮捕
11356	南鮮版	1937-10-14	10단	トロに衝突卽死
11357	南鮮版	1937-10-14	11단	黃州に覆面强盜
11358	南鮮版	1937-10-14	11단	密輸を掃蕩
11359	南鮮版	1937-10-14	11단	四百四十萬斤/平北の本年度/棉花收穫豫想
11360	南鮮版	1937-10-14	11단	內地人の縊死體
11361	南鮮版	1937-10-14	11단	總本山を建設/朝鮮佛教三十一本山の
11362	南鮮版	1937-10-14	11단	平壤の朝鮮側/國婦結團式/十六日に擧行
11363	南鮮版	1937-10-14	11단	レプラ患者の大量輸送/慶北から三百八名小鹿島へ
11364	南鮮版	1937-10-15	01단	*目覺し儒林　戰捷祈願、時局講演、獻金　大衆教化に大活動/皇國臣民の誓詞を配布/生かせ脫毛*

일련번호	판명	간행일	단수	기사명
11365	南鮮版	1937-10-15	01단	參謀總長宮殿下/軍事輸送に御言葉/畏し「職員の勞苦を多とす」(小磯軍司令官謹話)
11366	南鮮版	1937-10-15	01단	祝へ石家莊攻略　百萬の學生、兒童を總動員　新嘗祭に街頭行進/戰捷奉告祭　慶南各神社で/朝鮮軍事聯盟へ　感謝電を寄す　○○部隊長より/飛ぶぞ全北陸軍機　廿八日空から感謝/軍用乾草分納/應召軍人家族慰安/在上海不逞の徒　事變で動搖の兆 赤化運動放棄論擡頭
11367	南鮮版	1937-10-15	01단	皇軍石家莊占據の奉告祭(十三日朝鮮神宮にて)
11368	南鮮版	1937-10-15	04단	水野上等兵戰死
11369	南鮮版	1937-10-15	04단	平北鐵道會社を設立
11370	南鮮版	1937-10-15	04단	戊申詔書奉讀式
11371	南鮮版	1937-10-15	05단	戰傷歿者慰靈祭
11372	南鮮版	1937-10-15	06단	産業/鷄卵頭打ちの態　月初から一圓の崩落/馬の取引値 二十割の高値/關門市況(十四日)/季節の靑果市況/養鷄飼料相場(關門船車乘値)/關門諸物價(十四日正午調)
11373	南鮮版	1937-10-15	06단	龍頭山神社秋祭り
11374	南鮮版	1937-10-15	06단	稅關事務打合會
11375	南鮮版	1937-10-15	07단	各産業試驗機關/最初の聯絡會議/兵站部の役割を强化
11376	南鮮版	1937-10-15	07단	鮮淸中等美術展特選「靜物」船久保修一君作
11377	南鮮版	1937-10-15	08단	晴れの入賞決る/十六日から京城齒傳講堂で/鮮滿中等美術展蓋明け
11378	南鮮版	1937-10-15	08단	鮮滿間貨物の直通運賃を實施/十一月十五日から
11379	南鮮版	1937-10-15	09단	將に最高潮/絢爛・建國體操や木劍體操/朝鮮神宮體育大會
11380	南鮮版	1937-10-15	11단	京仁一體/産業道路完成す
11381	南鮮版	1937-10-16	01단	水溜りが石段に/川が壁に見える/不眠不休で敵を急追/石家莊攻略戰/功力少尉手記
11382	南鮮版	1937-10-16	01단	若き半島經濟の芽を摘むもの/臨時資金調整法批判(十五日より施行)
11383	南鮮版	1937-10-16	03단	一兵まで退くな/仇討誓って奮戰/森本軍隊中村准尉の通信
11384	南鮮版	1937-10-16	04단	高稿農林政務次官
11385	南鮮版	1937-10-16	04단	全州の慰問袋三千
11386	南鮮版	1937-10-16	05단	慶北海軍機二台　晴れの感謝飛行　來月十三日に獻納式/軍用機資金寄託　裡里販賣店配達員より/釜山で戰捷奉告祭/京畿道獻納繭纏る/勞銀を獻金/落成式やめて
11387	南鮮版	1937-10-16	05단	産業/兎毛皮報國　帝農統制下に愈よ大增産實施　輸出は一切禁止する/關門市況(十五日)/季節の靑果市況/養鷄飼料相場(關門船車乘値)/關門諸物價(十五日正午調)

일련번호	판명	간행일	단수	기사명
11388	南鮮版	1937-10-16	05단	電力契約認可
11389	南鮮版	1937-10-16	06단	生産報國の精神/よく徹底/大野政務總監視察談
11390	南鮮版	1937-10-16	07단	朝鮮神宮秋季列祭
11391	南鮮版	1937-10-16	08단	*目指す映畵報國　平壤府內の館主と懇談し　軍事物を極力上映/ニュース映畵 上映を各道へ通牒/時局紙芝居を巡廻*
11392	南鮮版	1937-10-16	09단	先づ誓詞を齊唱/非常時克服の意氣高らか/神宮大會の幕開く
11393	南鮮版	1937-10-16	09단	忠南物産展/廿九日蓋明け
11394	南鮮版	1937-10-16	10단	老母燒死す/釜山の火事、三戶全燒
11395	南鮮版	1937-10-16	10단	精神作興週間/慶南の行事決る
11396	南鮮版	1937-10-16	10단	初めて新曆で/經學院秋季例祭
11397	南鮮版	1937-10-16	11단	廣梁灣採鹽高
11398	南鮮版	1937-10-16	11단	鑛業の機械化/鑿岩機に反映
11399	南鮮版	1937-10-16	11단	釜山町名變更
11400	南鮮版	1937-10-16	11단	平壤に初霜
11401	南鮮版	1937-10-16	11단	馬場を退く抽籤馬
11402	南鮮版	1937-10-17	01단	雪頻り驅へ寄る冬(白茂線、清津、羅南)
11403	南鮮版	1937-10-17	01단	*熟願“皇軍と共に”病氣送還の朝鮮人運轉手ら臥して烈々見よやこの意氣/飛機獻納の豪華版流石にお膝元の京畿道陸、海軍へ十二台/煙草賣上金で機關銃や聽音機防空一筋・獻金進軍/參拜者倍加/誓詞カード迎へられ東京行/紙芝居出動*
11404	南鮮版	1937-10-17	02단	“幻滅の國”ソ聯/どん底生活の上ゲ・ベ・ウの脅威/朝鮮人への彈壓日ごとに峻烈/脫走者の語る赤き地獄相
11405	南鮮版	1937-10-17	03단	朝鮮神宮體育大會の入場式
11406	南鮮版	1937-10-17	04단	慶南辭令(十五日)
11407	南鮮版	1937-10-17	05단	“母の手紙”物語/修身教科書へ/少國民に刻む感激
11408	南鮮版	1937-10-17	05단	*産業/ホップの繁殖　山梨農試で試作に成功/關門市況(十六日)/季節の靑果市況/養鷄飼料相場(關門船車乘値)/關門諸物價(十六日正午調)*
11409	南鮮版	1937-10-17	05단	我等勝てり/奉告祭と萬歲行進(朴氏、感激の漢詩、本地伍長の慰靈祭、松本伍長遺骨)
11410	南鮮版	1937-10-17	06단	府電身賣り纏る/雙方の言値全く一致/平壤府會に懸け正式決定
11411	南鮮版	1937-10-17	08단	美しく膨れる街/大田、全州、群山三府/市街地計畫案發表さる(大田府、全州府、群山府)
11412	南鮮版	1937-10-17	08단	事變の陰/妓生の廢業續出

일련번호	판명	간행일	단수	기사명
11413	南鮮版	1937-10-17	09단	保險事務打合會
11414	南鮮版	1937-10-17	09단	銃後祝ふ秋祭り/質實に、武運祈願を織込み/意義深き京城神社
11415	南鮮版	1937-10-17	09단	好成績の炭俵增産
11416	南鮮版	1937-10-17	10단	パッ運轉台に火/乘客電車を飛降り/二名ころんで中傷
11417	南鮮版	1937-10-17	11단	京城屠獸場/移轉と共に施設を改善
11418	南鮮版	1937-10-17	11단	京城の白米値下げ
11419	南鮮版	1937-10-17	11단	教育視察團滿洲へ
11420	南鮮版	1937-10-17	11단	本府事務官に朝鮮人高等官/優遇計畫進む
11421	南鮮版	1937-10-17	11단	鄭寅斗氏へ罰金
11422	南鮮版	1937-10-17	11단	椎野氏退院
11423	南鮮版	1937-10-19	01단	全鮮を塗り潰す/壯美日の丸の一色/各地で盛んな戰捷祝賀旗行列(京城、釜山、大邱、鎭海、大田、淸津、新義州、羅南)
11424	南鮮版	1937-10-19	01단	勅使南總督
11425	南鮮版	1937-10-19	02단	見事な敵前架橋/山岳地帶迂回の大追擊戰に/南部部隊の離れ業
11426	南鮮版	1937-10-19	02단	旅行列グラフ
11427	南鮮版	1937-10-19	03단	*朝鮮神宮大祭　嚴かに執り行はる/京城神社大祭*
11428	南鮮版	1937-10-19	04단	武運長久祈願
11429	南鮮版	1937-10-19	05단	*産業/鰻上りの製粉　　小麥界活況を呈す/關門市況（十八日）/季節の靑果市況/養鷄飼料相場（關門船車乘値）/關門諸物價（十八日正午調）*
11430	南鮮版	1937-10-19	06단	英米品をKOし/朝鮮煙草北支へ/愈よ進出にきまる
11431	南鮮版	1937-10-19	06단	總督府辭令
11432	南鮮版	1937-10-19	07단	少女可憐の獻金
11433	南鮮版	1937-10-19	07단	新記錄出し(二時間十分三十六秒)/柳君堂々再制覇/本社京城支局後援/神宮マラソン大會
11434	南鮮版	1937-10-19	08단	釜山地方鮮魚の輸入禁止解除/滿洲國から公電
11435	南鮮版	1937-10-19	09단	釜山署の秋季射擊大會
11436	南鮮版	1937-10-19	09단	釜山の傳染病
11437	南鮮版	1937-10-19	10단	神宮大會閉幕/各競技優勝者表彰
11438	南鮮版	1937-10-19	10단	*咸南山地に降雪　胞胎地方は積雪四尺/最低五度 釜山地方/一度七分 大邱地方*
11439	南鮮版	1937-10-19	11단	大型漁船遭難/牧島燈台沖で
11440	南鮮版	1937-10-19	11단	上棟式擧行/朝鮮製粉鎭南浦工場

일련번호	판명	간행일	단수	기사명
11441	南鮮版	1937-10-20	01단	京城帝大豫科に理科一學級增設/理工科新設の前提
11442	南鮮版	1937-10-20	01단	半島工業の推進力/技術工の大量養成/明年度から五ヶ年計畫で/電機、機械工二千名
11443	南鮮版	1937-10-20	01단	本府豫算も九百萬圓節約/工事繰延などで捻出
11444	南鮮版	1937-10-20	01단	早い冬の訪れ！
11445	南鮮版	1937-10-20	03단	大野總監南鮮視察
11446	南鮮版	1937-10-20	03단	資金調整法に初の申請/二件願出る
11447	南鮮版	1937-10-20	04단	白衣の凱旋
11448	南鮮版	1937-10-20	04단	寺內代將から南總督へ謝電/半島の愛國熱に對し
11449	南鮮版	1937-10-20	04단	*愛國機「慶南號」獻納資金續々と集る/慰靈祭　釜山戰友會で二十三日執行/大腿部に貫通銃創　中村敏夫少佐*
11450	南鮮版	1937-10-20	04단	*平壤府電の讓渡　漸く交涉纏る　愈よ近く調印の運び/讓渡價格　六百二十萬圓/名譽の戰傷死　高木特務兵/血染の國旗を添へ從軍歎願*
11451	南鮮版	1937-10-20	05단	軍用機獻納手續/江原道から陸海軍へ各一機/道民代表者ら來城
11452	南鮮版	1937-10-20	05단	*產業/餌鰮不足から鰤の漁獲高激減　新鮮な鰮出廻り鶴首/關門市況（十九日）/季節の靑果市況/養鷄飼料相場（關門船車乘値）/關門諸物價（十九日正午調）*
11453	南鮮版	1937-10-20	06단	九龍淵の觀瀑亭
11454	南鮮版	1937-10-20	06단	宣傳と實際とは全く雲泥の相違/ソ聯脫出者の告白
11455	南鮮版	1937-10-20	08단	觀瀑亭/金剛山の九龍淵の新築
11456	南鮮版	1937-10-20	08단	北支進出に拍車/釜山–天津間の直行航路近く實現/大阪商船から朗報
11457	南鮮版	1937-10-20	09단	資金調整團/設立認可さる
11458	南鮮版	1937-10-20	09단	忠北道廳落成式
11459	南鮮版	1937-10-20	09단	解雇職工騷ぐ
11460	南鮮版	1937-10-20	09단	電車衝突現場
11461	南鮮版	1937-10-20	10단	淸州の殺人强盜/犯人逮捕さる/金に窮した揭口の兇行
11462	南鮮版	1937-10-20	11단	釜山/釜山劇場
11463	南鮮版	1937-10-20	11단	釜山で電車/側面衝突/乘客數名經傷
11464	南鮮版	1937-10-20	11단	魚皮鞣革の染色に成功/慶南水試で
11465	南鮮版	1937-10-20	11단	在留支那人の滿洲國歸化/希望者續出す
11466	南鮮版	1937-10-20	11단	出廻り溢る/忠南の棉花共販
11467	南鮮版	1937-10-21	01단	在ソ半島同胞に彈壓愈よ加はる/全滿各朝鮮人民會一齊に/“暴ソ膺懲”に蹶起

일련번호	판명	간행일	단수	기사명
11468	南鮮版	1937-10-21	01단	滹沱河を渡る森本部隊
11469	南鮮版	1937-10-21	03단	朝鮮軍司令部に新聞班を新設/時局認識を更に昂揚
11470	南鮮版	1937-10-21	04단	賣り急ぎ防止に/籾の貯藏を奬勵/總督府の對策決る
11471	南鮮版	1937-10-21	04단	本庄大將/二十五日來城
11472	南鮮版	1937-10-21	05단	釜山米統組合總會
11473	南鮮版	1937-10-21	05단	*産業/北滿數獨り舞台　內地向け輸出三倍に/關門市況（二十日）/季節の靑果市況/養鷄飼料相場（關門船車乘値）/關門諸物價（二十日正午調）*
11474	南鮮版	1937-10-21	05단	航空時代に備へ/愈よ京城へ移轉/仁川の總督府觀測所
11475	南鮮版	1937-10-21	06단	南鮮視察の大野總監/普州に一泊
11476	南鮮版	1937-10-21	06단	三千九百萬斤/慶南の棉花收穫豫想高
11477	南鮮版	1937-10-21	07단	開校六十周年記念卽賣會/釜山高等小學校
11478	南鮮版	1937-10-21	07단	南總督更に江原、慶北視察/約一週間の日程で
11479	南鮮版	1937-10-21	07단	第一回國有財産調査委員會
11480	南鮮版	1937-10-21	08단	*勞働宿泊所から颯爽と應召　同宿人が感激の祝宴/白衣の凱旋/赤誠の獻金 軍司令郡寄託*
11481	南鮮版	1937-10-21	08단	天晴れ軍國の妻/出漁の夫を無電でキャッチし/家へも歸さず應召さす
11482	南鮮版	1937-10-21	09단	出征見送人の晴着を切る/ご難の女給さん
11483	南鮮版	1937-10-21	10단	癩患者多數が釜山に流れ込む/調査の上小鹿島へ収容
11484	南鮮版	1937-10-21	10단	星野吉忠氏詐欺で起訴さる
11485	南鮮版	1937-10-21	11단	棍棒で毆打/遂に死亡さす
11486	南鮮版	1937-10-21	11단	老婆轢殺さる
11487	南鮮版	1937-10-22	01단	優良殖産團體に助成金交付/殖産助成財團から
11488	南鮮版	1937-10-22	01단	中部鮮滿國境に一大人工湖水！/大小の都邑部落悉く水中に鴨綠江水電の大ダム建設計畫
11489	南鮮版	1937-10-22	01단	晋州視察後/泗川に向ふ/大夜政務總監
11490	南鮮版	1937-10-22	02단	地方起債事業の進捗を極力計る/本府の認可方針決る
11491	南鮮版	1937-10-22	03단	大田中學の創立記念式/盛大に擧行
11492	南鮮版	1937-10-22	03단	土地改良課長/專任を任命/林事務官抜擢
11493	南鮮版	1937-10-22	04단	長津江水電の工事着々と捗る/明春三月には全部完成
11494	南鮮版	1937-10-22	04단	忠南物産展/開催準備捗る
11495	南鮮版	1937-10-22	04단	平南林産副業品卽賣會
11496	南鮮版	1937-10-22	05단	模型飛行機競技會/汝矣島飛行場で開催

일련번호	판명	간행일	단수	기사명
11497	南鮮版	1937-10-22	05단	産業/鷄卵採算割れ　だが先高見込み豫想/關門市況（二十一日）/季節の靑果市況/養鷄飼料相場（關門船車乘値）/關門諸物價（二十日正午調）
11498	南鮮版	1937-10-22	05단	舒柱石氏─行
11499	南鮮版	1937-10-22	05단	幼児の密葬死體
11500	南鮮版	1937-10-22	05단	平壤糖の北支進出/愈よ有望
11501	南鮮版	1937-10-22	06단	釜山聯合少年團/三十日に結團式
11502	南鮮版	1937-10-22	06단	少年感化院の建設場所きまる/全南務安郡高下島に
11503	南鮮版	1937-10-22	06단	賑ふ國際空港！事變以來急激に增加した/鮮內各飛行場の旅客數
11504	南鮮版	1937-10-22	07단	工業者大會/提出議案/釜山工倶の
11505	南鮮版	1937-10-22	07단	室田事務官の北支便り　北支明朗風景　天津で日支小學敎合同運動會　兩國父兄が仲よく觀覽/慰問團派遣に獨斷は禁物　軍部から主意を促す/五萬四千圓　二十師團へ寄託の獻金/鎭海からも軍用機獻納 同志會を組織
11506	南鮮版	1937-10-22	08단	南鮮の鮟鱇網/活況を呈す
11507	南鮮版	1937-10-22	10단	ニュース映畵の全盛！/銀幕界にも時局の波
11508	南鮮版	1937-10-22	11단	列車から飛行り重傷/慌てた兄弟
11509	南鮮版	1937-10-22	11단	電線泥棒捕はる
11510	南鮮版	1937-10-22	11단	全會員を動員し/野外演習擧行/鄕軍京城分會
11511	南鮮版	1937-10-22	11단	アサヒグラフの寫眞を掲載/兒童學習帳に
11512	南鮮版	1937-10-22	11단	オートバイに刎らる
11513	南鮮版	1937-10-23	01단	感激の話題　南總督も感動 この父・この子！ 中樞院參議嚴俊源氏一家の赤誠に燃ゆる美談/陸海軍に各一機宛獻納　朝鮮國防飛行機獻納會から 同會は目出度く解散/舞姬も獻金　二十師團司令 部に集る赤誠/時局關係犯罪 漸次激減す
11514	南鮮版	1937-10-23	01단	兩准尉戰死/娘子關突破の大激戰で
11515	南鮮版	1937-10-23	01단	戰線のひととき
11516	南鮮版	1937-10-23	03단	敎育審議會設置/敎育令を根本的に改正
11517	南鮮版	1937-10-23	04단	鐵道運輸委員會
11518	南鮮版	1937-10-23	04단	漁業保護取締/全鮮的に統一/改正規定公布さる
11519	南鮮版	1937-10-23	04단	麗水視察/大野政務總監
11520	南鮮版	1937-10-23	05단	産業/關門製粉引落す　北支向輸出一段落で/關門市況（二十二日）/季節の靑果市況/養鷄飼料相場（關門船車乘値）/關門諸物價（廿二日正午調）

일련번호	판명	간행일	단수	기사명
11521	南鮮版	1937-10-23	05단	*鮮産品の北支　進出は頗る有望 星子本府技師の視察談/釜山水産物 ぼつぼつ商談 業者漸く愁眉を開く*
11522	南鮮版	1937-10-23	06단	半島の舞姬も出演/いよいよ映畵になる金剛山/日活の先發隊入城
11523	南鮮版	1937-10-23	07단	半島經濟界の躍進を實證/激增の會社數
11524	南鮮版	1937-10-23	08단	京城の臭い問題/さらに水に流す/屎尿處理に理想的設備
11525	南鮮版	1937-10-23	09단	市街地計畫一部變更/釜山と平壤
11526	南鮮版	1937-10-23	09단	朝鮮人男の飛込み自殺
11527	南鮮版	1937-10-23	09단	秋季消防演習/釜山消防組
11528	南鮮版	1937-10-23	09단	出廻り惡し/農作が祟る棉花共販
11529	南鮮版	1937-10-23	10단	高校試驗に見事パス/元普通學校訓導の立志美談
11530	南鮮版	1937-10-23	11단	權領事歸國
11531	南鮮版	1937-10-23	11단	歸宅を許す/コレラで隔離の附近住民
11532	南鮮版	1937-10-23	11단	明年度から畜牛大增産/經費を要求
11533	南鮮版	1937-10-23	11단	愛國少年團も合流に決る/釜山聯合少年團
11534	南鮮版	1937-10-24	01단	大田中學創立紀念式
11535	南鮮版	1937-10-24	01단	米穀資金利率/大體前年通りか/擔保貸しは若干引上
11536	南鮮版	1937-10-24	01단	小機司令官來釜
11537	南鮮版	1937-10-24	01단	愈よ鮮産棉花が/紡績界に進出/混綿として大量注文
11538	南鮮版	1937-10-24	01단	創立二十周年記念式/大田中學で盛大に擧行
11539	南鮮版	1937-10-24	02단	南總督の江原道視察/日程きまる
11540	南鮮版	1937-10-24	02단	元獨首相/ル博士今月下旬に來鮮
11541	南鮮版	1937-10-24	03단	"斷じてなるなソ聯の傀儡に"/半島民に告ぐ！血と涙で綴った悔悟の手記を/故鄕の老父に寄す
11542	南鮮版	1937-10-24	03단	靑訓査閱日割
11543	南鮮版	1937-10-24	04단	美し愛國の花束/日本刀と拳銃/續々獻納してほしい
11544	南鮮版	1937-10-24	04단	白衣の凱旋
11545	南鮮版	1937-10-24	05단	今は悲し涙の映像/懇望の靖國神社行きの寫眞/噫！事實となる
11546	南鮮版	1937-10-24	05단	*産業/朝鮮林檎採算割れ目先上り期待うす/關門市況（二十三日）/季節の靑果市況/養鷄飼料相場（關門船車乘値）/關門諸物價（廿三日正午調）*
11547	南鮮版	1937-10-24	05단	涙の記念寫眞
11548	南鮮版	1937-10-24	07단	豆飛行士も參加/全鮮模型飛行機競技大會/漢江河源に壯觀呈す

일련번호	판명	간행일	단수	기사명
11549	南鮮版	1937-10-24	08단	遂に十萬突破！物浅く植えるＤＫの聽取者/お祝ひにまづ二千圓獻金
11550	南鮮版	1937-10-24	09단	近く全部開通/京城の本年度/至急開通電話
11551	南鮮版	1937-10-24	09단	完成遲る/日滿連絡電話
11552	南鮮版	1937-10-24	09단	戰歿者慰靈祭/釜山の戰友會で盛大に執行
11553	南鮮版	1937-10-24	10단	神宮競技派遣の/選手役員きまる/總員百八十名
11554	南鮮版	1937-10-24	10단	一律に料金引下/江陵電氣會社の奮發
11555	南鮮版	1937-10-24	11단	京城驛構內で機關車激突/四名負傷す
11556	南鮮版	1937-10-24	11단	圖書館週間/行事きまる
11557	南鮮版	1937-10-24	11단	三島高女バザー
11558	南鮮版	1937-10-24	11단	專任館長設置/釜山圖書館
11559	南鮮版	1937-10-26	01단	大産金增産計畫/無修正で通過す/總督府明年度豫算査定終る/總額四億五千萬圓
11560	南鮮版	1937-10-26	01단	北支經濟報告書/今後の對支貿易は天津が中心/超活況の日本租界
11561	南鮮版	1937-10-26	03단	床し溫情部隊長！/病床で痛む手を押へこまごまと/部下の武勳を書き送る
11562	南鮮版	1937-10-26	04단	病院の庭に憩ふ馬場大尉
11563	南鮮版	1937-10-26	04단	視察團波遣/釜山商議から
11564	南鮮版	1937-10-26	04단	鐵道運輸委員會
11565	南鮮版	1937-10-26	04단	銃後の赤誠
11566	南鮮版	1937-10-26	05단	名譽の傷病兵に溫い再生施設/本府で調査に着手
11567	南鮮版	1937-10-26	05단	*産業/養鷄苦難切抜く　　卵反騰、使料天井打で/關門市況（廿五日）/季節の靑果市況/養鷄飼料相場（關門船車乘値）/關門諸物價（廿五日正午調）*
11568	南鮮版	1937-10-26	06단	忠南道廳の防護團/盛大な結團式
11569	南鮮版	1937-10-26	06단	鐵鋼工作物の築造制限/內地通り實施
11570	南鮮版	1937-10-26	06단	刑務所長會議/廿五日から開會
11571	南鮮版	1937-10-26	07단	國婦統營分會/盛大な發會式
11572	南鮮版	1937-10-26	07단	大邱の招魂祭/盛んに執行
11573	南鮮版	1937-10-26	07단	二千圓獻金/東洋琺瑯會社
11574	南鮮版	1937-10-26	08단	大好成績の魚群探見飛行/南鮮、西鮮でも實施
11575	南鮮版	1937-10-26	08단	步工聯合演習
11576	南鮮版	1937-10-26	08단	連日大賑ひ/釜山高小の記念販賣實習會
11577	南鮮版	1937-10-26	09단	病舍一棟全燒/新築の道立安州醫院

일련번호	판명	간행일	단수	기사명
11578	南鮮版	1937-10-26	09단	星州市內電話/廿九日から開通
11579	南鮮版	1937-10-26	09단	崔承喜來鮮/「大金剛山の體」愈よ撮影着手
11580	南鮮版	1937-10-26	10단	騰勢の大炭/慶南で增産手配
11581	南鮮版	1937-10-26	11단	拐帶靑年/釜山でご用
11582	南鮮版	1937-10-26	11단	病氣を苦に縊死
11583	南鮮版	1937-10-26	11단	複線工事竣工/京釜線の沙上、龜浦間
11584	南鮮版	1937-10-26	11단	五名大火傷/ボイラーの上に就寢し
11585	南鮮版	1937-10-26	11단	トラック墜落/便乘者卽死
11586	南鮮版	1937-10-27	01단	動物慰靈祭
11587	南鮮版	1937-10-27	01단	*財界人事の刷新　有賀殖銀頭取 愈よ辭任に決る 特株銀行人事刷新の先獨れ　　後任は發令後決定/加藤鮮銀總裁も近々に辭任か　問題はたゞその期待/殖産銀行後任　噂に上る顔獨れ　林、矢鍋兩氏最も有力*
11588	南鮮版	1937-10-27	01단	竣工の忠南産業奬勵館
11589	南鮮版	1937-10-27	03단	大學、專門學校/聯合演習/二十九日擧行
11590	南鮮版	1937-10-27	03단	釜山鐵道會館/增築工事/近く着工
11591	南鮮版	1937-10-27	03단	鮮米輸送運賃の値上げは必至か/近く改訂會議開催
11592	南鮮版	1937-10-27	03단	忠南産業奬勵館/見事に竣工
11593	南鮮版	1937-10-27	04단	釜山水産物/天津で大好平/愈よ北支進出を約束
11594	南鮮版	1937-10-27	04단	戰歿者追悼法會
11595	南鮮版	1937-10-27	04단	*ベッドの上では强ものも赤ん坊　白衣の天使から本社京城支局へ　感激の野戰病院便り/皇軍の有難さに感泣の支郡住民 坂田慶南道議 村尾忠南道議の戰線慰問談*
11596	南鮮版	1937-10-27	05단	*産業/山羊の奇病『腰痲酔』　　治療法發見さる/關門市況(廿六日)/季節の靑果市況/養鷄飼料相場(關門船車乘値)/關門諸物價(廿六日正午調)*
11597	南鮮版	1937-10-27	05단	委任事項規定/全面的に改正
11598	南鮮版	1937-10-27	06단	各菱とも增收/忠南の收穫高
11599	南鮮版	1937-10-27	07단	釜山に三人組强盜/五時間後に一網打盡に逮捕/北釜山署初の大手柄
11600	南鮮版	1937-10-27	07단	千五百名が殺到/凄い鐵道局就職志願者
11601	南鮮版	1937-10-27	08단	*海州道立病院　工事に着手/江陵にも道立病院*
11602	南鮮版	1937-10-27	09단	*松井司令官へ　祝電を發す 小磯司令官から/才田兵曹の大邱府民葬 來月四日執行*
11603	南鮮版	1937-10-27	09단	永登浦市街地整理/施工を認可さる
11604	南鮮版	1937-10-27	10단	全北號陵軍機/卅日全州で獻納命名式

일련번호	판명	간행일	단수	기사명
11605	南鮮版	1937-10-27	11단	問島からも　愛國機獻納/遺族弔問 陸軍大臣代理荒木大佐
11606	南鮮版	1937-10-27	11단	銃後の赤誠
11607	南鮮版	1937-10-28	01단	上海戰大勝利に全鮮を擧げ祝賀　けふ大提燈行列擧行/中部戰線の辛苦 保定、石家莊攻略の比に非ず ○○部隊長から初の陳中便り
11608	南鮮版	1937-10-28	01단	正大線井陘驛に倒着の○○部隊/喜多特派員撮影
11609	南鮮版	1937-10-28	04단	上海に暴動效發か　支那避難民動搖す/謝電に返電 部隊長から京城府尹へ
11610	南鮮版	1937-10-28	04단	愛婦大田分會總會
11611	南鮮版	1937-10-28	05단	對支貿易好轉/北支輸出の激增で
11612	南鮮版	1937-10-28	05단	滿洲移民を統制/委員會を設け數量を割當る/明年度から實施
11613	南鮮版	1937-10-28	05단	産業/簡易牛衡器を發明　費用は僅に八十圓/日向千切大根更に躍進を期す/關門市況（二十七日）/季節の靑果市況/養鷄飼料相場（關門船車乘値）/關門諸物價（廿七日正午調）
11614	南鮮版	1937-10-28	06단	美談一束
11615	南鮮版	1937-10-28	07단	米穀資金/運用方針決る
11616	南鮮版	1937-10-28	07단	總額五億圓を突破/總督府の明年度豫算
11617	南鮮版	1937-10-28	08단	殖銀頭取後任に林財務局長有力/就任は殆ど確定的
11618	南鮮版	1937-10-28	08단	銀行會社も動員/國民精神作興週間の行事に/强制的に参加さす
11619	南鮮版	1937-10-28	09단	無檢査白米/釜山府內に盛んに現る
11620	南鮮版	1937-10-28	10단	加德燈台沖で小汽船衝突/辛ひに沈沒を免がる
11621	南鮮版	1937-10-28	10단	燈管規則改正
11622	南鮮版	1937-10-28	10단	總督府辭令（二十七日發令）
11623	南鮮版	1937-10-28	11단	列車ボーイの阿片密輸/新義州で捕る
11624	南鮮版	1937-10-28	11단	釜山秋競馬/前人氣さかん
11625	南鮮版	1937-10-28	11단	壽松普校/上棟式擧行
11626	南鮮版	1937-10-28	11단	衛生組合增設/釜山で協議
11627	南鮮版	1937-10-28	11단	全兒童學術展示會
11628	南鮮版	1937-10-29	01단	娘子關頭高し日章旗/世界戰史に不滅！天嶮・娘子關の攻略　武勳赫々の鯉登、小林兩部隊 更に太原目指し猛進/果敢な大山岳戰 鯉登部隊の奮戰記
11629	南鮮版	1937-10-29	01단	月明の岩壁上に　壯烈！大肉彈戰 小林部隊の奮戰記/岩山高地も占領　安武中尉狀烈の戰死/アサヒグラフに記念の雄姿 小木谷少尉/新婚早々 安武敏臣中尉/戰死は本懷　岸推尉夫人建氣に語る

일련번호	판명	간행일	단수	기사명
11630	南鮮版	1937-10-29	04단	專賣局大增員
11631	南鮮版	1937-10-29	06단	北支アルプス越え　殊勳森本部隊の迂回作戰/上海で戰死藤井准尉/晝は期行列　夜は提燈行列　釜山の上海戰浦祝賀/憎くや雨 大邱の旗行列 途中で解散す
11632	南鮮版	1937-10-29	06단	産業/賣藥進出の好機　大興司と商談成り さらに配置をも計畫/米は乾燥第一　筵乾法を奬勵/關門市況（二十八日）/季節の靑果市況/養鷄飼料相場（關門船車乘値）/關門諸物價（廿八日正午調）
11633	南鮮版	1937-10-29	11단	京城に暗躍の少年怪盜團/本町署で檢擧
11634	南鮮版	1937-10-29	11단	僞制札を立て鐵管盜掘/大膽な人夫
11635	南鮮版	1937-10-29	11단	總督府辭令
11636	南鮮版	1937-10-30	01단	殖銀頭取後任に林本府財務局長　財務局長には水田司計課長　既定方針通り決る/終始財務局勤務　退官を惜まれる林さん/問題の資金政策 林新殖銀頭取に期待
11637	南鮮版	1937-10-30	01단	もっと手柄を早い戰死を殘念がる/中溝菊二大尉夫人
11638	南鮮版	1937-10-30	03단	鹽魚出荷奬勵金
11639	南鮮版	1937-10-30	03단	交通安全施設に七百圓寄附/犧性となった愛孫の忌明けに
11640	南鮮版	1937-10-30	03단	東海北部線/干城、襄陽間/十二月一日から營業を開始
11641	南鮮版	1937-10-30	03단	全く嵌り役/水田新財務局長
11642	南鮮版	1937-10-30	03단	歎びの御兩人
11643	南鮮版	1937-10-30	04단	上海戰逮祝賀行列
11644	南鮮版	1937-10-30	05단	産業/考へたり防胸具　無敵皇軍これで鬼に金棒か 彈丸よけネクタイ/關門市況（二十九日）/季節の靑果市況/養鷄飼料相場（關門船車乘値）/關門諸物價（廿九日正午調）
11645	南鮮版	1937-10-30	05단	提出議題決る/全鮮工業者大會
11646	南鮮版	1937-10-30	06단	中川技監視察/南江切落し工事
11647	南鮮版	1937-10-30	07단	四ヶ里合併/人口十一萬に開城府の市街地計畫
11648	南鮮版	1937-10-30	08단	京城第二高女/排球に決勝/神宮競技大會
11649	南鮮版	1937-10-30	08단	觀測所移轉に反對を表明/仁川で猛運動を起す
11650	南鮮版	1937-10-30	08단	放牛が飛び込み/貨車脫線墜落/咸鏡線鐵橋上の珍事
11651	南鮮版	1937-10-30	08단	司法規則/改正委員會/總督府で開催
11652	南鮮版	1937-10-30	08단	沈默の双里凱旋/双里倉次伍長
11653	南鮮版	1937-10-30	09단	日本刀で脅迫/釜山にまた强盜現る
11654	南鮮版	1937-10-30	09단	中央試驗所の支所設置要望/釜山の工業振興座談會
11655	南鮮版	1937-10-30	10단	城大豫科理科/增設豫算/査定を通過す
11656	南鮮版	1937-10-30	10단	皇國臣民體操/使用木劍決る

일련번호	판명	간행일	단수	기사명
11657	南鮮版	1937-10-30	11단	大雷雨/釜山地方襲ふ
11658	南鮮版	1937-10-30	11단	病害蟲驅除國庫補助金
11659	南鮮版	1937-10-30	11단	釜山港沖で漁船轉覆/全部救助さる
11660	南鮮版	1937-10-30	11단	釜山
11661	南鮮版	1937-10-30	11단	新京、淸津間/定期航空/一日から就航
11662	南鮮版	1937-10-30	11단	朝日世界ニュース/東京、大阪と同時に封切/釜山寶來館
11663	南鮮版	1937-10-31	01단	*南苑の花　目取眞中尉 溫情部隊長の手向けの手記 まづ第一篇を脫稿/とてもの親思ひ 戰死の服部宇太一上尉/麗しの獻金 半島第二國民に漲る祖國愛*
11664	南鮮版	1937-10-31	01단	*兩水電へ抗議起る　水畓五百町步が灌漑不能に陷る 長津江水電の擴張計畫で　農家三百戶、死活に直面/流筏を危惧 鴨綠江水電で脅威の 安、義木材業者色めく*
11665	南鮮版	1937-10-31	03단	親を惱ます中學生/さてどう監督したものか……/苦心を語る母の座談會
11666	南鮮版	1937-10-31	04단	背面高地より望んだ井陘盆地/喜多本社特派員撮影
11667	南鮮版	1937-10-31	05단	*産業/初めて成功した　草魚の稻田放養 除草も省け頗る有利/記錄的の高値　島根の葵山/關門市況（三十日）/季節の靑果市況/養鷄飼料相場（關門船車乘値）/關門諸物價（三十日正午調）*
11668	南鮮版	1937-10-31	07단	全日本號に感激の獻金/慶南大渚面の篤農家
11669	南鮮版	1937-10-31	07단	火の波萬歲の嵐/皇軍大捷祝賀提燈行列/京城で盛大に擧行
11670	南鮮版	1937-10-31	08단	北支農業移民は/まづ調査が肝要/高橋農林次官視察談
11671	南鮮版	1937-10-31	09단	*機關銃獻納　　釜山第二小學校の愛國の結晶/高射重機關銃 京畿道から四基を獻納*
11672	南鮮版	1937-10-31	09단	美術館愈よ建設/工費十五萬圓で本府後庭に半島美術の新豪華殿生る
11673	南鮮版	1937-10-31	10단	時局紙芝居/慶南で巡廻
11674	南鮮版	1937-10-31	11단	劍道、射擊大會
11675	南鮮版	1937-10-31	11단	工業部會開催/京畿道産業調整委員會
11676	南鮮版	1937-10-31	11단	道路が崩潰/釜山に大豪雨
11677	南鮮版	1937-10-31	11단	釜山第一小の記念運動會/一日に開催
11678	南鮮版	1937-10-31	11단	容疑者檢擧/釜山大廳町の强盜事件
11679	南鮮版	1937-10-31	11단	忠南物産展/盛大な開會式

1937년 11월

일련번호	판명	간행일	단수	기사명
11680	南鮮版	1937-11-02	01단	愛國心に燃ゆる/半島出身の小學生 校中で敬愛の的！
11681	南鮮版	1937-11-02	01단	世界的難工事の惠山線愈よ全通/盛大開通式擧行
11682	南鮮版	1937-11-02	03단	崇專救はる李鍾萬氏の義擧
11683	南鮮版	1937-11-02	03단	北支水産物狀況報告會
11684	南鮮版	1937-11-02	04단	總督府辭令
11685	南鮮版	1937-11-02	04단	正定戰捷の奉告祭/盛大に執行
11686	南鮮版	1937-11-02	04단	戰捷祝賀大賣出し
11687	南鮮版	1937-11-02	04단	連日大奮鬪！/神宮體育大會で氣を吐く半島選手
11688	南鮮版	1937-11-02	04단	全鮮工業者大會/平壤で盛大に開かる
11689	南鮮版	1937-11-02	05단	産業/地方物産を斡旋　東京商工相談所乘出す/熊本密柑豊作/關門市況（一日）/季節の靑果市況/養鷄飼料相場（關門船車采値）/關門糖粉相場/關門諸物價（一日年午調）
11690	南鮮版	1937-11-02	05단	忠北美談集
11691	南鮮版	1937-11-02	05단	北支皇軍慰問報告演說會/府民館で開催
11692	南鮮版	1937-11-02	06단	香奠返しを獻金
11693	南鮮版	1937-11-02	06단	畜産報國大會/全鮮一齊に開催
11694	南鮮版	1937-11-02	06단	明治節/京城の奉祝行事
11695	南鮮版	1937-11-02	07단	色紙奇託/金容鎭氏が皇軍慰問に
11696	南鮮版	1937-11-02	07단	今様彦九郞/皇陵巡拜の旅に上る
11697	南鮮版	1937-11-02	07단	遞信局の雇南山で自殺
11698	南鮮版	1937-11-02	07단	全鮮保護觀察所長會議
11699	南鮮版	1937-11-02	08단	記錄的の大豊作/本年度來實收高【千四百六十八萬百一石】
11700	南鮮版	1937-11-02	08단	應召軍人に化け鮮滿を荒す/僞少尉釜山で捕はる
11701	南鮮版	1937-11-02	08단	連日大賑ひ/忠南物産展
11702	南鮮版	1937-11-02	09단	赤誠の慰問袋/淸州女子高普卒業生の奉仕
11703	南鮮版	1937-11-02	09단	法院支廳盈德に新設
11704	南鮮版	1937-11-02	10단	南鮮一帶が突如眞ッ暗がり/寧越火力初の故障
11705	南鮮版	1937-11-02	10단	京城の强盜/犯人捕はる
11706	南鮮版	1937-11-02	11단	製造中の爆藥/溫突で爆發/夫婦重傷負ふ
11707	南鮮版	1937-11-02	11단	登記出張所四ヶ所に所新設
11708	南鮮版	1937-11-02	11단	京城の老婆轢逃犯人/淸津で逮捕
11709	南鮮版	1937-11-02	11단	集金を競馬で費消
11710	南鮮版	1937-11-03	01단	血湧き肉躍る北支轉戰行！/川上少尉手記/世界戰史に輝く武勳赫々の鯉登部隊奮戰日記(七日~十五日)

일련번호	판명	간행일	단수	기사명
11711	南鮮版	1937-11-03	02단	“連戰連勝實に愉快この上無候”/天晴れ、李少尉の戰線便り
11712	南鮮版	1937-11-03	04단	水田財務局長東上
11713	南鮮版	1937-11-03	04단	防共に蹶起のカトリック敎徒/皇軍の武運を祈る御彌撒祭執行
11714	南鮮版	1937-11-03	05단	*産業/好値の蔬菜類は一段と先高見込/不作と大量需要で/關門市況(二日)/養鷄飼料相場(關門船車采値)/季節の靑果市況/關門糖粉相場/關門諸物價(一日年午調)*
11715	南鮮版	1937-11-03	05단	弟も第一線戰死の下條少尉
11716	南鮮版	1937-11-03	05단	松本伍長の釜山府民葬
11717	南鮮版	1937-11-03	05단	臨時資金調整三件を許可/その他は保留
11718	南鮮版	1937-11-03	06단	才田兵曹遺骨
11719	南鮮版	1937-11-03	06단	間島省長後任に李範益氏を起用/滿洲國初の半島出身省長
11720	南鮮版	1937-11-03	06단	早速肩章の取替/大將になった小磯司令官/貔貅の誠を誓ふ
11721	南鮮版	1937-11-03	07단	“同胞の赤誠”パンフレット內地へ配送
11722	南鮮版	1937-11-03	07단	釜山商議の北支視察團/十名を派遣
11723	南鮮版	1937-11-03	07단	*けふ大提燈行列　釜山の上海戰勝祝賀/鎭海でも擧行　今夜盛大に*
11724	南鮮版	1937-11-03	08단	公益質屋增設/釜山で一ヶ所
11725	南鮮版	1937-11-03	08단	榮冠再び半道へ/神宮體育大會八百米繼走に養成高普堂々優勝
11726	南鮮版	1937-11-03	08단	全鮮司法官會議
11727	南鮮版	1937-11-03	09단	軍用機バッヂ/釜山女高普で漏れなく購入
11728	南鮮版	1937-11-03	09단	南總督歸任
11729	南鮮版	1937-11-03	09단	支那農民は悉く/皇軍に信頼/齋藤參謀の北支視察談
11730	南鮮版	1937-11-03	10단	釜山毛利城址公園化/愈よ近く着工
11731	南鮮版	1937-11-03	10단	不良蒸溜水を賣る
11732	南鮮版	1937-11-03	11단	精神作興週間宣傳ネット/京城で各高層建築物に吊す
11733	南鮮版	1937-11-03	11단	坂田道議の巡廻講演會
11734	南鮮版	1937-11-03	11단	精神作興週間/釜山の行事
11735	南鮮版	1937-11-04	01단	明治節/嚴肅な拜賀式/本府大ホールで擧行(釜山、開城、明治節の夕)
11736	南鮮版	1937-11-04	01단	*凱歌高らかに揚る　新宮體育大會に萬丈の氣を吐く　我らが半島代表選手の活躍/マラソン　世界記錄に肉薄　堂々！孫君の神宮記錄を破る　優勝・柳選手の活躍/軟式庭球　府縣對抗戰で東京を擊破優勝　男子學生選手權も獲得/重量揚　斷然世界記錄　驚異の新人・南選手/蹴球惜敗　代表恨み呑む*

일련번호	판명	간행일	단수	기사명
11737	南鮮版	1937-11-04	03단	勞働者も斡旋/釜山職紹の機能强化
11738	南鮮版	1937-11-04	04단	消防功勞者勤續者表彰
11739	南鮮版	1937-11-04	05단	東京憲兵隊副隊長に勞轉/村野大邱隊長
11740	南鮮版	1937-11-04	05단	凄絕山上の組討/靑龍刀揮ひ逆襲の山西軍に皇軍得意の肉彈戰
11741	南鮮版	1937-11-04	05단	遂に二億圓突破/斷然好況の對外貿易
11742	南鮮版	1937-11-04	06단	蒼空に力强い亂舞/朝鮮新宮體育大會最後を飾る/第一回グライダー競技大會
11743	南鮮版	1937-11-04	06단	春蠶狀況
11744	南鮮版	1937-11-04	07단	盛大な記念式/六十周年迎へた釜山高小
11745	南鮮版	1937-11-04	07단	昨年中の死亡者四十三萬四千人/依然として高い死亡率
11746	南鮮版	1937-11-04	07단	大いに武名を發揚/鈴木(謙)部隊長の戰線便り
11747	南鮮版	1937-11-04	07단	結婚話を斷る/戰死の香西少尉
11748	南鮮版	1937-11-04	09단	歡びの小磯司令官
11749	南鮮版	1937-11-04	09단	朝室で大規模な製鐵事業に着手/愈よ野口、森の大相撲
11750	南鮮版	1937-11-04	09단	沈默の凱旋/故才田航空兵曹
11751	南鮮版	1937-11-04	09단	琴湖平原で壯烈な攻防戰/大邱聯隊の秋季演習
11752	南鮮版	1937-11-04	10단	勤農輔導懇談會
11753	南鮮版	1937-11-04	11단	釜山第二小學校機關銃獻納式/盛大に擧行
11754	南鮮版	1937-11-04	11단	畜産報國大會盛大に開催
11755	南鮮版	1937-11-04	11단	京城高工に愈よ機械科/豫算通過す
11756	南鮮版	1937-11-05	01단	滿洲移民數量決る/集團移民---五千戶/自由移民---三千戶/新京で第一回委員會開催/松澤外務部長……歸來談……
11757	南鮮版	1937-11-05	01단	銃後の士氣を振作/國民精神作興週間の行事決る/守れ生活改善十則
11758	南鮮版	1937-11-05	02단	南總督が高齡者招待/週間第六日に
11759	南鮮版	1937-11-05	03단	*慶祝二重奏　釜山の戰捷祝賀提燈行列/鎭海でも盛大に擧行/鈴木部隊の戰捷も祝賀大邱の提燈行列*
11760	南鮮版	1937-11-05	03단	明治節奉祝
11761	南鮮版	1937-11-05	04단	新宮大麻曆頒布式
11762	南鮮版	1937-11-05	05단	*産業/朝鮮沿岸鯖俄に豊漁　注文津で一日三百萬尾/九州、沖縄酒醬油品評會/關門市況(四日)/季節の靑果市況/養鷄飼料相場(關門船車采値)/關門糖粉相場/關門諸物價(四日五午調)*
11763	南鮮版	1937-11-05	05단	高勾麗時代の遺物多數を發掘/平南勝湖里古墳で
11764	南鮮版	1937-11-05	05단	中鮮地方內鮮佛敎徒大會/大田で開催

일련번호	판명	간행일	단수	기사명
11765	南鮮版	1937-11-05	06단	獻金を法文化せ/「兵役稅」の急施叫ばる
11766	南鮮版	1937-11-05	06단	陸軍異動 [朝鮮軍關係者]
11767	南鮮版	1937-11-05	06단	才田航空兵曹/大邱府民葬/盛大に營まる
11768	南鮮版	1937-11-05	07단	産業試驗機關聯絡會義/總督府で開催
11769	南鮮版	1937-11-05	07단	稅務講習會修了式
11770	南鮮版	1937-11-05	08단	團體は齒專優勝/グライダー競技入賞者
11771	南鮮版	1937-11-05	08단	碧空を剪るプライマリー機
11772	南鮮版	1937-11-05	08단	晋州小學校講堂竣工落成式擧行
11773	南鮮版	1937-11-05	08단	京城消防署の秋季演習
11774	南鮮版	1937-11-05	09단	貯金强調週間
11775	南鮮版	1937-11-05	09단	忠南商工業者大會
11776	南鮮版	1937-11-05	10단	慶北の蠶神祭
11777	南鮮版	1937-11-05	10단	哀れ荷札少年/木札を胸に群山から熊本へ/捜す母親は內地人
11778	南鮮版	1937-11-05	10단	釜山南港外で運搬船衝突/追突船は逃走
11779	南鮮版	1937-11-05	11단	銃後の赤誠
11780	南鮮版	1937-11-05	11단	釜中、東萊高普對抗野外演習/あす東萊で擧行
11781	南鮮版	1937-11-05	11단	草刈鎌で慘殺/口論の揚句
11782	南鮮版	1937-11-06	01단	川合玉堂畵伯の『宿雪』
11783	南鮮版	1937-11-06	01단	百萬圓を奮發し畜産の大增産/南總督提唱の農工倂進政策/愈よ實現第一步へ(畜牛の增産、緬羊の增産、馬四の增産)
11784	南鮮版	1937-11-06	01단	波瀾は免れぬ？/注目の鮮米輸送會議/八日から京城で開催
11785	南鮮版	1937-11-06	02단	元ドイツ首相/ル博士來城/南總督と懇談
11786	南鮮版	1937-11-06	02단	密漁取締り/慶南で取締船を總動員
11787	南鮮版	1937-11-06	03단	禁酒禁煙法/愈よ近く內地同樣實施
11788	南鮮版	1937-11-06	03단	緊縮方針の慶南道豫算/編成に着手
11789	南鮮版	1937-11-06	04단	*産業/國産桐の增産へ　苗品評會で優良種推奬普及/關門市況（五日）/季節の靑果市況/養鷄飼料相場（關門船車采値）/關門糖粉相場/關門諸物價（五日五午調）*
11790	南鮮版	1937-11-06	04단	陣列替/德壽宮美術館
11791	南鮮版	1937-11-06	04단	鮮産琺瑯鐵器の物凄い海外進出/足元にも寄れぬ內地産
11792	南鮮版	1937-11-06	04단	“日く言ひ難し”歸城の加藤鮮銀總裁/總督と會見後語る
11793	南鮮版	1937-11-06	05단	敵彈に屈せず/果敢な目標指示/壯烈無比川井田伍長の戰死
11794	南鮮版	1937-11-06	05단	故才田航空兵の大邱府民葬
11795	南鮮版	1937-11-06	05단	石炭需給會義
11796	南鮮版	1937-11-06	06단	小口道議の報告講演會

일련번호	판명	간행일	단수	기사명
11797	南鮮版	1937-11-06	07단	一人息子で大の孝行者/故須賀上等兵
11798	南鮮版	1937-11-06	07단	三井で特約販賣か/愈よ北支へ進出の朝鮮煙草/物産支店長ら急遽來城
11799	南鮮版	1937-11-06	07단	業種別代表の選出を勸奬/大邱商議改選近づく
11800	南鮮版	1937-11-06	08단	朝鮮放送協會でマーク懸賞募集
11801	南鮮版	1937-11-06	08단	專門學校合同美術展/京城醫專で開催
11802	南鮮版	1937-11-06	09단	壯烈な戰死/松原信之軍曹
11803	南鮮版	1937-11-06	09단	劍道の達人/馬山府最初の戰死者秋吉一等兵
11804	南鮮版	1937-11-06	09단	鐵道局職員表彰
11805	南鮮版	1937-11-06	09단	靈峰智異山に登山道路愈よ公園化
11806	南鮮版	1937-11-06	10단	名譽の戰死/須能上等兵
11807	南鮮版	1937-11-06	10단	白龍天に躍る/京城消防署の秋季點儉式きのふ盛大に擧行
11808	南鮮版	1937-11-06	10단	故笠井檢事長葬儀/きのふ盛大に營まる
11809	南鮮版	1937-11-06	11단	慶南道の米穀貯藏割當
11810	南鮮版	1937-11-06	11단	釜山秋競馬/愈よ近づく
11811	南鮮版	1937-11-06	11단	刑務所開放/參觀に供す
11812	南鮮版	1937-11-06	11단	各地から(釜山、大邱)
11813	南鮮版	1937-11-06	11단	軍用機バッヂ購入
11814	南鮮版	1937-11-06	11단	京城西部隣保館上棟式
11815	南鮮版	1937-11-07	01단	學園に描く非常時風景/全學生に斷髮令同時に禁酒、禁煙も實行/生徒主事會議で申合す
11816	南鮮版	1937-11-07	01단	“相寄る二つの魂ドイツは飽まで日本の友邦だ”ル元獨首相京城で語る
11817	南鮮版	1937-11-07	01단	京城消防署秋季點檢式における分列行道
11818	南鮮版	1937-11-07	02단	南總督、今度は湖南を視察/この中旬ごろ
11819	南鮮版	1937-11-07	02단	論功行賞
11820	南鮮版	1937-11-07	03단	柳支那大使館附秘書官來鮮
11821	南鮮版	1937-11-07	03단	懸案の硫安統制プール組織に決る/地方販賣店は整理か
11822	南鮮版	1937-11-07	03단	原料難で悲鳴/狼狽の釜山工業界
11823	南鮮版	1937-11-07	03단	國防獻金/軍司令部寄託
11824	南鮮版	1937-11-07	04단	內務産業部長會議
11825	南鮮版	1937-11-07	04단	白衣の勇士の慰安演藝會/釜山愛婦で開催
11826	南鮮版	1937-11-07	04단	部隊長から表彰/響れの愛國朝鮮人農夫

일련번호	판명	간행일	단수	기사명
11827	南鮮版	1937-11-07	05단	*産業/南國熊本に多産鷄　年間三百五十八個/ドクダミからコーヒを作る　佐賀縣下發賣/關門市況(六日)/季節の青果市況/養鷄飼料相場(關門船車采値)/關門糖粉相場/關門諸物價(六日正午調)*
11828	南鮮版	1937-11-07	05단	太原陷落祝賀大旗行列/全鮮一齊に擧行す
11829	南鮮版	1937-11-07	05단	*北滿討匪行で壯烈な戰死　橋塚一等兵/增田一等兵戰死/故松本伍長の釜山府民葬 盛大に執行*
11830	南鮮版	1937-11-07	06단	京畿道內の青年團結成/續々と生まる
11831	南鮮版	1937-11-07	07단	元山弓友會(一組)優勝/本社京城支局主催/江原、咸南兩道弓道競射大會/大白熱戰を展開す
11832	南鮮版	1937-11-07	07단	朴代議士北行
11833	南鮮版	1937-11-07	08단	總督府辭令
11834	南鮮版	1937-11-07	09단	*精神總動員 狀況を視察 京畿道で/慶北でも視察*
11835	南鮮版	1937-11-07	09단	國婦會員も敢然參加す/鎭海射擊大會
11836	南鮮版	1937-11-07	10단	年賀郵便は激增豫想/氣の早い釜山局の準備
11837	南鮮版	1937-11-07	10단	女給風の溺死體
11838	南鮮版	1937-11-07	11단	輝く功勞章/田中浦項消防組組頭に傳達
11839	南鮮版	1937-11-07	11단	屎尿處理場/釜山の計畫成る
11840	南鮮版	1937-11-07	11단	魚群偵察飛行/慶南で二ヶ所に格納庫建設
11841	南鮮版	1937-11-07	11단	南鮮ゴムの事務所竣工
11842	南鮮版	1937-11-07	11단	三名死傷/慶北商工奬勵館の珍事
11843	南鮮版	1937-11-07	11단	心臟の弱い居直り强盜
11844	南鮮版	1937-11-09	01단	內鮮差別撤廢の新教育案審議/教育審議會第一回委員會きのふ本府で開催
11845	南鮮版	1937-11-09	01단	飛行機製作工場/愈よ朝鮮に建設/平壤郊外に敷地買收
11846	南鮮版	1937-11-09	01단	*"弟がきっと仇を"　新婚早々の大塚少尉夫人健氣に覺悟を語る/美談の主　戰死の大林君/評判の孝行者　麗水最初の戰死金山一等兵*
11847	南鮮版	1937-11-09	02단	河川令改正/法制局に回付
11848	南鮮版	1937-11-09	02단	戰死は覺悟/末永准尉夫人健氣にかたる
11849	南鮮版	1937-11-09	03단	開催期日延期/鮮米輸送運賃改訂會議
11850	南鮮版	1937-11-09	03단	誰でも簡單に買へる債券/愈よ十六日から賣出し
11851	南鮮版	1937-11-09	04단	補充兵特務教育
11852	南鮮版	1937-11-09	04단	無言の凱旋/故服部上尉
11853	南鮮版	1937-11-09	04단	蔚山飛行場浸水で使用禁止

일련번호	판명	간행일	단수	기사명
11854	南鮮版	1937-11-09	04단	三百六十萬圓突破/朝鮮軍司令部愛國部への物凄い內鮮一體の獻金(國防獻金)
11855	南鮮版	1937-11-09	05단	*産業/豆粕生産高(自昨年十月至本年九月)淸津の躍進目覺し/關門市況(八日)/季節の靑果市況/養鷄飼料相場(關門船車采値)/關門糖粉相場/關門諸物價(八日正午調)*
11856	南鮮版	1937-11-09	05단	婦人も銃取って
11857	南鮮版	1937-11-09	05단	*太原攻略に偉勳/輝く○○部隊の活躍/太原陷落祝賀　けふ釜山で旗行列*
11858	南鮮版	1937-11-09	07단	銃後の赤誠
11859	南鮮版	1937-11-09	07단	汽船と衝突/漁船沈沒/釜山港の珍事
11860	南鮮版	1937-11-09	08단	朝鮮紡績組合結成/組合長に金京紡社長
11861	南鮮版	1937-11-09	08단	內務局社會課/釜山出張所新築落成
11862	南鮮版	1937-11-09	08단	漁業家の痛手に對し國庫補助を支給/重油の輸入稅免除撤廢で
11863	南鮮版	1937-11-09	09단	釜山鐵道會館/客室を增設/近く着工
11864	南鮮版	1937-11-09	09단	麗しの隣人愛！/病苦と失業苦に惱む一家へ/勇士の家庭から溫い同情
11865	南鮮版	1937-11-09	10단	度量衡器一齊檢査
11866	南鮮版	1937-11-09	11단	機關車刎る/泥醉男卽死
11867	南鮮版	1937-11-09	11단	戰車に刎らる
11868	南鮮版	1937-11-09	11단	試驗船に忍び込む
11869	南鮮版	1937-11-09	11단	自動車河中に轉落
11870	南鮮版	1937-11-09	11단	各地から(釜山)
11871	南鮮版	1937-11-10	01단	學校の名稱統一し內鮮仲よく共學/半島敎育制度の畫期的改正/愈よ明春から實施
11872	南鮮版	1937-11-10	01단	應召者に對する地方稅の減免/本府から各道に指示
11873	南鮮版	1937-11-10	01단	*眞面目な靑年　北支で戰死の西村一等兵/壯烈な戰死　大野上等兵/戰死は覺悟　玉井准尉夫人健氣にかたる*
11874	南鮮版	1937-11-10	02단	張總理一行
11875	南鮮版	1937-11-10	02단	有賀氏退城
11876	南鮮版	1937-11-10	02단	懸案の道路令/漸く審議終了す/坂本事務官携行東上
11877	南鮮版	1937-11-10	03단	非常な好成績/本年の製鹽狀況
11878	南鮮版	1937-11-10	03단	鮮米賣上げ數量/本年は五十萬石か
11879	南鮮版	1937-11-10	03단	石原司令官/麗水を視察
11880	南鮮版	1937-11-10	03단	低資融通懇談會
11881	南鮮版	1937-11-10	04단	總督夫人東上

일련번호	판명	간행일	단수	기사명
11882	南鮮版	1937-11-10	04단	十月中對支貿易
11883	南鮮版	1937-11-10	04단	*祝・太原攻略！祝福・防共協定成立/京成で感激の旗行列/府尹より祝電/光州*
11884	南鮮版	1937-11-10	04단	*司法官首脳部異動 檢事長に增永法務局長　兩氏とも適任/增永氏談/宮本氏談*
11885	南鮮版	1937-11-10	05단	*産業/暖氣製造不能 日向千切大根/生産高減少　豌豆と蠶豆/關門市況（九日）/季節の靑果市況/養鷄飼料相場（關門船車采値）/關門糖粉相場/關門諸物價（九日正午調）*
11886	南鮮版	1937-11-10	05단	ゴム同業組合が全鮮的に合同/近く京城で委員會
11887	南鮮版	1937-11-10	06단	海州に製錬所/設立認可さる
11888	南鮮版	1937-11-10	06단	釜山商議總會
11889	南鮮版	1937-11-10	07단	これは豪勢な！/高射重機銃なんと十五台/忠淸北道から獻納/城大の慰問金募集行事
11890	南鮮版	1937-11-10	07단	釜山はけふ
11891	南鮮版	1937-11-10	07단	釜山在鄕東分會の發火演習
11892	南鮮版	1937-11-10	07단	古巣に返り咲き/平壤土木出張所長に榮轉の待山義雄氏
11893	南鮮版	1937-11-10	08단	城大の慰問金募集行事
11894	南鮮版	1937-11-10	08단	輸出入共新記錄/但し輸出は最高、輸入は最低/釜山港の十月中貿易
11895	南鮮版	1937-11-10	08단	儒林に日本外史/慶北で配布
11896	南鮮版	1937-11-10	09단	鱈一億尾放流/鎭海灣で大々的に增殖
11897	南鮮版	1937-11-10	09단	海蛟一派の共産匪歸順/輯安城內に押送
11898	南鮮版	1937-11-10	09단	平南警察部で敎養デー設定
11899	南鮮版	1937-11-10	10단	谷底に墜落し同乘者二名卽死/無免許の自動車運轉
11900	南鮮版	1937-11-10	11단	馬山淸酒の記錄的造石/二萬千二百石
11901	南鮮版	1937-11-10	11단	義勇隊擴大/平壤の消防陣
11902	南鮮版	1937-11-10	11단	炭鑛地帶學童のトラホーム檢査
11903	南鮮版	1937-11-10	11단	とんだ狂言
11904	南鮮版	1937-11-10	11단	各地から(開城)
11905	南鮮版	1937-11-11	01단	*國民精神作興 詔書奉讀式　總督府で嚴肅に擧行(京城、大邱、光州)南總督聲明書*
11906	南鮮版	1937-11-11	01단	旗の波
11907	南鮮版	1937-11-11	01단	敗將は兵を語る/皇軍の猛擊に脆くも敗れた/雄閻錫山の泣事(察南戰役、晋東戰役、晋北戰役)

일련번호	판명	간행일	단수	기사명
11908	南鮮版	1937-11-11	04단	麗しの內鮮一體 お丶忠勇果敢な半島同胞の活躍 北支戰線で感謝の的/日本義勇隊員白孝哲君の葬儀 天津で盛大に營まる
11909	南鮮版	1937-11-11	04단	日本は孤立に非ず/局長會議で南總督の力强い訓示
11910	南鮮版	1937-11-11	05단	產業/産卵の世界記錄 年間三百六十二個が三羽 養鷄日本に凱歌/關門市況(十日)/季節の靑果市況/養鷄飼料相場(關門船車采値)/關門糖粉相場/關門諸物價(十日正午調)
11911	南鮮版	1937-11-11	05단	太原陷落祝賀 釜山の旗行列 盛大に催す/晝は旗行列 夜は提燈行列 馬山の催し
11912	南鮮版	1937-11-11	07단	愈よ北支蘆台に安全農村を建設/まづ五千町步を購入/得能技師歸來談
11913	南鮮版	1937-11-11	08단	釜山商議主催/北支視察團/十四日夜出發
11914	南鮮版	1937-11-11	08단	南總督から祝電
11915	南鮮版	1937-11-11	08단	志願兵/正定で戰死の川西一等兵
11916	南鮮版	1937-11-11	09단	"近代支那文化の研究"城大の公開講演
11917	南鮮版	1937-11-11	09단	軍事後援會/遞信局に設立
11918	南鮮版	1937-11-11	09단	半島溫泉の湯治效果は?/愈よ科學的試驗實施
11919	南鮮版	1937-11-11	10단	出征軍人家族の醫藥料減免/鐵道醫院で
11920	南鮮版	1937-11-11	10단	釜山の忠靈塔/委員會で積極的に資金募集
11921	南鮮版	1937-11-11	11단	釜山の敬老會
11922	南鮮版	1937-11-11	11단	可憐な獻金/愛國館建設に一千圓寄附 韓氏夫人から
11923	南鮮版	1937-11-11	11단	司法官異動
11924	南鮮版	1937-11-11	11단	朝鮮行刑規則公布
11925	南鮮版	1937-11-11	11단	各地から(晋州)
11926	南鮮版	1937-11-12	01단	光榮の普通學校御/畏し兩陛下の寫眞を奉戴/御下賜に特別の御取計ひ
11927	南鮮版	1937-11-12	01단	三癩病院に對し御下賜金の御沙汰/皇太后陛下の御仁慈
11928	南鮮版	1937-11-12	01단	祝賀グラフ 祝賀二重奏 大邱で盛んな旗行列/鎭海で大旗行列
11929	南鮮版	1937-11-12	02단	買取販賣を奬勵/產組に對し總督府から通牒
11930	南鮮版	1937-11-12	03단	鮮米輸送會議/十一日から京城で開催
11931	南鮮版	1937-11-12	03단	南總督の聲明/國民精神作興に關し(異常の決意、艱難に遭遇)
11932	南鮮版	1937-11-12	04단	產業/百合根の生産に統制の要望起る 過剩から市價暴落で/關門市況(十一日)/季節の靑果市況/養鷄飼料相場(關門船車采値)/關門糖粉相場/關門諸物價(十一日正午調)

일련번호	판명	간행일	단수	기사명
11933	南鮮版	1937-11-12	04단	波紋描く斷髮令/餘りに高壓的で無理解だと果然反對の烽火揚る
11934	南鮮版	1937-11-12	04단	私立學校にも通達/卽時に實施を促す
11935	南鮮版	1937-11-12	06단	豪勢な慰問品！ 貨車十五輛に積みきれぬ　第一線へ大量發送/軍用機へ獻金　綠旗聯盟から/釜山府民に總督が感謝 銃後任務の遂行に對し
11936	南鮮版	1937-11-12	07단	慶南郵便所長會議
11937	南鮮版	1937-11-12	07단	有賀前殖銀頭取送別會
11938	南鮮版	1937-11-12	08단	時局利用の土地詐欺團/京城西大門署で檢擧
11939	南鮮版	1937-11-12	08단	釜山府會
11940	南鮮版	1937-11-12	09단	釜山電友會/創立總會開催
11941	南鮮版	1937-11-12	09단	理研工場のほか製鐵工場も設置/大河內氏ら鎭南浦視察
11942	南鮮版	1937-11-12	09단	赤十字デー
11943	南鮮版	1937-11-12	10단	棉花の共販/漸く本格的/忠南で活況
11944	南鮮版	1937-11-12	10단	指導者總動員/慶南で農村振興に拍車
11945	南鮮版	1937-11-12	10단	釜山で凍死
11946	南鮮版	1937-11-12	10단	人夫ら三名死傷/トラックと貨物列車が衝突/仁川稅關構內の珍事
11947	南鮮版	1937-11-12	10단	拐帶犯人捕はる
11948	南鮮版	1937-11-12	10단	大邱府營ガス/來月上旬から配給開始
11949	南鮮版	1937-11-12	11단	密輸三人男/新義州で捕はる
11950	南鮮版	1937-11-12	11단	釜山水上署の演武場竣工/近く落成式
11951	南鮮版	1937-11-12	11단	愈よ元山編入/政府米買上の指定地に
11952	南鮮版	1937-11-12	11단	工事人夫の密輸取締/係員を配置す
11953	南鮮版	1937-11-12	11단	慶南辭令（十日）
11954	南鮮版	1937-11-13	01단	窮鼠猫を咬む支那/更に空襲に備へよ/總督府から防空注意
11955	南鮮版	1937-11-13	01단	“出征僅か十日目”殘念がる植村尉夫人/初陣で戰死青山滋准尉
11956	南鮮版	1937-11-13	01단	産業/溫州蜜柑は豐作　福岡、神奈川のみ減收/關門市況（十二日）/季節の靑果市況/養鷄飼料相場（關門船車采値）/關門糖粉相場/關門諸物價（十二日正午調）
11957	南鮮版	1937-11-13	02단	全鮮保護觀察所長會議
11958	南鮮版	1937-11-13	03단	北支那明朗風景
11959	南鮮版	1937-11-13	04단	吉田新京城地方法院長/十六日赴任
11960	南鮮版	1937-11-13	05단	簡閱點呼取止め
11961	南鮮版	1937-11-13	05단	東萊溫泉の新泉掘鑿起工式擧行

일련번호	판명	간행일	단수	기사명
11962	南鮮版	1937-11-13	06단	日本寫眞サロン入選者
11963	南鮮版	1937-11-13	06단	彈痕も生々しく輸送列車の凱旋/鐵道局で永久に保存
11964	南鮮版	1937-11-13	07단	府尹郡守異動/權開城府尹滿洲國入り
11965	南鮮版	1937-11-13	07단	大邱商議立候補者/定員三十名に達す
11966	南鮮版	1937-11-13	07단	"金剛山はスゴイ"ロケーションの日活の一行/景色に呑まれて歸る
11967	南鮮版	1937-11-13	08단	詐欺事件に求刑
11968	南鮮版	1937-11-13	08단	敬老愛幼日/おぢいさんおばあさん至極ご滿悅/南總督の高齡者招待/釜山でも招待
11969	南鮮版	1937-11-13	08단	酒井新任大邱憲兵隊長/釜山で語る
11970	南鮮版	1937-11-13	09단	女教員の服裝を統一/全南で規定を制定す
11971	南鮮版	1937-11-13	09단	廢物利用で軍用機へ獻金/感心な慶南の三姉妹
11972	南鮮版	1937-11-13	09단	慶南道廳員遺家族慰問
11973	南鮮版	1937-11-13	10단	愛國館建設に一千圓寄託/天香閣から
11974	南鮮版	1937-11-13	11단	*煙草聯絡會議 滿洲國も參加/鈴川局長談*
11975	南鮮版	1937-11-13	11단	時局利用の新手渡航術/忽ち見破らる
11976	南鮮版	1937-11-13	11단	更に八件許可/殺到する臨時資金調整中請
11977	南鮮版	1937-11-13	11단	釜山荒しの貴金屬泥棒/徘徊中を逮捕
11978	南鮮版	1937-11-13	11단	グチ密漁取締り
11979	南鮮版	1937-11-14	01단	まるで地獄沙汰/非人道極まる極東ソ領在住朝鮮人の强制移住
11980	南鮮版	1937-11-14	01단	ソ聯排擊を決議/福岡縣半島人團體で
11981	南鮮版	1937-11-14	03단	*産業/發明の企業化斡旋　　帝國發明協會乘出す/關門市況(十三日)/季節の青果市況/養鷄飼料相場(關門船車采値)/關門糖粉相場/關門諸物價(十三日正午調)*
11982	南鮮版	1937-11-14	05단	*戰歿者慰靈祭 馬山で執行/慰問袋發送　慶南道廳員が俸給を醵出し/京城軍事後援聯盟會からも發送/馬山女高の赤誠/老人の獻金*
11983	南鮮版	1937-11-14	06단	監視船照風丸を戰鬪機で威嚇/暴慢極るソ聯の行爲
11984	南鮮版	1937-11-14	06단	本部を設置/京城國防婦人聯合分會を改組/盛んな結成式擧行
11985	南鮮版	1937-11-14	07단	南總督放送/精神作興運動について
11986	南鮮版	1937-11-14	07단	理財課事務官/木野氏兼任
11987	南鮮版	1937-11-14	08단	慶北號飛ぶ/感激の浦項邑民
11988	南鮮版	1937-11-14	08단	大穴が續出/人氣呼ぶ釜山秋競馬
11989	南鮮版	1937-11-14	08단	水産輸出組合假事務所/上海に設置
11990	南鮮版	1937-11-14	08단	海事出張所長異動/殆んど總更送

일련번호	판명	간행일	단수	기사명
11991	南鮮版	1937-11-14	08단	京畿署長異動
11992	南鮮版	1937-11-14	09단	定員一名超過/大邱商議改選活氣呈す
11993	南鮮版	1937-11-14	09단	本年の鮮米移出一千萬石突破か/當面の米穀問題に就き/湯村農林局長談(收穫豫想、鮮米輸送、鮮米移出、鮮米買上)
11994	南鮮版	1937-11-14	09단	慶南辭令（十一日）
11995	南鮮版	1937-11-14	10단	名譽の戰死/本府農試勤務崎田敏秀伍長
11996	南鮮版	1937-11-14	10단	道廳全員の非常召集/慶南で實施
11997	南鮮版	1937-11-14	11단	全鮮官公署に國旗揭揚塔/建設を慫慂
11998	南鮮版	1937-11-14	11단	內鮮兒竜の交歡訪問/釜山で實施
11999	南鮮版	1937-11-14	11단	守谷利助翁の銅像竣工/盛大な除幕式
12000	南鮮版	1937-11-14	11단	胴體を兩斷
12001	南鮮版	1937-11-14	11단	土砂崩潰人夫壓死
12002	南鮮版	1937-11-16	01단	*師範學校增設も計畫年度繰上げ　明年度は二校新設/逐年激增の普通學校就學兒童 本年五月現在九十萬六百五十八名*
12003	南鮮版	1937-11-16	01단	慶北警察署長會議
12004	南鮮版	1937-11-16	01단	令旨奉讀式/來る二十日全鮮靑年團一齊に擧行
12005	南鮮版	1937-11-16	01단	*沿海州朝鮮人に第二次强制移住/逮捕、射殺百七十名に上る　ソ聯の壓迫愈よ熾烈/滿鐵附屬地日本法人の滿洲國法人へ改組手續/總局警務局の移管準備完了*
12006	南鮮版	1937-11-16	02단	西本商工課長東上
12007	南鮮版	1937-11-16	02단	井野次長來鮮
12008	南鮮版	1937-11-16	02단	“カチドキ”發送
12009	南鮮版	1937-11-16	02단	內鮮一體の名前/最近朝鮮人間に斷然殖えた/內地名前の出生屆
12010	南鮮版	1937-11-16	03단	高齡者赤誠の獻金
12011	南鮮版	1937-11-16	03단	*慰問文發送/釜山第七小學校全兒童から/慰問袋一千個/釜山府廳から*
12012	南鮮版	1937-11-16	03단	各種試驗機關聯絡委員會/本府內に設置
12013	南鮮版	1937-11-16	04단	保護觀察所長會議
12014	南鮮版	1937-11-16	04단	畏し天覽賜った圖上作戰の答案/戰死惜まれる村井少尉
12015	南鮮版	1937-11-16	04단	第二次戰歿將兵慰靈祭/今月末盛大に執行
12016	南鮮版	1937-11-16	04단	公益質屋新設/明年度三府に
12017	南鮮版	1937-11-16	05단	*産業/雪國向きの小麥新品種 農林廿五號/興銀臨時總會　上山氏理事就任/關門市況（十五日）/季節の靑果市況/養鷄飼料相場（關門船車采値）/關門糖粉相場/關門諸物價（十五日正午調）*

일련번호	판명	간행일	단수	기사명
12018	南鮮版	1937-11-16	05단	迫擊砲彈で左頸部に重傷/凱旋の森山少佐語る
12019	南鮮版	1937-11-16	06단	ビルマ丸/釜山に奇港
12020	南鮮版	1937-11-16	07단	獻納の報國機慶北號
12021	南鮮版	1937-11-16	08단	森山少佐ら白衣の凱旋
12022	南鮮版	1937-11-16	09단	鮮産綿織物の驚異的海外進出/仕向地十一ヶ國に及ぶ
12023	南鮮版	1937-11-16	09단	穀用叺不足/增産方陳情
12024	南鮮版	1937-11-16	10단	妻女を縛り上げ現金を强奪/慶南に覆面强盜現る
12025	南鮮版	1937-11-16	10단	釜山の身投自殺
12026	南鮮版	1937-11-16	11단	司法官監督官會議
12027	南鮮版	1937-11-16	11단	鎭海、馬山兩靑訓査閱/成積頗る良好
12028	南鮮版	1937-11-16	11단	臨時教練教師の講習會
12029	南鮮版	1937-11-16	11단	商工從業員表彰
12030	南鮮版	1937-11-16	11단	滿浦線驛で電信取扱ひ
12031	南鮮版	1937-11-17	01단	*大邱商議當選者=高點順=/新顔が半數　高杉氏は惜しや同點で落選　大邱商議改選終る*
12032	南鮮版	1937-11-17	02단	三十萬石目標に無水アルコール工場設置/混用制は明秋實施
12033	南鮮版	1937-11-17	02단	*總督、總監が眞っさきに購入　事變國債飛ぶやうな賣行/初日に五千圓　釜山でも賣れ行き良好*
12034	南鮮版	1937-11-17	03단	暖かい冬の序幕/例年より三度乃至五度高い/お蔭で家庭は大助かり
12035	南鮮版	1937-11-17	04단	*産業/朝鮮鯖また豊漁/鹿島の早生筍出始む/關門市況(十六日)/季節の靑果市況/養鷄飼料相場(關門船車采値)/關門糖粉相場/關門諸物價(十六日正午調)*
12036	南鮮版	1937-11-17	04단	航空無線會議/大連で開催
12037	南鮮版	1937-11-17	05단	渡邊少將來鮮
12038	南鮮版	1937-11-17	05단	農事合作社に畜産部新設
12039	南鮮版	1937-11-17	05단	發動機船繰出し關釜間滯貨一掃/三鐵局の方針決る
12040	南鮮版	1937-11-17	06단	愛國日/愈よ制定に決る/一般は一日或は十五日
12041	南鮮版	1937-11-17	06단	記錄的豊作/慶南の第二回收穫豫想
12042	南鮮版	1937-11-17	06단	*吉阪曹長府民葬/慰問袋寄託　釜山第二商業/一萬圓突破　釜山の將兵家族慰問金*
12043	南鮮版	1937-11-17	07단	皇軍慰問に新裝“かちどき”年賀カードも挿入
12044	南鮮版	1937-11-17	07단	*半島最初の鑿巖機製作工場　愈よ設立を認可さる/日本化學も認可さる*
12045	南鮮版	1937-11-17	08단	こたか丸/漁船と衝突
12046	南鮮版	1937-11-17	09단	鮮産品販路擴張に各地で見本市/明年度の計畫決る

일련번호	판명	간행일	단수	기사명
12047	南鮮版	1937-11-17	09단	祈禱詐欺/農民から三百五十圓巻上ぐ
12048	南鮮版	1937-11-17	10단	兩氏立候補/開城府議補選
12049	南鮮版	1937-11-17	10단	海軍へ獻金の「全北號」命名式/全州で盛大に擧行さる
12050	南鮮版	1937-11-17	11단	大膽な泥棒/驛へ侵入す
12051	南鮮版	1937-11-17	11단	なんと多い不良井戶/慶南で改善
12052	南鮮版	1937-11-17	11단	各地から(釜山)
12053	南鮮版	1937-11-18	01단	和平論を排擊/總督、局長會議で訓示
12054	南鮮版	1937-11-18	01단	國境の大動脈平北鐵道/設立を認可さる
12055	南鮮版	1937-11-18	01단	十三萬七千圓/事變公債初日の賣行き
12056	南鮮版	1937-11-18	01단	鐵道局昇格者發表
12057	南鮮版	1937-11-18	01단	創立十周年/釜山女高普の催し
12058	南鮮版	1937-11-18	01단	*全く非人道極る　ソ聯强制勞働の正體　脫ソ波蘭靑年の體驗談/ソ聯の宣傳は私を裏切った/疲勞と飢餓で過半數は死亡/心覺えの地圖を賴りに脫ソ*
12059	南鮮版	1937-11-18	02단	空の燈台/まづ開城に建設
12060	南鮮版	1937-11-18	02단	*あら不思議や麥が眞っ盛り　平壤神社境內で威勢よく　前代未聞の奇蹟/全く瑞兆 松尾宮司談*
12061	南鮮版	1937-11-18	03단	四割減か/鎭海灣內の煎子鰯漁
12062	南鮮版	1937-11-18	04단	*產業/滿洲特產一齊高　滿獨クレヂット成立を入れ/關門市況(十七日)/季節の靑果市況/養鷄飼料相場(關門船車采値)/關門糖粉相場/關門諸物價(十七日正午調)*
12063	南鮮版	1937-11-18	04단	忠南學校長會議
12064	南鮮版	1937-11-18	05단	天晴れ軍國の妻/見よこの烈々の手紙
12065	南鮮版	1937-11-18	07단	獻納の報國機「全北號」
12066	南鮮版	1937-11-18	07단	漆田里を合倂/春川の市街地計畫決る
12067	南鮮版	1937-11-18	08단	武運祈願祭/釜山嶺南心眼共濟院で
12068	南鮮版	1937-11-18	09단	赤の轉向者が感激の獻金/警視廳に手續を依賴
12069	南鮮版	1937-11-18	09단	釜山國婦の結成式/廿五日に擧行
12070	南鮮版	1937-11-18	09단	北行乘客漸增/聯絡船、列車とも滿員
12071	南鮮版	1937-11-18	09단	鮮產品愛用/展示會開催/輸入品を防邊
12072	南鮮版	1937-11-18	09단	米國の東洋觀光團來鮮
12073	南鮮版	1937-11-18	10단	米穀資金の增額/大藏省に要求/大豐作豫想に鑑み
12074	南鮮版	1937-11-18	10단	一千圓獻金/大田愛婦から
12075	南鮮版	1937-11-18	10단	大豐作豫想/忠南の稻作
12076	南鮮版	1937-11-18	11단	馬山重砲兵聯隊/實彈射擊演習/船舶航行に注意

일련번호	판명	간행일	단수	기사명
12077	南鮮版	1937-11-18	11단	運搬船沈沒/釜山港の珍事
12078	南鮮版	1937-11-18	11단	選擧違反に無罪
12079	南鮮版	1937-11-18	11단	各地から(釜山)
12080	南鮮版	1937-11-19	01단	*英問題懇談會　英國の極東政策徹底的に檢討　對英問題懇談會廿二日京城で開催/正義を知らぬロンドンっ子/"實に情けない"と英船長がぽんこと義憤の慰問金*
12081	南鮮版	1937-11-19	01단	産金事務打合/總督府で開催
12082	南鮮版	1937-11-19	01단	南總督府令孃のおめでた
12083	南鮮版	1937-11-19	01단	麗しい童心外交/僕らも仲よく協定しませうと近く交歡作品發送
12084	南鮮版	1937-11-19	02단	海州府制實施/晋州は明後年に後廻し
12085	南鮮版	1937-11-19	03단	大邱商議の議員總會/廿四、五日ごろ
12086	南鮮版	1937-11-19	04단	監督官會議
12087	南鮮版	1937-11-19	04단	電話交換開始/寧海郵便所
12088	南鮮版	1937-11-19	04단	釜山遞信分當局の增員
12089	南鮮版	1937-11-19	04단	*あゝ壯烈の戰死　熊本軍曹の鬼神も泣く奮戰　當時の模樣漸く分る/戰死は誤り　三浦末吉上等兵/街頭實習で國防獻金　釜山第一商生/防寒チョッキ　千七十二枚/蠶絲會慶南支部で製作*
12090	南鮮版	1937-11-19	05단	*産業/積出高四割減　滿鮮台向き季節もの/關門市況(十八日)/季節の青果市況/養鷄飼料相場(關門船車采値)/　關門糖粉相場/關門諸物價(十八日正午調)*
12091	南鮮版	1937-11-19	05단	水田の水をペロリ/平壤郊外の水田荒しは恐るべき怪蟲の仕業と分る
12092	南鮮版	1937-11-19	06단	王道樂土建設の第一歩を踏出す/慶北からの間島移民
12093	南鮮版	1937-11-19	07단	北部衛生組合/釜山で新設
12094	南鮮版	1937-11-19	07단	先驅は娘子軍！/新天地北支への漫然進出者に平南で許可證發行
12095	南鮮版	1937-11-19	07단	本社特派員撮影/支那事變寫眞展/釜山の三中井で開催
12096	南鮮版	1937-11-19	08단	蔚山消防會館/廿一日落成式
12097	南鮮版	1937-11-19	08단	愈よ匙を投げる/崇實專門などの經營に對し/宣教師側から最後的聲明
12098	南鮮版	1937-11-19	08단	橋脚に衝突/太古九破損す
12099	南鮮版	1937-11-19	09단	京城飛行場內に航空無電設置/無電局の一部が移轉
12100	南鮮版	1937-11-19	09단	行方不明の漁夫の死體浮く
12101	南鮮版	1937-11-19	10단	無燈火が原因/釜山港內に頻發の衝突事件

일련번호	판명	간행일	단수	기사명
12102	南鮮版	1937-11-19	10단	忠南に强盜
12103	南鮮版	1937-11-19	10단	防空法愈よ實施/十八日付で施行令公布
12104	南鮮版	1937-11-19	11단	新義州局長更送
12105	南鮮版	1937-11-20	01단	不老長壽の盃！/その昔虎と格鬪した老翁が秘藏品を南總督に寄贈す
12106	南鮮版	1937-11-20	01단	出勤時間も非常時/冬季の午前十時を九時に改正/寢坊役人には痛手
12107	南鮮版	1937-11-20	01단	*鐵壁・空の護り　防空法施行令の槪要/中央委員會　總督府に設置/國庫補助指令/中央管制施設　愈よ設備さる*
12108	南鮮版	1937-11-20	04단	大田靑訓査閱
12109	南鮮版	1937-11-20	04단	高平慶南學務課長着任
12110	南鮮版	1937-11-20	04단	强制移住に對しソ聯奇怪な抗辯/更に嚴重反省を促す
12111	南鮮版	1937-11-20	04단	*「白壁の家」爆破に偉勳の勇士　　小林上等兵遂に戰死/松澤軍曹も遂に名譽の戰死*
12112	南鮮版	1937-11-20	05단	*産業/大分木炭の躍進　日向物を凌ぎ土佐物に迫る　減産懸念は解消/關門市況（十九日）/季節の靑果市況/養鷄飼料相場（關門船車采値）/關門糖粉相場/關門諸物價（十九日正午調）*
12113	南鮮版	1937-11-20	06단	愈よ渡歐の舞姬/金剛山のロケから歸京の崔承喜、下關で語る
12114	南鮮版	1937-11-20	07단	朝鮮車輛/創立總會開催
12115	南鮮版	1937-11-20	07단	江原道開發の根本方針決る/委員會で評定の結果
12116	南鮮版	1937-11-20	07단	國防思想普及部/龍山師團司令部內に設置
12117	南鮮版	1937-11-20	09단	十戶六棟を全燒/昨未明釜山の大火事
12118	南鮮版	1937-11-20	09단	總督府辭令
12119	南鮮版	1937-11-20	10단	東津江改修/起工式擧行
12120	南鮮版	1937-11-20	11단	公金橫領の鐵道局員/釜山で逮捕
12121	南鮮版	1937-11-20	11단	五名死傷/中央線隧道工事の珍事
12122	南鮮版	1937-11-20	11단	釜山/釜山劇場
12123	南鮮版	1937-11-20	11단	竹下隆平氏
12124	南鮮版	1937-11-21	01단	內鮮知事の配置を變更/穗積殖産局長の辭任に伴ふ/知事異動を機會に
12125	南鮮版	1937-11-21	01단	*大邱商工會議所特別議員任命　新顔二名、他は重任/徐氏失格　無盡合併で*
12126	南鮮版	1937-11-21	02단	鑛山技術工/大々的に養成

일련번호	판명	간행일	단수	기사명
12127	南鮮版	1937-11-21	02단	棉作農家に福音/セルロイド原料にリンター/大阪から大量注文
12128	南鮮版	1937-11-21	03단	本府最古參局長穗積さん勇退？/秘かに辭意を漏す
12129	南鮮版	1937-11-21	03단	愈よ四社合併/慶北の無盡合同成る
12130	南鮮版	1937-11-21	03단	愛婦別動隊/愛國子女團/京城で結成準備
12131	南鮮版	1937-11-21	04단	慶北郵便所長會議
12132	南鮮版	1937-11-21	04단	在滿朝鮮人/民會解散/治廢に伴ひ
12133	南鮮版	1937-11-21	04단	鐘紡大邱工場建設延期に決る/資金統制法の影響で
12134	南鮮版	1937-11-21	04단	慶南海苔の大增殖/年産百萬圓を目標に
12135	南鮮版	1937-11-21	05단	地價昻騰で計畫を縮小/慶南の自作農設定
12136	南鮮版	1937-11-21	05단	南鮮の鱈漁/活氣づく
12137	南鮮版	1937-11-21	05단	『銃後の朝鮮』/第二篇完成す
12138	南鮮版	1937-11-21	05단	沈默の凱旋/元鮮鐵野球部選手岡本君
12139	南鮮版	1937-11-21	06단	*産業/鷄卵は引落す　出廻增の生鷄は賣行よく堅調　週末の關門相場/關門市況（二十日）/季節の靑果市況/養鷄飼料相場（關門船車采値）/關門糖粉相場/關門諸物價（二十日正午調）*
12140	南鮮版	1937-11-21	06단	濱田少佐榮轉/後任は高瀨少佐
12141	南鮮版	1937-11-21	06단	*一道の割當額をほとんど！一人で投出す　愛國館建設に西條氏の美擧/事變以來每月　缺かさずに獻金　釜山の竹原一二三氏*
12142	南鮮版	1937-11-21	06단	全南號に大口獻金
12143	南鮮版	1937-11-21	07단	山階賢隆尾崎俊浦兩氏當選/開城府議補缺選擧
12144	南鮮版	1937-11-21	07단	ラヂオの盜聽/嚴重取締る
12145	南鮮版	1937-11-21	07단	鮮內マッチ工業/愈よ統制か/總督府で懇談會開催
12146	南鮮版	1937-11-21	08단	出廻り良好/慶南の棉花共販
12147	南鮮版	1937-11-21	08단	*國境に冬の訪れ　鴨綠江結氷す/ストーヴ準備　釜山地方も氣溫急低下*
12148	南鮮版	1937-11-21	09단	模造眞珠同業組合/忠北で結成
12149	南鮮版	1937-11-21	09단	總督府觀測所/新幕支所/來月から開所
12150	南鮮版	1937-11-21	10단	暴騰の穀用叺/忠南で大々的に生産を奬勵
12151	南鮮版	1937-11-21	10단	無心を斷られ放火
12152	南鮮版	1937-11-21	11단	妻を慘殺
12153	南鮮版	1937-11-21	11단	戶島裕次郞氏
12154	南鮮版	1937-11-21	11단	各地から(釜山)
12155	南鮮版	1937-11-23	01단	令旨奉讀式/釜山靑年團で盛大に擧行

일련번호	판명	간행일	단수	기사명
12156	南鮮版	1937-11-23	01단	朝鮮繩叺協會/改組を斷行/會長に松井氏
12157	南鮮版	1937-11-23	01단	警察官增員/明年度百名
12158	南鮮版	1937-11-23	01단	繩叺組合/江原道に設立
12159	南鮮版	1937-11-23	01단	地方官吏養成所講習生募集
12160	南鮮版	1937-11-23	01단	*愈よ本格的の冬！ 一日になんと十度の急降下　寒波に慄ひ上る京城人/釜山地方も急低下*
12161	南鮮版	1937-11-23	02단	滿洲國皇帝陛下/獻納米に御下問/光榮の譽口安全農村
12162	南鮮版	1937-11-23	02단	ビル街に新異彩/京城丸ノ內に颯爽と出現の京城消防署新廳舍
12163	南鮮版	1937-11-23	02단	移出牛檢疫所/浦項に新設
12164	南鮮版	1937-11-23	02단	加藤鮮銀總裁北支視察
12165	南鮮版	1937-11-23	03단	故鄉に綿を飾る/實業傳習留學生/箱根細工修得の李君
12166	南鮮版	1937-11-23	04단	あるんぐ丸/釜山に寄港
12167	南鮮版	1937-11-23	05단	*産業/山口縣甘藷の多收穫　段當り千四百餘貫/肥前糯の滿洲進出に迫車/關門市況（二十日）/季節の靑果市況/養鷄飼料相場（關門船車采値）/關門糖粉相場/關門諸物價（二十日正午調）*
12168	南鮮版	1937-11-23	05단	北支に樂土建設/在住二萬半島同胞のため總督府愈よ乘出す
12169	南鮮版	1937-11-23	05단	外務部長現地視察
12170	南鮮版	1937-11-23	05단	鮮米協會長/有賀氏居据り
12171	南鮮版	1937-11-23	06단	京畿道産業調査委員會/三部會開催
12172	南鮮版	1937-11-23	07단	府營に變更か/京城水産市場
12173	南鮮版	1937-11-23	07단	*“殘念至極に存じ候” 武勳の香西少尉遺族に對し　鈴木部隊長から　溫情溢るゝ慰めの手紙/遺家族に對し更に水道料免除 釜山で今月から實施/遺家族慰安會*
12174	南鮮版	1937-11-23	08단	商工省と折衝問題の産金資金/穗積局長東上
12175	南鮮版	1937-11-23	09단	拂底の私設交換孃/中央電話局で委託養成
12176	南鮮版	1937-11-23	10단	保險模範部落
12177	南鮮版	1937-11-23	11단	觀測所出張所三ヶ所に新設
12178	南鮮版	1937-11-23	11단	釜山に僞刑事/盛んに橫行す
12179	南鮮版	1937-11-23	11단	溫突一室半燒/光州道立病院の火事騷ぎ
12180	南鮮版	1937-11-23	11단	漁船沈沒四名行方不明
12181	南鮮版	1937-11-23	11단	各地から(釜山)
12182	南鮮版	1937-11-24	01단	掘られる世界の景勝/非常時の波、遂に金剛山にも波及/山肌深く秘藏の特殊鑛物愈よ開發にきまる
12183	南鮮版	1937-11-24	01단	高地帶移住に不安/鮮滿拓殖の咸南試驗移民募集成績振はず

일련번호	판명	간행일	단수	기사명
12184	南鮮版	1937-11-24	02단	少年赤十字團/各地で續々結成
12185	南鮮版	1937-11-24	02단	工事着々進む/西鮮の二大鐵橋/何れも基礎工事竣工
12186	南鮮版	1937-11-24	03단	數字が物語る半島工業の躍進/工場調査出來上る(十一年末現在)
12187	南鮮版	1937-11-24	03단	戶山學校の軍樂隊一行北行
12188	南鮮版	1937-11-24	04단	慶南穀物協會總會
12189	南鮮版	1937-11-24	05단	好評の肥育牛/愈よ肉黨に提供/忠南で一濟に賣出す
12190	南鮮版	1937-11-24	06단	一萬二千突破/京城の電話數
12191	南鮮版	1937-11-24	06단	今冬の燃料はまづ大丈夫デス/たゞ問題は輸送關係
12192	南鮮版	1937-11-24	06단	內地人側副會頭は伊藤氏重任か/けふ大邱商議初總會
12193	南鮮版	1937-11-24	07단	新設光州飛行場/きのふ起工式を擧行
12194	南鮮版	1937-11-24	07단	*杉山大尉ら白衣の凱旋/兩勇士遺骨*
12195	南鮮版	1937-11-24	07단	在野法曹團の强化/全鮮各辯護士會を一丸とし/朝鮮辯護士協會結成
12196	南鮮版	1937-11-24	07단	燃料問題解決に木炭の大增産/平北で二百萬貫目標に
12197	南鮮版	1937-11-24	08단	醫藥品も國産愛用/アスピリンなど立派なもの/總督府から通牒發す
12198	南鮮版	1937-11-24	08단	電車取締規則/慶南で公布
12199	南鮮版	1937-11-24	08단	海底電信故障は漁船の仕業/今後は嚴重に取締る
12200	南鮮版	1937-11-24	08단	*家出靑年か釜山の溺死體/兩勇士遺骨*
12201	南鮮版	1937-11-24	09단	三十ヶ所に國旗掲揚塔/釜山で建設
12202	南鮮版	1937-11-24	09단	珍しく大きな銀紙玉獻納
12203	南鮮版	1937-11-24	09단	大掛りな密航船/內地から發動機船を借入れ/出航間際釜山で取押へらる
12204	南鮮版	1937-11-24	10단	*大楡洞鑛山が五千圓寄託/國防費と國境警備費に/赤誠の轉向者　全鮮各地に續出/軍用機獻納 紀念バッヂ 釜山で三千個/愛國バザー 大田高女で開催*
12205	南鮮版	1937-11-24	10단	*公設市場全燒　釜山にまた大火事/出火原因は火鉢からか幸ひ死傷者なし*
12206	南鮮版	1937-11-24	11단	判決言渡し/釜山の詐欺事件
12207	南鮮版	1937-11-24	11단	各地から(大田)
12208	南鮮版	1937-11-25	01단	後任總裁を繞り/敢然天下り排擊/鮮銀行員間に昂まる
12209	南鮮版	1937-11-25	01단	仁川觀測所移轉は取止め/要求豫算削除さる
12210	南鮮版	1937-11-25	01단	大野政務總監/二十八日東上
12211	南鮮版	1937-11-25	01단	各道學務課長視學官會議/總督府で開催
12212	南鮮版	1937-11-25	02단	買上米輸送に特別の便宜/總督府で計る

일련번호	판명	간행일	단수	기사명
12213	南鮮版	1937-11-25	02단	北支へ北支へ物凄いラッシュ/特に目をひく半島同胞の進出/川尻通譯官の北支便り
12214	南鮮版	1937-11-25	03단	素晴しい陸の燈台/半島國際航空路要地に大小二十一個建設
12215	南鮮版	1937-11-25	03단	懷しの原隊へ英靈喪の凱旋/あす戰友に護られて
12216	南鮮版	1937-11-25	03단	*白衣の勇士　あす凱旋/光州中學を優等で卒業　戰死の西村上等兵*
12217	南鮮版	1937-11-25	04단	京城に初雪
12218	南鮮版	1937-11-25	04단	今月一杯休場燒失の釜山/溘住町視場
12219	南鮮版	1937-11-25	05단	*産業/本年麥作への注意/關門市況（二十四日）/季節の青果市況/養鷄飼料相場（關門船車采値）/關門糖粉相場/關門諸物價（二十四日正午版）*
12220	南鮮版	1937-11-25	06단	新設産金會社に要求/本府から提案
12221	南鮮版	1937-11-25	06단	應召軍人の俸給補給/迅速簡易に
12222	南鮮版	1937-11-25	07단	優に一億圓突破/素晴しく活況の半島工業界/特に著しい鐵道の建設
12223	南鮮版	1937-11-25	07단	釜山の町名變更/中々捗らずきのふの府會で墾談
12224	南鮮版	1937-11-25	07단	全滿普通學校の管理方針決る/沿線十四校は日本大使館び他の四百四十六校は滿洲國
12225	南鮮版	1937-11-25	08단	漁船衝突/漁夫一名卽死
12226	南鮮版	1937-11-25	08단	一千萬圓を拔く/豪勢な咸北の鰮漁
12227	南鮮版	1937-11-25	08단	預金統制の聲/銀行業者間に昻まる
12228	南鮮版	1937-11-25	09단	少年生命危篤/自動車に刎られ
12229	南鮮版	1937-11-25	09단	興安丸就航
12230	南鮮版	1937-11-25	09단	京城・淸津間定期旅客飛行/愈よ明秋から實施
12231	南鮮版	1937-11-25	11단	銃後の花束/慶南で愛國美談集發行
12232	南鮮版	1937-11-25	11단	咸北道內のラヂオ聽取者/率では第二位
12233	南鮮版	1937-11-25	11단	東洋觀光團內鮮
12234	南鮮版	1937-11-26	01단	紡績用鮮産棉花に法外な統制料/總督府で强硬交涉
12235	南鮮版	1937-11-26	01단	各道明年度豫算/編成方針を明示/近く本府から通牒
12236	南鮮版	1937-11-26	01단	榮山江改修起工式擧行
12237	南鮮版	1937-11-26	01단	大體統制に意見一致/マッチ工業
12238	南鮮版	1937-11-26	02단	慰問文三十萬通/全鮮の生徒兒童に作らせ/第一線勇士へ送る
12239	南鮮版	1937-11-26	03단	朝鮮繩入協會/改組も決る/名稱も變更
12240	南鮮版	1937-11-26	03단	求人難時代/黑字鮮鐵も悲鳴/朝鮮なんか……就職はご免/鼻息の荒い卒業生
12241	南鮮版	1937-11-26	04단	林殖銀頭取東上

일련번호	판명	간행일	단수	기사명
12242	南鮮版	1937-11-26	04단	鮮滿拓殖幹部/新京に移駐
12243	南鮮版	1937-11-26	04단	農業倉庫の改善奬勵/本府から通牒
12244	南鮮版	1937-11-26	04단	特賞をそのまゝ國防獻金/野村憲兵伍長の美擧
12245	南鮮版	1937-11-26	05단	産業/飼料は不足懸念　代用品研究も始る/關門市況(二十五日)/季節の青果市況/養鷄飼料相場(關門船車采値)/關門糖粉相場/關門諸物價(二十五日正午版)
12246	南鮮版	1937-11-26	05단	部下の働きにはたゞ感謝の淚/後送を殘念がる五ノ井部隊長　病床で戰線を語る/壯烈な戰死 岸本上等兵/傷病兵慰問映畫會
12247	南鮮版	1937-11-26	05단	需要激增の鑛山勞働者/總督府で斡旋
12248	南鮮版	1937-11-26	05단	銃後婦人の意氣高らか/釜山國婦支部/盛大な發會式擧行
12249	南鮮版	1937-11-26	06단	慶南道廳增築
12250	南鮮版	1937-11-26	07단	早急に復舊/燒失の釜山瀛州町市場
12251	南鮮版	1937-11-26	08단	大邱商議新役員決る/會頭に小倉武之助氏
12252	南鮮版	1937-11-26	09단	優秀船四隻配船/大阪商鮮が西鮮、阪神間に三隻はすでに就航
12253	南鮮版	1937-11-26	10단	慶南穀物協會新規事業/通常總會開催
12254	南鮮版	1937-11-26	11단	東拓異動
12255	南鮮版	1937-11-26	11단	學校身體檢查規程/慶南で制定
12256	南鮮版	1937-11-26	11단	黃海道の事務檢閱
12257	南鮮版	1937-11-26	11단	全州の歲末賣出し
12258	南鮮版	1937-11-26	11단	南君のおめでた
12259	南鮮版	1937-11-26	11단	各地から(釜山、馬山)
12260	南鮮版	1937-11-27	01단	鮮米實收高 第二回豫想通り 大豊作は確實　總督府で調査急ぐ/米穀資金の增額 大藏省で斷り しかし心配はご無用
12261	南鮮版	1937-11-27	02단	紀元節奉祝歌/內地通りに統一
12262	南鮮版	1937-11-27	02단	滿浦新線前川江-界間 國境奧地目指し驀進の處女列車　試運轉めでたく終る/第一線將士へ防寒防彈胴卷　慶南蠶絲會から千七十二着
12263	南鮮版	1937-11-27	02단	開通祝賀會/江界で盛代に催す
12264	南鮮版	1937-11-27	04단	後任社長は宮脇氏か/朝鮮開拓製糖
12265	南鮮版	1937-11-27	04단	“我軍は何故强いか”　五ノ井部隊長が二十八日病床から放送/紙芝居になる金少佐 半島武人の典型
12266	南鮮版	1937-11-27	05단	産業/腐化精棟の細菌處理 理論的根據分る　片桐教授けふ發表/關門市況(六日)/季節の青果市況/養鷄飼料相場(關門船車采値)/關門糖粉相場/關門諸物價(廿六日正午調)

일련번호	판명	간행일	단수	기사명
12267	南鮮版	1937-11-27	05단	東海北部線/扞城、讓陽間開通/愈よ十二月一日から
12268	南鮮版	1937-11-27	07단	防火デー/釜山の行事
12269	南鮮版	1937-11-27	07단	勞働者ヤーイ/福岡縣からわざわざ出向き/總督府に斡旋依賴
12270	南鮮版	1937-11-27	08단	とんだ仇討/船員を袋叩に
12271	南鮮版	1937-11-27	09단	穀物叺拂底/新高値を示現
12272	南鮮版	1937-11-27	09단	年賀郵便の特別取扱ひ/例年通り實施に決る
12273	南鮮版	1937-11-27	09단	資本金增加/靈南繩叺會社
12274	南鮮版	1937-11-27	10단	總督府辭令
12275	南鮮版	1937-11-27	10단	五千貫の漬物大根/釜山に入荷
12276	南鮮版	1937-11-27	11단	死亡者の印鑑盜用
12277	南鮮版	1937-11-27	11단	銃後の花束
12278	南鮮版	1937-11-28	01단	*護國の英靈還る /豫算は折衝の上で人事は今云へぬ" 總督、東上を前に語る*
12279	南鮮版	1937-11-28	01단	鮮産棉花買付の統制料は撤廢/千田技師から朗電
12280	南鮮版	1937-11-28	01단	御下賜金傳達式
12281	南鮮版	1937-11-28	02단	お嫁入りしたら婚家先の姓に/愈よ近く慣習を改む
12282	南鮮版	1937-11-28	03단	南鮮ゴムも加盟に決る
12283	南鮮版	1937-11-28	04단	*産業/關釜間に臨時船 當分米と柑橋の輸送に當る 鐵道の船腹不足對策/關門市況(七日)/季節の青果市況/養鷄飼料相場(關門船車采値)/關門糖粉相場/關門諸物價(廿七日正午調)*
12284	南鮮版	1937-11-28	04단	人蔘の恩人/孫翁の銅像/卅日に除幕式
12285	南鮮版	1937-11-28	04단	愛國公債全部賣切れ
12286	南鮮版	1937-11-28	04단	敷地決る/大田女子高普
12287	南鮮版	1937-11-28	04단	總督府社會課/釜山出張所/一日から店開
12288	南鮮版	1937-11-28	05단	光州府會副議長
12289	南鮮版	1937-11-28	05단	列車時刻改正
12290	南鮮版	1937-11-28	05단	社大黨慰問使北行
12291	南鮮版	1937-11-28	05단	*穀用叺の拂底で買上米納入に支障 延期方を農林省に交涉/增産を奬勵 慶南で大々的に*
12292	南鮮版	1937-11-28	06단	出征涙あり!/父出征の日に愛息不慮の死/"私事は私事、公務は公務だ"と遠山中佐敢然第一線へ
12293	南鮮版	1937-11-28	07단	釜山の靴下がニューヨークへ/まづ五千打を輸出
12294	南鮮版	1937-11-28	07단	商工從業員/勤續者表彰/光州商議で
12295	南鮮版	1937-11-28	08단	社會教化功績者/新たに表彰/明年の紀元節から

일련번호	판명	간행일	단수	기사명
12296	南鮮版	1937-11-28	08단	大阪商船新造船新津丸接觸/仁川港外で協同丸と
12297	南鮮版	1937-11-28	09단	總督府辭令
12298	南鮮版	1937-11-28	09단	二十師團/秋季聯合演習/花々しく擧行さる
12299	南鮮版	1937-11-28	09단	共同集金所/釜山自動車營業組合で設置
12300	南鮮版	1937-11-28	09단	御賣物價指數
12301	南鮮版	1937-11-28	10단	銃後の花束
12302	南鮮版	1937-11-28	10단	依然亂調の油價/販賣統制機關新設か
12303	南鮮版	1937-11-28	10단	資源調査委員會/組織を强化/同時に名稱も變更す
12304	南鮮版	1937-11-28	10단	馬鹿に多い/畜牛の斃死/眞因を究明
12305	南鮮版	1937-11-28	11단	釜山女子高普のバザー
12306	南鮮版	1937-11-28	11단	留守宅へ捨子
12307	南鮮版	1937-11-28	11단	忠南學校長會議
12308	南鮮版	1937-11-28	11단	京城の歲暮賣出し
12309	南鮮版	1937-11-28	11단	小野久太郎氏
12310	南鮮版	1937-11-30	01단	*畏し侍從武官御差遣　光榮の朝鮮軍司令部/感激の至り　小磯司令官謹話*
12311	南鮮版	1937-11-30	01단	文化人も進んでキムチを召上れ/“朝鮮食のビタミンCにつき”興味ある研究發表
12312	南鮮版	1937-11-30	01단	女先生もエイヤッ－！
12313	南鮮版	1937-11-30	02단	釜山の內鮮/兩商業交歡/仲よく握手
12314	南鮮版	1937-11-30	03단	京取減配
12315	南鮮版	1937-11-30	04단	*産業/萩の夏橙豐作豫想　凶作の反動で三百萬貫見當か　寒害の對策肝要/關門市況（九日）/季節の靑果市況/養鷄飼料相場（關門船車采值）/關門糖粉相場/關門諸物價（廿九日正午調）*
12316	南鮮版	1937-11-30	04단	*“あらそれは私です”亡き戰友の靈が引き會はせたか勇士と少女……驛頭で感激の對面/沈默の凱旋森上、中村兩伍長*
12317	南鮮版	1937-11-30	04단	總督から感謝狀/在滿總督府關係職員へ
12318	南鮮版	1937-11-30	05단	都計特別稅/釜山で明年度から實施
12319	南鮮版	1937-11-30	05단	ワン公の乘車今後お斷り/狩獵家は通手
12320	南鮮版	1937-11-30	06단	*防火デー　大々的に宣傳　京城府の行事きまる/大田の行事/防火宣傳ポスター　慶南で配布*
12321	南鮮版	1937-11-30	07단	定着率三割七分/總督府斡旋の鮮內勞働移民/成績次第に良くなる
12322	南鮮版	1937-11-30	08단	列車時刻改正
12323	南鮮版	1937-11-30	09단	過燐酸肥料/朝窒で試驗的製造に着手

일련번호	판명	간행일	단수	기사명
12324	南鮮版	1937-11-30	09단	○○部隊戰歿者合同告別式/三十日盛大に執行
12325	南鮮版	1937-11-30	09단	一名卽死二名重傷/トラック河中に墜落
12326	南鮮版	1937-11-30	10단	好評の『榮光』/慶南試食會
12327	南鮮版	1937-11-30	10단	證據不十分で無罪の判決/群山中學の放火事件
12328	南鮮版	1937-11-30	10단	新築開城署/盛大な落成式
12329	南鮮版	1937-11-30	10단	馬券賣上高/二十二萬圓/釜山秋競馬終る
12330	南鮮版	1937-11-30	10단	鮮産蟹罐詰/輸出激增す
12331	南鮮版	1937-11-30	11단	籾の乾燥奬勵/慶南で注意
12332	南鮮版	1937-11-30	11단	農業改良低質/百二十萬圓/慶南で借入れ

1937년 12월

일련번호	판명	간행일	단수	기사명
12333	南鮮版	1937-12-01	01단	寂として聲なく/哀愁營庭に滿つ/故田中少佐らの合同告別式/原隊で盛大に營まる
12334	南鮮版	1937-12-01	01단	戰時體制下の/各員協力せよ！/財政計劃樹立/各道に通牒を發す
12335	南鮮版	1937-12-01	01단	血書の從軍歎願/熱血燃ゆる靑年訓導
12336	南鮮版	1937-12-01	03단	五ヶ年計畫で/石炭大增産/年産六百三十萬噸に
12337	南鮮版	1937-12-01	03단	石鹼工場の用地視察か/大島協同油脂社長來釜
12338	南鮮版	1937-12-01	04단	金川改修/起工式擧行
12339	南鮮版	1937-12-01	04단	傷病兵慰問に注意
12340	南鮮版	1937-12-01	04단	尹の滿洲國承認/實に欣快の至り/南總督、喜びを語る
12341	南鮮版	1937-12-01	04단	英靈沈默の凱旋(光州の三勇士、藤田上等兵、秋吉上等兵)
12342	南鮮版	1937-12-01	05단	明年度滿洲移民/各道割當數決る/早急に指導者養成
12343	南鮮版	1937-12-01	05단	野菜消毒場/京城府で更に三ヶ所增設す
12344	南鮮版	1937-12-01	05단	牛醫が姿を消し/家畜醫生さん登場/醫師規制の制定で
12345	南鮮版	1937-12-01	06단	警官家族用の新婦人服制定/平北警察部で
12346	南鮮版	1937-12-01	06단	大受けの釜山授産場/積極的に發展策を講す
12347	南鮮版	1937-12-01	06단	北支、上海民住制限を緩和/朝鮮にも適用
12348	南鮮版	1937-12-01	06단	艀任直上げ
12349	南鮮版	1937-12-01	07단	十七萬圓突破/忠南號の資金
12350	南鮮版	1937-12-01	07단	棉花/二億四千萬近は確實/米の記錄的大豊作と相俟ち/ホクホクの半島農家
12351	南鮮版	1937-12-01	07단	ラヂオ用定額燈/料金引下運動/放送協會が乘出す
12352	南鮮版	1937-12-01	08단	平元線の高城、城內間/十六日開通
12353	南鮮版	1937-12-01	08단	鐵道郵便實施/前川、江界間と杆城、讓陽に
12354	南鮮版	1937-12-01	08단	慶北警察部の非常警備演習/好成績に擧ぐ
12355	南鮮版	1937-12-01	08단	考究の上決定/半島勞働者の內地進出
12356	南鮮版	1937-12-01	08단	"子供は生きてゐる"/通州で遭難の遺族に對し/寢耳に水の便り屆く
12357	南鮮版	1937-12-01	09단	こゝにも日本人/紅棗一千斤至急斡旋を依頼
12358	南鮮版	1937-12-01	09단	鮮産リンター/愈よ本格的に採取
12359	南鮮版	1937-12-01	10단	橋脚に激突し運搬船沈沒/乘組員は助かる
12360	南鮮版	1937-12-01	10단	朝鮮教育令の改正を折衝/學務局長東上
12361	南鮮版	1937-12-01	10단	心得を解消/鹽原さん晴れて局長に
12362	南鮮版	1937-12-01	11단	通し運河證券/發行方を要望
12363	南鮮版	1937-12-01	11단	團平船沈沒/釜山でまた船の衝突
12364	南鮮版	1937-12-01	11단	强盜は狂言

일련번호	판명	간행일	단수	기사명
12365	南鮮版	1937-12-01	11단	關門諸物價(三十日正午調)
12366	南鮮版	1937-12-02	01단	*懐しの郷里へ 英靈沈黙の凱旋 思ひ出の半島を後に/全廳員が送迎/四勇士遺骨 釜山に凱旋*
12367	南鮮版	1937-12-02	01단	同人合作『聖戰』を獻納/彩管報國に奮起立人會同人
12368	南鮮版	1937-12-02	01단	防共愈よ强化フラシコ正權承認に關し/南總督欣然と語る
12369	南鮮版	1937-12-02	03단	昨年の三位/慶南の棉花共販
12370	南鮮版	1937-12-02	03단	英靈永へ眠る/【上】○○部隊戰死者合同告別式全景【下右】祭主深澤中尉の祭文朗讀/【下左】遣族の玉串奉奠=昨紙參照
12371	南鮮版	1937-12-02	04단	*朝鮮棉花統制料 愈よ廢止に決る 但し本年は徵收〔然し全部を朝鮮に還元〕/棉作補償制度 一日から一齊に實施*
12372	南鮮版	1937-12-02	04단	蜿蜒四百キロの空中に唸る電力/長津江水電の中鮮地方送電/愈よ一日から開始
12373	南鮮版	1937-12-02	06단	六日に總會開催/京畿道産業調査委員會
12374	南鮮版	1937-12-02	06단	便所灰肥舍改善品評會
12375	南鮮版	1937-12-02	07단	釜山自動車組合/共同集金所開所式擧行
12376	南鮮版	1937-12-02	07단	全鮮最初の道立工業學校/京畿道で明年度新設
12377	南鮮版	1937-12-02	08단	賣出しも戰時體制/非常時色を氾濫して蓋明け/京城の歲末大賣出し
12378	南鮮版	1937-12-02	08단	咸稅川改修/起工式/盛大に擧行
12379	南鮮版	1937-12-02	08단	屎尿汲取水手數料/平均二割引上ぐ/釜山で近く規定改正
12380	南鮮版	1937-12-02	09단	各地の防火デー(釜山、光州)
12381	南鮮版	1937-12-02	09단	大阪府へ榮轉/龜田慶尙南道衛生課長
12382	南鮮版	1937-12-02	10단	選將費豫算各道に配布
12383	南鮮版	1937-12-02	10단	總督府辭令
12384	南鮮版	1937-12-02	10단	處女配當五分/朝鮮字部セメント
12385	南鮮版	1937-12-02	11단	『風の中の子供』愛讀者優待映畵會
12386	南鮮版	1937-12-02	11단	バスに刎られ卽事
12387	南鮮版	1937-12-02	11단	關門諸物價(一日正午調)
12388	南鮮版	1937-12-03	01단	國産科學に凱歌/世界電氣事業界に革命的の大發明/朝鮮送電京城變電所に實施のO・F式靜電蓄電器
12389	南鮮版	1937-12-03	01단	弔歌練習の女高普生
12390	南鮮版	1937-12-03	02단	*乙女、弔歌の合唱 鈴木部隊の戰歿者告別式 けふ原隊營庭で執行/藤田上等兵の盛んな邑葬 原中將も參列/隅谷上等兵遺骨*
12391	南鮮版	1937-12-03	02단	軍事部を設置し/除隊後の就職斡旋/主要都市並に道に
12392	南鮮版	1937-12-03	03단	對英問題府民懇談會/七日夜大邱で開催
12393	南鮮版	1937-12-03	04단	歲末同情週間

일련번호	판명	간행일	단수	기사명
12394	南鮮版	1937-12-03	04단	新手報國"輸出團"/白衣の勇士へ新選な血液を……/京城法專で結成す
12395	南鮮版	1937-12-03	05단	防火演習
12396	南鮮版	1937-12-03	05단	砂防人夫が積む/愛國一錢貯金/擧って國防費に獻金
12397	南鮮版	1937-12-03	05단	滿洲國朝鮮農業視察團
12398	南鮮版	1937-12-03	05단	年末列車增發
12399	南鮮版	1937-12-03	05단	年賀激減か/郵便局でも宣傳に一寸遠慮/釜山では二割減の豫想
12400	南鮮版	1937-12-03	06단	銀行營業時間變更
12401	南鮮版	1937-12-03	06단	大邱に愈よ瓦斯/あす盛大な入城式擧行
12402	南鮮版	1937-12-03	07단	父子相傳の提督/新司令官有地中將/鎭海要港部司令官史迭
12403	南鮮版	1937-12-03	07단	肥料資金
12404	南鮮版	1937-12-03	08단	各地に降雪頻々！/城津地方は積雪八尺
12405	南鮮版	1937-12-03	08단	釜山の市街地特別税/税率大體決る
12406	南鮮版	1937-12-03	08단	十社の業績/配當は大都分据置
12407	南鮮版	1937-12-03	08단	慶南の新海苔/そろそろ出廻る/全部釜山で競爭入札
12408	南鮮版	1937-12-03	08단	杭木の對滿輸出を禁止
12409	南鮮版	1937-12-03	08단	繩叺の增産/慶南で奬勵
12410	南鮮版	1937-12-03	08단	新義州に製錬所/三成鑛山で愈よ建設
12411	南鮮版	1937-12-03	09단	赤誠の銀翼獻金
12412	南鮮版	1937-12-03	09단	叺飢饉漸く解消/買上米は豫定通り納入
12413	南鮮版	1937-12-03	10단	運搬船遭難/乘組員は救はる
12414	南鮮版	1937-12-03	10단	見事陸士に合格/半島出身の三君
12415	南鮮版	1937-12-03	10단	本府會社課/釜山出張所/十日から開所
12416	南鮮版	1937-12-03	11단	釜山の歲暮賣出し
12417	南鮮版	1937-12-03	11단	關門諸物價（二日正午調）
12418	南鮮版	1937-12-04	01단	慰問袋が取持った/微笑ましい軍國美談/亡き勇士に捧ぐ/乙女美しの純情/遙々來鮮の貴族を歡待の上/粉骨まで受けて懇ろに祀る
12419	南鮮版	1937-12-04	01단	*各道聯合靑年團　年內には全部結成/靑年團指導者講　習會明年一月開催*
12420	南鮮版	1937-12-04	01단	虛禮廢止/年賀狀はもちろん/年始廻禮も嚴禁/鐵道局の嚴しいお達し
12421	南鮮版	1937-12-04	03단	半島民衆に告ぐ/こんな品物は節約しませう/世は超非常時デス
12422	南鮮版	1937-12-04	03단	通信生卒業式
12423	南鮮版	1937-12-04	03단	歲末同情週間/全鮮的に例年通り實施

일련번호	판명	간행일	단수	기사명
12424	南鮮版	1937-12-04	04단	江藤代議士北行
12425	南鮮版	1937-12-04	05단	盛んな府葬　光州の三勇士/兩伍長の府葬/全北出身戰歿者の葬儀/五勇士沈黙の凱旋
12426	南鮮版	1937-12-04	05단	戰地への正月慰問品六日までに
12427	南鮮版	1937-12-04	05단	有地司令官/けふ着任
12428	南鮮版	1937-12-04	06단	一生を軍神に捧ぐ/朝鮮乃木神社を建立しに宿衛として奉仕の老勇士/大川榮一郞翁逝く
12429	南鮮版	1937-12-04	06단	十二萬突破/釜山府の獻金
12430	南鮮版	1937-12-04	06단	豪華な新型一等車/近く國際線にデヴュー
12431	南鮮版	1937-12-04	07단	本府と商工省の意見が對立/注目の人絹工場新設
12432	南鮮版	1937-12-04	07단	浦項の出征家族慰安演藝會
12433	南鮮版	1937-12-04	08단	聯絡船延着
12434	南鮮版	1937-12-04	08단	道路の側溝を全部新式に改修/釜山の市街美化工作
12435	南鮮版	1937-12-04	08단	船舶避難用の防波堤建設/釜山港內に二ヶ所
12436	南鮮版	1937-12-04	09단	一千萬枚の肥料叺購入/明年度朝窒で
12437	南鮮版	1937-12-04	09단	歲末警戒　慶南で通牒/三署聯合協會
12438	南鮮版	1937-12-04	09단	朝鮮牛の大歡迎/內地で役馬代用として
12439	南鮮版	1937-12-04	10단	大火傷で絶命
12440	南鮮版	1937-12-04	10단	特設氷上競技場/愈よ京城淸凉町に新設
12441	南鮮版	1937-12-04	10단	鹽原學務局長東上
12442	南鮮版	1937-12-04	10단	哀れ老人凍死
12443	南鮮版	1937-12-04	10단	碧滝の上水道/八月に通水式
12444	南鮮版	1937-12-04	11단	關門諸物價(三日正午調)
12445	南鮮版	1937-12-05	01단	年末年始の贈答　絶對に廢止せよ　總督府から嚴軍通牒/會合も極く內論に本府職員の申合せ/松下少尉ら白衣の凱旋
12446	南鮮版	1937-12-05	01단	殉國勇士に捧ぐ　切々胸打つ弔歌　鈴木部隊戰歿者合同告別式原隊に盛大に營まる/釜山の合同葬　盛大に執行
12447	南鮮版	1937-12-05	01단	鈴木部隊戰歿者合同告別式
12448	南鮮版	1937-12-05	02단	田申伍長の裡里邑民葬
12449	南鮮版	1937-12-05	03단	"歐米の親友に告ぐ"/日本不認識を痛憤した牧師が/全歐米英文パンプレット發送
12450	南鮮版	1937-12-05	04단	支那事變記念館/大邱鄕軍で建設を計畫
12451	南鮮版	1937-12-05	04단	淸津の雉獵會
12452	南鮮版	1937-12-05	05단	長生浦に鯨景氣/本年の水揚旣に白頭
12453	南鮮版	1937-12-05	05단	赤尾一等兵陣歿

일련번호	판명	간행일	단수	기사명
12454	南鮮版	1937-12-05	05단	鐵鋼需給/鮮內は順調
12455	南鮮版	1937-12-05	05단	八萬五千噸/鮮內の船籍調べ
12456	南鮮版	1937-12-05	06단	銃後に描く感激篇/刑務所から赤誠の獻金/特務兵血書の從軍志願(A、B)
12457	南鮮版	1937-12-05	07단	"河童の陸上りさ何分共よろしく"/鎭海要港部司令官有地中將着任
12458	南鮮版	1937-12-05	07단	*ボーナスの一部を獻金 近く各官廳に通牒/國債の購入*
12459	南鮮版	1937-12-05	07단	大枚二萬圓の『防空都市模型』/科學博物館に陳列
12460	南鮮版	1937-12-05	08단	零下二度七分/釜山地方に寒波
12461	南鮮版	1937-12-05	08단	天然氷採取の禁止は不變/許可申請を却下す
12462	南鮮版	1937-12-05	08단	資金回收/成績頗る良好
12463	南鮮版	1937-12-05	09단	釜山凡一町に運河工事/隊に不認可
12464	南鮮版	1937-12-05	09단	鄭經學院大提學/經學院の功勞者
12465	南鮮版	1937-12-05	09단	貨物輸送に通風車/十輌を新造
12466	南鮮版	1937-12-05	10단	釜山鮮魚の對滿輸出/新記錄を出す
12467	南鮮版	1937-12-05	10단	金鑛業組合/中小金山で組織
12468	南鮮版	1937-12-05	10단	諺文講習會
12469	南鮮版	1937-12-05	10단	嬰兒の他殺死體
12470	南鮮版	1937-12-05	10단	年末非常警戒
12471	南鮮版	1937-12-05	10단	漂流中救はる
12472	南鮮版	1937-12-05	11단	水道鉛管泥棒
12473	南鮮版	1937-12-05	11단	關門諸物價(四日正午調)
12474	南鮮版	1937-12-05	11단	貨車から轉落卽死
12475	南鮮版	1937-12-07	01단	*南京陷落祝賀 ! "各地ともうんと盛大に行く" 本府から各地へ通牒/花火で速報 釜山の祝賀準備*
12476	南鮮版	1937-12-07	01단	*クリスマスの祝賀は斷然中止 行場に迷ふ サンタクロース/祝賀費用を國防費に獻納 奇特な天主教神父*
12477	南鮮版	1937-12-07	01단	咸平川改修/起工式擧行
12478	南鮮版	1937-12-07	01단	虛禮廢止/慶南で通牒
12479	南鮮版	1937-12-07	01단	釜山府の合同葬の盛儀
12480	南鮮版	1937-12-07	02단	*大田の合同葬 盛大に營まる/田島一等兵邑民葬/白衣の凱旋/森脇少尉葬儀*
12481	南鮮版	1937-12-07	03단	一千戶五天人收容/北支安全農村建設計劃決る
12482	南鮮版	1937-12-07	03단	*ハワイから獻金 半島銃後の赤誠に感激し 南總督宛に寄託/忠南號資金 積々寄託さる*

일련번호	판명	간행일	단수	기사명
12483	南鮮版	1937-12-07	04단	半島全土に殺人的寒波襲來/京城も零下十度
12484	南鮮版	1937-12-07	04단	靴下道營檢査/釜山で實施要望
12485	南鮮版	1937-12-07	04단	忠南學校會議
12486	南鮮版	1937-12-07	05단	每月缺かさす/匿名で獻金/奧床しい釜山の婦人
12487	南鮮版	1937-12-07	06단	大邱無電局/盛な開局式
12488	南鮮版	1937-12-07	06단	南海面に電燈
12489	南鮮版	1937-12-07	06단	肥料配給統制令/朝鮮にも實施/總督府で打合會開催
12490	南鮮版	1937-12-07	06단	着任の有地新鎭海要港部司令官(×印)
12491	南鮮版	1937-12-07	07단	季節の寵兒リンゴの山
12492	南鮮版	1937-12-07	07단	秋季競馬/馬券賣上高/百八十九萬二千四十圓
12493	南鮮版	1937-12-07	08단	釜山の愛國日行事
12494	南鮮版	1937-12-07	08단	飛躍の鮮産電球/本年の輸出額實に五千五萬圓/仕向地十九ヶ國に及ふ
12495	南鮮版	1937-12-07	08단	覆面强盜
12496	南鮮版	1937-12-07	08단	定着率頗る不良/南鮮勞働者の北鮮移住
12497	南鮮版	1937-12-07	09단	漁船遭難轉覆
12498	南鮮版	1937-12-07	09단	道民の士氣鼓舞に喇叭鼓隊を組織/朝鮮に魁け平南で計畫
12499	南鮮版	1937-12-07	09단	密輸取締陣强化
12500	南鮮版	1937-12-07	09단	慶南で流行の牛の氣腫疽/徹底的に撲滅
12501	南鮮版	1937-12-07	09단	中等程度の職業學校に/平南鑛山技術員養成所改組
12502	南鮮版	1937-12-07	10단	タクシーの側面衝突/雙方とも大波
12503	南鮮版	1937-12-07	10단	列車と衝突/無免許で運轉のトラック
12504	南鮮版	1937-12-07	10단	運搬船衝突沈沒
12505	南鮮版	1937-12-07	11단	平北公人面の飛行場開き/盛大に擧行
12506	南鮮版	1937-12-07	11단	各地から(釜山)
12507	南鮮版	1937-12-07	11단	共産匪に判決
12508	南鮮版	1937-12-07	11단	關門諸物價(六日正午調)
12509	南鮮版	1937-12-08	01단	*玄海の女王傷つく 暗礁に接觸、破損の興安丸 就航は當分不可能/現場は魔の箇所 追越さんとした途端に乘上ぐ 栗林船長恐縮して語る/釜山埠頭大混雜 百五十名は隊に積殘し/輸送陣に大打擊*
12510	南鮮版	1937-12-08	01단	*故增田上等兵 盛んな邑民葬/河野上等兵邑民葬*
12511	南鮮版	1937-12-08	02단	優に地球十周/席の冷える暇もなく/北支爆擊行二百餘回/長岡大尉の空中手記
12512	南鮮版	1937-12-08	03단	鮮漁、青果の出廻り調節/釜山府で奔走

일련번호	판명	간행일	단수	기사명
12513	南鮮版	1937-12-08	04단	問題の中心金剛山の萬物相
12514	南鮮版	1937-12-08	04단	北滿移住地視察團
12515	南鮮版	1937-12-08	04단	獻金總額實に三百五十六萬圓/半島銃後赤誠の結晶
12516	南鮮版	1937-12-08	05단	愛國『慶北號』/十二日に獻納命名式
12517	南鮮版	1937-12-08	05단	交換孃の赤誠
12518	南鮮版	1937-12-08	05단	囚人に沸る愛國熱/重機關銃五基を獻納
12519	南鮮版	1937-12-08	06단	*慰問文一千通 愛國日に釜山の學童が作成/新年陣中慰問品*
12520	南鮮版	1937-12-08	06단	鈴木氏講演會
12521	南鮮版	1937-12-08	06단	金剛山の開發に果然！異議起る/學務局强硬に反對(殖産局、學務局)
12522	南鮮版	1937-12-08	07단	忠南教育總會
12523	南鮮版	1937-12-08	07단	銀盤の殺到のスケーター
12524	南鮮版	1937-12-08	07단	外來患者お斷り/愈よ戰時體制下に白衣の勇士/收容の赤十字社本部病院
12525	南鮮版	1937-12-08	08단	先づ二百名移植/半島勞働者の斡旋依賴に對し/明春福岡懸へ送る
12526	南鮮版	1937-12-08	08단	八戶六棟を燒く/釜山にまた大火事
12527	南鮮版	1937-12-08	09단	方魚津の火事/四戶を全燒
12528	南鮮版	1937-12-08	09단	鄭風氏の葬儀
12529	南鮮版	1937-12-08	09단	落穗を拾び獻金
12530	南鮮版	1937-12-08	09단	玉蜀黍の包皮を敷物に利用/大阪から耳寄りな注文
12531	南鮮版	1937-12-08	11단	關門諸物價（七日正午調）
12532	南鮮版	1937-12-08	11단	百萬圓突破/好成績の郵貯奬勵
12533	南鮮版	1937-12-08	11단	釜山の中央市長の取引高
12534	南鮮版	1937-12-08	11단	スキー列車/朝鮮でも中止
12535	南鮮版	1937-12-09	01단	*祝へ！南京陷落　軍部でも盛大な祝賀行事/軍司令官/龍山師團司令部/兜の緖も締めよ土屋新聞班長談*
12536	南鮮版	1937-12-09	01단	*半島經濟界に大きな足跡　愈よ勇退の加藤鮮銀總裁/松原純一氏　十日に入城/加藤氏東上*
12537	南鮮版	1937-12-09	01단	氷上渡河/結氷の大同江
12538	南鮮版	1937-12-09	03단	ボーナスを醵出して愛國機獻納/慶南で猛運動を起す
12539	南鮮版	1937-12-09	04단	有地司令官挨拶に入城
12540	南鮮版	1937-12-09	04단	南總督婦人歸城
12541	南鮮版	1937-12-09	04단	中小都市へ便利な新式電話/全部小型複式交換機に
12542	南鮮版	1937-12-09	05단	慶南の新豫算/そろそろ査定へ

일련번호	판명	간행일	단수	기사명
12543	南鮮版	1937-12-09	05단	損傷の興安丸長崎へ回航/年內には就航
12544	南鮮版	1937-12-09	05단	鮮滿國境にスパイ網/支那領事館員が中心となり暗躍/一味悉擧さる
12545	南鮮版	1937-12-09	06단	朝鮮鑿岩機製作所/建設準備に着手
12546	南鮮版	1937-12-09	06단	京畿道産業調査委員會/總會を開催
12547	南鮮版	1937-12-09	06단	新年賀郵便切手/十五日から賣出し
12548	南鮮版	1937-12-09	06단	便所の中から/密航朝鮮人/二名現はる
12549	南鮮版	1937-12-09	07단	『半島防空模型』/鑛山王が製作費一滿圓を/ほんと本府に寄附
12550	南鮮版	1937-12-09	07단	商工相談所/明年度釜山商議に新設
12551	南鮮版	1937-12-09	07단	女の判任官
12552	南鮮版	1937-12-09	07단	英國の態度を痛烈に論難/大邱の對英懇談會〔氣勢揚ぐ〕
12553	南鮮版	1937-12-09	07단	龜浦國婦支部/盛大な發會式
12554	南鮮版	1937-12-09	08단	老人囚の安息所/馬山の刑務所內に建設
12555	南鮮版	1937-12-09	08단	“農家の增收實に二億三千萬圓米穀自治管理は取止め”/湯村農林局長歸來談
12556	南鮮版	1937-12-09	09단	移出牛新記錄/四千二百頭
12557	南鮮版	1937-12-09	09단	火中に飛込み二少年を救出す/靑年巡査天晴れな動き
12558	南鮮版	1937-12-09	10단	釜山棧橋荒し/徘徊中を逮捕
12559	南鮮版	1937-12-09	11단	關門諸物價(八日正午調)
12560	南鮮版	1937-12-10	01단	政府買上げ米の納入頗る不成績/まだ僅に割七分
12561	南鮮版	1937-12-10	01단	主要道に産業部/豫算關係で原案は練り直し/先づ黃害、全北に新設か
12562	南鮮版	1937-12-10	01단	古池中尉らの合同告別式/盛大に營まる
12563	南鮮版	1937-12-10	03단	南總督戰傷者慰問/見舞品を增る
12564	南鮮版	1937-12-10	03단	中央試驗所支所/愈よ釜山に建設/期成會を組織し準備
12565	南鮮版	1937-12-10	03단	大邱に普校/明年度新設
12566	南鮮版	1937-12-10	03단	新皮革資源に豚公のご登場/利用性多い豚の皮
12567	南鮮版	1937-12-10	04단	各地から(馬山、開成、大田)
12568	南鮮版	1937-12-10	04단	京畿道警察部異動
12569	南鮮版	1937-12-10	05단	教育功績者/忠南で三氏表彰
12570	南鮮版	1937-12-10	05단	祝賀塔や花電車/南京陷落！前祝ひに賑ふ釜山
12571	南鮮版	1937-12-10	05단	花火や燈火も/制限を緩和/本府から各方面へ通牒
12572	南鮮版	1937-12-10	05단	河東海苔/釜山で入札
12573	南鮮版	1937-12-10	05단	釜山港の十一月中貿易

일련번호	판명	간행일	단수	기사명
12574	南鮮版	1937-12-10	06단	"百拜謝體して總督閣下に奉納します"奇特な野菜賣りの獻金/東京からも赤誠の封書　法大生から總督宛に/應召軍人家族慰安會 慶南各地で開催
12575	南鮮版	1937-12-10	07단	全北聯合靑年團/盛大な結團式
12576	南鮮版	1937-12-10	07단	ハモ、アナゴ移出激減/業者大弱り
12577	南鮮版	1937-12-10	07단	のぞみ遲發
12578	南鮮版	1937-12-10	08단	瓦斯防護衛生要務講座/朝鮮でも新設
12579	南鮮版	1937-12-10	08단	北支を煙に卷く/經濟突擊隊の先陣朝鮮煙草/まづ年內に一千捆發送
12580	南鮮版	1937-12-10	08단	氷上風景と演福寺の鐘/半島から全國へ自慢の歲末放送
12581	南鮮版	1937-12-10	09단	二人組强盜大邱に現はる
12582	南鮮版	1937-12-10	09단	自書追剝少年を襲ふ/犯人捕はる十六歲の少年
12583	南鮮版	1937-12-10	09단	銃後の花束
12584	南鮮版	1937-12-10	10단	汽動車に觸れ卽死
12585	南鮮版	1937-12-10	11단	關門諸物價（九日正午調）
12586	南鮮版	1937-12-11	01단	誠意か不謹愼か祟る"あゝ決死隊"/勇士の葬送に軍歌を演奏の店員拘留に附さる
12587	南鮮版	1937-12-11	01단	棉花增産計畫擴充/四十萬町步五億斤に
12588	南鮮版	1937-12-11	01단	南京陷落の日　飛六で祝賀大飛行　只管快報を待つ軍部/晝は花電車　夜は提燈行列 鎭海の祝賀行事/戰捷景氣でぴんと跳上る 果然强調の鮮魚相場
12589	南鮮版	1937-12-11	02단	人絹染色工業近く統制か/內地染空聯とも協調
12590	南鮮版	1937-12-11	02단	加藤氏送別會/釜山で開催
12591	南鮮版	1937-12-11	03단	鈴川專賣局長
12592	南鮮版	1937-12-11	03단	實に二萬回/時局座談會の開催回數
12593	南鮮版	1937-12-11	04단	有地司令官東上
12594	南鮮版	1937-12-11	04단	等外は昨年通り/籾の檢査方針さまる
12595	南鮮版	1937-12-11	04단	"暮"を擊つA
12596	南鮮版	1937-12-11	05단	北支第一線の就職を斡旋/釜山憲兵隊で
12597	南鮮版	1937-12-11	05단	全國から四機獻納/明春、新設の光州飛行場で/盛大な命名式擧行
12598	南鮮版	1937-12-11	06단	直線コース千米/新スキー場發見/滿浦線沿線狗峴に
12599	南鮮版	1937-12-11	06단	人絹織物の輸出檢査所/京城に新設
12600	南鮮版	1937-12-11	07단	火田民を馴致し/鑛山勞働者に使用/本府で具體案硏究
12601	南鮮版	1937-12-11	07단	慶南特産品宣傳卽賣會
12602	南鮮版	1937-12-11	07단	兩水橋竣工

일련번호	판명	간행일	단수	기사명
12603	南鮮版	1937-12-11	08단	江界水電/近く認可申請
12604	南鮮版	1937-12-11	08단	金山道路/慶南で新設
12605	南鮮版	1937-12-11	08단	釜山大橋の跳開時間/變更方を申請
12606	南鮮版	1937-12-11	08단	釜山の歲末警戒
12607	南鮮版	1937-12-11	08단	ネオンは甦る/ぱっと明るくなる商店街/但し賣出し其間中だけ
12608	南鮮版	1937-12-11	09단	慶南警察部異動
12609	南鮮版	1937-12-11	09단	優勝した論山郡選手(右劍道選手、左繼走選手)
12610	南鮮版	1937-12-11	10단	出航間際に一齊檢擧/釜山の密航船
12611	南鮮版	1937-12-11	10단	論山郡が壓倒的勝利/忠南の對抗競技
12612	南鮮版	1937-12-11	11단	關門諸物價(十日正午調)
12613	南鮮版	1937-12-12	01단	沒落の南京城內目找通り太平路
12614	南鮮版	1937-12-12	01단	*祝へ讚へよ戰捷! 隊にその日來た! けふ全鮮擧げ大祝賀/豪華な祝賀プラン さあ祝へ!各地の準備整ふ(京城、釜山、大邱)/總督より祝電*
12615	南鮮版	1937-12-12	03단	*どっと歡呼の嵐 歡喜滿ち溢れる京城/今後に備へよ南總督、全廳員に訓示/玄關に電飾 戰捷に沸返る慶南道廳/南京陷落だ 昇給だ! 喜び二重奏の鐵道從業員*
12616	南鮮版	1937-12-12	04단	祝賀夕べ/朝鮮軍司令官で開催
12617	南鮮版	1937-12-12	05단	國債は何時でも買上げます/郵便局所で取扱開始
12618	南鮮版	1937-12-12	05단	*遺家族や勇士へお祝の紅白の餠 總督から漏なく增る/早速戰捷奉告祭 歡喜一色の光州府/祝賀實況放送*
12619	南鮮版	1937-12-12	06단	上旬移出米/三十二萬石
12620	南鮮版	1937-12-12	07단	馬山酒五千樽/天津へ積出す
12621	南鮮版	1937-12-12	07단	電信電話輻湊こゝにも戰捷反映
12622	南鮮版	1937-12-12	07단	無水酒精工場/濟州道に新設/馬山の昭和酒類にも併設
12623	南鮮版	1937-12-12	07단	臨時肥料配給統制令/十日公布さる
12624	南鮮版	1937-12-12	07단	揑造放送擊破に全國最初の露語放送/DKでいよいよ實施
12625	南鮮版	1937-12-12	08단	國境の地下資源/明春から本格的に調査
12626	南鮮版	1937-12-12	08단	慶南の本年度自作農創設/二百五十戶選定
12627	南鮮版	1937-12-12	08단	愛國慶北號/けふ命名式
12628	南鮮版	1937-12-12	08단	創紡群出人絹工場/日時計畫中止
12629	南鮮版	1937-12-12	09단	山喜多畫伯個人展
12630	南鮮版	1937-12-12	09단	白衣の凱旋
12631	南鮮版	1937-12-12	09단	颯爽!新兵さん/步武堂々威勢よく入營
12632	南鮮版	1937-12-12	10단	嬰兒の死體漂着

일련번호	판명	간행일	단수	기사명
12633	南鮮版	1937-12-12	10단	北支病の青年/釜山でストップ
12634	南鮮版	1937-12-12	10단	琺瑯鐵器新役員
12635	南鮮版	1937-12-12	11단	軍用機に寄託
12636	南鮮版	1937-12-12	11단	關門諸物價(十一日正午調)
12637	南鮮版	1937-12-14	01단	資本の七割迄は/わが朝鮮に投下/資本金三億圓の大産金會社/愈よ設立にきまる/石田鑛山課長歸來談
12638	南鮮版	1937-12-14	01단	液體燃料節約で/打擊の鐵道界/ことに私鐵は痛手
12639	南鮮版	1937-12-14	01단	南京沒落祝賀グラフ
12640	南鮮版	1937-12-14	03단	戰捷祝賀會/大邱で開催
12641	南鮮版	1937-12-14	04단	度量衡一齊檢査
12642	南鮮版	1937-12-14	04단	躍進の半島貿易/總額十五億圓に達すか
12643	南鮮版	1937-12-14	05단	二千一戶を全燒/慶南の一部落全滅
12644	南鮮版	1937-12-14	05단	砂防講習會
12645	南鮮版	1937-12-14	06단	漁業用筵生産打合
12646	南鮮版	1937-12-14	07단	金剛丸延着/船車聯絡混雜
12647	南鮮版	1937-12-14	07단	*愛國機『慶北號』 盛大な命名式を擧行/盛大な祝宴*
12648	南鮮版	1937-12-14	07단	*十ヶ月日に漸く調べ終る 白々教の一味送局/檢擧取調費用實に六萬圓 虐殺數三百四十六名 /送局幹部氏名*
12649	南鮮版	1937-12-14	08단	田淵が有力/船車聯絡泥難
12650	南鮮版	1937-12-14	09단	列車と衝突し自動車大破/死傷者三名を出す
12651	南鮮版	1937-12-14	09단	慶南の山火事/三十町步燒失
12652	南鮮版	1937-12-14	11단	*關門市況(十三日)/養鷄飼料相場(關門船車乘値)/季節の靑果市況/關門諸物價(十三日正午調)*
12653	南鮮版	1937-12-15	01단	關釜聯絡三往復/愈よ近く實現か/更に聯絡船一隻建造
12654	南鮮版	1937-12-15	01단	釜山棧橋から北支へ直通列車/近く鮮鐵、萬鐵間で打合
12655	南鮮版	1937-12-15	01단	暮を擊つB
12656	南鮮版	1937-12-15	03단	胸を病む先生へ福音!/初等學校敎員の疾病療治料/給與制度實施さる
12657	南鮮版	1937-12-15	04단	米の買上專賣制/朝鮮では實施しない
12658	南鮮版	1937-12-15	04단	小鹿島に郵便所を設置
12659	南鮮版	1937-12-15	04단	陣歿勇士の靈前に香爐/後援會で作成
12660	南鮮版	1937-12-15	05단	飯塚司令官/釜山披露宴
12661	南鮮版	1937-12-15	05단	運需品加工の大工場/釜山に建設
12662	南鮮版	1937-12-15	05단	事變國債の買上げ限度/一人一日五百圓
12663	南鮮版	1937-12-15	05단	孫民生部大臣

일련번호	판명	간행일	단수	기사명
12664	南鮮版	1937-12-15	05단	陸軍機で最初の朝鮮海峽翔破/慶北號を操縱來鮮の難波中佐/當時を懷しみながら語る
12665	南鮮版	1937-12-15	06단	銃後の花束
12666	南鮮版	1937-12-15	06단	勇士の家庭へ溫かい救ひの手/銃後に燃ゆる隣人愛
12667	南鮮版	1937-12-15	06단	中試釜山支所期成委員會/愈よ設置さる
12668	南鮮版	1937-12-15	06단	防犯も銃後務め/三段構へ京城歲末警戒陣
12669	南鮮版	1937-12-15	08단	愛國子女團/京城で結成
12670	南鮮版	1937-12-15	09단	石炭値上げ/釜山で實施
12671	南鮮版	1937-12-15	09단	大邱署長東氏勇退/補里邑長に就任
12672	南鮮版	1937-12-15	09단	國際電信會議/岩男課長が出席植民地を代表して
12673	南鮮版	1937-12-15	09단	陣歿勇士を偲び/手紙の朗讀放送/今夜釜山放送局から
12674	南鮮版	1937-12-15	11단	*關門市況(十四日)/養鷄飼料相場(關門船車乘値)/季節の青果市況/關門諸物價(十四日正午調)*
12675	南鮮版	1937-12-16	01단	出たゾ!ボーナス/事變關係の劇務を考慮し/各官廳とも大奮發(鐵道局、遞信局、京畿道廳、慶南道廳、慶北道廳、京城府廳、釜山府廳)
12676	南鮮版	1937-12-16	02단	金剛山の特殊鑛物/愈よ開發に決る/學務殖産兩局の妥協成る
12677	南鮮版	1937-12-16	03단	碁を擊つC
12678	南鮮版	1937-12-16	04단	鮮內滯貨一掃に續々大型船配給/大阪商船で臨時增發
12679	南鮮版	1937-12-16	04단	本年度夏秋蠶狀況
12680	南鮮版	1937-12-16	04단	油肥聯合委員會
12681	南鮮版	1937-12-16	05단	御眞影奉安段/建設費寄附/兩氏から二千圓
12682	南鮮版	1937-12-16	05단	中南支の經濟視察/釜山商議で計畫
12683	南鮮版	1937-12-16	05단	虎の仔と戱れるヤンコフスキー氏
12684	南鮮版	1937-12-16	06단	勤儉貯蓄の作文童謠入賞者
12685	南鮮版	1937-12-16	06단	もし日ソ戰はゞ第一線に馳參ず/朱乙溫泉に亡命の元ロシヤ領主/皇軍の活躍に感激、赤誠披瀝
12686	南鮮版	1937-12-16	06단	飯塚司令官/釜山來訪/各方面に挨拶
12687	南鮮版	1937-12-16	06단	祝電に體狀/長谷川長官から總督宛に
12688	南鮮版	1937-12-16	07단	釜山の義士會
12689	南鮮版	1937-12-16	07단	松井氏遺骨/京城に歸る
12690	南鮮版	1937-12-16	07단	數々の慰問品/大邱から增る
12691	南鮮版	1937-12-16	07단	釜山に新設の渡航保護事務所/盛大な開所式を擧行
12692	南鮮版	1937-12-16	08단	十六萬個突破/皇軍慰問煙草
12693	南鮮版	1937-12-16	08단	斷然日本一!/仁川米取の出來高

일련번호	판명	간행일	단수	기사명
12694	南鮮版	1937-12-16	08단	酸素管が爆發し/三名吹飛ばさる/釜山鐵道工場の珍事
12695	南鮮版	1937-12-16	08단	スキー場整備/鐵道局で着手
12696	南鮮版	1937-12-16	09단	銃後の花束
12697	南鮮版	1937-12-16	09단	六十餘名が大亂鬪/釜山で騷がす
12698	南鮮版	1937-12-16	09단	北支へ慰問使/大邱の三氏出發
12699	南鮮版	1937-12-16	09단	申込み殺到/北支第一線への就職斡旋
12700	南鮮版	1937-12-16	10단	尾島鷹市氏
12701	南鮮版	1937-12-16	10단	今期は無配/朝鮮重工業
12702	南鮮版	1937-12-16	10단	各地から(釜山)
12703	南鮮版	1937-12-16	11단	*關門市況(十五日)/養鷄飼料相場(關門船車乘値)/季節の青果市況/關門諸物價(十五日正午調)*
12704	南鮮版	1937-12-17	01단	畏し賜杯の御沙汰/朝鮮林野調査の功績に對し/光榮に輝く十三氏
12705	南鮮版	1937-12-17	01단	鮮滿支を一丸に大陸産業經濟政策樹立/總督府から呼びかく
12706	南鮮版	1937-12-17	01단	山西地方の物價/極度に缺乏/寺尾少佐の北支土産話
12707	南鮮版	1937-12-17	01단	教科書になる……/飛行機發明の始祖/京城で研究完成の二官忠八翁
12708	南鮮版	1937-12-17	02단	飯塚司令官/本事通信局來訪
12709	南鮮版	1937-12-17	03단	安全農村の收穫は良好/二萬石の增收
12710	南鮮版	1937-12-17	04단	案外に乏しい/內地の北鮮知識/兒島咸北知事
12711	南鮮版	1937-12-17	04단	ガソリン節約に愈よ木炭自動車/積極的研究に乘出す
12712	南鮮版	1937-12-17	05단	政府買上米の納入頗る不成績/因る打算的不信行爲
12713	南鮮版	1937-12-17	06단	京城愛國子女團/十七日結成式
12714	南鮮版	1937-12-17	07단	興安丸は意外の重傷/年內就航不可能
12715	南鮮版	1937-12-17	07단	暮を擊つD
12716	南鮮版	1937-12-17	08단	北京放送局は明春早々から放送/建設準備の一行北行
12717	南鮮版	1937-12-17	08단	火藥六貫盜難
12718	南鮮版	1937-12-17	08단	ふぐの中毒/手料理で死亡
12719	南鮮版	1937-12-17	08단	妓道刷新/斷髮、洋裝ご法度/ケッピンも罷りならぬ/妓生へきつい御布令
12720	南鮮版	1937-12-17	09단	綿工場の火事/釜山で二棟燒失
12721	南鮮版	1937-12-17	09단	三名死傷/トラック墜落
12722	南鮮版	1937-12-17	09단	奧樣ご用心/注文品の量/目が足らぬ
12723	南鮮版	1937-12-17	11단	*關門市況(十六日)/養鷄飼料相場(關門船車乘値)/季節の青果市況/關門諸物價(十六日正午調)*

일련번호	판명	간행일	단수	기사명
12724	南鮮版	1937-12-18	01단	咸南の大樹海をパルプ資源に開放/年産十四萬噸目標
12725	南鮮版	1937-12-18	01단	人絹問題は保留/今が辭める潮時かなア/歸任の穗積局長縱橫に語る
12726	南鮮版	1937-12-18	01단	內地各方面と十分懇談遂げた/歸鮮の林植銀頭取語る
12727	南鮮版	1937-12-18	01단	田邊參事/洋行から歸朝
12728	南鮮版	1937-12-18	02단	南京陷落に沸獻金/續々軍司令部へ寄託
12729	南鮮版	1937-12-18	02단	ボーナスで機關銃獻納/大邱局員の赤誠
12730	南鮮版	1937-12-18	03단	碁を撃つE
12731	南鮮版	1937-12-18	04단	入營奉告祭
12732	南鮮版	1937-12-18	04단	皇軍慰問に名産乾柿/江華郡から
12733	南鮮版	1937-12-18	04단	鎭海要港部參謀長/松永大佐着任
12734	南鮮版	1937-12-18	05단	*川合上等兵郡民葬/戰死勇士襄の凱旋*
12735	南鮮版	1937-12-18	05단	通州事件の犧牲者遺骨/十九日に歸還
12736	南鮮版	1937-12-18	06단	南總督からも/“からどき”三百個/年賀代りに勇士へ增る
12737	南鮮版	1937-12-18	06단	簡保料金徵收/協定成立/鮮滿兩當局の
12738	南鮮版	1937-12-18	06단	牧野大佐赴任
12739	南鮮版	1937-12-18	06단	愛國公債購入では/部長さんと同格/軍國タイピストの美擧
12740	南鮮版	1937-12-18	07단	郡廳所在面は郡名通りに改稱/京畿道で明年から實施
12741	南鮮版	1937-12-18	07단	警務局から激勵/“各員更に一層奮努力せよ”/年末警戒、本調子！
12742	南鮮版	1937-12-18	07단	大密航團檢擧/釜山で出船間際に
12743	南鮮版	1937-12-18	08단	研究費補助/自然科學研究の兩篤學者へ
12744	南鮮版	1937-12-18	08단	大邱公營課長/岡田氏勇退/鄕里へ引揚る
12745	南鮮版	1937-12-18	08단	世界一の癩療養所/四千八百人收容の更生園
12746	南鮮版	1937-12-18	09단	交通事故も道理/三分の二は速力違反
12747	南鮮版	1937-12-18	09단	釜山の屎尿處分/新施設/起債認可さる
12748	南鮮版	1937-12-18	09단	五十戶追加/慶南の明年度滿洲移民
12749	南鮮版	1937-12-18	09단	お正月用鮮魚/一萬貫が北支へ/釜山にどっと凱歌場る
12750	南鮮版	1937-12-18	10단	各地から(釜山)
12751	南鮮版	1937-12-18	11단	*關門市況（十七日）/養鷄飼料相場（關門船車乘値）/季節の靑果市況/關門諸物價（十七日正午調）*
12752	南鮮版	1937-12-19	01단	鑛業朝鮮に備へ/本府鑛山課改組/二分し課を二つ新設
12753	南鮮版	1937-12-19	01단	明年度の繩叺/各道生産割當/何れも增産と決る
12754	南鮮版	1937-12-19	01단	御紋章奉戴/釜山地方法院
12755	南鮮版	1937-12-19	01단	碁を撃つF

일련번호	판명	간행일	단수	기사명
12756	南鮮版	1937-12-19	02단	總督府辭令(十六日付)
12757	南鮮版	1937-12-19	02단	慶北警察部異動
12758	南鮮版	1937-12-19	02단	遞信局辭令
12759	南鮮版	1937-12-19	03단	深澤中將/馬山聯隊査閱
12760	南鮮版	1937-12-19	03단	*風變りな皇軍慰問 朝鮮文藝會と沸教團體から 樂器持參の慰問行/更に獻金 赤誠に燃ゆる 半島官吏/全北から慰問品/愛國『忠北號』 盛な獻納式/一千圓獻金 郵便所長聯合會から*
12761	南鮮版	1937-12-19	04단	護國の英靈還る/森本部隊の戰歿勇士遺骨なつかしの原隊へ
12762	南鮮版	1937-12-19	04단	銃後の花束
12763	南鮮版	1937-12-19	05단	物凄い濃霧/釜山地方襲來
12764	南鮮版	1937-12-19	05단	釜山國婦分區長
12765	南鮮版	1937-12-19	05단	*白衣の凱旋/沈默の凱旋 藤井利二少尉/戰傷兵慰安演藝會*
12766	南鮮版	1937-12-19	06단	鮮銀券と日銀券/無料で兩替/京城驛待合室で
12767	南鮮版	1937-12-19	07단	釜山水上署の演式場竣工/道場開き擧行
12768	南鮮版	1937-12-19	07단	買上米全納/好成續の釜山地方
12769	南鮮版	1937-12-19	07단	亡夫の遺言守り/醫專設立を出願/大地主の未亡人から
12770	南鮮版	1937-12-19	07단	“兄貴”が手掛り/大邱の强盜犯人捕はる
12771	南鮮版	1937-12-19	08단	十五戶全燒/昨未明木浦の大火事
12772	南鮮版	1937-12-19	08단	*丁字室擴張工事 遂に不許可ときまる/許可二十件 資金調整法*
12773	南鮮版	1937-12-19	08단	內地から蜜柑のラッシュ/釜山埠頭、オレンヂの一色
12774	南鮮版	1937-12-19	08단	第一線勇士へ防寒チョッキ/鎭海婦人會で赤誠こめ製作
12775	南鮮版	1937-12-19	09단	開所十周年/釜山貯金管理所
12776	南鮮版	1937-12-19	09단	自動車追突/春川街道の珍事
12777	南鮮版	1937-12-19	09단	人夫死傷
12778	南鮮版	1937-12-19	10단	金らに求刑/朝鮮共産業再建事件
12779	南鮮版	1937-12-19	11단	*關門市況(十八日)/養鷄飼料相場(關門船車乘値)/季節の靑果市況/關門諸物價(十八日正午調)*
12780	南鮮版	1937-12-21	01단	*北支新政權へ一 欣然として參加 鎭海浦領事館がトップを切り 新國旗揭揚式擧行/陳領事急遽入城 總領事館で重要會談*
12781	南鮮版	1937-12-21	01단	大邱府民へ感謝/鈴木部隊長から禮狀
12782	南鮮版	1937-12-21	01단	日の皇子御祝日/二十三日全鮮一齊にお祝の行事
12783	南鮮版	1937-12-21	01단	暮を擊つG
12784	南鮮版	1937-12-21	03단	*松下大尉らの原隊告別式 二十二日執行/藤井少尉遺骨還る/戰病歿者の慰靈祭鎭海で執行*
12785	南鮮版	1937-12-21	04단	高橋大佐/二十二日着任

일련번호	판명	간행일	단수	기사명
12786	南鮮版	1937-12-21	04단	刑務所製品廉賣會
12787	南鮮版	1937-12-21	04단	事變以來激增の朝鮮牛の內地移出/總計八萬頭に達すか
12788	南鮮版	1937-12-21	04단	刑務所製品廉賣會
12789	南鮮版	1937-12-21	05단	釜山府會
12790	南鮮版	1937-12-21	05단	愈よ始まった年賀郵便の特別取扱/受付數は相當なもの
12791	南鮮版	1937-12-21	05단	永川邑長に勇退の東前大邱署長
12792	南鮮版	1937-12-21	05단	雛の雌雄鑑別に白耳義から招聘/天才・尹君愈よ渡白
12793	南鮮版	1937-12-21	05단	租稅收入激增/九月末現在總督府歲入狀況
12794	南鮮版	1937-12-21	06단	感謝の紀念品/模範郵便集配手に贈る
12795	南鮮版	1937-12-21	06단	廢物利用のパルプ代用品/全北で製造に成功
12796	南鮮版	1937-12-21	06단	○○部隊戰歿者/合同告別式/原隊で盛大に執行す
12797	南鮮版	1937-12-21	07단	綿織物の輸出統制/協議會を開く
12798	南鮮版	1937-12-21	07단	京仁地方も愈よ軍需工業のお仲間入り/下請負相談會を開く
12799	南鮮版	1937-12-21	07단	京城府內の警官派出所/增設工事捗る
12800	南鮮版	1937-12-21	07단	京城府の初等學校擴充/明年度も計畫通り實施
12801	南鮮版	1937-12-21	08단	お正月は故郷で……/內地行旅客急激に增加
12802	南鮮版	1937-12-21	09단	釜山水道工場移轉に決る/明年度適地に
12803	南鮮版	1937-12-21	09단	遵法週間/朝鮮でも明年から實施
12804	南鮮版	1937-12-21	09단	明年度以降の士木費補助/八百八十萬圓
12805	南鮮版	1937-12-21	11단	*關門市況(二十日)/養鷄飼料相場(關門船車乘値)/季節の青果市況/關門諸物價(二十日正午調)*
12806	南鮮版	1937-12-22	01단	御眞影を奉戴/光榮に輝く高普高等五十九校/廿三日本府で傳達式
12807	南鮮版	1937-12-22	01단	*兩部隊に輝く感狀 總督から祝電を發す/小磯司令官も早速祝電*
12808	南鮮版	1937-12-22	01단	暮を擊つH
12809	南鮮版	1937-12-22	02단	慶尙南道の明年度豫算/全部出揃ふ
12810	南鮮版	1937-12-22	03단	米穀課長ら東上
12811	南鮮版	1937-12-22	04단	洛東江海苔/廿二日初入札
12812	南鮮版	1937-12-22	04단	銃後の花束
12813	南鮮版	1937-12-22	04단	神宮參拜者/二百萬人突破
12814	南鮮版	1937-12-22	04단	新年回禮申合せ/すべて質素に行ふが/酒だけは豊富に用意
12815	南鮮版	1937-12-22	04단	半島官界大搖れか/米倉社長後任に湯村氏有力/新春早々に大異動
12816	南鮮版	1937-12-22	05단	兩勇士遺骨還る
12817	南鮮版	1937-12-22	05단	新義州製材工場/愈よ合同に決る/總督府に認可を申請

일련번호	판명	간행일	단수	기사명
12818	南鮮版	1937-12-22	05단	敢然南京政府離脫 半島の一角に五色旗飜る 斷乎新政權に參加 張領事所信を語る/各要路に打電/近來の快事 上內平南知事談
12819	南鮮版	1937-12-22	06단	伊東覆番法院長/停年で退官
12820	南鮮版	1937-12-22	07단	會員增募/新義州靑訓後援會
12821	南鮮版	1937-12-22	07단	小麥粉北支輸出/素晴しい活況を呈す
12822	南鮮版	1937-12-22	07단	全半島に酷寒襲來 中江鎭は零下三十度/咸南線不通 吹雪で運轉不能に陷る/金剛丸延着 船車聯絡混雜
12823	南鮮版	1937-12-22	08단	本年の鰛魚獲高/七百萬樽を突破/實に記錄的の大豐漁
12824	南鮮版	1937-12-22	09단	八百五十萬斤/忠南の棉花出廻り頗る旺盛
12825	南鮮版	1937-12-22	09단	忠靈塔で明粧/大邱府で實施
12826	南鮮版	1937-12-22	09단	原料配給でほっと一息/南鮮ゴム組合
12827	南鮮版	1937-12-22	09단	甲板から墜落慘死
12828	南鮮版	1937-12-22	09단	本府に二課新設/都市計畫課と保護課
12829	南鮮版	1937-12-22	10단	各地から(釜山)
12830	南鮮版	1937-12-22	10단	嬰兒を慘殺/情神異狀の母
12831	南鮮版	1937-12-22	10단	街路で分娩/夫を尋ねて出釜の朝鮮婦人
12832	南鮮版	1937-12-22	11단	關門市況(二十一日)/養鷄飼料相場(關門船車乘値)/季節の靑果市況/關門諸物價(廿一日正午調)
12833	南鮮版	1937-12-23	01단	五色旗は呼ぶ 半島在留支那人續々と 新政權へ參加す/神戶へ向ふ 陣釜山領事
12834	南鮮版	1937-12-23	01단	普通學校の改稱/明年度から實施政府當局も大贊成
12835	南鮮版	1937-12-23	01단	日の皇子の祝日 けふ各地で奉祝行事/釜山の行事
12836	南鮮版	1937-12-23	02단	新大邱署長/八木氏着任
12837	南鮮版	1937-12-23	03단	憤慨やる方なし/浦潮で不法投獄された/西本願寺の小泉賢龍師歸る
12838	南鮮版	1937-12-23	04단	釜山の愛國日/十五日と決る
12839	南鮮版	1937-12-23	04단	鮮米移出高
12840	南鮮版	1937-12-23	05단	淚更に新た/松下大尉らの合同告別式/原隊で盛大執行
12841	南鮮版	1937-12-23	05단	白衣の勇士慰問にご注意/面會時など變更
12842	南鮮版	1937-12-23	05단	豪華な正月興行/呼物は何といつても戰爭もの/手具脛引く釜山映畵界
12843	南鮮版	1937-12-23	06단	十五名推薦/滿洲鑛工技術學堂新入生
12844	南鮮版	1937-12-23	07단	戰歿將兵慰靈祭/釜山高女で執行
12845	南鮮版	1937-12-23	07단	アッチ工業統制協議會/二十四日開催
12846	南鮮版	1937-12-23	07단	緬羊四萬頭/京畿道で明年度から增産

일련번호	판명	간행일	단수	기사명
12847	南鮮版	1937-12-23	07단	腹部に敵彈命中/殖産野球監督淺原少尉/奇蹟的に一命拾ふ
12848	南鮮版	1937-12-23	08단	伊勢神宮へ武運祈願/慶南北初等學校代表者參拜
12849	南鮮版	1937-12-23	08단	お布令實に覿面/激減の年賀郵便/なんと昨年の十分の一
12850	南鮮版	1937-12-23	08단	乘客四名重傷/バス、軌道車と衝突
12851	南鮮版	1937-12-23	09단	慶南警察部移動
12852	南鮮版	1937-12-23	09단	靑訓新設/慶南に五ヶ所
12853	南鮮版	1937-12-23	10단	金剛丸に潛む/密航朝鮮人
12854	南鮮版	1937-12-23	10단	肥料代金橫領/農會技手の惡事
12855	南鮮版	1937-12-23	11단	*關門市況(二十二日)/養鷄飼料相場(關門船車乘値)/季節の靑果市況/關門諸物價(廿二日正午調)*
12856	南鮮版	1937-12-24	01단	*颯爽初の鮮産輸出映畵　歐文タイトルも花々しく海外へ　ヒットした『沈淸傳』/『大金剛山の譜』　新春早々花々しく封切*
12857	南鮮版	1937-12-24	01단	捜す瞼の父から六年目に便り/而も北支第一線から
12858	南鮮版	1937-12-24	01단	御眞影傳達式
12859	南鮮版	1937-12-24	02단	*日銀、鮮銀合併　まだ時期に非ず　松原鮮銀總裁歸來談/貿易協會長　松原氏受諾*
12860	南鮮版	1937-12-24	04단	釜山納府會
12861	南鮮版	1937-12-24	04단	陸軍街でも虛禮廢止/嚴重申合はす
12862	南鮮版	1937-12-24	04단	鈴木部隊第三回合同告別式
12863	南鮮版	1937-12-24	04단	ラヂオ料金引下げ/四月から十七錢に
12864	南鮮版	1937-12-24	05단	放流延期/鎭海灣の鱈
12865	南鮮版	1937-12-24	05단	さて完成は?/當局でも一寸見當がつかぬ/京城縱貫幹線道路
12866	南鮮版	1937-12-24	05단	産業試驗調査委員會/愈よ設置に決る
12867	南鮮版	1937-12-24	06단	內地行旅客の洪水/聯絡船超滿員で二百餘名は遂に釜山で立往生
12868	南鮮版	1937-12-24	06단	鮮産硬質陶器の物凄い海外進出/蘭印は殆ど先産で獨占
12869	南鮮版	1937-12-24	06단	やっと完成した六百米
12870	南鮮版	1937-12-24	07단	關釜間の貨物補助船/就航延期交涉
12871	南鮮版	1937-12-24	07단	愛國機慶南號/明春三機獻納
12872	南鮮版	1937-12-24	07단	新政權に參加/沙里院中華商會も態度決定
12873	南鮮版	1937-12-24	08단	京城に陸士豫備校/金少佐らが設立を計畫
12874	南鮮版	1937-12-24	08단	白々數餘聞/悉く妙齡の美人/釋放される白々數幹部の妾/警察で就職を斡旋
12875	南鮮版	1937-12-24	08단	一校下に一團體/慶北道の靑年團擴充
12876	南鮮版	1937-12-24	09단	漁船大破/釜山沖で衝突

일련번호	판명	간행일	단수	기사명
12877	南鮮版	1937-12-24	09단	判決下る/慶南の共産黨再建運動
12878	南鮮版	1937-12-24	09단	朝鮮神宮奉贊氷上競技大會
12879	南鮮版	1937-12-24	11단	待合室で掻拂ふ
12880	南鮮版	1937-12-24	11단	*關門市況(二十三日)/關門諸物價(廿三日正午調)*
12881	南鮮版	1937-12-25	01단	自慢の錄音器で戰地の實況放送/ＤＫいよいよ乘出す
12882	南鮮版	1937-12-25	01단	姥捨山はご免/相次ぐお古の天降りに/民間團體猛然反對
12883	南鮮版	1937-12-25	01단	神宮大麻傳達
12884	南鮮版	1937-12-25	01단	皇太子さまバンザイ
12885	南鮮版	1937-12-25	02단	社會事業團體へ菓子料/總督から贈る
12886	南鮮版	1937-12-25	03단	マッチ統制協議會
12887	南鮮版	1937-12-25	03단	一學級増設か/四年制に改正の釜山高女
12888	南鮮版	1937-12-25	03단	年末年始諸式
12889	南鮮版	1937-12-25	03단	憧れの大空へ！/グライダー俱樂部の熱望容れ/飛行機操縦を訓練
12890	南鮮版	1937-12-25	04단	棉花出荷に奬勵金/斤當り一錢
12891	南鮮版	1937-12-25	04단	音響官制解除
12892	南鮮版	1937-12-25	04단	節約して獻金/京畿道で申合す
12893	南鮮版	1937-12-25	04단	初荷を取止め三百圓獻金/釜山海運同盟
12894	南鮮版	1937-12-25	04단	小林部隊の戰傷者凱旋
12895	南鮮版	1937-12-25	05단	鑛山を種に詐欺/知名の內地人も裏面に暗躍/まづ一味八名を檢擧
12896	南鮮版	1937-12-25	05단	平壤栗大異變/輸送制限で立往生
12897	南鮮版	1937-12-25	05단	鰤の初入荷/忽ち賣盡す
12898	南鮮版	1937-12-25	05단	明年も南鮮から勞働移民を幹旋/西北鮮各地に大工事
12899	南鮮版	1937-12-25	05단	酷寒の北支へ！/尹子爵ら皇軍慰問行
12900	南鮮版	1937-12-25	07단	司法史に燦！囚人赤心の機關銃獻納
12901	南鮮版	1937-12-25	07단	皇軍慰問煙草/募集頗る良好
12902	南鮮版	1937-12-25	07단	親日夫人の美擧/今度は“がちどき”寄託
12903	南鮮版	1937-12-25	07단	羊羹三百箱/釜山から納入
12904	南鮮版	1937-12-25	07단	北支のコレラ終熄/金後證明書不要
12905	南鮮版	1937-12-25	07단	南鮮一帶に豪雨/北鮮地方は大雪
12906	南鮮版	1937-12-25	07단	輪禍一掃に運チヤン教育/技術は優秀だが素質が問題
12907	南鮮版	1937-12-25	08단	北支から注文/京畿道へ靴下二十萬足
12908	南鮮版	1937-12-25	08단	年末臨時列車動く/關釜聯絡船も增發
12909	南鮮版	1937-12-25	09단	勇士留守宅へ覆面の强盜/警戒線を潜り押入る

일련번호	판명	간행일	단수	기사명
12910	南鮮版	1937-12-25	09단	鐵道貨物の宅扱/愈よ明春から實施
12911	南鮮版	1937-12-25	09단	釜山工作所/いよいよ創立
12912	南鮮版	1937-12-25	09단	喪儀契の內容調査
12913	南鮮版	1937-12-25	09단	女給の服毒
12914	南鮮版	1937-12-25	10단	天井墜落
12915	南鮮版	1937-12-25	11단	*關門市況(二十四日)/關門諸物價(廿四日正午調)*
12916	南鮮版	1937-12-26	01단	さてどう呼ぶか/改稱の普通學校/やゝこしい名稱問題
12917	南鮮版	1937-12-26	01단	御眞影傳達式
12918	南鮮版	1937-12-26	02단	國旗の濫用/今後は嚴重に取締る
12919	南鮮版	1937-12-26	04단	*陸軍始觀兵式/西村上等兵沈黙の凱旋*
12920	南鮮版	1937-12-26	04단	池澤中尉遺骨內地へ喪の凱旋
12921	南鮮版	1937-12-26	04단	南鮮にスキー場/全く理想的な慶南の天王山/鐵道局でヒュッテ建設
12922	南鮮版	1937-12-26	04단	率先して國旗揭揚/篤行のアメリカ宣教師
12923	南鮮版	1937-12-26	04단	共産黨再建に暗躍/スパイ團にも加入、資金稼ぎ/賣國不穩分子檢擧
12924	南鮮版	1937-12-26	04단	九大法文學部に半島女性の助手/在學中には男學生壓倒俊敏な宋法學士
12925	南鮮版	1937-12-26	05단	ひかり延着
12926	南鮮版	1937-12-26	06단	兩司令官歡迎會
12927	南鮮版	1937-12-26	06단	旅客ラッシュ/金剛丸釜山入港四十分延着/船車聯絡またまた大混亂
12928	南鮮版	1937-12-26	06단	さてどう捌く?滯貨の山/東萊で內鮮當局大評定
12929	南鮮版	1937-12-26	07단	鰤/三千尾入荷/どよめく釜山水産市場
12930	南鮮版	1937-12-26	07단	貸しも貸したり/二億五千萬圓!/物凄い鮮銀の貸出し
12931	南鮮版	1937-12-26	08단	朝鮮人官吏優遇/四道參與官、勅任に昇陞
12932	南鮮版	1937-12-26	08단	鮮米の內地直通運賃制/三月まで延期
12933	南鮮版	1937-12-26	08단	藝人團を引具し/皇軍陣中慰問/前田小將一行北支へ
12934	南鮮版	1937-12-26	08단	正月をはじき出すやうな杵の音
12935	南鮮版	1937-12-26	09단	鐵道小荷物の限度を擴張/重量百キロに
12936	南鮮版	1937-12-26	09단	遭難記念碑/向井野少佐らの遭難現場に
12937	南鮮版	1937-12-26	10단	産金々融/植銀と東拓で取扱ふ
12938	南鮮版	1937-12-26	10단	新年行事申合/京城組合銀行
12939	南鮮版	1937-12-26	11단	新政權へ!永登浦在住中中國人も參加す
12940	南鮮版	1937-12-26	11단	林業試驗場/愈よ明年度慶南に新設

일련번호	판명	간행일	단수	기사명
12941	南鮮版	1937-12-26	11단	大石が落下/通行中の二少年中傷を負ふ
12942	南鮮版	1937-12-26	11단	ローブが切れ自動車轉落/運轉手中傷
12943	南鮮版	1937-12-28	01단	*新政府に走らず　陳領事(釜山)國民政府に踏止り　京城總領事に轉任/前途は實に洋々　新政權要人と重要會談遂げ　范總領事、意氣揚々歸鮮/東洋平和のため　私事は犧牲　金領事も參加決意/各方面に挨拶　新政權へ參加した平壤華僑*
12944	南鮮版	1937-12-28	01단	御眞影傳達
12945	南鮮版	1937-12-28	01단	お正月のご用意は？
12946	南鮮版	1937-12-28	04단	京城神社の諸祭儀
12947	南鮮版	1937-12-28	04단	池澤中尉ら原隊葬/盛大に執行
12948	南鮮版	1937-12-28	04단	故西村上等兵の慰靈祭
12949	南鮮版	1937-12-28	04단	中等學校入試/更に改善案研究/學務局から各道へ通牒
12950	南鮮版	1937-12-28	04단	各方面から引張凧/釜山の初等初等學校實習生
12951	南鮮版	1937-12-28	05단	銃後の花束
12952	南鮮版	1937-12-28	05단	*船車聯絡大混雜　列車、聯絡船とも延着/興安丸就航　三十一日から*
12953	南鮮版	1937-12-28	05단	殺人的寒波襲來/中江鎭は零下三十八度
12954	南鮮版	1937-12-28	06단	年賀郵便激減
12955	南鮮版	1937-12-28	06단	局旗揭揚塔竣工
12956	南鮮版	1937-12-28	07단	所在地の町名か附近有名の地名を改稱後の朝鮮側學校名
12957	南鮮版	1937-12-28	07단	勇士へお餠
12958	南鮮版	1937-12-28	07단	除夜の鐘/全國競演に颯爽と出場/由緖深い演福寺の名鐘
12959	南鮮版	1937-12-28	07단	蔚山種羊場/愈よ店開き
12960	南鮮版	1937-12-28	08단	府議三名が辭表提出/昭和印刷に又波紋
12961	南鮮版	1937-12-28	09단	飛降り負傷
12962	南鮮版	1937-12-28	09단	辻强盜捕はる
12963	南鮮版	1937-12-28	09단	忠淸北道辭令
12964	南鮮版	1937-12-28	09단	意外や大詐欺師/泥クンしてやられたお客/どちらも仲よく御用
12965	南鮮版	1937-12-28	10단	妻を慘殺/多情を憤り
12966	南鮮版	1937-12-28	10단	運搬船衝突
12967	南鮮版	1937-12-28	11단	*關門市況（二十七日）/養鷄飼料相場（關門船車乘値）/季節の靑果市況/關門諸物價（廿七日正午調）*

朝日新聞外地版 南鮮版 기사명 색인 1935~1937

색 인 범 례

1. 본 색인은 『朝日新聞外地版 [南鮮版]』 1935.12~1937.12의 기사명을 대상으로 하였다.
2. 인명, 기관명, 산업 등 당시의 시대상과 제국일본의 식민통치 현황을 나타낸다고 판단한 단어를 선정하였다.
3. 배열은 한글 초성의 오름차순으로 하였다. 단, '台灣'은 한글 초성으로 '태만'이지만 '대만'으로 분류하였다.
4. 히라가나와 가타카나 음을 한글 초성 오름차순으로 하였다.
5. 본 색인은 해당 단어가 포함된 기사의 일련번호를 표기하였다.

색인에 들어갈 어휘를 선정하는 과정에서 아래 표에 나와 있는 어휘들을 모두 입력해서 검색했으나 해당 어휘들은 본 권 기사명에는 없었다.

ㄱ	ㄴ	ㄷ	ㄹ	ㅁ	ㅂ
街路燈	南極	對馬	りん病・淋病	マニラ	バイク
歌謠	內務府	臺灣	露西亜・ロシア	萬國博覽會・萬博	訪問團
价川	內務部	大韓	琉球	棉花	邦樂
京釜鐵道	農商工部	度支部		名古屋	方魚津
京元鐵道	能樂堂	東洋拓植		蒙疆	筏橋
京義鐵道	能樂・能			茂山	釜關
京州	勞組			務安	浮浪癩
高宗				文化政策	北極
公民				民間信仰	排日
公民館				閔妃	釜關聯絡船
光山				民俗	排米
狂言					
國文學					
國際聯盟・國際連盟					
國會					
劇團					
今井田淸德					
給食					
共民學校					

ㅅ	ㅇ	ㅈ	ㅊ	ㅌ	ㅍ	ㅎ
司計局	イタリー・伊太利	蠶事業	札幌	タンニン	風土病	下岡忠治
沙里阮	旅順	張鼓峰事件	昌慶宮	湯浅倉平		河東
司法部	聯盟	長承浦	創氏	土匪		海州
司稅局	陸上	長興	創氏改名	土人		憲法
寺刹	李完用	齋藤實	千島	統監府		虎病
寺刹令	李王	田中武雄	鐵奉	特高		洪原
泗川	李王職	井邑	清・清國			華北
社會主義	李朝	祭禮	秋夕			皇民
山梨半造	雅樂隊	祭礼	沈沒船			皇民化
山県伊三郎	阿部信行	朝鮮民事令	草梁			会計局
商工局	亜細亜・アジア・アヂア	朝鮮銀行				興亞
宣教師	児玉秀雄	朝鮮總督府				
仙台	安州	朝室				
成川	言論	租借				
損金	演劇	宗教				
松汀	榮山浦	座談會				
水野錬太郎	靈岩	曽根荒助・曾禰荒助				
純宗	沃溝	增米				
市長	完州	地方局				
殖民	外邦	地方自治				
稅金	外邦圖	地方制度				
	外事局	池上四郎				
	牛疫	珍島				
	右翼					
	郵政					
	旭日昇天旗					
	遠藤柳作					
	慰安所					
	有吉忠一					
	義損金					
	伊藤博文					
	人事局					
	離婚					

색인

檢事	2	52	248	318	493	655	784	1251	1515
	1695	3508	3680	3764	3830	3931	3978	4965	4990
	5351	5386	5512	7340	7680	7904	8982	9112	9718
	10558	11226	11808	11884					
檢疫	10889	10992	11073	12163					
檢閱	211	367	614	3011	4932	5089	5416	5509	5572
	5733	9561	10009	10132	10454	11110	12256		
警官	420	431	854	1481	1692	1720	1907	2003	2121
	2123	2220	2542	2582	2933	3236	3250	3454	3834
	4417	4537	4558	4960	5151	5199	5305	6336	6432
	6455	6524	6571	6617	6676	6774	6830	7283	7436
	7466	7493	7525	8564	8640	8782	8945	9112	9172
	9302	9404	9444	9520	9522	9557	9665	9812	10571
	10581	12345	12799						
競技	312	426	485	621	652	709	741	905	1001
	1155	1181	1198	1215	1583	1633	1639	1836	1879
	1903	2042	2054	2082	2246	2294	2330	2335	2412
	2432	2456	2489	2701	2738	2794	2848	2890	2910
	2930	2972	2982	2998	3042	3074	3082	3139	3169
	3254	3268	3279	3304	3370	3384	3421	3428	3435
	3450	3457	3467	3492	3537	3553	3577	3581	3592
	3605	3629	3734	3741	3856	3942	3970	4158	4355
	4526	4597	4649	4682	4706	4723	4724	4836	4838
	4853	5010	5036	5093	5106	5127	5196	5210	5222
	5312	5369	5390	5396	5444	5476	5495	5516	5536
	5578	5583	5721	5731	5822	5825	5886	6430	6523
	6644	7287	7370	7542	7586	7742	7994	8107	8404
	8461	8590	8613	8638	8702	8790	8802	8827	8846
	8886	8929	8992	9090	9121	9209	9333	9340	9365
	9387	9436	9543	9549	9603	9626	9714	9740	9741
	9804	9855	9966	9987	9994	10052	10307	10507	10553
	10747	10783	10856	10929	10971	11247	11306	11437	11496
	11548	11553	11648	11742	11770	12440	12611	12878	
京畿道	12	50	184	287	315	477	480	505	671
	686	863	901	1047	1069	1136	1178	1227	1229
	1304	1339	1388	1497	1620	1792	1944	2129	2485
	2730	2951	2973	3161	3663	3704	4188	4285	4296
	4437	4635	5208	5256	5343	5406	6018	6828	6865
	7273	7292	7433	7569	7874	8171	8200	8225	8246
	8251	8254	8272	8289	8308	8323	8359	8379	8419
	8439	8479	8500	8519	8537	8557	8585	8605	8624
	8642	8668	8675	8684	8730	8752	8773	8794	8816
	8852	9049	9302	9307	9368	9746	9787	9878	10022
	10762	11008	11064	11321	11386	11403	11671	11675	11830
	11834	12171	12373	12376	12546	12568	12675	12740	12846
	12892	12907							

慶尙南道 ・ 慶南	7710	7719	7734	7826	7847	7864	7907	7911	7946
	7965	7981	8002	8015	8088	8127	8134	8156	8192
	8204	8205	8216	8217	8235	8247	8251	8354	8368
	8406	8408	8420	8453	8471	8503	8520	8525	8526
	8539	8570	8595	8598	8610	8627	8634	8635	8665
	8670	8671	8680	8688	8718	8738	8771	8795	8825
	8833	8852	8867	8874	8912	8953	8955	8971	8977
	8981	9000	9027	9041	9049	9073	9079	9087	9096
	9108	9111	9130	9135	9146	9157	9173	9182	9192
	9198	9201	9216	9217	9239	9246	9254	9259	9298
	9317	9324	9338	9383	9415	9425	9449	9464	9465
	9476	9484	9494	9497	9498	9523	9532	9544	9549
	9551	9588	9609	9635	9662	9684	9725	9809	9819
	9830	9866	9869	9890	9908	9929	9971	9992	10020
	10051	10081	10140	10162	10188	10198	10228	10241	10248
	10259	10285	10288	10292	10348	10360	10428	10485	10542
	10553	10554	10578	10601	10611	10615	10624	10633	10660
	10676	10745	10761	10765	10774	10783	10790	10821	10828
	10829	10834	10845	10856	10858	10866	10879	10900	10910
	10971	11038	11046	11054	11098	11114	11138	11150	11189
	11204	11221	11252	11296	11302	11303	11306	11310	11345
	11366	11395	11406	11449	11464	11476	11580	11595	11668
	11673	11786	11788	11809	11840	11936	11944	11953	11971
	11972	11982	11994	11996	12024	12041	12051	12089	12109
	12134	12135	12146	12188	12198	12231	12249	12253	12255
	12262	12291	12320	12326	12331	12332	12369	12381	12407
	12409	12437	12478	12500	12538	12542	12574	12601	12604
	12608	12615	12626	12643	12651	12675	12748	12809	12848
	12851	12852	12871	12877	12921	12940			
慶尙北道 ・ 慶北	43	255	284	410	579	625	642	654	746
	764	793	809	1136	1269	1309	1559	1584	1840
	2095	2133	2261	2264	2298	2301	2375	2561	2637
	2706	2714	2830	2857	2878	2889	2931	2951	2975
	2976	3004	3056	3149	3434	3541	3592	3616	3841
	3862	3944	3970	4115	4126	4141	4192	4265	4266
	4296	4492	4537	4542	4551	4556	4576	4587	4592
	4594	4649	4667	4676	4679	4851	4974	5781	6062
	6166	6302	6307	6527	6610	6781	7067	7254	7270
	7388	7408	7633	7679	7821	8010	8235	8315	8368
	8382	8406	8408	8420	8426	8453	8471	8491	8503
	8526	8539	8565	8596	8610	8635	8665	8704	8738
	8751	8795	8833	8844	8852	8863	8922	9049	9087
	9232	9261	9266	9291	9569	9584	9730	9743	9872
	9885	10051	10208	10253	10259	10471	10485	10545	10563
	10570	10584	10650	10757	10893	10896	10916	10919	10933
	11016	11069	11363	11386	11478	11776	11834	11842	11895
	11987	12003	12020	12092	12129	12131	12354	12516	12627
	12647	12664	12675	12757	12875				

京城	3726	3746	3772	3788	3800	3804	3825	3837	3854
	3864	3880	3884	3889	3896	3904	3917	3918	3920
	3936	3939	3942	3982	4002	4026	4033	4045	4053
	4090	4129	4131	4137	4154	4182	4198	4230	4232
	4238	4248	4266	4279	4299	4305	4314	4331	4334
	4335	4336	4348	4357	4362	4382	4391	4419	4434
	4444	4452	4458	4463	4464	4466	4482	4487	4490
	4492	4508	4509	4524	4529	4546	4547	4556	4560
	4566	4579	4581	4595	4609	4618	4634	4638	4641
	4648	4649	4661	4688	4689	4690	4696	4703	4707
	4711	4729	4743	4744	4752	4756	4769	4794	4795
	4799	4815	4819	4832	4839	4866	4881	4886	4907
	4918	4939	4967	4978	4981	5023	5046	5071	5084
	5090	5108	5111	5125	5126	5152	5162	5172	5178
	5182	5185	5193	5197	5224	5228	5232	5248	5267
	5273	5277	5294	5311	5333	5345	5361	5377	5392
	5394	5396	5406	5413	5436	5463	5470	5472	5484
	5487	5503	5525	5550	5563	5569	5576	5586	5590
	5594	5596	5619	5620	5630	5651	5671	5676	5683
	5718	5723	5742	5777	5789	5790	5800	5803	5808
	5810	5816	5826	5827	5835	5847	5849	5861	5881
	5920	5931	5935	5944	5955	5960	5986	5991	5992
	5997	6002	6009	6029	6032	6053	6074	6122	6133
	6138	6149	6177	6190	6196	6202	6220	6264	6270
	6278	6286	6313	6347	6363	6371	6392	6454	6471
	6473	6475	6493	6494	6499	6507	6508	6513	6542
	6546	6559	6561	6562	6566	6567	6580	6617	6635
	6642	6645	6664	6691	6701	6772	6779	6793	6803
	6813	6835	6855	6860	6863	6869	6873	6893	6914
	6925	6950	6980	7084	7090	7102	7103	7114	7152
	7157	7164	7166	7168	7179	7185	7200	7201	7211
	7214	7225	7260	7275	7286	7297	7303	7311	7318
	7320	7329	7334	7344	7353	7356	7379	7389	7390
	7393	7423	7443	7473	7509	7518	7524	7527	7529
	7544	7590	7627	7631	7632	7641	7651	7675	7698
	7699	7717	7743	7747	7748	7765	7774	7777	7778
	7791	7800	7812	7832	7860	7922	7934	7945	7974
	7976	7983	7984	7985	8001	8011	8035	8044	8081
	8083	8086	8095	8101	8108	8111	8115	8121	8142
	8172	8225	8232	8240	8256	8265	8267	8271	8283
	8302	8307	8313	8322	8336	8341	8351	8354	8379
	8384	8415	8429	8460	8465	8504	8523	8542	8555
	8590	8593	8606	8612	8636	8672	8681	8711	8784
	8785	8819	8839	8851	8864	8865	8878	8908	8918
	8933	8964	8965	9009	9051	9063	9067	9078	9139
	9149	9167	9187	9197	9208	9215	9218	9227	9249
	9251	9284	9286	9293	9303	9307	9368	9400	9441

工事	135	150	332	718	755	1283	1535	1617	1685
	1736	1777	1922	2142	2301	2932	2978	3249	3550
	3551	3658	4126	4256	4315	4455	4514	4583	4594
	4872	4884	4916	5054	5364	5508	5690	5983	6059
	6167	6266	6428	6440	6621	6696	6874	6910	6930
	6971	7120	8290	8334	8339	8399			
共産黨	1416	1821	2141	2473	6218	8667	12877	12923	
共産主義	670	3412	9490						
工業	56	210	446	550	1361	1615	1696	1862	1931
	2005	2230	2906	3163	3377	3685	3936	4180	4654
	4732	4753	4833	4922	4970	5069	5133	5177	5220
	5239	5284	5311	5377	5432	5446	5537	5620	5635
	5667	5858	5906	5947	5961	6028	6162	6186	6193
	6204	6250	6257	6539	6594	6961			
公演	3867	4641	7785	9053					
公園	448	1303	1781	1931	1944	2207	2805	3608	4388
	4462	6970	11155	11730	11805				
工場	54	200	340	355	649	761	950	1016	1107
	1148	1235	1418	1470	1704	1869	1964	2056	2072
	2318	2345	2466	2687	2900	3140	3217	3378	3802
	3934	4133	4178	4814	5040	5109	5119	5180	5299
	5311	5328	5378	5513	5530	5594	5612	5663	5710
	5894	5959	6116	6183	6186	6293			
公州	248	351	3761	4701	4798	4883	5305	6526	9913
	10500								
公債	305	388	5108	5233	5508	5903	7096	12055	12285
	12739								
課長	71	364	466	492	607	612	657	711	861
	935	956	986	992	1100	1127	1280	1322	1333
	1361	1504	1658	1683	1693	1885	2151	2260	2458
	2688	2709	2733	2869	2931	2960	2975	3026	3056
	3130	3247	3397	3648	3774	3887	4069	4086	4120
	4121	4143	4231	4298	4352	4544			
觀光	226	701	716	748	766	1961	2327	2339	3621
	4284	5694	5806	5875	5906	6040	6275	6347	6634
	7188	7232	7320	7587	7984	8032	8169	8327	8491
	8618	12072	12233						
官邸	2411	2596	2663	4484	4522	4700	4727	5958	6604
	8687	9321	10348	10921					
官廳	165	184	316	4499	5038	5463	6423	7258	9014
	9750	11345	12458	12675					
觀測	1015	2138	3174	3324	3451	3486	4045	4509	6593
	7052	7557	7847	8986	9499	11474	11649	12149	12177
	12209								

ㄷ									
ダム	2207	3185	6142	6749	9677	11488			
ドイツ・獨逸	6918	7973	9517	11785	11816				
團體	282	766	1136	1158	1233	1494	1512	1529	2269
	2420	3663	4831	4890	6646	7273	7453	8031	8191
	8491	9270	9433	9534	9986	10158	10635	10689	10786
	11161	11487	11770	11980	12760	12875	12882	12885	
潭陽	656	679	6712	11077					
大邱	1	24	25	28	37	51	61	67	68
	76	82	93	98	118	123	143	171	181
	185	230	248	251	253	257	272	280	299
	209	212	213	214	318	328	376	383	389
	397	432	496	516	523	533	540	543	568
	580	584	601	605	632	640	653	681	700
	709	712	714	720	742	788	798	817	833
	841	859	869	874	877	913	944	947	950
	953	990	1013	1018	1021	1045	1046	1062	1089
	1094	1101	1105	1131	1142	1150	1151	1155	1157
	1160	1162	1166	1230	1250	1253	1255	1268	1319
	1321	1336	1368	1376	1409	1429	1441	1470	1482
	1492	1517	1586	1616	1674	1686	1712	1713	1732
	1743	1755	1757	1768	1781	1794	1796	1801	1824
	1837	1855	1880	1904	1934	1947	1968	2006	2036
	2042	2054	2065	2078	2094	2111	2131	2186	2193
	2205	2231	2246	2329	2352	2364	2368	2369	2386
	2400	2406	2425	2428	2432	2445	2476	2489	2496
	2500	2509	2560	2577	2594	2627	2635	3674	2694
	2711	2741	2744	2754	2783	2389	2823	2833	2876
	2886	2921	2955	2980	2982	3012	3017	3031	3035
	3050	3055	3064	3102	3111	3169	3170	3182	3203
	3241	3264	3268	3270	3283	3290	3344	3352	3354
	3368	3372	3387	3396	3411	3421	3435	3446	3451
	3457	3491	3492	3530	3553	3560	3564	3572	3577
	3581	3595	3601	3605	3622	3629	3664	3672	3682
	3684	3711	3721	3723	3726	3746	3755	3762	3764
	3775	3782	3789	3804	3827	3832	3883	3890	3892
	3900	3936	3939	3970	3985	4010	4046	4062	4069
	4099	4161	4208	4256	4268	4290	4299	4393	4396
	4413	4444	4478	4504	4525	4526	4542	4556	4567
	4587	4595	4612	4634	4640	4650	4716	4750	4763
	4782	4794	4857	4920	4975	5014	5106	5260	5289
	5299	5328	5349	5369	5384	5444	5445	5470	5472
	5476	5480	5493	5495	5502	5516	5520	5533	5536
	5550	5557	5558	5561	5563	5577	5583	5613	5668
	5689	5691	5743	5745	5764	5766	5787	5808	5828
	5850	5862	5880	5947	5988	6017	6036	6122	6152
	6190	6204	6211	6219	6221	6249	6253	6296	6304

大田	4724	4731	4794	4996	5096	5102	5144	5289	5300
	5326	5337	5410	5436	5454	5478	5487	5515	5619
	5826	5829	5868	5973	6032	6101	6114	6160	6237
	6270	6296	6359	6379	6416	6526	6561	6688	6701
	6811	6827	6911	6937	7100	7144	7149	7242	7304
	7376	7432	7435	7533	7544	7620	7750	7928	8003
	8056	8147	8202	8457	8469	8475	8529	8630	8639
	8655	8690	8720	8724	8894	8968	8973	9029	9076
	9210	9350	9367	9403	9530	9534	9580	9651	9694
	9733	10102	10195	10371	11245	11411	11423	11491	11534
	11538	11610	11764	12074	12108	12204	12207	12286	12320
	12480	12567							
大阪	771	1374	2784	3025	8283	4308	5020	6597	7580
	8195	8954	8963	8905	10233	10270	10922	11456	11662
	12127	12252	12296	12381	12530	12678			
大學	204	2642	2856	2890	2930	2972	4227	4428	5312
	6320	6583	8246	10225	10365	11589			
德壽宮	2441	5789	11790						
賭博	96	250	266	307	661	695	697	733	763
	1058	1207	1337	1338	1390	1737	1969	1983	2034
	2122	2139	2187	2470	3188	3438	4047	4411	4981
	5059	5755	5995	6458	7024	3010	9010	9063	9142
	9366								
圖書館	140	931	2273	4125	5428	5715	6618	8833	10350
	11556	11558							
稲熱病	5372	7553							
東萊	263	765	1146	1293	1645	2006	2385	2524	2635
	3035	3072	3203	3384	3466	3610	3635	3746	3755
	3936	4260	5113	5689	6050	6533	7225	7544	8081
	9049	9105	9945	10065	11036	11780	11961	12928	
同盟	401	3401	4364	7806	8685	10233	10583	12893	
動物園	153	1929	7252	7318					
東拓	216	687	1448	1623	2468	2841	2952	4398	5348
	5608	5663	6185	6782	7461	8437	8440	8944	9013
	9260	9560	9859	10149	10372	10808	12937		
台灣	1794	6136							

ㄹ									
ラグビー	312	990	1639	4649	5825	7542			
ラヂオ	574	1310	3002	3575	3956	3998	4306	4533	5250
	7417	9160	9293	9568	9963	10059	10087	10095	10289
	12144	12351	12863						
ラトヴィヤ	9208								
ロシヤ	8736	12685							

木浦	25	28	523	1030	1440	1689	1768	1777	1796
	1865	2009	2049	2157	2271	2419	2425	2537	2716
	2840	2876	3344	3386	3389	3411	3530	3560	3564
	3700	3936	4028	4061	4442	4443	4497	4828	4874
	5596	5619	5752	5762	5764	6122	6163	6954	7085
	7504	7857	7883	7886	8208	8354	8400	8658	8766
	9054	9315	9411	9654	10023	10221	10305	10347	10614
	10790	11311	12771						
蒙古	11241								
武道	54	1402	2421	2528	2677	2933	3169	3268	3428
	3537	3599	3655	3970	4065	4141	5579	6430	9448
	9470	9544	9966						
貿易	209	374	617	838	1202	1626	1708	2072	2166
	2790	2817	2865	3335	3488	3583	3858	3870	4068
	4177	4860	4922	5109	5284	5497	5501	5558	5582
	5884	5888	5981	6136	6178	6260	6277	6530	6537
	6560	6594	6605	7010	7091	7128	7707	7790	7836
	8094	8353	8432	8673	8689	8960	9025	9098	9196
	9376	9446	9639	9761	9868	10196	10211	10270	10280
	10336	10565	10633	10671	10737	10790	11219	11224	11313
	11560	11611	11741	11882	11894	12573	12642	12859	
文明	1163	1483	5913	6333	7838	7929			
文學	385	3679	8323	12924					
文化	510	1556	1741	1814	2019	2460	4601	4934	5086
	5450	6629	6749	6789	7253	7817	8225	8414	9637
	11765	11916	12311						
物價	2317	2879	3419	4899	6200	6775	6843	6874	6910
	6999	7042	7044	7088	7251	7301	7338	7451	7484
	7500	7614	7740	7922	8854	8945	9156	9747	10287
	10445	10585	10599	10609	10622	10638	10652	10673	10689
	10708	10726	10751	10773	10786	10803	10823	10837	10846
	10861	10881	10898	10909	10918	10937	10957	10978	10999
	11030	11042	11062	11072	11090	11100	11108	11124	11141
	11164	11193	11218	11242	11264	11280	11300	11322	11347
	11372	11387	11408	11429	11452	11473	11497	11525	11546
	11567	11596	11613	11632	11644	11667	11689	11714	11762
	11789	11827	11855	11885	11910	11932	11956	11981	12017
	12035	12062	12090	12112	12139	12167	12219	12245	12266
	12283	12300	12315	12365	12387	12417	12444	12473	12508
	12531	12558	12585	12612	12636	12652	12674	12703	12706
	12723	12751	12779	12805	12832	12855	12880	12915	12967
米穀	29	375	607	660	1127	2495	4333	4430	4617
	4730	4999	5003	5016	5231	5852	6068	6185	6424
	6853	6966	7130	7296	7527	8105	8571	8997	9799
	10844	10977	11012	11216	11535	11615	11809	11993	12073
	12260	12555	12810						

釜山	2423	2524	2532	2536	2537	2550	2558	2560	2564
	2574	2577	2584	2588	2603	2635	2657	2662	2674
	2676	2694	2695	2707	2711	2720	2731	2744	2754
	2757	2766	2767	2776	2809	2819	2820	2823	2824
	2836	2840	2846	2857	2862	2865	2874	2876	2879
	2890	2893	2896	2898	2907	2917	2919	2922	2929
	2947	2950	2980	2991	3005	3017	3019	3027	3035
	3052	3058	3074	3086	3104	3110	3111	3116	3120
	3129	3139	3141	3147	3151	3167	3170	3173	3198
	3203	3207	3215	3219	3248	3260	3264	3268	3290
	3304	3309	3320	3322	3327	3333	3335	3344	3350
	3351	3359	3361	3363	3372	3384	3397	3411	3416
	3445	3446	3447	3451	3455	3456	3461	3475	3477
	3487	3495	3501	3517	3530	3543	3550	3552	3554
	3560	3561	3566	3569	3575	3583	3592	3595	3619
	3630	3635	3649	3651	3660	3661	3664	3669	3671
	3674	3675	3711	3730	3734	3741	3746	3747	3763
	3775	3789	3790	3794	3796	3798	3802	3803	3804
	3805	3807	3823	3832	3850	3866	3868	3883	3887
	3890	3906	3917	3923	3936	3941	3950	3955	3956
	3962	3964	3967	3979	3985	4013	4039	4042	4061
	4068	4082	4084	4096	4099	4114	4125	4132	4142
	4148	4149	4150	4163	4165	4167	4177	4180	4214
	4216	4218	4230	4235	4236	4247	4266	4268	4279
	4283	4288	4289	4299	4319	4332	4337	4338	4348
	4357	4359	4367	4369	4378	4379	4381	4382	4389
	4394	4412	4413	4420	4424	4425	4427	4431	4444
	4454	4458	4459	4462	4472	4490	4504	4508	4509
	4511	4529	4533	4518	4555	4574	4595	4614	4633
	4637	4639	4645	4650	4661	4670	4681	4688	4692
	4704	4716	4723	4728	4740	4748	4750	4766	4767
	4769	4778	4786	4794	4797	4799	4811	4812	4823
	4825	4829	4852	4857	4870	4874	4878	4889	4899
	4905	4920	4548	4555	4574	4595	4614	4633	4637
	4639	4645	4650	4661	4670	4681	4688	4692	4704
	4716	4723	4728	4740	4748	4750	4766	4767	4769
	4778	4786	4794	4797	4799	4811	4812	4823	4825
	4829	4852	4857	4870	4874	4878	4889	4899	4905
	4920	4937	4956	4958	4960	4988	5001	5009	5013
	5015	5030	5067	5109	5120	5121	5128	5133	5143
	5144	5154	5155	5176	5200	5237	5243	5257	5266
	5282	5289	5292	5308	5314	5316	5321	5322	5337
	5341	5348	5356	5366	5370	5374	5379	5401	5404
	5422	5427	5436	5438	5446	5454	5469	5470	5472
	5481	5487	5494	5501	5506	5512	5519	5520	5530
	5539	5540	5541	5547	5557	5558	5559	5563	5571
	5574	5576	5582	5585	5590	5594	5596	5598	5619

釜山	8985	8993	8997	9012	9025	9029	9040	9048	9057
	9065	9067	9080	9085	9089	9098	9103	9105	9108
	9109	9131	9134	9136	9141	9143	9145	9147	9167
	9176	9179	9187	9189	9200	9210	9235	9256	9273
	9282	9286	9292	9305	9311	9314	9328	9336	9350
	9367	9376	9378	9387	9388	9403	9436	9455	9468
	9479	9502	9508	9538	9540	9545	9549	9562	9580
	9587	9604	9607	9614	9616	9623	9626	9633	9634
	9641	9647	9648	9651	9656	9660	9663	9672	9685
	9686	9688	9697	9703	9704	9707	9721	9733	9736
	9740	9750	9751	9759	9802	9805	9811	9815	9835
	9839	9855	9868	9884	9889	9899	9907	9911	9919
	9928	9945	9947	9949	9982	9986	9988	10003	10008
	10010	10029	10033	10035	10044	10047	10052	10059	10067
	10069	10090	10123	10129	10141	10159	10174	10177	10184
	10187	10188	10234	10246	10260	10261	10272	10276	10277
	10281	10287	10299	10300	10337	10340	10343	10348	10350
	10360	10361	10363	10378	10417	10450	10456	10463	10466
	10471	10477	10488	10492	10495	10496	10501	10503	10510
	10513	10523	10542	10547	10550	10554	10555	10565	10574
	10587	10594	10595	10598	10605	10610	10614	10619	10623
	10630	10633	10636	10661	10675	10682	10693	10694	10695
	10707	10716	10719	10725	10737	10738	10742	10756	10758
	10759	10766	10769	10776	10777	10784	10789	10790	10795
	10805	10808	10811	10832	10837	10842	10847	10850	10858
	10874	10876	10879	10890	10896	10903	10909	10916	10923
	10924	10933	10952	10955	10965	10969	10991	10992	10994
	10996	10998	11005	11011	11016	11018	11021	11023	11031
	11044	11063	11073	11078	11083	11093	11095	11100	11112
	11125	11128	11132	11136	11138	11149	11153	11157	11158
	11169	11171	11174	11176	11177	11179	11203	11211	11212
	11217	11224	11226	11229	11231	11239	11243	11246	11263
	11265	11272	11273	11274	11277	11283	11288	11289	11292
	11294	11332	11334	11335	11338	11355	11386	11394	11399
	11423	11434	11435	11436	11438	11449	11456	11462	11463
	11472	11477	11483	11501	11504	11521	11525	11527	11533
	11552	11558	11563	11576	11581	11590	11593	11599	11619
	11624	11626	11631	11653	11654	11657	11659	11660	11662
	11671	11676	11677	11678	11700	11716	11722	11723	11724
	11727	11730	11734	11735	11737	11744	11753	11759	11778
	11810	11812	11822	11825	11829	11836	11839	11857	11859
	11861	11863	11870	11888	11890	11891	11894	11911	11913
	11920	11921	11935	11939	11940	11945	11950	11968	11969
	11977	11988	11998	12011	12019	12025	12033	12042	12025
	12057	12067	12069	12077	12079	12088	12089	12093	12095
	12101	12117	12120	12122	12141	12147	12154	12155	12160
	12166	12173	12178	12181	12200	12201	12203	12204	12205

人									
サイベリア	1592								
サルムソン	710	5963							
スキー	146	652	859	1020	1258	1741	6131	6251	6366
	6573	6925	7021	7166	7266	7446	12534	12598	12683
	12695	12921							
スケート	461	6651							
ソ聯	3708	5028	5887	6075	6271	6907	7031	8150	9499
	9816	10270	10709	10875	10904	11276	11348	11404	11454
	11541								
詐欺	360	1058	1251	1295	1318	1462	1658	2030	2105
	2534	2945	3090	4050	4873	5059	5290	6017	6294
	6666	6727	6838	7109	7789	8050	8730	8910	11259
	11484	11938	11967	12048	12206				
砂糖	3943								
辭令	17	527	810	958	987	995	1009	1047	1048
	1078	1299	1403	1799	1795	2103	2104	2129	2136
	2478	2714	2729	2829	2870	3662	3670	3687	3861
	3882	3908	3921	4557	4586	4604	4625	4892	4913
	4933	5097	5206	5296	5319	5493	5657	5660	5682
	5811	5855	5915	6063	6203	6274	6306	6786	6871
	7004	7051	7178	7187	7227	7398	8271	8451	8661
	7869	7906	8686	9037	9060	9426	9506	9782	9809
	9874	9997	10182	10242	10257	10262	10400	10407	10516
	10529	10562	10655	10677	10680	10698	10740	10824	10828
	10849	10908	10932	10946	10961	10995	11020	11039	11051
	11102	11147	11275	11308	11406	11431	11622	11635	11684
	11833	11953	11994	12118	12274	12297	12383	12756	12758
	12963								
事務官	612	723	1491	2015	2499	2686	3839	4698	5130
	5165	5489	5566	8253	8351	8870	9092	9349	9404
	9446	9950	10012	10404	10411	10572	11088	11420	11492
	11505	11876	11986						
思想犯	670	1671	3130	5872	6034	6214	6404		
社長	174	511	1231	1925	1903	2061	2549	3511	3645
	3706	3863	3911	3952	5115	5180	6017	6152	6253
	6286	6454	6464	6550	6621	7319	7436	7699	7727
	7860	7905	7962	8171	8189	8650	9080	9451	10238
	11860	12264	12337	12815					
寫眞	1810	1975	2259	2412	2538	2568	2598	2836	2874
	2982	3025	3050	3283	3320	3421	3457	3521	3539
	3553	3581	3605	3629	3821	3938	3967	4030	4039
	4547	4748	5106	5247	5369	5444	5476	5495	5516
	5583	6094	6147	6202	6221	6958	7193	7347	7353
	7379	7410	7431	7520	8258	8704	8774	8802	8821

城大	3539	3679	3704	3752	3772	3792	3833	3977	4569
	4665	4708	4758	4776	4779	4800	4859	4901	4949
	5713	7410	7431	7661	8082	8735	8846	9334	9389
	9444	9636	9658	9815	10146	11655	11889	11893	11916
星州	647	11578							
城津	539	4870	5570	6821	7547	11154	12404		
稅關	288	955	2975	3502	3592	3734	3741	3761	3858
	5387	6136	6570	8110	9116	9268	9724	10466	11374
	11946								
小磯國昭	6515	10533							
消防	8	11	43	469	496	517	893	968	994
	1099	1136	1167	1387	1391	1656	2477	2646	2675
	2984	3766	3779	5282	5301	5322	5470	5472	5481
	5515	6336	6517	6518	6541	6561	6586	6591	7110
	7981	8064	8190	8269	8342	8564	8615	8710	9076
	9452	10044	11263	11273	11527	11738	11773	11807	11817
	11838	11901	12096	12162					
小作	622	1041	1179	2521	4847	4915	6387	6738	7110
	8320	9424							
所長	640	721	1375	1424	1691	1961	1976	2092	3133
	4546	4734	5138	5300	5357	5503	5991	5906	5977
	6060	6563	6999	7976	8237	8255	8354	10330	11305
	11312	11570	11698	11892	11936	12760			
小學教	8494	11505							
孫基禎・孫(基禎)	173	6628	6881	7101					
松汀里	9546								
水産業	1780	7151							
水泳	6022	9365	10052	10507					
水原	686	1533	2531	2624	2635	2648	3268	3337	3678
	5784	5865	5928	8394	8593	9283			
輸入	339	1926	2159	3266	3751	3812	4330	5530	5842
	6019	6488	6994	7474	7704	8181	8593	10519	10586
	11193	11243	11265	11334	11434	11862	11894	12071	
水田	492	861	4121	4788	9413	10427	10886	11712	12091
輸出	16	92	1315	1870	2312	2688	3266	3893	4162
	4261	4341	4657	4702	5587	5614	5622	5708	5981
	6594	6626	7119	7181	7184	7540	7598	7745	7882
	8090	8279	8297	8780	8885	9092	9309	9402	9508
	9547	9840	9902	10362	10565	10598	10735	11035	11072
	11894	11989	12293	12330	12394	12408	12468	12494	12599
	12797	12821	12856						
巡査	111	1119	1136	1192	1201	1213	2585	2787	3018
	3034	3946	4124	4596	5526	7153	7198	7285	7363
	7720	8132	9520	9530	10136	10261	10291	11061	12557

臣民	1456	8499	11161	11364	11656				
神社	243	491	1005	1059	1248	1255	1348	1499	1692
	2542	2726	3723	3880	4096	4129	4131	4252	4368
	4877	5014	5038	5075	5096	5125	5135	5144	5181
	5182	5191	5198	5223	5353	5462	5519	5557	5845
	6513	6965	7482	7742	7828	7952	7994	8058	8087
	8121	8133	8156	8226	8307	8626	8774	8802	8805
	8827	8840	8886	8922	8932	8974	9015	9074	9091
	9115	9136	9157	9632	9962	10048	10081	10304	10485
	10639	10648	10791	10792	10801	10879	11053	11121	11366
	11373	11414	11427	11545	12060	12428	12946		
新潟	11242								
信仰	7937								
新義州	68	3397	3658	3813	3936	5299	5429	6507	6510
	6561	6605	6746	6859	6898	6993	7378	7425	7791
	7883	8103	8137	8332	8392	8845	8916	9477	9871
	9877	9896	9904	10023	10045	10089	10168	10192	10196
	10345	10420	10485	10517	11314	11341	11423	11949	12104
	12410	12817	12820						
新築	11	981	1475	2275	2296	3031	3071	3489	3561
	4516	4700	4727	4856	5197	5263	5343	5523	6069
	6604	6650	7168	8206	8395	10847	11090	11339	11455
	11577	11861	12328						
神風	7838	7858	7901	7927	7975	7988	7990	8059	8121
	8147								

ㅇ

あかつき	5750	5813	5931	6286	6587	6880	6942	7611	8053
	8403	10194	10240						
アメリカ	12922								
オートバイ	3559	11512							
オリンピック	1244	1640	1879	2106	2330	2456	2572	2751	2775
	3106	3132	3153	3246	3277	3407	3487	4331	4357
	4464	4547	4581	4748	4757	4838	5093	5127	5146
	5185	5204	10339						
雅樂	4040								
阿片	97	252	1201	1724	2308	6824	7729	11623	
安東	2145	2516	2950	3755	4120	4203	4243	4265	4272
	4285	4385	4427	4475	5659	5831	5891	5925	5977
	6880	6898	7362	8378	8702	8748	9018	9064	10261
	10319	10517	10602	10959					
鴨綠江	4738	5259	5368	6048	6142	6192	6543	6658	6675
	6713	6718	6731	6990	7345	7575	7618	7693	7793
	7877	8893	9001	9059	9202	9640	9757	9774	10319
	10354	10403	10487	10517	10544	10602	10883	10949	11488
	11664	12147							

連盟									
煙草	6	37	433	747	927	966	2027	2286	2578
	2600	3131	3302	3659	3682	4211	4277	4717	5594
	5759	5966	6012	6079	6625	7474	7978	8752	9567
	10348	10471	10526	10872	10994	11040	11066	11068	11168
	11403	11430	11798	11974	12579	12692	12901		
延禧專門	3340								
鹽業	7345								
寧越	393	6015							
映畫	59	153	211	367	489	614	869	909	988
	1037	1244	1481	1540	1772	2050	2233	2614	2869
	2880	3002	3060	3096	3220	3527	3636	3895	3998
	4209	4284	4331	4357	4464	4581	4671	4767	4787
	4838	4951	5089	5093	5105	5127	5185	5204	5545
	5733	5986	6536	7677	7974	8011	8130	8167	8208
	8481	8504	8625	8721	8878	8939	8964	9179	9227
	9304	9441	10614	10703	10761	10792	10805	10897	10996
	11139	11333	11391	11507	11522	12246	12385	12842	12856
映畫館	153	3060	4767	5986	6536	10614			
娛樂	11301								
溫突	1806	1919	4109	11706	12179				
外地	1122	3535	3701	4606	5556	6966	8793	10105	
要塞	2616	4262	4937	4958	5179	5509	6110	6887	8012
	8791	9161	11012						
窯業	8065								
龍頭山	856	1059	3880	4096	4368	5038	5075	5125	5144
	5181	5519	5845	6513	8087	8226	8626	9157	10304
	10639	10648	10879	11121	11373				
龍山	183	421	461	553	962	1267	1300	1967	2353
	3210	3404	3674	3685	3729	3904	3936	4492	4522
	4653	4806	5338	5989	6076	6156	6206	6241	6312
	6606	6714	7282	7295	7436	8494	8543	8638	8640
	8658	8669	8723	10028	10391	10438	10905	11126	11210
	12116	12535							
容疑者	65	906	949	3764	5334	6050	6076	11116	11678
宇垣一成・宇垣(總督)	155	301	345	413	509	525	596	789	1027
	1158	1375	1469	1484	1504	1740	1945	2198	2421
	2555	2577	2780	2897	2924	2953	2964	2981	3015
	3212	3245	3377	3599	3858	4028	4093	4159	4187
	4248	4267	4268	6479	6938	6939	7105		
郵便	125	149	153	262	389	738	881	985	1026
	1219	1295	1467	1478	1570	1600	1657	1767	2696
	3121	3455	3740	4032	4305	4893	5032	5214	5503
	5526	5756	5780	5900	5931	5978	6015	6316	6408
	6675	6904	6962	6997	7110	7381	7439	7659	8146

自殺	34	141	336	536	585	801	862	910	997
	1057	1193	1334	1396	1479	1582	1771	1955	2008
	2172	2267	2291	2297	2302	2326	2340	2418	2431
	2433	2451	2472	2488	2490	2508	2624	2650	2651
	2682	2702	2891	3024	3043	3097	3099	3199	3376
	3440	3626	3696	3709	3787	3945	4422	4612	4983
	5355	5389	5840	6519	6545	6684	6699	7267	7330
	7401	7523	8512	8887	8946	9312	9429	9650	9702
	9780	9891	9912	10907	11526	11697	11025		
資源	1949	2099	4580	5284	8447	9457	9810	9869	10640
	10654	10845	10964	11038	11328	12303	12566	12625	12724
蠶繭	7669	10717							
蠶業	4900	10542							
腸チフス・チフス・チフテリア	1884	2852	3064	3176	3461	3513	4487	4814	5315
	5482	6944	7373						
長崎	204	560	12543						
長城	3208								
裁判	307	4990	6378						
赤痢	2852	3790	3831	9845	9887	10605	10782		
赤色	41	138	974	2623	8685	9353			
全羅南道・全南	18	103	119	359	470	567	629	689	730
	1136	1378	1672	1745	1884	1897	2049	2132	2167
	2344	2447	2521	2673	2761	2859	2877	2911	2973
	3255	3294	3495	3642	3735	3759	3835	3843	3891
	4296	4400	4512	4537	4542	4544	4551	4583	4591
	4676	4712	4736	4814	4820	4844	4897	4915	5017
	5048	5227	5544	5601	5937	6725	6738	6769	7375
	7555	7601	7821	8026	8239	8364	8400	8420	9423
	8567	8665	8738	8747	8833	8852	9049	9415	9504
	9529	9535	9558	9586	9597	9610	9629	9630	9654
	9674	9715	9789	9845	9887	10386	10410	10413	10510
	10577	10607	10633	10748	10768	10791	10831	10885	10916
	10945	11113	11139	11269	11502	11970	12142		
全羅北道・全北	55	326	467	624	667	915	1136	1650	1672
	1701	1747	1943	1979	1987	2018	2102	2224	2275
	2372	2376	2595	2673	2740	2813	2931	2951	2973
	2975	3406	3761	3871	3970	4097	4144	4266	4296
	4299	4418	4583	4736	4739	4813	4825	4881	4979
	5261	5403	5644	5714	5866	6054	6095	6108	6146
	6340	7470	7560	7652	7702	8243	8266	8400	8420
	8539	8544	8670	8751	8833	8852	8863	8999	9030
	9049	9060	9448	9694	9846	9942	9966	10026	10202
	10207	10266	10542	10584	10768	10906	10928	11139	11148
	11152	11170	11366	11604	12049	12065	12425	12561	12575
	12760	12795							

濟州道	6734	9789	10588	12622					
製鐵	4380	5783	6308	7106	7177	7519	7613	10556	11347
	11749	11941							
朝鮮	6	16	46	68	73	191	225	267	283
	400	489	510	514	554	597	614	652	670
	685	745	772	789	813	838	1052	1125	1164
	1209	1257	1279	1303	1317	1324	1375	1380	1402
	1456	1512	1628	1633	1706	1741	1810	1851	1903
	2071	2096	2126	2182	2288	2320	2355	2538	2557
	2575	2577	2585	2631	2655	2662	2678	2693	2713
	2717	2740	2748	2750	2751	2785	2834	2898	2951
	2970	2983	2987	3000	3027	3041	3062	3064	3143
	3145	3150	3159	3248	3266	3277	3278	3281	3303
	3327	3344	3355	3356	3363	3374	3386	3396	3398
	3410	3413	3431	3449	3473	3521	3539	3619	3627
	3641	3643	3667	3685	3699	3700	3704	3717	3718
	3736	3738	3755	3760	3775	3794	3812	3813	3826
	3828	3836	3838	3853	3865	3885	3902	3919	3933
	3969	4001	4009	4014	4038	4040	4130	4137	4182
	4187	4201	4220	4227	4238	4242	4245	4251	4254
	4269	4294	4308	4350	4415	4468	4484	4519	4526
	4130	4137	4182	4187	4201	4220	4227	4238	4241
	4245	4251	4254	4269	4294	4308	4350	4415	4468
	4484	4519	4526	4564	4592	4599	4682	4706	4718
	4742	4749	4825	4833	4838	4934	4947	5010	5024
	5032	5044	5052	5063	5070	5083	5093	5104	5105
	5119	5127	5167	5203	5215	5222	5247	5408	5438
	5473	5474	5488	5489	5507	5528	5555	5575	5576
	5593	5605	5607	5631	5673	5731	5864	5951	5963
	5980	6031	6147	6163	6202	6221	6315	6324	6351
	6374	6392	6393	6485	6513	6515	6524	6577	6653
	6684	6731	6734	6785	6805	6807	6958	7010	7052
	7061	7096	7133	7170	7188	7253	7274	7279	7332
	7353	7379	7410	7431	7436	7447	7539	7585	7596
	7627	7692	7714	7740	7778	7817	7835	7850	7859
	7872	7882	7885	7927	7955	7976	7988	7989	7990
	8042	8050	8065	8107	8135	8163	8169	8179	8200
	8212	8265	8297	8322	8341	8344	8354	8404	8466
	8485	8510	8569	8613	8629	8658	8771	8826	8859
	8907	8994	8996	9021	9031	9036	9044	9093	9123
	9159	9191	9285	9308	9315	9334	9423	9427	9499
	9553	9653	9666	9678	9693	9762	9932	9937	9939
	9940	9956	9962	9970	9975	9976	9982	9987	9989
	10004	10017	10019	10036	10048	10062	10068	10080	10095
	10101	10014	10119	10127	10139	10161	10162	10168	10183
	10187	10201	10236	10250	10258	10286	10299	10348	10367
	10471	10474	10510	10528	10531	10533	10565	10584	10594

知事	4861	4876	5208	5343	5395	5836	6286	6464	6825
	6920	7313	7425	7461	7623	7624	8063	8088	8093
	8109	8185	8236	8243	8248	8266	8277	8354	8444
	8499	8558	8601	8704	8771	8897	8922	8950	8955
	8981	8999	9087	9246	9259	9368	9406	9725	9787
	9789	9794	9822	9878	9955	9975	9999	10331	10486
	10508	10526	10588	10611	12124	12710	12818		
地測	1067	3158	4299						
晋州	134	162	338	523	765	873	904	1293	1655
	1678	1689	1828	1904	1984	2036	2065	2193	2205
	2289	2352	2445	2537	2568	2674	2809	2876	2919
	3622	3635	3664	3761	3789	3794	3883	3936	4102
	4529	4537	4551	4572	4731	4889	4905	4996	5198
	5231	5235	5237	5374	5447	5619	5826	6082	6447
	6760	6766	6850	6975	6998	7739	7749	7761	7773
	7830	8285	8413	8514	8877	9167	9580	9707	9873
	9899	10093	10120	10125	10330	10367	10431	10436	10471
	10608	10614	10837	10976	11011	11013	11031	11489	11772
	11925	12084							
鎭海	47	89	162	432	515	605	626	725	735
	764	894	1517	1563	1741	1756	1796	1858	1890
	1968	1984	2107	2137	2157	2385	2425	2445	2476
	2537	2603	2635	2694	2776	2820	2919	2980	3003
	3017	3027	3203	3264	3309	3411	3443	3530	3544
	3564	3635	3656	3707	3711	3844	3857	3990	4058
	4082	4316	4634	4839	4912	4937	4958	5132	5149
	5223	5257	5275	5509	5590	5603	5609	5641	5703
	5817	5901	5954	5994	6007	6045	6265	6520	6534
	6561	6766	6822	6923	7095	7118	7226	7274	7677
	7723	7796	8072	8114	8199	8250	8406	8658	8765
	8850	8924	8938	9216	9580	9601	9628	9905	9941
	10032	10066	10404	10442	10725	10920	10928	11011	11012
	11270	11423	11505	11723	11759	11835	11896	11928	12027
	12061	12402	12457	12490	12588	12733	12774	12780	12784
	12864								
質屋	1336	2203	3229	3694	10410	11232	11724	12016	
徵兵	2501	3161	3663	6130	8506	8867	8973	10620	

ㅊ									
參拜	70	144	444	1059	1164	3937	4129	4220	5353
	6597	7226	7952	8156	8354	9962	10081	10090	10144
	11121	11403	12813	12848					
昌慶苑	237	401	2107	2112	2486	2519	2576	2640	2938
	5617	6090	7318	8158	8459	8494	8528	8636	8672
	8740								

清州	2603	3191	3203	3231	3264	4675			
清津	68	511	4204	4380	4997	5028	6156	6186	6605
	6969	6982	7106	7177	7243	7426	7502	7519	7636
	7664	7680	7791	8327	8354	8648	8732	9031	9067
	9109	9418	9431	9747	10048	10135	10450	10459	10474
	10556	10757	10776	10779	11121	11402	11423	11661	11708
	11855	12230	12451						
遞信	17	165	446	756	1048	1299	1600	1779	1795
	1951	2266	2281	2662	2829	3397	3526	3662	3812
	3908	3921	4035	4088	4546	4555	4557	4559	4604
	4625	4891	5463	5465	6063	6306	6624	6786	6810
	6897	6919	6926	7249	7540	7777	7819	7844	7906
	7976	8354	8612	8854	9176	9428	9585	9988	10262
	10944	11020	11213	11697	11917	12088	12675	12758	
遞信局	17	446	1048	1299	1779	1795	2829	3397	3526
	3662	3812	3908	3921	4035	4088	4546	4557	4559
	4625	4891	6786	6810	6919	6926	7464	7540	7819
	7844	7976	8354	8612	9176	10944	11213	11697	11917
	12675	12758							
體育	758	1903	2246	3580	4682	4961	5266	5699	6113
	7902	8404	9017	10687	10732	10783	10794	10929	11053
	11109	11379	11405	11687	11725	11736	11742		
初等學校	50	383	1123	2129	4466	4743	5030	6769	8251
	11169	12146	11320	12656	12800	12848	12950		
初詣	6513								
總監	538	662	704	1261	1463	1610	1740	1882	1902
	1985	2061	2184	2285	2319	2390	2411	2421	2446
	2479	2515	2522	2558	2562	2708	3112	3221	3306
	3757	3974	4159	4182	4202	4249	4304	4322	4413
	4415	4437	4449	4522	4543	4546	4551	4572	4583
	4674	4727	4739	4891	4948	5038	5125	5160	5368
	5460	5783	5791	5859	5903	5956	6055	6088	6142
	6158	6192	6448	6502	6558	6708	7679	7699	8221
	8312	8357	8823	8680	8936	8951	9015	9694	9737
	9933	10000	10234	10316	10367	10451	10457	10482	10499
	10508	10528	10626	10731	10821	10951	10966	11103	11240
	11324	11389	11445	11475	11489	11519	12033	12210	
總督	64	68	77	155	168	207	233	274	333
	345	407	413	423	436	509	518	525	538
	595	596	773	789	810	812	927	933	1027
	1136	1159	1164	1199	1276	1280	1341	1403	1411
	1469	1472	1484	1486	1504	1541	1584	1610	1630
	1740	1741	1758	1907	1945	1966	1994	2014	2020
	2099	2103	2130	2138	2155	2198	2272	2421	2479
	2540	2558	2577	2596	2618	2663	2692	2708	2780
	2797	2811	2812	2854	2897	2924	2956	2964	2973

總督府	5284	5296	5317	5319	5414	5472	5524	5657	5682
	5699	5729	5802	5954	6584	6645	6775	6861	7004
	7127	7178	7226	7377	7398	7436	7490	7534	7591
	7686	7699	7831	7869	7968	8126	8385	8549	8658
	8661	8686	8733	8808	8830	9037	9396	9405	9426
	9488	9506	9782	9809	9874	9925	9939	9997	10012
	10106	10182	10242	10257	10278	10400	10407	10424	10487
	10516	10562	10655	10677	10691	10698	10740	10768	10824
	10900	10908	10932	10946	10995	11039	11097	11111	11147
	11275	11304	11308	11319	11354	11431	11470	11474	11559
	11616	11622	11635	11651	11684	11768	11833	11905	11929
	11954	12081	12082	12107	12118	12145	12149	12168	12197
	12211	12212	12234	12247	12260	12269	12274	12287	12297
	12317	12321	12383	12445	12489	12705	12756	12793	12817
總務部	2227								
總裁	43	235	331	396	446	577	723	1623	2232
	2468	2952	3614	3717	3742	3909	4157	4159	4647
	5259	5274	5832	5979	6020	6429	6446	6554	6675
	6677	6757	8069	8332	8344	8362	8365	8437	8446
	8944	9260	9369	9536	9560	10130	10943	11041	11587
	11791	12208	12536	12859					
蹴球	2662	2678	2717	2740	2750	2785	3304	5196	5350
	5578	5838	10747	10856	11160	11306	11736		
畜産	1501	8244	9517	9911	10155	10300	10434	11693	11754
	11783	12038							
春蠶	1523	2690	3323	3478	5236	8038	8680	8697	9261
	11743								
春川	504	584	632	681	894	953	1150	1441	2157
	2193	2271	2496	2603	2711	2744	2806	2809	2919
	2956	3017	3141	3231	3290	3411	3636	3985	4110
	4551	4572	4621	4771	4786	5023	5102	5144	5237
	5723	6086	7225	7571	8789	8850	8860	9206	9235
	10318	12066	12776						
出版	6785	10787							
沖縄	11762								
忠州	2333	2635	4371	5505	7758	7952	8759	9452	
忠淸南道·忠南	1136	4285	4296	8852	8863	9049	15	86	234
	479	517	572	604	787	792	811	1068	1126
	1458	1480	1508	1527	1561	1594	1672	1716	1871
	1950	2133	2217	2372	2578	2768	3187	3369	3351
	3541	3737	4065	4067	4156	4418	4483	4564	4594
	4686	4836	4854	5039	5101	5115	5721	5854	6081
	6120	6215	6354	6582	6771	7136	7163	7233	7234
	7359	7375	7624	7689	7825	8382	8400	8408	8453
	8471	8491	8539	8587	8596	8635	8665	8688	8738

土地	1067	1363	2468	2940	2975	3158	3473	4327	5926
	6426	6508	7429	7511	9680	10270	11492	11938	
土地改良	11492								
統監	4751								
通信	769	954	1931	2712	2738	3082	3349	3383	3503
	3585	3815	4129	4546	4609	4614	4652	5185	5361
	5377	5394	5953	6145	6287	7124	8157	8354	10068
	10289	10540	10565	10769	10785	10879	10903	11383	12422
	12708								
統營	1150	1389	1563	1914	2907	2947	2980	3017	3033
	3052	3111	3203	3305	3309	3463	3475	3530	3558
	3560	3577	3595	3622	3635	3661	3675	3746	3883
	3956	3999	4075	4181	4537	4963	4996	5060	5143
	5169	5175	5184	5191	5195	5200	5221	5237	5242
	5257	5330	5337	5356	5374	5410	5436	5520	5563
	5590	5596	5619	5676	5689	5718	5803	5826	5911
	5930	5973	5999	6101	5973	5999	6101	6514	6586
	7023	7113	7244	7349	7445	7522	7571	7616	7739
	7857	8188	8218	8354	8374	8579	8748	9126	9189
	9235	9282	9388	9595	9623	9781	10131	10367	10371
	10485	10489	10725	10790	10793	10852	10929	11119	11194
	11233	11234	11571						
統制	92	131	459	560	603	674	793	797	1292
	1323	1617	1985	1993	2026	2055	2174	2879	3159
	3235	3261	3331	3476	3815	3983	4416	4619	4697
	4890	4912	4942	4958	4999	5003	5016	5201	5231
	5284	5306	5394	5460	5538	5601	5618	5699	5742
	5810	5866	6003	6098	6162	6352	6423	6722	6805
	6853	6722	7075	7172	7176	7210	7239	7313	7596
	7640	7645	7653	7670	8035	8041	8067	8068	8322
	8362	8952	9017	9092	9270	9839	9902	10785	10787
	11387	11612	11821	11932	12133	12145	12227	12234	12237
	12279	12302	12371	12489	12589	12623	12797	12845	12886

ㅍ									
プール	1429	1903	2910	2943	3649	3716	4782	5113	5547
	5757	8828	9751	10029	10383	11821			
ペスト	9775								
判事	96	266	733	1695	8982	9695			
膨脹	1129	4606	5109	6392	7164	7633	9480	10427	10695
平安南道・平南	704	770	1136	1406	2799	2815	2951	2973	2975
	3063	4223	4753	5675	6438	6650	6717	7241	7309
	7418	7499	7757	7835	8164	8316	8354	8510	8822
	8833	8852	8884	8895	8897	8917	8930	8931	8937
	8952	8953	8970	9348	9458	9640	9804	10051	10231

ㅎ									
ハワイ	12482								
ひかり	206	294	1377	3650	3693	5522	6174	6790	7487
	8768	8809	9171	9814	12925				
下關	163	222	3011	3092	3762	4267	4932	5416	5572
	5598	9387	10353	10491	12113				
學務局	144	446	1158	2951	2960	3390	3777	3924	4041
	4238	4739	6113	7309	8354	9785	9841	9944	10116
	10178	10306	10565	10748	11269	12360	12441	12521	12949
學藝會	5162	7933							
學會	4795	4800	5279	5331	7661				
韓國	5933	10348							
漢城	542								
漢藥	5527								
旱害	467	3294	3424	5062	5230				
咸鏡南道・咸南	646	1136	1505	1606	2975	4465	4970	5208	5291
	5824	7026	7340	7837	7841	8061	8148	8349	8399
	8644	8738	8832	8852	8857	8863	9144	9156	9169
	9260	9275	9289	9316	9327	9335	9370	9392	9460
	9424	9439	9461	9481	9762	9801	9920	10474	11017
	11438	11831	12183	12724	12822				
咸鏡北道・咸北	708	1136	1673	2975	3655	4016	4069	4709	4296
	4986	5159	5672	6307	6570	6680	6831	7796	8122
	8354	8833	8852	8863	8880	8972	8995	9013	9032
	9047	9069	9089	9709	9915	9966	10450	10730	11156
	12226	12232	12710						
艦隊	1240	1917	2868	3227	3544	3656	3844	3857	3897
	7770	9109							
航空	511	555	769	1691	2548	3526	4708	4831	5137
	5152	5275	5703	5817	5834	5901	5963	6122	6201
	6202	6804	6904	6942	6997	7080	7121	7214	7765
	7976	8088	8354	8784	9132	9203	9250	9331	9477
	9816	9880	9896	9932	9934	10199	10355	10595	10944
	11114	11474	11661	11750	11767	11794	12036	12099	12214
海軍	1359	2621	2820	2839	3003	3027	3058	3093	3299
	3656	3781	4374	4622	5087	5156	5703	6154	6320
	6583	8283	8753	8871	8938	9078	9103	9109	10485
	10598	10801	10871	10896	11012	11139	11170	11386	11403
	11451	11513	12049						
海水浴場	3148	3607	3651	3963	3980	8511	9442	9828	
海運	3443	3770	4300	5705	7374	7384	12893		
海戰	1858	3027	10974	11607	11631	11643	11723		
海苔	186	556	1256	1728	2117	2492	4043	4816	4867
	4897	8595	11098	12134	12407	12572	12811		

	11403	11595	11644	11689	11691	11695	11713	11739	11740
	11907	12043	12685	12692	12732	12760	12899	12901	12933
黃海道	669	1079	6071	8852	9049	9578	10254	10367	12256
會計	1340	1504	2032	2443	3382	4069	4086	4749	5334
	5594	5848	7925	8758	9488				
會寧	593	708	4642	5442	6342	6577	6606	8554	9977
	10270								
會長	282	334	2280	2388	2514	2607	3950	4859	5094
	5906	5961	7934	7976	7979	8088	8121	9357	9417
	10246	10504	10696	12156	12170	12859			
揮發油	114	2028	2120	3536	11351				
興南	5894	7597							

후 기

2008년 12월, 한국연구재단 중점연구소사업 〈제국일본의 문화권력:학지(學知)와 문화매체〉 프로젝트 선정과 함께 6명의 일본학과 학생이 연구보조원 1기로서 연구프로젝트에 참여하게 되었습니다. 사업 4년 차인 현재, 어느덧 연구보조원은 7기를 맞이하였고 이 『아사히신문 외지판(남선판) 기사명 색인 1935.12~1939.12』 간행으로 또 하나의 큰 결실을 맺게 되었습니다.

본 기사명 색인 작업을 진행하면서 힘든 부분도 많이 있었지만, 모든 연구보조원들은 살아 있는 사료를 접한다는 마음으로 가슴이 벅찼습니다. 학교에서 배웠던 역사적 사건들을 당시 발간된 신문을 통해 사건의 흐름을 따라 파악할 수 있었기 때문입니다. 또한 흥미로웠던 점은 「아사히신문 외지판(남선판)」이 당시 조선어로 발간된 조선의 신문이 아니라 일본어로 발간된 제국일본의 식민통치 지역 신문이라는 점이었습니다. 그 사실만으로도 제국일본에 의한 식민통치라는 가슴 아픈 과거사에 대해 다시 한 번 생각해 볼 수 있는 기회가 되었습니다.

요즘 일본의 역사 왜곡 문제가 끊이지 않고 있습니다만, 당시 게재된 기사들을 통해서도 제국일본에 의한 사실의 왜곡과 사건의 미화를 확인할 수 있습니다. 한 가지 예를 들어보자면, 4~5세기 일본 야마토 왕조가 한반도의 일부 지역을 지배했다는 이른바 '임나일본부설'을 기성사실로 만들려는 기사가 1939년 6월에 '任那物語㊤, ㊥, ㊦'라는 코너기사로 실려 있습니다. 이 부분은 당시 제국일본이 조선에 대한 식민통치의 정당성을 심어놓고자 했다는 것을 알 수 있는 대목입니다.

「아사히신문 외지판」은 조선뿐 아니라 중국, 대만, 만주에서도 지역별로 여러 판의 신문을 발간하였는데 이번에 간행하게 된 제1권과 제2권은 각각 1935년 12월~1937년 12월, 1938년 1월~1939년 12월의 「아사히신문 외지판(남선판)」의 기사명을 다루었습니다. 이제 『아사히신문 외지판(남선판) 기사명 색인』은 앞으로 1940~1945년 기간의 분량을 남겨두고 있습니다. 이 기획이 당시의 시대상과 제국일본의 식민통치에 관한 연구를 진행하시는 모든 분들께 작은 도움이 되었으면 좋겠습니다.

끝으로, 학부생 신분으로 한국연구재단 중점연구소사업 〈제국일본의 문화권력:학지(學知)와 문화매체〉 프로젝트에 일본학연구소 연구보조원이라는 이름으로 참여할 수 있게 되어 영광입니다. 학과 교수님으로서, 그리고 연구소 소장님으로서 항상 많은 것을 가르쳐 주신 서정완 소장님, 그리고 일본학연구소의 심재현 선생님, 이승희 조교님께 감사드립니다.

2012년 3월

연구보조원 일동

한림일본학자료총서 발간에 즈음하여

1994년에 춘천에서 '일본학연구소'라는 간판을 내걸고 문을 연 한림대학교 일본학연구소는 당시 불모지에 가까운 상태였던 국내 일본학계에 기본적인 문헌을 공급한다는 기획을 세웠다. 바로 「일본학총서」였다. 그로부터 18년이 지난 지금 본 연구소의 출판물은 총 160권이 넘는다.

이번에 새롭게 발간한 「일본학자료총서」는 기존의 「일본학총서」를 승계·발전시킨 「한림일본학신총서」, 그리고 2011년에 『제국일본의 문화권력』을 첫 권으로 출발한 「일본학연구총서」와 함께 한림대학교 일본학연구소가 기획·간행하는 일본학 관련 총서의 세 기둥을 이룬다. '자료총서'라는 기획이 시작된 배경에는 국내 일본학에 1차 자료에 대한 보급이 매우 지진하다는 이유가 있다. 가령 일본이 제국을 지향하고 건설하는 과정의 한 부분으로서, 당시 일본인들의 정신세계를 국가주의로 이끌고 하나로 엮는 데 주체적인 역할을 한 이른바 당시 일본 '지식인'들의 행보를 알아야 하고, 그러기 위해서는 그들이 쓴 1차적인 저작을 읽고 분석할 필요성이 있다. 우리는 35년이나 제국일본의 식민지로서 지낸 불행한 경험이 있음에도 불구하고, 그리고 일제강점기 연구, 일본학 연구가 많은 성과를 내놓고 있음에도 불구하고, 아직 우리에게는 이런 부류의 저작을 한글로 옮겨서 많은 연구자, 학생들이 접할 수 있도록 한 출판물이 없다. 문헌에 대한 소개 자체가 거의 안 되어 있다는 것이 현실이다.

이러한 상황을 개선해서 한국의 일본 연구자, 일본학 종사자의 사명을 다하자는 것이 이 「일본학자료총서」이다. 현재 「일본학자료총서」에는 두 가지 시리즈가 존재하는데, 〈근대일본의 학지(學知)〉 시리즈와 〈아사히신문 외지판〉 시리즈이다. 전자는 일본이 조선을, 아시아를 그리고 세계를 어떻게 바라보고 있었는가를 알기 위한 작업이며, 후자는 일본 아사히신문이 외지에서 발행한 외지판 중 이른바 '조선판'에 대한 기사명 색인을 작성해서 학계에 1차 자료로 제공하려는 것이다. 앞으로 신규로 추가될 시리즈를 포함해서 이 「일본학자료총서」는 우리가 일본을 분석하는 깊이와 다양성을 담보할 수 있는 필수이면서도 매우 기초적인 작업이 될 것이라 믿는다.

2012년 3월

한림대학교 일본학연구소

아사히신문
외지판(남선판)
기사명 색인 _제1권

초판인쇄 | 2012년 3월 31일
초판발행 | 2012년 3월 31일

지 은 이 | 서정완, 심재현, 이의연, 이준희, 문한나, 정용준, 김정미, 신가영, 박준혁,
최형섭, 황세림, 김지영, 김지혜, 김도윤, 심예찬, 차주연, 한유림

펴 낸 이 | 채종준
펴 낸 곳 | 한국학술정보(주)
주　　소 | 경기도 파주시 문발동 파주출판문화정보산업단지 513-5
전　　화 | 031) 908-3181(대표)
팩　　스 | 031) 908-3189
홈페이지 | http://ebook.kstudy.com
E-mail | 출판사업부 publish@kstudy.com
등　　록 | 제일산-115호(2000. 6. 19)

ISBN 978-89-268-3351-3 91070 (Paper Book)